景宁年鉴

JINGNING YEARBOOK

2011–2012

景宁畲族自治县地方志编纂委员会 编

方志出版社
Publishing House of Local Records

图书在版编目(CIP)数据

景宁年鉴. 2011~2012 / 景宁畲族自治县地方志编纂委员会编. - 北京 : 方志出版社, 2015.9

ISBN 978-7-5144-1709-8

Ⅰ. ①景… Ⅱ. ①景… Ⅲ. ①景宁畲族自治县-2011~2012-年鉴 Ⅳ. ①Z525.54

中国版本图书馆CIP数据核字(2015)第225500号

景宁年鉴(2011~2012)

编　　者: 景宁畲族自治县地方志编纂委员会
责任编辑: 刘方圆

出 版 人: 冀祥德
出 版 者: 方志出版社
地址　北京市朝阳区潘家园东里9号(国家方志馆4层)
邮编　100021
网址　http://www.fzph.org
发　　行: 方志出版社发行中心
电话 (010) 67110500
经　　销: 各地新华书店
印　　刷: 丽水市华光印务有限公司

开　　本: 889×1194　1/16
印　　张: 18.25
字　　数: 674千字
版　　次: 2015年9月第1版　2015年9月第1次印刷
印　　数: 0001 ~ 1000册

ISBN 978-7-5144-1709-8　定价: 150.00元

编辑说明

EXPLAIN

一、《景宁年鉴》是中共景宁畲族自治县委、县人民政府主办，由县地方志编纂委员会及其办公室承编的地方综合性年鉴。本卷是首卷，2011年、2012两年合编。部分内容为说明事情本源，适当追溯到2011年以前的史实。

二、《景宁年鉴》以马列主义、毛泽东思想、邓小平理论、“三个代表”重要思想和科学发展观为指导。全面系统地反映全县人民建设小康社会，实践社会主义精神文明建设所取得的新成就、新经验。为各级党政机关、企事业单位、社会各界人士了解景宁提供翔实的信息资料。

三、本卷年鉴为中篇结构，由栏目、分目、条目三级组成，部分栏目增设次分目，全书有栏目32个。卷首设特载、专辑、大事记、县情概况；百科设中共景宁畲族自治县委员会、景宁畲族自治县人民代表大会、景宁畲族自治县人民政府、政协景宁畲族自治县委员会、纪检监察、群众团体、人事·劳动和社会保障、政法·武装、农业·农村、林业、水利电力、工业、商贸、交通、邮政·网络·通信、住建·环保、国土资源、旅游、税务·财政、金融·保险·住房公积金、经济管理、教育、科学技术、文化事业、医疗卫生、社会生活、乡镇街道；卷末设附录，全书674千字。

四、内文中未标明党派的“县委”均为“中共景宁畲族自治县委”；“党员”均为“中共党员”；“党建工作”均为“中国共产党建设工作”。附录所载的单位(机构)负责人名录均系担任实职副科以上领导干部；“先进单位”“先进个人”均为中共丽水市委、市人民政府以上级别命名和县委、县人民政府年度工作考核结果的荣誉。

五、所载信息资料由县直单位、各乡镇(街道)和驻景国家、省、企事业单位提供初稿，经年鉴编辑部编辑后返回原单位复审确认，报县人民政府批准后由方志出版社出版，插图由撰稿单位提供，主要数据以县统计局公布数据为准。

六、本卷年鉴编纂工作得到县委、县政府、各单位的大力支持，广大编撰人员为之付出了艰辛劳动，借此表示衷心感谢。由于成书仓促，水平有限，经验不足，难免疏漏或不足之处，敬请广大读者批评指正。

《景宁年鉴》编辑部

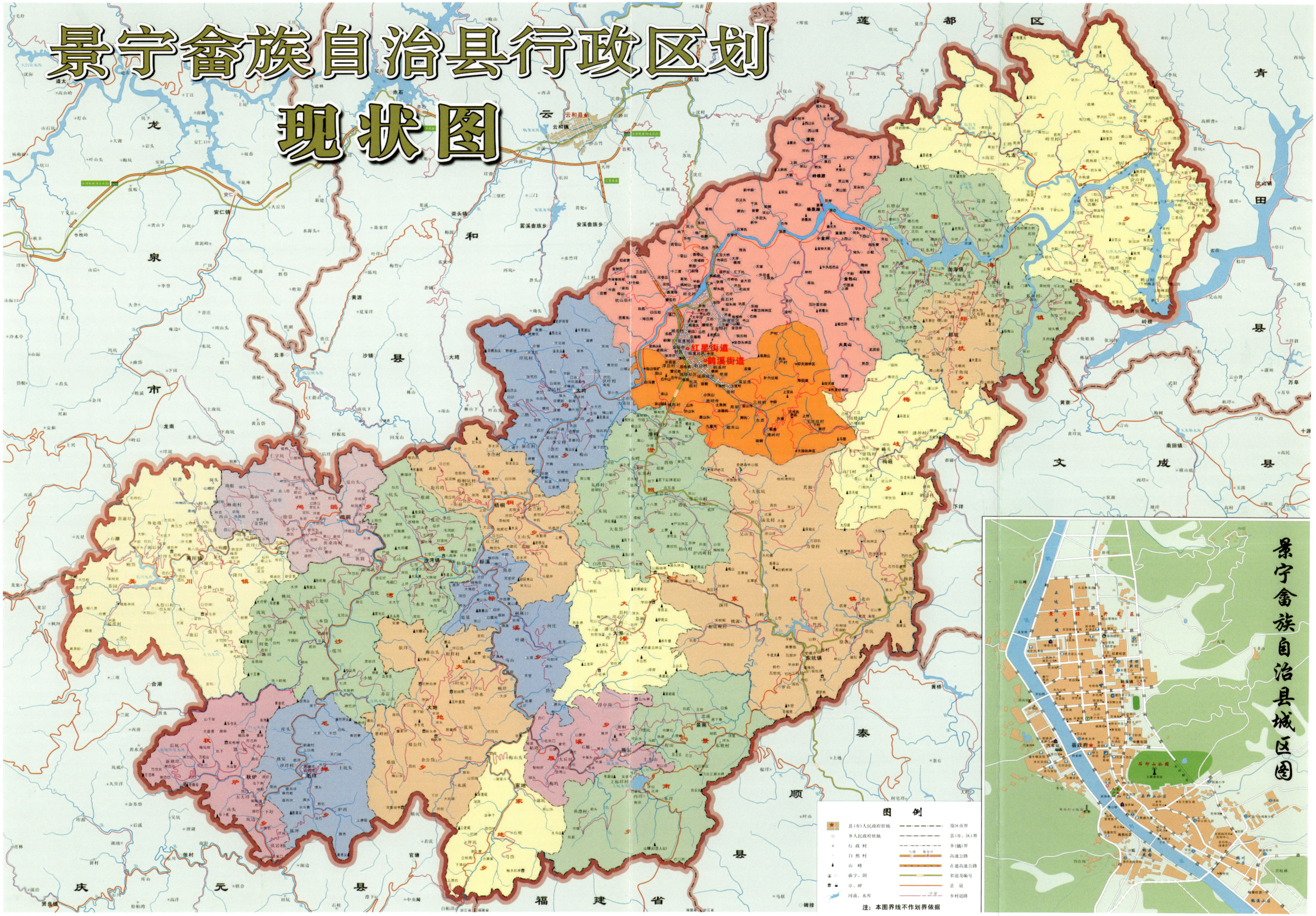
景宁畲族自治县行政区划
现状图
莲 都 区
青 田 县
文 成 县
泰 顺 县
福 建 省
庆 元 县
龙 泉 市
云 和 县
红星街道
鹤溪街道
景宁畲族自治县城区图
图 例
县(市)人民政府驻地
乡人民政府驻地
行政村
自然村
山峰
庙宇、祠
亭、碑
河流、水库
设区市界
县(市、区)界
乡(镇)界
高速公路
在建高速公路
省道及编号
县道
乡村道路
注：本图界线不作划界依据

序

PREFACE

首部《景宁年鉴》在社会各界的大力支持下，历经两年的编纂终于成书，这是景宁的第一部地方综合年鉴，是全县经济社会发展事业中一件具有重要意义的大事。

景宁县始建于明景泰三年（1452），中华人民共和国成立后几经撤并，先后并入丽水县、云和县。1984年6月30日，经国务院批准在原景宁县地域成立景宁畲族自治县，是全国唯一的畲族自治县，也是华东地区唯一的少数民族自治县。三十多年来，全县上下紧紧围绕以经济建设为中心和“努力在推动科学发展、促进社会和谐、增进民族团结上走在全国民族自治县前列”的目标，积极实施“生态立县、产业富县、文化名县”三县并举战略，解放思想，实事求是，锐意进取，改革创新，城乡面貌焕然一新，社会和谐稳定，人民安居乐业，各项事业蓬勃发展。

《景宁年鉴》全面记录了景宁经济建设和社会各项事业的发展情况，客观反映“三县并举”战略举措所取得的成就和经验，集思想性、资料性、科学性、实用性于一体，富有地方特色，体现时代特征，达到了较高的质量标准。对于社会各界进一步了解景宁，研究、制定景宁各项政策、规划和措施，促进全县经济社会持续快速发展具有重要意义。值此付梓之际，谨向为《景宁年鉴》的编纂付出艰辛劳动的编研人员，向积极参与和紧密配合年鉴编纂工作的单位和个人，以及关心和支持年鉴编纂工作的各界人士、专家和学者表示真诚的谢意。希望编研人员以“录史存真、服务社会”为宗旨，坚持实事求是的原则，继续做好《景宁年鉴》的编纂工作，客观、真实、全面、系统地反映景宁各个时期的历史，不断提高编纂工作水平，更好地为景宁改革开放和社会主义现代化建设服务。

“以史为鉴以治天下，以志为鉴以治郡国”。《景宁年鉴》将为我县鉴往知来开阔视野，为宣传景宁打开一个重要窗口。“阅史知经典，沉思明已任”，值此发展关键时期，当加倍努力，奋发有为，竭尽全力推进景宁经济社会快速发展，为建设“中国畲乡、小县名城”谱写新篇章作出应有贡献。

中共景宁畲族自治县县委书记 林康

敕木晨曦

2012年2月6日，中共浙江省委书记、省人大常委会主任赵洪祝（右二）到景宁参加"进村入企"大走访活动

2012年3月13日，中共浙江省委副书记李强（左四）到景宁指导山区经济社会发展工作

2011年5月5日，中共浙江省委常委、省人民政府副省长葛慧君（前左二）到景宁考察中国畲族博物馆

2011年5月18日，中共浙江省委常委、省人民政府常务副省长陈敏尔（中）到景宁考察民族经济发展和畲族文化建设

2011年7月25日，中共浙江省委常委、组织部部长蔡奇（右二）到景宁调研基层党建工作

2012年3月27日，中共浙江省委常委、省纪律检查委员会书记任泽民（前右二）到景宁调研农村便民服务中心建设工作

2012年12月12日，浙江省人大常委会副主任程渭山（中）到景宁调研森林城市创建工作

2011年3月16日，浙江省人民政府副省长陈加元（中）到景宁调研滩坑电站移民安置工作

2011年8月10日，浙江省人民政府副省长王建满（左四）到景宁调研交通、畲族风情旅游工作

2012年3月24日，浙江省人民政府副省长龚正（中）到景宁考察中国畲族博物馆

2012年9月7日，浙江省人民政府副省长朱从玖（中）到景宁调研保险服务民生示范区工作

2011年12月8日，浙江省政协副主席王永昌（中）到景宁出席浙江畲乡联谊会暨第三届“和谐之韵”论坛

2012年9月11日，浙江省政协副主席徐辉（左三）到景宁调研民族教育工作

2011年9月6日，中共丽水市委副书记、市长王永康（右四）到景宁调研新农村建设

2011年7月1日，景宁畲族自治县举行庆祝中国共产党成立九十周年大会

2011年12月24日，中国共产党景宁畲族自治县第八次代表大会召开

2012年2月27日，景宁畲族自治县第八届人民代表大会第一次会议召开

2012年2月25日，政协第八届景宁畲族自治县委员会第一次会议召开

2012年8月21日，全县工业大会召开

2012年10月23日，全县教育大会召开

2012年6月21日，丽水产业集聚区生态产业低丘缓坡开发项目景宁组团（农民创业园）工程建设动员大会召开

2011年11月16日，景宁畲族自治县交通客运中心开工仪式

2012年6月，大型畲族风情舞蹈诗《千年山哈》荣获第四届全国少数民族文艺会演金奖

2012年3月25日，中国畲族博物馆开馆

目 录

景宁畲族自治县人民代表大会

景宁畲族自治县人民政府

中国人民政治协商会议景宁畲族自治县委员会

中共景宁畲族自治县纪律检查委员会(县监察局)

群众团体

人力资源和社会保障

法治 武装

农村 农业 气象

林　业

水利 电力

工业经济

国内贸易

交　通

邮政　通信

住建　环保

国土资源

经济管理

医疗卫生

社会生活

乡镇(街道)

附　录

特　　载

实施“三县并举”战略　大力推进“五个发展”　为实现“三个走在前列”而努力奋斗

——在中国共产党景宁畲族自治县第八次代表大会上的报告

中共景宁畲族自治县委书记　林　康

2011年12月24日

各位代表，同志们：

现在，我代表中国共产党景宁畲族自治县第七届委员会，向大会作工作报告。

中国共产党景宁畲族自治县第八次代表大会，是在我县全面实施“十二五”规划、经济社会发展进入一个崭新阶段的关键时刻召开的重要会议。大会的主题是：高举中国特色社会主义伟大旗帜，以邓小平理论和“三个代表”重要思想为指导，深入贯彻落实科学发展观，团结和动员全县各级党组织和广大党员干部群众，在新的历史起点上全面落实“三县并举”战略，大力推进“五个发展”，为实现在“推动科学发展、促进社会和谐、增进民族团结上走在全国民族自治县前列”而努力奋斗。

一、过去五年的工作回顾和基本经验

县第七次党代会以来的五年，在省委、市委的正确领导下，七届县委团结带领全县广大党员干部群众，以邓小平理论和“三个代表”重要思想为指导，深入贯彻落实科学发展观，解放思想、抢抓机遇，攻坚克难、奋力拼搏，统筹推进政治、经济、社会、文化、生态文明以及党的建设等各项工作，全面完成了“十一五”规划和县第七次党代会确定的各项目标任务，在畲乡发展的光辉史册上写下了崭新的一页。

立足欠发达最大实情，把景宁发展导入了科学发展的新轨道。在深刻认识和把握县情的基础上，把景宁置身于全国120个民族自治县中找“坐标”，集中全县人民智慧，不断完善提升发展战略，并坚定不移地扎实推进，为推动景宁又好又快发展提供了强大动力。从县第七次党代会正式确立"一三四八"发展战略，到2008年根据省委53号文件精神，锁定"全国十强、基本小康、文化基地"三大目标；从2009年按照习副主席复信精神，把"努力在推动科学发展、促进社会和谐、增进民族团结上走在全国民族自治县前列"确立为中长期发展目标，到"十二五"规划纲要提出了"实现四个更加、三个翻番、两个超百亿、一个确保，建设'安康幸福、景秀人宁'中国新畲乡"的战略目标。五年来，县委致力于出思路、把方向，将宏观大局与自身发展实际紧密结合，把景宁发展导入了科学发展的轨道。

把握民族自治最大优势，把借力发展推向了历史新阶段。充分挖掘和发挥"民族自治县"这一独特优势，在及时把握历史机遇中争取到了一个又一个强有力的支持。习近平副主席2006年的两次批示和2009年的复信，为畲乡景宁指明了"三个走在前列"的方向；省委书记联系点、"省委53号文件""全省重点欠发达县特扶政策"，一系列政策叠加，强力助推景宁发展；丽水市委、市政府专门在丽水经济开发区内划出4平方公里土地供我们发展"飞地"工业。借助上级党委政府的政策支持，我们始终把做好民族工作作为义不容辞的政治责任来抓。修订出台《景宁畲族自治县自治条例》，促进了民族区域自治。加大民族聚居区发展的政策倾斜，五年来共投入民族发展专项资金3973万元，实施少数民族帮扶项目178个，民族聚居区发展步伐明显加快，近四年畲族农民人均收入增长了67.9%，增幅高于全县平均水平。着力弘扬保护畲族文化，编制完成《全国畲族文化发展基地建设规划纲要》，坚持每年举办不同主题的"中国畲乡三月三"节庆活动，建成了畲族文化中心，出台了《民族民间文化保护条例》。先后荣获"中国民间文化艺术之乡""省级文化先进县"等称号。

紧抓发展第一要务，把经济综合实力推上了新台阶。着力突破发展瓶颈，加快推进县域经济"补课、赶越"进程。预计到今年底，全县实现生产总值30亿元，年均增长10.6%；财政总收入7.15亿元，地方财政收入3.6亿元，年均分别增长24.7%、22.2%；社会消费品零售总额14.7亿元，年均增长15.5%；城镇居民人均可支配收入20050元，农民人均纯收入7100元，年均分别增长11.2%、14.3%。县域经济基本竞争力在全国2001个县中的排名从2005年的1163位上升到2009年的839位，在120个民族自治县的排名从28位上升到了13位。一产抓提升。切实增加对农业的投入，从2008年起，财政每年扶持资金高达2000万元，"茶、竹、菌、菜、药、油茶"等农业产业富民效应不断显现。二产抓"飞地"。在省市的关心支持下，丽景民族工业园建设加快推进，目前园区场地平整项目顺利推进，招商引资势头良好，"民族总部经济"凸显活力。县内工业也平稳发展。三产抓旅游。先后成功创建"中国畲乡之窗""云中大漈"两个国家AAAA级景区，景宁畲族风情省级旅游度假区等重点项目正加速推进。城乡抓统筹。先后实施外舍防护工程、云景高速公路、220千伏输变电工程等一批事关全局和长远发展的重大工程和重点项目。"十一五"期间固定资产投资总额达到67亿元，是"十五"的2.68倍，预计今年完成固定资产投资额21亿元，同比增长16.1%。累计投入18.5亿城乡建设资金，全县交通、通讯、饮水、住房等民生设施不断完善，城乡面貌发生了显著变化。举全县之力完成了2万余名滩坑库区移民安置和库区复建任务，开启了千峡湖库区发展新序幕。

突出民生改善第一目标，把

和谐社会建设提升到了新境界。切实增加民生事业投入，五年来财政用于社会民生的投入达51.8亿元，占同期地方财政一般预算内收入的52.1%。县城一年建成一所新学校，全县高中、初中、小学城区就学率分别达到100%、84%、79%。在全省率先完成了乡镇卫生院体制机制改革，不断推进医药卫生体制改革，重大公共卫生和基本公共卫生服务项目综合达标率90%以上。深入推进各领域体制机制改革，成立了交通、旅游等四大国有公司，实施了林权制度改革，全面推行银行卡助农取款服务。社会保障日益健全，初步建成覆盖城乡居民的养老、医疗保障体系，社会保险的覆盖面逐步扩大。大力实施低收入农户增收、农村危旧房改造、农民下山转移等系列惠民工程，各族群众享受到了更多的发展成果。深入推进社会矛盾化解、社会管理创新、公正廉洁执法三项重点工作，社会大局保持稳定，连续五年被评为省级“平安县”，荣获首批“全国法治县（市、区）创建活动先进单位”。全面完成“十一五”时期节能减排目标任务，生态环境质量连续多年保持全国第五。先后荣获了“省级生态县”“省级文明县城”“省级卫生县城”“全国科技进步县”“国家首批绿色能源示范县”等荣誉称号。

强化党的领导第一核心，把执政能力建设提高到了新水平。开展深入学习实践科学发展观活动，扎实推进学习型党组织建设和创先争优活动，全县广大党员干部推动科学发展、促进社会和谐的能力进一步提高。深入开展精神文明创建活动，舆论宣传工作成效显著。坚持以发展论英雄、凭实绩用干部的用人导向和德才兼备、重视基层的用人原则，不断深化干部人事制度改革，切实做好人才工作，选人用人公信度和组织工作满意度进一步提高。全面加强基层组织和“两新”组织建设，推行“组团式服务、网格化管理”“创业承诺制”等服务模式，扎实做好县、乡、村三级换届工作，基层组织凝聚力、战斗力进一步提升。积极推进民主政治建设，切实加强对人大、政府、政协和人民团体的领导，全面巩固爱国统一战线，有效发挥工青妇等群团组织作用，充分调动了各方面积极性。党风廉政建设和反腐败斗争成效明显，党员干部的工作作风更加扎实向上。坚持党管武装，深入开展拥军优属、拥政爱民活动，军民共建进一步加强。

五年的成就来之不易，这是在党中央民族政策光辉照耀下，在省市党委、政府特殊关爱和正确领导下取得的，是在全县党员干部群众团结一心、拼搏进取、开拓创新中创造的，是在历届县委继往开来、扎实工作基础上继承和延续的。在此，我谨代表中共景宁畲族自治县第七届委员会，向全县党员和群众，向各位老同志、各族各界人士，向所有关心和支持景宁改革发展稳定的同志们、朋友们表示衷心的感谢，并致以崇高的敬意！

五年来发展历程的实践经验是：

——必须坚定不移地把解放思想作为第一先导。我们把思想解放的过程变为抢机遇、促发展的过程，探索出了一条符合景宁实际的发展思路，经历了从低谷奋起、转入良性循环、开始全面振兴的重要进程，牢牢掌握了加快发展的主动权。只要我们始终坚持解放思想、开拓创新，敢于突破常规，敢于推陈出新，就一定能够为发展增添生机与活力。

——必须锲而不舍地把借力发展作为关键举措。我们充分发挥民族自治县优势，千方百计争取上级组织领导支持，着力用足、用活、用好政策资源，实现了政策帮扶的历史性突破。只要我们牢牢把握发展机遇，善借力、巧借力、借好力，就一定能够为发展注入强劲的动力支撑。

——必须坚持不懈地把经济建设作为发展中心。我们牢牢把握欠发达的基本县情，大力实施投资拉动战略，着力突破发展瓶颈，实施了一场场大抓项目、抓大项目的攻坚战，大力推进产业培育，促进了经济综合实力的移位争先。只要我们坚定不移地以经济建设为中心，继续紧抓发展第一要务，就一定能够实现后发赶超、“走在前列”的目标。

——必须始终不渝地把改善民生作为最终目标。我们始终坚持把为群众谋福祉放在一切工作的首位，倾情倾力为群众办实事、办好事、解难事，提升了人民群众的幸福感、安全感和归属感。只要我们始终坚持执政为民、以人为本，景宁人民的生活就一定会更加美好、更加幸福。

——必须毫不动摇地把加强党的领导作为根本保障。县委发挥领导核心作用，总揽全局、协调各方，各套班子合心合力，各级党组织和广大党员干部攻坚克难、扎实干事、转变作风、率先垂范，形成了凝心聚力、政通人和的良好局面。只要我们不断提高党的建设科学化水平，就一定能始终站在时代前列，团结带领全县各族人民战胜艰难险阻，不断开创景宁更加美好的未来。

五年来的发展为今后打下了坚实的基础，但必须清醒地看到，发展中还面临许多困难和问题，工作中还存在一些差距和不足，主要表现在：发展内生动力不足，经济总量仍然较小，产业支撑能力较弱，尤其是工业发展严重滞后，市场的开放度、活跃度不够，投资结构有待优化；城乡统筹发展特别是城镇化进程缓慢，城镇基础功能和辐射带动能力较为薄弱；部分干部的思维方式、能力素质与加快发展的要求不相适应，驾驭市场经济的能力和工作执行能力不强，干部群众的创新力和创造力还没有得到充分激发；转型时期社会管理面临许多新情况、新问题，维护稳定的任务艰巨；民族文化、民生事业等工作与群众日益增长的需求相比还有较大差距等等。对上述这些问题，我们一定要高度重视，下功夫加以解决。

二、全面落实“三县并举”发展战略

深刻审视我们的县情，当前我县仍处于工业化初期、城镇化初始、新农村建设初级的阶段。展望今后一个时期，我县人均GDP将突破3000美元并逐步向6000美元关口靠近；工业化、城镇化不断提速；投资需求趋于旺盛，消费结构逐步升级；利益诉求多元化，社会矛盾集中凸显。在这一发展时期推动景宁的科学发展，必须准确研判宏观局势，正确把握发展大势，结合景宁自身所处阶段，进一步理清发展思路。

从全国看，增长动力始终强劲，但发展要求更趋严格。当前和今后一段时间，我国经济发展长期向好的趋势没有改变，但经过长期快速增长之后，国家宏观调控力度进一步加大，用地审批从严、节能减排从严、信贷政策从严等制约将愈发凸显，经济社会发展的不确定因素增加，面临的形势更加严峻，这对我们的理念思路、体制机制、工作方法等提出了新的更高的要求。从区域看，各种机遇大量存在，但竞争压力十分巨大。全省“转方式、调结构”所带来的新一轮产业大转移，长三角经济一体化所带来的辐射影响，以及省委53号文件、群众增收致富奔小康等特殊政策所提供的外力支撑，都给景宁发展提供了十分难得的机遇。但我县的区位劣势、发展空间狭小等问题仍然在短时间内难以全面破解，面对日趋激烈的区域发展竞争，对照“全国十强、基本小康、文化基地”三大目标和“三个走在前列”的有关要求，可以说现在景宁前有标兵、后有追兵，不进则退、慢进也是退。从县内看，自身条件不断改善，但发展瓶颈尚未突破。经过这些年的打基础和补课赶趟，我县发展基础日趋坚实、发展氛围日趋浓厚，进一步加快发展的条件基本具备。但资金、土地、人才、技术等发展瓶颈尚未从根本上突破，极大制约了景宁的可持续发展。

综合分析当前我县面临的各种机遇和挑战，在广泛开展调查研究的基础上，县委着眼于景宁的历史、现状和未来，准确把握基本县情、时代特点和工作任务，按照科学发展观的要求，集中各方面智慧，对历届县委发展思路进行继承、完善和提升，提出了“三县并举”发展战略，即“生态立县、产业富县、文化名县”。

生态立县：就是立足我县生态优势，坚持生态保护与建设开发并举，坚定不移地走生产发展、生活富裕、生态良好的生态文明道路，努力保持我县生态环境质量在全国的领先地位。

产业富县：就是将加快发展作为今后一个时期的主旋律，坚定不移地把产业培育作为促进我县经济繁荣、人民富裕的根本来抓，以扩张总量和提高质量为目标，推动三次产业快速健康发展，努力让景宁发展的家底殷实起来，百姓的生活富裕起来，不断增强县域发展的内生动力。

文化名县：就是要充分发挥畲族文化这张“金名片”的优势，深入挖掘和弘扬以畲族文化为主体的畲乡文化，不断提升畲族文化品牌影响力，满足人们日益增长的精神文化需求，扩大景宁的知名度和美誉度。

“三县并举”发展战略中，“生态立县”是立足点、是基础；“产业富县”是核心、是关键；“文化名县”是特色优势，是更高层次的追求，三者相辅相成，从生态文明到物质文明，再到精神文明，层层递进，是县委着眼于“十二五”发展新阶段的战略选择。实践证明，什么时候我们更加坚决地贯彻我们制定的发展战略，我们的工作就会呈现出生动的局面，我们的发展就能够大步向前。为此，我们必须在今后的工作中一以贯之、坚定不移地加以贯彻落实，引领县域经济社会又好又快发展。

三、今后五年工作的指导思想和奋斗目标

今后五年全县工作的指导思想是：高举中国特色社会主义伟大旗帜，以邓小平理论和“三个代表”重要思想为指导，认真贯彻落实科学发展观，深入实施省委“八八”战略和“两创”总战略、市委“绿色崛起、科学跨越”战略总要求，全面落实“三县并举”发展战略，大力推进集聚发展、统筹发展、文化发展、改革发展、和谐发展，全面加强党的建设，努力在推动科学发展、促进社会和谐、增进民族团结上走在全国民族自治县前列。

今后五年的奋斗目标是：

——今后五年，我们要建成经济更加繁荣殷实的新畲乡。全面实现“十二五”规划目标。地区生产总值年均增长11%左右，到2016年达到55亿元；地方财政收入年均增长8%以上，到2016年达到5.5亿元；全社会固定资产投资年均增长14%左右，到2016年累计达到160亿元；三次产业结构调整为12∶46∶42，工业总产值年均增长30%以上，到2016年达到110亿元以上，旅游总收入年均增长20%以上，到2016年达到25亿元。经济综合实力位次前移，跻身全国120个民族自治县十强。

——今后五年，我们要建成人民更加幸福安康的新畲乡。城乡居民收入分别年均增长12%、14%，在“十二五”实现城乡居民收入翻番的基础上，到2016年分别达到35200元、13500元；除低保户、五保户外，90%的低收入农户人均纯收入超过4000元，城镇登记失业率控制在4%以内，民生保障体系进一步健全，与全省同步实现全面小康。

——今后五年，我们要建成社会更加安定有序的新畲乡。各项社会事业协调发展，社会文明程度不断提升，平安景宁、法治畲乡建设不断深化，民众身心更加健康、社会管理更加完善；城镇化率达到50%，城乡布局更加合理，各具特色的区域集聚发展格局初步形成；人口自然增长率控制在7.5‰以内，公民道德素质不断提高，畲汉等各民族团结和睦局面进一步巩固。

——今后五年，我们要建成文化更加绚丽多姿的新畲乡。"全国畲族文化基地"建设卓有成效，畲族文化更加绚丽多姿，神奇畲乡魅力凸显，文化基础设施日趋完善，畲族文化品牌更具影响力，文化体制改革深入推进，文化产业培育初具成效，"畲乡精神"不断弘扬，民族文化自觉和文化自信显著提高。

——今后五年，我们要建成环境更加秀美和谐的新畲乡。节能减排目标控制在约束线以内，城乡生活污水、生活垃圾收集处理率分别达到80%、95%，森林覆盖率达到80%以上，建成国家级生态县，生态文明理念深入人心，全省绿色屏障地位更加巩固，生态环境质量继续保持全国前列。

四、今后五年的工作重点和战略举措

今后五年，全县各级党组织和广大党员干部要围绕县委既定的发展战略、指导思想和奋斗目标，突出重点，狠抓关键，扎实推进"五个发展"战略举措。

（一）强力推进集聚发展，努力在增强县域经济内生力上实现新突破

发展是硬道理，是解决景宁所有困难和问题的关键。坚定不移地推进以"两化"互动为重点的集聚化发展战略，着力兴产业、聚人气，全面构建企业集中布局、产业集群发展、资源集约利用、功能集合构建、人口有序转移的新格局，不断增强经济发展内生力。

突出园区建设，全力打造新型工业化发展平台。今后五年，是我县工业经济实现跨越发展的关键时期。要紧紧围绕"工业总产值超百亿"目标，推进景宁工业经济快速扩张。建好园区，打造产业发展平台。坚持"内外并重"的园区开发原则，县外要继续攻坚克难，加快丽景民族工业园开发步伐，抓紧完善园区配套设施，促进企业尽早入园投产；县内要以加快启动并推进澄照低丘缓坡区块的开发利用为重点，继续抓好城北110工业区块和外舍王金洋复合产业区等区块建设，为人口集聚和城镇化发展增强产业支撑力。狠抓招商，夯实产业发展基础。充分利用民族自治县优惠政策，进一步加大选商引资力度，大力引进投资规模大、税利贡献高及带动作用强的产业项目，五年间，争取吸引各类企业投资达50亿元以上，全县形成规模以上企业100家。明确产业发展主方向，丽景民族工业园要重点吸引全国500强、浙江百强企业落户，积极发展通用和专用设备制造、食品生产、生物医药制造等产业，努力打造景宁新型工业经济的主平台、国家少数民族地区异地扶贫开发试验区；县内以澄照佃源区块为主导，以培育"农民创业园"为主方向，大力发展农产品加工、轻纺等劳动密集型产业，强化农民增收"造血"功能。突出重点，改造提升传统产业。大力推进县内绿色食品、竹木加工、畲医畲药以及来料加工等传统优势产业的改造提升，延伸产业链，提高企业自主创新能力和清洁生产水平。

突出"两区"建设，全力打造现代农业发展平台。坚持以工业理念谋划农业，以市场理念经营农业，全面优化农业产业发展布局，促进农业增效、农民增收，积极培育富有畲乡特色的"山区经济"模式。加快农业结构调

整。立足本县实际，每年整合安排2000万元农业发展专项资金，重点扶持1～2个农业主导产业，着力促进农业结构优化升级，扩大特色优势农产品生产规模，加快农产品流通体系建设，完善产供销一体化网络。抓好农业“两区”建设。打破行政区域界限和各自为战的小农经济模式，整合各类要素资源，形成全县一盘棋的农业产业化发展大格局。突出抓好东坑、澄照等粮食生产功能区和鹤澄、大东景、千峡湖、沙川等四个现代农业综合区建设，加快资本、资源等要素向园区集聚，全面提升产业发展的规模效应。提升农业产业化水平。大力引进工商资本投资农业，继续加大对农业龙头企业扶持力度，把千家万户的生产有效组织和联接起来，积极引导农民专业合作组织向产前、产后环节合作延伸，使农民更多地分享发展成果。提高农业生产保障能力。着力加强以水利为重点的农业基础设施建设，不断改善农业生产条件。加强农技推广体系建设，积极探索社会化新型农技服务模式。

突出旅游开发，全力打造现代服务业发展平台。加快培育以旅游业为重点的现代服务业，不断提高现代服务业在经济发展中的比重。加快旅游产业发展。围绕民族特色做足“风情”文章，围绕“生态畲乡”做深“休闲养生”文章，构建“一环两沿三区”的大旅游格局。加强鹤溪古城历史风貌保护，加快景宁畲族风情省级旅游度假区、千峡湖等重点景区开发，继续完善大均、大漈两大国家AAAA级景区旅游基础设施。深化旅游与畲族特色文化的有机融合，把写生、摄影基地的建设与魅力畲寨的包装等有效整合起来。积极拓展旅游市场营销网络，强化与长三角城市的旅游合作。加快新兴服务业集聚。积极培育文化创意、总部经济等服务业，着力推动新兴服务业集聚发展。积极引进各类金融机构，不断发展商业地产、商贸物流、社区服务等生活性服务业，进一步引导消费结构升级。

突出人口集聚，全力打造宜业宜居的幸福家园。着力解决“人往哪里去”的问题，坚持群众自愿和因地制宜原则，引导农民向县城、中心镇、中心村聚集，向生产性、服务性、劳务性行业转移。加快推进农民异地搬迁、下山转移工程，积极引导高山、远山农民下山集聚，大力推行农民公寓安置模式，继续推进县城双后降农民公寓等安置点建设，五年计划完成生态下山移民1万人，其中整村搬迁人数占60%以上。全县规划建设30个中心村，集聚人口3.5万人。着力拓宽就业平台，加大农民培训力度，促进农村富余劳动力有序转移就业和就近转移就业，五年计划完成农民培训就业转移1万人以上。

（二）着力推进统筹发展，努力在加快城乡一体化上实现新提升

坚持城乡统筹、互动发展，加快构建城乡协调的发展布局体系、基础设施体系，促进并形成城乡同发展、共繁荣局面。

坚持项目带动，构建城乡一体的发展体系。继续实施项目带动战略，坚持扩大投资总量和优化投资结构并举方针，鼓励和激活民间投资，谋划、争取、实施一批产业发展和基础设施项目。谋划一批重大发展项目。全力抓好“十二五”规划确定的重大项目前期工作，谋划、包装一批有基础、有前景，符合实际、具有可操作性的项目，争取大均电站梯级开发、龙丽温高速公路（景宁至文成段）等一批全县人民关注的重大项目尽快落地，为景宁经济社会长远发展打下坚实基础。实施一批重点基础设施项目。加快完善水陆交通枢纽、城乡供水安全保障、电力能源和现代信息等“四大”网络体系。全面完成云景高速公路、52

省道岚头岭段改建、客运交通服务中心等重点工程项目建设，着力提高农村公路建设通达程度和整体路网水平，完善中心城镇和风景旅游区的交通连接。继续加快城乡防洪减灾设施和小型农田水利等项目建设，完善农村饮水安全工程。继续加强城乡电力能源设施建设，强化全县电网改造和输变电设施建设。加强信息网络建设，深入实施数字电视、宽带提速等工程。完善一套项目推进机制。推行县级领导重点项目责任制，完善一个重点项目一套工作班子的工作机制，全程跟踪落实项目。牢固树立环境也是生产力的思想，创新政务服务机制，提高办事效率，营造宽松良好的投资发展环境。

坚持规划引领，构建城乡协调的发展布局。发挥好规划的龙头作用，以优化布局、完善功能、提升形象为重点，着力构筑新型城乡一体化布局体系。优化城镇布局。根据人口规模等因素有序推进现行乡镇区划行政体系调整，加大中心镇培育力度，构建等级规模优化、空间分布有序、特色优势互补的城镇体系。形成以县城为中心，以沙湾、东坑两大中心镇为次中心，以渤海、英川等乡镇为发展走廊的城镇体系空间结构。优化农村布局。按照农村主体功能区划分，统筹推进东北片库区经济、东南片旅游经济和西南片农业经济等三大片区协调发展。科学确定中心村布点，稳妥推进小型村撤并和自然村缩减，循序渐进抓好农村新型社区建设，形成富有畲乡特色的新农村格局。

坚持龙头带动，构建特色鲜明的小县名城。按照“一城两区”总体框架，同步推进外舍新区开发和县城老区改造，全面加快以县城为龙头的新型城镇化步伐，着力提升城市管理水平，不断增强县城的集聚力、带动力和辐射力。至2016年，力争县城人口规模从现在的4.8万人扩大到6万人，县城建成区面积从现在的3.02平方公里扩大到4.8平方公里。高质量开发外舍新区。高起点谋划、大手笔运作，引进商业资本稳步推进外舍区块开发，把外舍新区建设成集现代商务、创意动漫、文化旅游为一体的新型城市综合体。高品质提升老城区。围绕中国历史文化名镇的定位，正确处理现代化改造和文脉传承的关系，稳步推进旧城改造，融入更多畲族文化元素。更大力度保护古宅街巷等历史遗存，积极推进城北区块建设，建设好规划展览馆、民族青少年宫等一批专业场馆和三枝树到王金洋的景宁“十里长街”全线贯通工程等一批基础设施项目。

坚持以点带面，构建和谐文明的畲乡新农村。牢牢把握特扶政策机遇，坚持以点带面，进一步加大“三农”资金投入，全面夯实农村发展基础，全面加快群众致富奔小康步伐。大力实施“美丽乡村·魅力畲寨”工程。把“美丽乡村·魅力畲寨”建设作为社会主义新农村建设的主抓手，统筹推进旧村改造、村庄整治等系列工程，县财政每年整合2000万元资金，坚持“提升一批、打造一批、改造一批”的思路，以沿路、沿溪、沿景区、乡镇政府所在地、重点民族村、大型下山移民安置点等为重点，立足我县的民族风情、生态优势，每年集中人力物力建设10个以上“美丽乡村·魅力畲寨”。大力推进群众增收致富。继续实施省、市、县三级部门结对帮扶低收入农户集中村全覆盖的帮扶机制，全面落实各项惠农政策，深入开展“产业帮扶、就业帮扶、金融帮扶”等扶贫工程，因地制宜支持农户发展生态农业、农家乐，着力引导农民艰苦创业、勤劳致富，不断拓宽农民增收渠道，增加农民收入。

（三）合力推进文化发展，努力在提升文化凝聚力上有新业绩文化是一个民族和地区发展的灵魂。深入贯彻《中共中央关于深化文化体制改革推动社会主义文化大发展大繁荣若干重大问题的决定》，顺应全县各族人民享受更加丰富精神文化生活的热切愿望，着力增强景宁文化凝聚力，努力建设独具魅力的民族文化强县。

推进社会主义核心价值体系建设。加强社会主义核心价值体系建设，坚持不懈地用中国特色社会主义共同理想凝聚力量。巩固省级文明县城成果，推进城乡共建，加强群众性精神文明创建活动，巩固和提升全县城乡文明程度。重视未成年人思想道德建设，广泛开展革命传统教育、爱国主义教育以及“畲乡好人”等先进典型宣传，大力弘扬“纯朴厚道、坚韧不拔、兼收并蓄、敢闯天下”的畲乡精神。持续深入推进社会公德、职业道德、家庭美德、个人品德建设，净化社会文化环境，引导人们知恩感恩、知足知干，培育奋发进取、理性平和、开放包容的社会心态。

弘扬畲族特色文化。深入推进畲族文化基地建设，不断加强非物质文化遗产挖掘、保护、传承力度，着力推动畲族文化基础性研究和应用性研究，打造以畲族文化元素为主要内容的艺术精品，彰显景宁历史文化底蕴。办好每年一度的“中国畲乡三月三”节庆活动，不断扩大景宁畲族文化品牌影响力。提升全县各族群众的文化自觉和文化自信。

完善公共文化服务体系。加大文化惠民工程建设力度，不断创新“文化大篷车”“文艺直通车”等公共文化服务载体，推进城乡文化资源共享。继续加快乡镇综合文化站建设，形成覆盖城乡的公共文化网络体系，不断满足人民群众多元化、多层次的精神文化需求。扎实推进文化管理体制改革和机制创新，培育文化市场主体，激发文化事业发展活力。

着力推进文化产业发展。加快文化产业建设，大力发展特色文化演艺、动漫摄影、写生等产业项目，不断加大畲族文化与旅游、商品、演艺以及对外交流等各领域的融合，扶持一批特色鲜明、创新能力强、附加值高的文化企业，打造全县文化产业标志性工程和文化创意产业示范园区。积极探索“千年山哈”市场化运作机制，创新文化“走出去”模式，开展多层次、多形式的对外文化交流，推动畲族文化进一步走向全国、走向世界。

加大文化安全保障力度。加强对文化演艺、新闻出版等文化阵地管理，把握正确的政治导向、价值导向和舆论导向。牢牢把握舆论引导的先机和主动权，坚持和完善新闻发布会制度，增强正面宣传的公信力、感染力和影响力。加强和改进互联网宣传管理，深化网络文明创建活动，办好领导与网民在线交流活动、政务微博等信息互动平台。深入开展“扫黄打非”行动，努力净化文化环境。

巩固民族团结和睦格局。牢牢把握“共同团结奋斗、共同繁荣发展”的民族工作主题，坚持民族区域自治制度，进一步完善民族自治单行条例体系。广泛开展民族团结进步创建活动，在项目、资金、政策等方面加大对7个重点民族乡镇、43个民族聚居村寨的扶持力度，促进畲汉等各民族共同团结奋斗、共同繁荣发展。继续加大对少数民族群众就学、就业、干部培养使用中的倾斜力度，依法保障少数民族公民选举等各项政治权益，不断巩固和发展平等、团结、互助、和谐的社会主义民族关系。深入推进感恩励志教育，不断巩固我县畲汉等各族人民和睦相处、和谐发展、和衷共济的发展局面。

（四）大力推进改革发展，努力在激发发展活力上实现新跨越以更大的决心和勇气推进改革发展,破除制约县域经济社会发展的体制机制障碍和要素瓶颈约束,充分激发一切有利于发展的活力源泉。

扩大对外开放。把开放合作作为景宁发展新阶段的主旋律,更大力度、更宽领域、更高层次扩大对内对外开放。深化借力发展。充分发挥“省委书记联系点”、省委53号文件、重点欠发达县特扶政策三大政策的叠加优势,继续加强与上级部门厅局的沟通对接,积极在用好、用活、用足政策上下功夫。千方百计争取上级政策和项目支持,努力为“十二五”发展注入持续的外力支撑。拓宽区域合作。发挥地处长三角和海西两大经济区交汇地带的优势,谋划交通、产业、文化等重点领域的接轨,主动融入两大经济区发展。充分利用“山海协作”工程,加强与省内发达地区的合作交流,全面加强招商引资,构筑大平台、合作大项目。

深化重点领域改革。强力推进市场化改革、推进资源要素市场化配置,加快构建充满活力、富有效率的体制机制。深入推进要素领域改革。不断完善财税、价格改革和土地等要素市场改革,完善产权交易、工程招投标管理等制度,探索建立排污总量控制、排污权交易等机制,更好地发挥市场机制的基础性作用。加强土地承包经营权流转管理和服务,完善农村宅基地制度,健全土地流转机制,巩固林权制度改革成果。深入推进投融资机制改革。继续完善交通、旅游等四大国有资产公司运行机制,做大做强国有资产投融资平台。深化农村信用社改革,鼓励发展农村小型金融组织和小额信贷公司,改善农村金融服务。深入推进行政管理体制改革。围绕建设服务型政府,整体设计和推进县乡机构改革,进一步理顺县、乡两级行政管理体制,加快建立和完善县、乡基本财力保障机制,完善撤镇设街道后的运行机制,加快转变政府职能,提高行政效能,不断增强政府的公信力和执行力。

强化公共服务创新。鼓励社会资金参与公共服务事业发展,促进社会基本公共服务均等化。深化教育体制改革,着力加强教师队伍、校长队伍建设,提升教学水平,加强和改善学前教育、职业教育、成人教育办学能力建设,促进城乡教育资源的优化统筹,努力办人民满意的教育。加快完善覆盖城乡居民的公共卫生服务体系和食品药品安全监管体系,推进医疗卫生资源均衡化、基本医疗服务标准化、区域医疗服务一体化。认真做好人口计生工作,严格执行“一票否决”制和责任追究制。完善技术创新体系,推动科技成果转化,提升科技创新在经济社会发展的支撑力。加快发展体育事业,构建公共体育服务体系,促进全民健身运动。积极稳妥地推进户籍制度改革,加快建立城乡统一的户口登记制度。

(五)全力推进和谐发展,努力在改善和保障民生上有新成效

始终坚持执政为民理念,着力解决人民群众最关心、最直接、最现实的民生问题,不断加强和创新社会管理,实现人民幸福指数与发展水平同步提升。

继续加强民生保障,让发展成果惠及全县人民。突出民生之本,着力解决群众最关注、最紧迫、最现实的问题。实施更加积极的就业政策。大力推动自主创业,积极推动产业引人、产业聚人、产业留人、产业育人,千方百计拓宽就业渠道,突出抓好农村转移劳动力、城镇就业困难人员等重点群体就业创业,以创业、就业促进城乡居民收入持续增长。加快推进城乡居民社会保障体系建设。扩大各类社会保险覆盖面,加大廉租房等保障性住房建设力度。帮助低收入群众脱贫致富。完善城乡居民

最低生活保障制度，继续完善居家养老等模式，进一步提高老年人优待、孤儿保障、特殊困难残疾人救助水平。建立为民办实事长效机制。坚持每年重点兴办“十件实事”，逐步解决好城区物业管理、停车以及“菜篮子”等群众关注的热点难点问题，积极发展社会福利和慈善事业。扎实做好妇女儿童、老龄、残疾人工作，依法保障其合法权益。

加强和创新社会管理，让发展环境更加安宁和谐。创新社会管理理念、体制机制和方法手段，加快完善党委领导、政府负责、社会协同、公众参与的社会管理新格局，着力提高人民群众安全感、舒适度、满意率。加强基层基础工作。扎实推进基层社会管理和服务体系建设，增强社区自治和服务功能，促进城乡社区基本建成管理有序、服务完善、文明祥和的社会生活共同体。加强流动人口、特殊人群和互联网管理，实现社会管理全覆盖。做好新形势下的群众工作。完善社会稳定风险评估、矛盾纠纷排查化解和预警等机制，进一步畅通信访渠道，及时依法处理群众反映的合理诉求及建议。健全应急预案体系，加强应急平台和队伍建设，提高突发事件处置能力。深入开展“平安景宁”建设。全面加强社会综合治理，依法打击各种违法犯罪活动，提升大调解水平，健全大防控体系，确保社会安定、群众安宁、生活安康。完善互联网管理统筹协调机制，建立健全虚拟社会综合管控机制。切实加强对重点行业、重点部位、重点环节的安全监管，坚决预防和杜绝各类重特大事故发生。

加强民主法治建设，让发展合力得到充分凝聚。坚持党的领导、人民当家做主和依法治县相统一，支持人民代表大会及其常委会依法履行职能，支持人民政协发挥政治协商、民主监督、参政议政作用。不断深化“法治畲乡”建设，全面实施“六五”普法规划，大力促进司法公正，维护社会公平，加快推进依法行政，切实规范行政行为，强化对行政权力运行的监督和制约，建设法治政府。加强同民主党派、工商联和各界人士的团结合作，切实做好对台、宗教、侨务等工作，进一步发挥工青妇等群团组织的桥梁纽带作用，凝聚各方面力量共谋景宁发展大业。加强城乡基层自治组织建设，扩大基层民主，完善政务、村务公开，切实保障人民群众依法行使民主权利。进一步加强党管武装，推进国防后备力量基层规范化建设，深入开展全民国防教育，带着感情和责任抓好双拥工作。

深化生态文明建设，让人居环境更加优美宜人。坚定不移地走生态文明之路，努力在全县上下形成共建绿色家园、共创宜居环境的良好氛围。整治生态环境。全面推进省级森林城市、国家级生态县以及生态乡(镇)、生态村创建，继续完善城乡一体化的污水、生活垃圾处理体系，深入实施蓝天、碧水、安全、宁静、生态五大环保工程，持续提高人民群众对生态环境的满意度。发展生态经济。致力于把生态优势转化为经济、产业、环境、人文优势，把生态资源转化为生态资本、生态生产力，全面落实“十二五”节能减排目标，加大工业“三废”、城市生活污水、农村环境等综合整治力度，推进清洁生产。构筑生态屏障。实行最严格的环境保护制度，加强森林、湿地、饮用水源地、风景名胜区和自然保护区的保护与管理，加大瓯江、飞云江两江源头以及千峡湖水库等重点生态单元保护，保持生态环境质量继续走在全国前列。

五、全面提升党的建设科学化水平，为实现“三个走在前列”提供坚强组织保障

党的领导是实现大会提出各项目标任务的根本保证。必须以学习贯彻胡锦涛总书记在庆祝建党90周年大会上的重要讲话精髓为新起点，着力加强党的执政能力建设和先进性建设，努力提高党的建设科学化水平，以党的思想、组织、作风、制度建设和反腐倡廉建设的新成效加快实现“三个走在前列”目标。

（一）以学习型党组织创建为抓手加强思想政治建设，始终保持思想上的先进性。把学习贯彻中国特色社会主义理论体系作为理论武装的第一位和长期的战略任务，党员领导干部要做真学、真懂、真信、真用的表率。中共十八大召开后，把认真抓好大会精神的学习贯彻作为重中之重，真正做到学在深处、谋在新处、干在实处。广泛开展学习型党组织创建活动，以学以立德、学以增智、学以创业为基本要求，以党委中心组学习、领导干部理论宣讲、学习讲坛、在线学习为载体推动，加快建立分层分众的学习服务体系，建立健全学习成果转化制度，健全学习考核和激励机制。精心设计有效载体，组织广大党员干部深入开展思想解放大讨论活动，以强烈的忧患意识谋发展、坚定的发展信心聚力量。

（二）以坚持和完善民主集中制为关键加强党内民主建设，不断增强党的活力。进一步发挥党委总揽全局、协调各方的领导核心作用，集中精力把方向、抓大事、出思路、管干部。按照集体领导、民主集中、个别酝酿、会议决定的原则决定重大事项，进一步理顺党代表大会、全委会、常委会的关系，完善常委会议事规则和决策程序，健全常委会向全委会定期报告工作并接受监督制度。完善党代表大会常任制，制定党代表履职的运行机制，以党代表电子工作室、党代表工作室的有序运行，拓展党代表在闭会期间作用发挥。完善党内民主监督制度，畅通党内信息上下互通和监督渠道。完善党员民主权利保障机制，扩大党员对党内事务的参与度，进一步落实党员的知情权、参与权、选举权和监督权。全面推行基层党务公开，完善以村民（代表）会议、党员大会、党员议事会为主要方式的农村基层重大事务民主决策机制。

（三）以提升能力素质为重点加强干部队伍建设，着力造就领导科学发展的骨干力量。贯彻落实德才兼备、以德为先用人标准，把德摆在干部标准中的优先地位和主导作用贯穿于干部选拔任用工作的全过程，形成“领导干部从基层来、优秀干部到基层去”“吃苦者吃香、有为者有位”的用人选人导向，大胆选拔能破解难题、操作到位、管用办法的干部。完善干部监督机制，以层级管理、目标管理的要求全面加强干部队伍管理。继续深化干部人事制度改革，完善公开选拔、竞争上岗等竞争性选拔方式，不断提高选人用人公信度和群众满意度。注重培养选拔女干部和党外干部、少数民族干部，加大年轻干部选拔使用力度，注重发挥不同年龄段干部的作用，做好老干部工作。充分发挥党校在干部教育培训中的主渠道作用，继续抓好干部培训工作。落实党管人才原则，创新人才工作政策，健全人才工作机制，把聚集高层次人才、培养地方特色人才和文化人才作为重点，推动景宁人才建设12大工程落实。

（四）以固本强基为目标推进服务型基层党组织建设，进一步夯实执政基础。以强化基层党组织服务功能、密切党与群众血肉联系为核心，积极创新基层党建工作的思路、方法和机制。把创先争优活动作为加强党的基层组织建设的一项经常性工作，健全长效机制。全面落实基层党建工作责任制，全面推进“两新”组织党建工作，深化非公企业“双强争先”活动。创新基层党组织书记选拔方式，大力选拔思想政治素质强、科学发展能力强的“双强”型党员担任基层党组织书记，努力造就高素质带头人队伍。真情关怀、真心爱护广大基层干部，建立完善村干部的激励、保障机制，加强对老党员、生活困难党员的关怀帮扶。健全和完善村党组织领导的村级民主自治机制，加强农村集体资金、资产、资源管理，积极做好党员发展和驻外党支部、流动党员教育管理工作，抓好大学生村干部培养管理，提升基层党员干部整体素质。

（五）以完善惩治和预防腐败体系为抓手加强反腐倡廉建设，不断强化作风保障。以打造“清廉畲乡”为目标，认真落实党风廉政建设责任制，深入推进作风建设、反腐倡廉教育、权力制衡、预防腐败、纠风和惩治腐败“五大机制”建设，不断完善具有畲乡特色的惩防体系。创新载体，不断深化“作风建设年活动”，进一步强化宗旨意识和群众观念，完善蹲点调研、领导下访、乡会村开、实事承诺等机制，真心实意为群众谋取更多福祉。坚持勤勉敬业、高效服务，积极推行绩效考核管理，解决干部队伍存在的庸、懒、散、“中梗阻”等问题，促进机关干部改进服务、提高效能。加强党性党风党纪教育，筑牢廉洁从政的思想道德防线。深化重点领域、关键环节体制机制改革，坚决治理工程招投标、资源开发、政府采购等重点领域的突出问题，努力遏制消极腐败现象在一些领域易发多发的势头。完善政（行）风热线和效能监测等制度，切实加大案件查办力度，完善行风热线和效能监测等制度，坚决纠正损害群众利益的不正之风，努力以反腐倡廉建设的实际成效取信于民。

各位代表、同志们！发展蓝图催人奋进，跨越征程任重道远。让我们紧密团结在以胡锦涛同志为总书记的党中央周围，在省委、市委的正确领导下，高举中国特色社会主义伟大旗帜，深入贯彻落实科学发展观，实施“三县并举”战略、大力推进“五个发展”，为实现“在推动科学发展、促进社会和谐、增进民族团结上走在全国民族自治县前列”而努力奋斗！

注：①一三四八战略：即一大目标 三大方针 四项要求 八项战略措施

②三县：即生态立县 产业富县 文化名县

立足新起点　推进新跨越　紧紧围绕县第八次党代会总体部署　奋力开创经济社会又好又快发展新局面

——在全县工作会议上的讲话

中共景宁畲族自治县委书记　林　康

2012年2月2日

同志们：

新春伊始，万象更新。今天，我们在这里隆重召开全县工作会议，这是我们跨入新的一年召开的第一个全局性会议，主要任务是：贯彻落实中央、省、市经济工作会议精神，在总结2011年主要工作成效的基础上，研究分析当前形势，紧紧围绕县第八次党代会总体部署，安排2012年度全县工作，进一步动员全县上下立足新起点、谋求新跨越，奋力开创经济社会又好又快发展新局面。

下面，我根据县委、县政府研究的意见，讲以下三个方面问题。

一、认真总结2011年主要工作成效，进一步坚定在新的历史起点上加快发展的信心和决心

刚刚过去的2011年，是“十二五”规划开局之年，也是宏观经济环境复杂多变的一年。一年来，在省、市党委政府的大力支持和正确领导下，县委、县政府团结带领全县各族干部群众，认真贯彻落实科学发展观，紧紧围绕年初及“十二五”规划提出的各项目标任务，抢抓机遇谋发展，攻坚克难抓落实，全县经济社会平稳向前发展。

——经济综合指标全面完成。据初步核算，全年实现地区生产总值32.17亿元，同比增长12.1%；财政总收入8.05亿元，同比增长111.6%，地方财政收入3.67亿元，同比增长63.6%；完成全社会固定资产投资额21.17亿元，同比增长26.1%；社会消费品零售总额14.77亿元，同比增长17.4%；城镇居民人均可支配收入达到20315元，同比增长13.5%；农村居民人均纯收入达到7412元，同比增长19.5%，全面完成了年初预定的各项目任务，实现了“十二五”的良好开局。

——“两化一新”步伐不断加快。以产业平台建设为载体，以城乡统筹为重点，不断加快“两化一新”步伐。产业集聚化建设扎实推进。认真贯彻市委、市政府加快推进生态工业园区、现代农业园区等“四区”建设的决策部署，全面推进产业平台建设。一产上，全年落实粮食生产功能区3850亩，鹤澄、大东景两个省级现代农业综合区建设扎实推进，全年实现农业总产值8.12亿元，同比增长17.5%。二产上，丽景民族工业园二期工程场地平整和三期工程前期工作进展顺利，招商引资势头良好，成功签约娃哈哈、伊利等五家大型企业。县内王金洋复合产业区企业入园和110变电所工业区块土地报批、标准厂房建设等有序推进。全年实现工业产值28.14亿元，同比增长21.4%。三产上，出台加快旅游业发展政

策，畲族风情省级旅游度假区获省政府批复，西汇民族风情度假村项目建设全面推进，旅游总收入突破10亿元大关，达到10.09亿元，同比增长37.2%。在“2011国际文化旅游品牌节”上，我县获得“中华最佳文化休闲旅游胜地”称号。城镇化步伐不断加快。编制完成县城近期建设规划、畲乡古城一期整治设计等规划，全年城市基础设施投入达2.4亿元，完成鹤溪中路立面改造、供水管网改造等工程，开工建设规划展览馆、民族青少年宫等一批城市重点工程。沙湾、东坑等中心镇培育扎实推进，深化扩权强镇，扩大了中心镇的行政审批权、办事权。新农村建设深入实施。全面启动美丽乡村·魅力畲寨建设，完成172个村庄规划，整合2000万元资金推进大均乡李宝村、鹤溪镇周湖村等11个美丽乡村·魅力畲寨建设；下山移民、农村危旧房改造等惠民工程加快推进，全年完成农民异地转移2252人，其中整村搬迁48个自然村，实施危旧房改造2785户；全面推进城乡生活垃圾一体化收集处理工程，实现了通康庄公路的行政村和自然村生活垃圾收集处理全覆盖；牢牢把握特扶政策机遇，全面实施群众增收致富奔小康行动计划，全面实施特扶项目，全年完成扶贫开发、产业发展、公共服务三大类46个项目投资8.4亿元，帮助3808户低收入农户收入超过4000元。

——民生保障水平继续提升。高度重视保障和改善民生，不断加大民生投入，全年用于社保就业、教育科技、医疗卫生等民生支出9.8亿元，同比增长63.88%。扎实推进社会事业发展，全面启动“全国科技进步县”“省级森林城市”等创建工作，完成了中小学校舍改造、廉租住房、数字电视整体转换等年度“十件实事”。成功举办中国畲乡“三月三”暨电影艺术家采风景宁行·民族大联欢活动，大力推进乡镇综合文化站建设，成功创建省级文化先进县、省级食品安全示范县。严格执行人口和计划生育“一票否决”制，深入实施“标创工程”，计划生育率保持在90%以上。着力提升民生保障水平。切实加强“菜篮子”、房地产等领域价格监管，维护市场稳定。制订出台城乡居民临时救助办法，建成避灾安置场所73个。加快保障性安居工程建设，开工建设120套廉租房、160套公租房。城乡低保实现动态管理下的应保尽保，救灾救济、医疗救助、慈善救助、优抚优待等工作有序开展，扎实推进保险服务民生示范区建设，认真开展就业培训工作，累计开展农村劳动力培训2515人，城镇登记失业率控制在3.6%。

——社会管理不断创新加强。着力维护社会和谐稳定，出台了《加强和创新社会管理的实施意见》。全面深化“平安景宁”“法治畲乡”建设，深入开展“大排查、大走访、大调解、大结案”活动，深入开展信访积案化解、矛盾纠纷调解和打黑除恶专项整治行动，始终保持对各类刑事犯罪的高压态势，强化安全生产监管，完善应急管理机制，强化流动人口和特殊人群服务管理，全县社会治安秩序良好，没有发生重特大安全事故。全面深化重点领域改革，完成新一轮政府机构改革，进一步优化了政府组织结构。着力推进事业单位清理规范和分类改革，稳妥推进事业单位编制和绩效工资改革。完成了鹤溪镇撤镇建街道工作，扎实推进文化事业单位管理体制和运行机制改革，顺利完成县电影院和艺术团转企改制。建立重大行政决策事项公示和听证制度，提高了行政决策科学化、民主化水平。

——党的建设全面加强。一年来，县委不断加强党的思想、作风、组织、反腐倡廉等方面建设，为经济社会发展提供了坚强的组织保证。坚持把思想理论武装放在首位，加强学习型党组织建设，认真学习贯彻党的十七届六中全会精神和胡锦涛总书记在庆祝建党90周年大会上的重要讲话，扎实推进理论中心组学习等活动。按照省、市统一部署，扎实推进县、乡、村换届工作，严格遵守“5个严禁、17个不准、5个一律”换届纪律，圆满完成村两委和乡镇党委换届，县、乡两级人大换届选举扎实推进，成功召开县第八次党代表大会，选举产生新一届县委和县纪委领导班子，描绘了今后五年全县发展的宏伟蓝图。深入开展服务型党组织建设，深化“创先争优”活动，推行了“党员议事厅”“乡会村开”等新机制，实现了“党代表工作室”乡镇全覆盖。全面加强“两新”组织党建工作，在全市率先全面完成非公企业党组织覆盖率的三个“100%”目标。认真落实党风廉政建设责任制，扎实开展岗位廉政风险教育、排查、评估和防控制度建设，全面开展了工程项目招投标市场治理，健全了工程项目招投标投诉办理机制。全年共立案查处违纪违法案件45件，其中涉及乡科级干部5人，挽回经济损失1265余万元。

一年来，我们统筹协调县域发展各项事业，全县上下呈现出经济发展、社会进步、各族群众安居乐业的大好局面。年前，省委书记赵洪祝在我县的专题汇报材料上再次做出重要批示，充分肯定我县一年来工作成效，殷切勉励我们“再接再厉，在新的一年里取得更大成绩。”领导的深情寄语，必将成为我们继往开来、乘势而上的强大动力！

回顾一年来县域经济社会各领域取得的成绩，这是县、乡、村各级干部开拓进取、辛勤工作的结果，是社会各界人士凝心聚力、共同奋斗的结果，是全县17万畲汉等各族人民团结一心、拼搏进取的结果。在此，我谨代表县委、县政府向全县各族干部群众、武警官兵、公安干警和离退休老同志，包括村支部书记和村委会主任在内的广大基层干部，以及关心支持我县经济社会发展的各界人士致以崇高的敬意和衷心的感谢！

二、深刻领会中央、省、市经济工作会议和县第八次党代会精神，明确2012年经济社会发展思路、预期目标和任务要求

2012年是党的十八大胜利召开之年，也是县、乡两级领导班子换届之后的开局之年。做好今年的工作，开创经济社会又好又快发展新局面，意义重大、影响深远。

（一）认真学习贯彻中央、省、市经济工作会议和县第八次党代会精神

年前相继召开的中央、省市经济工作会议以及县第八次党代会，为我们做好2012年工作指明了方向。

深刻领会和贯彻中央、省、市经济工作会议精神。纵观国内外发展大势，当前，世界经济复苏的不稳定性、不确定性持续上升，国内宏观经济调控向纵深推进，我们要切实把思想统一到中央经济工作会议提出的“稳中求进”工作总基调上来，统一到省委“紧紧围绕保持经济平稳较快发展和社会和谐稳定”的目标，以及“调结构、抓转型，重投入、兴实体，强改革、优环境，惠民生、促和谐”的总体思路上来，统一到市委提出的“绿色崛起、科学跨越”战略总要求和着力推进“四区四网”建设、着力抓好“三大中心、三大试点、三大提升”工作思路上来，着眼于宏观大局，紧密结合景宁县情实际，统一思想，细致谋划，把困难和问题估计得更充分一些，把工作准备得更充分一些，变压力为动力，化挑战为机遇，创造性地加以贯彻落实，牢牢掌握经济工作主动权。

深刻领会和贯彻县第八次党代会的总体部署。县第八次党代会提出的“实施‘三县并举’战略，大力推进‘五个发展’，为实现‘三个走在前列’而努力奋

斗”总体部署，全面阐述了我县今后举什么旗、走什么路，系统回答了干什么事、朝什么方向努力等重大问题，已成为全县干部群众的一致共识。当前，摆在全县各级党组织面前的首要任务，就是继续深刻领会和贯彻落实好大会的精神，进一步凝聚全县广大党员和干部群众的智慧和力量。一是要深刻领会和牢牢把握报告确定的奋斗目标。“三个走在前列”是2009年习近平副主席在给我县的复信中提出的殷切期望，可以说是中央领导对景宁发展的最高指示，县委把“三个走在前列”作为今后一个时期的奋斗目标，既有政治高度，又符合全县人民的共同愿望，是今后五年全县经济社会发展的总体要求，也是制定全县各项经济社会发展政策措施总的依据。二是要深刻领会和牢牢把握报告提出的发展战略。生态立县、产业富县、文化名县“三县并举”发展战略是县委把党中央、省委、市委部署与县情实际紧密结合，集中全县人民智慧，科学分析确定的发展路径，是对历届县委发展战略的继承和提升，是今后五年全部工作的总方向。全县广大党员干部都要结合实际，深刻领会“三县并举”战略的科学内涵和精神实质，牢牢把握三者之间的统一辩证关系，共同推动生态文明、物质文明、精神文明的全面进步。三是要深刻领会和牢牢把握报告提出的主要任务。报告着眼于全县发展新阶段，提出了大力推进集聚发展、统筹发展、改革发展、文化发展、和谐发展等“五个发展”的战略举措，体现了全面建设小康社会的总体布局，体现了统筹兼顾、全面发展的要求。各乡镇、各部门要围绕中心、服务大局，紧密结合各自工作职责，制定切实可行的措施，把行动落实到党代会提出的各项任务上来，以更加饱满的热情、更加强劲的气势，全力推动景宁又好又快发展。

（二）明确2012年工作指导思想、预期指标、计划大事、工作重点及需把握的四项关系

综合中央、省、市、县等系列重要会议精神，今年我县工作的指导思想是：坚持以邓小平理论和“三个代表”重要思想为指导，全面贯彻科学发展观，认真落实中央、省市经济工作会议和县第八次党代会精神，全面实施“三县并举”发展战略，以加快产业和人口集聚为重点，以推进园区和项目建设为抓手，以改善民生和维护稳定为根本，以改革创新和加强党建为保障，奋力开创县域经济社会又好又快发展新局面，以优异成绩迎接党的十八大胜利召开！

今年我县经济社会发展的主要预期指标是：地区生产总值增长11%；财政总收入增长10%以上，地方财政收入同比增长8%；全社会固定资产投资完成24亿元，增长15%；城镇居民可支配收入达到22055元，同比名义增长10%；农民人均纯收入达到7950元，名义增长12%。

围绕上述指导思想和预期目标，今年要重点推进的计划大事是：办好“一个节庆”、开好“两个大会”、建设“四个新区”、完成“十件实事”。

办好“一个节庆”：围绕“海峡两岸欢度三月三”的主题，抓紧做好一年一度的中国畲乡“三月三”节庆活动筹备工作，努力做到以节扬名、以节促旅，不断提高景宁的知名度和美誉度。

开好“两个大会”：一是召开全县工业经济大会，基于县域经济发展阶段的内在要求和顺应全县人民加快产业培育、拓宽就业平台的新期待，强力推进“农民创业园”开发，吹响加快新型工业化的新号角；二是召开全县教育大会，顺应全县人民提升教育教学水平的新期盼，加快推进教育教学改革，不断提升教育教学质量，吹响打好教育质量“翻身仗”的新号角。

建设“四个新区”：主要是指

新园区、新城区、新景区和新山区建设。新园区：是指以澄照低丘缓坡区块为重点的农民创业园区建设；新城区：是指以外舍新区为主导的新兴城市综合体建设；新景区：是指以畲族风情省级旅游度假区、千峡湖等重点景区为代表的新景区建设；新山区：紧紧抓住省委省政府大力推进山区经济发展的重要机遇，着力探索"农民下山、产业上山"的山区经济新模式。

完成"十件实事"：以改善民生为导向，县委、县政府研究确定了2012年度"十件实事"，内容涉及停车点建设、菜篮子工程、保障性住房等群众关注的热点难点问题。

上述几方面事项，是今年县委、县政府的中心工作，是贯穿全年的工作主线。全县广大党员干部尤其是各级领导干部要明确重点、统筹兼顾，切实把思想和行动统一到县委、县政府的决策和部署上来，紧扣中心、服务大局，以重点突破带动全局工作。具体来说要做到"五坚持、五突破"：

1.坚持"双轮驱动"，努力在打造新型工业化主平台上实现新突破。

立足县第八次党代会指出的我县处于"工业化初期"的基本判断和未来五年"工业总产值超百亿"目标，集全县之智、聚全县之财、凝全县之心，坚持县内外"双轮驱动"，突出重点，强势推进，以更大的气魄开拓工业发展新空间。县内以新园区开发为重点。以澄照低丘缓坡区块开发为重点，在抓紧完成园区规划、政策处理等前期工作基础上，启动首期1500亩区块开发，着力培育"农民创业园"，为人口集聚和城镇化发展增强产业支撑力。继续推进外舍王金洋复合产业区和城北110工业区块配套基础设施建设，明确园区产业导向，建立健全企业入园项目准入机制和出让土地约束机制，着力抓好选商引资和企业入园服务工作。县外继续推进"飞地"建设。尽快完成产业集聚、景观等规划，做好园区水系改造、总部中心大楼等项目前期，全面完成丽景民族工业园二期工程，加快推进三期开发的土地征迁等前期并启动建设，继续抓好招商引资，重点吸引全国500强、浙江百强企业落户，促进企业尽早入园投产。

2.坚持"中心带动"，努力在打造新型城镇化体系上实现新突破。

突出县城龙头中心地位，全面加快新型城镇化建设步伐。着眼于打造宜业宜居宜游的"小县名城"，按照"一城两区"总框架，同步推进外舍新区开发和县城老区提升改造，不断提升城市形象和品位。扎实做好新城区开发前期。按照县八次党代会提出"把外舍新区建设成集现代商务、创意动漫、文化旅游为一体的新型城市综合体"的主题定位，高标准、大手笔推进外舍区块开发。今年要在继续推进土地填方、道路及管网等基础设施建设基础上，抓紧优化外舍新区建设规划方案，认真做好新城开发前期工作，着手开展招商引资。继续提升改造老城区。积极推进城北、城南两个区块开发，加快推进新客运中心、规划展览馆、民族青少年宫、入城景观公园、永定桥等一批城市基础设施项目建设。全面加强城市综合管理，着眼于解决城市"停车难"，启动城区停车场建设，积极探索推行咪表泊车机制。继续抓好历史文化名镇保护，注重在各个城建项目中融入更多畲族传统文化元素。加快中心镇建设。继续深化中心镇培育，完善中心镇发展规划，推进行政审批服务、综合执法等公共管理和服务平台建设，促进产业集聚、人口集中、功能集成、要素集约。按照上级统一部署，稳步推进"撤小乡并大乡(镇)、撤小村并大村"行动计划，不断加快新型城乡体系建设。

3.坚持“示范推动”,努力在打造山区经济新模式上实现新突破

围绕培育富有畲乡特色的“山区经济”新模式,加快推进农业结构调整,着力构建“农民下山、产业上山”的山区经济新格局。加快农业主导产业培育。立足我县区位特点、产业基础、比较优势,抓紧做好新一轮产业发展规划论证,确定1——2个产业加以重点扶持,积极培育带动能力强、产业链长、增收致富效益明显的农业主导产业,着力推动农业产业格局从“一乡一品”向“一县一品”转变。加大农田水利等农业基础设施建设投入,继续推进鹤澄、大东景等现代农业园区开发,着力推进产业集聚化发展,全年计划实现农业总产值8.51亿元。加快建设美丽乡村·魅力畲寨。推进新一批12个“美丽乡村·魅力畲寨”建设。根据人口规模等因素有序推进现行乡镇区划行政体系调整,继续统筹推进旧村改造等民生工程,科学确定中心村布点,稳妥推进小型村撤并和自然村缩减。加快农民下山脱贫步伐。继续实施低收入农户奔小康工程和农民异地转移工程,坚持群众自愿和因地制宜原则,积极引导高山、远山农民往中心镇、中心村集聚。继续推进县城双后降农民公寓和其他乡镇下山移民安置点建设,全年计划完成农民下山转移2000人,其中整村搬迁占70%。牢牢把握“特扶政策”机遇,促进农民增收致富,力争低收入农户中家庭人均纯收入超过4000元的人口比例达到70%以上。实施农村“两创”实用人才培训工程,全年培训农民9000人。加快现代服务业发展。充分发挥生态和民族两张“金名片”优势,积极推进畲乡旅游富民工程专项改革试点工作,全面启动畲族风情省级旅游度假区项目,继续完善大均、大漈两大国家AAAA级景区旅游基础设施,着力推进千峡湖等景区开发,打造一批写生、摄影、休闲养生等特色基地,提升旅游接待水平,拓展旅游市场,为景宁通高速后的旅游产业大发展做好准备。着力培育文化创意、总部经济等现代服务业。

4.坚持“投资拉动”,努力在加大项目建设投入上实现新突破

保持固定资产投资的持续高位运行,是我们这个发展阶段的必要举措。要积极主动争项目,想方设法引项目,千方百计上项目,不断加大项目建设投入。初步安排2012年度项目113个,计划投资24亿元,其中重点建设项目22个,计划投资12.6亿元。把学透、用活、争取政策作为加快发展的首要责任。继续用足、用活省委53号文件、6+6特扶等政策,主动加强与省、市相关部门衔接,以政策的大落实推动全县发展能力的大提升。把千方百计争项目作为加快发展的首要支撑。坚持“扩大总量和优化结构”并举,积极谋划包装项目。紧紧围绕国家产业政策和投资导向,按照国家和省市“十二五”规划项目布局,重点推进城乡综合交通网、能源网、水利网和信息网等“四网”建设,千方百计争取将交通、农村基础建设、民生工程等方面纳入省市建设项目盘子,抓紧做好56省道景宁段公路改建、龙丽温高速公路景宁至文成段前期工作,加快推进瓯江小溪(大均以上)流域水电梯级开发前期,尽快落实投资业主,力争新上一批重大建设项目。把整合资源建好项目作为加快发展的首要任务。全面落实领导干部包抓项目责任制,严格项目工作程序,做到一个项目、一名领导、一个责任单位、一名责任人、一套办法、一抓到底,确保重大项目顺利实施。争取规划展览馆、旧城拆迁安置点等一批项目如期竣工投入使用,加快推进云景高速公路、52省道岚头岭段改建、交见圩至叶村公路改建、客运交通服务中心等重点

工程项目建设进度。

5.坚持“民生先动”，努力在提升群众幸福指数上实现新突破

高度关注人民群众的所思所盼，大力发展社会事业，全面加强和创新社会管理，不断提升群众的幸福感、安全感、满意度。优先发展教育事业。顺应全县人民办好教育的强烈呼声，全面实施教育质量提升工程，制定出台加快推进教育教学改革的实施意见，认真抓好校长和教师两支队伍建设，努力提高中小学教育质量，打好高考升学翻身仗，努力办人民满意的教育。大力发展和繁荣文化事业。深入推进“全国畲族文化基地”建设。精心谋划筹备2012年“中国畲乡三月三”活动，以“民族大联欢”为主题，由国家民委邀请台湾少数民族同胞参与“三月三”活动。深入实施畲族文化保护工程，加强非物质文化遗产保护，抓好中国畲族博物馆管理、运营。继续推进乡镇文化站和农家书屋建设。抓好广播电视数字化建设，不断提高数字电视覆盖率。大力开展群众性文化体育活动，不断丰富全县广大群众精神文化生活。加快卫生等其他社会事业发展。健全基层医疗卫生服务体系，全面推进乡村卫生服务一体化管理，完善乡、村两级卫生医疗机构国家基本药物制度，促进城乡卫生基础设施不断完善。进一步完善疾病预防控制、妇幼保健体系，实施好新型农村合作医疗制度，不断提高公共卫生服务水平。严格执行“一票否决”制和责任追究制，建立健全综合治理人口问题的新机制。发挥科技支撑作用，深入实施第二轮国家科技富民强县专项行动计划，完善科技特派员服务机制。统筹抓好国防动员、宗教、残疾人事业等工作，促进各项社会事业全面均衡发展。着力提升民生保障水平。进一步完善社会保障体系，不断提高统筹层次，扩大社会保障覆盖面。加强住房保障工作，继续推进公共租赁住房等保障性安居工程建设。认真落实各项强农惠农政策，进一步完善城乡救助体系，加强城乡低保工作，促进社会救助和慈善事业发展。加强和创新社会管理。健全党委领导、政府负责、社会协调、公众参与的社会管理格局。深入开展“平安景宁”“法治畲乡”建设，完善社会稳定风险评估、矛盾纠纷排查化解和预警等机制，进一步畅通信访渠道，完善信访工作考核机制，及时依法处理群众反映的合理诉求及建议。加强流动人口、特殊人群和互联网管理，加强对农产品、食品药品、生产等领域的安全监管，进一步完善全县突发公共事件应急预案和各部门、各行业应急预案。深化重点领域改革，加快推进服务型政府建设，进一步完善土地开发、农村金融、土地承包经营权流转等要素保障机制。深入推进生态文明建设，完成“省级森林城市”创建，在巩固“省级生态县创建”成果的基础上，着手开展国家级生态县创建、大仰湖高山湿地升格为省级自然保护区、草鱼塘森林公园升格为国家级森林公园等项目申报工作。

上述“五坚持、五突破”，是今年全县经济社会发展工作的主要着力点和落脚点，围绕今年工作的总体部署，全县各级干部必须进一步统一思想，提高认识，形成推进新一轮大发展、大跨越的强大合力，具体来说要把握以下四项关系：

1.既要重视质量效益，又不能轻视发展速度，要在全县上下形成一种加快发展、跨越赶超的强劲态势。过去毛主席讲“多、快、好、省”建设社会主义，我们以前讲又快又好，科学发展观讲又好又快。不管怎么讲，有质量的快、有效益的快、调结构的快、转方式的快、以人为本和全面协调可持续的快，所有的“快”字前面都是定语，主语是“快”，核心

是个“快”字。我们景宁的实际情况是要加快赶超、跨越发展，还是要突出又快又好，因为现在我们的底子还比较薄，就是要加快发展，才能迎头赶上。所以在一个时期内，还不能简单地轻视发展速度，还是要保持一定的冲刺力，才能追赶上去。

2.既要重谋划，更要重落实，在全县上下形成一种崇尚实干、狠抓落实的风气。空谈误国，实干兴邦，思路和决策固然重要，但对县乡基层来说，推动力和执行力更重要。邓小平说过：“发展是硬道理，不干，半点马克思主义都没有。”一方面我们要向落实要速度、要进度、要效益，另一方面，大家要想方设法从文山会海中解放出来，从迎来送往中解放出来，少一些夸夸其谈，多一些埋头苦干，大力倡导并身体力行说实话、知实情、办实事、求实效。这个会一开就要全身心投入新一年工作，要一个项目一个项目、一项工作一项工作去推动、去落实、抓到位。

3.既要重视借力发展，更要增强自主发展能力，在全县各级干部中牢固树立发展为要的理念。唯物辩证法告诉我们：外因是事物变化的条件，内因是变化的根据，外因只能通过内因而起作用。作为全国唯一的畲族自治县、全省唯一的少数民族自治县优势，一方面，我们要善于借力发展、借船出海，千方百计争取省市党委政府的支持，凡是能够帮助景宁发展的部门和单位都要积极联系，凡是能够壮大景宁经济实力的政策措施和项目都要积极争取。但是，我们又不能养成全盘依赖的惯性思维，不能成为“扶不起的阿斗”，要始终弘扬自力更生、艰苦奋斗的精神，充分发挥积极性、主动性、创造性，脚踏实地，埋头苦干，不断增强自我发展的能力。

4.既要守规矩，又要敢创新，在全县上下形成敢打敢拼、干事创业的良好氛围。我们党内生活要讲民主、守规矩、讲原则，用制度来选人用人，用制度来规范、约束干部的行为。但是咱们干工作、干事业，要倡导敢打敢拼、敢试敢闯的作风，要坚决地、创造性地贯彻上级的指示精神，杀出一条血路，闯出一番新天地。今年，市委把“崇尚实际”写进了第三次党代会报告征求意见稿的指导思想中，凸显了新一届市委求真务实的执政导向。我们要在全县上下形成一种崇尚实际的风气，不唯书，不唯上，只唯实，我们作决策、做工作，一切都要从景宁当前的实际出发。必须承认，现在束缚和制约经济发展、生产力解放的条条框框很多，也很硬，包括土地、资源、环保、融资等各类事项的准入门槛、审批程序、限制环节较多。但在协调解决各类实际问题中，不能机械地照搬照套，要敢于冲破条条框框的制约和束缚，大胆闯、放胆干，要学会变通、学会绕行，使复杂的事情简单化、繁杂的环节直通化。马克思有一句话：“我们丢掉的是枷锁和锁链，我们得到的是幸福和自由”。我们要借过来讲，我们丢掉的是贫穷落后，得到的是富民强县。

三、全面提升党的建设科学化水平，为完成全年工作目标提供坚强组织保障

“政治路线确定以后，干部就是决定因素。”完成今年县委、县政府提出的各项目标任务，关键是要加强和改善党的领导。重点要抓好三个方面的工作：

（一）全面加强干部队伍建设。开好县“两会”，组织好县级人大、政府、政协换届选举，确保组织意图落到实处，确保换届风清气正，确保换届选举圆满成功。换届后，要及时把重点转到加强各级领导班子建设上来。坚持党代会报告提出的“优秀干部到基层去，领导干部从基层来”“吃苦者吃香、有为者有位”的用人导向，选优配齐乡镇、部门领导班子，大力选拔和培养能破解难题、能操作到位、能有管用办法的“三能型”领导干部，同时，要加大竞争性选拔干部工作，让优秀干部通过“双推双考”脱颖而出。全面落实基层党建工作责任制，继续加强服务型基层党组织建设，特别是要进一步加强以村党组织书记为重点的干部队伍建设。今天村支部书记都参加了会议，大家长年累月工作生活在基层，工作很辛苦，待遇也不高，但是发挥的作用却很大，党的各项政策靠你们去落实，各种复杂矛盾靠你们去解决。对大家的艰辛，县委是非常理解的，对大家的工作，县委也是充分肯定的。借此机会我想对农村干部特别是村支部书记多说几句，给大家提几点希望和要求，具体来说就是要努力当好“四型书记”：①理思路，促发展，当好“致富型书记”。要把致富群众、强村富民作为首要职责，千方百计发展经济、致富群众。②搞服务，办实事，当好“贴心型书记”。群众难免会遇到些一家一户解决不了或解决不好的问题，如生产技术难题如何解决、生产资金从哪里筹集、农副产品向哪里销售等。大家要围绕解决这些群众切身利益的问题，多想办法，多动脑筋，多提供服务。③保稳定，正村风，当好“平安型书记”。只有“安居”，才能“乐业”。没有农村的稳定，发展就没有保障。农村党支部书记在维护稳定中肩负着重大责任，发挥着不可替代的作用。④抓班子，带队伍，当好“领航型书记”。过去讲，“村看村，户看户，群众看党员，党员看支部”。村支部书记是农村基层组织建设的第一责任人，要认真抓好班子建设，搞好农村党员的教育管理，搞好发展党员和后备干部培养工作。

（二）着力加强干部教育培训。胡锦涛总书记曾指出：“各级领导干部必须明白，现在社会主义各方面的发展日新月异，人民群众的实践创造丰富多彩，不学习，不坚持学习，不刻苦学习，势必会落伍，势必会难以胜任我们所肩负的重大职责。”当前，我们要主导新一轮的发展，从哪儿抓起？那就要按总书记强调的从注重学习导向抓起。要始终把加强干部教育培训，提升干部素质作为一项事关全局的战略性、基础性工作来抓，着手组织开展新一轮大规模轮训，给全县干部“洗脑充电”，引导各级领导干部换脑筋、转观念、强素质。县委组织部要制定好总体轮训规划和年度计划，分期、分批、多渠道、多形式组合推进。要积极探索干部学用结合的新途径、新方法，开辟多种渠道，采取多种载体，对各级各类干部进行立体式的综合培训。具体方式如：一是不断完善各级党委理论中心组和支部定期学习制度；二是坚持定期或不定期地举办“学习论坛”，围绕领导干部市场经济知识、现代科技和管理知识等内容，开展系列专题讲座，邀请一些专家学者到景宁来讲课；三是选送干部到省市参加各类培训和学习班；四是组织干部到发达地区开展考察调研；五是有针对性地开展一些专题研讨活动等。

（三）不断深化干部作风建设。干部队伍作风好坏关系人心向背，关系事业成败。新的一年里，要以思想建设为抓手，以制度建设为根本，以严格举措为保障，全面深化干部作风建设。具体来说要构筑“三个三”的作风保障体系：

1.营造“三个氛围”。思想政治建设是干部作风建设的灵魂，面对繁重的发展任务，我们要着力引导广大党员干部讲党性、重品行、作表率，在全县上下营造以下“三个氛围”。一是勤政务实。古人讲：“政如农工，日夜思之，思其始而成其终。”意思是说，为政之道要像农民种地，从春种一直到秋收，都要耕耘不止，不分春夏，不分昼夜，尽职尽责，这是对公职人员的起码要求。当前，面对艰巨的发展任务，我们要着力解决少数干部职工中存在的工作没有激情、办事拖拉、思想浮躁等突出问题，以治庸提能力、以治懒增效益、以治散正风气，着力营造勤政务实的工作氛围，在各级干部中形成会干事、干实事、创新路、出实绩的良好风气。具体要做到“两多两少”：既多一些责任心和事业心，少一些形式主义、功利主义。当前，特别是要按照省委的决策部署，认真组织开展好以“进村入企、助推发展、强化服务”为主要内容的大走访活动，推动各级干部下基层、访民情、办实事、抓落实，为经济建设和社会稳定提供保障。县委办已就此活动发文，希望全县各级领导干部抓好落实。二是创先争优。以“深化创先争优活动、迎接中共十八大胜利召开”为主题，建立健全创先争优长效机制，更加注重把活动与中心工作融为一体。具体要做到“两比、两争”：既全县干部要比学习、比工作，争先进、争一流，努力让景宁各项工作走在全国民族自治县前列。三是健康情操。具体要做到“三远离、三亲近”：远离牌桌、酒桌、歌舞厅，亲近书桌、球桌、大自然。孔子曰“风成于上，俗形于下。”领导干部生活情趣是否健康，精神追求是否高尚，对社会公众具有导向示范作用。现在有些干部认为，生活情趣是个人私事，是小节，没有必要对此大惊小怪、小题大做。但正如胡锦涛总书记指出：“领导干部有什么样的生活情趣、生活格调和生活品位，可以从一个侧面反映他们的世界观、人生观和价值观。”一个在小事、小节上过不了关的领导干部，很难在大事大节上过得硬。毛泽东同志讲过：要做“一个高尚的人，一个纯粹的人，一个有道德的人，一个脱离了低级趣味的人，一个有益于人民的人”。怎样才算脱离了低级趣味？那就是要注重培养健康的生活情趣，保持高尚的精神追求。作为领导干部，必要的公务性应酬可以理解，但必须要有度、有节制，我们要时刻检点自己生活的方方面面，少一些低级趣味和庸俗思想，始终做到克己慎行。

2.建立“三项制度”。坚持以制度严格管理干部。一是责任制。今年县委、县政府制定目标考核办法要突出重点项目、重大事项和重要责任，一般性日常工作尽量不纳入目标，删繁就简，明确重点，细化量化，便于考核。各乡镇、各部门都要围绕县委、县政府的重大部署、主要考核指标、中心工作，结合各自职责尽快分解落实到班子成员、科室和个人，做到人人头上有指标，件件工作有着落，真正形成一级抓一级，一级带一级，一级促一级、层层抓落实的工作格局。二是承诺制。“两会”后，所有县级干部都要对自己分管的工作、所联系的乡镇、重点项目、重点产业，每一件工作抓到什么标准、哪个阶段干到什么程度，什么时候完成逐一列出具体的“承诺书”，向县委报备，并通过电视台公开向社会承诺，乡镇和县直部门的领导干部也要在向县考核办、“两办”督查室报备的同时，通过会议、报纸等形式公开承诺。如果你认为干不了，不敢承诺、不敢担当，一味强调客观，认为完不成，可以主动提出辞职。三是问责制。要在全面建立工作责任制、承诺制的基础上推行严格的问责制，县委、县政府将制定问责办法，分阶段对履行承诺情况进行督查评估，年底综合进行考核，对乡镇部门位次靠前的进行表彰奖励，对位次靠后或者未完成目标任务的乡镇部门进行问责。同时要下决心严肃查处一批玩忽职守、失职渎职、不作为乱作为的反面典型。

3.推行“三项举措”。一是台账管理。县委考核办、“两办”督查室要围绕这次会议确定的重点工作、重大项目建立台账，明晰任务目标、工作标准、节点安排、目的效果、完成时限，明晰责任人的责任,编制成册,作为全年督导的重中之重,凡是县委、县政府确定的重点工作、重点项目、重点批件,都要列入台账督查范围,实行“年初建帐、每季查账、年底要账”。二是张榜公布。要按照工作台账定期不定期督查各级各部门工作台账的落实情况,每季度对完成情况结果进行汇总,并进行评估打分、排出名次,然后在县府大楼进行张榜公布。三是约谈帮助。县纪委要制定出台《党政领导班子主要负责人作风建设约谈制度》,对于责任不落实、工作不得力,完不成承诺事项或者工作形象进度迟缓、排名多次靠后的乡镇或部门,县委将与相关责任人进行约谈,听取被谈者就有关问题的解释和说明,提出注意事项和整改要求,帮助他们改进提高。

同志们,景宁全面加快科学发展的征程已经启航,新一轮赶超跨越的冲锋号角已经吹响。让我们在中央及省、市党委政府的坚强领导下,以更加昂扬的斗志、更加饱满的热情,抢抓机遇,攻坚克难,奋力开创经济社会又好又快发展新局面,力争以优异的成绩迎接中共十八大胜利召开!

政府工作报告

——在景宁畲族自治县第七届人民代表大会第五次会议上

景宁畲族自治县县长 钟昌明

2011年2月24日

各位代表:

现在,我代表自治县人民政府向大会作政府工作报告,请各位代表对报告和《景宁畲族自治县国民经济和社会发展第十二个五年规划纲要(草案)》一并进行审议,并请各位政协委员和其他列席人员提出意见。

一、"十一五"规划执行情况

2006年到2010年的第十一个五年规划时期,是景宁经济综合实力上升最快、城乡面貌变化最大、群众实惠得到最多的重要历史时期。五年来,在上级党委、政府和中共景宁畲族自治县委的坚强领导下,在自治县人大及其常委会和政协的监督、支持下,我们以党的十七大和十七届三中、四中、五中全会精神为指导,认真贯彻落实科学发展观,深入实施县委"一三四八"发展战略,紧紧依靠全县人民,攻坚克难,开拓创新,积极应对雨雪冰冻灾害、国际金融危机等严峻挑战,全力加快各项"补课""赶趟"步伐,较好地完成了"十一五"规划确定的目标任务,为建设全面小康奠定了坚实基础。

全县地区生产总值从2005年的14.7亿元增长到2010年的26.64亿元,年均增长8.9%;人均地区生产总值从9700元增长到20000元;财政总收入从1.56亿元增长到3.8亿元,地方财政收入从9300万元增长到2.24亿元,两项收入均翻了一番;农村居民人均纯收入从3292元提高到6202元,城镇居民人均可支配收入从10830元提高到17901元;五年累计完成固定资产投资67亿元,大大超过设县至"十五"末21年40.2亿元的投资总额;县域经济基本竞争力在全国2001个县中排名从2005年的1163位上升到2009年的839位,在120个民族自治县中排名从28位上升到13位。

"十一五"的五年,是我县奋力拓展发展平台,生态产业加快发展的五年。五年来,我们坚持立足实际,想方设法拓展产业发展平台,产业发展思路更加清晰,生态产业体系初步形成,三次产业结构从22:34:44调整为16.5:38.2:45.3。一产上,农业产业区域布局更加合理。大力实施农业产业扶持政策,积极推进惠明茶、毛竹、食用菌、高山蔬菜、中药材、油茶等优势产业发展壮大,五年新开发惠明茶基地1.2万亩,建设竹林道153公里,发展优质高山蔬菜2.8万亩。加强农业龙头企业和农民专业合作社建设,新增省级以上农业龙头企业2家,农民专业合作社280

家，农业组织化程度进一步提高。加大农产品品牌建设力度，惠明茶再次获得“浙江省十大名茶”称号并在上海世博会获得金奖，我县荣获“中华茶文化之乡”“中国名茶之乡”等称号。二产上，通过五年努力，我县进入了可供工业用地最多的历史时期。我们致力拓展工业发展平台，快速推进丽景民族工业园建设，积极探索异地工业发展新模式。全面推进城北110千伏变电所工业区块、外舍王金垟复合产业区块以及东坑等乡镇工业功能区开发建设。澄照佃源区块列入浙江省低丘缓坡重点区块开发规划。强化企业帮扶和技术创新，水电业、农林产品加工、生物医药等生态工业加快发展，来料加工规模日益壮大。三产上，初步形成以畲族风情旅游业为主导的现代服务业体系。切实加大对景区建设的投入，成功创建“中国畲乡之窗”“云中大漈”两个国家AAAA级旅游景区。积极推进畲族文化与旅游业的融合发展，我县获得“中国国际旅游文化目的地”“中国最佳民族风情旅游名县”等称号，“中国畲乡之窗”景区被评为浙江省非物质文化遗产旅游经典景区。出台加快民族总部经济发展的意见，引进了娃哈哈集团的两家销售公司和一家投资公司。商贸物流、房地产、金融等现代服务业健康发展。

“十一五”的五年，是我县着力加强项目建设，基础设施不断完善的五年。五年来，我们坚持抢抓机遇，多方筹集资金，着力加快基础设施“补课”步伐，城乡面貌日新月异，人居环境明显改善。突出城乡规划的引领作用，先后完成县域总体规划、新一轮土地利用总体规划、主体功能区规划等一系列重点规划的编制工作。全面开展县城建设，先后完成外舍防护工程(一期)、城南旧城拆迁、人民南路拓宽、环城东路贯通、污水处理厂、垃圾填埋场、复兴西路立面改造和殡仪馆迁建等重大工程的建设，新建正达阳光城、石印山住宅小区，启动人民北路拓宽、鹤溪中路立面改造、双后降农民公寓安置小区等工程建设，县城建成区面积达到2.75平方公里，城镇化率达到39%，成功创建省级卫生县城、省级文明县城，顺利申报中国历史文化名镇。出台加快中心镇培育和美丽乡村·魅力畲寨建设的意见，深入推进重点村整治，五年开展村庄整治169个，实施农村危旧房改造7845户，新建下山移民安置小区17个，完成农民异地转移2724户10714人。交通项目建设取得丰硕成果，五年来，我们启动了云景高速公路建设，全面完成景青公路复建、大顺至大港头公路、库区码头及库区通村公路的建设，完成所有乡道的砂石路面改造，基本完成新农村公路建设，行政村等级公路通达率和硬化率分别达到97%、92%。水利项目建设有序推进，实施千万农民饮用水工程，累计解决和改善9.9万人的饮用水问题，狠抓千库保安、万里清水河道、城南堤防、大均堤防等水利工程建设，防洪防汛体系进一步完善。大力推进土地整理开发和建设用地复垦，五年新增耕地2.5万亩。有序推进农村电网改造，完成220千伏输变电工程建设，电力输出瓶颈制约得到有效破解。完成“数字城管”和县城社会治安防控系统建设，移动通信网络覆盖面进一步扩大。积极推进电子政务系统建设，政府系统基本实现无纸化办公。

“十一五”的五年，是我县致力推进民生改善，公共服务稳步提升的五年。五年来，我们按照“学有所教、劳有所得、病有所医、老有所养、住有所居”的要求，加大民生事业投入，基本公共服务均等化水平明显提高。坚持优先发展教育，成功创建省级教育强县。先后完成景宁中学、民族小学、民族中学、实验幼儿园新建工程和城北中学扩建、职业高中、实验一小迁建工程，全县学校建筑面积比2005年翻了一番,高中生、初中生、小学生在县城学校就读的比例分别达到100%、85%和79.6%。全面实行免费义务教育,积极推进校舍安全改造、教育教学质量提升、学生周末班车、困难学生救助等工程。出台全国畲族文化发展基地建设纲要,制定《景宁畲族自治县民族民间文化保护条例》,积极开展省级文化先进县创建活动,全面推进全国畲族文化发展基地建设。建成集博物馆、图书馆、文化馆于一体的畲族文化中心,全面推进乡镇综合文化站建设,完成电视“村村通”和广播“村村响”工程。坚持办好“中国畲乡三月三”节庆活动,深入实施文化惠民工程,积极开展非物质文化遗产保护,我县被文化部命名为“中国民间文化艺术之乡”,被文化厅命名为“畲族山歌之乡”“廊桥之乡”。深入推进医药卫生体制改革,新建卫生监督综合大楼,完成县医院住院楼改造,乡镇卫生院全部转型为城乡社区卫生服务机构,在全省率先实施国家基本药物制度,有效开展甲型H1N1流感等传染性疾病的防控工作,城乡公共卫生和医疗卫生服务体系进一步健全。认真实施人口和计划生育“标创”工程,全面开展免费婚检和孕检,人口自然增长率控制在7.5‰以内,出生人口素质继续提高,人口和计划生育工作实现在全市考核中“移位争先”目标。加快科技体制创新,科技特派员作用得到有效发挥,第一轮科技富民强县专项行动计划项目顺利通过科技部验收,有效带动了茶叶等传统产业的改造提升。高度重视就业创业工作,就业培训和就业援助力度继续加大,就业服务体系进一步健全,城镇登记失业率控制在3.9%以内。着力完善社会保障体系,全面实施城乡居民养老保险和医疗保险制度,全县21336位符合条件的城乡居民领取到每月60元的基础养老金。全面实施城镇职工社会保险“五费合征”,五年新增各类保险参保人数25196位。努力创造各种条件,有效解决城镇部分未参保职工的基本养老保险问题。启动全省保险服务社会民生试点工作,全面推进政策性农村住房保险、农业保险、自然灾害公众责任保险和林木火灾保险,被征地农民基本生活保险实现“即征即保”。全面实施“农民增收六大目标”工程,通过产业帮扶、低保扩面等途径,全县10923户30735位低收入农户年收入达到2500元以上。编制民族村经济社会发展规划,全力加快少数民族群众增收步伐。完善最低生活保障标准自然增长机制,健全困难群众分层分类救助办法,农村“五保”和城镇“三无”对象集中供养率稳定在88%以上。高度重视住房低保问题,完成194套限价商品房和第一期60套廉租住房的分配,启动第二期120套廉租住房建设,落实了离休干部、正副县级和高级职称退休干部的货币分房政策。深入开展“平安景宁”建设,严格落实信访工作责任制,全面推进公安机关“三基”工程和其他应急体系建设,着力抓好社会矛盾化解、社会管理创新和公正廉洁执法三项重点工作,圆满完成北京奥运会、上海世博会、国庆60周年活动等重点时段的安保任务,有效开展校园安保工作,妥善处置了两起非法吸收公众存款案件,社会保持和谐稳定。继续加强安全生产、食品药品、质量安全及防汛抗旱、森林防火、动植物疫病防控等工作,有效维护人民群众的生命财产安全。与此同时,国防动员、双拥、人防、宗教、外事、统计、档案、地方志、气象、慈善、工会、红十字等各项工作取得了新进展,残疾人、老年人、妇女、未成年人等各类群体的权益得到新保障。

“十一五”的五年,是我县倾情滩坑电站移民,库区发展翻开新篇章的五年。我们坚持举全县之力,有序动员和组织库区

20980位群众依法移民，全面完成滩坑电站移民这一艰巨的政治任务。切实抓好鹤溪浮丘、澄照三石、九龙等移民安置点建设，圆满完成5008人的县内安置任务。广大移民“舍小家顾大家”，主动融入安置地，库区移民工作基本实现“迁得出、安得下、稳得住、逐步能致富”目标。全面推进库区复建工作，相继完成渤海、九龙两个集镇复建，统筹推进库周交通、水利、教育、卫生、广电、通讯等基础设施复建工程，库区面貌焕然一新。完成库区乡镇行政区划调整，组建千峡湖库区开发管理处，编制库区经济社会发展规划和库区旅游、渔业可持续发展规划，推动库区经济社会加快发展。深入实施大中型水库移民后期扶持政策，积极推进水库移民增收致富。

“十一五”的五年，是我县坚持生态建设优先，环境优势日益显现的五年。五年来，我们坚持把生态建设放在突出位置，成功创建省级生态县，生态环境质量综合指标继续保持全国前列，有效实现了经济发展与环境保护的“双赢”。积极开展生态乡镇创建，先后建成国家级生态乡镇1个、省级生态乡镇17个、市级生态乡镇17个。在全省率先开展小水电CDM项目申报工作，积极推广使用沼气、太阳能等清洁能源，农村清洁能源使用率达到41%，我县获得“国家绿色能源示范县”称号。望东垟高山湿地成功申报为省级自然保护区，九龙省级地质公园建设有序推进，省级以上生态公益林面积达到129万亩，全县森林覆盖率77.9%。认真实施“811”环境保护、循环经济“991”行动计划，全面开展“治砂、治水、治矿、治林”等行动，扎实开展“两沿四区”坟墓和千峡湖库区生态环境整治，严厉打击环境违法行为。深入实施“农村环境五整治一提高”工程，先后完成景南、东坑、沙湾等18处污水处理设施建设，全面推行垃圾集中收集处理，城乡垃圾集中收集处理率达到93.7%，80%以上农户完成厕所改造的行政村达到114个。加强龙潭桥水库饮用水水源保护，全面推进县城污水收集管网建设，城乡污水处理率达到67.2%。认真抓好节能减排工作，二氧化硫、化学需氧量和单位GDP综合能耗均完成上级下达的“十一五”任务。

“十一五”的五年，是我县深化体制机制改革，发展活力显著增强的五年。五年来，我们充分利用自治县特殊的政策优势，积极争取上级党委、政府及各部门的政策、项目和资金扶持，为经济社会发展注入了强大的外部推力。不断深化经济体制改革，出台加快农村土地林地流转和深化集体林权制度改革的实施意见，全面推行工业用地招拍挂、采矿权公开出让等制度，有效发挥市场在资源配置中的基础性作用。组建了国资、城发、交通、旅游和丽景民族工业园投资发展公司，促进了国有资产的保值增值，为政府投资项目融资发挥了重要作用。先后完成县木材公司、林业总场、景宁宾馆等国有企事业单位的改革和改制工作。着力推进行政管理体制改革，政府的社会管理与公共服务职能进一步强化。深入推进“五五”普法教育，全面贯彻行政许可法和依法行政实施纲要，进一步健全重大事项集体决策、专家咨询、社会公示和听证等制度，建立首问责任制和责任追究制，主动接受人大及其常委会的法律监督和工作监督，自觉接受政协民主监督和社会各界的广泛监督，强化政府内部层级监督，政府依法行政水平逐年提高。完成新一轮乡镇政府机构改革，乡镇政府实现“零负债”。继续推进行政审批制度改革，完成扩权强县及“两集中两到位”行政审批职能归并改革。全面深化财政体制改革，健全部门预算、财政支出绩效评价和政府投资项目绩效审计等制度，优化财政支出结构，财政资金使用效益稳步提高。积极开展农村信用体系建设，完成全县所有农户的信用等级评定工作。全面完成公务员“阳光工资”和义务教育学校、公共卫生与基层医疗卫生单位绩效工资改革。着力加强机构编制实名制管理，不断规范机关事业单位编外用工行为。认真贯彻《中国共产党党员领导干部廉洁从政若干准则》，严格执行党风廉政建设责任制，严肃查处了一批腐败案件。

特别是刚刚过去的2010年，我们在县委的正确领导下，根据“和谐推进年”的部署和要求，围绕“攻坚冲刺与构建和谐”两大任务，审时度势抓机遇，千方百计破难题，攻坚克难促发展，经济社会继续保持良好发展势头，县七届人大四次会议确定的年度目标全面实现，十件实事全面完成。全县地区生产总值比2009年增长12.2%，财政总收入增长35.2%，地方财政收入增长31.7%，全社会固定资产投资增长17.3%，社会消费品零售总额增长17.8%，外贸自营出口增长115%，农村居民人均纯收入名义增长14%，城镇居民人均可支配收入名义增长10.8%。

一年来，我们重点抓了以下几方面工作。一是加快产业发展。出台加快粮食生产功能区和现代农业综合区建设的意见，启动了鹤澄、大东景两个省级现代农业综合区建设，积极推进生态农业加快发展。全面完成丽景民族工业园一期场地平整工程，二期工程正式开工，成功签约36万吨石头纸、30万吨精铜深加工两个大型项目。王金垟复合产业区块完成首块土地挂牌出让。成功创建“云中大漈”国家AAAA级旅游景区，启动环敕木山畲族风情旅游度假区、西汇民族风情度假村建设前期工作，全年共接待游客175万人次，实现旅游收入7.3亿元，分别比上年增长31.2%、32.2%。二是狠抓项目推进。积极开展“重点建设项目百日攻坚行动”，外舍新区道路网一期、鹤溪大酒店等重点项目超额完成年度投资计划，52省道岚头岭至汇田大桥段改建、交见圩至龙泉叶村公路等重大建设项目实现开工，20个重点建设项目完成投资10.8亿元。大均以上流域水电梯级开发、公安业务用房等项目前期工作取得重大进展。三是致力城乡统筹。认真抓好农村“135”工程，建设省级中心村4个、市级中心村11个、生态文明村57个，转化后进村22个，整治村庄45个，启动旧村改造16个，完成危旧房改造3951户。抓好县城和中心镇建设，完成了环城东路北段延伸、孔庙维修、廊桥修建等工程，加快推进鹤溪北路延伸和景观带、供水管网改造等工程建设，城镇功能进一步提升。四是突出民生改善。完成群众增收致富奔小康三年规划，加快低收入农户增收致富步伐。出台深化少数民族经济社会发展扶持工作的意见，推动民族经济加快发展。制订推进义务教育均衡发展和促进学前教育加快发展的实施意见，及时启动教育集团化办学改革。成功举办全省首届体育大会“民族体育大联欢”活动，有线电视数字化整体转换工作走在全市前列。有序推进乡镇卫生服务一体化管理和“管办分离”、县医院创二甲等工作。深化林权制度改革，年末林权抵押贷款余额达到1.65亿元。全面完成“金融服务网点空白乡镇全覆盖”工程，积极开展“银行卡助农取款服务”试点，努力满足农村居民的基本金融服务需求。依法推进村级换届选举，切实加强农村集体“三资”管理。继续加强民主法制建设，我县荣获首批“全国法治县创建活动先进单位”称号。全面实施“365安全生产行动计划”，安全生产形势继续稳定好转。

各位代表，“十一五”取得的成绩来之不易，积累的经验弥足珍贵。回顾已经过去的五年，我们的各项工作之所以取得显著成效，关键在于始终坚持科学发展的主题不动摇，深入实施“一三四八”发展战略，全面推进经济社会追赶超越；关键在于始终坚持“五个发展”的思路不动摇，积极争取上级党委、政府及各方面的大力支持，实现内生发展与借力发展的统一；关键在于始终坚持艰苦奋斗、静心打基础的精神不动摇，着力破解要素制约，不断优化发展环境；关键在于始终坚持推动各民族共同团结奋斗、共同繁荣发展不动摇，积极发展新型民族关系，不断巩固“畲汉一家亲”良好局面；关键在于始终坚持以人为本的理念不动摇，不断推进民生社会事业发展，各项工作在广大干部群众的理解支持下和谐推进。

各位代表，过去的五年是很不平凡的五年，是景宁提速升位、快速崛起的五年，是“补课”“赶趟”、夯实基础的五年，是倾情民生、惠泽民众的五年，是弘扬正气、政通人和的五年，是强基固本、活力迸发的五年，也是民族和睦、“畲汉一家亲”不断巩固的五年。五年来，我们面对低温雨雪冰冻、超强台风等自然灾害的严峻考验，面对国际金融危机的严重冲击，面对发展要素的长期制约，全县人民在上级党委、政府和县委的坚强领导下，提振精神，鼓足干劲，同心同德，奋勇开拓，开启了借力发展的新时代，区位条件明显改善，空间制约逐步打破，经济社会发展实现了新跨越。在此，我代表自治县人民政府，向各位代表和委员，向奋战在全县各条战线的干部群众，向驻景部队官兵、离退休老干部，向所有关心支持我县发展的各界人士，表示衷心的感谢并致以崇高的敬意！

过去五年取得的成绩令人鼓舞，但我们也十分清醒地看到，我县经济社会发展过程中还面临诸多矛盾和问题。主要是：发展平台和资源环境等要素性、功能性、结构性矛盾仍然比较突出，保持经济平稳健康运行、推动经济发展方式转变难度不小；农村基础设施相对落后，农业产业化经营程度不高，农民增收难问题还没有得到有效破解；各项社会事业发展的基础仍然薄弱，教育、卫生、住房、社保等工作与群众需求仍然存在一定差距；城镇功能需要加快完善，集聚能力亟待提高；政府工作仍然存在不足，一些干部的责任意识、创新意识有待增强。对于上述问题，我们一定高度重视，采取切实有效措施，在今后工作中努力加以解决。

二、关于“十二五”规划纲要(草案)的说明

“十二五”(2011—2015)的五年，是景宁抢抓机遇，继续“补课”“赶趟”，推进新一轮跨越发展的重要五年，也是加快转变经济发展方式、实现“三大目标”并努力走在前列的攻坚五年。

提交本次会议审议的《纲要(草案)》在认真总结我县“十一五”发展成果的基础上，深入分析了“十二五”时期的宏观形势，进一步确立了“十二五”经济社会发展的战略目标与思路，明确提出了今后五年我县经济社会发展的主要任务和工作重点。

(一)“十二五”发展的指导思想和主要目标

《纲要(草案)》指出，未来五年，全球经济格局深刻调整但恢复增长的总体势头不变，我国将通过加快转变经济发展方式从而提高发展的全面性、协调性、可持续性，我省明确提出“科学发展走在前列，惠及全省人民的小康社会全面建成”的总体发展目标，我市将奋力推进“三大跨越”。在外部环境全面向好的大背景下，依托“十一五”期间我县在交通能源、集聚发展、借力发展等方面打下的坚实基础，只要我们紧紧抓住“十二五”的重要战略机遇期，创新发展，乘势而上，就一定能在新的起点上继续推进科学发展，实现经济社会新跨越。(下转第三版)

在认真分析机遇与挑战的

基础上，围绕习近平副主席和省委、省政府对我县提出的“三个走在前列”和“三大目标”要求，《纲要（草案）》提出“十二五”时期我县经济社会发展的指导思想是：高举中国特色社会主义伟大旗帜，以邓小平理论和“三个代表”重要思想为指导，全面贯彻落实科学发展观，深刻把握省委“八八战略”“两创”总战略和市委“三市并举”发展战略，深入实施县委“一三四八”发展战略，更加注重生态文明建设，继续推进集聚发展、错位发展、借力发展、创新发展、和谐发展，突出产业培育、着力民生改善，实现“三大目标”，构建“安康幸福、景秀人宁”中国新畲乡，努力在推动科学发展、促进社会和谐、增进民族团结上走在全国民族自治县前列。

《纲要（草案）》明确了今后五年我县经济社会发展的总体目标是：实现“四个更加”“三个翻番”“两个超百亿”“一个确保”。具体来说，“四个更加”指的是经济基础更加厚实，人民生活更加殷实，畲乡文化更加繁荣，生态环境更加优美；“三个翻番”指的是地区生产总值、城乡居民收入和地方财政收入实现翻番；“两个超百亿”指的是全社会固定资产投资五年累计和工业总产值分别达到100亿元以上；“一个确保”指的是确保与全省同步实现全面小康。

根据这一指导思想和总体目标，《纲要（草案）》提出“十二五”时期我县经济社会发展的主要目标是：

——经济基础更加厚实。经济实力显著提升，产业结构不断优化，民族特色产业加快兴起，科技创新能力不断增强，财政收入加快增长。至2015年，地区生产总值年均增长11%左右，达到50亿元，人均地区生产总值达到35000元，三次产业结构调整为12∶46∶42，地方财政收入年均增长18%，达到5亿元，全社会固定资产投资五年累计100亿元以上，工业总产值100亿元以上。

——人民生活更加殷实。城乡居民生产生活条件继续改善，收入与地区生产总值同步增长，收入分配更趋合理，城乡居民收入差距逐步缩小，低收入农户明显增收，民生事业支出持续增加，社会保障能力全面提升。至2015年，城镇居民人均可支配收入和农村居民人均纯收入分别达到32000元和12000元，除低保户、五保户外，90%的低收入农户人均纯收入超过4000元。人口自然增长率控制在7.5‰以内，城镇登记失业率控制在4%以内，城镇化率达到50%。

——畲乡文化更加繁荣。建成全国畲族文化发展基地，“神奇畲乡、秀美山水、休闲胜地”的城市品位更加突出，文化基础设施渐趋完善，畲乡文化事业更加繁荣，畲乡风情旅游等文化产业加快发展，畲乡文化品牌更具影响力，文化软实力明显增强。至2015年，文化产业增加值占GDP比重达5%，建成美丽乡村·魅力畲寨52个。

——生态环境更加优美。生态建设水平日益提高，循环经济加快发展，资源能源利用效率逐步提升，生态屏障功能不断增强，生态环境质量保持全国前列，全面完成节能减排指标，建成国家级生态县。至2015年，森林覆盖率达到80%，城乡生活垃圾收集处理率达到95%，城乡生活污水处理率达到80%。

（二）“十二五”发展的主要任务

《纲要（草案）》对今后五年我县经济社会发展作出了全面部署，提出了八个方面的工作任务和政策措施。

1.加快城乡统筹，建设美丽畲乡。

加快城乡统筹发展是建设全面小康的关键。《纲要（草案）》指出，要积极优化空间发展布局，逐步构建“一城三片”的经济社会发展格局，促进资源配置效益最大化、公共服务均等化和生态优势产业化。以老城区改造和外舍新区建设为重点，继续加快道路网、排水网、排污网、供电网、通讯网建设，逐步拉开“一城两区”发展框架。抓好各项市政工程建设，强化城市管理，不断强化县城人口集聚、旅游服务、产业发展等各方面功能，努力打造宜居、宜业、宜游的特色小城市。要加强中心镇建设，着力培育沙湾活力小镇、东坑生态小镇、英川风情小镇、渤海滨湖小镇，引导生产要素向中心镇集聚、人口向中心镇集中。按照主体功能区定位，积极推进东北片库区经济、东南片旅游经济、西南片农业经济协调发展。突出抓好群众增收致富奔小康工程和美丽乡村·魅力畲寨建设，不断推进农民增收与农村和谐。

2.发展生态产业，推进转型升级。

产业振兴是经济社会发展的前提与基础，也是实现富民强县的根本。为此，《纲要(草案)》把产业培育作为“十二五”发展的重点，提出要立足现有优势，坚持“提升一产、壮大二产、发展三产”的基本思路，加快转变经济发展方式，努力在扩张中转型、在转型中提升、在提升中跨越，构建富有特色的生态产业体系。推进农业集聚发展，突出抓好粮食生产功能区和鹤溪、大东景、千峡湖、沙川等4个省级现代农业综合区建设，继续加强惠明茶、毛竹、食用菌、高山蔬菜、油茶、中药材等优势产业的培育。按照“内优外拓、内外并重、错位发展、做大总量”的思路，全力抓好丽景民族工业园建设，做好景宁经济开发区、城北110千伏变电所工业区块以及东坑等乡镇工业功能区建设，积极探索澄照佃源工业功能区开发机制。更加重视选商引资工作，充分利用县内外资金，积极培育生物医药、畲医畲药等战略性新兴产业，发展壮大绿色食品加工和竹木制品加工业，优化提升水电、金属加工等产业，努力培育特色鲜明、效益良好、生态和谐的工业产业体系。着力加快民族总部经济发展，努力使总部经济成为服务业发展的新亮点。加快发展商贸物流业，积极发展金融、房地产等服务业。

3.发展民族生态旅游，打造旅游强县。

旅游业是我县最具潜力的产业，也是“十二五”产业发展的重点。《纲要(草案)》明确提出，要依托资源优势，把旅游业培育成为富民强县的主导产业和服务业发展的龙头产业。按照“景宁就是一个大景区”的理念和“一环两沿三区”的旅游区域布局，认真抓好旅游目的地规划，继续加强重点景区建设，完善通景公路等旅游基础设施，提高旅游接待能力。以打造“中国畲乡”旅游大品牌为目标，积极推进畲族文化与旅游业融合发展，不断提升旅游业发展内涵。创新旅游发展机制，探索景区运营管理模式，抓好旅游商品开发，积极发展旅游配套产业。加快精品旅游线路建设，扩大营销网络，加大促销力度，努力形成稳定持续的客源市场。

4.弘扬畲乡文化，创建文化基地。

畲族文化是中华文化的瑰宝，建设全国畲族文化发展基地是我县“十二五”的重大战略任务。《纲要(草案)》提出，要着力打造全国畲族文化发展基地，争创全国文化先进县，提升文化对经济社会发展的支撑作用。加强文化基础设施建设，深入推进“一镇、一区、一馆、一街、一园、一宫”等“六个一”文化设施建设。切实抓好畲族服饰、语言、手工艺以及民族体育的传承与推广，进一步加强非物质文化遗产的挖掘、保护。继续加大对公益性文化事业的投入，稳步推进文化事业体制改革，进一步提高公共文化的服务能力和水平，促进群众文化活动深入开展。加快推进文化产业发展，做精做长文化产业链。加强文化市场监管，构建统一开放、竞争有序的文化市场体系。认真打造“中国畲乡三月三”等节庆品牌，搭建文化交流平台，实施文化“走出去”战略，扩大畲乡文化的知名度和影响力。

5.提升公共服务水平，建设和谐社会。

保障和改善民生是政府工作的出发点和落脚点。《纲要（草案）》围绕教育、卫生、社保等方面工作，对推进基本公共服务均等化作出了全面安排。实施教育“十大工程”，推进教育均衡优质发展，争取通过教育现代化评估。继续深化医药卫生体制改革，努力构建覆盖城乡居民的公共卫生体系、医疗服务体系和医疗保障体系，争创省级卫生强县。继续坚持计划生育基本国策，稳定低生育水平，提高出生人口素质。认真抓好就业再就业工作，五年新增城镇就业岗位4000个。全面抓好城乡居民养老保险和医疗保险，逐步建立与我县经济发展水平相适应的社会保障体系。巩固农村“五保”和城镇“三无”对象集中供养成果，坚持城乡最低生活保障增长机制，认真抓好困难救助、社会福利和慈善事业。加强科技人才的培养和引进，推动科技成果转化和应用推广。坚持各民族共同团结奋斗、共同繁荣发展，不断巩固“畲汉一家亲”局面。全面抓好矛盾纠纷排查调处、重大事项社会稳定风险评估、公共安全预防预警、重大突发事件应急处置、食品药品安全监管等机制建设，继续推进“平安景宁”“法治畲乡”建设，维护和谐稳定的大好局面。

6.构建基础设施网络，强化发展支撑。

推进经济社会新跨越，必须继续抓好基础设施建设。为此，《纲要（草案）》提出，要继续加强“综合交通、水利设施、能源供应、信息服务”等四大基础设施网络建设，构建“布局合理、结构优化、设施先进、共建共享”的基础设施网络体系。以构建“一高两纵一横一连四通道”公路交通主骨架为重点，全面完成龙丽温高速公路云景段建设，积极实施省道、县道提升工程，完善县内公路网，提升农村公路通行能力。抓好堤防建设、千库保安、水土保持、清水河道、节水灌溉、城乡供水一体化等水利工程建设，提升防洪抗旱能力。加强能源建设，着力加快大均以上流域水电梯级开发。加快智能电网建设，强化农村电网改造，不断完善输电线路网络。推进互联网、宽带通信网、数字电视网“三网融合”发展，抓好“数字城管”、电子政务网、电子商务网等平台建设，提高信息资源的共享能力。

7.创建国家级生态县，构筑生态屏障。

生态是我县最大的优势，保护生态就是保护长远生产力。为此，《纲要（草案）》提出，要以创建国家级生态县为载体，以节约资源和提高资源利用率为核心，合理开发和保护资源，大力发展低碳经济和循环经济，着力加快经济生态化、生态经济化进程，努力建设资源节约型和环境友好型社会。严格控制高污染、高能耗项目，对重点行业、重点企业排放实施重点监控和治理。推广节电、节水、节地、节材和资源综合利用技术，广泛应用新型建筑材料。加强环保基础设施建设，着力开展环境治理、生态修复和源头保护工作。大力开展植树造林活动，强化公益林管理和保护，加强望东垟、大仰湖溪源湿地群等国家级和省级自然保护区建设，稳步提高森林覆盖率。深入开展绿色创建活动，引导全社会共同行动，完成上级下达的节能减排任务，共建山川秀美、景色怡人的美好家园。

8.加快改革开放，增强发展活力。

改革是发展的动力和源泉。为此，《纲要（草案）》提出，要加快体制机制创新，在深化改革中破解发展难题，在扩大开放中抢抓发展机遇。推进经济领域综合配套改革，建立排污权总量控制、有偿使用和交易制度，落实节能减排考核机制和生态环保基础设施补偿机制，完善工程建设招投标管理、土地使用权出让、产权交易等制度。加快政府行政管理体制改革，完成县级政府机构改革和事业单位分类改革。深入推进部门预算、国库集中支付、政府采购和收支两条线管理改革，加强财政审计监督，提高公共财政使用绩效。积极推进外向型经济发展，主动接受温州和海西经济圈辐射，着力引导“景宁人经济”发展壮大。

三、2011年政府的主要工作

2011年是“十二五”开局之年，也是深入推进群众增收致富奔小康工程和实现“三大目标”的关键之年，做好政府各项工作，实现“十二五”良好开局，意义十分重大。

根据县委七届十一次全会精神，综合分析发展环境和自身条件，建议2011年全县国民经济和社会发展的主要预期目标为：地区生产总值增长11%，财政总收入增长16%，地方财政收入增长12%，全社会固定资产投资增长15%，社会消费品零售总额增长15%，农村居民人均纯收入、城镇居民人均可支配收入分别名义增长13%和10%，城镇登记失业率控制在4%以内，人口自然增长率控制在7‰以内，节能减排完成省市下达的目标任务。

实现上述目标，需要我们继续坚持科学发展不动摇，认真落实县委“乘势突破年”的各项部署和要求，抢抓发展机遇，谋求发展良策，鼓足发展干劲，展现发展成效，确保“十二五”开好局、起好步。

（一）突出产业培育，积极构建生态产业体系

立足现有产业发展基础，着力加快产业平台建设和产业结构调整，积极培育和构建富民强县的生态产业体系。

积极发展生态农业。加强粮食生产功能区建设，完成粮食播种面积12.05万亩，实现粮食总产量4.21万吨。认真抓好鹤澄和大东景省级现代农业综合区建设，发展壮大惠明茶、高山蔬菜等农业主导产业。加强千峡湖渔业发展，积极培育库区主导产业。继续实施兴林富民示范工程，加快农村土地林地流转，加强市场主体培育和营销网络建设，加大品牌宣传力度，提高农业生产经营效益。全年新增省级农业龙头企业1家，市级龙头企业5家。积极推进基层农技推广、动植物疫病防控、农产品质量监管“三位一体”的农业公共服务体系建设，确保农产品质量安全。

培育壮大生态工业。积极推进丽景民族工业园一期工程配套设施建设，完成二期场地平整工程，全力推进农户拆迁安置工作，启动三期工程建设，动工建设水系改造、总部经济中心等工程，力争实现两家投资超亿元企业落地。加快城北110千伏变电所整体搬迁前期工作，完成该工业区块标准厂房建设和第一批企业入园。着力推进王金垟复合产业区块电网、水网等基础设施建设，尽早引进一批投资规模较大、生态效益良好的企业项目。继续抓好东坑等重点乡镇工业功能区建设，优化工业布局。大力改造提升传统产业，积极发展循环工业，逐步淘汰落后产能。

加快发展现代服务业。出台旅游业发展政策，强化旅游招商引资，推动旅游业加快发展。认真抓好环敕木山畲族风情旅游度假区、西汇民族风情度假村、九龙省级地质公园、炉西峡、千峡湖等景区开发，积极开展草鱼塘国家森林公园、望东垟国家级自然保护区的申报工作，并启动望东垟创建国家AAAA级旅游景区工作。深入推进景区运营管理机制创新，提高景区经营管

理水平。着力推进旅行社创强、宾馆饭店创星、从业人员创优等工作，不断加强特色农家乐培育，认真抓好旅游商品开发，全力提升旅游服务接待能力。主动加强与长三角各地、海西经济圈知名旅行社的合作，强化旅游宣传促销，积极开拓旅游市场。编制服务业发展规划，努力做大做强民族总部经济，推进商贸物流、金融服务、中介服务等服务业加快发展。

（二）积极开展美丽乡村·魅力畲寨建设，着力改善农村环境

坚持以农业发展、农民增收、农村和谐为重点，整合资金资源，加大农村投入，扎实推进美丽乡村·魅力畲寨建设。

努力促进农民增收。认真落实各项支农惠农政策，积极拓宽农民增收渠道，努力构筑农民持续增收机制。全面开展群众增收致富奔小康工程，紧紧抓住下山移民、产业发展、结对帮扶等重点，突出项目带动，继续推进省市县三级“部门结对村”“干部结对户”等帮扶活动，努力帮助低收入群众增收。进一步完善激励政策，积极引导农民因地制宜发展特色种养业、农产品加工业，努力增加农民的经营性收入。继续抓好农民技能培训和农村实用人才培训，全年计划培训农民10000人，其中农村“两创”人才培训2000人，就业技能培训2500人，不断提升培训质量，切实增强农民的就业创业能力。继续加强对大中型水库移民的后期扶持，及时启动小型水库移民解困工作，努力推动水库移民增收。

积极改善农村环境。严格落实中心镇培育政策，认真抓好中心镇培育建设，着力引导农民向中心镇、中心村集聚。深入实施农村“135”工程，培育建设中心村11个。认真执行下山移民规划，大力推进农民异地转移。继续开展农村危旧房改造，启动旧村改造8个，改造农村危旧房2000户。紧紧抓住中央加大水利建设的重大机遇，全面加快农田水利、水土保持、农业综合开发等工程建设，着力改善农村居民的生产生活条件。统筹抓好农村公路建设和管理养护工作，积极探索农村客运班车运行机制，加快推进城乡客运一体化发展。

扎实开展魅力畲寨建设。认真编制美丽乡村·魅力畲寨建设规划，重点建设美丽乡村·魅力畲寨10个，基本完成鹤溪敕木山、包凤和东坑马坑3个民族特色村建设，开展鹤溪东弄、渤海安亭和东坑大张坑3个民族特色村建设。以保护传承畲族村落文化为根本，实施特色民居、民族文化保护与发展、特色产业培育、民族团结进步活动创建等“四大工程”，不断丰富民族特色村建设内涵，进一步把民族村丰富的文化资源、生态资源转化为经济优势。加强村规民约建设，建立健全农村建设管理的长效机制。

（三）加强县城建设与管理，不断提升县城功能品位

继续大手笔、大力度推进县城规划与建设，强化县城管理，争创省级森林城市、省级园林城市，进一步完善县城功能，展现县城魅力。

完善县城规划。按照“神奇畲乡、秀美山水、休闲胜地”的城市定位，继续高标准抓好各类规划的编制工作。深化城东、城西区块控制性详细规划，细化城北和外舍新区连接地带近期建设规划。启动畲乡古城一期项目整治、旅游休闲地产、城市燃气和管道燃气、电信基础设施等专项规划的编制工作。做好城北区块高速出口等重点地段的城市设计，完成外舍周边山体利用规划研究、外舍观景台山体概念设计、廊桥西侧自然村落整治方案设计、交通客运中心东侧等地块的方案设计。积极推行“阳光规划”，不断完善规划决策执行制度，切实维护规划的权威性和严肃性。

加快县城建设。按照“拉框架、强功能、创特色、出亮点”的要求，进一步加强市政基础设施建设，全面推进省级森林城市、省级园林城市创建工作，完成鹤溪中路立面改造、规划展览馆、民族青少年宫、供水管网改造等工程建设，开工建设永定桥（暂名）、入城景观公园（塔）、新华路北段延伸、凤凰路、浮丘路延伸和茶山公园等工程，启动石印山公园改造，抓好县城雕塑建设。完成城南旧城拆迁安置房、团结东路安置房建设，抓好金园丽景住宅小区、鑫景商城建设，深入开展城南旧城保护工作，积极推进“城中村”和主要街区的立面改造，注重县城各区块的融合与衔接，提高县城建设品位。

抓好县城管理。坚持建管并举，全面加强城市管理立法工作。积极探索高效的城市管理运作机制，强化城管队伍建设，加大城市监管力度。继续提升“数字城管”功能，切实提高城市信息化管理水平。全面实施洁化、美化、亮化、绿化工程，抓好人民路、鹤溪路、复兴路等主要街道环境卫生和交通秩序整治，努力解决城区“停车难”问题。抓好小区物业管理，提高小区宜居性。加大对违法建设和违法用地的查处力度，严禁私搭乱建。进一步加强社区建设，充分发挥社区在县城管理中的重要作用。

（四）全力抓好项目推进与生态建设，继续增强区域发展后劲

坚持把项目建设作为经济发展的主引擎，坚定不移保生态，持之以恒建项目，切实增强县域经济持续发展的动力。

全力以赴抓项目。加快云景高速公路、52省道岚头岭至汇田大桥段改建、交见圩至龙泉叶村公路改建等工程建设，启动交通客运中心、金钟跨库大桥、汇田大桥至溪口公路改建工程。完成城南堤防、梧桐坑堤防、大均水碓坪河道整治等水利工程建设，开展山塘整治8座，完成渠道改造53公里，解决8700人的饮用水安全问题。完成35千伏鹤溪至东坑输电线路工程建设，加快22个配网工程的建设与改造。统筹推进职业高中改扩建、大漈乡校迁建等工程。着力加快大均以上流域水电梯级开发、56省道景宁段公路改建、庆景青公路大均至交溪口段改建等重大项目的前期工作。

千方百计破制约。坚持向上争取、招商引资、银行融资“三轮驱动”，筹建中国银行景宁支行、村镇合作银行，进一步拓宽招商渠道，创新招商举措，积极引进各种社会资本投入公共事业和产业发展项目建设。实施新一轮土地利用总体规划，坚持节约集约用地，继续推进土地开发和建设用地复垦，及时做好土地预审、农转用和报批工作，进一步理顺征地工作机制，努力破解土地要素制约。加强项目工作队伍建设，努力破解项目人才制约。加强项目风险评估，提高项目决策的科学性。继续开展工程建设领域突出问题专项治理，着力加强对招投标市场的管理。

齐心协力建屏障。严格执行生态功能区规划，积极开展国家级生态县创建，努力建设绿色生态屏障。抓好城乡污水处理设施建设，完成外舍、城南、澄照等5处垃圾中转站建设，启动东坑、渤海、沙湾、英川等4座垃圾填埋场建设。积极开展生态乡镇村创建，新创建国家级生态乡镇1个以上、市级2个以上、县级生态村20个。全面实施“811”生态文明行动方案，认真开展重点行业环境问题整治，进一步加强对工业废弃物的安全监管，严厉打击环境违法行为。继续加强龙潭桥水库饮用水水源和千峡湖水体保护，确保断面水质优良。积极开展林迹地更新复绿、林相改造和林业生态治理，进一步加强林业生态屏障建设。启动农村规模畜禽养殖业环境污

染专项整治，有序开展煤改清洁能源减排工作，降低农村面源污染。积极推进重大节能工程和全民节能行动，大力倡导低碳生活方式。

（五）着力抓好民生社会事业发展，不断提高群众幸福指数

按照“突出重点、量力而行、尽力而为”原则，着力解决涉及群众利益的热点难点问题，努力提升基本公共服务均等化水平。

完善社会保障体系。实施更加积极的就业政策，全年新增城镇就业岗位900个。全面实施城乡居民基本养老保险、基本医疗保险、最低生活保障等制度，健全社会保障体系，逐步扩大各类保险覆盖面，进一步提高统筹层次和保障水平。完善城乡医疗救助制度，加大医疗救助力度。深入推进保险服务社会民生试点工作，全面开展农村住房保险、农业保险、林木火灾保险等各类保险。切实维护企业困难职工、失业人员、残疾人、“空巢老人”“留守儿童”等各类群体的权益。

协调发展社会事业。狠抓公民道德教育，提炼和弘扬新时期畲乡精神，搭建全县人民共有的精神家园。深入开展省级文化先进县创建活动，继续加快乡镇综合文化站建设进度，努力完成孔庙陈展、刘基母亲墓迁移等文保工程建设。积极开展“文化三下乡”活动，举办好“中国畲乡三月三”、第五届“大地飞歌”农民艺术节等节庆活动。认真开展非物质文化遗产保护，切实抓好畲族服饰的推广工作。启动鹤溪镇民族小学、九龙幼儿园等工程建设，完成景宁中学学生宿舍楼和城北中学教学楼建设。进一步抓好集团化办学，全面推进义务教育、学前教育、高中段教育等各类教育均衡优质发展。深化医药卫生体制改革，抓好社区卫生服务机构医疗设备配备和信息化管理，完成县医院创二甲工作，加强城乡社区卫生服务机构监督管理，不断完善公共卫生和医疗卫生服务体系。巩固和完善基本药物制度，努力降低群众用药成本。进一步加强人口和计划生育工作，深入开展“标创”工程，全力推进流动人口计划生育“一盘棋”管理，继续稳定低生育水平。启动“全国科技进步县”创建工作，抓好第二轮科技富民强县专项行动计划、滩坑库区生态农业关键技术集成与示范等重大科技项目的实施，提高科技对经济社会发展的助推作用。

维护社会和谐稳定。以完善“大平安”“大调解”“大信访”工作体系为中心，提升公正廉洁执法水平，健全信访问题排查化解机制，创新综治维稳措施，加强电子网络管理，继续抓好各项民族工作，坚决维护社会和谐稳定。加强防灾减灾体系建设，启动地震监测台建设，建立覆盖城乡、高效运行的灾害应急救援体系。认真实施“365安全生产行动计划”，继续推进安全生产形势的稳定好转。进一步完善食品药品安全保障机制，扎实推进“质量强县”建设，确保食品药品和质量安全。

各位代表，新的一年，我们还将继续围绕人民群众最关心、最直接、最现实的利益问题，努力办好全县十件实事。一是深入实施群众增收致富奔小康工程，认真落实各项帮扶措施，着力帮助18440位低收入群众年收入超过4000元。二是积极改善农村环境，重点建设美丽乡村·魅力畲寨10个，完成双后降农民公寓安置小区一期工程建设，全县完成下山移民2000人，其中高山远山搬迁1800人，地质灾害隐患区搬迁200人。三是加快发展来料加工业，重点抓好城北110千伏变电所工业区块来料加工标准厂房建设，新建较大规模的来料加工点5个，全年完成来料加工费6000万元，努力解决农村妇女就业问题。四是加强城乡医疗保障制度和农村医疗服务体系建设，新建或修建村级卫生

室71个，建设定期巡回诊疗点146个，城乡居民医疗保险人均筹资标准达到315元，参保率达到95%以上。五是加大城镇住房困难群众保障力度，开展第二批120套廉租住房建设，逐步解决城镇住房困难居民的住房问题。六是完成县城停车场建设规划，增加停车位，加强停车管理和交通疏导，在主要交通路口添置红绿灯，在学校、医院门口等人员密集、车辆拥挤地段增设减速带，着力缓解城区交通拥堵问题。七是完成全县中小学校舍安全改造工程，深化教育集团化改革，推动城乡教育均衡优质发展。八是抓好“菜篮子”工程，加强蔬菜基地建设，保障市场供应，打击价格垄断行为，努力保持蔬菜价格在合理水平。九是完成城区有线电视数字化整体转换工程，乡镇村完成50%以上的整转任务。十是继续推进“银行卡助农取款服务”工作，新建服务网点31个，努力满足农村群众的金融服务需求。

（六）切实抓好政府自身建设，进一步提高推动科学发展的能力

按照建设亲民、有为、务实、廉洁政府要求，继续加强政府改革和自身建设，推进管理创新，进一步提高政府履职能力与水平。

加强管理创新。深化政府机构改革，合理调整部门设置和职能划分，进一步强化社会管理与公共服务职能。深化公共财政预算管理改革，严格“收支两条线”管理，将公共财政更多地向民生领域倾斜。有序推进事业单位分类改革，提高事业单位工作绩效。更加重视乡镇基层工作，完成村级组织换届选举工作，深化农村“三资”管理，探索村级集体经济发展路子。加强网上审批和电子政务系统建设，注重发挥网络平台的作用，不断提高政府工作效率。继续深化应急体系建设，全方位提升政府应急能力。

推进依法行政。全面贯彻依法行政实施纲要，深入实施“公民权益依法保障行动计划”，坚持把依法行政贯穿于政府工作的全过程。自觉接受自治县人大及其常委会的法律监督、工作监督和政协的民主监督，认真办理人大代表建议和政协委员提案。健全重大事项集体决策、专家咨询、听证等制度，提高决策的科学化、民主化水平。进一步规范行政处罚自由裁量权，严格按照法定权限和程序行使职权、履行职责。积极推进政府信息公开工作，强化效能投诉网上办理系统建设，继续抓好行政复议和行政应诉工作。

践行务实勤政。树立正确的政绩观，大力弘扬求真务实、勇于负责、苦干实干之风，少说多做、力戒浮躁，坚持多做打基础、利长远的实事。全面实施工作目标管理责任制，完善干部考核激励机制，调动干部干事创业的积极性。深入开展优化经济发展环境监察和评议活动，加大政务督查和行政问责力度，提高行政执行力，确保政令畅通。

加强从严治政。认真贯彻领导干部廉洁从政若干准则，严格落实党风廉政建设责任制，扎实推进教育、制度、监督并重的惩防体系建设，不断健全反腐倡廉体制机制。牢固树立过“紧日子”思想，倡导艰苦奋斗，厉行勤俭节约，切实降低行政运行成本。进一步加强工程招标、土地出让、政府采购和产权交易等领域治理，严肃查处各类违法违纪案件，坚决纠正损害群众利益的行业不正之风。

各位代表，回顾“十一五”，我们深感欣慰，展望“十二五”，我们豪情万丈。让我们在上级党委、政府和中共景宁畲族自治县委的正确领导下，倍加珍惜来之不易的大好形势，倍加珍惜借力发展的大好机遇，倍加珍惜政通人和的大好局面，咬定目标不放松，抢抓机遇不停步，加快发展不懈怠，团结拼搏，乘势突破，为建设“安康幸福、景秀人宁”中国新畲乡而努力奋斗！

政府工作报告

——在景宁畲族自治县第八届人民代表大会第一次会议上

景宁畲族自治县代县长 蓝伶俐

2012年2月26日

各位代表：

现在，我代表自治县人民政府向大会作政府工作报告，请予审议，并请各位政协委员和其他列席人员提出意见。

一、过去五年工作回顾

县七届人大一次会议以来的五年，是景宁经济综合实力上升最快、城乡面貌变化最大、群众实惠得到最多的五年。五年来，我们坚持以邓小平理论和“三个代表”重要思想为指导，认真贯彻落实科学发展观，在上级党委、政府和中共景宁畲族自治县委的坚强领导下，在自治县人大、政协和社会各界的监督支持下，奋发图强，开拓进取，创业创新，扎实工作，经济社会等各项事业取得历史性突破。

经济发展跃上新台阶。五年来，我们注重发挥自身特色和优势，坚持扩大经济总量与提高经济质量并举，全力加快经济追赶步伐，全县生产总值从2006年的15.6亿元增加到2011年的32.17亿元，年均增长10.8%；人均生产总值从11796元增加到27345元；五年累计完成固定资产投资79.78亿元；据初步统计，县域经济基本竞争力在全国120个民族自治县中排名从28位上升到2010年的11位。一产抓提升，农业总产值从4.82亿元增加到8.12亿元，年均增长11%。粮食生产功能区和鹤澄、大东景省级现代农业综合区建设全面启动。新建惠明茶基地1.26万亩、高山蔬菜基地1.5万亩、高效笋竹两用林基地3.5万亩，新开竹林道330公里。新增农业龙头企业50家、省名牌农产品4个。惠明茶通过国家地理标志产品认证，蝉联“浙江省十大名茶”称号并在上海世博会再获金奖。二产抓平台，工业总产值从12.44亿元增加到28.14亿元，年均增长17.7%。在丽水经济开发区内争取设立了4平方公里的丽景民族工业园并全面启动建设。城北110千伏变电所工业区块、外舍王金垟复合产业区块已向企业供地。澄照佃源区块列入浙江省低丘缓坡重点区块开发规划。三产抓旅游，旅游总收入从2.73亿元增加到10.01亿元，年均增长30%。成功创建“中国畲乡之窗”“云中大漈”两个国家AAAA景区，景宁畲族风情旅游度假区通过省政府批复。总部经济、商贸物流等现代服务业健康发展。

城乡面貌发生显著变化。五年来，我们突出城乡规划的龙头作用，着力推进城乡统筹发展。先后完成外舍防护工程（一期)、城南旧城和环城东路拆迁改造、鹤溪河景观带、复兴西路和鹤溪中路立面改造等一批城市美化亮化工程,新增城市道路13.6公里,新开发正达阳光城、金园丽景、鑫景商城等住宅小区,县城建成区面积达到3.02平方公里,城镇化率达到43%,成功创建省级卫生县城、省级文明县城。鹤溪镇成功申报为“中国历史文化名镇”,沙湾、东坑中心镇建设全面启动,渤海、九龙集镇复建工作全面完成,中心村和美丽乡村·魅力畲寨建设有序推进,建成东坑深垟、外舍岗石、大均伏叶等一批富有畲乡特色的村寨。全县人民期盼多年的云景高速公路正式开工,景青公路、大顺至大港头公路以及广电、通讯等基础设施复建工程全面完成,52省道岚头岭段改建、交见圩至叶村公路改建等项目加快推进,新增农村公路835公里。新建标准堤防23公里,加固山塘16座,治理河道160公里。建成220千伏鹤溪输变电工程。

人民生活得到明显改善。五年来,我们坚持把民生保障和民生改善作为各项工作的出发点和落脚点,城乡居民的收入水平和生活质量获得新提高。城镇居民人均可支配收入从11798元提高到20315元,农村居民人均纯收入从3632元提高到7412元,年均实际增长7.5%和11.2%。城乡居民储蓄存款余额从8.5亿元增加到19.1亿元,人均储蓄存款余额增长124.2%。全面实施“农民增收六大目标”工程,完成新一轮村庄整治195个,实施农村危旧房改造11541户,新建下山移民安置小区17个,完成农民异地转移3053户11075人,农村居民的生产生活条件明显改善。滩坑电站移民工作全面完成,2万多移民和谐融入安置地。千万农民饮用水工程顺利实施,累计解决和改善了10.3万人的饮用水问题。大力推进创业和就业工作,鼓励引导景宁人外出发展“小超市、小水电、小宾馆”等产业,努力帮助大学生等各类群体就业,五年新增城镇就业岗位4501个,城镇登记失业率控制在3.8%以内。全面推进社保体系建设,城乡居民医疗保险和养老保险实现制度全覆盖。认真抓好保险服务民生试点工作,政策性农村住房保险、农业保险、自然灾害公众责任保险等各类保险深入推进。深入实施大中型水库移民后期扶持政策,积极开展小型水库移民解困工作。

社会事业获得全面进步。五年来,我们着力加大对教育、卫生、文化等各项社会事业的投入,基本公共服务均等化水平明显提高。坚持优先发展教育,成功创建“省级教育强县”。全面完成以“一扩两迁四建”为主要内容的城区教育资源整合工程,全县高中生、初中生、小学生在县城学校就读的比例从2006年的77%、53%、40%提高到2011年的100%、87%和81%,学前三年幼儿入园率从86%提高到92%。推行义务教育集团化和职业高中“3+2”五年制办学模式改革。大力推进文化发展,成功创建“省级文化先进县”。积极推进公共文化服务体系建设,“县有三馆、乡有一站”的目标基本实现。认真开展畲族文化传承发展,全国畲族文化发展基地建设扎实推进,我县先后获得“中国民间文化艺术之乡”“畲族山歌之乡”等称号。有线电视“村村通”、广播“村村响”工程全面完成,城乡有线电视数字化整体转换工作有序推进。深化医药卫生体制改革,优化公共卫生服务。乡镇卫生院体制机制改革成效明显,建成社区卫生服务中心(站)33个、村卫生室73家、巡回诊疗点144个。国家基本药物制度顺利实施,医疗救助制度更加完善,城乡居民医疗保险报销比例逐年提高。人口和计划生育工作全面加强,出生人口素质稳步提高。成功创建“全国科技进步县”,第一轮国家科技富民强县专项行动计划项目圆满完成。国防动员、双拥、人防、宗教、外事、统计、档案、地方志、气象、慈善、工会、红十字等各项工作取得新进展,妇女、未成年人、老年人和残疾人等各类群体的权益得到新保障。

生态质量保持全国领先。五年来,我们坚持生态环境优先,积极探索生产发展、生活富裕、生态良好的生态文明建设路子,成功创建"省级生态县",生态质量连续多年保持全国全省领先水平。全面实施"811"环境保护、省循环经济"991"行动计划,全面完成上级下达的节能减排和淘汰落后产能任务。大力推进火烧林迹地复绿和植树造林工作,新增省级生态公益林54万亩,全县森林覆盖率达到77.9%,望东垟高山湿地成功申报为省级自然保护区。积极推进环保基础设施建设,先后完成县城污水处理厂(一期)、垃圾填埋场建设,建成空气质量自动监测站、环境监控中心和县城饮用水自动监测站。强化生态资源保护,先后开展"治水、治砂、治矿、治林、治墓"和千峡湖生态环境整治工作,严厉打击环境违法行为。深入推进生态乡镇村创建和农村环境治理,全面开展农村生活垃圾集中收集处理,先后建成18个乡镇所在地的污水处理设施,累计创建国家级生态乡镇2个、省级生态乡镇17个、市级生态村94个。

改革创新实现全新进展。五年来,我们充分发挥民族自治县的政策优势,积极争取上级帮扶和外力支持,将借力发展水平推向了历史新阶段。先后完成林业总场、木材公司等5家国有企业的改革改制工作,妥善安置职工1068人。2007年,一次性消化了乡镇政府债务,乡镇政府实现"零负债"。积极创造各种条件,有效解决了城镇部分未参保职工的基本养老保险问题。扩权强县及"两集中两到位"行政审批职能归并改革顺利完成,行政审批服务得到优化。全面深化财政体制改革,优化财政支出结构,健全部门预算、财政支出绩效评价和政府投资项目绩效审计等制度,财政资金使用效益稳步提高。完成公务员"阳光工资"和事业单位绩效工资改革,事业单位分类改革深入推进。出台加快农村土地林地流转和深化集体林权制度改革的实施意见,全面推行工业用地招拍挂、采矿权公开出让等制度,有效发挥市场在资源配置中的基础性作用。积极开展农村信用体系建设,完成全县所有农户的信用等级评定工作。组建了千峡湖开发管理处,调整了库区乡镇行政区划,推动库区加快发展。

政府自身建设继续加强。五年来,我们按照建设亲民、有为、务实、廉洁政府的要求,着力加强政府自身建设,政府履职能力继续提高。完成新一轮县乡政府机构改革,社会管理和公共服务职能进一步强化。通过优化企业服务、培育总部经济、开展土地垦造等各种途径,全县财政总收入从2.37亿元增加到8.05亿元,地方财政收入从1.32亿元增加到3.67亿元。认真抓好政府资源的收益管理,县国资公司的资产从2005年的1.07亿元增加到7.33亿元。成立了中国银行景宁县支行和银座村镇银行,组建了国资、城发、交通、旅游和丽景园投资发展有限公司,促进了国有资产的保值增值。建立健全集体决策、专家咨询、听证等制度,政府工作的科学化、民主化水平继续提高。自觉接受自治县人大及其常委会的法律监督、工作监督和政协的民主监督,认真办理人大议案、政协提案。全面推进依法行政,政府信息公开、行政复议和行政应诉工作明显加强。狠抓政务系统建设,"网络问政"进程明显加快。严格落实党风廉政建设责任制,深入开展作风建设年、创先争优等活动,政务环境继续优化。

刚刚过去的2011年是“十二五”开局之年。一年来，我们坚持解放思想，抢抓机遇，经济社会继续保持良好发展态势，县七届人大五次会议确定的主要预期目标全面实现，十件实事基本完成。全县生产总值增长12.1%，财政总收入增长111.6%，地方财政收入增长63.6%，全社会固定资产投资增长26.1%，社会消费品零售总额增长17.4%，外贸自营出口总额增长49.3%，农村居民人均纯收入名义增长19.5%，城镇居民人均可支配收入名义增长13.5%。

一年来，我们重点抓了以下六方面工作：一是培育壮大生态产业。全年完成农业“两区”基础设施投资5509万元，基本完成1个主导产业示范区和2个精品园建设。成功引进娃哈哈、伊利等知名企业和8家总部经济企业，全年实际利用市外内资4.51亿元。有序推进景宁畲族风情旅游度假区游步道、西汇民族风情度假村建设。二是提升县城功能品位。完成城南、城西、城东区块控规和172个村庄规划的编制工作，规划展览馆、民族青少年宫、入城景观公园等项目顺利开工，供水管网改造、团结东路拆迁安置房、双后降农民公寓等项目如期竣工。三是促进农民增收致富。全面推进群众增收致富奔小康工程，投入8.4亿元，深入实施扶贫开发、产业发展、公共服务三大类46个项目建设，有效促进群众增收致富。四是强力推进项目建设。继续优化项目工作机制，认真开展基本建设项目“百日攻坚”活动，交通客运中心、公安业务用房、220千伏鹤溪至松源线路建设等项目如期开工，外舍新区道路网一期、云景高速公路、52省道岚头岭段改建等项目加快推进。五是抓好民生事业发展。顺利完成校舍安全改造和大漈幼儿园、九龙幼儿园建设。建成畲族文化中心，完成乡镇文化站主体工程建设。深化医药卫生体制改革，建成县卫生监督业务综合楼，县人民医院通过省二级甲等医院评审验收。保障性安居工程建设加快推进。六是创新社会管理方式。有序推进撤鹤溪镇设街道办事处工作。深入开展“大排查、大走访、大调解、大结案”活动，努力把各类矛盾化解在萌芽状态。强化应急体系建设，应对突发公共事件的能力稳步提高。全面实施“365安全生产行动计划”和质量强县工作，全年未发生重大安全生产和食品药品安全事故。

各位代表，过去的五年是不平凡的五年，是我们战胜各种困难、奋力追赶的五年，是基础设施全面改善、城乡面貌显著变化的五年，也是各项事业取得长足发展、群众幸福指数不断提升的五年。成绩来之不易，经验弥足珍贵。这一切，关键在于我们始终坚持把科学发展作为第一要务，全面推进经济社会追赶跨越；关键在于我们始终坚持把改善民生作为第一追求，不断推进社会事业发展；关键在于我们始终坚持把改革创新作为第一动力，持续激发加快发展的新活力。

回顾五年来的工作，我们深知，我们所取得的每一点进步、每一步发展、每一项成绩都是在中央民族政策的光辉照耀和上级党委、政府及有关部门的大力支持下取得的，凝聚着历届班子的智慧和奉献，凝结着全县广大干部群众的心血和力量，离不开自治县人大、政协的监督和支持，离不开离退休老干部和各界人士的关心和帮助。在此，我代表自治县人民政府，向各位代表和委员，向奋战在全县各条战线的干部群众，向驻景部队官兵、离退休老干部，向所有关心支持景宁发展的各界人士表示衷心的感谢并致以崇高的敬意！

各位代表，在肯定成绩的同时，我们也清醒地看到，我县经济社会发展仍然存在着不少困难和问题。主要有：经济综合实力相对薄弱，与发达地区的差距还在进一步拉大；人口和产业的集聚度不高，发展内生动力不强；土地、资金、节能减排等要素制约依然突出，推进持续发展压力很大；城乡居民就业增收渠道不广，收入水平仍然较低；教育、卫生、住房等民生事业发展与群众需求还有较大距离，公共服务均等化水平需继续提高；社会管理创新还需继续加强；机关工作效率和公务员队伍的整体能力需要继续提高。对于以上问题，我们将高度重视，在深化改革和加快发展中予以解决。

二、今后五年目标任务

今后五年是景宁抢抓机遇，加快经济发展方式转变，加速新型工业化和城镇化，推进农业现代化，实现新一轮跨越发展的重要五年。

纵观国内外形势，今后五年，我国经济社会发展基本面和长期向好的态势不会有根本变化，我省“三大国家战略”和建设“山上浙江”战略将全面实施，我市将在“绿色崛起、科学跨越”战略总要求下奋力推进“三大跨越”，特别是中央和省市党委、政府将进一步加强对欠发达地区和民族地区的扶持，加上我县高速公路即将通达带来的时空效应，景宁发展将面临不可多得的良好机遇。只要我们抢抓机遇，用好“畲族”与“生态”两张“金名片”，坚持内生性发展和外源型发展双轮驱动，大力推进创业创新，努力突破要素制约，全面提升开放水平，就一定能在新的起点上继续推进科学发展，实现经济社会新跨越。

根据县第八次党代会精神，综合分析形势，今后五年政府工作的指导思想是：高举中国特色社会主义伟大旗帜，以邓小平理论和“三个代表”重要思想为指导，全面贯彻落实科学发展观，深入实施省委“八八”战略和“两创”总战略、市委“三市并举”战略，按照市委“绿色崛起、科学跨越”战略总要求，全面落实县委“三县并举”发展战略，突出产业培育和民生改善两大重点，加强畲乡文化发展和生态文明建设，大力推进集聚发展、统筹发展、文化发展、改革发展、和谐发展，全面实现“三大目标”，努力在推动科学发展、促进社会和谐、增进民族团结上走在全国民族自治县前列。

今后五年，要努力实现以下四方面主要目标。

经济基础更加厚实。转型升级步伐持续加快，人口、产业集聚程度明显提高，产业结构不断优化。至2016年，全县生产总值达到55亿元，年均增长11%；人均生产总值达到38000元；三次产业结构调整为12∶46∶42；地方财政收入达到5.5亿元，年均增长8%；工业总产值达到110亿元；五年累计完成固定资产投资160亿元。

人民生活更加殷实。城乡区域发展更加均衡，城乡居民收入明显提高。至2016年，城镇居民人均可支配收入和农村居民人均纯收入分别达到35200元和13500元。除低保户、五保户外，基本消除年人均纯收入4000元以下的低收入农户。城镇登记失业率控制在4%以内。社会管理创新取得明显成效，社会保障制度更加完善，教育卫生等民生事业加快发展，社会和谐度与群众幸福指数进一步提高。

畲乡文化更加繁荣。文化基础设施逐步完善，“神奇畲乡、秀美山水、休闲胜地”的城市品位更加突出，畲族文化品牌更具影响力，畲族文化事业更加繁荣，建成全国畲族文化发展基地和海峡两岸少数民族文化交流合作基地，畲乡风情旅游等文化产业加快发展，至2016年，文化产业增加值占GDP比重达到5%。

生态环境更加优美。生态屏障功能不断增强，生态环境质量保持全国前列，建成国家级生态县。至2016年，森林覆盖率达到80%以上，城乡生活垃圾集中收集处理率达到80%，城乡生活污水处理率达到95%。资源能源利用效率稳步提升，万元生产总值能耗逐步下降。

围绕上述目标，我们将重点做好六方面工作。

（一）以富民强县为核心，全力以赴推进产业集聚发展，努力打造生态产业体系。

把做大经济总量作为富民强县的重要基础，坚持扩量与提质并进、成型与转型并举，努力构建产业集群发展、功能集合分布的产业发展新格局。

全力推进生态工业发展壮大。加快澄照佃源低丘缓坡开发，推进“农民创业园”建设，使该区块成为县内工业发展的主战场。抓好丽景民族工业园建设，努力把丽景园打造成异地发展工业的示范区。加快王金垟复合产业区、城北110千伏变电所工业区块企业落地和投产。大力发展来料加工、农林产品加工等劳动密集型产业，为城镇化提供产业支撑。积极培育生物畲药、节能环保等战略性新兴产业，改造提升金属加工等传统优势产业。抓好选商引资工作，努力引进投资规模大、税收贡献高及带动作用强的大企业、大项目。

积极扶持现代农业提高效益。加强耕地保护，重视粮食生产，抓好粮食生产功能区建设。加快鹤澄、大东景省级现代农业综合区建设，积极推进千峡湖、沙川现代农业综合区建设，促进资本、资源等要素向园区集聚。抓好区域优势产业发展，重点培育1～2个产业链长、带动力强、效益明显的农业主导产业，全面提升农业产业的规模效益。加强农田水利等农业基础设施建设，提高农业生产抗风险能力。强化土地林地流转，规范发展农业龙头企业和农民专业合作社，加强先进实用农业科技的推广应用，提高农业产业化水平。

有序引导现代服务业加快发展。发挥畲族和生态两大优势，大力发展生态休闲养生（养老）经济。抓好景宁畲族风情旅游度假区、千峡湖、望东垟等重点景区的开发建设，完善旅游基础设施建设，提升景区档次。理顺旅游发展机制，创新景区运营管理模式。发展旅游配套产业，抓好旅游商品开发，强化旅游宣传促销。加快总部经济发展，抓好商贸物流、金融服务、旅游房产、社区服务等产业发展，进一步促进消费结构升级。

（二）以项目建设为引擎，千方百计推进城乡统筹发展，着力提升城乡发展水平。

准确把握城市建设和农村发展的关系，整合资源投入，强化项目支撑，城乡联动，以城带乡，努力推动城乡统筹发展。

构建相对完善的基础设施网络。完成云景高速公路建设，力争开工建设56省道景宁段、龙丽温高速公路景宁至文成段、庆景青公路大均至交溪口段等项目。加强公路养护和联网公路建设，加快水上康庄工程和运输站场建设，统筹农村客运和城市公交发展，提高交通运输服务能力。加强能源建设，争取启动大均以上流域水电梯级开发。抓好城镇堤防、千库保安、水土保持、清水河道、节水灌溉等水利工程建设，提升防洪抗旱能力。完成电力综合用房、110千伏澄照和东坑输变电、35千伏大漈输变电建设。推进“三网融合”发展，加强电子政务网、电子商务网等平台建设。

打造特色鲜明的小县名城。坚持高起点规划、大手笔运作，着力加快外舍新区开发建设，努力把外舍新区建成集现代商务、创意动漫、文化旅游为一体的新型城市综合体和现代服务业集聚区。抓好老城区保护和改造。狠抓功能配套，强化城市管理，不断提升县城人口集聚、旅游服务等功能，力争县城人口规模从现在的4.8万人增加到2016年的6万人，建成区面积从3.02平方公里扩大到4.8平方公里，努力打造宜居、宜业、宜游的特色小城市。

建设富有特色的畲乡新农村。抓好中心镇、中心村培育，推进农村新社区建设，引导人口和其他生产要素向中心镇、中心村集聚，积极构筑以县城为中心，以沙湾、东坑中心镇为次中心，以渤海、英川等乡镇为发展走廊的城镇结构。按照主体功能区定位，推进东北片库区经济、东南片旅游经济、西南片农业经济协调发展。认真抓好群众增收致富奔小康工程和美丽乡村·魅力畲寨建设，积极扶持民族经济加快发展，进一步强化库区和移民安置区产业扶持，着力促进农民持续增收与城乡和谐发展。

（三）以民生改善为根本，持之以恒推进公共事业发展，全力提升公共服务均等化水平。

准确把握政府主导和群众意愿的关系，加强政府引导和投入，切实保障和改善民生，尽最大努力让全县人民共享改革发展成果。

推进教育质量全面提升。以教育现代化评估工作为主抓手，以提升教育教学质量为生命线，积极营造全社会尊师重教氛围，全力推进教育事业新跨越。突出教育管理，提升教育内涵发展水平。全面普及学前教育。积极推进义务教育办学模式改革，着力提升基础教育质量。认真办好高中段教育，增强高考竞争力，提高一本上线率。大力发展职业教育。坚持学历教育与非学历教育并举，构建终身教育体系。完成外舍小学和张村小学新建项目。建成集教育培训和干部培训于一体的成人教育发展中心。

提高医疗卫生综合水平。深化医药卫生体制改革，创建省级卫生强县。强化医疗卫生服务机构管理，优化医疗卫生服务，抓好妇幼保健、疾病预防、卫生监督、爱国卫生等工作，努力构建覆盖城乡居民的公共卫生体系、医疗服务体系和医疗保障体系。抓好民族医院建设，深入挖掘中医中药、畲医畲药精华，不断推进民族医药事业发展。严格执行人口和计划生育政策，努力提高出生人口素质。

健全社会保障体系。抓好就业再就业工作，新增城镇就业岗位4500个。深化城乡居民养老保险和医疗保险工作，推动社会保障由制度全覆盖向人群全覆盖转变。积极探索社会养老新模式。巩固农村“五保”和城镇“三无”对象集中供养成果，完善城乡最低生活保障增长机制，加强社会救助、社会福利和慈善事业。

增强科技创新能力。加强科技人才培养和引进，积极引导金融和民间资本投向科技成果转化项目，推动科技成果转化和应用推广。加大科技进步奖励力度，大力推进装备制造、生物医药、农产品精深加工等领域的科技研发，提升科技贡献率。

创新社会管理体制。坚持各民族共同团结奋斗、共同繁荣发展，不断巩固“畲汉一家亲”局面。继续推进“平安景宁”“法治畲乡”建设，全面加强矛盾纠纷排查调处、重大事项社会稳定风险评估、公共安全预防预警、重大突发事件应急处置、食品药品安全监管等机制建设，维护和谐稳定的大好局面。

（四）以创建国家级生态县为载体，坚定不移走生态文明之路，努力优化人居环境。

准确把握生态保护与合理开发的关系，坚持走经济生态化和生态经济化路子，建成国家级生态县，共建绿色家园、共创宜居环境。

推进生态经济发展。合理开发和保护资源，大力发展低碳经济和循环经济，增强可持续发展能力。严格控制高污染、高能耗项目，对重点行业、重点企业实施重点监控和治理。

强化资源能源节约。推广节电、节水、节地和资源综合利用技术，鼓励应用新型建筑材料。强化集约节约用地，建立产业用地评价体系，加强企业用地评价管理，提高建设用地投资强度和容积率。加强对农村宅基地和空闲土地的治理，控制新建农居点人均用地面积。

抓好生态治理与环境保护。强化生态公益林管理，稳步提高森林覆盖率。加强饮用水源保护，确保饮用水水质达标。积极开展望东垟高山湿地国家级自然保护区、大仰湖溪源湿地群省级自然保护区申报和建设工作。加强千峡湖生态环境整治。

（五）以创建全国畲族文化发展基地为抓手，齐心协力发展畲乡文化，推进文化大发展大繁荣。

突出文化的灵魂地位，积极打造全国畲族文化发展基地和海峡两岸少数民族文化交流合作基地，争创全国文化先进县。

推进文化传承创新。认真实施《景宁畲族自治县民族民间文化保护条例》，着力抓好环敕木山畲族原生态文化保护区等非物质文化遗产传承示范区建设，切实推动畲族山歌、舞蹈、菇民戏等非物质文化遗产的挖掘、保护、传承与推广。建立健全文化保护传承制度，进一步加大对文化传承人的扶持力度。

加快文化事业发展。抓好文化基础设施建设，稳步推进文化体制改革，扶持发展各类民间文化组织，丰富基层群众文化生活。提升广播电视事业发展水平，基本实现“户户通、长期通、优质通”，高标准、高质量完成全县数字电视整体转换工程。建立健全民族竞技体育人才激励和保障机制，提升民族体育发展水平。推广群众健身活动，抓好老年体育事业发展，完善全民健身服务体系。

推动文化产业振兴。充分利用文化传承创新成果，大力发展民族特色商品、畲医畲药等文化创意相关产业。依托“中国畲乡三月三”等平台，推动节庆文化产业发展。实施文化“走出去”战略，搭建文化交流平台，展现畲族特色文化，扩大畲族文化的知名度和影响力。

（六）以山区科学发展综合改革试验区试点县为契机，合力合拍推进创业创新，不断激发发展活力。

准确把握借力发展和自力更生的关系，积极谋求更高层次和更宽领域的支持与合作，努力破除制约发展的体制障碍和要素瓶颈。

深化体制机制改革。主动融入海西经济圈，推进外向型经济发展。强化政策扶持，真情感召“景商”回归。建立排污权总量控制、有偿使用和交易制度，完善节能减排考核机制和生态补偿机制。建立健全公共资源招投标管理体制，深化集体林权、土地使用权出让等制度改革。稳步推进乡镇村撤并和行政区划调整。

提高政府行政效能。深化行政管理体制改革，转变政府职能，理顺权责关系。继续抓好事业单位分类改革，稳步推进生产经营类事业单位转企改制工作。认真实施行政许可法，深入推进行政审批制度改革。强化乡镇政府建设，提高乡镇自主发展能力。加强电子政务建设，优化网上受理、并联审批和一站式服务。

提高公共财政使用绩效。强化税收征管，规范非税收入管理，确保财政收入稳定增长。优化财政对农业、农村基础设施以及教育卫生科技文化的投入增长机制，完善财政扶持产业发展的测评机制，推行政府投资公示和重大项目风险评估制度，提高公共财政使用效率。深化部门预算、国库集中支付、政府采购和收支两条线管理改革，强化审计监督，构建预算、支付、监督“三位一体”财政监督机制。

三、2012年主要工作

今年是新一届政府的开局

之年。综合分析发展环境和自身条件，建议今年全县经济社会发展的主要预期目标为：地区生产总值增长11%，固定资产投资增长15%以上，社会消费品零售总额增长15%，财政总收入增长10%以上，地方财政收入增长8%，城镇居民人均可支配收入名义增长10%，农村居民人均纯收入名义增长12%，城镇登记失业率控制在4%以内，人口自然增长率控制在7.5‰以内，节能减排指标达到市里确定的要求。

（一）注重特色，优化布局，推动三次产业新发展。

坚持从县情实际出发，注重特色发展，优化空间布局，集聚产业优势，积极培育主导产业，促进山区经济转型发展。

加快工业培育。召开全县工业大会，统　思想认识，大力优化工业经济发展环境。全面完成丽景民族工业园二期工程建设，有序推进农户拆迁安置，正式启动三期工程建设。紧紧抓住全国低丘缓坡开发利用试点契机，积极实施景宁经济开发区整合提升工程，全面加快澄照佃源低丘缓坡开发土地征收、拆迁安置、林地报批等各项前期工作，尽早启动“农民创业园”建设。着力加快王金垟复合产业区和城北110千伏变电所工业区块电网、水网等基础设施建设，切实抓好企业入园和监管等工作。坚持招大商引大资，全年引进超亿元实体企业3家。认真抓好城北110千伏变电所工业区、金惠小区等来料加工标准厂房建设，全年实现来料加工费6300万元。

推动农业提升。大力推进粮食生产功能区建设，全年粮食耕种面积稳定在12万亩以上。积极推进惠明茶、毛竹、食用菌、中药材、高山蔬菜、油茶、生态畜牧等区域优势产业发展。认真抓好鹤澄、大东景、千峡湖、沙川现代农业综合区建设，进一步加快主导产业示范区和精品园建设。实施农业企业“强龙工程”和农民专业合作社“提质工程”，新培育市级以上农业龙头企业4家、规范化合作社6家。积极引进工商资本发展农业，继续推进土地林地承包经营权流转。加强新品种、新技术、新设施的推广应用，提高农业标准化生产水平。积极鼓励农产品精深加工和品牌化营销，延长农业产业链，提高农业生产经营效益。

狠抓服务业发展。启动旅游富民工程专项改革试点工作，大力发展融生态山水和畲族文化为一体的畲乡风情旅游业。完成景宁畲族风情旅游度假区总体规划编制工作，加快游步道、蒲阳湖度假中心、西汇民族风情度假村等项目建设。抓好望东垟高山湿地、千峡湖等旅游资源的保护与开发工作，启动“中国畲乡之窗”度假山庄建设。发挥农村山青、村美、民朴等优势，加快发展乡村休闲旅游业。加强特色旅游商品开发，开展旅行社创强、宾馆农家乐创星、从业人员创优等活动，进一步提高我县旅游产业发展内涵。用足用活民族贸易政策，着力加快丽景民族工业园总部经济中心和景宁经济开发区总部经济园建设。大力发展商贸物流、文化创意、电子商务、物业管理等现代服务业。

（二）城乡联动，协调推进，谱写和谐发展新篇章。

既要突出县城的龙头中心地位，加快新型城镇化步伐，又要加大农村投入，改善农村环境，促进农民增收，实现城乡统筹发展。

强化城市规划管理。加快村镇规划体系建设，力争城区控规全覆盖。加大规划执行力度，严厉打击违规建设和违法用地行为，切实维护规划的严肃性和权威性。推动城市管理立法，提升“数字城管”水平，加强城市执法管理，逐步建立科学、高效的城镇管理运行机制。严格落实国家调控政策，促进房地产行业平稳健康发展。加强社区管理，进一步提高社区工作水平。

提升城镇功能品位。优化外舍新区建设规划方案，加快道路、管网等基础设施建设，开展选商引资等前期工作。加快城北区块建设，展现高速公路通达后的良好城市形象。启动人民北路延伸、金洋路、金鹤路、环城东路南段延伸等项目建设，力争完成民族青少年宫、规划展览馆、永定桥等项目建设，抓好金园丽景、鑫景商城、景融时代广场等项目建设。完成省级森林城市创建工作。认真落实中心镇培育政策，深化中心镇管理体制改革，促进资源要素向中心镇倾斜。

推动农村加快发展。以“三沿”整治为重点，深入推进10个中心村建设。坚持把发展农村经济作为新农村建设的核心任务，大力发展农(畲)家乐、休闲旅游等非农经济，全年培育提升农(畲)家乐特色村4个。积极鼓励农村居民外出创业，着力加快异地转移步伐，全年完成下山搬迁2000人。认真抓好群众增收致富奔小康工程，全力提高农村居民的收入水平。

完善城乡基础设施。加快云景高速公路、52省道岚头岭段、交见圩至叶村公路改建、新交通客运中心和港航中心建设，争取开工汇田大桥至溪口公路改建工程，着力加快56省道景宁段、龙丽温高速公路景宁至文成段、金钟大桥、庆景青公路大均至交溪口段等项目的前期工作。深入推进基本农田水利、标准农田质量提升、小流域治理和堤防加固等工程建设。抓好220千伏鹤溪至松源线路、220千伏鹤溪变电所增容、城北110千伏线路改造等工程，开工建设110千伏沙湾输变电和25个配网工程。

(三)环境优先，绿色发展，构筑生态环境新屏障。

坚持环境优先，倡导绿色发展，加强生态保护，抓好污染防治，着力构筑生态环境屏障，建设美丽畲乡。

加强生态保护。围绕打造“神奇畲乡、秀美山水、休闲胜地”目标，加快国家级生态县建设步伐，认真实施“811”生态文明建设行动，全年申报国家级生态乡镇1个，创建市、县生态村各40个，新增无公害农产品2个、绿色食品1个。深化殡葬改革，加强“青山白化”治理，强化生态修复。完成林地利用规划修编，积极实施瓯江小溪及飞云江流域生态修复和源头保护工程。

节约集约发展。落实最严格的耕地保护制度，保持耕地总量动态平衡。认真实施新一轮土地利用总体规划，科学安排用地，切实提高有限土地利用效益。规范土地开发工作，全年完成土地开发3000亩以上。严格执行高耗能企业准入政策，逐步淘汰落后产能。加强对工业、建筑、交通等重点领域和行政事业单位能耗监管。大力发展绿色经济、低碳经济，积极倡导低碳生活方式。

强化污染防治。有序推进乡村生活污水处理设施建设，深入实施城乡垃圾集中收集处理工程，切实抓好农村面源污染防治。提升县污水处理厂(一期)实际处理能力，完成污水处理厂(二期)建设前期工作。认真履行环境监察职能，加大环境执法力度，严把建设项目环保准入关，加强对重点河流、城镇饮用水水源和重点污染企业的监测，严厉打击环境违法行为。

(四)关注民生，强化保障，推进公共事业新跨越。

坚持共建共享，统筹抓好教育、卫生、科技、文化等各项社会事业发展，努力提高人民群众的幸福指数。

提升教育教学质量。抓好鹤溪镇民族小学、职业高中改扩建等续建项目建设，启动沙湾中学教工宿舍楼建设，加快成人教育发展中心和外舍小学建设前期工作。召开全县教育大会，出台全面提升教育教学质量的政策措施，着力加强校长队伍和教师队伍建设，不断提升教育教学质量。积极探索义务教育小班化教学模式改革，提高教学针对性和有效性。更加重视学前教育发展，认真开展学前教育达标和示范乡镇评估活动。切实加强高中段教育，努力提高高等教育毛入学率和一本上线率。

发展畲乡文化。大力传承和发展优秀传统文化，深入挖掘民间文化资源，着力加强文物和非物质文化遗产保护，基本完成孔庙陈展，抓好廊桥、时思寺、敕木山古民居、雷潘二姓行宫等历史文物古迹的修缮和保护工作。认真办好"中国畲乡三月三"系列文化活动，举办第六届大地飞歌农民艺术节和第四届全民运动会。创建体育强镇(乡)5个。启动县游泳馆、千年山哈宫等项目前期工作，组织好《千年山哈》进京会演，争取把更多的传统文化推向市场。基本完成全县有线电视数字化整体转换。

深化医药卫生体制改革。抓好社区卫生服务中心(站)和县公共卫生综合业务用房建设，启动县民族医院建设前期工作。推进县医院综合改革，完善乡村卫生医疗机构国家基本药物制度，全面提升卫生服务一体化管理水平，满足群众最基本的医疗卫生服务需求。加强妇幼保健、卫生监督、爱国卫生等工作，提高公共卫生应急处置能力。深入开展农民健康体检，建立居民电子健康档案。

推进社会保障扩面提升。抓好城乡居民社会养老和医疗保险工作，完善各项社会保险制度，扩大社会保险覆盖面。推进人力社保信息化和社会保障卡建设。稳定农村五保和城镇"三无"对象的集中供养水平。统筹抓好社会救助、慈善捐赠、扶贫助学、优抚安置等工作。进一步优化对农村留守儿童和留守老人的服务，开展老年公寓建设前期工作，积极发展妇女、儿童和青少年事业。实施残疾人奔小康工程。抓好大中型水库移民后期扶持和小型水库移民解困工作。

加快其他社会事业发展。严格执行人口计划生育工作"一票否决制"，加强流动人口管理，继续推进"双创工程"，进一步夯实人口和计划生育工作基础。发挥科技支撑作用，深入实施第二轮国家科技富民强县专项行动计划，加强科技特派员和防震减灾工作。全面完成第二次地名普查工作。继续抓好国防动员、人防、民宗、侨务、外事、物价、统计、档案、地方志、气象等工作。

各位代表，新的一年，我们还将继续围绕人民群众最关心、最直接、最现实的利益问题，努力办好全县十件实事。一是抓好县城停车规划，启动府前桥改造和1~2个停车点建设，加强县城交通管理，县城主干道推行咪表管理，缓解城区停车和道路拥堵问题。二是完成60套廉租房建设，启动192套公共租赁房建设，解决70户住房困难群众的住房问题。三是完成澄照东升蔬菜基地建设，提升县城本地蔬菜的供应能力，启动城北农贸市场建设，推进县城其他农贸市场改造提升，提高市民对"菜篮子"工程的满意度。四是完成"数字影院"改造，免费开放畲族博物馆和图书馆，完成乡镇文化站和"农家书屋"建设，深入开展文化惠民活动，进一步丰富城乡居民的精神文化生活。五是基本完成入城景观公园、茶山公园新建和石印山公园改造，为居民休闲娱乐提供健康舒适的场所。六是全面完成邮政普遍服务项目建设，实现"乡乡有局所、村村建邮政站"目标，为农村居民提供更加方便快捷的邮政服务。七是实施"数字惠农"工程，对全县13000户农村居民的数字电视视听费减免50%。八是建成张春幼儿园、梧桐幼儿园，启动沙湾幼儿园建设，加强学前教育管理，全县学前三年幼儿毛入园率提高到93.2%，进一步缓解幼儿入园难问题。九是扎实推进美丽乡村·魅力畲寨建设，不断改善农村居民的生产生活条件。十是深入实施低收入农户奔小康工程，积极落实产业帮扶、贷款帮扶等措施，使2200位低收入农户收入达到4000元以上。

（五）解放思想，振奋精神，激发干事创业新动力。

加强政府自身建设，转变职能，崇尚实际，进一步营造风清气正、规范高效的政务环境和创业创新环境。

强化社会管理创新。加强民主制度建设，认真抓好各类社会组织和特殊群体的管理，尽最大努力增加和谐因素、减少不和谐因素。健全社会风险评估和应急管理体系建设，切实提高防范和处置群体性事件与防灾减灾的能力。全面加强公安信息化、执法规范化以及和谐警民关系建设，做大做强"天网"工程，努力构建社会治安大防控体系。进一步畅通信访渠道，规范信访秩序，努力把各类矛盾化解在萌芽状态。全面推进"六五"普法活动，切实提高公民法制观念。继续加强法律援助，认真开展社区矫正。更加重视发挥工会、共青团、妇联等群众团体和老干部的作用。依法做好民族宗教和侨务工作。继续抓好安全生产、食品药品和质量安全工作。

提高政府工作绩效。继续推进行政审批制度改革。完善公共财政体系，强化领导干部经济责任审计，优化公共资源配置，努力降低行政运行成本。强化部门协调配合，完善公开承诺、限时办结、考核激励等制度，深入开展纠风工作，着力消除"中梗阻"现象。着力加强政府机关及公务员管理，努力培养一批能破解难题、能操作到位、能有管用办法的"三能型"干部，切实提高行政效能。

主动接受各方面监督。深入实施行政许可法和依法行政实施纲要，严格依照法定权限和程序行使权力、履行职责。主动接受人大及其常委会的法律监督、工作监督，自觉接受政协的民主监督，认真办理人大议案和政协提案。加强电子政务建设，充分发挥网络问政功能。规范政务公开程序，推进公共资源配置、重大建设项目、社会公益事业等领域的政府信息公开，广泛听取社会各界的意见建议。严格落实党风廉政建设责任制，健全预防和惩治腐败的长效机制，切实抓好反腐倡廉工作。

各位代表，景宁新一轮发展蓝图已经绘就，新的征程即将开启。美好的前景鼓舞人心，神圣的事业催人奋进。让我们倍加珍惜千载难逢的历史机遇，倍加珍惜政通人和的大好局面，在中共景宁畲族自治县委的坚强领导下，在自治县人大、政协的监督支持下，万众一心，奋发图强，为实现"三个走在前列"目标而努力奋斗！

景宁畲族自治县人大常委会工作报告

——在景宁畲族自治县第七届人民代表大会第五次会议上

景宁畲族自治县人大常委会主任　蓝良兴

2011年2月26日

各位代表：

现在，我受县人大常委会的委托，向大会报告县七届人大四次会议以来的工作和2011年主要任务，请予审议。

一、2010年的主要工作

2010年是实施“十一五”规划的最后一年，是我县推进“三大目标”承上启下之年，也是我县和谐推进之年。一年来，在县委的领导下，常委会坚持以邓小平理论和“三个代表”重要思想为指导，深入贯彻落实科学发展观，认真贯彻党的十七大和十七届四中、五中全会精神，深入实施“一三四八”发展战略，认真履行宪法和法律赋予的职责，共召开常委会会议8次，听取和审议“一府两院”及有关方面的工作报告20项，作出决议决定3项，提出审议意见8项，依法选举和任免国家机关工作人员19人次，完成了县七届人大四次会议确定的各项任务，发挥了民族自治地方国家权力机关的职能作用，为实现我县全年经济社会发展目标做出了积极贡献。

（一）围绕推进依法自治，加强民族立法工作

认真做好民族民间文化保护条例颁布实施工作。县七届人大四次会议审议通过的《景宁畲族自治县民族民间文化保护条例》经省人大常委会批准后，常委会发布了公告予以公布，在《畲乡报》和中国畲乡网等媒体上刊登条例全文，并采取发表电视讲话、召开实施座谈会、印发条例单行本、开展文艺巡演等形式，深入开展宣传、贯彻和实施工作。条例的颁布实施，为推进全国畲族文化发展基地建设提供了法制保障，并使畲族语言培训、畲族服饰推广等一系列工作得到有序推进。

完成自治法规制定程序规定草案起草工作。根据《中华人民共和国立法法》和《浙江省地方立法条例》的相关规定，为推进民族立法工作的民主化、科学化和规范化，认真总结设县以来的立法工作经验，广泛征求各方面的意见，起草《景宁畲族自治县制定自治法规程序规定（草案）》，对自治法规的制定、修改和废止程序作出规定。通过各方面的共同努力，数易其稿，形成《景宁畲族自治县制定自治法规程序规定（草案）》，经常委会两次审议后，提请本次会议审议。

启动城市管理立法相关工作。主任会议听取了县政府关于城市管理工作情况的汇报，根据县政府《关于制定景宁畲族自治县城市管理条例的议案》，就推进城市管理立法进行专题研究和部署。常委会相关工作机构会同县政府有关部门开展立法调研，并着手起草条例草案稿。

认真做好规范性文件备案审查工作，维护法制统一。积极配合省人大常委会做好《浙江省预防和制止家庭暴力条例》等13部法规草案的意见征求工作。

（二）围绕推进科学发展，加强工作监督

加强财经工作监督，推进经济社会平稳较快发展。坚持科学发展，奋力借势赶超，和谐推进经济社会加快发展，是去年我县的工作大局。为了推进县委重大决策部署的落实，常委会听取和审议了县政府关于2010年上半年国民经济和社会发展计划执行情况、“十一五”规划执行情况、政府性债务管理情况等报告，充分肯定和支持县政府所采取的工作措施，提出促进经济持续增长的意见。常委会还听取和审议了县政府关于2009年财政决算和2010年上半年预算执行情况、审计工作等报告，审查批准了2009年度财政决算，并指出存在的问题，提出加强和改进相关工作的意见。加大审计处理意见整改的督促力度，在审计局的积极配合下，到有关乡镇和单位调研督查审议意见整改落实工作，审计查出的问题及建议得到较好整改和落实。常委会还视察了全县重点项目建设和云中大际创建AAAA景区工作，并提出视察意见。

加强民族工作监督，推进民族政策更好落实。为推进民族经济社会发展，常委会跟踪监督民族乡(镇)、村经济社会发展工作，县政府出台了一系列扶持少数民族经济社会发展政策，给予少数民族特殊照顾。常委会还听取和审议了县政府关于扶持少数民族经济社会发展情况的报告，肯定扶持少数民族工作取得的成效，指出存在的问题，建议县政府深入开展民族村产业普查和规划工作，出台专门的扶持政策，定目标、定时间、定任务、定单位结对扶持民族村经济社会发展。

加强生态工作监督，推进生态文明建设。为推进县委关于建设县域生态文明的重大决策部署的落实，常委会对水污染防治法、森林法及相关法规执行情况进行了检查，视察了省级生态县创建工作，指出存在的问题，并提出相应的审议意见。县政府采取措施认真落实审议意见，加大对县城区饮用水源村庄的整治力度，制定《景宁畲族自治县农村生活垃圾集中处理实施方案》，进一步加强全县农村生活垃圾集中收集处理工作；出台《关于进一步加强森林资源保护和管理工作的通知》和《关于进一步加强山林纠纷调处工作的通知》，着力加强森林资源的保护管理和山林纠纷调处工作。常委会还听取和审议了县政府关于殡葬管理改革工作情况的报告，就进一步加强殡葬改革管理工作提出审议意见。县政府落实常委会的审议意见，深入开展“两沿四区”坟墓专项整治，完成新公墓选址的前期工作，扎实推进殡葬改革管理和青山白化整治工作。

加强社会治安工作监督，推进和谐景宁建设。为推进和谐稳定的社会环境创建工作，常委会听取和审议了县政府关于社会治安工作情况的报告，肯定我县社会治安工作取得的成效，指出存在的问题，提出加强宣传教育，增强社会治安责任意识；加大打击力度，维护社会稳定；健全防控体系，夯实基层基础；创新工作方法，加强重点行业和流动人口管理；加强队伍建设，提高执法水平等审议意见。县政府积极落实常委会的审议意见，建成社会治安动态视频监控系统和监控中心，进一步健全社会治安防控体系。

加强人口计生工作监督，推进统筹解决人口问题。为推进《中共中央国务院关于全面加强人口和计划生育工作统筹解决人口问题的决定》的贯彻落实，常委会对人口与计划生育法及相关法规执行情况进行检查，听取和审议了县政府实施情况报告和县人大常委会执法检查组检查报告，在充分肯定成绩的同时，指出工作职责落实有待加强、基层基础工作比较薄弱、流动人口管理协调机制欠缺、行政执法力度不够大等问题，提出相应的审议意见。县政府落实常委会的审议意见，创新考核制度，把人口计生工作考核从乡镇目标责任考核体系中单列出来，强化奖惩相结合的考核机制，进一步推进人口计生工作。

（三）围绕推进依法行政，加强人事任免工作

认真做好人事任免工作。常委会严格执行《景宁畲族自治县人民代表大会常务委员会任免国家机关工作人员办法》的有关规定，坚持党管干部和人大依法任免的有机统一。进一步规范任前法律知识考试、任后表态发言和颁发任命书等程序，依法做好人事任免工作。

加强干部任后监督工作。在加强人事任免工作的同时，常委会积极探索干部任后监督的有效形式，根据监督法的有关规定，对常委会评议工作规定进行了修改，进一步完善干部履职评议机制。为更好地推进我县交通、建设和工商工作，常委会在深入部分乡镇、县直机关有关单位和市级相关部门广泛听取意见的基础上，听取和审议了县交通局、建设局、工商局局长的履职报告和县审计局关于三位局长的经济责任审计报告，在充分肯定成绩的同时，就进一步加强我县交通、建设和工商事业发展提出审议意见。目前，县交通局、建设局和工商局正采取相应措施，逐步落实常委会的审议意见。

（四）围绕发挥代表主体作用，加强代表工作

加强服务，不断丰富代表闭会期间活动。坚持邀请代表列席常委会会议、重要情况向代表通报、走访慰问代表等制度，进一步密切与代表的沟通和联系。健全和完善代表活动制度，加强代表小组活动的组织和引导，不断提高代表小组活动成效。认真执行代表辞职制度，及时补选出缺代表。积极做好在景全国、省、市人大代表的服务工作。

加强督查，不断提高代表建议办理质量。按照《景宁畲族自治县人民代表大会代表建议、批评和意见办理办法》的要求，及时交办县七届人大四次会议期间代表提出的106件建议。积极推行县政府领导领办建议制度和常委会领导督办建议制度，努力提高代表建议办理质量，《关于加大滩坑库区渔政执法力度的建议》《关于运动场所资源社会共享的建议》等一批建议得到较好办理。

完善程序，切实保障代表依法执行职务。认真贯彻实施代表法，维护代表的合法权益，为代表联系群众、开展活动、履行职责提供方便和创造条件。认真总结实践经验，制定了《关于依法许可对县人民代表大会代表采取强制措施和实施刑事审判的规定》，进一步规范许可对代表采取强制措施和实施刑事审判程序，保障代表依法执行职务。

（五）围绕提升常委会履职能力，加强自身建设

加强理论学习和制度建设。扎实开展“创先争优”和“深化干部作风建设年”活动，以“庄式”学习会、党组理论学习中心组为载体，深入学习党的十七大和十七届四中、五中全会精神，邀请省人大常委会副秘书长、法工委主任丁祖年到景宁作民族立法工作专题讲座，不断提高常委会组成人员和机关工作人员的理论素养和工作水平。巩固学习实践科学发展观活动成果，按照监督法和省监督条例的有关规定，进一步完善常委会工作制度，对主任会议议事规则、评议工作规定、审议意见办理办法等制度作了修改，并进一步加大各项制度的落实力度。启动《景宁人大志》编写工作。

提升工作效能和服务大局能力。认真做好监督公开工作，增强人大工作的透明度，切实接受代表和人民群众的监督。坚持常委会会议或主任会议听取“一府两院”落实常委会审议意见情况报告，并对审议意见落实工作情况进行票决，促进审议意见的落实。加强对人民代表大会制度和人大工作的宣传，常委会办公室连续两年被评为全省

人大宣传信息工作先进集体。常委会领导积极参与和服务滩坑水电站移民、城南旧城拆迁改造、重点项目建设等中心工作。认真做好老干部、信访和联系乡(镇)、村等工作。

切实加强对乡镇人大工作的指导。坚持常委会组成人员分片联系乡镇,通过邀请乡镇人大主席或副主席列席常委会会议、参加调研和视察等形式,加强对乡镇人大工作的指导和联系。召开全县乡镇人大工作座谈会,组织乡镇专职人大主席和副主席到人大工作走在全省前列的温岭市开展学习交流,推进新形势下乡镇人大工作。按照县委的部署,指导渤海镇、九龙乡依法完成人大换届选举工作。

回顾过去一年的工作,常委会各项工作取得了明显成效,这是县委正确领导和上级人大精心指导、常委会组成人员和全体代表共同努力的结果,是"一府两院"支持配合的结果,是全县人民、乡镇人大和社会各方面大力支持和配合的结果。在此,我谨代表县人大常委会表示衷心的感谢!

在取得成绩的同时,常委会工作还存在需努力改进的问题和不足,主要是:立法工作制度有待进一步完善;常委会会议审议质量还有待进一步提高;审议意见跟踪落实力度还有待进一步加大;代表工作、自身建设和对乡镇人大工作的指导还需进一步加强。对此,我们将高度重视,采取有效措施,认真加以改进。

二、2011年主要工作

各位代表,2011年是全面实施"十二五"规划的开局之年,是实现我县"三大目标"的最关键一年,也是本届常委会任期的最后一年,做好今年常委会的工作,具有十分重要的意义。常委会工作的总体要求是:高举中国特色社会主义伟大旗帜,以邓小平理论和"三个代表"重要思想为指导,深入贯彻落实科学发展观,认真贯彻党的十七大和十七届五中全会以及县委七届十一次全会精神,紧紧围绕科学发展、社会和谐、民族团结三个"走在前列"目标要求,深入实施"一三四八"发展战略,服务科学发展,促进民生改善,推进民主法治,认真履行地方国家权力机关法定职能,为实现我县"十二五"发展良好开局而努力。

按照上述总体要求,今年常委会工作的主要任务是:

(一)健全制度,规范程序,推进民族立法工作

加强立法工作制度建设。认真贯彻落实《景宁畲族自治县制定自治法规程序规定》,进一步健全立法工作制度。着手制定县人民代表大会自治法规审查委员会议事规则,推进县人民代表大会审议自治法规的科学化和规范化。认真做好城市管理立法相关工作。根据县委的部署,围绕建立特色城市管理机制,加强立法调研,努力推进城市管理立法工作。着手编制五年立法调研项目库。认真贯彻落实全省立法工作座谈会精神,围绕我县改革发展稳定大局、加快经济发展方式转变、群众切身利益以及社会普遍关注的问题,深入开展调查研究,从实际出发,编制我县今后五年立法调研项目库,为我县立法工作持续开展打下扎实基础。

贯彻实施监督法和省规范性文件备案审查规定,做好规范性文件备案审查工作。积极配合上级人大做好立法工作。

(二)突出重点,注重实效,加强和改进监督工作

坚持围绕推进科学发展、和谐发展,突出重点,服务大局,讲求实效,扎实开展监督工作。围绕推进经济社会平稳较快发展,听取和审议县政府关于上半年国民经济和社会发展计划执行情况的报告、关于上半年财政预算执行情况的报告、关于2010年度预算执行和其他财政收支的审计工作报告;审查和批准2010年财政决算。继续关注工业经济发展,适时视察丽景工业园建设情况。围绕推进重点项目建

设，适时对重点项目和“三馆合一”（畲族博物馆、文化馆、图书馆）建设情况进行视察，推进重点项目和“三馆合一”建设。围绕推进民生保障和改善，根据省人大常委会的统一部署，听取和审议县政府关于养老保险基金管理情况的报告，推进养老保险基金管理制度的完善和落实；听取和审议县政府关于菜篮子工程建设情况的报告，推进农产品市场流通体系建设和质量安全管理工作。围绕提高监督工作成效，继续坚持常委会会议或主任会议听取“一府两院”落实常委会审议意见情况报告，跟踪督促扶持少数民族经济社会发展、社会治安等专项工作报告审议意见的落实；继续对审议意见落实情况进行票决。

（三）强化服务，丰富活动，发挥代表主体作用

进一步落实加强代表工作的各项制度，改进服务和保障工作，支持和保证代表依法履行职责。加强代表小组活动的组织和引导，提高代表小组活动成效。丰富闭会期间代表活动内容，继续邀请代表列席常委会会议，组织代表参与立法、视察和调研，注重吸收代表的意见和建议，更好发挥代表作用。加强议案和建议处理工作，继续采取集中交办、重点督办、跟踪回访等做法，促进代表建议的落实，提高建议办理质量。认真实施代表法和常委会《关于依法许可对县人民代表大会代表采取强制措施和实施刑事审判的规定》，切实维护代表权利，为代表联系群众、开展活动、履行职责提供方便和创造条件。同时，做好在景的全国、省、市人大代表活动的服务保障工作。

（四）精心组织，周密部署，依法做好换届选举工作

根据有关法律法规规定和省、市人大常委会的部署，今年将开展县、乡两级人大代表换届选举工作，这是全县人民政治生活中的一件大事。县人大常委会要学习贯彻新修改的选举法，深入开展调查研究，认真分析新选举法实施过程中可能出现的新情况新问题，适时开展换届选举试点工作，在县委的领导下，充分发扬民主，严格依法办事，精心部署，周密安排，依法主持县人大代表换届选举。加强对乡镇人大换届选举工作的指导，及时答复有关法律问题的请示，督促查处违法行为，保障选民和代表的民主权利，确保换届选举工作顺利进行。

（五）加强学习，转变作风，提高依法履职水平

深入学习党的十七大和十七届五中全会精神，全面贯彻县委七届十一次全体会议和全县人大工作会议精神，着力推进新形势下的人大工作。围绕全县工作大局，深入开展调查研究，适时作出决议决定，把党委重大决策通过法定程序转变为国家意志，成为全县人民的自觉行动。依法做好人事任免工作，加强对任命干部的监督。加强常委会组成人员思想、组织和作风建设，增强履职责任感，提高常委会会议议事和决策水平。加强人大机关党的建设和干部队伍建设，提高综合素质和服务能力。进一步健全和完善常委会及机关工作制度，加大相关制度的落实力度。加强人大宣传信息工作，改进对常委会会议和重要工作的宣传报道，提高宣传工作实效。按照“乘势突破年”的要求，围绕全县中心工作，积极服务全县重点项目和重点工作。认真做好老干部、信访和联系乡（镇）、村等工作。进一步加强对乡镇人大工作的联系和指导，推进乡镇人大工作制度建设，促进乡镇人大工作的正常化和规范化。

各位代表，我县“十二五”发展新的蓝图已经绘就，让我们更加紧密地团结在以胡锦涛同志为总书记的党中央周围，高举中国特色社会主义伟大旗帜，在县委的领导下，振奋精神，锐意进取，扎实工作，为实现“全国十强、基本小康、文化基地”三大目标和建设“安康幸福、景秀人宁”的中国新畲乡而努力奋斗！

景宁畲族自治县人大常委会工作报告

——在景宁畲族自治县第八届人民代表大会第一次会议上

景宁畲族自治县人大常委会主任　蓝良兴

2012年2月27日

各位代表：

我受自治县第七届人民代表大会常务委员会的委托，向大会报告五年来的工作，请予审议。

过去的五年，是我县经济、政治、文化、社会和生态文明建设全面发展，人大工作和民主法治建设取得明显进步的五年。在县委的正确领导和上级人大的指导下，县七届人大常委会坚持以邓小平理论和“三个代表”重要思想为指导，全面落实科学发展观，依法履行宪法和法律赋予的职责，完成了县七届人大各次会议确定的目标任务。五年来，共召开38次常委会会议，听取和审议“一府两院”工作报告63个，对7部法律法规的执行情况进行了检查，对5位局长履职情况进行了评议，作出决议决定33个，依法任免国家机关工作人员186人次，较好地发挥了民族自治地方国家权力机关的职能作用，为推进我县经济社会发展做出了积极贡献。

一、注重法制建设，着力发挥民族立法保障作用

五年来，常委会把加强民族立法工作，推进自治县经济社会发展作为重要任务，以制定完善自治法规为核心，规范立法程序为抓手，全面推进依法自治进程。

加强立法工作，推进依法自治进程。县七届人大一次会议表决通过的自治条例修正案，经省人大常委会批准实施后，常委会积极争取省人大常委会的支持，在省人民大会堂召开省级有关部门贯彻落实自治条例座谈会，推动了自治条例的贯彻实施。为推进全国畲族文化发展基地建设，保护、继承和弘扬畲汉优秀传统文化，提请县七届人大四次会议审议通过了《景宁畲族自治县民族民间文化保护条例》，并于2010年10月1日起施行。常委会还审议了县政府关于制定城市管理条例的议案，启动城市管理条例制定的相关工作。

完善工作机制，推进立法科学化。常委会深入开展调研，多次向县委汇报民族立法工作，积极争取县委的支持，建立立法工作领导小组，设立立法研究室。提请县七届人大五次会议审议通过了《景宁畲族自治县人民代表大会制定自治法规程序规定》，制定《景宁畲族自治县人大常委会立法工作规则》，进一步明确了自治法规的制定、修改、废止和常委会立法工作程序。为规范自治县人民代表大会审议自治法规案活动，提高审议质

量，起草了《景宁畲族自治县人民代表大会自治法规委员会议事规则（草案）》，提请本次大会审议，努力形成人民代表大会和常委会两个层面的三大立法制度规范。

立足地方特色，做好议题征集工作。围绕我县改革发展稳定大局，深入开展调查研究，向社会征集到生态资源、景区建设、库区开发、城市管理等方面的立法建议项目，为编制立法调研项目库和立法规划，促进立法工作的持续开展打下了扎实基础。

加强备案审查，切实维护法制统一。制定规范性文件备案审查规定，完善审查机制，对16件政府规范性文件进行了审查。积极参与和配合上级人大的立法活动，对54部法规征求了意见。

二、围绕中心工作，着力推进经济社会发展

五年来，常委会按照县委重大决策部署，主动服务全县经济社会发展大局，切实把人民群众反映的热点问题和“一府两院”工作中的难点问题作为监督重点。

监督推进产业经济发展。为推进“内优外拓、内外并重、错位发展、做大总量”的工业经济发展战略实施，常委会先后听取和审议了县政府关于工业经济和竹木加工产业发展情况的工作报告，连续四年视察城北110千伏变电所工业区块、外舍王金垟复合产业区块建设情况，两次视察丽景民族工业园建设情况。通过常委会的持续跟踪监督和县政府的认真落实，工业区块建设初显成效。常委会对旅游产业发展情况进行了调研，视察了大均和大漈创建国家AAAA级旅游景区建设情况。县政府认真落实常委会的审议意见，制定了关于加快发展旅游产业的若干意见和促进农家乐休闲旅游业发展的若干意见，成功创建了“中国畲乡之窗”和“云中大漈”两个国家AAAA级旅游景区，推进我县旅游工作迈上新台阶。常委会还听取和审议了县政府关于茶产业、民族重点乡（镇）村经济社会发展、扶持少数民族经济社会发展情况的工作报告，并连续跟踪监督，有力促进了茶产业和民族重点乡（镇）村经济社会发展。

监督推进民生民本工作。常委会听取和审议了县政府关于新农合、农民建房、低收入农户增收、农产品质量安全、社会养老保险、“菜篮子”工程建设、社区工作、殡葬改革、土地管理、滩坑水电站景宁库区交通复建等10个专项工作报告，两次组织代表视察云景高速公路建设，与庆元、青田两县市人大代表中心组联合视察庆景青公路建设情况，并提出了相应的意见和建议。县政府认真落实常委会的意见建议，采取出台全面推进和谐社区建设工作的实施意见，建立食品农产品质量安全检测中心，连续三年将“菜篮子”工程列入县政府十件实事，扎实推进云景高速和庆景青公路建设等措施，进一步推进民生民本工作。

监督推进法治畲乡建设。为化解社会矛盾，营造和谐稳定的社会环境，常委会先后对“法治畲乡”建设、实施“宽严相济”刑事政策、民商事行政审判及执行、预防职务犯罪、社会治安、看守所建设和管理等工作进行了调研和视察，提出了针对性的建议和意见，并督促整改落实，有效促进了社会和谐稳定和司法公平公正。如：县政府积极落实关于社会治安工作的审议意见，建成社会治安动态视频监控系统和监控中心，进一步健全社会治安防控体系；县检察院认真落实关于预防职务犯罪工作的审议意见，先后深入电力局、公安局等单位及重点项目建设领域，指导预防职务犯罪工作。

监督推进教育文化事业发展。常委会高度重视教育工作，听取和审议了县政府关于教育工作情况的报告，针对存在的问题提出审议意见。县政府采取加快优化教育资源配置，出台促进学前教育发展提升学前教育质量的实施意见等措施，推进教育发展。常委会听取和审议了县政府关于基层公共文化建设情况的报告，并视察了创建省级文化先进县和广播电视“村村通”建设情况。县政府认真落实审议意见，安排专项资金用于乡镇文化站建设，努力形成“县有三馆、乡有一站”的城乡文化设施一体化格局。

五年来，常委会积极探索监督方式，着力抓好会前、会中、会后三个环节，努力提高监督成效。会前，成立调研组并走访相关部门和乡镇及部分代表，听取意见和建议，按照监督法的要求将调研中各方面反映较为集中的问题汇总整理后转交“一府两院”，便于其在专项工作报告中予以回应。会中，请省、市、县专家学者作相关议题的法律讲座，邀请相关的代表、工委委员和专业人员列席会议，增强审议的针对性和实效性；在审议结束后，“一府两院”领导就落实会议审议意见作表态发言。会后，采取跟踪督查和听取审议意见落实情况报告、对审议意见落实情况报告进行票决等形式督促落实，不断提高监督成效。

三、加强计划和预算审查，着力促进计划和预算执行

五年来，常委会按照监督法的要求，积极探索和改进监督方式，突出监督重点，努力提高计划和预算审查监督成效。

强化计划审查监督。常委会每年审查和批准国民经济和社会发展计划执行情况的报告，提出审议意见；组织常委会组成人员视察重点项目建设，督促县政府及相关部门认真实施计划，不断提高经济社会发展的质量和效益。听取县政府关于“十一五”规划纲要实施情况及“十二五”规划纲要编制情况的报告，就应对国际金融危机、加快产业发展、统筹城乡一体化、推进民生工程建设等方面提出了意见和建议，督促县政府进一步完善规划编制工作，以规划引领科学发展。

深化预决算审查监督。常委会认真听取和审议县政府关于财政决算、预算执行、审计工作等报告，批准县财政决算和预算调整方案，建议县政府加强税收征管，强化资金管理，优化支出结构，提高资金使用效益，维护预算执行的严肃性。高度关注政府债务管理情况，听取和审议县政府关于债务管理情况的报告，提出了要适度举债、讲求效益、加强管理、规避风险等审议意见。加大审计处理意见整改的督促力度，在县审计局的配合下，组织督查组进行督查的基础上，每年专题听取县政府关于财政决算报告与财政预算执行和其他财政收支情况审计报告的审议意见落实情况的报告，并对落实审议意见情况报告的满意度进行测评。县政府对照常委会的审议意见，认真整改审计查出的问题，并取得明显成效。

四、加大执法检查力度，着力推动法律法规有效实施

五年来，常委会抓住经济社会发展中群众关心、社会关注的重大问题，有重点地检查相关法律法规执行情况。

精心选择议题，深入开展执法检查。2007年，常委会对环保法执行情况进行检查，特别要求县政府加强县城饮用水源上游的环境整治和保护工作。县政府认真落实常委会的审议意见，进一步加强饮用水源的治理和监测工作。为促进宗教和谐发展，常委会重点对滩坑水电站景宁库区涉淹教堂复建工作进行了检查，督促县政府完成库区教堂复建工作。2008年，常委会在深入开展学习宣传自治条例的同时，对实施情况进行检查，提出尽快出台配套的实施办法等审议意见。2009年，根据省人大常委会的统一部署，常委会对农业法及相关法律法规实施情况进行检查,县政府落实常委会的审议意见,进一步加大农业产业扶持力度,出台山茶油和草本药材扶持政策。2010年,常委会对水污染防治“一法一条例”、森林法、人口与计划生育法及相关法规执行情况进行检查,听取和审议了县政府的实施情况报告,提出相应的审议意见。县政府采取措施落实常委会关于水污染防治“一法一条例”实施情况的审议意见,加强全县农村生活垃圾集中收集处理工作,进一步减少生活污染源。针对常委会关于人口与计划生育法实施情况的审议意见,县政府进一步创新考核机制,夯实基层基础工作,加大行政执法力度,推进全县人口计生工作再上新台阶。

改进检查方法,努力提升检查成效。五年来,常委会不断改进执法检查方式,努力克服形式主义,务求实效。一是坚持调查研究和检查相结合。执法检查前,都要开展调查研究,确定检查的重点,有针对性地进行检查,增强执法检查实效。二是坚持上下结合。每次执法检查,都事先统一动员部署,或与省、市人大常委会上下联动,集中时间、集中力量进行检查。三是坚持检查与督办相结合。每次执法检查,都对所检查的法律、法规实施情况进行评价,提出执法中存在的问题和改进执法工作的建议,并督促相关建议的落实。

五、深化人事任免工作,着力增强被任命人员的依法履职意识

五年来,常委会正确处理党管干部与常委会依法任免的关系,认真行使人事任免权,同时加强监督,促进被任命人员依法履职。

依法行使任免权。为进一步加强国家机关工作人员任免工作,根据地方组织法和监督法的规定,常委会制定了任免国家机关工作人员办法,对任免议案的提出、审议、表决等进行了规范,完善了任前法律知识考试、任命表态发言等程序,进一步提升人事任免工作水平。五年来,常委会共任免国家机关工作人员186人次,接受辞职5人次;接受22人辞去县人大代表职务,补选县人大代表25人;罢免市人大代表1人。

加强干部任后监督。在规范任免工作的同时,常委会加强了对任命的国家机关工作人员履职情况的监督,在新闻媒体上播放和刊登新一届政府组成部门负责人的任职表态发言,把被任命人员置于全县人民的监督之下,促其依法履职、践行诺言;要求县政府组成部门的局长、县法院副院长、县检察院副检察长年末向常委会提交书面述职报告,接受常委会的审查。在深入调查研究和广泛听取各方面意见的基础上,听取和审议了县教育局、水利局、建设局、交通局、工商局局长的履职报告,并结合审计工作报告,提出意见和建议。通过评议,不仅促进相关部门工作的开展,还进一步增强了常委会任命的国家机关工作人员的民主意识、法制意识和责任意识。

六、密切联系群众,着力发挥代表主体作用

五年来,常委会加强代表培训,完善代表工作制度,提高服务保障水平,注重发挥代表作为国家权力机关主体的作用。

加强培训工作,提高代表履职能力。常委会把加强代表培训作为一项重要工作来抓,在做好代表初任培训的基础上,举办了三期代表培训班,对县七届人大代表进行了轮训,进一步提高了代表依法履职水平。坚持和完善常委会组成人员联系代表和走访慰问代表等制度,进一步密切与代表的沟通和联系。坚持邀请代表列席常委会、重要情况向代表通报等制度,拓宽代表知情知政渠道。

加强服务工作,保障代表依

法履职。深入开展“构建和谐景宁，代表作表率”等主题活动，不断丰富代表小组活动载体。有计划地安排代表参加常委会组织的执法检查和调研视察，拓展代表履职平台，提高代表履职成效。制定了关于依法许可对代表采取强制措施和实施刑事审判的规定及县人大代表辞职制度，保障代表的合法权益和依法执行职务的权利。

加强督办工作，提高建议办理质量。制定了代表建议、批评和意见办理办法，进一步规范建议办理工作。加大代表建议督办力度，对代表反映比较突出的问题，采取常委会领导重点督办和组织视察等方式，进行跟踪督办；对办理后代表仍表示不满意的建议，限期重新办理。五年来，代表共提出建议、批评和意见495件，代表建议办结率和满意率逐年提高。

加强组织工作，依法做好县、乡两级人大代表换届选举。这次县、乡两级人大代表换届选举，是选举法修改后首次实行城乡按相同人口比例选举人大代表。去年，常委会深入开展调查研究，在东坑镇开展了试点工作。常委会及时总结试点工作经验，认真研究和妥善处置工作中出现的新情况和新问题，坚持重大情况和重大问题及时向县委汇报，确保换届选举工作在党的领导下依法有序进行，切实保障选民和代表的民主权利。在各乡镇和各办事处的共同努力下，完成县、乡两级人大代表的换届选举工作。同时，指导乡镇依法开好人代会。

七、强化自身建设，着力提高服务水平

五年来，常委会以提高组成人员履职能力和机关服务水平为出发点，围绕发挥人大常委会作为国家权力机关、工作机关和代表机关的职能作用，加强自身建设。

加强理论学习，提升履职能力。深入学习党的十七大和十七届三中、四中、五中、六中全会精神，开展党员先进性教育、“树新形象、创新业绩”、学习实践科学发展观和纪念地方人大成立30周年等系列活动。坚持常委会会议学法制度，先后邀请省市专家教授就监督法、立法法等法律法规作专题讲座。分批组织常委会组成人员和机关工作人员进行业务培训，不断提高理论水平和政治素质。

注重制度建设，提高服务水平。建立健全常委会会议、主任会议议事规则等7项工作制度和14项机关工作制度，不断提高议决效率和机关办事水平。重视人大信息宣传工作，开通景宁人大网站，广泛宣传我县人大工作和民主法制建设情况，中央、省、市媒体刊载我县人大工作方面宣传稿件400余篇，办公室连续三年被评为全省人大宣传工作先进单位。认真做好老干部、信访工作，启动景宁人大志编撰工作。

围绕全县大局，服务参与中心工作。按照县委的统一部署，常委会领导切实做好工作联系乡（镇）、村（民族重点村）和联系企业工作，积极参与和服务滩坑水电站移民、库区复建、数字城管、旧城改造和创建省级卫生县城、省级文明县城、国家AAAA级旅游景区等中心工作，并取得明显成效。组织机关干部深入联系乡镇和农户，扎实开展低收入农户增收等工作。

加强指导工作，推进乡镇人大建设。坚持常委会领导联系乡镇人大等制度，邀请乡镇人大主席和副主席列席常委会会议，参加调研、视察、法制讲座等活动。在丽水市委党校举办了全县乡镇专职人大主席和副主席培训班。召开全县乡镇人大工作座谈会，指导乡镇人大探索新形势下人大工作的新方法和新途径，努力形成上下联动、整体推进的良好工作局面。

在充分肯定成绩的同时，我们清醒地认识到，常委会工作与宪法、法律和人民的要求相比，还存在不少差距。主要是：立法工作水平还有待进一步提升；监督工作力度还有待进一步加大；常委会会议审议质量还有待进一步提高；代表工作、自身建设和对乡镇人大工作的指导还有待进一步加强。这些问题都需要在今后的工作中逐步加以解决。

各位代表，在县委的领导下，在全县人民、全体代表的关心和监督下，在社会各界和各有关方面的支持配合下，经过常委会全体组成人员的共同努力，县七届人大常委会即将完成历史使命。在此，我谨代表县七届人大常委会，对所有关心和支持县人大工作的同志和各界人士，表示衷心的感谢！

回顾过去五年来常委会工作实践，我们深深感到，做好人大工作，必须做到以下几点：

一是必须坚持和依靠党的领导。这是做好人大工作必须坚持的政治原则，也是做好人大工作的根本保证。五年来，常委会坚持县委的统一领导，在依法履行职责的过程中，全面贯彻党的路线方针政策和县委的决策，主动把县委有关国家事务的主张通过法定程序变为地方国家意志。

二是必须维护人民群众根本利益。代表是人大工作的主体和基础，是常委会联系群众的纽带和桥梁。本届常委会建立了联系代表制度，在开展工作中，充分发挥代表在了解民情、反映民意、维护民利中的作用，把人大工作深深扎根于人民群众之中，始终把事关群众利益的重大事项作为监督的重点议题，通过工作监督和法律监督，推动群众关注问题的落实解决，有力推动了民生社会事业发展。

三是必须把握与"一府两院"的关系。"一府两院"由人民代表大会产生，对它负责，受它监督。在实际工作中，要把握监督与支持的关系，通过监督推动"一府两院"工作，促进党和人民各项事业的发展。五年来，常委会在确定议题、调研检查、整改落实等各个环节，都重视与"一府两院"的沟通，既依法监督，又理解支持，既肯定成绩，又指出问题，既提出总体要求，又提出具体建议，努力达成共识，形成合力，推动实际问题解决。

四是必须依法依程序履行职权。人大工作必须按法律、依程序，对于法律规定的各项职权，都要认真行使，做到不失职、不越权。对于职权范围内的事项，都要发扬民主，集思广益，集体讨论，会议决定。实践证明，坚持依法依程序开展工作，有利于推动人大的工作，有利于维护人大的权威，有利于发挥人大的作用。

五是必须加强常委会自身建设。人大工作是一项政治性、法律性很强的工作，要完成宪法和法律赋予的神圣使命，就必须坚持搞好自身建设，抓好思想、组织、制度和作风建设，增强党的观念、政治观念、大局观念、群众观念，增强做好新时期人大工作的使命感和责任感，不断提高常委会组成人员的政治水平和议事能力。

各位代表，县第八次党代会确定了"三县并举"的发展战略，提出了大力推进"五个发展"，努力实现"三个走在前列"的奋斗目标。这给新一届常委会工作提出了新的更高的要求。我们要围绕既定的发展战略、指导思想和奋斗目标，加强和改进监督工作，增强监督实效，促进依法行政和公正司法，更好地发挥民族自治地方人民代表大会制度的特点和优势，努力开创常委会工作新局面。

现在，新一届县人民代表大会已经组成，新一届常委会也即将选举产生。我们衷心希望，新一届县人大及其常委会在县委的领导下，以推进社会主义民主法制建设为根本任务，注重地方特色，加强立法调研，不断提高立法质量。全面贯彻实施监督法，综合运用各种监督方式，强化工作监督和法律监督，不断增强监督实效。依法行使重大事项决定权和人事任免权，适时就经济社会发展中的重大问题作出决议决定，不断推进决策的科学化、民主化。认真做好代表工作，丰富代表闭会期间的活动，维护代表权利，保障代表依法行使职权，不断发挥代表的主体作用。加强自身建设，不断提高依法履职的能力和水平，努力开创我县人大工作新局面。

2012年是实施“十二五”规划承上启下的重要一年，是我县实现“三大目标”的最后一年，我们党将召开十八大，做好今年的工作意义重大。我们建议新一届常委会抓好以下几个方面的重点工作：第一，根据监督法的要求，听取和审议县政府关于促进县域工业经济发展情况的报告、关于生态公益林建设情况的报告、关于职业教育发展情况的报告和县检察院、人民法院、公安局、司法局贯彻落实《浙江省人大常委会关于加强检察机关法律监督工作的决定》的报告；根据省人大常委会的统一部署，开展《中华人民共和国食品安全法》及相关法规执行情况检查；继续跟踪监督关于扶持少数民族经济社会发展情况的审议意见落实情况。第二，根据自治县实际情况，编制立法调研项目库，继续做好城市管理条例制定的相关工作。第三，依法决定任命新一届县政府组成人员。第四，成立代表中心组和代表小组，建立健全代表活动网络，开展代表培训，创新活动形式，提高活动实效。第五，加强新一届常委会组成人员的学习培训，为新一届常委会工作开好局、起好步。

各位代表，让我们在县委的领导下，高举中国特色社会主义伟大旗帜，深入贯彻落实科学发展观，全面实施“三县并举”战略，大力推进“五个发展”，为实现“在推动科学发展、促进社会和谐、增进民族团结上走在全国民族自治县前列”而努力奋斗！

中国人民政治协商会议第七届景宁畲族自治县委员会常务委员会工作报告

——在政协第七届景宁畲族自治县委员会第五次会议上

政协景宁畲族自治县委员会主席　彭岳舜

2011年2月23日

一、2010年工作回顾

2010年是实施“十一五”规划的收官之年，也是我县奋进跨越、和谐推进的重要一年。一年来，县政协常委会按照县委的总体部署和要求，认真学习实践科学发展观，牢牢把握团结和民主两大主题，深入贯彻落实胡锦涛总书记在庆祝人民政协成立60周年大会上的讲话精神，认真履行政治协商、民主监督、参政议政职能，全面完成了县政协七届四次会议确定的各项任务，为全面建设惠及全县人民的小康社会做出了新的贡献。

(一)科学谋划，致力发展，围绕“三大目标”建言献策

常委会坚持把促进发展作为政协工作的第一要务，围绕“三大目标”，找准履行职能和服务大局的结合点，发挥优势，科学谋划，深入开展调研，积极建言献策，为我县改革和发展贡献力量。

紧扣全县重大问题推进整体协商。县政协七届四次会议期间，组织委员对《政府工作报告》和其他报告进行认真讨论。委员们就我县工业产业转型升级、库周经济发展、农村危旧房改造、医疗卫生体制改革、省级生态县创建等议题，以多种形式提出建设性的意见，得到了党政领导的重视和肯定。县委书记武昌等领导对《关于我县农村危旧房改造工作的几点思考》等多篇大会发言作出批示，许多建议被采纳，促进了决策的民主化、科学化。

锁定“文化基地”课题深入协商议政。打造“全国畲族文化发展基地”是我县既定的“三大目标”之一。常委会自始至终围绕这一课题开展了集重点调研、政协论坛、专题协商等系列形式为一体的建言献策活动。4月下旬，常委会组织由部分政协常委、委员，以及相关部门人员参加的调研组，在县政协主席、副主席带领下，对“文化基地”建设工作进行专题调研。调研组实地走访县内有关部门、乡镇，考察福建等省内外十多个县(市)的畲族文化和其他民族文化的保护与发展工作，形成调研报告。7月份举行由县政协主办、县民宗局协办的2010年政协畲族文化发展基地论坛，就如何打造“文化基地”课题深入研讨。9月份，常委会审议通过建议案并提交给县委、县政府。在此基础上，还整理归纳出10个方面的问题，于11月份举行专题协商会，与县委、县政府领导展开面对面的协商交流，进一步阐述建议案的核心内容，督促问题的落实。县委、县政府相关领导应邀积极参加常委会、政协论坛、专题协商会，对委员们敢于真言、诚于

直言给予充分肯定。12月份，在县政协常委会议上，县政府专门就建议案及政协论坛、专题协商会所提意见建议的落实情况作了专题通报，委员们提出的许多意见建议都得到了较好落实。

围绕重点热点问题积极建言献策。主席会议根据党委政府中心工作，围绕重点热点问题，统筹安排调研视察计划，切实提高选题的科学性、增强视察的针对性、强化视察的实效性。先后组织开展金银花产业发展、油茶产业发展、城市防洪体系建设等重点建设项目，以及中国历史文化名镇创建、千峡湖库区渔业管理、孔庙和时思寺的修复利用等热点问题开展视察活动，提出的相关意见建议得到党政部门的重视和采纳，推动相关工作的顺利开展。

充分发挥界别优势广泛对口协商。各专门委员会和工作站发挥界别优势，有针对性的就相关课题与党政职能部门直接进行对口协商，呈现不少亮点。社法委就加强人民调解工作与司法行政部门开展热烈讨论；科教文卫体委深入千峡湖库区就库区旅游业发展问题与相关部门进行探讨；经济委围绕景宁人外出创业发展问题赴义乌等地调查研究；民宗台侨委针对鹤溪镇基督教堂搬迁问题与建设部门多次协商；农业农村委就观光休闲农业发展课题深入调研；文史委针对文化发展工作与文化部门进行协商；各工作站围绕社区建设、民族村发展、库区渔业管理等开展对口协商。多层面、多形式的对口协商，不仅拓宽了委员知情议政渠道，而且促进了意见建议的转化。

（二）以人为本，服务民生，努力增强履职为民实效

常委会坚持以人为本、关注民生、履职为民，把促进民生问题的解决作为政协履职的根本着力点。围绕民生问题开展建言献策，引导、组织委员参与为民帮扶解困、排忧解难活动。

关注医疗卫生改革。为促进医疗卫生体制改革，让群众更多的享受医疗卫生服务，深入开展关于加快我县医疗卫生体制改革视察活动，提出了加快医疗卫生项目建设，加强人才队伍建设，推进信息化建设等建议。认真组织医药卫生界的委员开展送医送药下乡活动，服务基层群众。鼓励委员撰写有关医疗卫生方面的社情民意信息，积极向党委政府反映存在的困难和问题，并提出意见建议。

积极建言教育发展。为推进我县学前教育和职业教育事业发展，组织在景市政协委员和部分县政协委员开展学前教育和职业教育视察活动，就存在的问题与教育行政部门展开交流探讨，向县委、县政府提出了增强发展活力，重视学前教育和职业教育，加强教学研究，加快师资培训，提高教育质量等建议，引起了党政领导的高度重视。

倾情助推“三农”工作。发挥政协人才荟萃、智力密集的优势，引导广大委员利用资金、信息、技术助推“三农”工作。广大委员通过培育农业龙头企业、组建农民专业合作社、投资农业产业、解决农产品销售等方式为农村发展、农民致富做出积极贡献。如惠明茶业有限公司、奇尔茶业有限公司等委员企业，多年来带动茶农发展茶产业；博士园有限公司发动低收入农户，残疾人员和少数民族贫困户组建专业合作社，增加收入；三石养猪专业合作社带动农户积极开展生态养殖；科学技术界的委员充分利用自身优势主动提供农业技术服务。

主动开展帮扶济困。县政协领导积极投身结对帮扶贫困户、联系村活动，开展服务民生工作；大力推进招商引资工作和景商“回归”工程，做好联系企业、服务项目工作，帮助企业解决生产困难。广大政协委员和政协机关干部情系玉树，为抗震救灾纷纷慷慨解囊、捐款出力；

积极投身低收入农户奔小康工程，踊跃开展捐资助学、结对扶贫、解决就业、赞助慈善年夜饭等慈善帮扶活动。如世纪鸿宾大酒店通过自身的发展，提供了300多个就业岗位。

(三)协调关系，汇聚力量，牢牢把握团结民主主题

常委会坚持把团结和民主贯穿于履职的全过程，发挥政协特点和优势，创造各种有利条件，营造宽松和谐环境，切实加强凝聚人心、汇集力量等联络联谊工作。

切实发挥各界人士作用。认真贯彻《中共中央关于加强人民政协工作的意见》《中共景宁畲族自治县委关于加强和改进新形势下人民政协工作的实施意见》等文件精神。在各种会议上，注重安排无党派人士、少数民族人士、宗教界人士和非公经济界人士发言。有计划地组织各界人士参加政协开展的视察、调研、考察和协商活动，高度重视社会团体和各界人士提出的提案和反映的社情民意信息等，营造团结民主、平等协商、和谐共事的良好氛围。

认真开展交流联谊工作。加强与省、市政协的联系，协助省政协做好《畲族百年实录》文史资料征编专题调研和省内协作会议等工作，配合市政协开展生态旅游开发、融入“海西”经济圈、民族文化产业发展、民族宗教工作、农民异地转移、政协工作向基层延伸等课题调研活动。扩大政协对外友好交往，组织委员参加市政协系统第二届乒乓球比赛并取得优良成绩。积极参加市政协系统书画联展活动，深受好评。组织政协机关干部和委站负责人赴温岭等地学习政协工作先进经验，拓宽了视野，增进了友谊。密切与各界人士的交流联络，广泛参加景宁在外地的商会、联谊会活动，积极参与知识分子联谊会、老年协会等各类活动，举办各界人士迎春茶话会等，主动联谊交友，广泛凝聚人心。

加大政协宣传工作力度。创办景宁政协网站，依托中国景宁新闻网全方位宣传政协工作。继续办好《景宁政协》和《天堂湖》刊物，加强与新闻媒体的联系，全面反映我县政协工作的重要成果和委员风采，扩大人民政协的影响，努力营造民主团结、生动活泼、宽松和谐的良好氛围。

(四)注重创新，完善机制，不断增强政协工作活力

常委会主动把中央、省委和市委提出的关于做好政协工作的新思想、新任务、新要求落实到政协履行职能的各项工作之中，完善机制，提升质量，增强活力。

政协工作不断延伸。充分发挥政协工作站室联系群众、收集民情民意的渠道作用，进一步把政协工作向基层延伸。将原5个镇的委员联络组改为委员工作站，在原有2个委员工作室的基础上，增设3个农村委员工作室，并帮助落实办公场所，进行授牌，制定工作职责，明确目标，为基层委员发挥主体作用搭建了更好的服务平台。召开全县政协委员工作站(室)交流会、研讨会等，研究共性问题，交流工作经验，构筑上下联动机制。这项工作所取得的成效引起了上级的重视，并作为典型经验在全省政协工作向基层延伸座谈会上进行交流。

提案工作创新发展。首次将大会发言以提案方式，送县委、县政府领导参阅，提交给相关部门办理，提高了提案整体质量。创新提案督办方式，首次开展提案办理工作民主评议活动，进一步提高提案办理质量。坚持政府领导领办和政协领导督办重点提案制度，确保提案办理工作落到实处。健全完善提案办理情况通报制度，由县政府向政协常委会通报提案办理情况，有力推动了政协提案工作。县政协七届四次会议以来审查立

案的110件提案，现已全部办复。已经解决的46件，正在解决或已列入计划将逐步解决的58件，两项合计占提案总数的94.5%；因客观条件限制或其他原因需待以后解决的6件，只占5.5%，解决率比往年有了新的提高。

民主监督健全完善。健全民主监督工作机制，坚持民主监督员委派制度，召开民主监督员工作座谈会，组织委员旁听县人民法院案件庭审，邀请县政府以及县经贸局、水利局通报工作情况，为民主监督员履行职责创造条件。各民主监督员结合实际，积极开展活动，认真履行职责，受到选聘单位和社会各界的好评。

信息工作再创佳绩。召开信息工作会议，及时总结交流经验。加强队伍建设，注重发挥政协委员、特邀信息员反映社情民意信息的主体作用。健全工作机制，畅通信息渠道，努力把反映社情民意信息工作与专题协商、调研视察、民主监督、委员约谈等履职活动相结合，进一步提升信息时效和质量。项莉芳委员反映的社情民意信息《关于将景宁畲族博物馆升格为中国畲族博物馆的建议》，得到省委书记赵洪祝，省政府副省长郑继伟等领导批示。该项工作已连续6年在全市政协系统社情民意信息评比中获奖。

文史工作持续给力。在配合全国政协和省政协做好《畲族百年实录》有关史料征集工作的基础上，征编出版了第十四辑文史资料《畲乡景宁实录》，与市政协合编的《绿谷畲风》画册，第一次在一年中征编出版2本文史资料。同时，配合省、市政协完成了“新中国建立以来浙江发展变化亲历系列”“浙江非物质文化遗产传承人讲述”“‘5·12’汶川特大地震口述资料”“政协志”等课题的史料征集工作，文史工作又上一个新台阶。

（五）固本强基，提升能力，切实提高自身服务水平

常委会主动适应新形势发展的需要始终把加强政协自身建设作为基础性、系统性工程来抓，坚持以学习为动力、以制度为保障、以机关建设为基础，全面提高履行职能的能力和水平。

全面强化学习活动。根据县委部署，扎实开展“创先争优”活动，以争创“五好”党组织和创建“四型”政协机关为载体，大力开展“庄式学习法”活动。着力加强领导班子和党员干部队伍建设，努力形成坚强的领导核心和组织保障。深入学习科学发展观，中共十七届四中、五中全会精神，政协文化和业务知识，增强大局意识、服务意识、责任意识和创新意识，不断改进机关作风。

激发委员履职热情。各主席深入界别开展委员约谈活动，提高委员特别是基层委员履职积极性。组织各界别的委员参加相应的调研视察活动，激发委员履职热情。组织委员参加诗书画之友社开展的全国畲族文化发展基地建设、慈善文化发展采风活动，以及诗书画之友社与县纪委、县国土资源局联合举办的“国土杯廉政书法展”活动。鼓励委员根据各自特点积极参与县政协之友社、艺术团开展的活动，不断活跃政协工作气氛。

注重发挥委站作用。切实加强对委站工作的领导，建立和完善政协领导分管委站工作制度，常委会议、主席会议经常听取委站工作汇报。各委站按照县政协总体工作安排，充分发挥各自职能作用，注重加强与政府部门和政协委员的联系，积极组织委员开展履职活动，推进了政协各项工作任务的完成。

继续推进“三化”建设。修订《信息工作奖励办法》等制度，进一步推进履行职能和机关服务制度化、规范化、程序化建设。建立专委会主任、工作站站长以及宣传信息工作座谈会制度，定期沟通情况，总结经验，改

进工作。继续开展“学习型、服务型、创新型、和谐型”机关创建活动,不断提高自身履职能力。

各位委员、同志们,政协工作成绩的取得是县委正确领导、县政府大力支持、各有关方面密切配合与广大政协委员共同努力的结果。在此,我代表县政协常委会,对关心支持政协工作的各级党政领导和各有关部门表示崇高的敬意和衷心的感谢!向全体委员致以诚挚的问候!

在肯定成绩的同时,我们也清醒地认识到,县政协工作还存在一些有待解决的问题。比如,民主监督的形式需要进一步探索;委员界别的优势需进一步发挥,政协工作向基层延伸需进一步推进等。在新的一年里,我们要加强研究,不断改进,努力把各项工作做得更好。

二、2011年工作任务

2011年是实施“十二五”规划的开局之年,是我县在更新起点上,向“三大目标”奋进的关键之年,也是县政协肩负重任,大有作为的一年。做好今年的政协工作,意义尤为重大。新的一年,县政协常委会的指导思想是:高举中国特色社会主义伟大旗帜,坚持以科学发展观为统领,全面贯彻中共十七届五中全会精神和县委七届十一次全会精神,牢牢把握团结和民主两大主题,按照“乘势突破年”的工作要求,围绕核心、服务大局、注重民生、真情履职,深入实施“一三四八”发展战略,为实现“三大目标”,建设“安康幸福、景秀人宁”的中国新畲乡做出新的贡献。

(一)加强理论学习,在增进思想共识上要有新境界

坚持把理论学习摆在各项工作的首位。突出学习重点,深入学习中国特色社会主义理论体系,用马克思主义中国化的最新理论成果武装头脑、指导实践、推动工作。深入学习中共十七大和十七届四中、五中全会以及中央经济工作会议精神,认清形势、把握大局、明确任务。深入学习胡锦涛总书记在庆祝人民政协成立60周年大会上的讲话精神,进一步做好新形势下人民政协工作。深入学习县委全会等重要会议精神,进一步增强围绕中心、服务大局的能力和水平。要在丰富载体上下功夫,继续深化“庄式学习法”,多形式、多层面的开展“新起点、新征程、新贡献、新跨越”主题大讨论、大学习活动。要在加强研究上下功夫,以政协文化、协商民主为重点,加强经验总结,探索履职规律,强化理论支撑。要在讲求实效上下功夫,坚持学以致用、用以促学,把理论学习的出发点、落脚点放在提高运用科学理论解决实际问题的能力上,切实把思想统一到县委确定的重大决策部署上来,自觉围绕全县中心工作履行好政协的各项职能。

(二)围绕中心工作,在服务科学发展上要有新作为

坚持把推动科学发展作为履行职能的第一要务,紧紧围绕事关景宁发展全局的重大战略性和前瞻性问题,组织开展好调研视察和建言献策活动,为推动全县经济社会实现平稳较快发展献计出力。

抓住“海西”经济区被提升为国家区域发展战略的历史机遇期,常委会就加快融入“海西”经济区课题,着重围绕争取政策、改善交通、对接产业、招商引资、建立机制等问题,开展广泛深入的调查研究和协商议政活动,为改善发展区位环境,提升景宁经济发展质量、创造畲乡发展新优势,多建睿智之言、多献务实之策。

着力把握“经济跨越和民生改善”两大任务,主席会议要针对工业经济发展、大均水电站梯级开发、群众增收致富奔小康等重点项目及其他民生工作,积极组织开展专题视察活动,为县委、县政府科学决策及实施,发挥好参谋助手作用。

抓住民族文化的根与脉,继续围绕建设全国畲族文化发展基地目标,举办以促进文化产业发展为主题的政协论坛,依靠委

员，依托部门，吸纳专家，多渠道、全方位提出有分析、有见解、有价值的对策和建议。要选取事关景宁经济社会发展的其他基础性、全局性、前瞻性问题广泛开展建言献策、协商议政。

（三）坚持履职为民，在服务民生工作上要有新进展

顺应人民群众过上更加美好生活的新期待，把关注民生、保障民生、改善民生落实到履行职能的各项工作实践中，忠实地为人民群众当好代言人，积极协助党委政府做好惠民生、谋民利、解民忧的工作。

加强提案办理工作。广泛征集提案线索，汇集民智，更加全面地反映不同阶层、不同群体的呼声和意愿。进一步规范提案办理程序，落实大会发言转交部门办理制度，完善提案办理工作民主评议制度，坚持重点提案县政府领导领办、县政协领导督办制度，推动更多民生问题的解决，促进社会和谐。

强化社情民意工作。鼓励委员深入基层，倾听民声，及时了解社会生活中群众关注的热点问题，拓展社情民意搜集渠道，及时了解和充分反映不同群体的利益诉求。尤其要注重留意苗头性、倾向性情况的反映，协助党委政府做好宣传政策、协调关系、化解矛盾的工作，推进平安创建、和谐创建活动的深入开展。

重视民主监督工作。把民主监督作为履职为民、促进和谐的切入点，积极探索政协开展民主监督的有效形式和途径。提高民主监督员监督工作的组织化程度，支持各民主监督员在参与相关工作中开展监督。鼓励政协委员围绕民生问题开展富有成效的监督活动，进一步发挥他们在民主监督中的作用。

认真落实服务民生举措。要弘扬传统美德，帮扶困难群体，鼓励和支持委员积极参与慈善事业、光彩事业、帮困济弱、捐资助学、文化科技卫生“三下乡”等社会公益活动，多为人民群众办实事、做好事、解难事，做建设繁荣和谐新畲乡的积极推动者和实践者。

（四）突出工作主题，在坚持团结民主上要有新成效

坚持把发扬民主、增进团结、协调关系、化解矛盾作为履行职能的重要方向，不断提高工作水平。

切实加强协商民主工作。坚持民主协商、平等议事、求同存异、体谅包容的原则，拓展渠道、搭建平台、创新方式，积极支持工商联和无党派人士、民主党派人士，参与县政协对全县重大方针政策讨论协商及履行职责的各项活动，扩大社会各界有序政治参与渠道，维护和促进民主团结、生动活泼的政治局面。

更加关注民族宗教工作。支持民族宗教界人士组织开展有关民族宗教工作方面的调研视察，进一步加强同少数民族、宗教界代表人士的联系，积极宣传党的民族政策和宗教政策，反映民族宗教界的意愿，维护少数民族和信教群众的合法权益，促进民族团结、宗教和睦、社会稳定。

不断扩大政协对外交流。加强与涉台、涉侨部门的联系交流，推动相关活动、项目对接，扩大与海内外华侨华人的联谊联络交往，提升景宁在海内外的知名度和美誉度；加强与外地商会、联谊会的交流联谊，服务好景宁外出创业人士、外地在景创业人士的工作和生活，为创建景宁良好的人文环境而努力。

着力提升文史工作水平。为更好地总结七届县政协的工作成果和经验，全面梳理七届县政协在履行政治协商、民主监督、参政议政以及制度建设过程中的经验做法，编辑形成一套真实反映七届县政协履职轨迹的资料汇编《回眸》（暂定名），为今后的政协工作提供参考借鉴。同时，认真配合省、市政协开展的文史资料征编工作，进一步发

挥文史资料“存史、资政、团结、育人”的作用。

（五）历行改革创新，在加强自身建设上要有新提高

积极探索符合时代特点和政协工作性质的新思路、新方法，深入推进政协“三化”建设，提高履职的科学化水平。

继续推进政协延伸工作。深化政协委员站室工作，探索有效发挥站室作用的途径，在加强政协组织向基层延伸的同时，积极利用新载体、新渠道、新方法把政协工作向新阶层、新领域、新空间延伸。

注重发挥委站基础作用。进一步活跃专门委员会和委员活动小组的各项活动；探索加强界别联系、开展界别活动的方法与途径，不断提高界别的组织化程度。加强与党政对口部门的联系，开展联动协作，推动工作交流，不断增强工作的针对性和实效性。

充分发挥委员主体作用。丰富内容、创新形式、提高质量，探索建立委员履行职责新平台，切实调动委员履职主动性和积极性。继续引导委员开展撰写一件提案、反映一条社情民意信息、参与一次调研视察活动、提出一条合理化建议、办好一件实事的“五个一”活动。充分发挥委员在履行职能中的法律政策宣传员、服务发展参谋员、化解矛盾调解员、改进工作监督员、社情民意信息员、为民办事服务员作用。

加强政协班子自身建设。加强领导班子的思想作风建设，不断提高全局观念，增强维护核心意识，带领委员在各自工作和生活中起好表率作用，协助县委做好政协换届筹备工作，善始善终完成本届政协的各项工作。

不断深化政协机关建设。继续完善机关各项制度，有计划地组织学习活动，提高机关干部履行职责的能力和水平，努力把政协机关建设成“四型”机关。适应形势，认真谋划，切实加强政协工作理论研究和新闻宣传工作，提升工作层次和影响力。

各位委员、同志们，“十二五”规划已经为我们描绘了美好蓝图。面对新的形势和任务，人民政协肩负着光荣而艰巨的历史使命。让我们紧密团结在以胡锦涛同志为总书记的中共中央周围，高举中国特色社会主义伟大旗帜，在中共景宁畲族自治县委的领导下，以更加饱满的政治热情和奋发有为的精神状态，同心同德，锐意进取，为加快实现“三大目标”，建设“安康幸福、景秀人宁”的新畲乡而认真履职！

中国人民政治协商会议第七届景宁畲族自治县委员会常务委员会工作报告

——在政协第八届景宁畲族自治县委员会第一次会议上

政协景宁畲族自治县委员会主席　彭岳舜

2012年2月25日

各位委员：

我代表政协第七届景宁畲族自治县委员会常务委员会，向大会报告工作，并对八届县政协工作提出建议，请予审议。

一、过去五年工作回顾

政协第七届景宁畲族自治县委员会任期的五年，是我县全面实施“十一五”规划、推动畲乡经济社会快速发展的五年。五年来，七届县政协常委会在中共景宁畲族自治县委的坚强领导下，坚持以邓小平理论和“三个代表”重要思想为指导，深入贯彻落实科学发展观，团结和带领全体政协委员及各参加单位，坚持团结和民主两大主题，认真履行政治协商、民主监督、参政议政职能，充分发挥协调关系、汇聚力量、建言献策、服务大局的作用，为推进全县民主政治建设，促进经济社会又好又快发展作出了积极贡献。

（一）围绕中心，勇于建言，政治协商积极有为

常委会始终坚持把促进科学发展作为履行职能的第一要务，围绕中心、服务大局，充分发挥协商民主独特优势，对事关景宁发展的重大事项进行协商议政，为促进党政民主科学决策发挥了积极作用。

认真组织整体协商。政协全体会议是人民政协履行职能的最高形式。常委会充分利用全体会议，组织委员认真听取和讨论政府工作报告，以及其他工作报告，积极发表协商意见。70篇委员大会发言就我县实施生态文明战略、推进新农村建设、产业转型升级等事关经济社会发展和改善民生方面的重要问题建言献策。其中15篇得到县委、县政府领导现场批示。分组讨论中，邀请县委、县政府领导和县直部门单位负责人听取意见建议，进行积极有效的协商，把政治协商融入全县经济社会发展的实践之中。

积极推进重点协商。常委会重点协商是履行政治协商的重要途径。五年来，常委会围绕民族村经济社会发展、农村基层组织建设、农民专业合作社发展、打造全国畲族文化发展基地、加快融入海西经济区等5个重点课题，组织开展调查研究。所形成的调研报告和建议案得到了县委、县政府的高度重视，许多建议被采纳落实。其中，课题调研报告《以科学发展观为指导，打造全国畲族文化发展基地》荣获全市党政系统2010年度调研成果一等奖。

精心开展专题协商。专题

协商是七届县政协工作的一个创新。常委会紧紧围绕党政重要决策，在深入调查研究、充分论证的基础上协商建言，齐心协力促发展。先后围绕推进工业经济发展、打造全国畲族文化发展基地等课题举行专题协商会，与县委、县政府领导展开面对面的协商沟通。在开展打造全国畲族文化发展基地专题协商会中，对十个方面的问题进行了深入探讨，并形成共识，为促进相关工作的落实发挥了积极作用。

广泛参与对口协商。对口协商工作是政治协商的重要组成部分。五年来，各专委会和委员工作站结合界别特点，通过对口协商和参与相关部门单位会议的方式，就事关全县改革发展稳定大局的工业经济、生态环境、民族宗教、社会管理，以及群众关心的热点难点问题，开展了60多个课题的协商，实现了参与性协商，提高了协商民主的实效。

（二）拓宽渠道，注重实效，民主监督力度加大

常委会坚持以科学发展观为统领，不断解放思想，拓宽渠道，积极探索民主监督的新思路、新载体、新举措，为加快景宁发展营造了良好的社会环境。

狠抓提案办理工作。提案是政协委员和各参加单位行使民主权利、开展民主监督的重要渠道。县政协七届一次会议以来，共收到提案478件，经审查立案470件，全部按期办复。在抓提案办理过程中，对一般提案，坚持采取承办单位与提案者座谈面商、开门办案等方式，督促办理落实；对重点提案，坚持政府领导领办、政协领导督办机制，确保有效落实。对各承办单位，坚持由政府督查室和政协提案委进行跟踪督办，全面掌握办理情况；对重点承办单位，坚持开展提案办理工作民主评议，规范办理程序。对委员大会发言，及时转化为提案提交给相关部门办理，促进发言成果的转化落实。对提案工作先进集体和个人，坚持表彰奖励，调动积极性。通过这些措施有效地提高了提案办理质量，有力地促进了一批问题的解决。

重视社情民意反映。反映社情民意信息是民主监督的一种重要形式。常委会对此高度重视，坚持每年召开信息工作会议，总结经验，部署工作。修改完善《关于加强政协信息工作的通知》《信息工作奖励办法》等文件，激发撰写社情民意信息的积极性。政协领导亲力亲为，带头撰写社情民意信息，做好表率。组织发动各委站和委员及时反映社情民意信息，形成良好的氛围。五年来，向县委、县政府报送《委员心声》20余期，被市政协录用社情民意信息60余篇，其中《关于加大对畲族文化保护和传承力度的几点建议》等7篇社情民意信息被全国政协办公厅采用，《建议把景宁畲族博物馆升级为中国畲族博物馆》等4篇得到省委、省政府领导批示，《建议尽快落实景宁畲族自治县高考考生依法在高考中享受加分录取的政策》直接进入省委、省政府决策程序，促成我县汉族考生高考加5分投档优惠政策的出台。反映社情民意信息工作成绩明显，连续7年在全市各县（市、区）政协系统考核中获奖。

规范民主监督员制度。以民主监督员为主体强化政协民主监督深度，是常委会履职的一个新课题。为深化民主监督员工作，出台《关于加强政协民主监督员工作的意见》，加强服务与协调。在此基础上，推荐40多名委员担任特邀监督员、政风行风评议员，使民主监督员委派机制落到实处。五年来，各监督员积极参加法院案件审理旁听、干部选拔监督、价格听证、规划论证等活动，为促进政风行风建设尽职尽责，有效地推动了部门工作的开展，取得了良好的社会效果。

设立论坛创新监督。设立论坛是七届县政协加强和改进新时期政协民主监督工作的一次实践。常委会在利用委员视察、撰写提案、反映社情民意信息等开展经常性民主监督的同时，于2008年创新举办政协论

坛，丰富民主监督形式。此后，每年举行一次，至今已举办了畲族文化与旅游发展、畲乡旅游产业发展、全国畲族文化发展基地建设、畲乡文化产业发展等4个论坛。论坛始终围绕畲乡旅游和文化主题进行，邀请党政领导，职能部门和有关乡镇负责人听取意见和建议。在每次论坛上，委员、专家和学者们吐肺腑之言，提真知灼见，积极推进文化和旅游发展。2011年还承办了由省政协主办，有5个市、14个县、18个畲族乡镇参加的“和谐之韵”论坛。政协论坛已成为县政协履职工作的新载体和新品牌。

（三）专题视察，服务民生，参政议政富有成效

常委会把握民生脉动，关注民生诉求，把专题视察作为参政议政的重要内容和履职为民的有效载体。五年来，开展了31次专题视察，并联系实际提出意见建议，对促进全县经济社会发展产生了积极影响。

着眼社会管理建真言。全面加强社会建设、创新社会管理已经成为时代要求、社会共识，是人民群众普遍关心的现实问题。常委会对此高度重视，针对社会保障体系建设、创新城市管理、加强依法行政、重视城市防洪体系建设、加快“菜篮子”工程建设等问题，组织委员深入基层、走访群众，全面了解存在的困难和问题。从营造氛围、创新思维、完善机制等多方面提出了对策思路，为党委政府及时了解社会动态、提高社会管理科学化水平献计出力。

围绕产业发展献良策。产业发展是县域经济发展的龙头和核心，也是常委会一直关注的重点。五年来，先后开展了总部经济、“飞地”经济、民营企业、小水电产业、金银花产业、油茶产业、库区渔业等多个课题的专题视察。通过视察，为破解产业发展难题，提出了制定优惠政策、整合优势资源、加大资金扶持等对策建议，得到了县委、县政府的肯定。

聚焦科教文卫谋实招。科教文卫事业是社会关注、群众关心的热点难点问题，也是县政协近年来多次跟踪视察的重要民生课题。五年来，常委会围绕“科教兴县、文卫利民”工作，先后开展了科技成果运用情况、幼儿教育和职业教育、有线电视“村村通”建设、孔庙和时思寺修复、文化产业发展、历史文化名镇创建、人口与计划生育工作、医药卫生体制改革、县人民医院创建“二甲”工作、县城饮用水安全、农村食品安全等10多个课题视察，为我县科教文卫事业的发展起到了积极的推动作用。

服务农业农村助发展。农业农村发展是直接关系到国计民生，事关改革发展的根本问题。常委会心系“三农”，重点抓住农民异地转移、农村户用沼气建设、千万农民饮用水工程等涉及群众增收致富奔小康工作的课题开展视察。以高度的责任感，深入调研，结合实际，科学分析，提出了促进工作的建议，助推了农业农村的持续发展。

（四）发挥优势，促进和谐，团结联谊成效显著

常委会发挥人民政协团结面广、包容性强的独特优势，努力巩固政党关系、民族关系、宗教关系、阶层关系的和谐，为社会和谐稳定凝聚人心、汇集力量。

支持各界人士履行职能。与工商联、各人民团体和各界人士的合作共事是人民政协的重要职能和历史传统。常委会坚守巩固协商共事、团结合作的政治基础，组织参加政协的各团体、各界人士学习中共中央关于加强多党合作和政治协商制度建设的方针政策，增强团结合作意识。发挥少数民族界别的整体作用和少数民族委员的代表作用，支持他们围绕省委53号文件贯彻执行情况、民族聚居区城建改造等重点问题开展专题调研和视察。积极宣传国家的宗教信仰政策，经常走访看望宗教界代表人士，将他们关于加快基督教堂建设、维护宗教场所正常秩序等意见建议及时向县委、县政府反馈，增强了各界人士对党

和政府的向心力。

广泛开展凝心聚力工作。维护核心、凝聚人心是人民政协工作的方向。我们发挥政协联系广泛的优势，利用政协之友社、诗书画之友社和艺术团等平台，积极协助党委政府做好协调关系、化解矛盾、凝聚人心、增强合力的工作。组织广大政协委员和社会力量参与“5·12”四川汶川大地震、青海玉树地震的抗震救灾活动。坚持每年举办各界人士迎春茶话会，积极参加景宁在杭州、温州等地的联谊会和商会活动，加强与各界人士的联络和交往。及时引导非公有制经济人士应对国际金融危机带来的困难和挑战，鼓励他们参与光彩事业，履行社会责任，在促进社会各阶层相互关爱、凝心聚力中发挥应有的作用。

认真做好文史资料征编工作。征编文史资料是政协的重要职能。常委会高度重视这项工作，五年来，征编出版了100多万字、1600余幅图片的史料。其中，针对千峡湖库区淹没和移民实际，收集征编相关资料，于2008年编辑出版《水下故园》文史资料，并荣获市政府2009年度社科类科研成果三等奖。为配合鹤溪镇创建省级、国家级历史文化名镇活动，充分挖掘鹤溪古城深厚的历史文化底蕴，于2009年编辑出版《鹤溪古城》文史资料。为展示和宣传畲乡风采，2009年还与市政协合编概览丽水畲族风土人情的《绿谷畲风》画册。2010年在配合全国政协和省政协做好“畲族百年实录”有关史料征集工作的基础上，征编出版《畲乡景宁实录》文史资料，并荣获市政府2010年度社科类科研成果一等奖。2011年编辑《七届县政协工作资料汇编》《天堂湖》合订本、《乡情》等资料，忠实地记录和总结七届县政协的工作成果。同时，还启动《云中大漈》文史资料征编工作，力争在2012年出版发行。总之，存史资政、团结育人的政协文史资料工作，成为畲乡文化发展的又一推力。

注重交流联谊扩大畲乡影响。开展交流联谊是政协工作的重要组成部分。五年来，先后承办了由省政协倡导的浙江畲乡联谊会成立大会，省政协“三下乡”活动，全省政协征编《畲族百年实录》史料征集协作会，以及全市政协主席读书会、全市政协老主席联谊会、全市政协系统书画展、台州市政协主席读书会等12个大型会议。圆满完成了全国政协原副主席张怀西、时任省政协主席周国富等省部级以上领导10多人次的接待任务，以及友好兄弟县(市、区)莅景的各项考察活动的服务工作，广交朋友，交流经验，展示畲乡风采。

(五)与时俱进，开拓进取，政协工作更具活力

五年来，常委会与时俱进，总结经验，深入思考当前形势下政协工作的新思路，以积淀政协文化、创新政协工作为动力，以加强自身建设为抓手，不断推进政协工作的创新发展。

政协文化建设进一步深入。政协文化是政协事业发展的重要基础和软实力的象征。常委会以庆祝新中国和人民政协成立60周年活动为契机，掀起政协文化建设新高潮。举行委员健身活动，展现委员团结友爱、健康进取的精神风貌。精心制作电视专题片《政协回眸》，生动再现县政协25年来的履职历程。举行政协文化理论研讨会，就新时期下如何加强政协文化建设、创新政协工作等课题开展研讨。成功举办浙江省第一、二届“兰亭奖”中小学生书法大赛景宁赛区活动，积极参加全市政协系统摄影、乒乓球比赛，书画展等活动，并取得优良成绩。精心组织县政协诗书画之友社每年两次的主题采风活动，并将采风作品在《天堂湖》社刊上刊出。县政协艺术团坚持每年在全会期间举办政协委员联欢晚会，活跃政协氛围。同时，还建立“景宁政协”网站，推出“政协文化”系列明信片和挂历，不断深化政协文化建设。

履行职能环境进一步优化。坚持和依靠党的领导，是开展政协工作的前提和保证。县

委重视政协工作，及时召开全县政协工作会议，下发《关于加强和改进新形势下人民政协工作的实施意见》，进一步明确和规范政协履行职能的基本原则、主要内容和方法程序，进一步形成了“党委重视、政府支持、政协主动、各方配合、社会关注”的工作氛围和格局。特别是前不久，县委决定将县政协8个专委会合并为5个专委会，专委会主任由兼职改为专职，使政协机关的组织机构逐步优化，为履行职能创造了更好的工作条件。

基层延伸工作进一步推进。政协工作向基层延伸是人民政协事业发展的趋势。常委会适应发展要求，紧跟时代步伐，在大漈、仙童等农村、社区建立五个政协委员工作室，在鹤溪等五个镇开展“改组设站”工作，并逐步健全完善相关工作机制，有效地拓宽了政协履职的空间，加强了与委员的联系，使委员的主体作用得到进一步发挥，有效解决了一批民生问题。2010年该项工作代表丽水市在全省政协工作向基层延伸座谈会上作典型经验交流发言。

机关自身建设进一步加强。加强政协机关自身建设是一项固本强基的长期性工作。常委会把加强自身建设作为提高履职水平的重要基础紧抓不放。扎实开展“作风建设年”和“创先争优”活动，以“庄式学习法”为载体，坚持和完善学习制度，加强学习型机关建设。政协班子领导根据县委部署安排，进村入企，认真做好联系乡村、重点工程项目工作，积极投身于服务全县经济社会发展大局中；机关干部增强服务意识，提高工作效率，推进服务型机关建设。注重在工作中解放思想、转变观念，修订和完善《关于进一步发挥委员作用的实施意见》等10多项规章制度，促进创新型机关建设。完善机关党风廉政建设机制，推进机关文化建设，强化和谐型机关建设，政协机关自身能力素质进一步提高。

各位委员，回顾五年来的工作，七届县政协常委会认真履行职能，全面贯彻落实县委的决策部署，积极支持配合政府工作，为促进全县经济社会又好又快发展做出了一定的贡献。这些成绩的取得是县委正确领导的结果，是县人大、县政府大力支持的结果，是广大政协委员、政协各参加单位共同努力的结果，是有关部门单位和社会各界积极配合的结果。在此，我代表七届县政协常委会表示崇高的敬意和衷心的感谢！

总结五年来的工作实践，我们深深地体会到：一是只有始终坚持中国共产党的领导，才能保持正确的政治方向。党的领导是政协履行职能的根本保证。只有自觉维护党的领导，紧紧围绕党委重大决策和工作部署开展工作，政协工作才能始终沿着正确的政治方向健康发展。二是只有增强大局意识，才能找准政协工作与党政工作的结合点。围绕中心、服务大局是人民政协履行职能的重要原则。只有找准政协工作与党政工作的结合点，做到党委想什么、政协议什么；政府干什么、政协帮什么，政协工作才会更有作为。三是只有弘扬团结民主主题，才能为推进全县经济社会发展凝心聚力。人民政协具有大团结、大联合的优势。只有充分利用这一组织优势，切实加强与工商联、人民团体和各界人士的交流与合作，才能为推动全县经济社会发展凝聚广泛的力量，形成强大的合力。四是只有牢固树立委员意识，才能发挥委员的主体作用。委员是履行政协职能的主体。只有以服务为宗旨、以活动为载体、以感情为纽带，组织和引导广大委员深入实际、走向基层、贴近群众，才能使政协工作更具活力。五是只有牢固树立履职为民的理念，才能维护最广大人民的根本利益。履职为民是人民政协的一项基本原则。只有关注民生、体察民情、了解民意，把实现好、维护好、发展好最广大人民的根本利益作为政协工作的出发点和落脚点，才能充分体现人民政协服务人民的本质属性。六是只有坚持解放思想，才能推动政协工作创新发展。创新是政协工作的活力之源。只有不断解放思想，勇于开拓创新，始终把政协的优良传统与时代的要求、人民的意愿有机结合起来，人民政协工作才能更加充满生机与活力。

七届县政协任期的五年，是在继承历届政协好传统的基础上不断开拓创新的五年，是在履行政协职能中取得新进展的五年，是在服务大局中做出新成绩的五年。五年来，尽管我们的工作取得了一定的成绩，但与党和人民的要求相比，与政协的使命相比，与广大政协委员的期望相比，还有许多不足和差距。主要是：政协界别特色还需进一步突出；履行职能的“三化”建设还需进一步完善；政协民主监督工作的广度和深度还需进一步拓展；政协委员的主体作用还需进一步发挥等。针对这些问题，在今后的政协工作中要高度重视，认真研究，努力改进。

二、今后五年工作的建议

未来五年，是全面贯彻落实中共十八大和县第八次党代会精神的五年。做好今后五年的政协工作，责任重大，使命光荣。建议八届县政协工作的指导思想是：高举中国特色社会主义理论伟大旗帜，以科学发展观为统领，深入贯彻落实《中共中央关于加强人民政协工作的意见》和省、市、县委《实施意见》，突出团结和民主两大主题，全面实施“三县并举”发展战略，大力推进“五个发展”，切实履行政治协商、民主监督、参政议政职能，为实现“在推动科学发展、促进社会和谐、增进民族团结上走在全国民族自治县前列”做出新贡献。

（一）深入学习研究，力求在思想理论水平上有新提高

学习研究是人民政协开展工作的基础。我们要适应政协换届后的形势和任务需要，把学习作为加强理论武装、提高履职能力、指导工作实践的重要支撑点，通过创新学习形式，丰富学习内容，增强学习效果，不断提高履职能力和参政议政水平。中共十八大召开后，要迅速掀起学习热潮，深刻领会和把握中共十八大对人民政协、统一战线、多党合作和政治协商制度的新思想、新观点、新要求，坚持用中共十八大精神巩固广大政协委员共同奋斗的思想政治基础。当前和今后一个时期，广大政协委员要把学习贯彻县第八次党代会精神作为一项重要政治任务，切实把思想和行动统一到县委的决策部署和要求上来，始终与县委保持高度一致。要大力推进学习型政协组织建设，坚持和完善县政协主席会议理论学习、常委会议专题学习、专门委员会和委员界别活动小组自主学习、机关干部集中学习制度，有针对性地加强委员的学习培训，不断提高委员的综合素质和参政议政能力，使人民政协事业永葆生机和活力。

（二）着眼全县大局，力求在推动科学发展上有新作为

科学发展是时代的主题，是实现全面建设小康社会奋斗目标的根本途径。我们要不断强化中心意识和大局观念，准确把握“十二五”时期经济社会发展的主题和主线。按照县第八次党代会确定的“三个走在前列”的奋斗目标，紧紧围绕努力推进人口与产业的集聚发展，科学统筹城乡与区域的协调发展，合力推进畲乡与畲族文化的深入发展，大力促进体制与机制的创新发展，致力改善和保障民生事业的和谐发展等事关景宁科学发展的重大问题和关键环节，深入开展调查研究，认真协商议政。要多建睿智之言，多献务实之策，多聚发展之力，用一批科学务实管用的意见建议，为党委、政府科学决策提供参考，合力同心促进县第八次党代会各项奋斗目标的完成。

（三）关注民生改善，力求在促进社会和谐上有新贡献

民生是社会和谐之本。我们要坚持把关注民生、保障民生、改善民生作为履行职能的出发点和落脚点，为反映和解决人民群众最关心、最直接、最现实的利益问题倾情倾力，不断提高

人民群众的满意度和幸福感。坚持以人为本，倾听群众呼声，关心群众疾苦，围绕就业、教育、医疗、分配、社保、稳定等群众普遍关心的民生问题开展调研视察，提出意见建议，以促进制度创新、政策完善和相关问题的解决。倡导和组织广大政协委员做好新形势下的群众工作，深入基层、深入群众了解情况，使各界群众的愿望要求和意见建议通过撰写提案、反映社情民意信息等方式反馈给党委政府。进一步加大对政协文史资料工作的力度，为文化繁荣、社会和谐贡献力量。积极推进协商民主，更好地促进社会公平正义，进一步发挥服务民生、促进和谐的积极作用。

（四）广泛凝聚人心，力求在增进社会团结上有新进展

在党的领导下实行团结和民主，是人民政协继往开来的方向和使命。我们要坚持把团结和民主贯穿于政协履行职能的各个环节，充分发挥政协组织联系面广、包容性强的优势，通过举办迎春茶话会、加强联谊交友等具有政协特色的凝心聚力活动，切实加强与各界人士的团结联谊。利用政协之友社、诗书画之友社、艺术团等平台，大力开展诗书画采风、摄影、健身等各项活动，营造生动活泼的政协工作氛围。探索建立与新经济组织、新社会组织的沟通联系机制，畅通新的社会阶层人士参与政协履职活动渠道，通过他们进一步做好所在阶层的团结联合工作。积极协助党委和政府做好协调关系、化解矛盾、增进团结的工作，为全面实施“三县并举”战略团结一切可以团结的力量。

（五）夯实履职基础，力求在加强自身建设上有新开拓

人民政协事业薪火相传、生生不息。我们要切实加强政协领导班子建设，充分发挥政协党组的领导核心作用，进一步把政协领导班子建设成为团结民主、清正廉洁、委员信任的领导集体。突出政协界别特色，在提案、大会发言、调研视察、反映社情民意信息等工作中，注重体现界别的特点、优势和作用，提高界别活动的质量和成效。加强组织建设，健全完善专委会专职化后的体制机制建设，切实发挥专委会的组织作用。继续推进政协工作向基层延伸，进一步规范和创新委站室工作，使政协工作不断向新的社会阶层、新的利益群体延伸。充分发挥委员的主体作用，加强对委员的教育和管理，继续开展委员履职“五个一”“六个员”活动，调动委员履职建言的积极性、主动性。强化政协机关建设，扎实推进政协工作“三化”建设，着力打造“四型”机关，不断提升政协工作科学化水平。

三、2012年工作建议

2012年，是实施“十二五”规划的关键之年，也是新一届县政协的开局之年。新的一年，我们要以邓小平理论和“三个代表”重要思想为指导，以科学发展观为统领，认真贯彻落实中共十八大和县第八次党代会精神，牢牢把握团结和民主两大主题，紧紧围绕县委总体部署要求，倾力服务大局、真情服务群众，为实现“三个走在前列”贡献智慧和力量。

（一）全面谋划政治协商，推动经济社会科学发展

坚持把促进科学发展作为履行政协职能的第一要务，紧紧围绕县委、县政府的中心工作，组织广大政协委员认真开展好政治协商，努力使政协工作与全县中心工作在思想上同心同德、目标上同心同向、行动上同心同行。

广泛开展全委会整体协商。认真组织开好全体会议，努力拓展协商广度，完善协商程序，改进协商方式，提高协商质量。注重选择事关我县集聚发展、统筹发展、文化发展、改革发展、和谐发展的重要问题和重大事项，通过委员提案、大会发言、小组讨论等多种形式进行协商讨论，为党委政府科学民主决策

提供智力支持。

深入开展常委会重点协商。坚持把常委会作为重点协商的主平台，围绕推进农业产业转型升级开展重点课题调研。通过深入研讨论证，提出加快农业结构调整、提升农业产业化水平、提高农业生产保障能力的对策思路，为全面优化农业产业发展布局，积极培育富有畲乡特色的“山区经济”模式，增强县域经济内生力进行协商议政。

积极开展专委会对口协商。坚持各专门委员会在加强与政府职能部门联系的基础上，以促进工作落实为着力点，不断拓宽对口协商渠道，规范对口协商程序，围绕部门重点工作进行协商讨论，为有关部门理清工作思路和完善工作措施及时提出意见建议，切实提高对口协商的实效。

（二）稳妥推进民主监督，促进社会民生和谐发展

积极探索创新民主监督方法，不断畅通委员参与民主监督的渠道，将民本民生、民主法制、社会管理等问题列为民主监督的重要内容，努力使政协民主监督工作成为改善民生、促进社会和谐的履职手段。

加强提案办理工作。广泛征集提案线索，更加全面地反映不同阶层、不同群体的呼声和意愿。加强对委员的业务指导和培训，进一步提高提案质量。健全提案办理考核机制和奖励机制，提升提案办理实效。完善提案办理民主评议工作，加大对提案工作的督办力度。继续执行县政府领导领办、县政协领导督办重点提案制度，推动更多民生问题的解决落实，促进社会和谐稳定。

强化社情民意反映工作。不断加强信息员队伍建设，通过加强信息员培训、信息工作研讨等途径，提高信息员撰写社情民意信息的能力和水平。完善社情民意信息工作制度，加大考核和督促力度，争取在数量和质量上有所提升。提高机关干部的业务水平和能力，做好信息的编辑和上报工作，不断提高社情民意信息的采用率和落实率。鼓励委员深入基层，深入群众，关注不同阶层利益诉求，反映社会热点难点问题，为我县政治社会稳定贡献力量。

重视民主监督员工作。建立健全民主监督制度，不断提高民主监督工作水平。提高民主监督员的组织化程度，支持各民主监督员在参与相关工作中开展监督。丰富民主监督的形式和途径，鼓励委员围绕民生社会问题开展富有成效的监督活动，使民主监督真正成为政协履职的有效途径。

（三）认真开展参政议政，推进城乡统筹协调发展

紧紧围绕县委、县政府的工作主线，充分发挥专题视察、政协论坛，以及领导挂钩联系重点建设项目、联系乡村等参政议政平台作用，积极为促进并形成城乡同发展、共繁荣局面献计出力。

精心组织专题视察。围绕实施城乡一体化发展战略，主席会议将围绕澄照佃源农民创业园建设、乡镇撤扩并工作、外舍新区建设以及文化名县战略实施、教育质量提升等事关统筹协调发展的课题，深入开展专题视察，提出意见建议，多渠道、全方位地为城乡一体化发展建智慧之言、献务实之策。

充分发挥论坛作用。搭建研讨平台，邀请专家学者、政协委员、热心人士，在开展重点课题调研的基础上，继续围绕农业产业发展问题以论坛形式深入探讨。借助论坛平台集思广益，汇集民智，形成一些好的意见建议，为产业集聚发展、城乡统筹发展出谋划策。

积极参与项目建设。政协领导班子成员及政协机关，要根据县委的统筹部署，认真做好挂钩联系工作，积极参与重点项目、重点工程建设，深入联系乡村指导帮扶。工作中做到了解实情、把握动态、分析原因、提出对策，在参与中协商议政，在参

与中发挥政协的职能和作用。

（四）立足团结民主主题，助推畲乡文化繁荣发展

深入贯彻落实县委提出的文化发展战略，立足团结民主主题，充分发挥政协文化包容并蓄的特性，内化为价值取向，外化为自觉行动，增强政协文化凝聚力，为建设独具魅力的畲乡文化发挥政协应有的作用。

多做建言献策、协商民主的工作。充分发挥政协人才荟萃、智力密集的优势，通过调查研究、专题协商、政协论坛、民主监督等渠道，组织各界人士为实施文化名县战略、完善公共文化服务体系、推进文化产业发展、提升教育质量、巩固民族团结建言献策。全面准确地把握我县文化建设面临的新形势新任务，引导委员为文化发展工作广泛开展协商议政，促使委员以高度的文化自觉和文化自信，主动为弘扬畲乡文化尽心尽责。

多做团结联谊、凝聚力量的工作。以政协之友社、诗书画之友社、艺术团、迎春茶话会为载体，广泛开展联谊活动，充分发挥政协在服务文化畲乡建设中的独特作用。加强与工商联，景宁在外联谊会、商会，以及少数民族、信教群众、海外侨胞、港澳台同胞的联络联谊，充分发挥他们在贯彻落实科学发展观、促进科学发展中的作用，为巩固各族人民和睦相处、和谐发展、和衷共济的发展局面发挥作用。

多做存史资政、团结育人的工作。将文史资料工作作为政协工作和文化畲乡工作的重要组成部分列入议事日程，对文史资料工作专门安排、精心部署、重点保障。积极配合省、市政协全面完成文史资料征集工作。重点抓好《云中大漈》文史资料征编出版工作，力争出精品，切实发挥文史资料存史资政、团结育人的作用，为繁荣畲乡文化添砖加瓦。

（五）弘扬求真务实精神，深化政协自身改革发展

坚持解放思想、实事求是、与时俱进，主动适应新形势新任务的要求，在继承中汲取发展智慧，在创新中激发前进动力，不断推进政协自身改革，提高履职能力和水平。

抓好政协组织建设。不断健全和完善专职化后的专委会工作机制，更好地为委员履职做好服务、组织、联络和协调工作。探索委、站、室工作的新思路和新方式，创新活动载体，切实增强工作活力和实效。进一步探索加强界别联系、开展界别活动的方法与途径，不断提高界别的组织化程度。

推进政协“三化”建设。根据宪法、政协章程以及新形势、新任务的要求，结合实际修订和完善规章制度，进一步规范政治协商活动，完善民主监督程序，健全参政议政机制，为履行职责、服务大局提供制度保障。不断改进政协例会、调研、视察、提案、信息等工作的方式方法，提升政协工作的整体质量。

加强“四型”机关建设。进一步深化“四型”机关建设，着力增强政协机关和全体干部的全局观念、服务意识；着力提升政务性和事务性服务能力；着力改进思想、组织、作风、制度和信息化建设；着力改善条件、创造更加宽松和谐的履职环境，确保政协工作务实、有序、高效运行，更好地发挥政协机关的服务保障作用。

各位委员，新时期对人民政协工作赋予了新使命，新任务对人民政协工作提出了新要求。让我们在中共景宁畲族自治县委的坚强领导下，高举中国特色社会主义伟大旗帜，深入贯彻落实科学发展观，全面实施“三县并举”发展战略，大力推进“五个发展”，坚定信心、振奋精神，同心同德、扎实工作，为开创政协工作新局面，实现“在推动科学发展、促进社会和谐、增进民族团结上走在全国民族自治县前列”而努力奋斗！

名词解释

1.政协“三化”建设：是在遵循客观规律的前提下，实事求是地去规范政协履职的行为，不断完善和推进政协履职规范化、制度化和程序化建设。

2.政协“四型”机关建设：是指从加强政协机关自身建设入手，开展创建学习型、服务型、创新型、和谐型政协机关活动。

3.政协委员履职“五个一”：指政协委员每年写一件提案、反映一条社情民意、参与一次调研视察活动、提一条合理化建议、办一件实实在在的好事。

4.政协委员履职“六个员”：指政协委员在履行职能中要做好法律政策宣传做服务发展参谋员、化解矛盾调解员、敬业工作监督员、礼请民意信息员、为民办事服务员。

专　辑

2011年中国畲乡"三月三"暨电影艺术家采风景宁行·民族大联欢活动

"三月三",即每年农历三月初三,畲民们云集宗祠,自晨至暮,对歌盘歌,怀念始祖,并炊制乌饭,故又称"乌饭节"。这是畲乡人民的传统节日,在中国畲乡景宁节日期间,畲民们云集乡村,自晨至暮,对歌盘歌,并采撷乌稔树叶,取其嫩叶汁浸糯米炊制乌饭,款待宾客,以驱邪祈福。"中国畲乡三月三"作为全国最具特色民族节庆,影响力不断提升,被国务院列入中国第二批非物质文化遗产代表名录,成为"展现畲乡风采,展示畲族文化,提升景宁形象"的重大民族盛会。

一、基本概况

由景宁畲族自治县人民政府、中国电影家协会主办,2011年"中国畲乡三月三"活动组委会、中共景宁畲族自治县委宣传部承办,于2011年4月5—6日在景宁畲族自治县隆重举行。整个活动以"挖掘弘扬民族文化、增进民族团结和谐、提升畲乡品牌影响"为宗旨,主要活动内容有:开幕式暨电影艺术家采风景宁行·民族大联欢大型文艺演出;民俗风情一条街展示;民族体育一条街暨第五届畲乡民间传统体育节;"神奇畲乡、幸福之旅"旅游推荐会暨合作签约仪式;"游云中大漈、品千古风情";中国电影家协会送欢乐下基层电影公映。按照"畲族文化有形化、文化载体项目化、文化成果精品化"的要求,邀请知名电影艺术家走进景宁,与全国各民族代表联欢共庆畲族"三月三",同贺建党九十年的形式,全面营造激情、喜庆、联欢的节庆氛围,有效激发全县干部群众"奋发进取、乘势突破"的热情和激情,推进各民族间文化的广泛交流。

本届活动以"畲乡三月大联欢、共庆建党九十年"为主题,县里专门成立了"2011年中国畲乡三月三"活动组委会和相应的工作班子,由县委副书记、县长钟昌明担任组委会主任,相关县领导担任组委会副主任,县委宣传部、县公安局、县文化广电新闻出版(体育)局、县旅游局、大漈省级风景名胜区管委会、景宁中学、实验二小等相关学校、报社、电视台等34个成员单位组成。统一指挥,协调一致,密切配合,圆满完成各项既定活动。

二、相关活动

1.开幕式暨电影艺术家采风景宁行·民族大联欢大型文艺演出。4月5日晚,在县体育运动场盛大举行。开幕式由县长钟昌明主持,县委书记武昌等领导致辞。参加活动的有来自中央、省、市的各级领导和嘉宾、祖国各地的各民族艺术家、畲乡干部群众等,除此之外还有记者、明星、企业家等一同汇聚畲乡,共享民族文化大餐，共庆建党90周年，全场设11000多个座位，场内座无虚席，场外高处人山人海。整场文艺演出首次使用的200平方米的大型LED，毛泽东、周恩来、朱德、邓小平等领导人的特型演员悉数登台，万余畲乡父老乡亲倍感亲切，各民族艺术家携手畲乡人民，台上载歌载舞，台下欢呼雀跃，尽情表达各族人民对党，对国家的感恩之情，演出取得了极大成功。

2.民俗风情一条街活动。4月5—6日，在县城团结路举行。整个展示活动设置畲乡特色产品展示、畲族手工艺品展示、畲家小吃品尝、畲家趣味农活体验和民间风情表演五个区块，共安排了85个摊位。活动主题突出，展示了畲乡的特色精品：干（鲜）香菇、黑木耳、灵芝（孢子粉）、北虫草食用菌名品、红米、芦花鸡蛋、畲乡鲤鱼干等畲乡绿色农产品；刺绣、织布、银饰、纺线、蓑衣、传统布鞋、竹木工工艺品等极具本地特色的传统手工工艺品；金奖惠明茶现炒现卖、畲族彩带纺织技艺传承人现场编织；还有打麻糍、磨豆腐娘、制作清明果、乌米饭和山哈酒等各具特色的农家餐饮。参与各类体验活动的人员达到了2万多人次，商品直接销售额达60余万元。

3.民族体育一条街暨第五届畲乡民间传统体育节。4月6日，在县城人民中路举行，来自全县各乡镇（管理区）及县直机关各系统的11个代表队，700名运动员参加了比赛。竞赛项目有操杠、押加、摇锅、踏地、操石磉、赶野猪、龙接凤、板鞋竞速等八项，活动吸引了上千市民的亲身参与和助威呐喊。

4.“神奇畲乡、幸福之旅”旅游推荐会暨合作签约仪式。活动借助“中国畲乡三月三”强大品牌优势，邀请国内知名的长三角各地80家旅游协会、旅行社负责人参与“幸福之旅”，对景宁旅游路线进行宣传推介并达成合作意向。4月5—6日进行了踩线考察活动，6日下午举行签约仪式，当场有浙江中旅集团等五家长三角知名企业与县内五家旅游企业签订合作送团协议，协议送团人数达22万人次，是景宁历年“三月三”活动旅游合作签约送团人数最多的一次。

5.“游云中大漈、品千古风情”主题活动。4月6日在国家AAAA级景区“云中大漈”所在地大漈乡举行，活动包含开幕式暨“抢猪节”启动仪式、民间绝活绝技表演、千年陶艺体验、电影博物馆开馆，木偶戏展演、菇民戏展演、农家特色小吃展示品尝、“云中大漈”景区游览等七项子活动，短短两天时间，活动吸引了大批长三角知名旅游公司负责人、全国各地少数民族代表及国家、省、市、县的新闻媒体记者争先体验，更有众多外地游客慕名而来，尽情游览大漈景区和体验传统文化。

6.中国电影家协会送欢乐下基层电影公映活动。4月4日和6日晚，在县影城举行。中国电影家协会向市民免费送出1600张电影票，给畲乡的父老乡亲带来了军事动作大片《歼十出击》，这是中国电影家协会首次在县级影院举行首映式，且在影片首映结束后，该片导演、编剧、主演等主创人员与观众进行了零距离接触。

三、对外宣传

为了凸显“畲乡三月大联欢、共庆建党九十年”主题，更好地宣传“十一五”期间景宁县经济社会发展成果。专门制作出版了画册《“一三四八”惠畲乡——景宁“十一五”成就集锦》，全面反映景宁县实施“一三四八”发展战略以来经济社会取得的巨大成就；首次开通了“三月三”专题网站和官方微博，启用网推和彩铃业务。此外，除景宁电视台全程直播开幕式及文艺晚会外，还邀请到中央电视台、新华社、中国电影报、浙江日报、浙江电视台、丽水日报、丽水广播电视总台等23家中央省市主流媒体到景宁开展“相约畲乡·连线景宁”记者大联动活动，进一步扩大宣传覆盖面，提高活动影响力。向全国观众展示了一个昂扬向上、蓬勃发展、跨越奋进的新畲乡形象，打响“中国畲乡景宁”品牌。

四、主要成效

1.形式多样，辐射面广，助推经济可持续发展。2011年的“三月三”节庆活动涉及文化展示、项目洽谈、旅游观光等经济社会发展的方方面面。民俗风情一条街、民族体育一条街、“游云中大漈、品千古风情”等活动，充分展示了国家AAAA级旅游景区独特魅力，提高了景区知名度；中国·景宁“神奇畲乡、幸福之旅”旅游推荐会暨合作签约仪式，先后邀请到80余位长三角知名旅游协会、旅行社负责人到景宁县“中国畲乡之窗”等重点景区进行旅游观光体验，对景宁县经典的旅游路线进行宣传推介，达成长期合作协议，积极推进畲族文化与旅游业的融合共赢。

2.组织严密，队伍建设有效加强。按照上下联动、群众参与的原则，在整个节庆活动中，充分体现了全员性、社会性和群众性。本次活动组委会成员单位就有34个，直接牵涉到全县所有部门单位和22个乡镇（管理区）。在来宾接待过程中绝大部分工作人员都能根据组委会办公室的要求，做到内紧外松、热情大方，既体现了畲乡人民的热情好客，又展示了新时期我县干部群众良好的精神风貌和优秀品质。

3.扩大宣传，畲乡美名远播四海。组委会围绕“畲乡三月大联欢、共庆建党九十年”的活动主题，全力做好舆论引导、氛围营造、媒体接待和宣传推广工作。注重打造宣传畲乡、推介景宁的“中国畲乡三月三”品牌，特别是中央电视台电影频道、中国文艺报等专业媒体关注了活动的重点并进行了深度报道。

4.群众参与、丰富群众文化生活。活动期间，群众的参与热情空前高涨，老百姓真正将“中国畲乡三月三”活动当成自己家事来办，比如开幕式文艺演出、民族体育一条街、中国电影家协会送欢乐下基层等大型群众文化活动如火如荼，上至七八十岁的老人、下至十几岁的孩童都积极地参与其中。一些大型群众文化活动可以和开幕式上明星、大腕们的表演相媲美，“游云中大漈、品千古风情”主题活动、民俗风情一条街展示活动上，一批能工巧匠和艺术家们更是拿出了自己的看家本事，尽展才艺，不仅收到了“文化搭台、经济唱戏”的效果，更向外界一展畲乡人民的良好精神风貌。

2012年海峡两岸各民族欢度“三月三”节庆暨中国畲乡三月三活动

一、基本概况

由中华民族团结进步协会、景宁畲族自治县人民政府共同主办，“2012年中国畲乡三月三”活动组委会和县委宣传部承办的“2012年海峡两岸各民族欢度三月三节庆暨中国畲乡三月三”活动于3月24—25日在景宁畲族自治县隆重举行。这是一次“展示畲乡风采、展现畲族文化、促进民族团结、携手共创未来”的民族盛会，整个活动由9项子活动组成。全国人大常委会原副委员长司马义·艾买提亲临畲乡指导，中央、省、市各级领导，台、港、澳代表团、两岸知名艺术家、全国各省市畲族代表、各主流媒体记者等近600名嘉宾应邀参加。全县各乡镇、部门、企事业单位等以不同的形式参与节庆活动。

活动的前期筹备工作，景宁县专门成立了2012年中国畲乡三月三活动组委会和相应的工作班子，县委副书记、县长蓝伶俐亲自担任组委会主任，县委、县政府相关领导任组委会副主任，组委会成员单位59个，将120多项具体工作事项落实到人，分工负责各块具体工作，经过40天的紧张有序筹备，使各项活动成功举行。活动期间共安排1200人三天的餐饮、600人的住宿和大型招待宴会，调度活动用车90余车次，组织志愿者80人，组织警力350人次，为整个活动安全有序举行提供了坚强的后勤保障。

二、相关活动

1. 2012年海峡两岸各民族欢度三月三节庆暨中国畲乡三月三开幕式和大型文艺演出。开幕式和大型文艺演出于3月24日晚在县体育运动场举行。参加开幕式的有来自中央、省、市的各级领导及嘉宾。整个体育运动场座无虚席人头攒动，万余群众观看开幕式。开幕式由县委副书记、县长蓝伶俐主持，县委书记林康、丽水市人民政府市长王永康、浙江省人民政府副省长龚正、台湾少数民族代表团团长华加志等分别先后致辞。开幕式上还举行了海峡两岸少数民族艺术交流基地授牌仪式，中共中央台湾事务办公室交流局贺信宣读仪式等。“团结之水汇畲乡”，全国各地的嘉宾共同将前期精心采集的台湾雾头山圣水、景宁敕木山水、福建种玉堂之水、澳门阿婆井之水、长江源头水等十种象征着生命和祝福的圣水在畲乡景宁汇聚成为中华民族团结之水，引发了全场经久不息的掌声，将中华一家亲的“炎黄情节”演绎到了高潮，成为历届“三月三”活动中最经典的一幕。开幕式后紧接着举行大型文艺晚会演出，整台晚会以畲族特色、台湾特色、民族大团结节目为框架构思，由浙江电视台著名主持人沈涛、龙薇薇及来自台湾东升电视台主持人周频和身穿畲族服装的景宁姑娘潘蓉等联袂主持。来自台湾的励志歌手郑智化、民歌天后林照玉、钢琴演奏家雷敏宏及内地著名歌星屠洪刚、乌兰图雅、周海燕和北原山猫、鼓无双打击乐团等组合，与浙江当红歌手袁野、思琦、天悦、凌晗及60名本土演员一道轮番上阵、浓情献演。景宁电视台、景宁新闻网现场直播开幕式及晚会盛况。

2. 网上共庆“三月三”活动。3月8日，县委副书记、县长蓝伶俐亲自点键开通网站，活动期间日点击量在50万人次以上，数万网友将鼠标锁定畲乡一景宁，锁定“中国畲乡三月三”节庆，以“点击界面、游戏体验、微博互动”的形式首次通过网络度过了一个开心的民族节日，也同期实现了把“实体活动”网络化的目标，让更多来不及莅临畲乡亲身参加活动的人士能以网上共度的形式实现其间接参与的愿望。

3. 首届畲乡乌饭节。3月24日上午11时30分，在县城人民北路团结门北侧盛大开宴，县人大常委会主任蓝良兴等领导出席，台湾、香港和澳门代表团全体成员参加。在大街上一字排开的25张八仙大桌，极具文化内涵的开宴仪式，举杯相邀，两岸同庆，伴着乌饭和山歌，使参加活动的两岸贵宾共同感受畲乡人民浓浓情谊，体味畲乡别具特色的饮食文化。

4. “云中大漈·传奇非遗”主题活动。3月25日上午9时30分，在大漈景区隆重举行。市政协副主席刘秀兰，央视导演于玲，北京畲族代表团团长钟旭，福建省漳浦县人民政府副县长、福建畲族代表团团长蓝文华，县领导叶金堂、夏培玲、尤建平等出席开幕式。活动期间展示了“抢猪节”“大漈罐”制作、烧窑等全过程，凸显大漈本土丰富非遗文化的无限魅力。同时开展了“非遗走亲”活动，集中展示了来自全县各乡镇的“菇民武术”“上刀梯”“织彩带”等一系列非遗项目。

5. 第六届畲乡传统体育节暨民族体育一条街活动。3月25日上午9时，在复兴路繁华地段举行，省体育局副局长孔建军，县委常委、宣传部长潘晓泉，副县长胡晓红等领导参加。活动内容有“千人押加”“稳凳”“摇锅”等畲乡特色体育项目，共有10个代表队、270人参加竞技比赛，腰鼓队、武术队、稳凳等表演项目260人，4个互动项目150人与观众轮番上演，让大家着实享受了一道民族文化的大餐。

6. “中国畲族博物馆”开馆仪式。3月25日上午10时，在畲族文化中心举行。国家民委监督检查司司长杨正根为中国畲族博物馆授“全国民族进步教育基地”牌匾，浙江省文化厅副厅长陈瑶讲话并为县文化馆授“国家一级文化馆”牌匾。省文物局博物馆与社会文物处处长杨新平，省文化厅社会文化处调研员张卫东，省图书馆党委副书记徐洁，丽水市文化广电新闻出版局副局长陈建光，县领导蓝伶俐、蓝良兴、严轶华、胡晓红出席开馆仪式。仪式后举行了百米长卷签名、民间文艺展演、“畲乡文化卡”发放等活动。同时县内外来宾参观了中国畲族博物馆，馆内收藏展出的数千件畲族文物珍宝引起了大家的极大兴趣。

7. 畲乡盘歌会。3月25日晚上8时，在中国畲乡之窗景区举行。盘歌会遵循“市场化”的办节理念，首次交由浙江丽水云水旅游投资管理有限公司具体承办运作。来自医院、保险、移动、电力等9个盘歌方队以及经过前期海选产生的15名歌手盛装出场。歌手们以独唱、对唱、盘歌的形式，将传统的山歌和现代流行元素有机结合，在现场观众的喝彩中，形成了一个又一个盘歌高潮。

8. “畲乡探歌”采风行活动。3月23—25日，中央人民广播电台《广播歌选》杂志的记者，先后到双后岗、东弄等畲族村，云中大漈、大均畲乡之窗、中国畲族博物馆等地以实地采风、对话传承人、召开座谈会的方式对畲乡文化、畲族民歌进行深度采访和了解，极大的促进畲族文化在全国范围内的推广和弘扬。

9. “神奇畲乡”摄影比赛。3月22~26日如期举行，截至4月5日共收到来自省内外的摄影家、摄影爱好者的摄影作品1327幅。县文联组织有关专家在所有摄影作品中评出一等奖4幅，二等奖8幅，三等奖15幅，优秀奖70幅。作品全面展示了畲乡优美的自然风光，灿烂的畲族文化和景宁县经济社会发展取得的丰硕成果。

三、对外宣传

县委、县政府举行“2012年中国畲乡三月三活动”新闻发布会。新闻发言人介绍了“三月三”活动筹备工作和景宁县域经济社会发展情况，为媒体记者全面、深入、客观宣传报道搭建了良好平台。

活动期间，新华社、中央电视台、中央人民广播电台、中国新闻社、中国民族报、浙江日报、浙江卫视、浙江在线等37家媒体记者纷纷云集景宁。从各个层面对“三月三”活动的盛况及景宁县的特色资源、畲族文化进行立体式全方位的集中报道和宣传。新华社向全国发出通稿《两岸各民族在浙江景宁畲族自治县欢度“三月三”》；中央电视台新闻综合频道和中文国际频道分别播出题为《两岸各民族代表共庆畲族“三月三”》动态新闻；浙江钱江频道全程录播，景宁电视台、景宁新闻网现场直播；各级各类新闻媒体刊发“2012年中国畲乡三月三活动”原创报道95篇；相关关键词在百度中可检索到的结果总数达8.95万条。宣传品位档次高，平台多，全方位展现了蓬勃发展、跨越奋进的新畲乡形象。

四、主要成效

1.活动规模大、规格高，办节水平进一步提高。本次活动，是国台办和国家民委安排的2012年海峡两岸民族文化交流的一项重要活动。规格高、规模大，政治性、民族性强。“三月三”节庆共安排了一个主活动、8项子活动，是历年来活动最丰富的一次，内容涉及经济、政治、民族、文化、旅游等各个层面。整个“三月三”活动投入的人力、物力，活动的参与面、活动内容、文化展示的深度、宣传的影响度较以往都有很大进步，办节水平进一步提升。

2.宣传面广，影响力大，魅力畲乡形象得到进一步展示。本次活动，宣传策划主题鲜明，氛围营造喜庆热烈，新闻宣传有序开展，通过周密部署、紧密配合，对整个活动宣传进行元素统一、风格统一，形成整个活动一盘棋的强烈整体包装效应，牢牢把握宣传基调和舆论导向，宣传工作成效明显。

3.内容丰富，形式新颖，两岸民族文化得到进一步弘扬。本次活动对海峡两岸各民族的优秀文化，特别是畲族文化与高山族文化进行了较充分的挖掘和提升，整个活动体现了民间性、民族性、原生态性和互动性。内容丰富、形式多样，吸引了众多来宾和媒体记者的目光，使身在大山的畲乡干部群众也耳目一新，再次感受和领略热情奔放、激情浪漫的高山族文化和畲族文化内涵。

4.弘扬文化，巧借平台，三月三节庆品牌进一步凸显。本次节庆活动在推进系列文化展示，浓厚民族节庆氛围的同时，继续深入做大“中国畲乡三月三”品牌优势。“三月三”，是各民族文化相互交融的“三月三”，也是景宁不断进取、不断创新的见证中国畲乡“三月三”，是世界了解景宁的窗口，也是景宁走向世界的舞台。如今的景宁正在不断开放创新、锐意进取、求真务实、乘势而上，全面实施“三县并举”发展战略，努力推动科学发展、促进社会和谐、增进民族团结，全面实现“三大目标”，走在全国民族自治县前列。

5.参与面广、群众性强，干部队伍得到进一步锻炼。按照上下联动、群众参与的原则，在整个节庆活动中，充分体现了全员性、社会性和群众性。活动的成功举办，使一大批直接或间接参加活动组织工作的同志在活动中得到学习和锻炼，特别是三月三组委会办公室的工作人员，在高强度紧张而繁忙的工作中，逐步磨砺成一支“肯吃苦能受委屈、讲大局敢担责任、求效率争先干事”的团队。活动全过程没有出现大的失误，给港、澳、台少数民族代表团成员留下了深刻的印象，为我县今后大型活动的举办储备了一批复合型人才。

大事记

2011年

1月

1日，全县城乡居民享受同等医疗保险待遇。

同日，全县城镇职工医疗保险列入丽水市统筹，医保主要政策全市统一。

7日，县城鹤溪街道潘家大屋和敕木山村畲族民居被列入浙江省第六批古建筑类省级文物保护单位。

10日，全市小学教育工作会议在景宁召开。

同日，实现对全县气象灾害数据的实时预警监测，气象自动站实现乡镇全覆盖。

14日，景宁畲族自治县区域中心镇首支专职消防队——沙湾镇消防队正式成立。

同日，景宁畲族自治县举行首批60套廉租住房交付仪式。

26日，景宁畲族自治县第一次全国水利普查动员大会召开。

30日，大地乡余公岱村发生一起民房失火事故。共烧毁民房12幢，过火面积1500多平方米，受灾及影响群众206人。县委书记武昌、县长钟昌明在第一时间作出指示，要求公安、消防全力扑救确保群众生命财产安全，同时要求大地乡立即组织群众展开自救。31日，县主要领导察看火灾现场，看望受灾群众。

2月

11—12日，全县工作会议、全县群众增收致富奔小康动员大会召开。

14日，浙江省级生态县创建验收组到景宁考核验收省级生态县创建工作。

16日，中共台州市委统战部、民宗局领导带领台州市的八县（市、区）委统战部、民宗局、负责人，来景宁开展结对帮扶活动。

18—20日，由县人民政府和丽水市兰花协会联合主办的丽水市“畲乡龙凤杯”春兰展览会在景宁举行。

24日，《畲乡景宁实录》文史资料集正式出版发行。

同日，外舍35千伏变电所扩建工程完工，投入运行。

3月

7日，全县宣传思想工作会议暨解放思想大讨论活动动员大会召开。

9—10日，中共浙江省委常委、纪委书记任泽民一行来景宁调研。

13日，国务院扶贫办国际合作和社会扶贫司司长李春光一行、省农办（扶贫办）领导到景宁调研指导扶贫工作。

16日，浙江省人民政府副省长陈加元和省民政厅、省移民办领导到景宁考察调研移民安置工作。

同日，受日福岛核泄露事故和邻县食盐抢购风影响，民间盛传核辐射会污染海水导致以后生产的海盐不安全，无法食用以及补碘可防止核辐射误导，县城出现部分市民抢购食盐现象。

25日，国家民委专职委员李文亮带领全国民族经济研讨班学员一行来景宁考察。

4月

1日起，全县最低月工资标准调整为950元，非全日制工作最低小时工资标准为7.7元。失业保险金标准由原来560元/月调整至665元/月，医疗费补助金按规定作相应调整。

4日，2011中国畲乡三月三暨电影艺术家采风景宁行·民族大联欢活动拉开序幕，中国电影家协会首次在县级影院举行首映礼，播放影片《歼十出击》。

5日，以“畲乡三月大联欢，共庆中国共产党建党九十年”为主题的“2011中国畲乡三月三暨电影艺术家采风景宁行·民族大联欢”活动开幕。

6日，“2011中国畲乡三月三民族体育一条街暨第五届畲乡传统体育节”在人民中路举行。

同日，2011中国畲乡三月三“游云中大漈，品千古风情”主题活动在大漈乡举行。

15日，中国“畲乡之窗”（大均）国家AAAA级旅游风景区正式对外开放。

18日，国家土地督察上海局督查组一行到景宁，例行农用地转用和土地征收审批事项进行土地督察。

28日，庆祝中国共产党90周年暨五一劳动节文艺晚会在县城石印山广场举行。

同日，县环境卫生管理所清洁服务公司环卫工人余赞洪荣获“全国五一劳动奖章”荣誉称号。

5月

5日，中共浙江省委常委、副省长葛慧君到景宁调研。

同日，全县第四个全民慈善捐赠活动月启动。

18日，中共浙江省委常委、常务副省长陈敏尔带领省发改委、省海经办、省国土资源厅、省林业厅等领导到景宁调研。

19日，丽水市民兵应急队伍建设现场观摩会在景宁举行。市军分区司令员、丽水市九县（市、区）人武部和县有关领导出席观摩会。

26日，丽景民族工业园正式与伊利集团签约，投资1.2亿多元的伊利集团浙闽赣绿色物流园区建设项目落户丽景民族工业园。

6月

2日，丽水市电业局与景宁畲族自治县人民政府签订《关于全面加快景宁电网“十二五”发展，共同推进新一轮农村电网改造升级框架协议》。

19日，景宁惠明茶荣获中国哈尔滨国际经贸会金奖。

20日，龙丽温高速公路景宁至瑞安段（含泰顺支线）工程“预可”报告审查会议在景宁召开。

24日，卫生部中央补助地方公共卫生项目和卫生基础设施建设项目督导检查组一行来景宁检查项目实施工作。

27日，庆祝建党90周年“电力杯”党旗飘飘歌咏比赛在影城举行。

28日，望东垟高山湿地自然保护区获“浙江省生态文明教育基地”称号。

6月29日，浙江省住房和城乡建设厅工程治理重点领域集中检查组对景宁县重点领域工程建设治理工作情况进行检查。

7月

4—8日，浙江省旅游局专题为景宁县免费举办的乡村旅游经济高级研讨班开班仪式在省旅游职业学院举行。

5—6日，中共浙江省委书记、省人大常委会主任赵洪祝到景宁宣讲胡锦涛总书记“七一”重要讲话精神，深入企业、农村开展调查研究。省委常委、宣传部长茅临生，省咨询委主任章猛进及省委办公厅、省委政法委、省财政厅、省委政研室、省民政厅有关负责人及丽水市委领导一同参加。

8日，娃哈哈集团饮料食品生产基地和总部项目签约仪式在畲乡大酒店举行。

11日，刘基母富氏墓迁建工程落成仪式暨祭拜活动在渤海镇原门潭村举行，县政府领导主持仪式，青田县政府、刘基文化研讨会代表向刘基母富氏墓敬献了花篮，青田、景宁、文成的刘基后裔刘定卿等宗亲代表参加了祭拜活动。

20日，中共丽水市委书记卢子跃带领市信访、交通、民政等部门负责人来景宁接待群众来访，现场答复群众诉求。

21日，县法院集中公开宣判了首批5起"醉驾入刑"案件。

同日，景宁畲族自治县举行希望工程实施20周年纪念大会。景宁大自然食品有限公司和宁波大学团委国际交流学院分团委在纪念会上分别向83名贫困学生发放阳光助学金13万元。

25日，中共浙江省委常委、组织部长蔡奇到景宁调研基层党建工作。

27日，"畲乡钢铁长城"文艺直通车走进军营，"八一"军民联欢晚会在县消防大队举行。

28日，全县城乡垃圾一体化工作现场会在东坑镇召开。

同日，浙江省2011年"百名法学家百场报告会"景宁专场在影城举行。武汉大学法学院副院长、博士生导师、全国"双百"报告团专家汪习根教授作了题为《推进社会矛盾化解工作中的法律原则》的专场报告。

同日，县城乡规划委员会2011年第2次会议召开。会议组织审查了《景宁畲族风情旅游度假区度假中心设计方案》、《茶山畲族公园修建性详细规划》、《县城北入城景观公园修建性详细规划》等7个规划、设计方案。

8月

2日，中国残联办公厅主任马志强带领中国残联调研组来景宁调研指导残疾人工作。

6日，水利部水电局水能处处长张同声一行到景宁调研指导水电开发工作，省水利厅、市水利局相关领导陪同。

10日，浙江省人民政府副省长王建满带领省政府副秘书长谢济建和省交通运输厅、省旅游局、省交通投资集团、省政府办公厅发展处、省公路管理局相关负责人，到景宁调研指导畲族风情旅游度假区工作。

同日，全市公安机关信访工作会议在景宁召开。

15日，"绿色金三角"景宁、泰顺、文成三县旅游合作会议在景宁召开。

16日，全省财政支农暨特扶工作座谈会在景宁召开。

22日，2011海峡两岸(浙江·景宁)山区经济发展研讨会在景宁召开。台湾农业经营学会名誉理事长、屏东科技大学农企业管理系段兆麟教授等5位台湾农业专家应邀出席研讨会，浙江省政协副秘书长、台盟浙江省委会副主委陈清玲女士主持会议。

23日，景宁畲族自治县被评为全省创建法治县(市、区)工作示范单位。

26日，第二届大漈高山冷水茭白节暨丽水市农家乐走进清凉世界系列活动在大漈乡旅游接待中心广场开幕。

31日，丽景民族工业园道路网及配套工程(一期A标)通过竣工验收。

9月

5日，全市资源林政管理系统工作会议在景宁召开，与会人员考察了望东垟高山湿地和渔际坑原始森林。

6日，中共丽水市委副书记、市长王永康一行到景宁调研指导工作。

7日，国家土地督察上海局副专员董菊卉率土地督察组一行，到景宁，就2010年度国土资源管理情况和土地卫片执法检查工作进行督察。

12日，丽水市农业局和《处州晚报》联合开展的“处州十珍”农产品评选活动。景宁金奖惠明茶入选“处州十珍”之一，景宁虫草、景宁黑木耳入选处州十珍提名奖。

同日，景宁畲族风情省级旅游度假区，经浙江省人民政府批准成立。

13日，在全国(贵州)第九届少数民族传统体育运动会上，县民族中学摇锅队代表浙江队参加“摇锅”表演。

15—16日，全市文物工作座谈会暨文博大讲堂在景宁召开。

16日，全省高山花卉与食用百合产业发展研讨会在景宁召开。

同日，荷兰中国商会访华团会长张巧忠一行到景宁考察“中国畲族博物馆”。

20日，中共丽水市委书记卢子跃到景宁调研中心镇、美丽乡村建设和畲乡古城规划和保护工作。

21日，“丽水好人”先进事迹巡回报告会在景宁影城举行。

10月

10—11日，中共丽水市委书记卢子跃到景宁开展“深入基层谋发展，心系群众惠民生”创先争优蹲点调研。

14日，举办全县法治政府建设专题讲座，邀请国务院法制办政府法制研究中心副主任赵振华授课。

19日，两儿童不慎落入鹤溪河，经群众和医生的接力救援，终于脱离生命危险。10月26日，央视新闻综合频道《新闻30分》以《众人携手，勇救两名落水儿童》为题，报道了景宁县群众接力救援两名落水儿童的感人事迹。

21日，县城乡规划委员会2011年第3次会议召开。会议组织审查了《张村小学设计方案》、《张村幼儿园设计方案》、《老城拆迁A—10地块设计方案》、《老城拆迁A—16地块设计方案》、《保障房设计方案》、《金园丽景小区外立面设计方案》6个规划设计方案。

25日，景宁举行首个培智教学点成立暨挂牌仪式，将为全县7—15岁智障少年儿童提供义务教育。

26日，景宁畲族自治县人民政府与三一重工股份有限公司在丽水莲城宾馆正式签订了三一工程机械整机与零部件再制造项目投资协议书。

同日，县环卫所获浙江省城市市容环境卫生先进集体称号。

11月

7日，澳大利亚悉尼大学医学院教授NicholasKing和包士三一行，到景宁考察畲医畲药资源。

17日，县城乡规划委员会2011年第4次会议召开，审查了《景宁畲族自治县城北110竹木功能区块城市设计》、《景宁畲族自治县110区块来料加工厂房设计方案》、《外舍王金垟下山移民安置小区规划与建筑设计方案》规划设计方案。

22—23日，全国政协原副主席张怀西来景宁考察畲族风情文化，先后参观考察了中国畲乡之窗景区和中国畲族博物馆。

25—29日，2011年浙江省农业博览会在杭州和平国际会展中心举办。“奇尔牌”金奖惠明茶和“山哈牌”田鱼干获得本届博览会金奖；英川食用百合获得新产品金奖；畲山情“野力牌”高山红米、畲乡土布鞋和“澄照牌”板栗获得优质产品奖。

12月

8日，政协浙江省副主席王永昌，出席在景宁举行浙江畲乡联谊会议暨第三届“和谐之韵”论坛。

同日，全省政协社会法制民

族宗教会议在景宁召开。

16日，县交通客运中心建设项目举行开工奠基仪式。

同日，浙江省自然博物馆、台湾台中自然科学博物馆联合在景宁畲族博物馆举办“庆元旦、迎新春—鸣虫特展”。

26日，景宁村级卫生室全面实施国家基本药物制度，达到了国家基本药物制度乡村全覆盖要求。

2012年

1月

1日开始，县新图书馆正式对公众开放。

5日，中共丽水市委书记卢子跃来景宁看望慰问困难群众、特困职工和信访干部。

14日，景宁大型畲族音乐舞蹈《千年山哈》在丽水大剧院举行首场汇报演出，受到市领导和观众的好评。

2月

2日，全县工作会议在景宁影城召开。

6日，中共浙江省委书记、省人大常委会主任赵洪祝到景宁参加“进村入企”大走访活动。

10日，由台州银行主发起的浙江景宁银座村镇银行正式开业，成为景宁首家民营银行，中共丽水市委常委、常务副市长陈瑞商出席开业典礼。

13日，景宁畲族自治县渔业局挂牌成立。

15日，中国银行景宁县支行举行开业庆典。

3月

8日，中共浙江省委书记赵洪祝和省长夏宝龙等省领导利用参加全国“两会”休息时间，视察“北京——浙江名品中心”走访了“中国畲乡——景宁馆”，慰问馆内工作人员，品尝了新采制的惠明茶。

同日，景宁“三月三活动”组委会，举行全国畲民网上庆典启动仪式。

13日，中共浙江省委副书记李强到景宁调研指导山区经济社会发展工作。省农办、省委统战部、省民宗委、省委组织部等领导参加调研。

24日，以“牵手新畲乡、相拥两岸情”为主题的2012海峡两岸各民族欢度三月三节庆暨“中国畲乡三月三”活动在县体育运动场举行，全国人大常委会原副委员长司马义·艾买提宣布开幕。

25日，中国畲族博物馆暨畲族文化中心开馆仪式在畲族文化中心举行，国家民委监督检查司司长杨正根为中国畲族博物馆授“全国民族进步教育基地”牌匾，浙江省文化厅副厅长陈瑶为县文化馆授“国家一级文化馆”牌匾。

同日，2012中国畲乡三月三“云中大漈传奇非遗”主题活动在大漈景区隆重举行。

27日，中共浙江省委常委、纪委书记任泽民到景宁调研工作。

同日，中央电视台中文国际频道《远方的家》栏目组走进郑坑，采访拍摄反映郑坑继承弘扬畲族文化专题节目。

4月

11日，县道路运输管理局揭牌成立。

16日，浙江省发展和改革委员会以浙发改函(2012)107号文件函复相关部门，对龙丽温高速公路景宁至瑞安段(含泰顺支线)项目建议书予以批复。

24日，云景高速全线贯通仪式在云景高速泗洲岭隧道洞口举行。

27日，丽水市“走访边际百村、追循红色足迹、增强国防观念”活动首发仪式在景宁县东坑镇举行。

28日15时24分，鹤溪镇鸭卵坑填方区块工程发生一起泥土坍塌事故，淹埋两人18时被救出，经现场医务人员检查，均无生命体征，造成两人死亡。

同日，浙江景昌建设有限公司职工雷小英被授予“全国五一劳动奖章”荣誉。

5月

2日，全县第五个全民慈善捐赠活动月启动。

4日，“扬青春风采、展畲乡风姿”——纪念中国共产主义青年团建团90周年、“五四运动”93周年主题系列活动启动仪式在县人民广场举行。

8日，以色列驻上海总领事艾雅克一行来景宁参观考察。

23日，中央电视台中文国际频道、天津电视台、陕西电视台、河南电视台记者采访团对我县大型畲族音乐舞蹈诗《千年山哈》畲医畲药、百岁老人长寿秘诀等内容进行为期一周的采访拍摄。

24日，举行红星、鹤溪街道成立授牌授印仪式。

25日，浙江省全民健身浙南片区“种文化—畲乡风情运动会”在县体育运动场隆重举行。(所谓“种文化”是农民群众像种庄稼一样，经常性地开展自娱自乐的文化体育活动)

6月

1日，“小包裹、大爱心”《半月选读》杂志社爱心包裹捐赠仪式在县民族小学举行。

12日，县城乡规划委员会2012年第3次会议召开，会议组织审查并原则通过《外舍新区路网(人民北路、金垟路、金鹤路)工程方案设计》、《外舍新区凤凰隧道工程方案设计》、《景宁畲族自治县电力生产调度大楼方案设计》、《石印山公园景观改造工程修建性规划》。

15日，全市村级便民服务中心规范化建设现场会在景宁召开。

19日，丽水产业集聚区生态产业低丘缓坡开发项目景宁组团(农民创业园)项目开工典礼举行。

26日，景宁大型畲族风情舞蹈诗《千年山哈》节目代表浙江省参加第四届全国少数民族文艺会演唯一剧目，在北京梅兰芳大剧院首演成功。

8月

15日，丽水市人民政府副市长任淑女来景宁调研指导农业“两区”建设和历史文化村落保护利用工作。

21日上午，全县工业大会在影城召开。县长蓝伶俐主持会议，县委书记林康做动员报告，林康强调：工业化是景宁实现“三个走在前列”、跟上全省现代化建设步伐的必由之路。我们要坚定信心，苦干实干，深入实施“三县并举”战略，全力打造工业发展平台，全面加快工业发展步伐。会议表彰了全县工业经济工作先进集体、节能降耗工作先进单位、来料加工工作先进集体、来料加工优秀经纪人、企业跨越奖、创业新星、外贸出口先进企业、市节能示范企业、县第三批劳动关系和谐企业。

9月

7日，浙江人民政府副省长朱从玖带领省政府副秘书长、省金融办、浙江保监局、中国人民银行杭州中心支行、省政府办公厅、温州市保监分局相关负责人来景宁调研指导保险服务民生示范区建设工作。

11日，政协浙江省副主席徐辉来景宁就民族教育工作进行专题调研。

同日，“2012中国优秀民族节庆”评选活动获奖名单在吉林省延吉市举行的第三届中国民族节庆峰会上公布，景宁“中国畲乡三月三”节庆被列入“中国优秀民族节庆”并荣获“最具特色民族节庆”称号。

28日，景宁首个“风情畲寨”开寨仪式在大均乡李宝村隆重举行，市委常委、市委秘书长朱继坤宣布李宝风情畲寨开寨。

10月

20—21日，浙江湘湖师范金海观教育思想研究会第十二届年会在景宁召开。

23日，龙丽温（龙游—丽水—温州）高速公路景宁至瑞安段（含泰顺支线）工程可行性研究报告审查会议在景宁召开。

同日上午，全县教育大会在影城隆重举行。县长蓝伶俐主持会议，会议总结了“十一五”教育发展的成绩及经验，部署“十二五”及今后一个时期教育改革和发展的目标任务。会议表彰了6年来获得省“春蚕奖”的先进个人、获得省级荣誉的先进个人以及从教35年以上的优秀教师代表。

25日，韩国全罗南道顺天金堂高等学校校长尹汪烈到县职业高中进行访问交流，这是根据浙江省“千校结好”项目总体部署安排的一项活动，也是双方结为友好学校的首次访问交流活动。

11月

5日，中共景宁畲族自治县委举行“十八大党代表”雷洁畅赴京参加中国共产党第十八次全国代表大会欢送仪式。

雷洁畅，女，畲族，景宁东坑人，2005年8月参加工作，中共党员，本科学历，共青团景宁县委书记，曾任郑坑乡妇联主席，渤海镇副镇长，大漈乡党委副书记、纪委书记等职。2008年参加全国共青团第十六次代表大会，并当选为团中央候补委员，2011年11月当选为中国共产党第十八次全国代表大会代表。

5—6日，政协福建省副主席李祖可一行莅景考察。

12—16日，中共浙江省委第四巡视组组长、正厅级巡视专员孙建华率巡视组一行7人到景宁，对巡视整改工作情况开展回访检查

17日，2012首届中国（浙江）畲族服饰设计大赛总决赛颁奖盛典在景宁畲族自治县体育馆举行，省政协副主席、省委统战部长汤黎路出席，并为获奖者颁奖。

18日，举行重点项目首个集中开工周启动仪式，景融时代广场、双后岗移民点二期、气象灾害监测预警迁建、沙湾村立面改造等四个项目举行集体开工仪式。

17—18日，参加“2012中国·丽水畲族文化国际学术研讨会”的百余位来自英国、印度、美国、西班牙、保加利亚、瑞士、捷克等国家及国内部分高校和台湾地区的专家学者，分别前往鹤溪街道周湖村、敕木山村、中国畲族博物馆及中国畲乡之窗（大均）国家AAAA级景区参观考察畲族文化。

21日，景宁畲族自治县残疾人联合会第六次代表大会在畲族文化中心剧场隆重举行。

同日，全市革命老区开发建设促进会在景宁召开，国家老促会副会长陶量、省老促会副会长徐八达出席会议。

22日，景宁畲族自治县第四届运动会在县体育场隆重开幕。

12月

1日，县气象局由地方管理调整为省、市气象部门与景宁畲族自治县人民政府共同管理，以气象部门管理为主。

4日，全县行政区划调整工作领导小组会议在县政府2号楼五楼会议室召开。会议决定撤葛山乡建制，其行政区域并入英川镇或鸬鹚乡。

10日，汇田大桥至溪口段公路改建工程开工典礼在红星街道双坑口举行。

11—12日，浙江省人大常委会副主任程渭山带队的省森林城市检查验收组对景宁县省级森林城市创建工作进行考核验收。

20日，中国共产党第十八次代表大会精神宣讲大会在景宁

影城举行，全国党代表雷洁畅宣讲十八大会议精神

同日，由市政府新闻办举办的“秀山丽水、养生福地”主题系列新闻发布会景宁专场在市行政中心举行，县长蓝伶俐介绍了相关情况。

12月25日，全省民族团结进步创建活动经验交流会在杭州召开，景宁畲族自治县人民政府被授予“全省民族团结进步创建活动示范单位”称号。

12月26日，浙江省2012年度“十佳民生工程”在杭州揭晓。景宁“村务平台”入选全省“十佳”的民生项目。

县情概况

地理环境

【地理位置】 景宁畲族自治县县位于浙江省南部，介于北纬27°39′～28°11′，东经119°14′～119°58′之间。东邻青田县和文成县，南接泰顺县和福建省寿宁县，西连庆元县和龙泉市，北毗云和县，东北靠莲都区。境域东西直线距离73.3千米，南北直线距离58.8千米，面积1949.98平方千米。县人民政府驻地红星街道(原鹤溪镇)府前西路19号。县城距杭州259千米、距丽水市区75千米。

【地形地貌】 景宁地域为洞宫山脉中段，地貌以深切割山地为主。发源于洞宫山脉的瓯江支流小溪，自西南向东北贯穿，将县境分为南北两半，形成狭长的溪谷代陷地带，构成“两山夹一水，众壑闹飞流”的地貌格局。有山地、台地和谷地3种类型。山地面积19.11万公顷，占全县总面积98%。全县海拔1000米以上山峰779座。

【溪流湖泊】 景宁小溪流域自西南向东北斜贯全境，出九龙乡(原陈村乡)鹤口村入青田县境。境内流长124.6千米，流域面积1725.56平方千米，占全县总面积88.5%。其上游有两条支流:北支英川港，发源于庆元县百山祖北麓，入境经英川镇、鸬鹚乡；南支毛垟港，发源于百山祖南麓，与来自闽北之水汇于交溪亭入境，经毛垟乡。两港汇于沙湾镇交见圩，经标溪与标溪港汇合，而后经梧桐、大均、渤海、九龙等乡镇与鹤溪等数十条溪涧并入景宁小溪流域。东坑镇北溪小溪发源于敕木山南麓，流经白鹤与大白坑汇合，出章坑村入飞云江支流。境内流长31.9千米，流域面积224.42平方千米，占全县总面积11.5%。

千峡湖位于景宁小溪下游的滩坑电站水库，是浙江省第二大人工湖。库坝于2008年4月29日闭闸蓄水，正常蓄水位160米。库区横跨景宁、青田两县，相应库容41.55亿立方米，水域面积70.93平方千米，其中景宁县境内36.11平方千米。因库区有80千米长的水域干线与湖面两翼依傍着无数的峡湾沟壑而故名，是一个典型的峡湾状人工湖，湖景山水相依，千姿百态，湖水清澈透底，湖面波光粼粼，青山绿水，鸟语花香，天地融合，一个独具特色的美丽千峡湖应运而生。

【气候特征】 景宁畲族自治县地处浙江省南部，地属中亚热带季风气候，温暖湿润，雨量充沛，四季分明，冬夏长，春秋短，山清水秀，气候宜人，热量资源丰富。冬季主要受干冷的极地冷高压控制，夏季主要受副热带高压控制，因此冬季多干冷、晴朗少雨天气，夏季湿热，多雷暴、阵雨天气。年平均气温17.6℃，年平均最高气温23.5℃，年平均最低气温13.4℃。极端高温41.6℃(2003年7月25日)，极端低温零下7.6℃(1999年12月23日)，年平均降水量1601.6毫米，日最大降水量138.8毫米(1996年8月1日)。1996～2012年，年平均霜日14.1

天，结冰日14.9天，雪日5.2天。因地形复杂，海拔高低悬殊，气候随海拔高度呈垂直分布。

自然资源

【土地资源】 全县土地总面积193883.69公顷。其中，耕地面积18177.61公顷，占全县总面积的9.38%；园地面积2572.85公顷，占全县总面积的1.33%；林地面积158160.49公顷，占全县总面积81.57%；草地面积1811.91公顷，占全县总面积的0.93%；城镇村及工矿用地1942.35公顷，占全县总面积的1%；交通运输用地1255.47公顷，占全县总面积的0.65%；水域及水利设施用地5357.08公顷，占全县总面积2.76%。其他土地4605.93公顷，占全县总面积的2.38%。

【森林资源】 景宁地处浙南山区，是浙江省9个重点林区之一，也是全国重要集体林区。全县土地面积1949.98平方千米，林地面积161598.67公顷，竹林面积16210.87公顷，活立木蓄积量761.46万立方米，森林覆盖率77.9%。全县共有古树名木8305株，其中：一级保护260株、二级保护1034株、三级保护7010株，名木1株。2012年年末，全县累计建成生态公益林86135.2公顷，其中公益优质林60000公顷；香榧基地133.3公顷；红豆杉基地30.47公顷。

【矿产资源】 景宁矿产资源较为丰富，现已探明的矿产有铁、钼、铅锌、铜、金、银、叶蜡石、萤石、高岭土、大理石等20多种，矿产地近百处，以矿种多但矿产规模小为特点，主要矿产为铁、钼、铅锌、叶蜡石、花岗岩等。至2012年年底，全县有持证矿山8家，其中钼矿2家，铁矿2家，叶蜡石矿1家，萤石矿1家，建筑石料2家，矿山规模均为小型，年矿石开采总量20.75万吨。

【水力资源】 景宁水资源极其丰富，属瓯江、飞云江两大水系。多年平均降水量33.76亿立方米，多年平均径流量20.47亿立方米，多年平均总水资源量为20.47亿立方米，过境水资源量10.85亿立方米，多年人均拥有水资源14731.05立方米，属水资源丰富地区。但县域内径流量年际变化大，年内季节分配不均。全县水资源理论蕴藏量66.22万千瓦时(已开发32.4万千瓦时)，占浙江省水力资源可开发量的10%。

【动植物资源】 景宁动植物资源丰富，已知无脊椎动物昆虫纲19目186科1520种；脊椎动物5纲52目470种，其中鱼纲10目21科95种，两栖纲2目7科32种，爬行纲3目10科49种，鸟纲19目49科236种，哺乳纲22科59种。国家一级保护动物有虎、金猫、黑麂、云豹、金钱豹、黄腹角雉、白颈长尾雉、金雕、白鹇、鼋等10种。植物以苔藓、蕨类、种子类为主体，木本占主导地位，种类丰富，起源古老，并有复杂多样的地域特点。已知苔藓类58科253种，蕨类41科305种，种子植物166科2163种，中草药68科124属356种。国家濒危植物有水杉、鹅掌楸、金钱松等22种，国家重点保护植物有伯乐树、香果树、福建柏、银杏、长叶榧、浙江樟、短萼黄连、八角莲、银钟树、天目木兰、凹叶厚朴、南方针杉、黄山木兰、半枫荷、乐东拟单性木兰、红豆树、短穗竹、闽楠、花榈木、景宁木兰。

景宁木兰，是浙江省林业调查规划设计院专家裘宝林、陈征海1984年在景宁畲族自治县草鱼塘林场发现的木兰科新种，于1989年在《植物分类学报》上发表并命名为：景宁木兰(magnolia sinostellata p.l.chiu et z.h.zhen)。景宁木兰属中国亚热带特有品种，自然分布区狭窄，种群数量极其稀少，为濒危物种。2012年(浙政发〔2012〕30号)列入浙江省人民政府为第一批重点保护植物名录。

历史沿革

【概况】 景宁在西周以前属古扬州之域。西周、春秋时期属越。战国时越亡属楚。秦属闽中郡。汉初属东瓯国，隶会稽郡。汉昭帝始元二年(公元前85年)属回浦县。东汉章和元年(87年)属章安县(回浦县改称)。自建安八年(203年)章安县析置松阳县后，属松阳县，历三国(吴)、东晋、南朝近四百年未变。隋开皇九年(589年)置处州及括苍县后，属括苍县。唐景云二年(711年)置青田县后，历五代、两宋及元，均属青田县。

明景泰三年(1452年)兵部尚书孙原贞，以“青田县西南五百余里，山谷险远，矿徒啸聚”为由，奏析青田县柔远乡之仙上里、仙下里、连云里和鸣鹤乡之曳练里、真固里、在下里、在上里、升天东里、升天西里置景宁县，属处州府、隶浙江承宣布政使司；清顺治元年(1644年)，属处州府、隶浙江省；宣统三年(1911年)辛亥革命后，属处州军政分府，隶浙江军政府；民国元年(1912年)，直属浙江省都督府；民国3年属瓯海道；民国16年直属浙江省；民国21年6月属第12行政督察区；同年10月改属第三特区；民国24年6月改属丽水行政督察区；民国25年4月属第九行政督察区；民国37年4月属第六行政督察区，7月属第七行政督察区。

1949年5月11日，景宁解放后，属第七专区；中华人民共和国成立后，景宁县属丽水专区；1960年1月，撤销景宁县建制，并入丽水县，属温州专区；1962年6月，划云和县，景宁县地复置云和县，属温州专区；1963年5月，属丽水专区；1978年9月，改属丽水地区。1984年6月30日，国务院批准以原景宁县地域建景宁畲族自治县，仍属丽水地区。2000年10月，丽水地区改丽水市，随属丽水市。

（县史志办）

行政区划

【概况】 1984年6月30日经国务院批准成立景宁畲族自治县，辖5个区，1个镇，35个乡。1992年5月，根据浙江省人民政府部署，进行撤区扩镇并乡，经撤区扩镇并乡后，全县下辖5个镇、19个乡、283个行政村。2007年6月，经省政府批准，对滩坑电站库区乡镇区划进行调整，撤销外舍、金钟2个乡，设立外舍管理区；撤销大顺、陈村2个乡，建立九龙乡。2008年，设立外舍社区居委会。2012年1月撤销鹤溪镇，设立红星、鹤溪2个街道。2012年，将原城西社区居委会分设，增设金仙寺社区居委会。到2012年年底，全县下辖4个镇，2个街道，16个乡，6个社区，5个居委会，254个村委会。

2012年景宁畲族自治县行政区划一览表

表一　　　　面积:平方千米

乡镇(街道)	面积	人口(个)	行政村(个)	社区/居委会(个)	村民小组(个)	行政村、社区、居委会名称
全县总计	1950	173057	254	11	1723	
红星街道	194.9	44132(其中:原外舍管理处10154、原鹤溪镇33978)	12	4	164	红星、仙童、外舍、金仙寺4个社区；城北、王金垟、岗石、岭北、坑山后、岚头、杨绿湖、岭根源、潘坑、小金州、金包山、大吴山12个行政村
鹤溪街道	98.1		16	2	76	城西、城南2个社区；鹤溪、扫口、城西、包凤、浮丘、周湖、双后岗、张村、严村、旱塔、惠明寺、敕木山、三枝树、东弄、滩岭、王木坑16个行政村
渤海镇	108.4	6433	8	1	70	渤海1个居委会；鲍山头、梅坑、安亭、石塘山、旦水、后砻、大都、东湖8个行政村

续表1

乡镇（街道）	面积（个）	人口（个）	行政村（个）	社区/居委会（个）	村民小组（个）	行政村、社区、居委会名称
东坑镇	173.2	8929	18	1	91	东坑1个居委会；罗山、马坑、东坑、何村、竹埠、章坑、徐砻、北山、杨斜、深垟、桃源、白鹤、根底岘、汤北、方徐、吴山头、大张坑、茗源18个行政村
英川镇	121.0	15573	25	1	190	英川1个居委会；英川、王宅、耀垟、叶坪头、董川、坑垟、梅漈、新村、底垟、黄垟口、隆川、白坦、隆上、凤垟、张川、寨后、金林、木岱口、茶园、榅堆、鲍岱、石漈、黄谢圩、湖后、外处岙25个行政村
沙湾镇	122.7	17091	26	1	178	沙湾1个居委会；沙湾、坑头、蔡湖、张庄、季庄、林斜、毛山头、七里、仙姑、陈司坑、道化、水井、严坑、莲川、旺水、小地、上处垟、赤岩、本岱、叶桥、林坑、何处、李处、流坑、东堡、陈村26个行政村
大均乡	81.7	4422	9		70	大均、伏叶、泉坑、垟坑、李宝、梅山、新庄、三格、大赤坑9个行政村
澄照乡	84.8	7170	15	—	98	三石、金丘、四格、东畔、东升、米岩山、际头、张后山、炉西、仙山、白沙岱、东岱、梅枫、朱坑、朱排15个行政村
梅岐乡	86.8	4244	9	—	49	梅岐、竹山、栋头、岗楼、高闩、潘坪、留钱、鹤崇、桂远9个行政村
郑坑乡	33.5	3365	5	—	45	郑坑、柳山、吴布、张坑下、羊角岗5个行政村。
大漈乡	56.6	3323	8	—	35	西一、西二、潘宅、彭村、垟心、茶林、小佐、琴山8个行政村
景南乡	95.0	4563	8	—	53	忠溪、东塘、程田、缪坑、东垟、西垟、下垟、鱼漈8个行政村
雁溪乡	36.8	3602	8	—	43	雁溪、上东山、黄桐、浮亭岗、石梯、大丘田、梅坞、柘塆8个行政村
葛山乡	24.9	5194	9	—	59	葛山、印章、岙根、林胡、西山、金岱、岭头、粗砻、岗头9个行政村

续表1

乡镇（街道）	面积	人口	行政村	社区/居委会	村民小组	行政村、社区、居委会名称
鸬鹚乡	47.9	6185	9	—	74	鸬鹚、仁字坑、南坑下、夏山头、徐崇、茶亭、黄桑南、山下、驮戥9个行政村。
梧桐乡	71.0	6067	11	—	80	梧桐、秋兰、金兰、李庄、角耳垮、山前、梧桐坑、高演、东源、王山头、林进11个行政村。
标溪乡	51.6	4681	9	—	48	标溪、预章、枫林口、何庄、东车、叶谢、马山、岱头、处基9个行政村。
毛垟乡	57.3	4852	7	—	57	毛垟、库头、燕安、上坑头、沙垟、炉西、陈坪7个行政村。
秋炉乡	54.2	5011	9	—	50	秋炉、半山、后坑、第一坑、新塘垟、下圩、伏岩、坑边、山头9个行政村。
大地乡	95.9	6846	13	—	70	大地、驮垟、柳山头、粗垟、叶坑下、桃垟、净水、董岭、张坑、郑公垟、余公岱、蔡放、水溪13个行政村。
家地乡	49.6	2431	6	—	25	家地、梅山头、谢坑、石碧、坪坑、苎岱6个行政村。
九龙乡	205.2	8943	14	1	98	龙湾1个居委会；王湾、高沈、半岭、高岩、岭里、库坪、鲍岸、顺利、后坪、鹤岳口、金山、大顺、田坑、徐垟14个行政村。

（民政局）

人口与民族

【人口概况】 2012年年底，景宁畲族自治县户籍总人口173057人，其中男性91339人，女性81718人，非农业人口30964人，常住人口106000人。2012年，全县人口出生率为12.87‰，死亡率为5.51‰，自然增长率为7.36‰。

【民族概况】 2012年年底，景宁畲族自治县有汉族和畲族、苗族、水族、侗族、布依族、拉祜族、佤族、土家族、彝族、壮族、哈尼族、蒙古族、傣族、满族、仫佬族、瑶族、白族、回族、黎族、藏族、纳西族、维吾尔族、朝鲜族、傈僳族、羌族、布朗族、京族、高山族等29个民族。汉族人口为153912人，占全县总人口的88.9%；各少数民族人口为19145人，占全县总人口的11.1%。以畲族为主，有18314人，占全县总人口的10.6%。畲族人口主要集居在鹤溪、红星、东坑、大均、澄照、梧桐、郑坑等七个乡镇（街道），44个行政村，163个自然村。

（民宗局）

国民经济和社会发展

【概况】 2011—2012年，全县人民围绕“全国十强、基本小康、文化基地”三大目标和“生态立县、产业富县和文化名县”发展战略。牢牢抓住省委省政府〔2011〕53号文件的扶持景宁政策机遇。全面推进县域“新园区、新城区、新景区、新山区”建设，全县经济和社会保持平稳较快发展。

2011年，国民经济保持持续稳定增长。全县实现生产总值32.41亿元，同比增长12.1%。其中，第一产业增加值5.24亿元，增长9.6%；第二产业增加值12.23亿元，增长9%；第三产业增加值14.94亿元，增长15.5%（其中金融保险业增长6.9%、批发和零售贸易业增长34.8%、房地产业增长7.1%）。全县人均生产总值（按户籍人口计算）为1.88万元，增长11.1%。

年末，全县从业人员5.83万人，其中，第一产业3.38万人，第二产业0.87万人，第三产业1.58万人。城镇登记失业人员为541人，比上年末减少56人，登记失业率为3.6%。

全年财政总收入8.05亿元，同比增长111.6%，其中，地方财政收入为3.67亿元，增长63.6%。在地方财政收入中，增值税收入0.69亿元，增长204%；营业税收入0.68亿元，增长4%；企业所得税收入0.35亿元，增长141.8%；个人所得税收入0.68亿元，增长53.4%。地方财政支出1.69亿元，增长35.5%。

全年粮食播种面积8610公顷，比上年减少500.67公顷，粮食总产量4.44万吨（含马铃薯），增加443吨。其中：谷物播种面积4725.87公顷，增加75.2公顷，产量3.24万吨，增加0.14万吨。蔬菜播种面积4367.67公顷，增加21.93公顷，总产量8.09万吨，增加0.32万吨。香菇产量为0.25万吨，增加0.01万吨。水果总产量0.87万吨（其中柑橘产量0.29万吨），增加0.1万吨。茶叶生产总产量为0.15万吨，增加0.079万吨。油料总产量0.057万吨，增加0.013万吨。药材种植面积707.2公顷。烟叶种植面积为35.4公顷，增加0.2公顷。全年农业化肥施用量（折纯）3930吨，农村用电量2405万千瓦时。

生猪存栏（年末）3.35万头，同比减少0.1万头。出栏（全年）4.16万头，同比减少0.03万头；山羊存栏1.33万只，增加0.01万只。出栏1.32万只，增加0.2万只；家禽存栏28.88万只，减少3.36万只，出栏45.08万只，增加6.72万只；兔出栏7.3万只，增加1.28万只；牛存栏0.54万头，减少506头。全年肉类总产量5420吨，增加131吨，其中：猪肉3955吨，减少30吨。全年水产品产量1262吨，增加347吨。

全年完成造林面积202公顷，幼林抚育（按每次计算）8000公顷，成林抚育1333公顷；封山育林面积8.6万公顷。木材采伐量5.84万立方米；毛竹采伐量98万株；板栗产量0.16吨。

工业经济效益基本稳定，全年实现工业增加值8.22亿元，增长9.3%。其中规模以上企业5.24亿元，增长9.8%，其他小微企业2.98亿元，增长8.3%。规模企业全年完成工业销售产值16.87亿元，实现利税总额1.85亿元（其中利润1.02亿元），年平均从业人数4700人。全年发电量7.62亿千瓦小时。

全年实现建筑业增加值4亿元，增长8.4%。2011年，全县具有资质等级的建筑企业8家，房屋建筑施工面积20.89万平方米，从业人员年平均人数1063人，实现利润总额663万元。

全年完成固定资产投资20.01亿万元，比上年增长19.2%。其中：工业投资2.39亿元（包括能源、电力工业），同比增长64.2%，其中制造业投资完成1.8亿元，同比增长74.4%；交通基础设施完成投资4.06亿元，其中丽景民族工业园道路网及配套工程完成投资2.02亿元;房地产开发投资3.08亿元,房屋施工总面积为8.46万平方米,其中住宅类施工面积5.75万平方米,商业用房施工面积2.19万平方米。

全年完成交通运输、仓储和邮政业完成增加值8680万元,比上年增长5.6%。完成货物周转量12442万吨千米,其中,公路货物周转量12440吨千米。旅客周转量10358万人千米,其中,公路运输完成旅客周转量10283万人千米。250个行政村通了公路。

全年完成邮政业务总量687万元,增长4.6%,电信业务总量8819万元,增长4.8%。年末全县有固定电话用户19969户,比上年末增加590户,其中,城市电话用户13172户;农村电话用户6707户。年末全县移动电话用户128743户。移动电话的电话普及率74.33部/百人,固定电话普及率(主线普及率)11.53线/百人。253个行政村通了电话。国际互联网用户数13303户。

全年实现旅游总收入10.09亿元,增长37.2%。接待海外游客5838人次,增长13.72%,旅游外汇265.39万美元,增长16.9%;接待国内游客239.45万人次,增长36.93%,国内旅游收入9.92亿元,增长36.86%。

全年实现社会消费品零售总额14.77亿元,比上年增长17.4%。(其中城镇消费11.61亿元,增长17.9%;乡村消费3.16亿元,增长15.7%)。按批发、零售、住宿餐饮三类划分,分别完成销售收入1.81亿元、11.29亿元、1.67亿元,分别增长12%、17.8%、20.7%。年末销售收入超亿元商品交易市场2个。

全年外贸进出口1655万美元,比上年增长28.1%。其中:自营出口1265万美元,增长49.3%。

年末全县金融机构各项存款余额为47.13亿元,比年初增加5.08亿元,增长12.1%。其中,单位存款余额3亿元,增长12%;城乡居民储蓄存款余额19.12亿元,比年增加1.97亿元,增长11.5%;各项贷款余额27.43亿元,比年初增加3.08亿元,增长12.7%,其中,短期贷款14.71亿元,比年初增长32%;中长期贷款余额12.7亿元,比年初减少0.51亿元,下降3.8%。

全年保险业保费收入6382万元,比上年增长16.6%,其中:财产险3304万元,人身险3078万元。保险业赔款、给付1619万元,增长10.5%,其中:财产险247万元,人身险1372万元。

全年安排县科技项目34项(农业17项、工业6项、社会发展11项),验收项目45项。R&D经费支出749万元。其中农业项目科技三项经费补助318万元。组织申报科技兴企助农项目1项、公益技术研究农业项目2项、省科技特派员项目22项、省农转化项目1项、公益技术研究社会发展项目2顶。专利申请受理量100项,专利申请授权量87项,其中发明5项。

全县普通高中在校学生1725人,职业高中在校学生1100人,初中毕业升入高中阶段的比例为97.6%。普通初中在校学生3737人,初中入学率为100%,巩固率为100%。小学18所,在校学生8674人,小学学龄儿童入学率100%,巩固率为100%。有幼儿园40所,在园幼儿4589人。

全县有文化馆1个、乡镇文化站22个,从业人员71人,组织各种文艺活动216场次。公共图书馆1个,藏书58.72千册。年末有电视台1座,用户数为2.71万户,电视人口覆盖率为99.9%,广播人口覆盖率98.7%。《畲乡报》全年共出版135期80万份。

全县有卫生机构31个,其中,县医院1个,乡镇卫生院25个;卫生机构床位数339张,其中,县医院280张,乡镇卫生院59张;卫生机构卫生技术人员567人,其中,医生数(执业医师+执业助理医师)209人,注册护士153人。诊所10个,医生数十人。参加农村新型合作医疗人数136829人。卫生机构医疗服务水平明显提高,农村卫生状况得到改善。全年开展了篮球、乒乓球、羽毛球、田径等多种比赛活动。同时组织参加在舟山举行的浙江省首届海洋运动会,获得2金1银2铜;参加丽水市小学生篮球锦标赛,获得第一名;参加丽水市青少年乒乓球比赛,获得团体第三名、单项第三;参加丽水市青少年游泳比赛,获得3项第三。

全县城烟控区面积2.48平方千米,环境噪声达标区面积2.48平方千米,工业烟尘排放达标100%,工业固体废物综合得利用率67.6%,污水集中处理率70%,生活垃圾无害化处理率95.6%。全年降水量1115.6毫米。建成区绿化覆盖面积95公顷。县级以上自然保护区2个,面积5334公顷。

全年发生生产安全事故3起,造成3人死亡,直接经济损失35万元;发生道路交通事故13起,造成8人死亡,13人受伤,直接财产损失2万元;发生火灾事故3起,火灾事故损失16万元。

全县出生人口2420人,出生率为14.‰;死亡人口为971人,死亡率为5.6‰;人口自然增长率为8.4‰。年末全县户籍人口为173193人,比上年末净增人口1326人。在总人口中,县辖镇人口82108人;少数民族人口19060人,比上年末增加250人。平均每户家庭人口为3.13人。

全县城镇集体(含规上私营企业)单位在岗职工工资总额42193万元,增长8.8%,在岗职工年平均工资38873元,增长10.6%,扣除价格变动因素,实际增长5.3%。根据抽样调查统计,农村居民人均纯收入7412元,比上年增长19.5%,扣除价格变动因素,实际增长13.5%,城镇居民人均可支配收入20315元,比上年增长13.5%,扣除价格变动因素,实际增长7.8%,城镇居民人均消费支出12822元、农村居民人均生活消费支出5821元。

年末,全县参加失业保险人数10834人,城镇基本养老保险人数21429人,工伤保险人数10807人,基本医疗保险人数16080人。参加农村社会养老保险人数60630人,农村新型合作医疗人数136829人。

年末,全县社会福利院6个,其中乡镇5个;社会福利院床位数450张,其中乡镇410张;在院老人418人,其中乡镇391人。实施社会困难户临时救济2365余人次,享受优待抚恤的优抚对象550人,城乡居民最低生活保障补助7391人,其中城镇居民503人。

2012年,全县实现生产总值35.38亿元,按可比价格计算,同比增长9.2%。其中,第一产业增加值5.85亿元,增长4.2%;第二产业增加值13.04亿元,增长9.1%;第三产业增加值16.49亿元,增长11.1%。第三产业中,金融保险业增长21.7%,批发和零售贸易业增长8%,房地产业增长3.5%。全县人均生产总值(按户籍人口计算)为20422元,增长8.8%。

全县年末从业人员5.89万人,其中,第一产业3.27万人,第二产业0.87万人,第三产业1.75万人。登记失业人员为496人,比上年末减少45人,城镇登记失业率为3.4%。

全年财政总收入9.50亿元,同比增长18.1%,其中:地方财政收入为4.09亿元,增长11.4%。地方财政收入中,增值税收入0.83亿元,增长21.2%;营业税收入0.78亿元,增长14.5%;企业所得税收入0.23亿元,下降33.9%;个人所得税收入0.89亿元,增长30.7%。地方财政支出17.423亿元,增长3.1%。

全年粮食播种面积8115.6公顷,比上年减少494.4公顷,粮食总产量4.37万吨(含马铃薯),减少0.13万吨。其中:谷物播种面积4832.87公顷,产量3.34万吨,增加0.098万吨。蔬菜播种面积5021.13公顷,增加653.47

公顷，总产量9.44万吨，增加1.35万吨。水果总产量1.14万吨，增加0.27万吨(其中柑橘产量3029吨，增加123吨)。香菇产量2456吨，减少56吨。茶叶产量1860吨，增加411吨。油料产量524吨，减少45吨。药材种植面积715.73公顷。烟叶种植面积为86.47公顷，减少15.6公顷。农业化肥施用量(折纯)4023吨。农村用电量2444万千瓦时。

全年完成造林面积564公顷。幼林抚育(按次计算)3902公顷，成林抚育2586公顷，封山育林面积8.6万公顷。木材采伐量5.66万立方米，毛竹采伐量74.05万根。板栗产量1505吨。

生猪存栏(年末)3.72万头，出栏(全年)4.28万头。牛存栏5212头，减少190头。山羊存栏1.51万只，出栏1.42万只。家禽存栏28.36万只，出栏45.32万只。兔出栏7.54万只。全年肉类总产量5633吨，增加213吨(其中猪肉4005吨，增加50吨)。水产品产量1420吨，增加158吨。

全年实现工业增加值9.02亿元，增长12.8%。其中，主营业务收入2000万元及以上的工业增加值3.58亿元，增长13.1%；主营业务收入2000万元以下工业完成增加值5.44亿元，增长12.6%。全年发电量11.4亿千瓦小时。是年，37家规模以上企业完成工业销售产值14.8亿元，现价产品销售率为96.8%；实现利税3.29亿元(其中实现利润1.28亿元)。企业从业人员年平均2967人。

全年实现建筑业增加值4.02亿元，增长0.9%。全县有资质等级的建筑企业10家，房屋建筑施工面积28.54万平方米，从业人员年平均人数2458人，实现利润总额2476万元。

全年完成固定资产投资26.09亿元，同比增长30.4%。

全年完成房地产开发投资2.22亿元，同比下降27.9%。

全年完成基础设施投资10.5亿元，同比增长0.5%。其中交通运输投资3.21亿元，比上年下降20.8%(其中云景高速等交通运输投资大幅减少)。

全年完成工业投资6.79亿元，比上年增长184.7%。其中：制造业投资5.35亿元，增长197%，电力、热力、燃气及水的生产和供应业投资1.44亿元，增长146.4%。主要因素是丽景工业园中娃哈哈、伊利及外舍海阳光伏等亿元项目、县城110工业区块、电力行业的投资大幅增长。

全年完成交通运输服务业(仓储和邮政)增加值9212万元，比上年增长5.6%。货物周转量1.3亿吨千米，其中公路货物周转量1.28亿吨千米。完成旅客周转量1.04亿人千米，其中公路运输周转量1.03亿人千米。252个行政村通了公路(包括机耕路、简易公路)，占总行政村的99.21%。

全年完成邮政业务收入1032万元，电信业务收入7764万元。全县254个行政村全部通了电话。年末拥有固定电话用户19914户(住宅电话13040户)，其中城市电话用户13487户，农村电话用户6275户，固定电话普及率11.5线/百人。移动电话用户14.68万户，移动电话普及率84.8部/百人。固定互联网宽带用户数1.76万户，移动互联网用户数5.29万户。

全年完成旅游总收入达13.1亿元，增长29.4%。其中接待海外游客6558人次，增长12.3%，旅游外汇279.68万美元，增长5.4%；接待国内游客314.4万人次，增长31.2%，国内旅游收入12.88亿元，增长29.8%。

全年实现社会消费品零售总额17.12亿元，比上年增长15.9%。按地区划分：城镇消费品零售总额13.49亿元，增长16.2%；乡村消费品零售总额3.63亿元，增长14.7%。按行业划分：批发贸易业零售额2.06亿元，增长13.8%。零售贸易业零售额

13.12亿元,增长16.2%。住宿和餐饮业零售额1.97亿元,增长16.0%。年末超亿元商品交易市场2个。

全年外贸进出口2682万美元,比上年增长62.1%。其中:自营出口2471万美元,增长95.3%。全县金融机构各项存款年末余额53.9亿元,比年初增加6.77亿元,增长14.4%。其中,单位存款余额31.03亿元,增长3.5%。城乡居民储蓄存款余额22.85亿元,比年初增加3.81亿元,增长19.5%。各项贷款年末余额35.25亿元,比年初增加7.82亿元,增长28.5%。

全年保险业保费收入7466万元,比上年增长17%。其中:财产险4201万元,人身险3265万元。保险业赔款、给付1741万元,增长13.7%,其中:财产险1580万元,人身险261万元。

全年争取上级财政科技补助资金392.5万元。完成专利申请受理量138项,专利申请授权量115项,其中发明2项。R&D经费支出808万元。其中:县人民医院申报科技部科技惠农专项1项(畲族人群高血压的有效防治)、省农业转化项目3项、省重大专项2项、省公益类项目2项、省"十县五十万亩"茶产业转型升级工程1项、团队特派员专项2项、省(市)特派员专项25项。

全县普通高中在校学生1775人,职业高中在校学生1322人,初中毕业升入高中阶段的比例为98%。普通初中在校学生3648人,初中入学率为100%。小学18所,在校学生8806人,学龄儿童入学率100%。各类幼儿园38所,在园幼儿4326人。

全县拥有县级文化馆1个、乡镇文化站20个,从业人员70人,组织各种文艺活动188场次。公共图书馆1个,藏书70千册。有线电视台1座,用户数为3.02万户,电视人口覆盖率为100%,广播人口覆盖率100%。出版《畲乡报》149期。

全县拥有卫生机构26家(县级医院1家,区域中心卫生院5家,乡镇卫生院16家),床位339张,技术人员559名(医师221人、注册护士174人)。诊所(卫生所、医务室)77个,卫生技术人员115名。全年参加农村新型合作医疗人数13.85万人,基本满足城乡医疗卫生事业的需要。

全面开展篮球、乒乓球、羽毛球、田径、武术等体育健身活动,成功举办全县第四届田径运动会(参加人数5000余人)和全县第四届千人健步走运动(参加人数3500余人)。组织参加丽水市青少年篮球锦标赛(甲、乙组)运动会,获得乙组第二名。

全县建成区绿化覆盖面积96公顷,县级以上自然保护区2个,面积5334公顷。实施县城烟控区面积2.48平方千米,环境噪声达标区面积2.48平方千米,工业烟尘排放达标100%,工业固体废物综合得利用率100%,生活垃圾无害化处理率100%,污水集中处理率70%。

全年发生生产安全事故3起,造成3人死亡,直接经济损失35万元;发生道路交通事故13起,造成8人死亡,13人受伤,直接财产损失2万元;发生火灾事故3起,火灾事故损失16万元。

全县出生人口2501人,出生率为14.4‰;死亡人口为2040人,死亡率为11.7‰;人口自然增长率为2.7‰。年末全县户籍人口为17.31万人,比上年末净减人口136人。在总人口中,县辖镇人口8.2万人;少数民族人口1.91万人,比上年末增加85人。平均每户家庭人口为3.03人。

全县城镇集体(含规上私营企业)单位在岗职工工资总额8.3亿元,在岗职工年平均工资5.3万元,增长36.1%,扣除价格变动因素,实际增长32.8%。根据抽样调查统计,农村居民人均纯收入8384元,比上年增长13.1%,扣除价格变动因素,实际增长10.4%,城镇居民人均可支配收入22862元,比上年增长12.5%,

扣除价格变动因素,实际增长9.8%,城镇居民人均消费支出1.43万元、农村居民人均生活消费支出6556元。

全县参加失业保险人数1.16万人,参加基本养老保险人数2.34万人,参加工伤保险人数1.37万人,城镇基本医疗保险参保人数1.72万人。新型农村合作医疗参保人数13.85万人,新型农村社会养老保险参保人数5.95万人。

全县拥有社会福利院7所,床位数600张,在院养老人员429明。全县享受城乡居民最低生活保障补贴人数8208人,其中城镇居民592人。

注:生产总值及各行业增加值绝对数按现价计算 增长速度按可比价计算

本公报所列各项数据为年度初步统计数据

(县统计局)

2011年、2012年景宁畲族自治县国民经济主要指标

表15

	单位	2010年	2011年	2012年
年末总人口数(户籍)	人	171867	173193	173057
其中:少数民族人口	人	18810	19060	19145
非农业人口	人	31055	31183	30964
常住人口	万人	10.72	10.61	10.60
城市化率	%	40.3	42.5	44.1
地区生产总值(当年价)	万元	267831	324118	353752
其中:第一产业	万元	44757	52431	58454
第二产业	万元	101680	122253	130442
第三产业	万元	121394	149434	164856
常住人口人均GDP	元	24662	30391	33357
GDP比重:第一产业	%	16.7	16.2	16.5
第二产业	%	38.0	37.7	36.9
第三产业	%	45.3	46.1	46.6
农业总产值	万元	69125	81228	90277
工业总产值	万元	231734	281418	323265
固定资产投资额	万元	180827	200114	260926
社会消费品零售总额	万元	125802	147701	171179
进出口总额	万美元	1291	1655	2682
其中:自营出口	万美元	847	1265	2471
金融机构年末存款余额	万元	420508	471277	539019
其中:个人储蓄存款	万元	171535	191202	228643
金融机构年末贷款余额	万元	243520	274340	352491
财政总收入	万元	38039	80486	95027
地方财政预算收入	万元	22412	36677	40850
地方财政预算支出	万元	124976	169128	174292
旅游总人数	万人	175.5	240.0	315.1
旅游总收入	亿元	7.36	10.09	13.1
全社会用电量	万千瓦时	12736	15148	15325
其中:工业用电量	万千瓦时	6000	7445	6481
农村居民人均纯收入	元	6202	7412	8384
城镇居民人均可支配收入	元	17901	20315	22862

中国共产党景宁畲族自治县委员会

县委重要会议

【中国共产党景宁畲族自治县第八次代表大会】 2011年12月24—27日召开。大会应到代表共210名，因病、因事请假5名，实到代表205名。县委书记林康代表中共景宁畲族自治县第七届委员会向大会作《实施“三县并举”战略　大力推进“五个发展”　为实现“三个走在前列”而努力奋斗》的工作报告；县纪委向大会作《致力打造“清廉畲乡”齐心构筑惩防体系为实现“三个走在前列”提供纪律保证》书面工作报告。选举产生中国共产党景宁畲族自治县第八届委员会委员37名、候补委员8名，选举产生中国共产党景宁畲族自治县纪律检查委员会委员19名，选举产生景宁县出席中共丽水市第三次党代会代表27名。

中共景宁畲族自治县第八届委员会委员37名：王益、毛华庆、叶峰、叶玉琪、叶利东、叶妙青（女）、叶金堂、叶常萌、刘德灵、严铁华、李广运、何向平、余晓军、沈才忠、陈晓敏、陈海峰、陈锡星、林康、季建伟、季建标、季晓伟、郑建强、柳启东、夏胜忠、夏逸敏、商晓东、程巧琴（女）、蓝小明（畲族）、蓝伶俐（女，畲族）、蓝良兴（畲族）、蓝景芬（女，畲族）、雷李木（畲族）、雷应江（畲族）、雷剑锋（畲族）、潘伟、潘娅红（女）、潘晓泉。

候补委员8名：潘文彬、钟利海（畲族）、王庆、陈丽海、林敏、夏雪松、陈培春、李光松。

中共景宁畲族自治县纪律检查委员会委员19名：付明明、朱剑兵、刘小明、刘毓梅（女）、李晓荣、吴小梅（女）、吴文伟、沈东庆、张怀海、陈华星、陈锡星、季晓东、金欣泉、周国胜、柳浩宇、梅慧民、雷云兴（畲族）、潘昌才、潘润洲。

县委八届一次全体会议选举产生县委常委、书记、副书记：县委书记林康，县委副书记蓝伶俐（女，畲族）、程巧琴（女），常委叶金堂、潘晓泉、蓝小明（畲族）、陈锡星、李广运、潘伟、陈晓敏、叶利东。通过县纪委八届第一次全体会议选举结果的报告，县纪委书记陈锡星。

【县委全体会议】 2011年1月13日，中共景宁畲族自治县第七届委员会第十一次全体（扩大）会议举行。县委书记武昌代表县委常委会向全会作报告，县委副书记、县长钟昌明代表县委常委会向全会作制定“十二五”规划纲要的说明。全会深入贯彻落实中共十七大、十七届五中全会和中央经济工作会议，省、市委全会，省、市经济工作会议精神，回顾总结景宁县2010年及“十一五”期间的工作成效，安排部署2011年经济社会发展任务，动员全县各级党组织和广大党员干部群众，解放思想、振奋精神、继往开来、乘势突破，为建设“安康幸福、景秀人宁”的中国新畲乡而努力奋斗。全会还听取澄照、雁溪、九龙、毛垟、鸬鹚等乡党委书记抓基层党建工作述职，并对全体乡镇党委、管理区党工委书记抓基层党建工作进行评议。

2011年7月29日，中共景宁畲族自治县第七届委员会第十二次全体(扩大)会议召开。县委书记武昌代表县委常委会向全会作工作报告。全会深入贯彻落实科学发展观，全面落实中央关于加强和创新社会管理的重大决策部署、省委十二届九次全体(扩大)会议、市委二届十五次全体(扩大)会议精神，研究部署深化“平安景宁”建设、加强和创新社会管理的各项工作，审议通过了《中共景宁畲族自治县委关于加强和创新社会管理的决定》；全面总结上半年各项工作，安排部署下半年重点任务，以学习贯彻总书记胡锦涛“七一”重要讲话精神为动力，把党的建设新的伟大工程不断推向前进。

2011年11月4日，中共景宁畲族自治县第七届委员会第十三次全体会议召开。全会审议并通过了《关于召开中国共产党景宁畲族自治县第八次代表大会的决议》，决定中国共产党景宁畲族自治县第八次代表大会于2011年12月在鹤溪镇召开。全会确定中国共产党景宁畲族自治县第八次代表大会的主要议程和代表名额。全会号召全县各级党组织和全体共产党员认真贯彻执行党的基本路线，全面贯彻落实科学发展观，团结全县人民，振奋精神，同心同德，创先争优，努力做好各方面的工作，以优异成绩迎接景宁畲族自治县第八次党代表大会的胜利召开。

2011年12月19日，中共景宁畲族自治县第七届委员会第十四次全体会议召开。县委书记林康向全会作中共景宁畲族自治县第七届委员会向中国共产党景宁畲族自治县第八次代表大会的工作报告(审议稿)的说明。县委常委、纪委书记陈锡星向全会作中共景宁畲族自治县纪律检查委员会向中国共产党景宁畲族自治县第八次代表大会的工作报告(审议稿)的说明。全会审议并原则通过了中共景宁畲族自治县第七届委员会向中国共产党景宁畲族自治县第八次代表大会的工作报告(审议稿)、中共景宁畲族自治县纪律检查委员会向中国共产党景宁畲族自治县第八次代表大会的工作报告(审议稿)，提交县第八次党代会审议。

2012年8月20日，中共景宁畲族自治县第八届委员会第二次全体(扩大)会议举行。县委书记林康代表县委常委会作《全力完成全年工作任务全面深化基层组织建设沿着“三个走在前列”的新征程阔步迈进》的工作报告。县委副书记、县长蓝伶俐作《中共景宁畲族自治县委关于加强和改进新形势下党的建设的决定》和《中共景宁畲族自治县委工作规则(审议稿)》说明。全会认真学习贯彻中共十七届六中全会、省第十三次党代会、省委十三届一次全会、市委第三次党代会、市委三届三次全会精神，审议通过了《中共景宁畲族自治县委关于加强和改进新形势下党的建设的决定》和《中共景宁畲族自治县委工作规则》。全会认真总结2012年上半年工作和部署下半年任务，全面深化基层组织建设，团结和动员全县广大党员干部和各族群众，沿着县第八次党代会确定的“三个走在前列”新征程阔步迈进。

【县委常委会议】 2011年1月4日，县委召开常委会，传达学习全国党的基层组织党务公开工作电视电话会议精神，部署党务公开工作，研究《景宁畲族自治县国民经济和社会发展第十二个五年规划纲要(草案)》和“十二五”项目规划，听取年终慰问工作安排的汇报。县委书记武昌主持会议并讲话。会议强调，要全面贯彻落实中央《关于党的基层组织实行党务公开的意见》，切实做好党的基层组织党务公开各项工作；要进一步明确“十二五”时期发展的主要目标任务，深入研究“十二五”时期发展的保障措施，切实加强“十二五”时期项目谋划；要关心困难群众生活，做好各项年终走访慰问工作。

2011年1月11日，县委召开常委会，讨论县委七届十一次全会工作报告(讨论稿)。县委书记武昌主持会议并讲话。会议听取了报告起草组就县委七届十一次全会工作报告起草情况说明。与会的各位常委纷纷发言，对报告进行研究探讨，提出了具体的修改建议和意见。

2011年1月24日，县委召开常委会，讨论拟提请县七届人大五次会议审议的《政府工作报告(征求意见稿)》。县委书记武昌主持会议并讲话。会议强调，《政府工作报告》通过县七届人大五次会议的审议批准后，将成为全县人民共同的意志，成为全县上下共同努力实施的纲领性文件，对动员全县人民进一步统一思想，振奋精神，努力实现“三大目标”、建设“安康幸福、景秀人宁”的中国新畲乡具有重要意义。报告必须做到文字表述精确、精练，数据实在、准确，各项工作都要兼顾，才能抓好各项工作，完成各项任务，推动全县经济社会持续快速发展。

2011年1月27日，县委召开常委会，听取全县工作会议相关事宜的汇报。县委书记武昌主持会议并讲话。会议决定全县工作会议于2月11日在影城召开。

2011年2月18日，县委召开常委会，传达省市相关会议精神，听取2011年中国畲乡“三月三”活动筹备工作情况汇报。县委书记武昌主持会议并讲话。会议强调，要认真学习领会省市相关会议精神，扎实做好各项工作；要统一思想，提高对办好“三月三”活动重要意义的认识，做深做实做细各项筹备工作，将“三月三”活动办成一次精彩、热烈、圆满的盛会，充分展示独具特色的民族文化和充满活力的新畲乡。

2011年2月28日，县委召开常委会议，传达学习省委副书记夏宝龙在丽水调研时的重要讲话精神。县委书记武昌主持会议并讲话。会议强调，全县上下要深刻领会夏宝龙重要讲话精神实质，积极实施省委“两创”总战略，把握好建设浙江生态屏障和培育成为浙江新的经济增长点两大目标要求，脚踏实地，狠抓落实，切实做好各方面工作，为建设“安康幸福、景秀人宁”的中国新畲乡开好局、起好步。

2011年3月10日，县委召开常委(扩大)会议，会议传达学习省委书记赵洪祝的重要批示精神。县委书记武昌主持会议并讲话。会议强调，要认真学习领会和全面贯彻省委书记赵洪祝的重要批示精神，以更加昂扬的斗志，更加扎实的作风，更加有效的举措，进一步加快赶超跨越步伐，争取早日实现“三大目标”，建设“安康幸福、景秀人宁”的中国新畲乡。

2011年3月24日，县委召开常委(扩大)会议，首先学习了总书记胡锦涛等中央领导人关于开展向杨善洲学习的重要批示精神，以及《人民日报》刊登的相关评论员文章《重要的是坚守一辈子》和《坚守共产党人的精神家园》。县委书记武昌主持会议并讲话。会议强调，全县各级党组织要把思想和行动统一到中央的要求部署上来，把深入开展向杨善洲学习活动作为当前的一项重要政治任务抓紧抓好，迅速掀起向杨善洲学习的热潮，把杨善洲的崇高精神转化为深入实施“一三四八”发展战略，推动景宁“十二五”时期科学发展的强大动力。

2011年4月1日，县委召开常委(扩大)会议，传达贯彻全省建设“平安浙江”电视电话会议和市“两会”精神，听取“三月三”活动筹备情况汇报。县委书记武昌主持会议并讲话。会议强调，全县上下要珍惜荣誉，不断创新建设“平安景宁”工作方式方法，继续深入推进平安创建工作；要认真学习贯彻好市“两会”精神，把市委的决策部署和景宁实际结合起来，特别是要把市“两会”报告中的新提法、新举措、新要求贯彻落实到具体工作中，加快推进景宁跨越发展；要统一思想，高度重视，确保此次“三月三”活动办出水平、办出特色，展示畲乡良好形象。

2011年4月19日，县委召开常委会，研究《关于加快水利改革发展的实施意见》《关于加快发展旅游业的若干意见》《畲族风情旅游度假区可行性研究报告》《全国畲族文化发展基地总体规划暨重点项目策划》。县委书记武昌主持会议并讲话。会议指出，要把思想认识统一到中央和省委的重大决策部署上来，从全局和战略的高度把水利工作摆上全县经济社会发展更加突出的位置，紧紧抓住水利发展的大好机遇，结合景宁实际，进一步加大工作力度，围绕服务生活、服务生产、服务生态，突出饮用水安全、水环境保护、水利基础设施建设、渔业执法、采砂等工作重点，做好水利建设规划，争取更多的水利项目纳入省市，甚至中央的计划盘子。通过不断深化水利改革、持续加大水利投入、全面加快水利建设等一系列政策措施的落实，努力实现景宁县水利事业科学发展、跨越发展。要着力提高全民水患意识、节水意识、水资源保护意识，广泛动员全社会力量参与水利建设。

2011年4月29日，县委召开常委会，听取和分析了一季度经济运行情况和社会稳定形势。县委书记武昌主持会议并讲话。会议强调，全县上下要倍加珍惜当前来之不易的经济社会发展成绩和发展环境，坚定信心促发展、凝心聚力抓落实，努力突破重点难点问题，确保全县经济平稳较快增长，全力维护社会和谐稳定，全面完成“十二五”规划开局之年经济社会发展各项目标任务。

2011年5月11日，县委召开常委会，就全县当前和今后一个时期重点工作进行安排部署。县委书记武昌主持会议并讲话。会议强调，全县上下一定要振奋精神，抢抓机遇，务实苦干，以更加饱满的激情，更加有力的举措，更加扎实的作风，全力以赴推进全县各项重点工作，进一步巩固当前来之不易的发展成果，继续保持县域经济社会的良好发展态势。

2011年5月23日，县委召开常委(扩大)会议，专题听取了孙建华代表省委巡视组对景宁县巡视情况的反馈。会议强调，全县领导干部要切实把思想统一到巡视组通报的反馈意见和整改要求以及市委工作要求上来，深刻领会，迅速传达巡视组的通报情况，进一步发扬成绩、改进不足，围绕反馈的问题，认真研究整改措施、狠抓落实，扎实推进景宁县经济社会在“十二五”规划的新起点上实现又好又快发展，不辜负省委和省委巡视组、市委领导的期望。

2011年5月27日，县委召开常委会，研究《关于加快林业改革发展全面推进“森林景宁”建设的意见》。县委书记武昌主持会议并讲话。会议强调，要紧紧围绕确保实现资源增长和农民增收这两个基本目标，坚定不移深化林业改革，进一步加大林业发展力度，全面推进“森林景宁”建设，为推动经济社会又好又快发展和生态文明建设作出努力。

2011年6月7日，县委召开常委会议，传达全市县乡换届工作座谈会精神。县委书记武昌主持会议并讲话。会议强调，要认真贯彻落实中央、省委和市委的部署要求，加强领导、统筹安排、精心组织，圆满完成这次换届工作各项任务。

2011年6月22日，县委召开常委会议，传达全国民族自治县(旗)科学发展经验交流会精神，研究部署当前和今后一个时期的重点工作。县委书记武昌主持会议并讲话。会议强调，要坚定信心促发展，凝心聚力抓落实，继续按照年初既定的工作思路、发展目标、工作重点，全力抓好各项工作，把加强社会管理、维护社会稳定、促进社会和谐放到更加突出的位置来抓，确保全面完成年初确定的各项目标任务。

2011年6月28日，县委召开常委会议，研究《关于表彰全县先进基层党组织、优秀共产党员和优秀党务工作者的决定》。县委书记武昌主持会议并讲话。会议强调，各级各部门要以先进集体和先进个人为榜样，坚定不移地贯彻执行党的路线、方针和政策，深入贯彻落实科学发展观，继续解放思想，努力开拓创新，不断开创我县各项事业发展的新局面。

2011年7月14日，县委召开常委会议，学习贯彻总书记胡锦涛“七一”重要讲话精神，并就全县学习宣传贯彻讲话精神进行安排部署。会议还学习贯彻了省委书记赵洪祝在景宁调研汇报会上的重要讲话精神。县委书记武昌主持会议并讲话。会议强调，学习贯彻总书记胡锦涛“七一”重要讲话精神，是当前和今后一个时期的重要政治任务，各级党组织和广大党员干部一定要认真组织学习宣传，深刻领会精神实质，结合实际抓好落实。要认真贯彻落实好书记赵洪祝的重要讲话精神，进一步强化感恩意识，立足本职岗位，继续保持昂扬向上的精神状态，深入实施“一三四八”发展战略，为建设“安康幸福、景秀人宁”的中国新畲乡开好局、起好步。

2011年7月27日，县委召开常委会议，学习贯彻省委常委、组织部部长蔡奇在景宁调研时的讲话精神，讨论县委七届十二次全体（扩大）会议工作报告和《中共景宁畲族自治县委关于加强和创新社会管理的决定（讨论稿）》。县委书记武昌主持会议并讲话。会议强调，要紧密结合学习贯彻总书记胡锦涛“七一”重要讲话精神、省委十二届九次全会精神，深刻领会，认真贯彻落实蔡奇部长对景宁发展和推进服务型基层党组织建设等方面提出的新要求，夯实基层基础，加强和创新社会管理，着力保障和改善民生，加快推进景宁的科学发展、和谐发展、跨越发展。

2011年8月4日，县委召开常委会议，研究分析上半年经济运行情况和社会稳定形势。县委书记武昌主持会议并讲话。会议强调，全县上下要围绕“十二五”规划开局之年重点工作目标，认真对照全年目标任务，抓好落实，破解难题，着力转变发展方式，着力推进各项重点工作，促进民生持续改善，加强和创新社会管理，切实维护社会稳定，确保如期完成全年各项目标任务。

2011年8月18日，县委召开常委会议，听取《浙江景宁畲族自治县县城建筑与环境风貌规划研究》《中国畲乡古城开发总体策划》汇报，研究《景宁畲族自治县“十二五”人才发展规划》。县委书记武昌主持会议并讲话。会议强调，要围绕“古朴的畲乡风情、宜居的山水城市”的风貌规划理念，认真实施规划成果，使中国畲乡焕发出独特的魅力；畲乡古城开发对保护历史文化遗产，延续历史文脉，突出城市特色具有十分重要的作用，要加快推进畲乡古城保护修复建设。要进一步做好人才工作，加快建设人才强县，形成人才辈出、人尽其才、才尽其用的新局面。

2011年9月30日，县委召开常委会议，听取撤鹤溪镇设街道办事处有关工作汇报和县乡两级人大换届选举有关事项汇报。县委书记武昌主持并讲话。会议强调，开展撤城关镇设街道办事处，是市委、市政府部署开展全市行政区划调整的一项重要工作，要提高认识，积极稳妥推进“撤镇设街”，完善城市管理机制，提升城乡发展水平，实现城市化成果共建共享；要积极做好各项前期准备工作，夯实县乡两级人大换届工作的思想基础、组织基础、认识基础、政策基础和环境基础，为县乡两级人大换届工作的顺利开展创造良好条件。

2011年10月14日，县委召

开常委会议，听取县第八次党代会筹备情况汇报和全县科技暨人才工作会议筹备情况汇报。县委书记武昌主持会议并讲话。会议强调，要精心做好县第八次党代会的筹备工作，努力把大会开成一个凝聚人心、鼓舞士气的大会，进一步团结和凝聚全县人民的智慧和力量，推动景宁各项工作在更高起点上实现新的突破。要高质量开好全县科技暨人才工作会议，明确我县科技创新与人才发展的战略目标和重大举措，为经济社会发展提供坚强的人才保障和科技力量。

2011年10月19日，县委召开常委(扩大)会议，传达学习中共十七届六中全会精神。县委书记武昌主持并讲话。会议强调，当前全县各级各部门单位要把学习好、贯彻好、落实好中共十七届六中全会精神作为重大的政治任务，切实把思想和行动统一到中央的决策部署上来，扎实推进新形势下深化文化体制改革，全面推进景宁县文化建设各项工作。

2011年10月21日，县委召开常委会议，会议专题听取2011年项目推进情况和2012年项目谋划工作汇报。县委书记武昌主持并讲话。会议强调，要进一步坚定信心，振奋精神，全力以赴，切实解决重点项目建设中存在的困难和问题，强力推进重点项目建设，确保年度目标任务的完成。同时，要积极谋划2012年基本建设项目，为景宁经济社会又好又快发展奠定良好的基础。

2011年10月25日，县委召开常委会议，研究分析第三季度社会维稳形势，听取我县见义勇为接力救援落水儿童事件及宣传情况汇报。县委书记武昌主持会议并讲话。会议强调，各级各部门要站在全局和战略的高度，清醒认识维护社会稳定的重要性，始终把稳定作为第一责任，切实做到在稳定中加快发展，在发展中确保稳定，为景宁科学发展、和谐发展、跨越发展作出更大努力。要大力弘扬社会正气，树立良好社会风尚，在全社会形成学习救人英雄群像的浓厚氛围。

2011年12月1日，县委召开常委会议，听取县第八次党代会筹备工作情况、县第八次党代会机关代表名额分配建议以及市第三次党代会代表推选情况汇报。县委书记林康主持会议并讲话。会议强调，要认真细致地做好县第八次党代会的各项筹备工作，确保党代会顺利召开，圆满完成会议的各项任务，努力把大会开成一个团结奋进、共谋发展的大会，推动景宁经济社会发展实现新跨越。

2011年12月9日，县委召开常委会议。讨论《中国共产党景宁畲族自治县第八次代表大会日程(草案)》，研究《景宁畲族自治县旅游产业“十二五”发展规划》。县委书记林康主持会议并讲话。会议原则同意《中国共产党景宁畲族自治县第八次代表大会日程(草案)》。会议强调，要按照“把旅游业培育成国民经济的战略性支柱产业和人民群众更加满意的现代服务业”的总体要求，立足独特的民族和生态资源优势，着力打造生态休闲养生基地，进一步开阔思路，依托景区打造和创作摄影基地建设，把旅游和文化充分融合起来，做好做足“文化兴旅”文章。

2011年12月19日，县委召开常委会议，审议县第八次党代会工作报告、县纪委工作报告、研究《关于加强全县宣传文化队伍建设的实施意见》和向国家民委申请设立海峡两岸少数民族文化艺术交流基地的报告，研究明年及今后五年(2012—2016年)国民经济和社会发展主要预期指标。县委书记林康主持会议并讲话。会议原则同意县第八次党代会工作报告、县纪委工作报告，由报告起草小组按照常委会讨论的意见作进一步修改完善后，提交县委七届十四次全体会议审议。会议强调，2012年到2016年是景宁县重要的发展机遇期，2012年及今后五年经济社会发展指标安排，要在充分考虑客观环境和主观因素基础上，充分体现中央经济工作会议精神和又好又快、可持续发展的要求，紧密结合景宁的实际，在深入研究分析、科学合理测算基础上，确定明年以及今后五年的各项发展指标。

2012年1月9日，县委召开常委会议，听取县八届人大一次会议、县政协八届一次会议筹备工作情况汇报及《政府工作报告》《县2011年国民经济和社会发展计划执行情况与2012国民经济和社会发展计划草案报告》《县2011年预算执行情况和2012年预算草案报告》起草情况汇报。县委书记林康主持会议并讲话。会议强调，即将召开的县八届人大一次会议、县政协八届一次会议是全县政治生活中的一件大事，是全县上下深入贯彻落实中央、省、市有关会议和县第八次党代会精神，全面实施“三县并举”发展战略，大力推进“五个发展”，努力实现“三个走在前列”的新形势下召开的一次重要会议。县人大办和县政协办要进一步细化方案，加强衔接，按照节俭节约、隆重热烈的原则，与相关部门一道认真做好各项会务筹备工作，确保县“两会”取得圆满成功。

2012年2月8日，县委召开常委会议，传达学习省委书记赵洪祝在景宁县开展“进村入企”大走访活动时的重要讲话精神。县委书记林康主持会议并讲话。会议强调，全县各级各部门要深刻领会、认真贯彻赵洪祝书记的重要讲话精神，切实把思想统一到真诚感恩和干事创业上来，进一步增强信心，抓住机遇，乘势而上，继续保持昂扬向上的精神状态，紧密结合景宁县实际，深入实施“三县并举”战略，大力推进“五个发展”，努力在推动科学发展、促进社会和谐、增进民族团结上走在全国民族自治县前列。

2012年2月17日，县委召开常委会议。讨论通过《关于在全县广大党员干部中深入开展向徐东兴学习的决定》。县委书记林康主持会议并讲话。会议强调，徐东兴是在开展创先争优活动过程中涌现出来的先进典型人物，是共产党员和基层农村干部的优秀代表，要把开展向徐东兴学习活动与“创先争优”“进村入企”活动结合起来，切实在全县上下营造脚踏实地、甘于奉献的良好风气，为推进经济社会科学发展提供强大的精神动力。

2012年2月27日，县委召开常委会议，传达学习市第三次党代会精神。县委书记林康主持并讲话。会议强调，广大党员干部要紧密联系工作实际，把学习贯彻市第三次党代会精神作为当前与今后一个时期的一项重要工作，认真学习好、宣传好、贯彻好市党代会精神。要切实把思想和行动统一到市党代会精神上来，把智慧和力量凝聚到实现市党代会确定的目标任务上来，推进景宁科学发展、和谐发展、跨越发展。

2012年3月22日，县委召开常委(扩大)会议，听取2012年海峡两岸各民族欢度三月三节庆暨中国畲乡三月三活动筹备工作情况汇报。县委书记林康主持会议并讲话。会议强调，要统一思想，提高对办好“三月三”活动重要意义的认识，进一步查漏补缺，完善细节，严格按照各个时间节点做深做实做细各项筹备工作，把各项工作做得更到位，更细致扎实，使今年“三月三”活动能够办得更上档次、更具影响力、更富有成效。

2012年6月1日，县委召开常委会议，听取《中共景宁畲族自治县委工作规则》起草情况说明。县委书记林康主持会议并讲话。会议指出，《县委工作规则》是县委推进科学决策、开展日常工作的规范和基础，出台《县委工作规则》有利于县委更好地坚持民主集中制原则，推进科学、民主、依法执政。会议原则同意《中共景宁畲族自治县委工作规则》，要求县委办公室根据常委会意见修改完善后，提交县委全委会审议。

2012年6月18日，县委召开常委(扩大)会议，再次传达学习省第十三次党代会精神。县委书记林康主持会议并讲话。会议强调，省党代会报告符合浙江发展的客观要求，符合全省人民的共同愿望，是指导当前和今后一个时期全省改革开放和现代化建设的纲领性文件。全县上下要充分认识省第十三次党代会的重大意义，切实把思想和行动统一到省党代会确定的目标任务上来，把智慧和力量凝聚到省党代会提出的部署要求上来，以省第十三次党代会精神为动力，鼓足干劲，扎实工作，乘势而上，全面完成2012年各项工作任务，以优异成绩回报上级党委政府的特殊关爱。

2012年7月11日，县委召开常委会议，研究分析上半年社会稳定形势并听取县委政法委工作汇报、听取上半年安全生产工作情况汇报。县委书记林康主持会议并讲话。会议强调，要切实增强政权意识，增强责任感和使命感，扎实有效地做好维护社会稳定各项工作。要高度重视安全生产工作，时刻紧绷安全生产这根弦，安监部门要强化面上指导和监管，各职能部门要加强重点领域、重点企业、重点建设项目的监管力度，切实加强安全生产工作督查，严格落实业主单位安全生产责任制，排查隐患，落实整改责任，确保不发生安全生产责任事故。

2012年8月6日，县委召开常委会议，讨论县委八届二次全会相关事宜、研究分析2012年上半年经济运行形势。县委书记林康主持会议并讲话。会议强调，上半年全县经济总体保持平稳向好发展态势，基本达到了预期目标，但也存在一些不容忽视的问题，相关部门要认真分析原因，提出解决的对策建议。要切实加大攻坚力度，继续强化联系领导重点项目督查机制，协调解决项目投资方面存在的突出问题，项目责任部门要切实负起责任，按照时序进度要求强力推进项目建设，确保完成年度各项经济发展指标。

2012年9月24日，县委召开常委会议，听取创先争优活动工作总结汇报。县委书记林康主持会议并讲话。会议强调，要围绕巩固创先争优活动成效，把创先争优活动中行之有效的做法提炼出来，形成好的制度，确保创先争优活动常态化、制度化，以进一步推动景宁各项事业科学发展。

2012年11月17日，县委召开常委会议，传达贯彻中共十八大精神和省委、省政府《关于加大力度继续支持景宁畲族自治县加快发展的若干意见》。县委书记林康主持会议并讲话。会议强调，贯彻落实好中共十八大精神，最根本的就是以十八大精神为指引，紧密结合景宁实际，紧密结合县第八次党代会精神，紧密结合省委巡视组回访的反馈意见要求，紧密结合浙委〔2012〕115号文件，凝心聚力走好自己的路，办好景宁的事，全力推进畲乡新一轮发展。

2012年12月7日，县委召开常委会议，传达学习省委十三届二次全会精神。县委书记林康主持会议并讲话。会议强调，要将思想和行动统一到中共十八大和省委十三届二次全会精神上来，紧紧围绕省委扎实推进“两富”现代化浙江建设的目标和要求，全力以赴抓好各项工作，积极谋划明年以及今后一个时期的工作。

【全县领导干部会议】 2011年1月25日，县委召开全县领导干部会议。会上县委书记武昌向市委考核组作2010年度县委班子总结报告和2010年度干部选拔任用工作报告；县委副书记、县长钟昌明向市委考核组作县人民政府2010年度工作总结报告。县人大、县政协领导班子年度工作总结及市管领导干部述职以书面形式进行报告。市委组织部常务副部长杜光代表市委考核组作县领导班子和领导干部考核工作动员讲话，同时就年度考核、“一报告两评议”工作进行了说明。

2011年5月9日，县委召开全县领导干部会议。县委书记武昌作重要讲话，县委副书记、县长钟昌明主持会议。会议强调，要进一步认清形势，统一思想，围绕发展方式转变和统筹协调发展，坚定信心，振奋精神，攻坚克难，狠抓落实，确保全面完成全年目标任务。会议指出，近年来，我们把保障和改善民生、全面加快群众增收致富奔小康步伐作为一切工作的落脚点和出发点，城乡居民收入持续增长，生产生活条件显著改善，开创了畲乡发展史上争取外部支持程度最高、经济综合实力提升最快、城乡面貌变化最大、各族群众得实惠最多的新时期。这得益于省市党委政府的特殊关爱，得益于全县各级各部门和广大干群团结一心，顽强拼搏。因此，全县上下要倍加珍惜来之不易的大好发展局面，振奋精神，开拓进取，再接再厉，以更加积极的姿态，更加昂扬的斗志，更加务实的作风，立足岗位，真抓实干，不断推动各项事业向前迈进。

2011年11月7日，县委召开全县领导干部会议。县委书记武昌作重要讲话，县委副书记、县长钟昌明主持会议。会议强调，要紧紧围绕年初确定的总体目标，进一步坚定信心、振奋精神，明确重点、狠抓落实，扎实做好当前各项工作，确保圆满完成今年经济社会发展的各项目标任务。会议指出，2011年以来，全县紧紧围绕建设“安康幸福、景秀人宁”的中国新畲乡这一主题，凝心聚力开启“十二五”发展新征程，始终突出“乘势突破”这一主基调，狠抓群众增收致富奔小康工程实施，把保障和改善民生、全面加快群众增收致富奔小康步伐作为一切工作的落脚点和出发点，全县经济和各项社会事业取得良好成效。全县上下要倍加珍惜来之不易的大好发展局面，继续保持良好的发展势头，继续保持良好的精神风貌，再接再厉，以更加积极的姿态，更加昂扬的斗志，更加务实的作风，立足岗位，真抓实干，不断推动各项事业向前推进。

2011年11月14日，县委召开全县领导干部会议，市委常委、组织部部长胡侠宣布中共浙江省委、丽水市委关于景宁畲族自治县主要领导职务变动的决定。武昌不再担任中共景宁畲族自治县委书记、常委、委员职务，林康任中共景宁畲族自治县委委员、常委、书记；提议钟昌明不再担任景宁畲族自治县县长职务，任中共松阳县委委员、常委、书记；蓝伶俐任中共景宁畲族自治县委委员、常委、副书记，提名蓝伶俐为景宁畲族自治县县长候选人。

2011年12月5日，县委召开全县领导干部会议。县委书记林康作重要讲话，县委副书记、代县长蓝伶俐主持会议。会议强调，要统一思想、坚定信心、振奋精神、鼓舞斗志，以崭新的风貌，扎实的措施，创造性地开展工作，全面完成好2011年的各项工作任务，为2012年各项工作打下扎实的基础。林康首先介绍了新到任的县级领导班子成员，并希望各位县级领导到岗以后，抓紧进入角色，各就各位，尽早尽快适应新环境，尽心尽力做好新工作，尽职尽责履行新任务，决不辜负党和人民的希望，勤勤恳恳，踏踏实实地为老百姓办好事办实事。全县领导干部要统一思想，统一行动，坚决拥护省、市委决定，全力支持、配合、协助新领导工作。全县上下要倍加珍惜来之不易的大好形势，倍加珍惜团结奋进的良好局面，倍加珍惜情同手足的战友情谊，共同努力，勤奋敬业，求真务实，开拓创新，把景宁的事情办好。

2012年5月31日，县委召开全县组织工作会议暨领导干部党性教育专题会。县委书记林康出席会议并作重要讲话，县委副书记、县长蓝伶俐主持会议，县委常委、组织部部长潘伟作组织工作报告。会议指出，各级领导干部要注重加强党性修养，始终保持党的纯洁性，正确对待是与非、公与私、真与假、实与虚，树立正确的政绩观、权力观、利益观，努力在履行岗位职责、承担重大任务、锐意改革创新的实践中加强党性锻炼。要珍惜自我、珍惜岗位、珍惜难得的发展机会和实践舞台，不断加强自身锻炼，不断提升本乡镇本部门的工作水平，努力推动景宁经济社会又好又快发展，不辜负组织的重托和人民的期望。会议表彰了2011年度优秀驻村干部，2011年度全县优秀组工干部、远程教育工作先进单位和先进个人。

【全县工作会议】 2011年2月11日，全县工作会议在影城隆重召开。会议的主题是：深入贯彻落实中央、省、市经济工作、农村工作会议精神和县委七届十一次全会精神，总结过去，表彰先进，谋划未来，共商发展，进一步明确2011年全县经济社会发展的奋斗目标和工作重点，动员全县各级领导干部和广大群众在新的起点上坚定信心谋发展，乘势而上求突破，为建设“安康幸福、景秀人宁”的中国新畲乡开好局、起好步。县委书记武昌作重要讲话，县委副书记、县长钟昌明主持会议。会议指出，刚刚过去的2010年，县委、县政府团结带领全县各族干部群众深入贯彻落实科学发展观，在应对挑战中抢抓机遇，在攻坚克难中夯实基础，在倾力投入中改善民生，巩固承接了近年来又好又快的发展态势，全年实现GDP26.64亿元，同比增长12.2%；财政总收入3.8亿元，同比增长35.2%；地方财政收入2.2亿元，同比增长29.4%；完成全社会固定资产投资18.1亿元，同比增长16.8%；社会消费品零售总额12.6亿元，同比增长17.8%；农村居民人均纯收入达到6202元，同比增长14%，城镇居民人均可支配收入达到17901元，同比增长10.8%。其中GDP、财政总收入、地方财政收入等主要经济指标增幅创下五年来新高，圆满完成了“十一五”规划目标。

2月2日，全县工作会议在影城隆重召开。会议的主题是：贯彻落实中央、省、市经济工作会议精神，在总结2011年主要工作成效的基础上，研究分析当前形势，紧紧围绕县第八次党代会总体部署，安排2012年度全县工作，进一步动员全县上下立足新起点、谋求新跨越，奋力开创经济社会又好又快发展新局面。县委书记林康作重要讲话，县委副书记、代县长蓝伶俐主持会议。林康强调，2012年要重点推进的计划大事是：办好“一个节庆”、开好“两个大会”、建设“四个新区”、完成“十件实事”。办好“一个节庆”，即围绕“海峡两岸欢度三月三”的主题，办好一年一度的中国畲乡“三月三”节庆活动。开好“两个大会”，一是召开全县工业经济大会，二是召开全县教育大会。建设“四个新区”，主要是指新园区、新城区、新景区和新山区建设。新园区：是指以澄照低丘缓坡区块为重点的农民创业园区建设；新城区：是指以外舍新区为主导的新兴城市综合体建设；新景区：是指以畲族风情省级旅游度假区、千峡湖等重点景区为代表的新景区建设；新山区：紧紧抓住省委省政府大力推进山区经济发展的重要机遇，着力探索“农民下山、产业上山”的山区经济新模式。完成2012年度“十件实事”，内容涉及停车点建设、菜篮子工程、保障性住房等群众关注的热点难点问题。

【全县农村工作会议】 2011年4月8日，全县农村工作会议在县府五楼会议室召开。县委书记武昌作重要讲话，县委副书记、县长钟昌明主持会议，副县长江少伟在会上作工作报告。会议强调，要认真贯彻中央、省市农村工作会议精神，深刻理解、全面领会中共十七届五中全会和中央农村工作会议提出加快推进“三化同步、城乡统筹”的重大意义，把推进“三化”同步的基本要求贯穿于“三农”工作全局，加快构筑景宁的城市化、农业现代化和工业化同步发展新格局。“十一五”时期是景宁农村发展思路最清、投入力度最大、创新举措最多、惠农政策最优、发展速度最快的时期。到2010年，全县农民人均纯收入达到6202元，年均增长14.7%；全县实现农业总产值28.98亿元，年均增长7.5%；2008年以来，全县共实施旧村改造41个村，完成农村危旧房改造8756户。

2012年3月31日，全县农村工作会议在县政府五楼会议室召开，县委书记林康出席会议并讲话，县委副书记、县长蓝伶俐主持会议，副县长郑建强作工作报告。会议强调，要抢抓新机遇，瞄准新目标，突出重点，加快推进农村改革创新，坚定不移走出一条山区经济发展新路子，振兴山区经济，促进农民持续增收。景宁“三农”工作面临千载难逢的发展新机遇，但我们也要清醒地认识到，“三农”工作也面临着不少困难和问题。各级各部门必须站在全局的高度，全面深化对“三农”工作重要性的认识，进一步增强做好“三农”工作的责任感和紧迫感。2012年是贯彻落实县第八次党代会精神，推进新一轮跨越发展的开局之年，做好今年农业农村工作，意义重大、责任重大。要把握规律，用好机遇，坚定不移地走出一条山区经济发展的新路子。

【县委专题务虚会】 2011年12月20—21日，县委召开务虚会，交流县党政考察团赴桐庐、淳安、龙游、遂昌、松阳等地学习考察体会，围绕“三个走在前列”目标任务，在认真总结2011年工作的基础上，全面谋划2012年和今后五年的工作思路，进一步统一思想、凝聚共识，为开好县第八次党代会和推动景宁县经济社会在新的阶段实现科学发展做好准备。县委书记林康出席会议并讲话，县领导蓝伶俐、蓝良兴、彭岳舜、严轶华等出席会议，县委副书记程巧琴主持会议。

会上，结合外出考察学习情况，县委、县政府班子成员和县人大、政协主要领导分别作了发言。丽景民族工业园、千峡湖开发管理处、景宁民族开发区管委会以及县农业局、林业局、水利局等10个部门单位主要负责人结合外出考察的体会重点汇报了2012年以及今后五年的工作思路。

会议强调，要按照科学发展观的要求，高举“生态文明、全面发展”旗帜，进一步认清形势，理清思路，坚定发展信心，努力探索富有景宁特色的跨越发展之路，全力实现“三个走在前列”目标。当前景宁处于工业化初期、城市化初始、新农村建设初级的阶段，要克服“小富即安”思想，走出去，学习先进经验，一切工作要围绕发展，创造财富来展开；针对当前景宁所处的阶段，党委、政府要加大行政拉力，推进各项工作，广大党员干部要增强忧患意识、坚定发展信心。要在高速时代到来之前，明晰发展路径，全面实施“生态立县、产业富县、文化名县”三县并举战略，大力推进集聚发展、统筹发展、改革发展、文化发展、和谐发展，全力实现“三个走在前列”目标。

2012年12月10—12日，县委召开务虚会，交流县党政考察团赴诸暨、德清、平湖三县市考察学习体会，围绕“三个走在前列”目标任务，总结分析2012年经济社会发展工作，谋划2013年工作目标和任务。县委书记林康出席会议并讲话，县领导蓝伶俐、蓝良兴等出席会议，县委副书记程巧琴主持会议。

会议听取了考察组成员的体会交流和今年工作情况、明年工作思路。会议强调，要深入学习贯彻中共十八大精神，吃透精神实质，瞄准报告提出的新提法、新观点、新思路，紧紧把握好省委115号文件出台机遇、新高速来临机遇、新一轮投资机遇，认真研判形势，始终保持奋力拼搏的精神状态，提前谋划，积极对接，紧紧咬住发展不放松，强力推进景宁跨越发展，奋力开创景宁“生态立县、产业富县、文化名县”建设新格局。要以中共十八大精神为指导，按照科学发展观的要求，深入实施“三县并举”战略，加快“四个新区”建设，大力推进集聚发展、统筹发展、改革发展、文化发展、和谐发展，进一步坚定发展信心，努力在新起点上推动景宁加速崛起，努力实现“三个走在前列”目标。

【全县工业大会】 2012年8月21日，全县工业大会在影城召开，研究部署当前和今后一个时期工业发展大计。县委书记林康作重要讲话，县委副书记、县长蓝伶俐主持会议，副县长雷应江作工作报告。

会议指出，景宁县工业发展面临严峻形势，发展的最大“软肋”在于发展内生动力不足，我们的产业发展，尤其是工业“短腿”的困局依然没有得到实质性的突破。因此，加快工业化进程是危机所迫、形势所逼、发展所需、群众所愿。会议强调，工业化是实现“三个走在前列”目标、跟上全省建设“两富”现代化浙江步伐的必由之路。要坚定信心，苦干实干，深入实施“三县并举”战略，全力打造工业发展平台，全面加快工业发展步伐。全县上下必须紧紧围绕县委“三县并举”战略、“五个发展”的战略举措、建设“四个新区”的发展任务等决策部署，认清形势、紧抓机遇，力争通过三五年的努力，全力开拓工业发展平台，突破长期困扰景宁的“工业短腿”格局，全面增强景宁经济发展内生动力。关于当前和今后一个时期工业发展的主线，可以大致概括为“一二三”体系，即锁定“一个目标”，坚持“双轮驱动”，优化“三项机制”。

会议表彰了全县工业经济工作先进集体、节能降耗工作先进单位、全县来料加工工作先进集体、来料加工优秀经纪人、企业跨越奖、创业新星、外贸出口先进企业、市节能示范企业、县第三批劳动关系和谐企业。澄照乡、县经济商务局、县人民银行、县国土局、大自然食品有限公司等五家单位在会上作了表态发言。

【全县教育大会】 2012年10月23日，全县教育大会在影城召开。会议深入贯彻落实中央、省、市教育工作会议精神，认真总结景宁县近年来特别是“十一五”以来教育发展的成绩及经验，部署“十二五”及今后一个时期教育改革和发展的目标任务，进一步统一思想、明晰思路、强化举措，努力推进全县教育事业又好又快发展。市政协副主席、市教育局局长戚永远出席会议，县委书记林康作题为《知实情、说实话、办实事，为全面振兴景宁教育事业而努力奋斗》的重要讲话，县委副书记、县长蓝伶俐主持会议，副县长季建标作工作报告。

会议强调，要夯实“三个基础”，增强教育发展的内生动力。县财政将加大对教育的投入，教育和人事部门要做好人才培养、教育教学机制的建立和发展。探索有效的“借智、引智”机制，采取走出去、请进来的方式，切实加强景宁县教育与区内外教育发达地区的名校、名师的联系与合作，寻求建立交流合作的长效机制。要用好“新十条”政策，强化教育教学质量目标管理，建立健全教师绩效考核制度，确保奖励性工资和各类奖金向教学一线倾斜、向成绩突出的教师倾斜，坚持把全方位调动教师工作积极性贯穿始终，落到实处。同时，要做好提升教研水平、提升教学业务、校长队伍建设等三篇文章，增强教育发展的综合实力。

会议表彰了近6年来获得省“春蚕奖”的先进个人、获得省级荣誉的先进个人以及从教35年以上的优秀教师代表。县人力社保局、鹤溪街道、景宁中学以及教师代表在会上作了表态发言。

（县委办）

县委重要活动

【庆祝中国共产党成立90周年活动】 2011年，全县多载体、多方位、多渠道、多举措举办系列活动庆祝中国共产党建党90周年。在大街小巷悬挂各种庆祝标语、横幅以及各单位举办庆祝建党90周年相关活动的广告。县城人民广场大屏幕以及广播、电视也定时播放红色经典歌曲，重温红色记忆。《畲乡报》、中国景宁新闻网、县电视台等媒体纷纷推出专题专栏，从不同的角度追忆党的成长足迹，回顾党的光辉历程，大力宣传党的历史和理论知识，宣传身边的优秀共产党员典型事迹，在全县上下营造了浓厚的庆祝氛围。

4月5—6日，景宁举行“2011中国畲乡三月三暨电影艺术家采风景宁行·民族大联欢活动”。晚会以“畲乡三月大联欢，共庆建党九十年”为主题。邀请中国电影家协会的知名电影艺术家和全国少数民族同胞代表参加晚会。现场演唱了《爱我中华》《歌唱祖国》《红星照我去战斗》等红色歌曲。

5月，以“庆祝建党90周年暨五一劳动节文艺晚会”拉开全县各条战线及社会各界群众欢庆建党九十年的活动序幕。开展了以党建知识为载体，旨在宣传、教育及提高为目的“精心文化”党的知识竞赛，共有2000余名党员参与活动。5月17—31日，县城各个中小学校、幼儿园通过第七届未成年人读书节系列活动——建党90周年“公路杯”诵读比赛、“学党史、知党情、跟党走”征文比赛、“我爱祖国我爱党”故事大王比赛、“学党史唱红歌颂党恩跟党走”少儿歌手暨第十届“快乐阳光童歌会”大赛、“欢庆建党九十周年唱响红歌庆六一”国际儿童节文艺晚会等活动庆祝建党90周年。

6月，开展“庆祝建党90周年暨解放思想大讨论、廉政文化建设宣传红色电影进社区下乡村活动”。县电影公司用一个多月的时间，组织5个电影放映队，在全县100多个乡村放映100多场电影，挑选了《没有共产党就没有新中国》《我的长征》《建国大业》等10多部国产优秀数字影片，让广大群众重温红色经典历史和伟人风采。同时，结合解放思想大讨论活动和廉政文化建设内容，在播映前播放廉政文化建设幻灯片进行宣传。6月27日，庆祝建党90周年“电力杯”党旗飘飘歌咏比赛在影城举行。来自全县各部门单位的党员干部职工、各界群众组队参加比赛，演唱了《歌唱祖国》《中国，中国鲜红的太阳永不落》《走向复兴》《畲民和党最亲热》《党啊，亲爱的妈妈》《唱支山歌给党听》《千峡湖》《畲山窝里飘着畲家的歌》等一首首革命歌曲，用深情的歌声表达对伟大的中国共产党的歌颂和赞美。武昌、钟昌明、蓝良兴、彭岳舜、严铁华等县领导出席，并为获奖代表队颁奖。

7月1日，庆祝中国共产党成立90周年大会在影城举行。县委书记武昌出席大会并作重要讲话，县委副书记、县长钟昌明主持大会。大会通报表彰了2010年度全县先进基层党组织、优秀共产党员、优秀党务工作者和“畲乡先锋”创先争优闪光言行获奖者。副县以上领导、实职副科以上干部和部分离退休干部参加会议。县直机关各单位、各乡镇、管理区、各行政村、社区、非公企业全体党员干部通过电视直播方式组织收看大会实况。

全县各单位根据各自资源及特点，开展庆祝歌咏比赛、演讲比赛、党史党情知识竞赛、上街为民服务等形式多样、精彩纷呈纪念建党90周年系列活动。还积极参加省市建党90周年的相关庆祝活动，县艺术团选送的舞蹈《欢腾的畲乡》《畲乡的歌》在丽水市广播电视大学主办的建党90周年文艺会演中获奖。《欢腾的畲乡》代表丽水市参加全省电大系统纪念中国共产党成立90周年文艺会演。

【县党政代表团学习考察活动】 2011年12月12—14日，县委书记林康，县委副书记、代县长蓝伶俐率领党政考察团一行赴桐庐、淳安、龙游、遂昌、松阳，先后考察了桐庐的荻浦村、迎春南路景观绿化工程、迎春商务区、滨江区块、阳山畈村；淳安的葛岭村、千岛湖乡村俱乐部、千岛湖洲际度假酒店、千岛湖东南码头、千岛湖滨江房产；龙游石窟、龙游民居苑、龙洲公园；遂昌的千佛山景区、大田村；松阳的新兴乡茶叶基地、振通宏茶业公司、工业园区、浙南茶叶市场。考察各地的美丽乡村建设、农业产业、城市建设、乡村旅游等情况。

考察团带着学习的心态敲门，马不停蹄辗转各地，一路虚心请教。耳闻目睹了各地的新观念、新思路和大气魄，考察团成员感叹一词是震撼，感受一词是受益匪浅，在考察中找差距、学经验，在比较中反思，在借鉴中奋进。如何立足自身县情，借鉴外地先进经验为我所用，谋划好景宁的集聚发展和统筹发展之路，成为每一位考察团成员深深思索的问题。

2011年12月21日，县委召开务虚会，交流此次学习考察体会。结合外出考察学习情况，县委、县政府班子成员和县人大、政协主要领导分别作了发言。丽景民族工业园、千峡湖开发管理处、景宁民族开发区管委会以及县农业局、林业局、水利局等10个部门单位主要负责人结合外出考察的体会重点汇报了明年以及今后五年的工作思路。

在听取大家的发言后，林康指出，通过外出学习考察，开阔了眼界，加强了战略思维，使我们对景宁今后发展方向有了进一步的认识，更加明确了今后五年怎么干、2012年怎么做。此次务虚会是一次对县情的再认识，形势的再研判，发展策略的再梳理，也是一次在“十一五”规划完美收官的基础上，考虑今后五年如何跨越发展，更加科学地谋划今后五年乃至更长远的发展思路，努力实现“三个走在前列”目标的动员会。

2012年11月28—30日，县委书记林康，县委副书记、县长蓝伶俐率党政领导干部考察团赴诸暨、德清、平湖三县市进行为期三天的考察，先后参观考察了诸暨市东白湖镇斯宅千柱屋、笔锋书院、天珍香榧基地；德清县公民道德教育馆、裸心谷度假村、下渚湖国家湿地公园、德华集团控股有限公司、泰普森户外休闲用品公司、浙江佐力药业股份有限公司、德清亿丰花卉有限公司、武康镇五四村；平湖市新仓镇芦川花苑、九龙山旅游度假区、金稼园生态农庄、平湖经济开发区、东湖景区。考察了各地产业发展、城乡建设、休闲旅游等方面建设情况。通过考察，让大家走出去充分感受周边县市区的发展势头，学习借鉴先进经验做法，进一步解放思想、开阔眼界、调整完善明年的工作思路，努力推动全县各项工作在更高起点上实现新跨越。

12月10—12日，县委召开务虚会，交流县党政考察团赴诸暨、德清、平湖三县市考察学习体会，结合外出考察学习情况，县委、县政府班子成员和县人大主要领导分别作了发言。丽景民族工业园、千峡湖景宁开发建设管理处、县经济开发区管委会、畲族风情旅游度假区管委会以及红星街道、鹤溪街道、县农办、发改局、经济商务局、财政局、国土局、住建局、农业局、林业局、水利局、旅游局等部门街道主要负责人结合外出考察学习的体会，汇报交流了2012年工作情况和2013年工作思路。

在听取大家的发言后，林康指出，通过外出学习考察，开阔了眼界，解放了思想，寻求了跨越发展良方，也亲身感受并反思自身发展的差距和不足，要以前瞻开阔的战略视角和争先进位的思想高度，更加增强发展的信心，明确2013年发展的新思维新路径。

【“进村入企”大走访活动】 2012年2月2日，景宁县召开全县工作会议，县委书记林康在会上提出要组织开展“进村入企、助推发展、强化服务”为主要内容的大走访活动，着力解决少数干部职工中存在的工作没激情、办事拖拉、思想浮躁等突出问题，以治庸提能力、以治懒增效益、以治散正风气，营造勤政务实的良好风气。下发《景宁畲族自治县深入开展以“进村入企、助推发展、强化服务”为主要内容的大走访活动工作方案》(景委办〔2012〕0004号)。县委根据县域发展及群众需求，决定集中5个月左右时间，组织各级干部深入到全县各行政村和企业开展以“进村入企、助推发展、强化服务”为主要内容的大走访活动，明确了以走村入户、走访企业、领导干部联系重点工程、“百组”基层调研为重点的六大工作任务。具体安排全县87个县直单位“进村入户察民情”和24家县直涉企单位“走访企业强服务”。要求相关单位开展一次走访活动、召开一次企情民情恳谈会、召集一次“部门会诊”、开展一次督查，“走进基层、走进群众、走进矛盾，大兴调研思考之风、求真务实之风、密切联系群众之风”。

2012年2月1日，县委书记林康带头开展“进村入企”走访活动，由此拉开了全县“进村入企”大走访活动序幕。林康先后走访了鹤溪镇三枝树村、周湖村、浙江景宁大自然食品有限公司、洁净钢管有限公司、东坑镇深垟村，全面了解企业、农村生产现状和存在困难，与企业负责人和农民面对面沟通交流，倾听群众所思所盼。

2月3日，县委副书记、代县长蓝伶俐深入沙湾镇沙湾村和道化村，开展“进村入企”大走访活动。每到一个村，蓝伶俐都认真听取村两委班子的工作汇报，和村干部、村民代表交流座谈。对村两委班子提出的困难，蓝伶俐要求相关部门单位及时解决问题。

2月6—7日，省委书记、省人大常委会主任赵洪祝带领省直部门领导，到景宁开展“进村入企”大走访活动。赵洪祝一行先后到周湖畲族村、三枝树村、景宁大自然食品有限公司、洁净钢管有限公司等地走访，并召开基层党员干部、群众座谈会、民情恳谈会，对相关村和企业的具体问题提出了指导性意见。赵洪祝还到景宁县信访局接待群众来访。对来访群众提出的希望解决转制企业遗属生活困难补助和加快公路建设进度等诉求，赵洪祝会同市、县有关人员研究解决方案，依照法律政策对上访事项进行细致解答。来访群众都感到满意。其他省市有关领导也相继到景宁开展“进村入企”大走访活动，深入基层倾听群众的意见和建议，为人民群众和企业排忧解难。

全县副县以上领导和县直机关各单位建立整体联运机制，通过走村入户、体察民情、信访接访、服务基层等形式，帮助解决当前人民群众存在的困难和问题。36名副县以上领导分别走访了各自联系的乡镇，共计走访72个行政村，帮助解决群众难题62个。全县千余名干部深入农村和企业开展蹲点调研、下访接访、走访慰问、集中宣传等系列活动，共走访行政村254个、27818户，企业94家，共收集到农村建设和企业发展意见建议1765条，直接落实1148项。

【《千年山哈》进京演出】 2012年6月26，景宁大型畲族风情舞蹈诗《千年山哈》节目代表浙江省参加第四届全国少数民族文艺会演唯一剧目，在北京梅兰芳大剧院首演成功。省、市、县领导亲切慰问了演职人员。省委常委、常务副省长龚正鼓励代表团充分展示和宣传当代浙江人“务实、守信、崇学、向善”的共同价值观，充分展现浙江省少数民族的优秀传统民族文化，不断巩固和发展“平等、团结、互助、和谐”的社会主义新型民族关系，凝聚各族人民力量，为建设物质富裕精神富有的现代化浙江而奋斗。

省委常委、常务副省长龚正，全国人大法律委员会副主任委员刘锡荣，全国人大常委会法工委副主任王胜明，国家民委原副主任杨健强，原信息产业部副部长刘立清，中国邮政集团党组成员、副总经理张荣林，新闻出版总署半月选读杂志社社长、总编监思思，国家民委政研室副主任杨盛龙，国家民委文宣司副巡视员王居，国家民委教育司副巡视员安清萍，中国舞协副主席左青，国家一级作曲家王志信以及省委宣传部副部长鲍洪俊，省广电局局长张宝贵，省民宗委副主任陈智慧、陈振华，省文化厅副厅长杨越光，丽水市副市长梁细弟以及景宁县领导林康、蓝伶俐、潘晓泉、蓝小明、潘伟、陈晓敏、季建标等观看了演出。

7月6日，大型畲族风情舞蹈诗《千年山哈》荣获表演金奖等多项大奖，并位列群众最喜爱的剧(节)目第2名，在音舞类剧(节)目以头筹获胜，浙江代表团获得优秀组织奖。

7月24日，丽水市委、市政府在华侨开元名都大酒店举行大型畲族风情舞蹈诗《千年山哈》参加第四届全国少数民族文艺会演获奖庆功晚宴。市委常委、统战部部长廖思红，市人大常委会副主任蓝资霞，副市长陈重，市政协副主席沈根花，丽水学院党委副书记徐德钦，市政府副秘书长吴益由，市委统战部常务副部长周正春，市人大民侨工委主任赵碧华，市文广出版局局长周一红以及县领导蓝伶俐、潘晓泉、蓝小明出席庆功晚宴。

8月6日，省委书记赵洪祝，省委副书记、省长夏宝龙，省委常委、常务副省长龚正等领导对景宁大型畲族风情舞蹈诗《千年山哈》在第四届全国少数民族文艺会演上的突出表现作出批示。赵洪祝在国家民委的获奖致函上批示：“在第四届全国少数民族文艺会演中，我省参演剧目《千年山哈》荣获金奖，可喜可贺。要以此为动力，继续下功夫抓好我省民族文化工作。”

10月12日，景宁型畲族风情舞蹈诗《千年山哈》在杭州西子湖畔浙江省人民大会堂倾情献演，表达畲乡人民对党和政府的深厚感情，对中共十八大召开的热切盼望和喜悦之情。省委书记、省人大常委会主任赵洪祝，省政协原主席周国富，省委常委、宣传部部长葛慧君，省委常委、省委秘书长赵一德，省政协副主席黄旭明，省政协副主席、省委统战部部长汤黎路等领导观看演出。市领导王永康、朱晨、陈建波、廖思红、蓝资霞、梁细弟、何赤峰以及县领导林康、蓝伶俐、程巧琴、潘晓泉、蓝小明、潘伟、陈晓敏、吴道法、季建标、雷应江、潘娅红、雷香兰等在杭州观看演出。

【十八大精神宣讲】 中国共产党第十八次全国代表大会于2012年11月8日在北京召开。11月20日，景宁县中共十八大代表雷洁畅在政府2号楼一楼报告厅作十八大精神宣讲报告，林康、蓝伶俐、蓝良兴、严铁华、程巧琴等县委理论学习中心组成员，各乡镇(街道)党委(党工委)书记，县直机关各单位主要负责人，县委宣讲团成员参加报告会。雷洁畅结合自己参加十八大的所见、所闻、所感，向与会人员回顾了参会的历程，简要介绍了大会盛况，重点讲解了十八大报告的主要内容和部署的重要任务，对十八大报告提出的新思想、新观点、新论断作了深入、系统、全面解读。会议强调，要统一思想，提高认识，学习好十八大精神，把十八大精神学实、学深、学透，真正把思想统一到十八大精神上来，把力量凝聚到实现十八大确定的目标任务上来。各级党组织要精心部署，制定计划，通过举办中心组学习会、党员干部学习会、宣讲报告会、座谈会各种形式的学习活动，组织广大党员干部认真学习十八大精神。各级党员领导干部要先学一步、学深一些，主要领导干部要带头为党员干部群众作好宣讲。各新闻媒体要开辟专栏，认真做好宣传工作，迅速掀起学习贯彻中共十八大精神宣传教育活动热潮。

2012年12月7日，县委宣传部召开中共十八大精神宣讲工作会议暨宣讲员培训会。县委宣讲团成员、各乡镇(街道)分管宣传工作负责人参加会议。会议要求，各位县委宣讲团成员和宣传委员一定要认真学习和深刻领会十八大精神实质，以强烈的政治责任感，高度重视十八大精神的宣讲工作，迅速进入角色，认真备课，把十八大精神的宣讲作为当前和今后一个时期的重中之重，迅速兴起十八大精神的宣讲热潮。要努力扩大十八大精神宣讲的基层普及面，针对农村、企业、学校、街道社区等不同类型单位的特点，培养当地宣讲员，采取下派宣讲员等做法，壮大基层宣讲力量。要结合当地实际，针对人民群众关心的重大热点、难点问题，开展形式多样的宣讲工作。真正使中共十八大精神转化为景宁县深入实施“三县并举”战略、大力推进“五个发展”，早日实现“三个走在前列”的强大动力。会上，县委党校讲师何阳宁作了《空谈误国、实干兴邦》的学习十八大精神体会专题报告。会议还就下阶段十八大精神宣讲工作作了安排部署。

2012年12月12日，全县中共十八大精神宣讲大会在影城举行。红星街道、鹤溪街道党员干部，县直机关各单位党员干部、基层宣讲员以及部分企业党员干部代表参加会议。中共十八大代表雷洁畅，省级优秀宣讲员、高级讲师、县委宣讲团成员何阳宁作十八大精神宣讲。雷洁畅结合自己参加十八大的所见、所闻、所感进行仔细生动地讲解，她用“自豪、振奋、责任”三个词概括自己参加十八大的体会和感受，并结合自己的工作实际，讲述了自己对十八大报告的理解。何阳宁作了题为《空谈误国，实干兴邦——学习十八大精神的心得体会》专题宣讲，从在共产党领导之下，新中国取得的伟大成就；学习十八大精神的重要性、学习重点和报告的丰富内涵；如何结合实际，将学习贯彻十八大精神落实到行动中等三个方面，进行了深入浅出地讲解，提出学习宣传贯彻十八大精神，要认真研读、原原本本学习十八大报告，领会精神实质，把握丰富内涵，做到融会贯通，还对十八大报告中提出的新思想、新观点、新论断进行了阐述。

全县各乡镇(街道)、县直机关各单位以多种多样的形式开展宣讲活动，县委成立十八大精神宣讲团深入单位、企业、学校、社区进行宣讲，有的单位邀请市县专家、学者、教授进行十八大精神解读的宣讲，有的单位结合文艺活动、传统节日进行十八大精神宣讲，乡镇、街道组织宣讲小组到田间地头、农户家中向农民宣传十八大精神，还开展十八大精神文艺巡回宣讲、电影下乡等活动。通过宣讲活动的开展，使全县党员干部及全县人民群众及时了解了中共十八大精神，为景宁的发展奠定坚实的基础。

县委办公室工作

【保密工作】 2011—2012年，县保密局根据“保密要抓源头”的工作原则，始终将涉密部门、部位、人员作为抓好保密工作的源头，加大对各涉密源头的检查、防范和督查督办工作。开展三网监控平台建设，完成全县48家部门网站的调查统计工作，每月定期检查1～2家部门或乡镇。两年来，共在网站上撤除涉密、涉稳信息16条。2011年8月，启用新调整的保密资料存放室，实现保密废纸统一回收、统一保管、统一监销。开展高考、中考试卷安全保密检查和指导工作，保证考试安全有序。完成涉密测绘成果保密检查和目的完成后的涉密测绘成果集中销毁工作。认真贯彻执行省保密局下发的《浙江省涉密信息系统突发事件应急预案操作手册》以及《信息系统和信息设备使用保密管理规定》等相关文件，利用各种机会开展保密工作宣传。2011年9月，组织保密委员会成员赶赴温州参加"全国窃密泄密安全警示教育展"。积极开展《保密工作》杂志征订，基本保障每个党政单位都有保密杂志。根据建设"法治畲乡"的要求，出台《景宁畲族自治县保密委员会2011年、2012年工作要点》。党委、政府主要领导通过全委会、政府全会、全县领导干部大会及领导干部谈心会等各层面会议，对全县保密工作提出要求。县委副书记对保密工作亲自过问、亲自抓。县保密委坚持例会制度，定期听取汇报，分析工作中存在的问题，解决工作中遇到的难题。在财政十分困难的情况下，积极添置了保密硬件设备，各重点保密单位在添置专用电脑、粉碎机、隔离卡、文件柜等方面加大投入力度，两年来各单位共添置保密设备达40多万元。

【督查工作】 2011—2012年，县委督查室紧紧围绕全县工作大局和县委、县政府重要决策、重大工作部署，分解落实全年工作目标，制发年度工作要点和县委、县政府年度重点工作责任分工等文件，明确各项工作的牵头领导和责任单位，并按照责任分工要求，开展年度重点工作、阶段性重要工作完成情况专题(项)督查和常规督查，切实做好县委主要领导批示件的专项督办工作和上级督查件的办理工作。先后对2011年度和2012年度重点项目建设"百日攻坚"、创建省级生态县、省级文化先进县创建、农村危旧房改造工作等进行专项重点督查；按照县委主要领导的指示要求，对破"四旧"、架钢丝索、库区造船厂项目等进行专项督查；对领导接待信访答复意见办理情况进行跟踪督查。每月编发《县委县政府月主要工作完成情况》，及时跟踪反馈相关工作进展情况，通过《督查专报》的形式上报县委、县政府各领导。两年来共向市里报送督查专报材料28期，向县领导报送《督查专报》172期；编发《督查通报》2期，印发《督查通知》20期。2011年，共办理市级督查件14个，包括贯彻落实省委十二届六次全会、经济转型升级、"三沿"整治、文化体制改革和文化产业发展、生态方明建设、人口计生、贯彻落实省委29号文件、人才工作、二轮修志、政协工作、台办机构设置情况、产业扶持政策落实情况、养生养老、落实中央一号文件、学习贯彻市委全会精神和市委书记卢子跃署名文章等。2012年，共办理市级督查件9个，包括贯彻落实全省山区经济工作会议、加强和创新社会管理、中心镇中心村工作、"四区"建设、侨联工作、支持浙商创业创新工作、文化强市建设、低丘缓坡综合开发利用试点工作等。

【对台工作】 2011年，根据县机构改革方案，县台办由原在统战部挂牌调整为与县委办公室合署办公。3月，台湾《民众日报》记者到景宁采访，实地考察民族村落及畲族风情；5月，《民众日报》以4个整版及大量的图片宣传报道景宁畲族文化和旅游资源，展示发展进步的新畲乡。8月21—23日，2011年海峡两岸(浙江·景宁)山区经济发展研讨会在景宁召开。台湾农业经营学会名誉理事长、屏东科技大学农业企业管理系段兆麟教授等5位台湾农业专家应邀出席研讨会，专家们实地考察了花卉基地、白玉仙茶基地，为企业、经营户解答了在生产过程中遇到的困惑与难题，并作专题讲座。

2012年3月，应县政府邀请，台湾知名人士华加志带领台湾少数民族一行、蓝姓宗亲会等111名代表到景开展以"牵手新畲乡相拥两岸情"为主题的民族文化交流活动。台湾来宾参加了文化展示、艺术交流、旅游观光等"三月三"系列活动，体现了两岸民族文化交流的民族性、民间性、互动性。3月24日，国家民委授予景宁县“海峡两岸少数民族交流与合作基地”称号，并举行授牌仪式。9月，台湾三立电视都会台到景宁拍摄《浙江乡村之美》专题片，采访活动深入环敕木山一带畲族村落普通畲民家庭，台媒体主持人与畲家大妈、姑娘学唱畲族山歌、织畲族彩带，跳畲族舞蹈，品尝乌饭，向台湾民众展现畲族独具特色的原始纯朴生活。8月中旬，县涉农部门及4家农产品企业、合作社负责人共6人赴台考察农业。11月16—18日，县政府代表团参加了在福建武夷山召开的第六届海峡两岸茶业博览会，惠明茶作为浙江省传统名茶亮相茶博会并现场举办金奖惠明茶推介会，介绍惠明茶独特的优良品质、浓厚的文化底蕴和景宁茶产业的发展状况。11月24—30日，县畲族文化代表团9人赴台开展两岸民族文化交流活动。代表团拜会了台湾布农族信义乡公所及农会、蓝氏宗亲会，参观了台湾史前文化博物馆、文化园区、邵族部落等，对台湾少数民族的文化艺术、风土人情、生活习性、基础教育等进行了考察。

【新闻工作】 2011—2012年，新闻科紧紧围绕县委、县政府各项重点工作，以新闻宣传要为经济社会发展鸣锣开道为指导思想，按照“抓数量、重质量、出好稿”的总体思路，全力投入新闻外宣工作，深入挖掘实施“三县并举”战略，大力推进民族总部经济和畲族文化总部建设，建设新园区、新城区、新山区、新景区的“四个新区”，实现“三个走在前列”目标过程中的新成绩、新经验，较好地展示了景宁县—中国畲乡新形象，新闻外宣工作考核成绩保持全市先进行列。2011年，新闻科共组织在省市党报媒体刊发稿件237篇，其中“浙江日报”33篇（头版头条1篇），“丽水日报”204篇（头版头条16篇），新闻科被评为“丽水日报”2011年度先进记者站称号。2012年，新闻科共组织在省、市党报媒体刊发稿件261篇，其中“浙江日报”57篇（头版头条1篇），一版刊发8篇，“丽水日报”204篇（头版头条15篇），新闻科荣获2012年度浙江日报先进报道组和丽水日报先进记者站称号。

【信息工作】 2011—2012年，县委信息工作得到进一步加强，信息采编和综合质量得到进一步提高。县内共编发《每日要情》470期，《信息专报》20期，《信息通报增刊》23期。严格紧急信息报告的范围、程序和纪律，对紧急信息做到即发即报，未出现迟报、漏报、瞒报等问题。共向上级党委办公厅（室）报送各类信息2000余条，其中每日要情800余条，转报1000余条，每日汇报200余条；被省委办采用60余条，被丽水市委办采用950余条；《景宁县编制村务监督工作流程图加强村务监督》《浙江省创新帮扶理念和帮扶方式力促景宁县科学发展水平走在全国民族自治县前列》《景宁县为乡镇量身定做案件分析年报》《景宁县积极构建瓯江流域生态屏障》等信息被省委办《每日汇报》《专报》等刊物采用；《景宁县全力打造两个总部实现畲汉群众两富》《景宁县以规范化为核心全面深化便民服务中心建设》《景宁县全面破解非公有制党建难题开创非公企业党建新局面》被市委办《工作交流》采用。

【考核工作】 2011—2012年，县考核办紧紧围绕县委、县政府的中心工作，坚持“抓重点、带一般、促全局”的基本工作方法，科学谋划、统筹推进、有效督查、严格考核，充分发挥目标考核的导向和激励作用，有效地推动各项工作的全面完成。一是围绕中心，认真制定年度考核办法。在总结历年工作经验的基础上，听取多方意见和建议后，根据县委、县政府的年度重点工作，及时制定考核办法。二是突出重点，及时出台相关配套文件。通过与相关部门及时有效的沟通对接和认真的审核把关，及时完成一票否决办法、考核细则、部门职能重点工作分工等相关配套文件拟定工作，创新性地统一下发了考查项目加扣分办法。三是精心准备，认真做好年终考核工作。按照公正公平、易于操作的原则科学制订年终考核工作方案，精心抽调工作人员，严格组织考前培训，确保年度考核更加科学、合理、规范。

（县委办）

组织工作

【概况】 2012年年底，全县共有基层党组织634个，其中党委40个，党总支4个，党支部590个，党员总数11403人，其中女党员2156人，大专以上学历党员3072人。

【党员发展工作】 严格按照党章规定的党员标准，坚持党员发展"坚持标准、保证质量、改善机构、慎重发展"十六字方针要求和发展党员公示制、预审制及党委委员列席党支部发展党员大会制度，全面推行发展党员"三公示一票决"和全程联名推荐制，严把党员入口关，切实保证新发展党员质量。两年来，共发展新党员522名，其中女党员121名，占23.2%；35岁以下的309名，占59.2%；高中以上文化的265名，占50.8%，各类专业技术人员78名，占14.9%；农村一线的党员285名，占54.6%；非公有制经济单位的党员18人，占3.4%。

【党员教育管理工作】 2012年，县委组织部深入22个乡镇（街道）开展党员教育管理调研工作。通过调研，摸索一套适合景宁党员培训管理的新方法。一是走出去培训，把课堂办在创业地，全力提升外出党员创业能力。二是沉下去培训，把基地建在田间地头，全力提升农村在家党员自我发展能力。三是量贩式培训，把重点放在村党支部书记和村委主任上，全力提升引领农村能力。四是整合资源培训，把主体放在各级队伍上，全力提升创业创新能力。进一步转变党员管理模式，实行"党员模块化管理"，即优秀党员标杆式管理、落后党员底线式管理、普通党员常规式管理、流动党员双向式管理、困难党员关爱式管理，最大限度地发挥党员的带头作用与先进性，提高群众满意度。

【党代表选举】 2011年，在县八次党代会代表选举过程中，明确代表结构，制订分配方案，严格审查代表结构和产生程序，把好代表结构关、程序关，确保新当选党代表更具广泛性、先进性和代表性。全县共选出县八次党代会代表210名，其中各级领导干部122名，占58.1%；各条战线专业技术人员和先进模范人物86名，占40.9%；解放军和武警部队2名，占1.0%。妇女39名，占18.6%。少数民族30名，占14.3%。大专以上文化程度149名，占70.9%。年龄在45岁以下（含45岁）的102名，占48.7%。同时精心组织好出席丽水市第三次党代会代表的选举工作，选举产生了景宁县出席丽水市第三次党代会代表27名。

【乡村换届选举】 2011年，乡村两级换届选举年。村级组织换届选举工作平稳有序，全县254个行政村共选举产生村两委干部2259名，选举之后，分批抓好新任村干部学习培训工作，不断完善村干部考核办法，全面落实村两委主要干部"一定三有"工作机制，并于年底前对村"两委"主要干部履职情况进行督查。乡镇党委换届工作，按照县委"大稳定、小调整、补缺位"的人事调整原则，做到抓全面统筹、抓宣传教育、抓乡镇动态、抓全员参与、抓资格审查、抓督查指导"六同步"，采取换届选举过程"日报进度、周报计划"、不和谐因素集中排查化解等多措并举，使本届乡镇党委换届过程成为风气最清正、纪律最严明、选举最平稳，共调整干部35名，新提拔干部10名。

【创先争优活动】 根据中央、省、市统一部署，景宁创先争优活动以“畲乡先锋”为主题，严格按照“规定动作到位、自选动作有特色”的要求，周密部署，圆满完成各个节点的工作。2011年，全县共征集到创先争优“闪光言行”150例，在畲乡报和专题网站上分别展示23期、80例，并向省、市推荐60例参加展示评选。其中，秋炉乡机关党支部被评为2月份省级“创先争优闪光言行之星”，鹤溪镇仙童社区党支部等23个党组织和个人分别被评为市级“创先争优闪光言行之星”。“七一”期间，组织评选产生32例“畲乡先锋·创先争优闪光言行”单位和个人、50个先进基层党组织、100名优秀共产党员和50名优秀党务工作者，在全县庆祝中国共产党成立90周年大会上进行了隆重表彰。探索建立“党员议事厅”、推进文明和谐社区建设的做法在省创先争优简报刊发，得到省委组织部蔡奇部长的肯定。2012年，全县共有11109名党员开展先锋承诺，承诺事项27926件，全县各基层党组织建立务实管用制度700余个。

【基层组织建设年活动】 2012年按照省、市要求，对农村、机关、两新党组织分类进行了梳理和排摸。全县共排摸出“好”等级的基层党组织94个，“较好”等级基层党组织319个，“一般”等级基层党组织175个，“较差”等级基层党组织29个，排摸出问题700余个。同时，系统推进基层党组织的晋位升级。其中全县29个后进党组织（后进村党支部22个）转化完毕。在上级党组织群众满意率测评中，平均分别达到91.6%和87.5%。

【“乡会村开”制度】 2011年11月，为切实推进乡镇重心下移和作风建设，景宁县创新推开“乡会村开”做法。“乡会村开”是指不定期把乡镇党委会、班子会、工作会等开到村、开到片区、开到社区，开到田间地头，使会议由“坐”着开变为“站着”“走着”开，向群众面对面宣讲政策、心贴心征求意见、实打实推进项目、点对点破解难题，变村干部上来开会为乡镇干部主动下村服务，从而形成一套工作沉到村、政策送到村、感情系到村、信息连到村、难题解到村的管用新型农村工作方法。该做法推开后，有效解决了干部的作风问题，有效推进了乡镇工作方式的转变，受到群众的普遍欢迎。“乡会村开”引起了媒体的广泛关注（新华社、中新社、浙江日报）；得到了领导的充分肯定，省委书记赵洪祝、省委组织部长蔡奇，市委书记卢子跃、市委组织部长胡侠先后作出了批示。“乡会村开”从全国2400多个案例中脱颖而出，成功入选第二届全国基层党建创新典型案例。

【村级办公场所建设】 2012年，全县安排了村级活动场所建设资金200余万元。共有18个村列入办公场所新建和修建。其中2个村通过租赁方式解决；6个村被列入财政“一事一议”予以新建（每村投入达到全丽水市最高的20万元）；10个村通过修建方式解决。

【干部综合工作】 干部综合工作继续围绕组织部工作大局，以服务经济和社会发展为目标，服务广大机关干部为宗旨，扎实开展各项业务工作，取得了新发展。一是公开招考工作的不断规范，2011年录用公务员65人，综合类事业单位工作人员55人。2012年，录用公务员57人、综合类事业单位工作人员59人。二是公务员日常登记工作顺利开展，2011年上报登记公务员21名，2012年上报登记公务员23名。三是公务员调任工作进一步规范，2011—2012年共办理公务员调任手续9人，其中为解决红星街道6名原乡镇选任制干部的遗留问题，多次与市里沟通联系，结合问题的历史成因，最终得以解决。四是乡镇选任制干部录用公务员工作力度不断加大。2011年、2012年是全县2006年乡镇换届后，选任制干部录用公务员人数较为集中的年份。经考察、体检，符合录用条件的27名（其中2011年4名、2012年23名）乡镇选任制干部录用为公务员。五是非领导职务任免工作有序开展，2012年对全县不占职数主任科员的修改意见，增设如下条件：对参加工作满30周年、大专以上文化程度、近5年来年度考核均在称职以上等次且未受党纪、政纪处分的在编在职部门副科级（包括副主任科员）公务员，可确定为不占职数主任科员。六是推进了公务员管理信息系统建设工作，初步建成了全县公务员管理信息数据库。

【干部教育培训工作】 2011—2012年，景宁畲族自治县继续按照“大规模培训干部、大幅度提高干部素质”的人才发展战略要求，认真贯彻落实《干部教育培训工作条例（试行）》，坚持“注重实际、注重实效、注重特色”的原则，不断更新培训理念、拓展培训渠道、改进培训方式，打开干部教育培训工作新局面。2011—2012年，全县共举办主体班次16个，培训1150人次，其中科级领导干部388人次、村干部438人次；选调干部参加市级培训班次31个，150人次；省级以上培训班次19个，195人次。2012年8月，县委组织部、县委党校联合开展了全县干部教育培训需求调查，采取问卷调查和部门蹲点实地调查相结合的方式，向全县各乡镇（街道）、县直机关各单位发放《景宁县干部教育培训需求问卷调查》，就调查对象信息、培训内容需求、培训方式倾向、培训效果预期等进行了深入调研，同时，在县财政地税局、县农办、县民宗局等部门广泛征求意见和建议。本次调查，共收集到58个单位的有效调查问卷898份。其中，乡镇（街道）225份，部门673份；副科及以上干部327份，一般机关干部523份，事业单位干部48份，收集有效意见和建议50多条。通过调研，较全面的把握了全县干部教育培训现状，进一步创新和提升培训工作机制，增强干部教育培训工作的针对性和实效性，提高全县干部教育培训水平，提供了坚实可靠的依据。

【人才工作】 颁布实施《景宁畲族自治县“十二五”人才发展规划》（景委〔2011〕35号），召开全县科学技术大会暨人才工作会议，总结交流“十一五”期间科技、人才工作的成效和经验，全面部署“十二五”时期各项目标、任务和措施。制定出台《关于进一步加强现有人才稳定和管理的补充意见》，增强留才稳才政策的实效性。研究制定《加强高层次人才队伍建设的若干意见》《高层次人才政府岗位津贴实施办法》《高层次人才培养资助实施办法》《高层次人才住房保障实施办法》的“1+3”文件，进一步健全高层次人才队伍建设的政策体系，增强县域吸引和集聚人才能力。探索实施“助力畲乡·人才工作室”建设，一期10个试点单位意向引进高层次人才36名，开展项目合作30余个。举办开展第二届景商（畲商）创业创新能力提升培训班等特色培训班，在县内开办农民学校，农村实用人才、专业技术人才、技能人才等各批次培训有序开展。组织参加武汉、杭州、重庆、北京等专场人才招聘会。深化省151人才与景宁拔尖人才结对帮带工作，组织开展第二届拔尖人才和科技新秀、“服务转型升级·青年之星”评选表彰活动，为青年人才成长和创业创新创造条件。重视大学生村干部成长发展，在公务员和事业单位工作人员招考中，共安排30个岗位专门面向大学生村干部招考。在村级组织换届选举中，共有60名大学生村干部进入新一届村“两委”班子，比例达55%，其中1人成功当选村支部书记。开展大学生村干部网上创业行动计划、电商培训等活动，推出中国银行景宁支行授信贷款、县财政贷款贴息等服务。鼓励和支持大学生村干部在基层创业创新，其中刘娉萍被评为全省“十佳大学生村干部”，夏珍珍等3人荣获“丽水市优秀大学生村干部”。

【机关党建工作】 2012年年底，全县共有机关党组织235个，其中16个机关党委，4个党总支，215个党支部，党员2885名。2011—2012年，县机关党工委坚持以邓小平理论和“三个代表”重要思想为指导，以科学发展观为统领，全面贯彻总书记胡锦涛“七一”重要讲话精神，以服务中心、建设队伍为主线，以纪念建党90周年和“创先争优”活动为载体，全面加强机关党的思想、组织、作风、制度、和反腐倡廉建设，较好地发挥了机关党建在全局工作中的服务、助推、保障作用。

一是加强机关党的组织建设，夯实机关党建工作基础。按照党章和《中国共产党党和国家机关基层组织工作条例》的规定，进一步摸清机关、企事业单位党组织面临的新情况、新问题，理顺组织隶属关系，新建党支部30个，整体转入党支部1个，及时调整充实基层党组织班子，认真做好有关单位机关党委换届选举和人员调整工作；认真做好发展新党员工作。两年间，共举办入党积极分子培训班5期，其中县内培训3期，培训学员500多人，外出为驻外党支部组织培训2次，培训70余人，二是加强机关纪检组织建设。2011年9月，按照省委《关于进一步加强机关纪委建设的通知》（浙委〔2010〕86号）文件精神，建立健全机关纪委组织，并组织全县15个部门机关纪委书记参加了丽水市纪委和市直机关党工委联合举办的全市机关纪委书记培训班。三是加强非公企业党建和驻外党建工作。2011年，通过单独组建、联合组建、挂靠组建等形式建立非公企业党支部24个，实现党组织和党的工作全覆盖。成立了全县首个体制外用工党支部——电力综合党支部，为加强体制外员工党员的管理做了积极的探索，得到了县委的高度重视。2011年，在宁波市、义乌市新成立2个驻外党支部，制定出台了驻外党组织工作职责、外出党员行为规范、“三会一课”、党日活动等相关制度，对外出党员组织关系接转，组织生活、党费收缴以及入党积极分子培养、发展作了明确规定，促使流动党员外出有组织，流动有服务，调控有手段，管理科学化。到2012年年底，全县已在北京、兰州、温州、宁波、云和、义乌等地建立了11个党组织（1个党总支、10个党支部），并成立了共青团、妇联等群团组织。四是开展机关精神文明建设活动，增强机关党组织的生机活力。举办“党旗飞扬”党章知识竞赛、“党旗飘飘”歌咏比赛、“党在我心中”征文比赛、“学党史唱红歌颂党恩跟党走”少儿歌手大赛等四大主题系列活动，全县2000多名党员参加了党的知识竞赛，其中机关党员参赛率近50%，起到了宣传、教育、提高的作用。组织发动机关党员干部积极参加丽水市机关干部书法展征稿活动，选送13幅优秀作品参展，并有2件作品获奖。开展机关党建论文调研活动，形成了一批有价值的研究成果，共有3篇调研文章在中直党建网上发表，1篇在《浙江共产党员》杂志上发表，2篇分获丽水市机关党建论文评比二、三等奖。五是做好评优表彰工作。2011年3月22日，在全县机关党建工作会议上，机关工委命名表彰了12个先进党组织、16名优秀党务工作者。7月1日，在县委召开的庆祝建党90周年纪念大会上，16个县直机关党组织、34名优秀共产党员及28名优秀党务工作者受到表彰。2012年7月1日，在县委召开的庆祝建党91周年纪念大会上，14个县直机关党组织、14名优秀共产党员及3名优秀党务工作者受到表彰。

【两新组织党建工作】 2010年12月成立社会工作委员会，2011

年8月更名为新经济和新社会组织工作委员会，9月，产生第一任两新工委书记和副书记，标志着两新工委党建工作体系基本形成。同年，根据省、市工作部署，对全县两新组织进行调查摸底，结合深化“双强争先”活动，以“红色行动”为载体，开展两新组织党的组织覆盖和工作覆盖工作，截至2011年年底，全县以双组建率排名全市第一，同时开展了“双强企业党组织”评选和“创先争优闪光言行”展示工作。2012年根据上级工作要求，结合本地实际，通过“面上抓覆盖，点上抓示范，横向抓氛围、纵向抓落实”，完善两新工委工作体系，从原来组织部单家扩展到“8+3”工作格局，完成了两新组织党组织全覆盖工作，创建了10个两新组织党建工作示范点，培育了2个党群活动中心，培训了两新党组织书记和企业出资人，同时创新了工作载体，通过《畲乡两新党建微专刊》、非公有制企业心理咨询工作室和“六小”争创活动，进一步扩大了两新组织党建工作的影响力。

截至2012年，全县登记注册非公有制企业505家，从业人员9458人，组织关系在企业的党员实有145名，建立党委1个，单独党支部27个，联合党支部30个，党组织组建率100%。建立县级党员领导非公企业联系点16个，51名党员领导干部联系56家非公企业，选派党建联络员27名。全县登记注册新社会组织104家（社会团体72家，民办非企业32家），从业人员246名，组织关系在本单位的党员实有27名，建立单独党支部1个，联合党支部2个，党组织组建率100%。

【社区党建工作】 2011—2012年，以中共十八大精神为指导，大力加强和改进社区党建工作，积极抓好社区党员干部队伍建设、加强社区服务阵地建设、大力丰富党建活动，做到社区工作有人管事、有钱办事、有处议事，形成以社区党组织为基础、辖区共驻共建单位党组织和社区全体党员共同参与的区域化党建工作格局，有效推进了社区党建工作。加大社区党组织换届选举工作指导，选好配强社区党组织书记人选，进一步健全社区党组织体系，2012年社区党组织和居委会统一换届选举后，全县6个社区成立了2个总支，9个支部，推选产生新的社区党组织班子成员36人（含新进班子成员15人）。其中女性13人；配备党支部书记10人，其中女性4名；社区书记主任一肩挑12人，较上届增长3人；党支部书记平均年龄49岁；班子成员平均年龄48岁，大专以上学历有14人。

（县委组织部）

宣传思想工作

【概况】 2011—2012年，全县宣传思想工作按照“高举旗帜、围绕中心、服务大局、改革创新”的总要求，突出“迎接宣传贯彻中共十八大精神”主线，以“中国特色社会主义理论体系宣传教育和社会主义核心价值体系建设”为重点，以“营造良好社会舆论环境”为要求，以建设“全国畲族文化总部”为抓手，以“强化队伍建设”为基础，务实奋进、开拓创新，强化项目、打造品牌，全县宣传思想文化工作呈现新气象、展现新活力。

【理论武装】 坚持以建设学习型党组织为重点，认真开展“创先争优”活动，坚持中心组学习和理论普及相结合，全面落实县委《关于进一步加强和改进党委（党组）理论中心组学习的意见》和《中共景宁畲族自治县委理论学习中心组2012年学习计划》，大力学习宣传中共十八大、省第十三次党代会、市第三次党代会、县第八次党代会精神，开展形势政策教育，组织集中学习，不断创新学习模式，推广运用微型党课教育载体，探索尝试“小专家给大领导”上辅导课的新模式。召开宣讲员培训会议，组织策划“千人宣讲团下基层宣讲”

等活动,2012年,景宁县两位县委宣讲团成员被评为省级优秀宣讲员。认真落实"12315"公共学习日制度,继续推广运用"庄式学习法",利用好《畲乡报》、中国景宁新闻网两大平台,办好"学习型党组织建设"专栏。加强对"全国畲族文化发展基地建设、学习型党组织建设、农村生态文明建设、社会主义核心价值体系、以科学发展观推进党的建设"等重大课题研究,为推动县域经济社会又好又快发展提供理论指导。开展"解政释策"工作,以中国景宁新闻网为载体,围绕党委政府中心工作,开辟"时事点评、政策解读、任务讲解"等专栏,切实提升服务经济社会发展的能力和水平。结合领导干部"进村入企"大走访活动,在全县民营企业中开展"双聚"主题教育实践活动,在企业统一思想、凝聚力量等方面取得明显成效,并涌现出了一批思想政治工作先进典型,县委党校和大漈乡党委分别获市级思想政治优秀单位,县委办副主任叶秀华、大自然食品有限公司党支部书记杨荣良同时获市级优秀思想工作者。

【舆论宣传】 舆论宣传围绕"创先争优"、"四个新区"、"三月三"、新农村建设、重点工程建设等中心工作,积极组织力量,认真策划,大力宣传。开展十七届五中全会精神、建党90周年、一三四八惠畲乡、"十二五"发展前景展望等大型主题宣传活动,突出推进"三县并举"发展战略,"浙委53号"文件对景宁的特殊关爱,全县工业大会、教育大会、农民创业园开发建设等重大工作。2012年,中国畲乡三月三活动、大型畲族风情歌舞《千年山哈》晋京赴杭演出、"秀山丽水、养生福地—最具幸福感城市"评选等主题活动的新闻宣传和氛围营造工作。多次举行主题新闻发布会,筹备制作外宣画册,做好县委中心宣传栏宣传,加强"畲乡宣传"官方微博管理。开展"相约畲乡·连线景宁—记者大联动"活动,不断提升景宁的知名度和美誉度。开展"省内知名主流媒体畲乡行"活动,对县域经济社会发展具体领域进行深度报道。开展"新闻发言人、网络发言人和网络评论员"的实战模拟业务培训工作。认真落实新闻例会制度,开展"好新闻、好记者"评选活动。稳妥做好"鸬鹚乡凶杀案""实验一小学生落水事件""环卫工人被宝马车主打伤事件""雁溪乡山林火灾赔偿""鸭卵坑工地泥土坍塌两工人遇难"等重大突发事件和敏感事件的舆情研判、处置和引导工作。认真做好《法制日报》刊《乡政府瞒着林农签订赔偿协议》《浙江工人日报》刊登的《百余万招待费疑有黑洞、上千万征地款疑遭私分》等舆情动态掌握和舆论引导工作。启用互联网舆情采集分析系统,建立紧急舆情信息报送制度,编报《舆情专报》《抄告单》《畲乡网络舆情周报》,完善(网评员、新闻发言人、网络发言人)三支队伍建设,不断扩大"景宁县政府""景宁新闻网""畲乡先锋""平安景宁"的一批官博及微博达人影响力,成功策划"全国畲民网上共庆三月三"活动。2012年宣传工作取得巨大成效,《人民日报》共刊发报道景宁稿件2篇,新华社共播发稿件3篇,中央电视台各套节目共播发报道11条(其中在《新闻联播》中播出三条,全年央视新闻类播出条数与时长均为历年之最),《浙江日报》共刊发报道32篇,浙江电视台各套节目共播发报道40条,其他各新闻媒体也都对景宁县进行了大量的报道,整体外宣工作走在全市前列。

【文明创建】 全力推进"生态文明村"创建,改进文明家庭评比办法,在全县农村广泛开展生态文明户、信用文明户、孝老文明户、致富文明户、文化文明户创建活动,大力推进精神文明进村入户。制定下发《景宁畲族自治县迎接省级文明县城复评工作实施意见》,启动迎接省级文明县城复评工作。扎实开展生态文明村创建工作,成功创建生态文明村18个。深入开展农村文明户创建活动,加大农村文明户道德信贷支持,全年共有125户农村文明户得到总共750万元的文明户信贷支持。积极组织"学雷锋、讲文明、树新风""做文明市民、建和谐畲乡""微笑斑马线、文明过马路""我们的节日"等主题活动,广泛开展中国革命史和中共党史学习教育,加强爱国主义教育基地建设,组织推荐第三届丽水市道德模范评选表彰活动,积极举办第五届"微笑邻里,欢乐社区"社区邻居节。加强未成年人道德教育,积极开展"春泥计划"暨"流动少年宫"进农村(社区)、"留守儿童之家"创建、农民工子女暑期公益夏令营、未成年人读书节等活动。协调有关部门继续深化净网、净媒、净刊、净园等系列净化行动,为未成年人的健康成长创造良好社会环境。在全县深入开展"我们的价值观——做一个怎样的畲乡人"大讨论活动,依托县广播电视台、畲乡报社、景宁新闻网、价值观大讨论活动简报等载体,营造浓厚的氛围。先后组织"学雷锋、讲文明、树新风""我们的价值观主题征文比赛""我推荐、我评议身边好人"等9个系列活动,有效增强党员干部的价值观认同。

【文化事业】 根据《全国畲族文化发展基地建设纲要(2008—2012)》总体框架,按照"畲族文化有形化、文化载体项目化、文化成果精品化"的原则,完成《全国畲族文化发展基地建设规划》编制和任务分解工作,全面实施畲族文化氛围工程、产业工程和保护工程。扎实推进全国畲族文化发展基地建设,进一步提升县域建筑元素中的畲族文化比例,正式启用畲族文化中心(畲族文化公园、畲族博物馆),继续建设鹤溪古镇、鹤溪中路立面改造、鹤溪河廊桥、孔庙、茶山畲族公园等项目,逐步形成浓厚的民族文化氛围;成功组织"中国畲乡三月三"活动,在"2012年中国优秀民族节庆"评选活动中,成功列入"中国优秀民族节庆"并荣获"最具特色民族节庆"称号。成功改编大型畲族风情歌舞诗《千年山哈》,在第四届全国少数民族文艺会演中,一举摘得表演金奖等9个奖项,并荣获浙江省精神文明建设"五个一工程"作品奖。成功承办"2012年中国·丽水畲族文化国际学术研讨会"在景考察活动。完成电影公司转企改制工作。加快公共文化设施网络建设,扎实推进"数字电视整体转换""广电农村公共服务体系建设""广电对农服务""广电低保"四大工程,抓好乡镇综合文化站等基层文化阵地建设。深入开展"千镇万村种文化""大地飞歌"农民艺术节等活动。打造"竹海人家""贡生古村""世外桃源"等魅力畲寨,出版发行《景宁畲族村寨景观集》相册;启动鹤溪河的凤凰桥、永定桥建设和府前桥改建工程,通过了孔庙文化陈展设计方案;举办2012年首届中国(浙江)畲族服饰设计大赛;承办2012年浙江省全民健身浙南片区"种文化"畲乡风情运动会;完成"幸福吉祥"问候语和礼仪动作的定型研究,整理推出"幸福吉祥"意符符号,制作宣传《幸福吉祥》专题片,该礼仪动作和问候语已在各种接待、庆典、演出等场合上广泛应用。畲族民俗风情旅游发展迅猛,在2012年浙江山水旅游节上,被评为"最佳外国人游"和"最佳摄影游"两大主题旅游线路。民族文化企业发展得到了省、市政策扶持,龙凤民族服饰有限公司被列入国家"十二五"少数民族特许商品定点生产企业,畲山凤民族工艺品开发有限公司入围浙江省文化产业发展"122"工程首批重点扶持文化企业。公共文化服务日益完善,实现图书馆、博物馆、文化馆、体育馆四馆公共场所免费对外开放,实现"送文化"向"种文化"到"养文化"转变,创新推行"文体项目申报制”，推出“凤舞畲山”百姓大舞台、“畲家飘歌”送教下乡、畲乡文化“百家谈”“畲乡文化卡”等文化惠民品牌载体，其中“畲乡文化卡”荣获2012年度浙江省公共文化创新项目一等奖。

【队伍建设】 宣传队伍素质提升，深化“走基层、转作风、改文风”“畲乡先锋”创先争优、价值观大讨论活动等主题实践活动，加强了宣传文化系统党组织的思想建设、组织建设、作风建设和反腐倡廉建设，使宣传思想文化队伍整体素质有了新提升。文化人才队伍优化，根据《关于加强全县宣传文化队伍建设的实施意见》要求，不断健全乡镇分管领导、宣传干事、文化员网络队伍，并通过组织乡镇分管领导参加省市专题培训、举办乡镇宣传委员培训班等形式，加强基层宣传文化队伍建设。信息调研工作有改进，制定《中共景宁畲族自治县委宣传部信息宣传工作考核办法》，加强全省宣传系统网络平台建设和管理工作，推进平台建设宣传向基层乡镇、农村延伸，省市级信息得分排名走在全市前列。

（县委宣传部）

统战工作

【概况】 2011—2012年，景宁统一战线工作在县委的正确领导下，以邓小平理论和“三个代表”重要思想为指导，以科学发展观为统领，深入学习贯彻落实中共十八大和十七届四中、五中、六中、七中全会及中央、省、市统战工作会议精神，牢牢把握“大团结，大联合”主题，围绕县委中心工作，发挥统一战线优势，齐心协力促发展，团结合作建和谐，各领域工作都开创了新局面。

【宣传工作】 2011年，开通“畲乡统一战线网”，宣传统一战线工作；主动配合北京邮电大学民族文化周“畲族文化”展示活动。邀请新疆维吾尔自治区、内蒙古自治区、吉林省、湖南省、贵州省、湖北省、福建省、重庆市等省、自治区和直辖市的部分少数民族同胞代表集聚畲乡，共庆“2011年中国畲乡‘三月三’暨电影艺术家采风景宁行·民族大联欢活动”，共庆建党九十年。承办2011年“中国畲乡·幸福之旅”摄影大赛，并完成评比工作。本次大赛收到来自全国各地摄影家作品近5000幅，一些获奖作品也相应上了新华网、人民网、中国旅游网，宣传效果显著。2012年，联合多部门围绕县外“情牵故土、商行天下”和县内“厚积薄发、走在前列”两大主题摄制电视专题宣传片《景商三十年》，着力县内外创业精英人物的宣传；出版《中国畲乡摄影作品集》和《中国畲乡旅游攻略》。

【党外代表人士统战工作】 2011年12月，根据《中国人民政治协商会议章程》《县委组织部县委统战部县政协党组关于做好第八届县政协换届工作的意见》，完成县八届县政协委员推荐工作。新进委员占52%，女委员占36%，党外委员占60%，少数民族委员19%。同时，做好统一战线代表人士教育培训工作。2011年11月，举办党外代表人士暑期读书会，40人参加；2012年10月，联合贵州省社会主义学院培训民族、党外干部30人，2011—2012年，推荐40人次参加省市民族、党外干部培训班学习。并以县知联会为平台，先后组织党外知识分子赴吉林省延吉市、江苏省张家港市考察交流；举办新形势下统一战线理论讲座和心理健康讲座；发动广大党外知识分子参加“与党同心喜迎十八大—全省党外知识分子书画摄影作品展”，五件作品获优秀奖。

【民族工作】 认真做好景委〔2010〕32号《进一步加强民族工作加快畲族自治县经济社会发展的意见》等政策法规落实督查工作，不断加强民族发展资金的使用与监管，确保资金使用到位，资金使用有成效。2011至

2012年，充分发挥民族发展资金的作用，创建了金垟、李宝、敕木山等3个浙江省民族团结进步小康村；实施了深垟、敕木山、包凤、吴布、东弄、李宝、伏叶、周湖、金丘、岗石等20个民族特色村寨建设；完成由省委统战部牵头帮扶的第一轮“少数民族低收入群众增收帮扶行动计划”帮扶工作，共争取到省工商联、民进浙江省委会和台州八县(市、区)委统战部、民宗局帮扶资金200余万元，帮扶10个民族行政村，30余个项目；投入资金195万元完成“光彩事业丽水行”9个帮扶项目；牵头承办2012年首届中国(浙江)畲族服饰设计大赛，并于11月17日晚在县体育馆举行总决赛暨颁奖盛典，评出单套常规实用型服装、系列常规实用型服装金奖2个，银奖4个，铜奖6个。

【非公领域统战工作】 认真学习宣传贯彻《中共浙江省委浙江省人民政府关于加强和改进新形势下工商联工作的实施意见》(浙委〔2011〕51号)和《中共丽水市委丽水市人民政府关于加强和改进新形势下工商联工作的实施意见》(丽委〔2011〕9号)的精神。一是加强工商联工作。负责县委《关于加强和改进新形势下工商联工作的实施意见》的起草工作；完成县工商联(总商会)换届；争取县委、县政府明确授权工商联作为行业商会、异地商会和基层商会的业务主管单位。二是认真落实和完善县委统战部领导联系非公有制经济代表人士制度；积极开展非公有制经济代表人士工作的调研，掌握非公有制经济人士队伍现状。三是做好非公经济代表人士的政治思想工作，牵头对全县35位非公有制经济代表人士进行综合评价。四是做好非公经济代表人士政治安排推荐工作。2012年，推荐并被安排为市人大代表4人、县人大代表11人、市政协委员2人、县政协委员13人。

【港澳台和海外工作】 一是对台交流不断深入。配合台湾《民众日报》记者做好宣传景宁工作。2011年5月，该报用4个版面宣传畲乡风情、旅游风光、经济发展等情况。邀请台湾有关协会协办“2012年海峡两岸各民族欢度三月三节庆暨景宁中国畲乡三月三活动”。台湾知名人士华加志带领台湾少数民族代表团一行111人和港澳代表团14人应邀参加此次盛会。2012年11月，台湾有关方面邀请，组织民族、文化界10人赴台开展文化交流活动。同年，国家民委授予景宁“海峡两岸少数民族交流与合作基地”。二是争取侨资助发展有新进展。2011年，做好澄照慈心医院项目验收暨竣工典礼接待工作。该医院由慈心慈善事业基金会董事长、旅美华人谢政达先生捐赠25万元援建。2012年，荷兰国际商会会长叶文益向鸬鹚乡中心学校捐赠助学育才奖学金30万元，分六个学年每年5万；市侨界名媛会向鸬鹚乡中心小学捐赠并设立了“爱心书屋”；浙江省发展侨务事业基金会捐资20万元人民币捐建鹤溪镇双后岗村停车场项目。三是“黄土计划”工作有序推进。景宁共有18名贫困大学生得到资助，从2011年开始，每年2000元，连续四年。四是港澳和海外交流不断加强。2011—2012年，共接待30余批海外侨胞和华人200余人次到景宁参观考察。2012年10月，牵头组织民贸企业惠明茶业有限公司、畲山凤民族工艺品开发有限公司(中信公司、畲艺坊、山哈酒厂产品由两家公司携带参展)参加第十七届澳门国际博览会，畲族服饰、头饰、银饰品、手工刺绣包、壁挂等民族工艺品和惠明茶、香菇、木耳等农产品受到澳门人民青睐。

(县委统战部)

信访工作

【概况】 县委、县政府信访局为县委办公室管理的负责全县信访工作的机构，业务上接受县委办公室、县政府办公室的指导。

主要职责是：负责处理人民群众给县委、县政府的来信来访；承办上级机关和县委、县政府领导转办、交办的信访事项；向乡镇和县直单位转办、交办信访事项，并督促检查办理情况。协调处理重要信访问题，协调处理群众来县、去市、赴省、进京上访和异常、突发信访事件。调查、研究、分析信访情况和社会不稳定因素，及时、准确地向县委、县政府领导提供信访信息和解决问题的建议。指导全县信访业务工作，研究、起草有关信访工作的规章草案，总结推广各地、各部门信访工作经验，提出加强和改进信访工作的意见和建议。组织信访干部的业务培训，指导信访部门办公自动化建设。负责复查、复核信访事项的组织协调、交办督办、业务指导、沟通联系等相关工作。

2011—2012年，全县共受理群众来信来访4129件(人)次，其中来信516件，来访855批3613次，办结率为95%。其中，县领导批阅群众来信194件，“县长信箱”共受理群众来信693件，政府热线电话5812345共接听群众来电282个。共办理省市交办要信4件、重要网站留言3件、“省长信箱”11件、省市网上信访13件、省级挂牌信访积案9件、市级挂牌信访积案6件。县人民政府共收到群众复查申请23件，作出复查意见12件。

在全市信访工作目标管理考核中，景宁县2011年为优秀等次、2012年为先进等次。2012年，县信访局周林福被评为全省信访系统先进工作者，县委副书记程巧琴、县信访局刘春兰、九龙乡徐仕清等三人被评为全省中共十八大期间信访工作先进个人；县信访局、人力资源和社会保障局、鹤溪街道等三个单位被评为全市信访工作“先进集体”；县信访局刘春兰、县公安局汤忠伟、沙湾镇李昌锦、梧桐乡陈振仁等四人被评为全市信访工作先进个人。

【领导干部大接访】 2012年2月7日，省委书记赵洪祝、市委书记卢子跃先后到景宁县信访接待室，现场随机接待群众来访。当天上午，书记赵洪祝接待群众2批6人；同日下午，书记卢子跃接待群众2批3人。同年9月25日，市委常委、纪委书记夏建成到景宁县开展下访调研活动，接待来访群众2批4人。县领导每月定点接待群众来访，2011—2012年接待来访群众269批927人次。2011年，县领导到各乡镇、各部门开展下访活动，接待群众32批73人次。

【落实工作责任】 县委、县政府每年年初召开全县信访工作会议，与各乡镇(街道)、各部门签订信访工作目标管理责任书，将全年信访工作任务落实到各单位。县信访工作领导小组制订考核评分办法，对各乡镇(街道)、各部门实行信访工作绩效考核，对年度先进单位、先进个人予以表彰和奖励。

【领导关爱】 2012年1月5日，市委书记卢子跃专题慰问县信访局全体干部。2011年1月24日，市委常委、统战部部长蓝资霞一行到景宁看望慰问信访干部。同年1月14日，县委书记武昌，县委副书记、政法委书记严铁华，县委常委、副县长叶金堂看望慰问县信访局全体干部，同年1月18日，县委副书记严铁华到滩坑电站指挥部、县公安局、鹤溪镇等地，专题看望慰问工作在一线的信访干部。2012年1月5日，市委书记卢子跃到县信访局，专题慰问信访局全体干部。同年1月18日，县委副书记政法委书记程巧琴，县委常委、副县长叶金堂，县委常委、办公室主任陈晓敏等领导到县信访局，看望慰问信访局全体干部。

(县信访局)

党校工作

【概况】 中共景宁畲族自治县委党校坐落在景宁县城鹤溪街道环城南路敬山宫。占地6431平方米。前身为景宁干校，创办于1949年，校址在鹤溪镇学前，1953年10月正式成立县委党校，1960年景宁县并入丽水县，县委党校撤销。

1984年经国务院批准，设立景宁畲族自治县，1988年9月县委、县人民政府研究决定，在县城敬山宫筹建县委党校。1988年9月县委〔1988〕27号文件决定，成立中共景宁畲族自治县委党校筹建组，进行前期工作。

1989年12月20日中共景宁畲族自治县委党校成立。

1992年1月20日，县人民政府景政〔1992〕7号文件将敬山宫部分房地产无偿划归县委党校使用。1992年10月经省计委、省财政厅各划拨15万元帮助县委党校新建了综合楼。

2012年年底，教职员工12人，其中公务员身份6人，其他为事业身份。副高级职称2人，中级职称4人，初级职称3人。

2011—2012年，景宁县委党校把党校姓党的原则和从严治校、从严施教、从严管理的要求贯彻到日常工作中，力求提高全体教职工的思想政治素质和党性修养，并根据新时期党校事业发展的新需求、新情况、新特点，提出并坚持“党性立校、文化兴校、创新强校”的理念，各项工作取得了新的进展。中共景宁畲族自治县委员会授予县委党校“2011年度先进基层党组织”。中共丽水市委宣传部、中共丽水市委组织部授予景宁县委党校“2011年度思想政治工作优秀单位”；中共丽水市委党校授予景宁县委党校“丽水市2012年度县级党校工作考核教学工作先进单位”。

【内部管理机制改革】 2011年县委党校推行“人人管理周长制”，以“人人管我，我管人人”为核心理念，以“人人开展自我管理，人人践行管理思想”为基本途径，以“全员参与、群策群力，轮流管理、换位体验”为主要特征，打破了传统自上而下的单向型管理，形成多向联系、网状互动的新型民主管理模式。以时间定岗的复合型岗位制度，让普通员工从被管理者转变为管理者，充分调动员工积极性，激发员工创造性。

【职能工作】 2011年，举办主体班次培训班8期，受训669人次。其中：农村新干部培训班2期，198人次；宣传系统党员干部学习班1期，43人次；生态项目建设培训班2期，178人次；新录用乡镇公务员、事业干部和大学生村干部培训班1期73人次。2011年，举办其他班次培训3期。

2012年，举办主体班次8期，受训880人次。其中：全县乡镇班子成员轮训班2期，140人次；全县乡镇党员干部培训班1期，64人次；全县入党积极分子培训班1期，340人次；全县党支部书记轮训班1期，280人次。

【校外宣讲】 2011年，校外宣讲派出主讲师资13人次，先后到统战部、政协、科协、药监局、民政局、科技局、供销社、电视台、家地乡、大漈乡、雁溪乡、鹤溪村、中心幼儿园、实验一小、景宁中学、大自然食品有限公司等20多个部门和单位进行宣讲。

2012年，校外宣讲派出主讲师资33人次，到30多个单位进行国家政治形势、十八大精神、核心价值观、传统文化等专题讲座。听课2800多人次。

【科研(调研)成果】 2011年24项、2012年19项。2011年，县委党校撰写的调研科研文章在市级或市级以上发表5篇，其中省级1篇，市级日报1篇，市委市政府刊物发表3篇，获得国家级一等奖1项(何阳宁《坚持党内民主促进中国特色民主政治建设》荣获2011年全国党建理论研究和创新优秀成果一等奖)，省级优秀奖或入选3项，获得市级一等奖2项，市级二等奖5项，市级三等奖5项，市级入选1项；主持或参与课题结题2项，其中市级2项。2012年，县委党校撰写的调研科研文章在市级或县级内参以上发表5篇，其中市委市政府刊物发表4篇，县委决策参考

1篇；获得县领导批示1次；获得省级入选1项，市级一等奖2项，市级二等奖3项，市级三等奖5项；主持或参与课题结题2项；其中市级2项。

【舆论宣传】 2011年，全校累计撰写通讯报道文稿46篇，经验交流5篇；在市委党校网站，县内各类报纸、网站、专题、专刊等媒体刊发97篇次。党务政务信息报送33条，《每日要情》录用9条。县电视台新闻报道6次。

2011年5月创办《党校简讯》，借助公文平台面向全市党校系统，全县各乡镇（管理区）、县直机关各单位发布，每月底出刊，当年编辑出刊8期，2012年编辑出刊10期。是年9月1日，正式开通政务微博，当年通过政务微博发布党校动态、党性教育、时政评论、舆情响应等信息800多条，日均更新7.3条，至2012年年底，被“微景宁”首页推荐30多次。累计发布微博信息2700多条。

2012年2月，“景宁党校”网站开通，开发了在线报名、教学评价、专题管理、WAP手机版、电子书刊、公务邮箱、客服中心等10余种新功能，前后台优化设置近100项，全年共发布网上文章700多篇，视频23个，电子书32册，图片800多张。

【师资培训】 2012年，全校教师参加国家行政学院、省行政学院、省委党校、市委党校等院校的各类进修培训班6期22人次。

（县委党校）

老干部工作

【概况】 截至2012年12月底，全县共有离休干部57人（抗战时期入伍2人），其中属地管理50人，省部属单位7人，省外安置景宁1人，省内市外安置景宁2人。全县离休干部的平均年龄为84岁。2011年、2012年，县委老干部局坚持服务大局、以人为本、与时俱进“三大”理念，紧紧围绕“让党委放心，让老干部满意”的工作目标，创新工作方式，转变工作作风，取得了良好的成绩。2011年，县委老干部局荣获全省老干部工作先进集体。

【老有所学】 坚持落实每月10日的老干部例会制度；坚持落实暑期老干部理论学习暨离退休干部党支部书记培训会。2011年8月23—25日在大漈举办，邀请县委党校常务副校长蔡红央宣讲总书记胡锦涛“七一”重要讲话精神；邀请县发改局局长余晓军解读景宁县“十二五”规划，并实地考察大漈AAAA级景区。2012年8月7—9日，在草鱼塘举办，邀请县委党校常务副校长蔡红央宣讲省十三次党代会精神；邀请县委组织部副部长、两新工委书记林建锋作基层组织建设年专题讲座，并邀请丽水市中医院院长刘忠达作老年健康知识讲座。同时，还为老干部征订人手一份《浙江老年报》，在老干部活动中心阅览室征订党报党刊及各类杂志20余份供老干部阅读。

【落实“三个机制”】 按照“单位尽责、社会统筹、财政保障”的原则，确保离休干部离休费按时足额发放，医药费按规定实报实销，各项生活待遇得到逐步提高。2011起，1943年1月1日至1945年9月2日参加革命工作的离休干部，生活补贴由原每人每年增发一个月的基本离休费，提高到每人每年增发两个月的基本离休费。对1945年9月3日至1949年9月30日参加革命工作的离休干部，每年增发一个月的基本离休费，作为生活补贴。2011年8月起，企事业单位离休干部去世后一次性抚恤金标准调整为：烈士和因公牺牲的，按上一年度全国城镇居民人均可支配收入的20倍加本人生前40个月基本离休费计发；病故的，按上一年度全国城镇居民人均可支配收入的2倍加本人生前40个月基本离休费计发。2012年起，享受高龄护理补贴（每人每月900元）的范围由原85周岁以上离休干部调整为全体离休干部。

【开展“七个一”系列活动】 2011年正值中共建党90周年，县老干部局开展纪念建党90周年开展“七个一”系列活动。“一是6月9日，组织全县离休干部参观革命传统教育基地九龙乡李振彪烈士纪念碑，重温红色之路；二是6月中旬，举办一场庆祝建党90周年老干部书画作品展；三是6月27日，组织离休干部参加全县庆祝建党90周年文艺演出大合唱；四是6月30日，召开纪念建党90周年离休干部座谈会；五是7月1日，组织全体离休干部参加县委召开的庆祝中国共产党成立90周年大会；六是“七一”前后，开展纪念建党90周年专题走访慰问离休干部活动；七是刊发了第154期以纪念建党90周年为主题的《老干部园地》专刊。

【两大阵地建设】 2011年4月，全省老年大学规范化建设示范校考评组对景宁县老年大学进行了检查考评，5月份，浙江省委老干部局下发《关于表彰第六批老年大学规范化建设示范校的决定》（浙老干〔2011〕13号），景宁县老年大学通过了全省老年大学规范化建设示范校的评定。2011年11月26日，由省委老干部局活动指导处处长金建政率领的省第二批“满意家园”考评组一行到景宁县，就景宁县老干部活动中心创建“满意家园”工作进行考核验收。考评组一致认为，景宁县创建活动领导重视、组织有力、服务提升，各项软硬件设施到位，真正把老干部活动中心办成了老干部的满意家园。

（县老干部局）

党史、地方志工作

【概况】 2011—2012年，县史志办以《中共中央关于加强和改进新形势下党史工作的意见》和全国党史工作会议的精神为指导，利用建党90周年这一契机，充分发挥党史资政育人的作用，开展形式多样的党史宣传教育活动。聘请人员成立“县志编辑部”，开始第二轮县志编修工作。配合省委党史研究室拍摄《历史的永恒——浙江革命遗址集锦》电视专题片景宁部分；木岱根红军屋革命遗址成功申报浙江省革命遗址保护工程；撰写的论文《试论土地革命政策与浙西南根据地建设之关系》入选华东七省市中共党史学会举办的建党九十周年党史学术研讨会，是浙江省党史研究系统唯一入选论文。按市方志办要求收集整理《丽水市志》景宁政区相关材料；编写完成《丽水大词典》景宁部分内容；协助县食用菌商会编写地情类书籍《中国畲乡·景宁香菇历史与文化》；配合丽水市电视台“绿谷采风”专栏记者拍摄处州十大历史名人陈言（景宁籍）专题片。

【党史一卷资料征集】 2012年，整理出党史一卷全书框架，其中四编已基本形成初稿。完成了“浙南特委在景宁”这一重要史料的资料收集和专题编写工作。考证了红军挺进师在景宁举行的“张山会议”、景宁最早的三个党支部、“水笕岙战斗”等史料并形成专题材料。增写了大革命时期景宁农民暴动及红十三军在景宁的史料，党史记载从原先的1935年往前推到1927年，提早了8年。

【党史宣传教育】 2011年，以纪念建党九十周年为契机，在电视台、报纸等媒体开展纪念建党九十周年宣传活动。在景宁电视台“畲乡风”栏目播出专题片《红色记忆》等节目，配合丽水电视台到大地等地拍摄红军挺进师在浙西南战斗的专题片。在《畲乡报》专设纪念建党九十周年宣传专栏“追寻红色足迹”，相继刊发了《丰碑树在山水间》《星火闪畲山》等五个专版，合计专题宣传文稿两万多字。通过电视和报纸等媒体对全县的干部群众进行了一次党史宣传教育。

【县志二轮修编】 2012年8月

27日，县委办、县府办印发了《关于成立景宁畲族自治县志编辑部的通知》（景委办〔2012〕29号），聘用6名退休干部，组建县志编辑部，配置了办公场所及办公用品。县志编辑部在征求省、市地方志办公室专家和全县各单位意见的基础上，制定了《景宁畲族自治县志(1993—2010)》篇目大纲。是年12月18日，县委办、县府办印发了《景宁畲族自治县第二轮修志工作方案》的通知（景委办〔2012〕29号）。是年12月24日上午，召开全县二轮修志动员大会，市委党史研究室、市地方志办公室主任张津华和县地方志编纂委员会成员、各供稿单位主要负责人和撰稿人员、离退休老干部代表参加会议，会上明确了二轮修志工作目标，部署了修编任务，景宁县二轮修志工作全面启动。

（郑利锋）

档案工作

【概况】 景宁畲族自治县档案局与景宁畲族自治县档案馆为一个机构，两块牌子，归口县委办管理，为正科级全额拨款事业单位，参照公务员制度管理，内设办公室（执法监督科）、业务指导科（2010年3月后增挂行政审批科牌子）、保管利用科、现行文件管理科（现行文件查阅利用中心）、信息技术科（2010年12月增设）。馆藏档案116个全宗，49424卷档案、照片3962张、资料4686册，形成了文书、科技、业务、声像、照片、会计、土地、房产、户籍、林权等13个档案门类，共向社会开放档案86个全宗，7101卷档案。2011—2012年，利用档案3610人次，5838卷。

【新档案馆建设】 2009年6月，县国资委将原县图书馆综合办公楼调配给县档案局（馆）使用（景国资委〔2009〕11号）；同年12月，浙江省档案局下达档案馆建设专项资金150万元。2011年3月，省档案局办公室副主任赵雪丽、李京到县档案局调研新馆改建情况，针对档案馆专业结构设计提出了详细的规划意见；同年6月，副县长胡晓红就新档案馆改建工作召开专题调研会，提出了五点意见。2012年，县财政安排资金350万元，年末主体工程完工。

【档案事业“十二五”规划】 2011年5月6日，县发改局召集相关部门对县档案局编制的《景宁畲族自治县档案事业“十二五”规划》进行了组织审查并通过，11月24日正式发布实施。

【全县档案工作会议】 2012年8月15日，县档案局在县委、县政府的大力支持下，经全方位的筹备，在畲乡大酒店十三楼满江红会议厅隆重召开了全县档案工作会议，丽水市档案局局长陈鸿斌、县委副书记、县长蓝伶俐出席大会并作重要讲话，县委常委、县委办主任陈晓敏主持会议，县档案局局长沈炎清作工作报告。

【档案执法检查】 2011年4月2日，县档案局与县监察局、县发改局联合下发《关于开展重点建设项目档案执法检查的通知》，督促建设单位认真开展自查，并于5月23日联合监察局、发改局成立由档案局牵头负责的重点建设项目档案专项执法检查组，对外舍防护工程、景宁中学迁建工程、景宁民族中学迁建工程、交见圩至叶村公路改建工程等10项丽水市级以上重点建设项目开展档案执法检查，当场对检查情况予以反馈及提出整改意见。2012年6月，县人民政府办公室下发了《关于开展重点民生领域档案与电子文件执法检查的通知》（景政办发〔2012〕57号）文件，由法制办、监察局、发改局和档案局联合组成执法检查组，对县教育局、民政局、工商局等单位的重点民生领域档案与电子文件进行执法检查，加大对县重点建设项目及重点民生领域档案的监管力度。

【档案信息化建设】 2011年，经县政府批准，县财政局安排110

万元的科技资金用于档案信息化基础设施建设，该项目资金主要用于建设农村信息共享平台、数字档案馆藏系统、登记备份中心，以及存储、服务器设备购置等及其他附属设施。是年9月、11月，分别向丽水宏志数码科技有限公司和福建榕基软件股份有限公司购置了硬件设施、档案馆藏软件系统。2012年，县财政局下拨60万元专项科技资金作为数字化建设使用。是年8月，在丽水市档案局的统一部署及安排下，通过单一来源采购方式向福建榕基软件股份有限公司购置了丽水市“1+9+N”数字档案协同管理系统；9月，档案局组织对全县26家政府直属单位的2006—2011年传统纸质档案开展数字化加工，完成数字加工条目47451条，原文43088件；同月，县档案局（馆）启动档案馆藏县直部门（一期）县政府文书档案（1949—1960年、1984—2004年）全文扫描工作，并正式开通运行门户网站中国畲乡档案网。同时开展对重点涉民单位电子业务、重点建设项目档案及企业知识产权档案进行登记备份，全面推进县直机关示范、规范化数字档案室建设工作。

【档案文化建设】 2012年5月，经县委县政府同意，县档案局开展编写《景宁荣誉》工作，向社会各界发布征集通告，征集到地、厅级各种荣誉近3000项，省、部级及以上各种荣誉500多项，制订了名人档案抢救和保护工作方案与进馆序列表，征集了原县委书记武昌及国家级非物质文化遗产项目（畲族民歌）代表性传承人蓝陈契等人物档案；接收2007—2011年的“中国畲乡三月三”节庆活动档案和作为浙江唯一参演第四届全国少数民族文艺会演的大型畲族风情舞蹈诗《千年山哈》档案；同时，还开展畲族方言语音建档。

【档案法制建设】 2012年9月，景宁县档案局将《中华人民共和国档案法》及相关法律法规编入景宁县“六五”普法系列丛书《干部（职工）法律知识辅导读本》《教师法律知识辅导读本》和普法考试内容，同时利用“科普短信”等方式，向全县干部职工及中小学教师宣传档案法律法规的基本内容和要求，档案法律法规首次纳入全县普法内容。同年11月，在景宁县委党校举办的全县新录用干部培训班上。县委党校也把档案知识列入了对党员干部的培训内容。

【“平安浙江”档案安全监管考核指导】 2012年10月17日，浙江省档案局法规宣传处副处长蒋锦萍一行3人在丽水市档案局领导的陪同下，莅临景宁对2012年度“平安浙江”档案安全监管工作进行考核，副县长卢健国和相关部门领导、档案局领导及信息技术科工作人员参加了汇报会。考核组一行到档案局（馆）对档案与电子文件登记备份中心建设情况进行了实地查看，严格按照考核的要求，查阅了各类考核资料，检测相关登记备份数据，还现场指导数字化加工过程中应注意的问题。会上，副处长蒋锦萍充分肯定了景宁县创建“平安浙江”档案安全监管工作，认为景宁县对该项工作领导重视、措施得力，部门配合、成效明显，特别是在推进档案“六五”普法、开展执法检查、召开的全县档案工作会议等工作，在借势借力上发挥得非常好，体现出了自己的工作特点和亮点。

（县档案局）

景宁畲族自治县人民代表大会

综　述

【概况】 两年来，县人大常委会坚持以邓小平理论和“三个代表”重要思想为指导，全面落实科学发展观，依法履行宪法和法律赋予的职责。2011年，共召开9次常委会会议，听取和审议“一府两院”工作报告8个，作出决议决定3个，依法任免国家机关工作人员43人次；2012年，共召开常委会会议7次，听取和审议“一府两院”及有关方面的工作报告19项，作出事关全县经济、政治、社会发展等方面的决议、决定4项，对1部法律法规的执行情况进行了检查，提出审议、视察意见10项，依法选举任免国家机关工作人员139人次，发挥了民族自治地方国家权力机关的职能作用，为实现景宁经济社会发展目标做出了积极的贡献。

县人民代表大会会议

【七届五次会议】 2011年2月24—27日在鹤溪镇召开，与会代表154人，列席、特邀人员200人。会议听取、审查“一府两院”工作报告及县人大常委会工作报告；审查和批准国民经济和社会发展第十二个五年规划纲要；听取、审查县2010年国民经济和社会发展计划执行情况及2011年国民经济和社会发展计划(草案)的报告；听取、审查县2010年财政预算执行情况和2011年财政预算(草案)的报告；审议县人大常委会关于提请审议《景宁畲族自治县制定自治法规程序规定(草案)》的议案；作出相关决议，批准了上述报告。会议补选县人民法院院长。会议收到代表议案、建议和意见58件，其中：农林水土类12件、工业交通类15件、社会保障类3件、城建环保类7件、教科文卫类6件、财政经济类3件、其他12件。

【八届一次会议】 2012年2月25日—3月1日在鹤溪镇召开。与会代表167人，列席、特邀人员214人。会议听取、审查“一府两院”工作报告及县人大常委会工作报告；听取、审查2011年国民经济和社会发展计划执行情况及2012年国民经济和社会发展计划(草案)的报告；听取、审查县2011年财政预算执行情况和2012年财政预算草案的报告；并作出相关决议，批准了上述报告。审议通过《景宁畲族自治县人民代表大会自治法规委员会议事规则》，选举蓝良兴为县人大常委会主任，陈林生、吴道法、罗德伟、夏培玲、吴昌亮、杨唐珠为副主任，选举县人大常委会委员14名；选举蓝伶俐为县人民政府县长，叶金堂、胡晓红、郑建强、季建标、雷应江、王益为副县长；选举柳启东为县人民法院院长、夏逸敏为县人民检察院检察长；选举出席丽水市第三届人民代表大会代表26名。会议收到代表议案、建议和意见115件，其中：农林水土类46件、工业交通类20件、社会保障类13件、城建环保类13件、教科文卫类9件、财政经济类4件、其他10件。

县人大常委会会议

【七届人大常委会会议】 2011年1月14日举行第二十九次会议。会议审议县人大常委会关于召开县七届人大五次会议的决定(草案)、关于提请审议制定自治法规程序规定(草案)的议案;县七届人大五次会议列席人员名单(草案);审议提出县七届人大五次会议程及日程(草案)、主席团和秘书长名单、提请县七届人大五次会议预备会议选举,主席团常务主席名单(草案),计划预算审查委员会名单(草案),提请县七届人大五次会议预备会议通过,执行主席分组和副秘书长名单、代表团团长、副团长建议名单(草案),议案截止日期的决定(草案);关于通过选举办法、程序规定和决议、决定表决方式的决定(草案),提请县七届人大五次会议预备会议通过;表决县人民政府落实2010年县人大常委会审议意见情况;审议县人大常委会代表资格审查委员会关于代表资格的审查报告;审议决定人事任免事项。

2011年2月14日举行第三十次会议。会议征求对县七届人大五次会议政府工作报告、国民经济和社会发展十二五规划纲要(草案)、2010年国民经济和社会发展计划执行情况及2011年国民经济和社会发展计划(草案)的报告、2010年财政预算执行情况和2011年财政预算(草案)的报告、县人大常委会、县人民法院、县人民检察院工作报告稿意见。

2011年4月11日举行第三十一次会议。会议审议县人大常委会2011年工作要点;审议决定人事任免事项。

2011年6月29日举行第三十二次会议。会议听取和审议县人民政府关于养老保险基金管理情况的报告、县人大常委会调研组关于养老保险基金管理情况的调研报告;审议县人民政府关于提请审议生态县建设规划(修编)的议案;表决县人民政府关于落实社会治安工作情况报告的审议意见的报告;传达全省人大工作经验交流会精神。

2011年8月30日举行第三十三次会议。会议听取和审议县人民政府关于上半年国民经济和社会发展计划执行情况的报告、关于2010年财政决算和上半年预算执行情况的报告、关于2010年财政预算执行和其他财政收支情况的审计工作报告、县人大常委会财经工委关于2010年财政决算的审查报告,县人民政府关于"五五"普法规划实施情况和"六五"普法规划的报告;审议决定人事任免事项。

2011年10月9日举行第三十四次会议。会议审议县人民政府关于撤销鹤溪镇设街道办事处的议案;审议县人大常委会关于县、乡两级人大换届选举有关事项的决定(草案)、关于设立县选举委员会的决定(草案)、关于设立东坑镇等20个乡镇选举委员会的决定(草案)。

2011年10月27日举行第三十五次会议。会议听取和审议县人民政府关于菜篮子工程建设情况的报告、县人大常委会相关调研报告;审查和批准县人民政府关于2011年度财政决算调整方案的报告;审议县人民代表大会自治法规委员会议事规则(草案);审议决定人事任免事项。

2011年12月1日举行第三十六次会议。会议审议决定人事任免事项。接受钟昌明因工作调任辞去景宁畲族自治县人民政府县长的职务,任命蓝伶俐为县人民政府副县长、代县长,郑建强、季建标、雷应江、王益为县人民政府副县长。

2011年12月29日举行第三十七次会议。会议听取和审议县人民政府关于十件实事完成情况的报告;听取县人民政府关于2010年财政决算报告与2011年度财政预算执行和其他财政收支情况审计报告的审议意见落实情况的报告;分别听取县人民政府、县人大常委会关于县七届人大五次会议代表建议办理情况的报告;审议关于提请县人民代表大会自治法规委员会议事规则(草案)的议案;审议关于召开县八届人大一次会议的决定(草案);表决县人民政府关于养老保险基金管理情况报告审议意见落实情况的报告和关于2010年财政决算报告与2010年度财政预算执行和其他财政收支情况审计报告的审议意见落实情况的报告;审议决定人事任免事项。

2012年2月9日举行第三十八次会议。会议听取和审议了县人大常委会、县政府、县人民法院、县人民检察院、县发改局和县财政局报告起草情况,提出了相应的建议意见。会议听取和审议县人大常委会代表资格审查委员会关于景宁畲族自治县第八届人民代表大会代表资格审查的报告。会议表决通过了县八届人大一次会议的有关名单等有关事项。会议表决通过了关于设立景宁畲族自治县人大常委会红星、鹤溪街道工作委员会的议案。

【八届人大常委会会议】 2012年3月28日举行第一次会议。会议组织新一届常委会组成人员学习了《景宁畲族自治县人大常委会议事规则》。审议通过了《景宁畲族自治县人大常委会2012年工作要点》。

2012年4月12日举行第二次会议。会议审议通过了县人大常委会主任会议提出的人事任免议案、县人民政府提出的人事任命议案和县人民检察院提出的人事任命议案。表决通过任命23名政府组成部门的主要负责人。

2012年6月21日举行第三次会议。会议听取和审议了县政府关于生态公益林建设情况的报告。建议县政府要贯彻落实法律法规,提高生态公益林建设效能;完善管护机制,维护森林生态安全;夯实基层基础工作,增强基层服务公益林建设的能力;加大财政和政策保障力度,推进公益林可持续发展。听取了县人大常委会关于高中教育情况的调研报告。指出了景宁县教育质量偏低(本科升学率较低)、师资队伍有待加强、教师待遇有待提高等问题。建议县政府要设立教育质量提升奖励基金,要多渠道解决教师福利待遇低于公务员队伍的问题,不断探索和完善教师特别是高中教师补员机制和招聘办法,不断改进和完善对学校教师的考核管理办法,加强教师的师德教育等。表决通过了授予张雄文"人民好公仆"荣誉称号的决定和县人大常委会主任会议、县人民法院、县人民检察院提出的人事任免议案。

2012年8月22日举行第四次会议。会议听取和审议了县政府关于上半年财政预算执行情况和2011年财政决算的报告、县审计局关于2011年度财政预算执行和其他财政收支情况的审计工作报告、县人大常委会财经工委关于2011年财政决算的审查报告,审查批准了景宁畲族自治县2011年财政决算。会议还听取和审议了县政府关于上半年国民经济和社会发展计划执行情况的报告。听取和审议了县政府关于《中华人民共和国食品安全法》及相关法规执行情况的报告。指出了景宁县食品安全监管能力建设、农村市场监管、检测能力、诚信体系建设等方面存在的不足。建议政府及其相关部门要进一步采取得力措施和可行办法,建立长效机制,确保人民群众身体健康和生命安全。会议表决通过了县政府提出的《关于提请审议农民创业园建设资金贷款有关问题的议案》和县人大常委会主任会议、县人民法院、县人民检察院提出的人事任免议案。

2012年10月31日举行第五次会议。会议听取和审议了县人民政府关于落实扶持少数民族经济社会发展意见的报告。指出,景宁县少数民族工作仍然存在着少数民族干部比例偏低、培养力度还需加大,扶持形式单

一、产业发展相对薄弱等问题。建议县政府扶持形式要多样化，资金、政策要重点倾斜，要进一步加强产业的规划，重视民族教育工作和加强民族干部队伍建设。会议听取和审议了县人民政府关于县域工业经济发展情况的报告。指出景宁县工业经济发展仍然存在着工业用地详规滞后，产业结构性矛盾突出，招商引资难度大，工业发展环境有待优化等问题。建议县政府要进一步科学制定区域控制性详规，高度重视园区产业规划和功能定位；加大选商引资力度，大力培育骨干龙头企业，优化发展环境，为工业发展提供坚实的保障；进一步加强水电业的管理，保持小水电经济平稳发展。会议听取和审议了县公检法司关于贯彻落实省人大常委会加强检察机关法律监督工作决定情况的报告。指出县公检法司机关存在着法律监督意识不强，监督机制不够健全完善，较少开展行政执法行为的监督，人才外流严重，一定程度上影响了工作的开展。建议县公检法司机关要进一步提高思想认识，不断增强法律监督意识，要充分利用决定，尽快制定完善相关的监督机制；进一步突出监督重点，特别是要加强对重点行业和重点项目的监督，不断提高法律监督实效；要进一步加强队伍建设，引进和留住人才，不断提升法律监督能力。会议表决通过了县人民政府关于落实生态公益林建设情况报告审议意见的报告、县八届人大代表辞职事项和人事任免议案。

主要工作

【监督工作】 2011年—2012年县人大常委会组成调研组，先后对2010年县财政决算及预算执行和其他财政收支情况、2011年县财政决算及预算执行和其他财政收支情况、养老保险基金管理情况、菜篮子工程建设情况、公益林建设情况、高中阶段教育情况、少数民族经济社会发展情况、县域工业经济发展情况、(公、检、法、司)贯彻落实省人大常委会2010年7月出台的《关于加强检察机关法律监督工作的决定》情况进行调查研究，并分别听取和审议了县政府及相关部门上述工作报告和调研组的调查报告。共提出意见和建议45条。根据省、市人大常委会的统一部署和县人大常委会监督工作计划，2012年5—8月，组成三个执法检查组通过听汇报、召开座谈会、查资料、实地察看、明察暗访等形式，对《中华人民共和国食品安全法》《中华人民共和国食品安全法实施条例》《浙江省实施〈中华人民共和国食品安全法〉办法》实施情况进行执法检查，共提出意见和建议6条。

【建议督办】 县七届人大五次会议和八届一次会议期间，代表对我县各方面工作提出议案建议共199件，其中2011年58件，2012年141件。根据地方组织法、代表法和《景宁畲族自治县人民代表大会代表建议、批评和意见办理办法》的有关规定，199件建议全部交由县政府办理，建议均在法定时限内办复，办复率100%。从收到的代表反馈意见看，满意或基本满意率分别达到97%和95%。

【换届选举】 县人大常委会认真学习贯彻新修改的选举法，深入开展调查研究，认真分析新选举法实施过程中可能出现的新情况新问题，适时开展换届选举试点工作，在县委的领导下，充分发扬民主，严格依法办事，精心部署，周密安排，依法主持县人大代表换届选举。根据省市的统一安排，县人大常委会第三十四次会议审议通过设立县选举委员会和20个乡镇选举委员会的决定，并发文公布了县选举委员会及各乡镇选举委员会组成人员名单，建立了鹤溪镇、外舍管理区选举办事处和经贸、党群等6个机关选举办事处。此次换届选举县、乡两级同步进行，是《中华人民共和国选举法》修正后，县、乡两级首次实行城乡按相同人口比例选举人大代表。选举工作从2011年10月6日开始至2012年1月7日结束，历时92天。全县划分为86个选区，其中机关选区7个，乡镇选区79个。选举产生县代表167人，其中妇女代表16人，少数民族代表30人，非中共党员代表33人；乡（镇）代表855名，其中妇女代表98人，少数民族代表75人，非中共党员代表507人。

【民族立法工作】 认真贯彻落实《景宁畲族自治县制定自治法规程序规定》，进一步健全立法工作制度。根据县委的部署，围绕建立特色城市管理机制，加强立法调研，努力推进城市管理立法工作。认真贯彻落实全省立法工作座谈会精神，围绕景宁县改革发展稳定大局、加快经济发展方式转变、群众切身利益以及社会普遍关注的问题，深入开展调查研究，从实际出发，编制2011—2015年立法调研项目库，为立法工作持续开展打下扎实基础。同时，积极配合上级人大做好立法工作。

【调整年度财政预算】 2011年10月27日县七届人大常委会第三十五次会议听取和审议了县政府《关于景宁畲族自治县2011年预算调整方案的报告》。方案提出，县七届人大五次会议通过的2011年县级地方财政收入预算为25000万元，从2011前9个月的执行情况看，预计全年地方财政收入约比上年增长56.2%，建议将县级地方财政收入预算调整为35000万元，比年初预算的25000万元调增10000万元，比上年执行数增长56.2%。建议县本级财政支出预算调整为89050万元，比年初预算68100万元调增20950万元，比上年执行数增长49.73%。经审议，人大常委会决定批准县人民政府提出的2011年预算调整方案。

【受理人民群众来信来访和申诉】 常委会把做好群众来信来访作为听取民意、了解民情的一项重要工作来抓，认真受理人民群众的来信来访，积极做好交办、督办工作，努力做到迅速及时、热情耐心。对一些重点、热点和难点问题，常委会主任、副主任亲自监督办理。2011—2012年，常委会共收到群众来信163件，接待群众来访500多人次，转办督办158件，办结率97%，为保护当事人的合法权益、化解社会矛盾、维护社会稳定，发挥了积极作用。

决定重大事项

【法制宣教第六个五年规划】 2011年8月30日景宁畲族自治县第七届人民代表大会常务委员会第33次会议听取了县人民政府所作的《全县法制宣传教育第五个五年规划实施情况简要汇报和第六个五年规划》的报告。为保障景宁县“十二五”经济社会发展规划的顺利实施，深入推进“法治畲乡”建设，加强和创新社会管理，大力弘扬社会主义法治精神，培育公民法治理念和公民意识，会议决定批准景宁县法制宣传教育（2011—2015）第六个五年规划。

【撤销鹤溪镇设立街道办事处】 2011年10月9日，景宁畲族自治县第七届人民代表大会常务委员会第三十四次会议听取和审议了县政府提交的《景宁畲族自治县人民政府关于撤销鹤溪镇设街道办事处的议案》。会议同意撤鹤溪镇建制，设立红星、鹤溪两个街道办事处。其中，红星街道办事处辖区为原鹤溪镇钟楼路（寨山桥）北区域和原外舍、金钟片，四至范围为东至渤海镇、南至鹤溪街道、西至大均乡、北至云和县元和街道，辖仙童、红星、外舍等3个社区居委会和城北、王金垟、岗石、岭北、坑山后、岚头、杨绿湖、岭根源、潘坑、小金州、金包山、大吴山等12个行政村，109个自然村，辖区总面积194.85平方公里，总人口3.22万人，街道办事处驻地为复兴东路47号；鹤溪街道办事处辖区为原鹤溪镇钟楼路（寨山桥）

以南区域，四至范围为东至梅岐乡、南至东坑镇、西至澄照乡、北至红星街道，辖城南、城西等2个社区居委会和鹤溪、扫口、城西、包凤、浮丘、周湖、双后岗、张村、严村、旱塔、惠民寺、敕木山、三枝树、东弄、滩岭、王木坑等16个行政村，58个自然村，辖区总面积98.05平方公里，总人口2.09万人，街道办事处驻地环城南路120号。其他乡镇保留原有建制。

【批准生态县建设规划修编】 2011年6月29日景宁畲族自治县第七届人民代表大会常务委员会第三十二次会议，审议了县人民政府关于提请审议《景宁生态县建设规划（修编）》的议案。会议决定批准《景宁生态县建设规划（修编）》。

【设立县人大常委会街道工作委员会】 根据《中华人民共和国地方各级人民代表大会和地方各级人民政府组织法》有关规定和《丽水市人民政府关于景宁畲族自治县部分行政区划调整的批复》（丽政函〔2011〕176号），2012年2月9日景宁畲族自治县第七届人大常委会第三十八次会议决定设立景宁畲族自治县人大常委会红星街道工作委员会、景宁畲族自治县人大常委会鹤溪街道工作委员会，撤销景宁畲族自治县人大常委会外舍管理区工作委员会。

【授予"人民好公仆"荣誉称号】 2012年6月21日景宁畲族自治县第八届人民代表大会常务委员会第三次会议决定授予张雄文景宁畲族自治县"人民好公仆"荣誉称号。张雄文于1967年2月出生，汉族，浙江浦江人，1990年9月参加工作，1999年11月加入中国共产党，先后毕业于杭州大学地理专业、浙江大学管理学院旅游管理专业，硕士研究生学历。2010年7月，根据组织安排到景宁挂职，同年8月，任县人民政府副县长，2011年10月任中共景宁畲族自治县委委员、常委。

（县人大办公室）

景宁畲族自治县人民政府

县政府全体会议

【七届县政府第九次全体会议】 2011年7月18日召开。会议深入贯彻总书记胡锦涛"七一"重要讲话精神，省委十二届九次全会、市政府第十一次全会暨廉政工作会议精神，回顾上半年政府工作，分析当前形势，部署和推进下阶段政府工作。县长钟昌明作《强化落实，乘势突破，努力实现"十二五"良好开局》报告。县交通局、东坑镇、县公安局、标溪乡在会上作了表态发言。会议指出县政府紧紧着眼"三大目标"，按照年初确定的思路和计划，各项工作平稳推进，为全年工作任务的全面完成奠定了基础。会议强调，要认清形势，正视困难，切实增强抓好下半年工作的紧迫感和责任感。要突出重点，狠抓落实，确保全年工作目标任务圆满完成。要以项目建设为载体，整合力量，攻坚克难，切实加快项目建设进度；要以致富奔小康工程为抓手，优化布局，振兴产业，积极推进群众增收致富；要以改善民生为目的，加大投入，创新管理，着力提高群众幸福指数；要以政府自身建设为保障，改进作风，振奋精神，努力营造风清气正的干事环境。

【八届县政府第一次全体会议】 2012年7月31日召开。会议认真贯彻省第十三次党代会、省政府第十次全体(扩大)会议精神，全面总结上半年工作，分析当前形势，研究部署下半年工作任务，组织动员全县上下紧盯目标、抢抓机遇、克难攻坚、加压奋进，为圆满完成全年工作任务比干劲、显作为。县长蓝伶俐作报告，鹤溪街道、大漈乡、大自然食品有限公司分别就项目推进、乡域经济发展、外贸进出口等工作作了发言。会议强调，要狠抓关键，加压奋进，打好"决战三季度、决胜四季度"的攻坚战。下半年，要坚定不移抓好以下六个方面工作：一要坚定不移在决战"大产业"中比干劲显作为。二要坚定不移在决战"大项目"中比干劲显作为。三要坚定不移在决战"大统筹"中比干劲显作为。四要坚定不移在决战"大民生"中比干劲显作为。五要坚定不移在决战"大实事"中比干劲显作为。六要坚定不移在决战"大节俭"中比干劲显作为。会议要求，要真抓实干，优化环境，切实加强政府自身建设；要狠下决心，真抓实干，促项目建设推进全面提速；要创新机制，优化环境，促政府服务全面提效；要转变作风，凝心聚力，促自身素质全面提升。

县政府常务会议

【概况】 2011年，县政府召开常务会议10次。

1月12日，会议研究2011年国民经济和社会发展主要预期指标、2011年基本建设项目、2011年财政支出预算盘子和2011年全县十件实事，审议《政府工作报告(征求意见三稿)》《关于景宁畲族自治县2010年国民经济和社会发展计划执行情况与2011年国民经济和社会发展计划草案的报告(征求意见二稿)》《关于景宁畲族自治县2010年预算执行情况和2011年预算草案的报告(征求意见一稿)》《景宁生态县建设规划修编(送审稿)》《景宁畲族自治县人民政府关于加快集体林地流转促进林业规模经营的实施意见(送审稿)》,研究县长、副县长工作分工调整。

3月24日,会议研究《中共景宁畲族自治县委景宁畲族自治县人民政府关于加快水利改革发展的实施意见(送审稿)》《中共景宁畲族自治县委景宁畲族自治县人民政府关于加快发展旅游产业的若干意见(送审稿)》《景宁畲族自治县畲族风情旅游度假区可行性研究报告(送审稿)》《全国畲族文化发展基地总体规划暨重点项目策划》《景宁畲族自治县2011年规划编制计划(送审稿)》《景宁畲族自治县人民政府2011年规范性文件制定计划(送审稿)》。

4月19日,会议研究一季度经济运行情况,审议《景宁畲族自治县人民政府关于促进工业发展方式转变和加快总部经济发展的若干意见(送审稿)》和《景宁畲族自治县人民政府关于加快丽水经济开发区景宁民族工业园企业发展的若干意见(送审稿)》,研究群众增收致富奔小康系列政策。

6月23日,会议分解落实《景宁畲族自治县国民经济和社会发展第十二个五年规划纲要》主要目标任务,审议《景宁畲族自治县社会保障事业"十二五"发展规划(送审稿)》和《景宁畲族自治县2011年项目推进(规划)工作考核办法(送审稿)》,研究部署县政府下阶段工作。

7月26日,会议研究分析上半年经济运行情况、审议《2011年景宁畲族自治县体制改革要点(送审稿)》《景宁畲族自治县地方税收保障实施办法(送审稿)》《景宁畲族自治县人民政府关于推进质量强县建设的若干意见(送审稿)》《景宁畲族自治县政府质量奖评定管理办法(试行)(送审稿)》《景宁畲族自治县人民政府关于深化三位一体基层农业公共服务体系建设的实施意见(送审稿)》和《景宁畲族自治县矿产资源规划(2011~2015)(送审稿)》,听取上半年安全生产、依法行政工作汇报,学习国务院关于加强法治政府建设的意见。

8月18日,会议审议《景宁畲族自治县群众增收致富奔小康工程特别扶持项目管理实施细则(送审稿)》《景宁畲族自治县旅游产业"十二五"发展规划(送审稿)》《景宁畲族自治县工业"十二五"发展规划(送审稿)》《景宁畲族自治县残疾人事业"十二五"发展规划(送审稿)》《景宁畲族自治县人武部民兵集训基地迁建项目规划设计方案(送审稿)》,听取城北110千伏变电所工业区块拟入园企业安排情况汇报,研究外舍防护工程土地调拨工作,研究部署2012年基本建设项目谋划工作。

9月28日,会议研究撤鹤溪镇设街道办事处有关工作,审议《景宁畲族自治县金融部门支持地方经济发展考核奖励办法(送审稿)》《景宁畲族自治县"银行卡助农取款服务"工作考核暂行办法(送审稿)》《景宁畲族自治县公路水路交通运输"十二五"发展规划(送审稿)》《景宁畲族自治县卫生强县建设暨"十二五"卫生事业发展规划(送审稿)》《景宁畲族自治县教育事业发展"十二五"规划(送审稿)》《景宁畲族自治县学前教育三年行动计划(送审稿)》,听取来料加工厂房建设有关情况汇报,部署下阶段特别是国庆期间的安全生产和食品药品安全工作。

10月9日,会议对照省、市考核目标及政府工作报告确定的年度工作任务,研究部署了当前工作,谋划了2012年基本建设项目和重大前期项目。

11月3日,研究《景宁畲族自治县人民政府关于加快发展服务业的若干意见》。审议《景宁畲族自治县"811"生态文明建设推进行动实施方案(送审稿)》,研究城区供水价格和污水处理费调整方案,研究城北区块低丘缓坡开发项目有关工作,研究分析前三季度经济运行情况。

12月19日,会议研究今后五年(2012—2016)及2012年国民经济和社会发展主要预期指标,审议《景宁畲族自治县其他事业单位绩效工资实施办法(送审稿)》《景宁畲族自治县社会主义新农村建设"十二五"规划纲要(送审稿)》《景宁畲族自治县水利"十二五"发展规划(送审稿)》《景宁畲族自治县农田水利建设规划(2010—2020年)(送审稿)》和研究《景宁畲族自治县电网"十二五"发展规划(送审稿)》。

2012年,县政府召开常务会议12次。

1月6日,会议审议《关于推进公共文化服务体系建设的实施意见(送审稿)》,研究再生资源回收企业财政扶持补助政策,研究2012年全县十件实事,研究《政府工作报告(征求意见二稿)》《关于景宁畲族自治县2011年国民经济和社会发展计划执行情况与2012年国民经济和社会发展计划草案的报告(征求意见一稿)》和《关于景宁畲族自治县2011年预算执行情况和2012年预算草案的报告(征求意见一稿)》,部署春节期间的安全生产、食品安全工作。

2月15日,会议研究2012年财政支出预算安排方案、2012年固定资产投资计划、2012年全县森林采伐限额以及民族教育券和少数民族城乡医疗保险资金补助问题。审议《景宁畲族自治县旅游富民工程专项改革试点工作实施意见(送审稿)》《景宁畲族自治县妇女发展规划(2011—2015)(送审稿)》和《景宁畲族自治县儿童发展规划(2011—2015)(送审稿)》。

3月22日,会议审议《景宁畲族自治县风情旅游度假区总体规划(2011—2020)(送审稿)》《景宁畲族自治县大仰湖溪源湿地群省级自然保护区总体规划(2011—2020)(送审稿)》《景宁畲族自治县低丘缓坡开发利用规划(送审稿)》《景宁畲族自治县人民政府关于加快发展服务业的实施意见(送审稿)》《景宁畲族自治县规划经费管理暂行办法(送审稿)》《景宁畲族自治县2012年项目推进工作考核办法(送审稿)》《景宁畲族自治县流动人口居住证制度实施意见(送审稿)》,研究城北区块电力线路迁移工程事项和大中专院校毕业生"非转农"工作。

4月27日,会议听取全县十件实事进展情况汇报和一季度经济运行情况汇报,审议《关于"数字惠农"工程农村居民有线数字电视视听费减免50%工作的实施意见(送审稿)》和《景宁畲族自治县邮政普遍服务项目建设实施方案(送审稿)》,审议县委政法委财务单独立户核算有关事宜。

5月31日,会议研究《关于进一步加强垦造耕地工作若干补充意见(送审稿)》《关于当前双后降农民公寓(A区块)相关事项的报告》《关于进一步完善城乡居民医疗保险制度的若干意见》《关于成立丽水产业集聚区生态产业低丘缓坡开发项目景宁组团(农民创业园)开发建设指挥部的有关事宜》和《景宁畲族自治县乡镇街道建立民用枪支弹药集中保管库区实施方案》,听取依法行政工作情况汇报,组织学习《中华人民共和国行政诉讼法》,审议《关于授予张雄文同志景宁畲族自治县"人民好公仆"荣誉称号的议案》。

6月21日,会议研究《丽水产业集聚区生态产业低丘缓坡开发项目景宁组团(农民创业园)征收集体土地和青苗补偿办法(讨论稿)》《景宁畲族自治县委景宁畲族自治县人民政府关于进一步加强人口和计划生育工作的若干意见(送审稿)》《2012年全县工作目标管理综合考核办法》和2012年度县政府规范性文件制定计划(草案),听取景宁畲族风情省级旅游度假区工作推进情况汇报。

7月26日，会议听取《景宁畲族自治县2012年上半年经济运行分析报告》《关于机关事业单位退休人员提高生活补贴比例的情况汇报》《景融家园农贸市场、城北区块景融时代广场等房地产项目事项汇报》《滩坑移民和复建工作汇报》《景宁畲族自治县松材线虫病疫情除治实施方案》，研究《景宁畲族自治县生态休闲养生（养老）经济发展规划》《关于将外舍新区建设用地调拨给安盛低丘缓坡开发建设公司作为银行贷款抵押物的报告》《景宁畲族自治县电力公司国有产权整体无偿划转工作方案》《景宁畲族自治县加强现有人才稳定和管理的补充意见》和《景宁畲族自治县招商引资考核奖励办法（送审稿）》。

8月21日，会议研究《关于实施农村发展六大行动计划加快推进农村改革创新的若干意见》《2012年度景宁畲族自治县农村发展六大行动计划考核办法》《丽水产业集聚区生态产业低丘缓坡开发项目景宁组团（农民创业园）房屋征收与安置补偿方案（送审稿）》，审议《景宁畲族自治县土地监管共同责任机制暂行规定（送审稿）》《鹤溪大酒店B2地块建设方案》，研究《关于加快林业产业结构调整的实施意见》，听取西汇民族风情度假村项目有关情况汇报和城北110千伏变电所工业区块入园企业安排情况汇报。

9月27日，会议审议《景宁畲族自治县2012年度规划编制计划（送审稿）》《关于双后降下山移民点二期土地征用政策处理的相关问题》《景宁畲族自治县人民政府关于加快景宁畲族自治县农村电子商务发展的实施意见（试行）》《景宁大仰湖溪源湿地群省级自然保护区科考报告》《景宁大仰湖溪源湿地群省级自然保护区总体规划》《景宁畲族自治县人民政府办公室关于加强行政调解工作的实施意见》，听取关于增设新社区居委会的相关问题汇报。

10月29日，会议审议《景宁畲族自治县2012年前三季度经济运行分析报告》《关于进一步提升畲乡教育质量的若干意见（送审稿）》，听取金格百汇·万品城人防易地建设费情况汇报，研究外舍新区城市设计编制工作和《景宁畲族自治县干部职工住房分配货币化实施办法》。

12月7日，会议研究《关于我县义务教育学校绩效工资实施中有关问题的补充意见》《关于进一步落实浙人社发〔2011〕223号文件有关问题的处理意见》《关于调整城乡居民医疗保险相关政策》《景宁畲族自治县公立医院综合改革实施方案（送审稿）》《关于“助力畲乡·人才工作室”建设和加强高层次人才队伍建设的若干意见》，审议《景宁畲族自治县乡镇行政区划调整方案》《景宁畲族自治县退役士兵安置暂行办法》（修订草案）、《景宁畲族自治县军人抚恤优待实施细则》（修订草案），听取交通项目前期委托服务单位工作汇报和景宁畲族自治县公交有限公司车辆采用单一来源采购情况汇报。

12月31日，会议研究《景宁畲族自治县学生交通安全保障工程实施办法（送审稿）》《关于构建大社保体系的实施意见》和《滩坑水电站景宁县内移民安置房“两证”办理实施意见》，审议《关于双后降农民公寓A区（沐鹤小区一期）住房计划分配与销售工作方案》。

（县府办）

县政府专题会议

【概况】 2011年，县政府召开专题会议46次。

1月14日，城市公交建设和管理协调会。

2月18日，大漈省级风景名胜区管委会业务用房及大漈乡文化活动中心综合楼建设项目设计有关问题协调会。19日，“云中大漈”国家AAAA级景区创建项目游步道工程超预算情况协调会。22日，澄照乡东畔——东升村土地整理二期工程建设协调会。

3月9日，教育系统“十二五”期间校舍建设项目的设计招投标相关事宜协调会。16日，《景宁畲族风情省级旅游度假区可行性研究报告》审查会。同日，国资公司综合办公楼变压器及配套设备的采购和安装相关事宜协调会。17日，城市重点建设项目招投标有关事宜协调会。

4月2日，加强部门协作，建立税务登记控管制度，从源头上防止税收流失等问题协调会。同日，原景宁县造纸厂遗属严菊英的生活补助费问题协调会。12日，澄照乡东升蔬菜基地基础设施建设相关问题协调会。25日，确定鹤溪城市森林公园设计单位工作协调会。27日，住房公积金管理中心与县房改办机构分离工作协调会。29日，在杭州虎牌控股集团公司四楼会议室就该公司收购浙江宏发能源有限公司后，要求继续享受有关优惠政策问题进行专题研究。

5月3日，县重点工程梧桐坑堤防工程及下山移民小区建设工作协调会。4日，云景高速公路景宁段工程相关问题协调会。20日，110千伏景宁变电所站外线路迁移工程相关问题协调会。27日，公安“天网工程”(社会治安动态视频监控系统)建设和使用事宜协调会。31日，专题研究山洪灾害防治非工程措施项目招投标方式等相关问题协调会。同日，专题研究县水利局关于县城南堤防、中小流域治理、龙石溪堤防等项目前期咨询单位的确定问题协调会。

6月7日，召开土地开发项目后续耕种和地力培肥、低产林改造规划评审会。8日，美丽乡村·魅力畲寨建设项目管理实施办法问题协调会。9日，外舍管理区双坑口、王金垟安置点协调会。29日，双后降农民公寓安置小区(二期)、包凤下山移民安置小区的前期工作等相关问题协调会。

7月8日，娃哈哈集团有限公司有关扶持政策问题协调会。12日，就西汇民族风情度假村项目协调会。15日，群众增收致富奔小康项目——畜禽粪便集中处理中心项目及全县生态畜牧业项目的有关事宜协调会。19日，外舍新区道路网一期土石方工程建设有关问题协调会。

8月12日，西汇民族风情度假村项目政策配套相关事宜协调会。23日，景宁鹤溪城市森林公园建设投资计划调整事宜协调会。

9月7日，召开协调会，会议听取了县望东垟高山湿地自然保护区管理局关于望东垟高山湿地保护区综合管理用房建设情况的介绍。同日，大均木材仓库土地收储工作专题会议。13日，县政府视频会议(应急指挥)系统建设有关事宜协调会。20日，召开专题会议，就供销社部分新老遗属生活费相关问题进行研究协调。22日，千峡湖(景宁段)3号区块疏浚项目管理用房选址有关事宜协调会。26日，畲族风情省级旅游度假区游步道初步设计相关事宜协调会。27日，外舍王金垟复合产业区块防洪渠工程选择施工单位相关事宜协调会。

10月9日，外舍王金垟复合产业区块和城北110千伏变电所工业区块建设相关事宜协调会。10日，外舍管理区犁头岗新村建设有关事宜协调会。25日，溪口至大均风情大道等项目建设相关事宜协调会。

11月8日，对大仰湖溪源湿地群申报省级自然保护区的总体规划进行了初步论证。10日，召开协调会，专题研究梧桐坑小区桥梁设计方案调整工作。11日，畲族风情省级旅游度假区以及自驾车营地规划设计相关事宜协调会。14日，召集相关部门负责人对天堂湖白玉仙开心茶园项目建设进行了初步论证。18日，召开浙江省水域管理范围划界(小溪干流景宁段)专题报告审定会。22日，110区块来料加工厂房项目设计的相关问题进行专题研究协调会。

12月28日，群众增收致富奔小康项目——生态畜牧业建设项目土地审批的有关事宜协调会。

2012年，县政府召开专题会议35次。

2月15日，专题研究部署全县低丘缓坡开发利用试点工作。20日，召开《景宁畲族风情旅游度假区总体规划》审查会。29日，城北廊桥东侧地块及原花岗岩厂、人大花岗岩厂地块规划设计方案优化等问题协调会。

3月6日，县公共卫生综合业务用房与残疾人康复中心项目合建的相关事宜协调会。15日，县林地保护利用规划修编工作的有关事宜协调会。20日，大中专院校毕业生户口“非转农”事宜协调会。

4月16日，九龙乡西岙下山移民安置点建设相关事宜协调会。

5月16日，就文化部门部分建设项目的设计、施工招标等相关事宜进行专题研究。21日，双后降农民公寓供水、排污等工程问题协调会。29日，丽水产业集聚区生态产业低丘缓坡开发项目景宁组团（农民创业园）林地报批工作协调会。

6月18日，召开协调会，专题研究望东垟高山湿地保护建设（二期）项目推进工作。26日，召开协调会，专题研究千峡湖地形测绘工作。

7月3日，深化农村电网体制改革（景宁畲族自治县电力公司国有产权整体无偿划转）工作协调会。13日，云景高速景宁收费所建设工作专题会议。20日，王金垟移民安置点路灯采购有关事宜协调会。23日，大漈乡公益性生态公墓建设有关事宜协调会。30日，召开协调会，专题研究梧桐中心村建设及旧村改造协调工作。

8月15日，召开协调会。专题研究部分城市建设项目前期的相关工作。23日，召开协调会，专题研究双后降农民公寓二期土地征用政策处理问题。同日，召开协调会，专题研究九龙乡畲斗湾农民公寓安置工程建设的相关问题。同日，召开协调会，专题研究东坑镇洋桥头农民异地转移安置点建设的相关问题。24日，召开协调会，专题研究增设社区居委会的问题。27日，召开会议，专题协调“云中大漈”景区群众增收致富奔小康项目有关问题。29日，召开专题会议，研究龙丽温（泰）高速公路云和至景宁段工程建设相关问题。31日，召开会议，专题研究畜牧用地调整有关问题。同日，召开县招投标市场管理委员会会议，就农民创业园一期工程建设有关事项进行专题研究。

9月5日，召开会议，专题研究西汇民族风情度假村项目相关事宜。11日，召开协调会，专题研究景宁县人才专项房建设问题。18日，召开协调会，专题研究景宁正达阳光城建设后期相关问题。24日，召开协调会，专题研究大均中心村建设国有土地出让相关遗留问题。25日，召开县文化体制改革工作领导小组会议。

10月26日，召开县招投标市场管理委员会会议，就农民创业园基础设施工程招投标有关事项进行专题研究。

11月22日，召开协调会，专题研究梧桐乡自供区电网移交工作相关问题。

12月17日，召开协调会，专题研究土地开发相关遗留问题。28日，召开双后降农民公寓（一期）工作协调会，专题研究双后降农民公寓销售的有关事宜。

（县府办）

政府工作会议

【全县群众增收致富奔小康工作动员大会】 2011年2月12日下午，在县政府五楼会议室召开。县委书记武昌出席并作重要讲话，县委副书记、县长钟昌明主持会议，县委常委、副县长叶金堂作《群众增收致富奔小康工作报告》。县领导蓝良兴、彭岳舜、严铁华出席会议。会上，县委、县政府与各乡镇(管理区)、相关部门签订了群众增收致富奔小康工作目标管理责任书。东坑镇、澄照乡、县农办和水利局在会上作了表态发言。各乡镇(管理区)党政主要负责人、分管领导；项目责任单位主要负责人、分管领导；相关单位主要负责人参加会议。

【全县安全生产工作会议】 2011年3月21日下午，在县政府五楼会议室召开，县委副书记、县长钟昌明，副县长翁伟荣出席会议并作重要讲话。各乡镇(管理区)主要负责人和分管领导、县直部门主要领导和部分企业负责人共计120多人参加会议。会议总结回顾了2010年及“十一五”期间的安全生产工作，深入分析了当前的安全生产形势，安排部署了“十二五”期间及2011年安全生产工作任务。会议指出，近年来景宁县安全生产工作实现了事故总量、事故死亡人数、直接经济损失“三项指标”连续6年零增长，有效防范和坚决遏止了较大事故，杜绝了重特大事故发生，圆满完成了各项目标任务，并连续5年在全市安全生产考评中获得优秀称号。会议要求，各乡镇(管理区)、各相关部门要进一步认清安全生产工作面临的严峻形势，牢牢把握“安全第一，预防为主，综合治理”方针，发挥主动性和创造性，忠于职守、真抓实干，扎实做好各项工作，有效防范和坚决遏制各类事故的发生，努力促进安全生产形势持续稳定好转，切实保障人民群众生命财产安全，为促进“平安景宁”提供安全保障。会议强调，安全生产无小事，责任重大。各乡镇(管理区)、各相关部门要牢固树立安全发展理念，时刻绷紧安全生产这根弦，群策群力，齐心协力，全力做好安全生产各项工作，努力防范各类事故，推进安全生产形势持续稳定好转，为全县经济社会又好又快，更好更快发展做出新的更大的贡献。会上，钟昌明县长还代表县政府与各乡镇(管理区)及各相关部门签订了2011年安全生产工作目标管理责任书。

【全县旅游发展大会】 2011年4月20日下午，在畲乡大酒店十三楼满江红会议室召开。会议回顾总结全县“十一五”时期旅游工作情况，全面部署“十二五”时期旅游工作和2011年旅游重点工作。省旅游局副局长叶建国，副市长梁细弟，市旅游局局长邹培书应邀参加大会。县委书记武昌出席并作重要讲话，武昌在讲话中强调，要进一步解放思想，坚定信心，抢抓机遇，开拓进取，努力做大做强旅游产业，为实现“三大目标”，建设“安康幸福、景秀人宁”的中国新畲乡提供坚实的产业支撑。县人大常委会主任蓝良兴，县政协主席彭岳舜出席，县委常委、副县长叶金堂主持会议，副县长张雄文作工作报告。会议表彰了2010年度全县旅游工作先进集体和个人。鹤溪镇、大漈景区管委会、望东垟管理局、县旅游局在会上作了表态发言。各乡镇(管理区)党(工)委书记或乡镇长、分管领导，县直机关各单位主要负责人，旅游局班子成员，有关行政村支部书记，涉旅企业负责人参加会议。

【全县人口和计划生育工作会议】 2011年4月27日上午，在县政府五楼会议室召开。会议回顾总结了全县“十一五”时期人口和计划生育工作情况，全面部署“十二五”时期人口和计划生育工作及2011年人口计生重点工作。县委书记武昌强调，要以坚定的决心、务实的作风、昂扬的斗志和卓有成效的工作，努力开创景宁人口计生事业新局面，为实现“三大目标”，建设“安康幸福、景秀人宁”的中国新畲乡创造良好的人口环境。县委副书记、县长钟昌明主持会议，并代表县政府与各乡镇(管理区)、有关部门负责人签订《2011年度人口和计划生育目标管理责任书》。县人大常委会主任蓝良兴出席会议，副县长胡晓红作工作报告。县人口和计划生育领导小组各成员单位，各乡镇（管理区）党委或政府主要领导、分管领导和全体计划生育专职干部参加会议。

2012年6月20日下午，县委、县政府召开全县人口和计划生育工作会议。县委书记林康强调，要充分认识做好新时期人口计生工作的重大意义，切实增强责任感，进一步提升服务水平，创新工作机制，全面做好人口与计生工作，奋力推进人口计生工作再上新台阶，圆满完成全年人口计生工作任务，为推动全县经济社会和谐发展作出应有的贡献。县委副书记、县长蓝伶俐主持会议，并与各乡镇（街道）、有关部门负责人签订了《2012年人口和计划生育目标管理责任书》。县人大常委会副主任罗德伟，县政协副主席雷香兰出席会议。副县长季建标作工作报告。会议表彰了2011年度人口计生工作先进集体和优胜单位。县公安局、沙湾镇、大漈乡分别作了交流发言。县人口和计划生育领导小组成员单位主要负责人，各乡镇（街道）党委或政府主要领导、分管领导，全县计划生育专职干部参加会议。

【全县水利工作会议】 2011年4月28日召开。会议系统总结回顾了“十一五”时期该县水利事业发展取得的成就、积累的经验，全面部署了“十二五”时期该县水利发展的各项工作。县委书记武昌强调各乡镇、管理区、各部门及水利系统的全体干部职工要以高度的事业心和责任感，抢抓水利发展的历史机遇，投身畲乡水利建设，推动全县水利事业跨越式发展。县委副书记、县长钟昌明主持会议，副县长江少伟作工作报告，县人大常委会主任蓝良兴出席会议。会议表彰了2010年度全县抗洪救灾先进单位和先进个人、2010年度农村饮用水安全工程建设和管理先进单位及先进个人并与各单位签订了2011年度防汛抗旱工作和水利工作责任书。

【全县工业经济工作会议】 2011年4月28日下午，在畲乡大酒店十三楼满江红会议室召开。县委书记武昌强调要坚定信心，鼓足士气，为贯彻实施全市决战工业三千亿行动计划，实现景宁县“十二五”期间工业100亿奋斗目标，强化举措，狠抓落实，加快扩量转型步伐，实现工业发展新的跨越。县委副书记、县长钟昌明主持会议，县领导郭海光、杨唐珠、尤建平出席会议，副县长翁伟荣作工作报告。会议表彰了2010年度全县工业经济工作、来料加工工作、节能降耗工作、企业跨越奖先进集体和个人。县政府与各乡镇、管理区、相关部门签订了2011年度节能降耗责任书。鹤溪镇、外舍管理区、县经贸局、县国土局作了表态发言。各乡镇、管理区党委或政府主要领导、分管领导，相关部门的主要负责人，重点骨干企业的主要负责人参加会议。

【全县科技大会暨人才工作会议】 2011年11月4日召开。县委书记武昌、县人大常委会主任蓝良兴、县长钟昌明、县政协副主席雷香兰、县委常委、组织部长潘伟、县政府分管科技副县长胡晓红出席会议。钟昌明主持会议，武昌作了重要讲话。会议全面总结交流了“十一五”时期景宁科技及人才工作取得的成效和经验，全面部署“十二五”时期科技及人才工作任务，隆重表彰了科技、人才战线的先进单位和优秀代表，5个单位和个人代表进行了交流发言。参加这次会议的有，各乡镇（管理区）党委或政府的主要领导和分管领导，县直机关各单位的主要负责人，省、市科技特派员，县重点企业负责人，县第二届科学技术进步贡献奖和第三届科学技术进步奖获得者，县第二届拔尖人才和科技新秀、县“十佳”大学生村干部，县委组织部和县科技系统的全体干部职工。

【全县“村务平台”建设推进会】 2012年7月14日上午，在影城召开。县委书记林康出席并讲话。他强调，要统一思想，提高认识，精心谋划，扎实推进“村务平台”建设，切实把基层党建抓具体、抓实在、抓到底，以优异成绩迎接中共“十八大”胜利召开。县委副书记、县长蓝伶俐主持会议。县领导严铁华、叶金堂、潘晓泉、蓝小明、潘伟、陈晓敏出席会议。县委常委、纪委书记陈锡星作工作部署。会上，梧桐乡作了经验介绍，县委组织部、县委政法委作了表态发言。其他副县以上领导，各乡镇（街道）党政正职、副书记（纪委书记）、纪委副书记、组织干事，各村支部书记、村委会主任，县直机关各单位党政正职，县纪委（监察局）、县委组织部、县委政法委全体干部参加会议。

【全县生态县建设暨环境保护大会】 2012年8月15日下午，在县政府五楼会议室召开。会议深入贯彻落实第七次全国环境保护大会、第八次全省环境保护大会和第一次全市环境保护大会精神，总结“十一五”以来景宁县环境保护工作所取得的成绩和经验，研究部署“十二五”期间及2012年全县生态环境保护工作。县委副书记、县长蓝伶俐出席并讲话，县委常委、纪委书记陈锡星主持会议。县人大常委会副主任夏培玲，县政协副主席雷香兰出席会议。副县长雷应江作工作报告。报告指出，2012年景宁县生态环保工作的主要目标是：一个确保，即确保完成减排任务。按照目标责任书要求，2012年要完成“十二五”时期减排指标总量削减目标的20%。一个提升，即提升生态县建设成果。巩固好省级生态县建设成果，并继续推进系列创建工程，大力开展村庄环境整治，以“811”生态文明推进行动为抓手，切实保障群众权益。四个齐头并进，即严格环境执法、加强环境监测、注重项目管理、强化队伍建设等四项工作齐头并进。会上，蓝伶俐县长和乡镇、街道、部门签订目标责任书。县环保局、县农办、县住建局、沙湾镇作表态发言。会议表彰了2011年度生态建设与环境保护工作先进单位、全县农村生活垃圾收集清运先进单位和先进保洁公司。与会人员还观看了景宁县《农村生活垃圾集中处理工作纪实片》。各乡镇、街道主要领导和分管领导，生态县成员单位主要负责人，企业代表、各保洁公司负责人等参加会议。

【全县重点项目工作点评会】 2012年11月1日上午，在县行政中心1号楼五楼会议室召开。县委书记林康出席并讲话，强调各乡镇（街道）、各部门要切实把心思集中到“能干事、会干事”上，盯紧目标，全程跟踪，强力推进重点项目建设，确保全面完成全年各项目标任务。县委副书记、县长蓝伶俐就年初以来全县经济社会运行情况和项目推进情况作工作点评。县领导蓝良兴、严铁华、程巧琴出席会议，县委常委、常务副县长叶金堂主持会议。县交通局、水利局、住建局、鹤溪街道、红星街道在会上作表态发言。相关乡镇部门领取了工作督查令。其他副县以上领导，各乡镇、相关单位主要负责人，以及红星街道、鹤溪街道、发改、住建、国土、交通、水利等部门班子成员参加会议。

【全县依法行政暨行政调解工作推进会】 2012年11月9日，在县行政中心2号楼一楼报告厅召开。会议回顾总结了2011年以来全县依法行政工作情况，并对下阶段依法行政、行政调解重点工作作了安排部署。县委副书记、县长蓝伶俐出席会议并讲话，副县长潘娅红主持会议。会议还邀请市政府副秘书长、法制办主任计勇强作依法行政专题讲座。县政府直属各单位、各乡镇（街道）主要负责人及分管领导参加会议；县政法委负责人，县人大法制工委、县政协民宗台侨和社法委负责人，以及县法院相关人员应邀列席会议。

【迎接省级文明县城复评工作动员大会】 2012年11月29日召开。县委书记林康出席并讲话。强调全县上下一定要高度重视，以更大的领导力度、更大的投入力度、更大的督办力度，以必胜的信心、扎实的作风，一鼓作气，合力攻坚，为确保复评一举成功而努力奋斗。县委副书记、县长蓝伶俐主持会议，县领导蓝良兴、严铁华、程巧琴等出席会议。县委常委、宣传部长潘晓泉作动员报告。报告指出：景宁县于2009年荣获“浙江省文明县城”称号。近年来，县委、县政府不断加大县城建设和管理力度，经过3年多时间的巩固提高，城市功能得到进一步改善，县城市容市貌发生了巨大变化，居民生活质量和幸福指数大幅提高。根据浙文明办〔2012〕21号文件通知，2013年3—4月期间，省文明办将组织复评考核组对景宁县省级文明县城进行复评。按照相关要求，结合景宁县实际，迎接省级文明县城复评工作分为调查摸底、宣传发动、组织实施、自查整改、迎接考核等5个阶段。县公安局、住建局、卫生局、工商局、红星街道、鹤溪街道在会上作表态发言。其他副县以上领导，县直机关各单位主要负责人，红星街道、鹤溪街道党工委书记和副书记，办事处主任和常务副主任，人大工委主任、城区四个社区书记和主任、城中村支部书记和村委主任，老干部代表参加会议。会后，县文明办还对与会人员进行了相关业务培训。

县政府重大活动

【省级生态县现场验收】 2011年2月14日，由省生态办副主任、省环保厅副厅长方敏带队的省级生态县创建验收组来景宁考核验收省级生态县创建工作。验收组一行首先分成两组，分别深入垃圾填埋场、溪口污水处理厂、大自然食品有限公司、景宁中学、畲族博物馆、东坑镇深垟村、东坑污水处理厂、白鹤垃圾中转站、畲乡生态养殖场、天堂湖白玉仙茶基地等，对景宁县环保基础设施、省级绿色学校、生态企业、生态农业、城市建设、畲族文化等工作开展情况进行现场考核验收。资料组对景宁县创建省级生态县档案资料进行核查。在省级生态县创建工作汇报会上，验收组一行观看了景宁生态县创建专题片，并听取了创建工作报告和创建技术报告。经过讨论，验收组一致认为，景宁县委、县政府高度重视生态县建设，围绕“一三四八”发展战略，根据“绿色生态立县”战略方针，弘扬畲乡特色生态文化，大力发展生态经济，夯实环境基础设施建设，美化生态人居环境，生态环境质量优良，生态建设成效显著。主要体现在以下四方面：领导重视，构建生态建设保障体系；夯实基础，营造和谐生态人居；综合整治，环境质量继续保持优良；因地制宜，大力发展生态经济。创建省级生态县工作报告、技术报告全面，档案资料齐全、规范、数据翔实，对照《浙江省省级生态县创建工作考核验收与管理暂行办法》，各项考核指标基本符合省级生态县的要求，同意通过现场验收。

【2011年中国畲乡三月三暨电影艺术家采风景宁行·民族大联欢活动】 2011年4月5日，由浙江省景宁畲族自治县人民政府、中国电影家协会联合主办的，以“畲乡三月三大联欢，共庆建党九十年”为主题的“2011年，中国畲乡三月三暨电影艺术家采风景宁行·民族大联欢活动”隆重开幕。省人大常委会副主任吴国华致辞并宣布开幕。市委常委、统战部部长蓝资霞致贺词。中国电影家协会分会党组书记、常务副主席康健民，八一电影制片厂副厂长马维干，市领导吕文明、梁细弟、吴炳全等出席开幕式。

【红星、鹤溪街道授牌授印仪式】 2012年5月24日，在县府大院隆重举行。县委书记林康出席并讲话，县人大常委会主任蓝良兴主持仪式。县政协主席严铁华，县委常委、常务副县长叶金堂，县委常委、纪委书记陈锡星，县委常委、县委办主任陈晓敏,县人武部部长高天河出席仪式。县委常委、组织部部长潘伟在仪式上宣读撤鹤溪镇设红星、鹤溪街道的相关决定。县委书记林康向两个街道的党工委书记授印。林康、蓝良兴、叶金堂、陈锡星、高天河分别为两个街道的党工委、人大工委、办事处、纪工委、人武部授牌。仪式结束后,林康、蓝良兴、严铁华、王益等县领导还分别到鹤溪、红星两个街道驻地,为街道成立揭牌。

【农民创业园开工典礼】 2012年6月19日下午,在澄照东畔坳村隆重举行。县委书记林康宣布澄照农民创业园开工,县委副书记、县长蓝伶俐致辞,县领导蓝良兴、严铁华、叶利东、吴昌亮和县人民法院院长柳启东,县经济开发区管理委员会主任季晓伟等出席。县委常委、常务副县长叶金堂主持开工典礼。林康、蓝伶俐为景宁畲族自治县丽水产业集聚区生态产业低丘缓坡开发项目景宁组团(农民创业园)开发建设指挥部授牌。蓝伶俐在致辞中对项目开工表示热烈祝贺,向为项目前期工作付出辛勤努力的工作人员表示衷心感谢。

【2012年首届中国·浙江畲族服饰设计大赛】 2012年11月17日,2012年首届中国·浙江畲族服饰设计大赛总决赛颁奖盛典在景宁畲族自治县举行。本次大赛由景宁畲族自治县2012年,首届中国(浙江)畲族服饰设计大赛组委会主办,丽水市广播电视总台承办。省政协副主席、省委统战部部长汤黎路出席颁奖盛典并颁奖。省民宗委副主任陈智慧,市委常委、统战部部长廖思红致辞并颁奖。国家民委民族理论政策研究室正司级副主任黄忠彩,国家民委文宣司副司长马继祖,中国民族团结杂志社党委书记、社长、总编辑郭正英,国家教育部民族教育发展中心副主任赵建武,市领导陈重、沈根花等参加颁奖或出席颁奖盛典。2012年,首届中国·浙江畲族服饰设计大赛自8月份启动以来,经过对参赛作品进行三轮认真细致的评审挑选,最终产生系列常规实用型服装20组,单套常规实用型服装20组入围总决赛。

【重点项目第一集中开工周启动仪式】 2012年11月18日,景融时代广场、双后岗移民点二期、气象灾害监测预警迁建、沙湾村立面改造等四个项目举行集体开工仪式。县委书记林康,县委副书记、县长蓝伶俐,县人大常委会主任蓝良兴,县政协主席严铁华等出席,县委常委、常务副县长叶金堂主持仪式。北京市政协原副主席王长连,北京市西城区人大常委会原副主任侯九义,中国科技部机关服务局副局长栾世华参加。林康宣布项目开工,蓝伶俐在开工仪式上致辞。景融时代广场项目占地23197.05平方米,总投资4.59亿元,处于高速公路出入口区域,由商铺、娱乐、超市、住宅及辅助设施组成。

【"省级森林城市"通过考核验收】 2012年12月11—12日,由省人大常委会副主任程渭山为组长的省森林城市检查验收组在副市长任淑女,市林业局局长项旭平的陪同下,对县"省级森林城市"创建工作进行考核验收。验收组对景宁的创森工作给予了高度评价,一致认为,景宁各项硬性指标均达到省级森林城市的评价指标,予以通过省森林城市创建考核验收。

【畲乡风情运动会】 2012年5月10日上午,由省委宣传部、省体育局、省总工会联合主办,景宁畲族自治县人民政府、县委宣传部、县体育局、县总工会联合承办的2012年浙江省全民健身浙南片区"种文化"——畲乡风情运动会开幕式在县体育运动场隆重举行。省体育局副局长孔建军宣布运动会开幕。副市长梁细弟、县委书记林康致辞。县人大常委会主任蓝良兴、县政协主席严铁华等出席,副县长胡晓红主持开幕式。省、市体育局相关负责人，全省创建2012年省级体育强乡（镇）、先进街道（社区）的单位以及获省级城市体育先进街道称号的单位所组成的52个代表队参加开幕式。运动会最终产生团体一等奖一名，二等奖3名，三等奖五名，优秀组织奖若干名。大会同时还向获得五个单项比赛前八名的运动员颁发了获奖证书。

（县府办）

十件实事

【2011年全县十件实事】 深入实施群众增收致富奔小康工程，认真落实各项帮扶措施。一是着力帮助18440位低收入群众年收入超过4000元。二是积极改善农村环境，重点建设美丽乡村·魅力畲寨10个，完成双后降农民公寓安置小区一期工程建设，全县完成下山移民2000人，其中高山远山搬迁1800人，地质灾害隐患区搬迁200人。三是加快发展来料加工业，重点抓好城北110千伏变电所工业区块来料加工标准厂房建设，新建较大规模的来料加工点5个，全年完成来料加工费6000多万元，解决了一大部分农村妇女就业问题。四是加强城乡医疗保障制度和农村医疗服务体系建设，新建或修建村级卫生室71个，建设定期巡回诊疗点146个，城乡居民医疗保险人均筹资标准达到315元，参保率达到95%以上。五是为加大城镇住房困难群众保障力度，第二批120套廉租住房开工建设，逐步解决城镇住房困难居民的住房问题。六是完成县城停车场建设规划，增加停车位，加强停车管理和交通疏导，在主要交通路口添置红绿灯，在学校、医院门口等人员密集、车辆拥挤地段增设减速带，着力缓解城区交通拥堵问题。七是完成全县中小学校舍安全改造工程，深化教育集团化改革，推动城乡教育均衡优质发展。八是抓好“菜篮子”工程，加强蔬菜基地建设，保障市场供应，打击价格垄断行为，保持蔬菜价格趋向合理水平。九是完成城区有线电视数字化整体转换工程，乡镇村完成50%以上的整转任务。十是继续推进“银行卡助农取款服务”工作，新建服务网点31个，基本满足农村群众的金融服务需求。

【2012年全县十件实事】 一是抓好县城停车规划，启动府前桥改造和停车点建设，加强县城交通管理，县城主干道推行咪表管理，缓解城区停车和道路拥堵问题。二是完成60套廉租房建设，启动192套公共租赁房建设，解决70户住房困难群众的住房问题。三是完成澄照东升蔬菜基地建设，提升县城本地蔬菜的供应能力，启动城北农贸市场建设，推进县城其他农贸市场改造提升，提高市民对“菜篮子”工程的满意度。四是完成“数字影院”改造，免费开放畲族博物馆和图书馆，完成乡镇文化站和“农家书屋”建设，深入开展文化惠民活动，进一步丰富城乡居民的精神文化生活。五是基本完成入城景观公园、茶山公园新建和石印山公园改造，为居民休闲娱乐提供健康舒适的场所。六是全面完成邮政普遍服务项目建设，实现“乡乡有局所、村村建邮站”目标，为农村居民提供更加方便快捷的邮政服务。七是实施“数字惠农”工程，全县有13000多户农村居民的数字电视视听费减免50%。八是建成张春幼儿园、梧桐幼儿园，启动沙湾幼儿园建设，加强学前教育管理，全县学前三年幼儿入园率提高到93.2%，缓解幼儿入园难问题。九是扎实推进美丽乡村·魅力畲寨建设，不断改善农村居民的生产生活条件。十是深入实施低收入农户奔小康工程，积极落实产业帮扶、贷款帮扶等措施，有2200多位低收入农户年收入达到4000多元。

（县府办）

县政府办公室工作

【政务信息】 2011年采编信息553条，被采用148条，其中被市府办《每日要情》采用115条,《政务工作交流》采用2条,《专报信息》采用7条,市领导批示4条;被省政府办公厅《最新选编信息》采用12条,《昨日要情》采用11条,《专报信息》采用4条,《政务工作交流》1条,《上报国办信息》采用1条,省领导批示4条。2012年共编写上报信息410条,被采用130条。其中,被市府办《每日要情》(《政务信息》)采用72条,转报省政府信息30条,市领导批示2条;被省政府办公厅《最新选编信息》采用8条,《昨日要情》采用1条,省领导批示1条。

【信息公开】 2011年,全县主动公开政府信息9293条,其中县本级主动公开政府信息1792条,乡镇和部门主动公开政府信息7501条,收到一例政府信息依申请公开并及时进行了答复。2012年,全县主动公开政府信息9374条,其中县政府办公室主动公开政府信息1537条,乡镇和部门主动公开政府信息7837条,收到4例政府信息依申请公开并及时进行了答复。2011年、2012年均没有发生涉及政府信息公开的行政复议、行政诉讼和举报投诉案件。

【政务督查】 2011年,共组织或参与政务督查15次,编发各类督查与反馈材料9个,其中编发景政督函3份、《督查反馈》2期、《政务督查》通报3期。2012年,共组织或参与政务督查17次,编发各类督查与反馈材料9个,其中编发景政督函5份、《督查反馈》3期、《政务督查》通报2期。

(县府办)

法治工作

【法治政府】 2011年,县政府学习贯彻国务院《全面推进依法行政实施纲要》《关于加强市县政府依法行政的决定》《关于加强法治政府建设的意见》,全年共组织行政执法人员培训3期,进行公务员培训2期,普法培训讲座1期,受训人员达1500多人次;县政府常务会议听取依法行政工作汇报2次、集体学法2次,组织召开法治政府建设专题讲座1次;全年共计165条信息被上级法制机构录用,其中被国务院法制办录用2条,被省政府法制办录用102条,被市政府法制办录用61条。

2012年,县政府召开全县依法行政暨行政调解工作推进会,邀请法律专家作依法行政专题讲座;县政府常务会议两次听取依法行政工作汇报,两次开展《中华人民共和国行政诉讼法》等内容的集体学法活动,并专题研究了景宁畲族自治县关于加强行政调解工作的实施意见;开展依法行政示范单位创建,按照省、市关于创建依法行政示范单位活动的要求,出台《景宁畲族自治县依法行政示范单位创建暂行管理办法》,确定县国税局、县交通运输局、县财政地税局为县级依法行政示范单位培育对象,确定县国税局为市级依法行政示范单位培育对象;全年共有173条信息被上级法制机构录用,其中被国务院法制办录用2条,被省政府法制办录用56条,被市政府法制办录用115条;县政府法制办公室在政策法规科和复议应诉科的基础上,增设了行政调解指导中心及县法律事务中心,增加事业编制2名。

【公民权益依法保障行动计划】 2011年,县政府深入实施公民权益依法保障行动计划,组织全县各单位总结有关实施《公民权益依法保障行动计划》的经验和做法,共梳理总结典型经验8条;行政诉讼应诉案件13件,行政复议申请4件,办理结果确认具体行政行为违法1件、终止行政复议3件,在全市行政复议案卷评查活动中被评为先进单位;严格按照《景宁畲族自治县行政机关负责人参加行政复议和行政诉讼出庭应诉办法》的规定,督促行政机关负责人出庭应诉,行政机关负责人出庭应诉率达到66.7%;制发《行政机关负责人应诉通知书》4份、《行政复议和行政应诉工作情况专报》1期。

2012年，印发景宁畲族自治县2012年度公民权益依法保障行动计划重点工作及责任分解；全年共受理行政复议申请2件，办结2件，在全市行政复议案卷评查活动中，一个案卷被评为优质案卷；行政应诉案件4件，维持具体行政行为1件、驳回诉讼请求1件、经协调原告撤诉1件、撤销具体行政行为1件，行政机关负责人出庭应诉率为75%；建立行政复议应诉工作通报制度，及时通报工作情况，针对景宁县发生的行政复议、行政诉讼案件以山林权属纠纷为主的现象，向各乡镇政府下发了《行政复议建议书》。

【规范性文件工作】 2011年，县政府计划制定政府规范性文件3件，实际制定2件，计划执行率为66.7%；审查、备案规范性文件5件；开展对有关征地拆迁的规范性文件及涉及行政强制内容的行政规范性文件清理工作。

2012年，县政府计划制定政府规范性文件2件，实际制定2件，计划执行率100%；审查、备案规范性文件6件；对2010年规范性文件清理时保留适用、修改适用的规范性文件，以及2010年、2011年发布的规范性文件进行了全面清理。

【行政执法监督】 2011年，对54名新增执法人员的执法证实行信息网上传输等工作。根据省法制办的统一部署，组织31名行政机关工作人员参加行政执法资格网上考试，21人通过考试，合格率达68%；调取了公安、卫生、工商等执法部门行政处罚和行政许可案卷近170卷，集中到县政府法制办公室进行案卷评查，评选出优秀办案单位、优秀办案人员及优质案卷，并对案卷评查结果进行通报。

2012年，组织了61名新增行政执法人员参加法律综合知识资格考试，举办了全县证件管理员业务培训会，行政执法证件到期换证率为100%；对烟草、国土等21个行政执法部门105个行政处罚和行政许可案卷进行案卷评查。

【依法行政】 2011年，县政府出台《重大行政决策事项公示及听证办法》和《县政府法律专家咨询工作制度》，建立了法律咨询专家组，完善了科学民主决策机制，全面促进各项行政决策合法化、行政执法规范化、行政监督法制化；将依法行政工作纳入年度目标管理综合考核体系。

2012年，县政府及时调整了县全面推进依法行政工作领导小组成员，继续实行"一把手"负总责、分管领导直接抓、县政府法制办具体负责组织实施的工作机制；修订了《景宁畲族自治县人民政府工作规则》；下发了2012年度全县依法行政工作目标责任制考核办法。

（县法制办）

外事工作

【出国(境)情况】 2011—2012年，共办理参团的因公出国(境)团组22批22人次，省管干部1人，市管干部7人，县管干部11人，企业1人，教师去英国进修2人；国家组团的双跨团组2人、省级组团7人、市级组团13人。

【接待外宾工作】 2012年5月8日，以色列驻上海总领事艾雅克一行莅临景宁观考察访问，艾雅克一行先后参观了大均畲乡风景区和景宁畲族博物馆，对景宁的地方民俗文化表现出了浓厚的兴趣，并希望双方今后加强各方面的联系与合作。2012年10月24日，韩国全罗南道教育领导莅景宁访问交流，根据"千校结好"项目总体部署，景宁畲族自治县职业高级中学与韩国全罗南道顺天金塘高级中学签订了友好协议书。

（县外事办）

政府审批服务工作

【概况】 2011—2012年，景宁县行政审批中心(以下简称"中心")认真贯彻落实全国深化行政审批制度改革工作电视电话会议和规范与创新招标投标试点工作会议精神，以“深化行政审批制度改革、规范公共资源交易行为”为目标，积极打造政府综合服务平台，努力为全县社会经济持续快速发展做出新贡献。两年收件121056件，办结121056件，办结率达100%。其中即办件104503件，占总数的86.45%。共完成进场交易1085个，交易额达18.373亿元。政府采购共完成759个项目（次），财政预算为12010.24万元，采购金额为9232.83万元，节约资金2777.41万元，节约率达23.12%。中心领导通过与部门的主动沟通、积极协调为联系村（张坑下）争取一事一议奖补项目（徐坑自然村至山垟自然村道路硬化工程）资金20万元。

【巩固“两集中两到位”改革成果】 开展“两集中两到位”回头看工作，要求各进驻部门单位进行了自查自纠，会同县纪委按照“两集中两到位”行政审批职能归并改革工作的要求，对各进驻部门、事项、人员、授权情况进行全面督查，对督查中发现的问题，要求进驻部门立即进行整改，确保真正做到“两集中两到位”。2012年年底，全县行政审批部门集中进驻率和行政审批事项集中办理率分别达到100%和91%，超过了市委、市政府对“行政审批事项集中办理率与行政审批部门集中进驻率分别达到80%”的要求。

【审批服务】 根据丽水市委、市政府出台的《关于深化行政审批制度改革推进审批服务提质提速的实施意见》（丽委〔2012〕9号）和《关于推行投资项目审批代办制的实施意见》（丽委办〔2012〕69号）文件精神和《景宁畲族自治县人民政府办公室关于印发景宁畲族自治县行政审批提速增效的实施意见》（景政办发〔2012〕95号）文件精神，中心按照依法推进和高效便民的原则，督促各部门对部门内的行政审批事项开展精简工作，重新梳理各审批事项的前置条件、申报材料和审批环节、审批流程、压缩承诺时限，切实提高行政审批效率；于2012年6月16日召开“创先争优、提高两率”表态发言会，进一步深化行政审批制度改革。2012年年底，全县424项行政审批事项（其中324项行政许可事项，100项非行政许可事项）法定时限总和为9645个工作日，承诺时限为1026个工作日，行政审批提速率达89.36%，超额完成了80%的考核目标。

【电子辅助评标系统建设】 2012年，中心党组通过及时汇报、主动沟通、积极协调，全面落实了电子辅助评标系统和电子远程异地评标系统建设所需资金、设备及配套政策，顺利完成与软件开发商的技术对接和系统运行测试，并于8月13日举办了由监管部门、评标专家、代理机构工作人员及各建筑企业（房建、市政）相关业务人员参加的系统操作使用培训班。9月29日电子辅助评标系统正式运行。

【公开工作】 认真贯彻实施《政府信息公开条例》，充分利用网站、宣传窗、政府信息查阅室、中心简报等载体，全面公开有关信息，实现信息公开工作规范化、制度化，为公众查阅政府公开信息提供了固定场所和渠道。同时，努力加强对各乡镇、部门两公开工作的检查指导，每季以简报的形式进行督查通报，并编制《领导参阅》为领导决策提供依据，切实规范公开工作。

【政府热线电话处置工作】 县政府热线办公室坚持“集中受理、分类处置、统一反馈”的原则，开通24小时热线服务，确保政府部门与社会公众的交流渠道畅通无阻。两年共接听热线电话220件次，及时答复178件次，及时转有关部门办理42件次。

（县行政审批中心）

机关事务管理

【概况】 景宁畲族自治县根据《丽水市机构编制委员会〈关于

同意设立景宁畲族自治县机关事务管理局〉的批复》（丽编委〔2008〕103号）和景宁畲族自治县政府机关后勤服务及接待工作的实际需要，于2009年12月正式发文设立景宁畲族自治县机关事务管理局（挂中共景宁畲族自治县委、景宁畲族自治县人民政府接待办公室牌子）[以下简称县机关事务局（接待办）]，2010年3月正式挂牌运行，业务上接受县委办公室、县府办公室的领导。2012年12月县机关事务局（接待办）经报浙江省公务员局批准列入参照公务员法管理的正科级事业单位，内设办公室、接待科、财务科、保卫科和公共机构节能管理科等5个职能科室，编制13名（其中：局长1名，副局长2名；股级领导职数6名）。下属两个纯公益类正股事业单位：后勤服务中心编制15名，编外用工15名，股级领导职数3名；机关车队编制12名，编外用工8名，股级职数3名。2012年年底实有人数57人。

【基础设施建设】 2011年，对县行政中心电力通讯管网、道路、车库、园林绿化等进行改造，结束了原来电力、移动、电信、联通、电视等管网室外布局“蜘蛛网”的现状；2012年，县行政中心原景宁宾馆改造成办公楼工作全面结束，为行政中心增加了办公场所10000多平方米。同时，对县委县政府1号楼进行内部粉刷和修补，以及县府宿舍小区基础设施改造和绿化美化等工程。

【公共机构节能工作】 2012年经报批在全市率先成立公共机构节能管理科，负责全县147家单位的节能管理工作。联合软件公司开发了景宁能耗统计网上直报系统。同年4月，组织召开了全县首次节能管理工作大会，对各单位节能管理分管领导、能耗统计员进行了业务培训和宣传工作。到2012年年底，全县公共机构单位全年人均能耗和单位面积能耗下降比例分别控制在3.2%与3.6%以内。

【安全保卫工作】 2011年接待来访人员112批次1530余人次；2012年接待来访人员2693人次，其中集体上访67批次1000余人次，20人以上47起，均做到了有序信访。

【后勤保障工作】 两年来，县机关事务局（接待办）积极探索后勤服务社会化新模式，采取花钱买服务，管事不管人的外包模式进行管理。全面推行将物业保洁、安保、会务等工作与景宁兴盛家政服务有限公司、博业职业介绍所、新世纪人力资源有限公司、保安公司。企业两年服务大中型政务会务2243场次，60000余人次。

【公务用车管理】 通过完善“一车一档”“一车一卡”“加油卡专卡专用”等管理制度和管理模式，统一配置了高速公路不停车收费系统，有效提升了公务用车使用管理，保证了行车安全。两年来共计出车6457余台次，行驶里程131.9万公里。

【公务接待工作】 县机关事务局（接待办）围绕景宁畲族自治县县委、县政府重大活动、重大项目，公务接待活动充分展现畲乡人民热情、节俭、特色、安全的接待风格。2011-2012年来，共接待来宾1389批26903人次。其中2011年接待中央和国务院部委来宾26批496人次；省级主要领导及部门来宾266批5504人次；市级领导工作组及来宾272批4520人次；其他来宾170批4859人次。

（县府机关事务局）

中国人民政治协商会议景宁畲族自治县委员会

综 述

【概况】 2011-2012年，县政协常委会以科学发展观为指导，深入贯彻落实中共十七大、十八大精神，牢牢把握两大主题，按照县委的总体部署和要求，认真履行三大职能。全委会上广大委员围绕“十二五”规划纲要、《政府工作报告》和其他报告进行认真讨论；就社会管理、民族文化等议题，以大会发言等形式进行整体协商。常委会以“加快融入海西步伐”“现代农业发展”为重点课题深入开展调研，加强专题协商。主席会议针对医疗卫生、群众致富奔小康等民生问题开展13次专题视察，推进重点协商。各专委会、工作站就人口老龄化、村民自治等课题开展对口协商。深化民主监督。组织委员参加旁听法院案件审理、参与干部选拔、价格听证等活动，提高监督实效。创新提案工作，将大会发言以提案方式，送交县委、县政府领导参阅，提交给部门办理；对县卫生局、交通局、发改局、经商局等单位的提案办理工作进行民主评议；坚持政府领导领办和政协领导督办重点提案制度，有力推动了183件提案的办复。加强社情民意信息工作。《关于贯彻中央1号文件精神，加大对民族地区水利改革发展扶持力度的建议》《关于加大对畲族文化保护和传承力度的几点建议》等信息被全国政协采用，连续7年在全市政协系统社情民意信息评比中获奖。文史资料成果丰硕。编辑《天堂湖》合订本、《乡土》两本资料。《畲乡景宁实录》半数以上篇目被收录在《浙江畲族百年实录》文史资料。加强交流联谊。承办浙江畲乡联谊会暨第三届“和谐之韵”论坛，台州市政协主席读书会、全市政协老主席联谊会等活动；加强与景宁在外地商会、同乡会的联谊工作，组织启迪心灵爱心讲座；牵头促成浙江省阳光教育基金会“阳光助教团”、海宁市政协农工党界分别到景宁中开展学支教助学活动。健全完善政协工作向基层延伸工作。对站室工作和委员参加会议、提交提案、反映社情民意、调研视察等履职活动作出具体的规定，强化考核评比，该工作成绩突出在全省政协工作向基层延伸工作座谈会上作交流发言。组织委员参加诗书画之友社开展云中大漈、庆祝建党90周年采风活动，积极参加市政协系统书画联展、摄影比赛等活动，并取得优异成绩。鼓励委员根据各自特点积极参与县政协之友社、艺术团开展的活动，不断活跃政协工作气氛。加强政协门户网站建设，宣传政协工作，扩大政协影响，正确引导舆论导向。

【畲族文化产业发展论坛】 2011年7月19日在景宁召开。本次论坛以县政协“畲族文化产业发展”专题视察组就视察情况举行专题发言，与会人员围绕畲族文化产业如何弘扬民俗文化特色，壮大文化产业规模，提升文化产业品牌，破解文化产业发展瓶颈，推动文化产业发展等方面问题展开了热烈的讨论，各抒己见，畅所欲言。对景宁畲族文化产业发展的重要性，畲族文化产业发展存在的问题和对策，以及畲族文化和文化产业发展的关系等进行了系统的阐述和讨论，选题科学，发言积极，效果明显。

【浙江畲乡联谊会议暨第三届“和谐之韵”论坛】 由浙江省政协主办，景宁畲族自治县政协承办的浙江畲乡联谊会议既第三届“和谐之韵”论坛于2011年12月8日在景宁举行。省政协副主席王永昌出席并讲话，市政协副主席刘秀兰主持。县委书记林康致辞，县领导蓝伶俐、彭岳舜、严铁华以及县政协领导班子出席会议。省委统战部、景宁畲族自治县政协、云和县政协、全省18个畲族乡（镇）在论坛上作了交流发言。

【2012年景宁现代农业发展论坛】 2012年7月28日在景宁召开。本次论坛由县政协主办，县农办、县农业局、县林业局协办。市政协副主席李江波应邀出席论坛并致辞。县政协主席严铁华，副县长郑建强，县政协副主席雷香兰、尤建平、尚建基、沈秀慧，秘书长吴建强出席。本次论坛专门邀请浙江省农业厅经济作物管理局局长、浙江省茶叶协会理事长毛祖法，浙江农林大学教授、博士戴文圣分别作题为《从绿茶产业发展走势，看景宁惠明茶发展之路》《香榧优质高效栽培技术》的专题讲座和辅导。论坛上，围绕农业产业发展，县政协5个农业产业重点课题调研组有关部门单位分别作了交流发言，或书面交流。本次论坛专门邀请了《联谊报》《畲乡报》、景宁电视台、景宁新闻网、政府网等媒体进行广泛宣传，还首次开展了微博直播，引发了广泛的关注。县委书记林康也实时在微博上发文指出：县政协的这次论坛积极主动，及时有效，对景宁新山区经济探索必将产生深远的影响。

【民主评议乡镇（街道）、县直机关部门工作】 常委会创新民主监督机制，主动提议县委出台《县政协民主评议乡镇（街道）、县直机关部门工作的意见（试行）》，本着“肯定、支持、助推、提升”原则，在全市率先开展县政协民主评议乡镇（街道）、县直机关部门工作。2012年10—11月，对鹤溪街道、建设局开展历时两个月的评议，共发放测评表224份、开展个别谈话86人次，召开座谈会8个，走访单位7个，查阅台账54份，实地察看重点建设项目8处，征求网络意见建议16条，对被评议单位的工作情况进行全面深入的了解。民主评议既充分肯定成绩，又指出不足，共向被评议单位和县委、县政府提出意见建议27条，促进了许多历史遗留问题的解决。

（县政协办公室）

县政协全体会议

【七届五次会议】 2011年2月23—26日在景宁举行。大会应到委员149名，实到委员136名。会议听取和审议县政协主席彭岳舜所作的常委会工作报告和副主席吴德政所作的提案工作情况的报告；列席县七届人大五次会议，听取和讨论有关报告，协商讨论《景宁畲族自治县国民经济和社会发展第十二个五年规划纲要（草案）》。

大会安排14位委员作大会发言，对全县经济和社会发展问题提出建议。大会收到以提案形式提出的意见建议73件；审议通过县政协七届五次会议决议、提案委员会关于县政协七届五次会议提案审查情况报告；表彰了县政协七届四次会议优秀大会发言、2010年度县政协先进专门委员会、委员工作站、先进委员、优秀提案、优秀社情民意信息、优秀信息员。

【八届一次会议】 2012年2月25—28日在景宁举行。大会应到委员160名,实到委员157名。县委书记林康在开幕式上作重要讲话,县委、县政府领导参加委员分组讨论,与工商联、人民团体、无党派人士和社会各界人士交换意见。

会议听取并审议七届县政协主席彭岳舜代表七届县政协常委会所作的工作报告和七届县政协副主席雷香兰代表七届县政协常委会所作的提案工作报告。会议在民主协商基础上选举产生八届县政协主席、副主席、秘书长和常务委员。严铁华当选为主席,雷香兰、尤建平、尚建基、沈秀慧当选为副主席,吴建强当选为秘书长,毛南俊、任贵慧、沈立荣、张绍东、陈战耕、林榕、季赛娟、胡明成、胡益选、赵静、梅利民、蓝木宗、蓝丽玲、蓝廷洪、蓝建梅、雷魏芬当选为常务委员。

列席县八届人大一次会议,听取并讨论蓝伶俐代县长所作的《政府工作报告》和其他报告。

会议期间,通过小组讨论、大会发言和提案等形式提出了许多建设性的意见和建议,其中大会发言13篇,提案111件(立案110件)。会议通过县政协八届一次会议决议和提案委员会关于县政协八届一次会议提案审查情况报告;表彰县政协七届五次会议优秀大会发言、2011年度县政协先进专门委员会、委员工作站、先进委员、优秀提案、优秀社情民意信息、优秀信息员。

县政协常务委员会会议

【七届常委会议】 2011年1月11日,政协七届常委会议在景宁召开。会议听取县政协七届五次会议有关筹备工作情况的说明;审议通过《关于召开政协第七届景宁畲族自治县委员会第五次会议的决定》、县政协七届五次会议议程(草案)、日程,大会秘书长、副秘书长名单,2010年度先进集体、先进个人表彰名单;通报县政协七届五次会议大会执行主席分组及主持人名单、讨论小组召集人名单、列席人员和特邀嘉宾名单、提案截止时间;审议通过县政协常委会工作报告(审议稿)及报告人,提案工作报告(审议稿)及报告人。

2011年2月26日,七届常委会第二十次会议在景宁召开。会议听取县政协七届五次会议各小组讨论情况的汇报;审议通过县政协七届五次会议决议(草案),县政协七届五次会议提案审查情况的报告(草案)。

2011年4月15日,七届常委会第二十一次会议在景宁召开。会议部署2011年度重点课题"景宁如何融入海峡西岸经济区"(以下简称"海西")调研工作;听取县发改局、经贸局、交通局等部门关于景宁县如何融入"海西"工作的构想和情况介绍。

2011年7月18日,七届常委会第二十二次会议在景宁召开。会议认真学习胡锦涛总书记在在庆祝中国共产党成立90周年大会上的讲话精神;听取县委常委、副县长叶金堂通报县政府《关于景宁畲族自治县2011年上半年国民经济和社会发展计划执行情况的报告》;听取县政协重点调研组《关于景宁加快融入海西步伐的调研情况报告》的汇报;审议并通过《关于加快融入海西步伐,推动我县经济社会发展的建议案》;回顾总结县政协上半年各项工作,部署下半年工作。

2011年10月8日,七届常委会第二十三次会议在景宁召开。会议听取关于撤鹤溪镇设街道办事处工作情况的汇报以及《关于加快融入海西步伐,推动我县经济社会发展的建议案》办理落实情况的通报;部署下阶段政协重点工作。

2011年12月19日，七届常委会第二十四次会议在景宁召开。会议听取县政府关于2011年度政协提案办理落实情况的通报；听取并通过县政协提案委关于提案办理工作民主评议的意见；回顾总结七届县政协主要工作，协商讨论下届县政协工作思路及2012年度主要工作。

2012年1月4日，七届常委会第二十五次会议在景宁召开。会议审议通过《关于召开政协第八届景宁畲族自治县委员会第一次会议的决定》。

2012年2月8日，七届常委会第二十六次会议在景宁召开。会议听取关于八届县政协委员界别设置和委员安排有关问题的说明；协商决定八届县政协参加单位、委员人选名单；听取并协商通过县政协八届一次会议主席团成员、秘书长建议名单；听取并协商通过县政协八届一次会议副秘书长、提案审查委员会成员建议名单以及编组办法和编组临时召集人名单；听取并通过关于县政协八届一次会议筹备工作和安排意见说明以及列席人员安排说明；审议通过县政协八届一次会议日程（草案）、2011年度县政协工作先进集体和个人、《政协第七届景宁畲族自治县委员会常务委员会工作报告（草案）》及报告人名单、《政协第七届景宁畲族自治县委员会常务委员会关于提案工作情况的报告（草案）》及报告人名单、《关于授权主席会议审议县政协七届二十六次常委会议未尽事宜的决定》。

【八届常委会议】 2012年3月13日，政协八届常委会议在景宁召开。会议审议通过《关于设置政协第八届景宁畲族自治县委员会专门委员会、委员工作站的决定》；审议通过县政协八届委员会专门委员会、委员工作站临时负责人名单；通报县政协八届委员会专门委员会、委员工作站委员分组名单，八届县政协主席、副主席、秘书长分工，县政协八届一次会议优秀委员大会发言名单；讨论部署农业产业化发展重点调研课题方案。

2012年4月13日，八届常委会第二次会议在景宁召开。会议审议通过八届县政协委员会专门委员会主任名单；通报八届县政协委员会专门委员会副主任名单；通报八届县政协委员会专门委员会委员工作站站长名单。

2012年7月31日，八届常委会第三次会议在景宁召开。会议传达学习省第十三次党代会精神和全省政协主席读书会精神；听取县委副书记、县长蓝伶俐通报上半年景宁县经济社会发展运行情况及下半年政府工作安排；传达景委发〔2012〕9号文件《中共景宁畲族自治县委关于印发〈县政协民主评议乡镇（街道）、县直机关部门工作的意见（试行）〉的通知》精神；审议通过2012年景宁现代农业发展论坛总结和《关于加快我县农业产业发展的调研报告》《关于加快我县农业产业发展的建议案》；审议通过相关人事任免。

2012年9月25日，八届常委会第四次会议2在景宁召开县政协八届四次常委会暨专题读书会。会上，中心发言人围绕民主监督和民主评议工作，就如何发挥委员主体作用，积极履行民主监督职能进行了交流探讨，并提出了相关意见和建议。

2012年12月15日，八届常委会第五次会议在景宁召开。会议学习中共十八大精神；听取县政府《关于加快我县农业产业发展的建议案》办理落实情况和关于2012年度政协提案办理落实情况的通报；审议部分乡镇行政区划调整方案；审议通过关于提案办理工作民主评议的意见。

（县政协办公室）

政协视察调研和重要建议

【景宁县加快融入海西步伐重点

课题调研】 2011年，根据县政协常委会部署，在县政协主席彭岳舜、副主席雷香兰、吴德政、尤建平、尚建基、沈秀慧带领下，抽调人员组成重点课题调研组，就景宁县如何融入海峡西岸经济区（下简称“海西”）进行调研。调研组4月份到庆元县取经学习，随后分成三个组，分赴福建省福州市、厦门市、宁德市、南平市、泉州市、三明市、龙岩市，江西省上饶市，省内江山市及县内部分乡镇进行专题调研。在此基础上，组织部分政协委员、部门领导和有关专业人员进行专题研讨，形成调研报告，提出了“加强宣传，提高认识，强化加快融入海西的思想意识；抢抓机遇，先行先试，明确景宁融入海西的战略定位；立足自身，抓住关键，努力实现主导产业的有效融合；创新思维，强化措施，加快推进体制机制的健全完善”的意见建议。县政协七届二十二次常委会议对该重点调研课题进行了专题协商讨论，并形成建议案。县政协七届二十三次常务委员会议听取了县政府《关于加快融入海西步伐，推动景宁县经济社会发展的建议案》办理落实情况的通报。

【畲族文化产业发展专题视察】 2011年6月份，县政协成立了由雷香兰副主席牵头，部分委员和有关部门组成的视察组，对景宁县畲族文化产业发展情况开展专题视察。视察组实地察看了县电视台、畲族民间艺术团、浙江龙凤民族服饰有限公司；听取了县委宣传部、文广出版（体育）局、旅游局、民宗局、经贸局、文化基地办、电视台等单位情况介绍并讨论了景宁县畲族文化产业发展情况。提出转变思想观念，做深文化产业研究；构建产业体系，做大文化产业规模等建议。

【总部经济发展情况调研】 为进一步推动景宁县总部经济发展，促进经济方式转变，2011年7月14日，县政协主席彭岳舜率全体副主席、秘书长，部分常委、委员及丽景民族工业园管委会，县经济开发区、工商局、财政局、经贸局等单位负责人对景宁县总部经济发展情况进行调研。调研组实地察看了县经济开发区、丽景民族工业园，考察了永康市总部经济中心，听取丽景民族工业园管委会及有关部门关于总部经济发展情况的介绍，并形成了调研报告。从增强发展总部经济的紧迫感，扶持总部企业做大做强，抓好开发区总部经济园建设，推进丽景民族工业园总部经济园建设等方面提出许多有价值的对策和建议。

【群众增收致富奔小康工作专题视察】 2011年8月18日，县政协组成专题视察组，由主席彭岳舜牵头，副主席沈秀慧及部分委员和县财政局、国土局、建设局等有关部门共同参与。视察组实地察看了澄照乡奇尔白玉仙茶基地、东升村蔬菜基地，东坑中心镇建设等群众增收致富奔小康工程特扶项目，听取了县致富办、东坑镇、澄照乡关于群众增收致富奔小康工作开展情况的汇报，召开座谈会讨论并形成视察报告，提出进一步提高思想认识，形成工作合力；进一步积极争取，提供要素保障；进一步加强管理，保证科学实施的意见建议。

【县人民医院创建二级甲等医院工作专题视察】 县人民医院创建二级甲等医院（以下简称“二甲”），是县政府2011年度惠民实事之一。为加快推进县人民医院创“二甲”工作进程，2011年8月22日，县政协主席彭岳舜率主席会议成员对县人民医院创“二甲”工作进行视察，视察组实地察看了医院医疗设施，听取了医院创“二甲”工作进展情况介绍，形成了视察报告。围绕加强管理，将创建工作落到实处；加大投入，不断改善医疗条件；科学谋划，努力拓展发展空间等方面提出意见和建议供县委、县政府决策参考。

【加快农业产业发展重点课题调研】 县政协常委会围绕全县中心工作，确定以“加快景宁县农业产业发展”作为2012年度重点调研课题。在县政协主席严轶华率领下，分成茶叶、油茶蔬菜、毛竹花卉、中药材、香榧水干果等五个子课题，于4—7月深入开展调研。整个调研活动分成四个阶段进行，第一阶段深入县内各乡镇、农村、企业，了解实情、掌握数据；第二阶段赴诸暨、安吉、磐安、松阳、缙云，以及陕西省周至、洛川、临潼、蓝田，江西省渝水，云南省盘龙等地，交流探讨、学习取经；第三阶段举办“2012年景宁现代农业发展论坛”，深入研讨、形成共识。在此基础上，归纳总结，并多次组织相关部门、有关专家召开座谈会，征询意见建议，修改完善，提出了“明确产业发展思路定位，强化政府引导推动，加大产业科技支撑，鼓励社会资本投入”等建议，并经县政协八届三次常委会审议通过形成建议案。在县政协八届常委会第五次会议上，县政府作了《关于加快景宁县农业产业发展的建议案》办理落实情况的通报，多条建议被县政府采纳。

【农民创业园项目前期工作专题视察】 为贯彻落实景宁县第八次党代会精神，着力实施“三县并举”战略，加快推进澄照低丘缓坡开发利用试点暨农民创业园开发，促进景宁县产业和人口的进一步集聚。2012年3月，县政协主席严轶华在县经济开发区管理委员会主任季晓伟陪同下，率县财政、国土、住建、林业、环保、经济商务等部门及澄照乡党委、政府主要负责人，对澄照农民创业园建设项目前期工作进行视察。视察组先实地察看现场，然后召开座谈会，听取项目前期情况汇报，并就如何加快澄照农民创业园建设提出“尽快组建项目工作机构，领导项目实施；全面开展宣传造势工作，营造良好氛围；及时出台政策处理标准，消除群众疑虑；提前统筹实施配套工程，确保整体推进；抓紧开展调查摸底，做好基础工作”五条意见和建议。

【教育教学质量提升工作专题调研】 为进一步提升景宁县教育教学质量，县政协成立由副主席沈秀慧牵头，科教文卫体和文史委部分委员参加的专题调研组。2012年7—8月，对景宁县教育教学质量提升工作进行调研。调研组实地察看了景宁中学、职业高中、民族中学、县实验一小、实验幼儿园等学校的教学楼、学生宿舍、食堂和学生实训基地；听取了县教育局关于景宁县教育质量提升工作的情况汇报及景宁中学、职业高中、民族中学、县实验一小、实验幼儿园等单位的重点发言，综合各方情况后形成了调研报告。调研报告围绕合力营造尊师重教氛围、努力完善用人机制、切实提高教师待遇、强化教育教学质量管理、设立教育教学质量提升奖励基金等方面建言献策，许多意见被县委、县政府采纳，促进了教育工作的开展。

【外舍新区建设前期工作专题视察】 外舍新区是景宁县“四个新区”建设的核心内容之一，也是全县关注的焦点之一。2012年7月，县政协副主席尤建平带领经济委部分委员对外舍新区建设情况进行实地视察，并召开座谈会进行探讨交流、听取意见。提出“提高标准，适应发展需要，合理调整建设规划；科学论证，建设拦水堤坝，现一江碧水秀景宁；改塔为像，弘扬传统文化，打造地方特色景观；合理选址，建设高档住宅，全面提升城市形象；因地制宜，调整工业区块，完善新区功能定位；响应民意，降低接线坡度，改善城区交通衔接;把握时机,搬迁行政中心,快速带动要素集聚;统筹兼顾,发展总部经济,促进经济社会发展”的意见建议。

【“文化名县”战略实施情况专题视察】 为助推“文化名县”战略的实施,2012年11月,县政协副主席雷香兰带领科教文卫体和文史委部分委员对“文化名县”战略实施情况进行专题视察。视察期间,委员们采取看、听、议相结合的方式,实地察看了县文化中心、民族中学及孔庙等现场,并召开专题座谈会,听取县委宣传部、基地办、文广(体育)局、教育局、电视台等单位有关情况汇报。经过认真讨论交流,委员们对近年来景宁县文化事业取得的成绩给予了充分肯定,并对如何加快推进“文化名县”战略实施的相关工作提出了“健全组织机构,完善工作机制;突出重点,切实加大薄弱环节的工作力度;以人为本,加强公共文化服务体系建设;打造品牌,提高文化产业经济效益”的意见建议。

(县政协办公室)

政协专门委员会工作

【提案委员会】 一是开展提案督办工作。两年来共收到提案187件,经审查立案183件,交办183件,办复率达100%,委员满意和基本满意率100%。同时将27篇委员大会发言材料以提案交办的形式交给有关部门承办。二是开展调研考察。根据县政协农业产业化专题课题调研的部署,着重围绕油茶、高山蔬菜两个产业,赴江西新余市渝水区调研考察,并配合调研报告的形成。三是开展提案办理民主评议工作。根据《政协景宁畲族自治县委员会提案办理工作民主评议办法(试行)》,经主席会议研究确定,对县交通局、卫生局、发改局、经商局进行了提案办理评议。评议采用双向民主评议的方式,让提办双方面对面进行交流,在评议承办单位办理的同时,也让承办单位对政协委员提案的严肃性、科学性、可行性进行评议,取得良好的效果。四是开展提案档案规范工作。针对以往提案收集整理不及时、分类归档不科学等不足,开展提案档案规范工作,做到及时收集整理、及时科学分类,认真查漏补缺,做好提案分类和归档。五是开展宣传工作。充分利用政协网站、电视台、畲乡报社对提案工作进行宣传,将提案办理“三见面”会、提案办理工作民主评议会、公开征集政协提案线索等在网上进行公示。

【经济发展委员会】 一是精心组织,融入中心,积极为科学发展建言献策。承担主席会议专题视察课题“外舍新区建设情况”,2012年7月11日,组织县发改局、住建局、旅游局,红星街道等单位参加的视察组实地察看了外舍新区建设现场,听取了县住建局的实时讲解,委员们围绕规划调整、提高土地利用率、突出畲族特色等事关外舍新区建设的重点提出了意见建议,在此基础上形成了《关于外舍新区建设的视察报告》,提供县政府决策参考;2012年3月22日,组织部分委员参与澄照低丘缓坡开发暨农民创业园项目前期工作的视察活动,为澄照低丘缓坡开发暨农民创业园项目前期工作建言献策;2012年,参与常委会重点课题“农业产业发展”调研活动,承担重点课题调研组第三组的调研工作,深入东坑、景南等乡镇对毛竹、花卉产业发展情况开展调研,并赴外地学习考察,协助完成了《关于景宁县毛竹产业发展现状与对策的思考》的调研报告。二是关注热点,反映民意,为推进和谐社会献计出力。将提案作为专委会参政议政的重要工作,发动委员递交提案。经济委递交个人提案16件,其中“关于衔接考虑澄照低丘缓坡区块城市功能定位的建议”引起了政协领导的重视，被立为重点提案由分管副县长领办、政协副主席跟踪督办；把政协全会大会发言作为本专委会议政建言、献计献策的重要形式抓好落实，组织落实了"关于加快推进我县中小企业稳步发展的几点思考"的专题发言材料，并在县政协全会大会发言上进行了交流。三是加强沟通联系，坚持团结协作，有力推进专委工作。积极与上级政协组织联系，承办市政协对口专委会安排的一系列调研视察活动和专委会会议的召开工作；与提案、科教文卫体等专委会联合开展提案跟踪办理和调研视察活动；走访部门领导和委员，与部门协作开展专题活动和界别活动，专委成员担任部门民主监督员和行风评议监督员，认真开展民主监督活动等。

【科技教育文化卫生体育和文史资料委员会】 一是把握重点问题，调研成效逐步提升。2012年4—7月，组织6名委员参与常委会重点课题"农业产业发展"调研，撰写《毛竹产业发展调研报告》并在"2012年景宁现代农业发展论坛"上开展交流。2012年6月13日，组织委员开展关于教育质量提升工作专题视察，将教育局作为专题对口协商单位，进行面对面交流，并撰写《关于教育教学质量提升工作的视察报告》提交县委、县政府决策参考。2012年11月21日，组织委员开展关于"文化名县"战略实施情况专题视察，撰写《关于"文化名县"战略实施情况的视察报告》。三是搞好纵横联动，配合全局工作积极到位。社情民意信息《关于加大省内高校民族预科班、民族班定向招收景宁畲族自治县少数民族学生力度的建议》被上级政协采用。积极参与接待到访的龙泉市政协公共文化服务体系建设考察组和福建罗源县政协畲族文化发展和创新工作考察组。四是抓好文史工作，切实发挥存史资政作用。2011—2012年，专委会和大漈省级风景名胜区管委会联合编辑出版了10万余字、200余幅图片的《云中大漈》文史资料，从景点景区、传统艺术、民间传说、历史(文化)名人等层面深入挖掘景区内涵，突出景区特色，以达到宣传云中大漈景区、推介景区的效果。同时，积极配合市政协文史委工作，提供华人华侨文史资料5篇。

【农业农村和人口资源环境委员会】 一是围绕中心，精心选题，深入开展视察调研活动。2012年4—7月份组织了五个重点课题调研组深入基层开展调研，并在常委会上对农业产业发展的基本情况、存在问题、困难、原因和对策建议作了通报。调研组还分赴诸暨、磐安、陕西省、云南省、江西省等地开展调研，通过听取当地情况汇报并座谈，实地调查部分具有代表性的现代农业示范区等多种形式，广泛听取了各方意见，形成了《关于加快农业产业发展的建议案》。二是全力以赴，集中精力，认真组织筹备"现代农业发展"专题论坛。与农办、农业局、林业局等协办单位做好协调，与县政协办公室共同做好后勤服务保障，广泛组织农业农村方面的相关人士参与调研活动，并在会上作了专题发言。三是履职为民、服务民生，努力完成各项基础工作。在八届一次会议上作了《加快推进我县农村土地流转的几点建议》《关于加强老年公寓、敬老院建设的建议》的大会发言，同时提出了《关于要求增加林区道路建设计划增加林区道路投资标准的建议》《关于有效实施"限塑令"减少环境污染的建议》等5个提案，得到政府重视。

【民族宗教台侨和社会法制委员会】 一是科学选题，深入开展对口协商。组织委员在了解掌握县委、县政府关于构建和谐社会的总体思路、工作目标要求以及社会关注的热点难点基础上，确定以创新社会管理工作为重点调研和对口协商课题，得到了县委、县政府、县政协领导和相关部门的肯定和积极配合。二是积极参与“农业产业”重点课题调研工作。根据主席会议布置，本委部分委员组成第四工作小组，负责农业产业中的中药材产业调研。先后对本县3个重点乡镇村和中药材重点区块进行了视察调研，并到省外云南、县外磐安两地专题参观调研，形成了《中药材产业发展状况和前程》的报告。三是开展民族特色村建设专题视察调研。从2012年10月下旬开始，先后对7个民族乡镇的10个已建和10个在建的民族特色村开展视察、调研，提出科学合理的建议，促使民族特色村建设得到较好的提升。四是主动配合，认真完成交办任务。根据主席会议视察活动需要，安排委员参与了农村社会保障体系建设等多项视察活动；主动参与诗书画之友社、文史编辑、提案办理、民主评议、民主监督等各项活动，为推进全县政协事业发展发挥应有作用。五是积极服务，激发委员履职动力。为充分发挥委员的主体作用，主动与委员联系，帮助委员及时了解县委、县政府的工作大局和县政协的工作部署，为委员知情明政，实践“五个一”活动提供服务。

（县政协办公室）

中共景宁畲族自治县纪律检查委员会(县监察局)

重要会议

【纪委全会】 县纪委七届六次全会于2011年2月28日召开。县纪委委员共16人出席了会议。各乡镇(管理区)党委书记、纪委书记,县直机关各单位党政正职、纪检组长(纪委书记)列席了会议。会议认真传达学习了十七届中央纪委六次全会、十二届省纪委七次全会、市纪委二届七次全会及县委七届十一次全会精神,回顾总结了2010年景宁县党风廉政建设和反腐败工作,研究部署了2011年任务。全会审议通过了县委常委、纪委书记陈锡星代表县纪委常委会所作的《改革创新狠抓落实不断推进我县党风廉政建设和反腐败斗争》的工作报告。县委书记武昌出席全会并作重要讲话。

县纪委八届一次全会于2011年12月27日上午召开,县纪委委员19人出席。会议以无记名投票的方式,选举产生了新一届县纪律检查委员会常务委员会委员和书记、副书记。陈锡星、付明明、朱剑兵、吴小梅、雷云兴、吴文伟、周国胜当选为常务委员,陈锡星当选为县纪委书记,付明明、朱剑兵当选为县纪委副书记。

县纪委八届二次全会于2012年4月9日召开,县纪委委员共19人出席了会议。各乡镇(街道)党委书记(党工委书记)、纪委书记(纪工委书记),县直机关各单位党政正职、纪检组长(纪委书记)列席了会议。会议认真传达学习了十七届中央纪委七次全会、十二届省纪委八次全会精神,回顾总结了2011年党风廉政建设和反腐败工作,研究部署了2012年任务。全会审议通过了县委常委、纪委书记陈锡星代表县纪委常委会所作的《把保持党的纯洁性贯穿反腐倡廉始终不断开创党风廉政建设和反腐败斗争新局面》的工作报告。县委书记林康出席全会并作重要讲话。

党风廉政建设

【廉政宣教】 2011年,通过县委书记作警示讲话、组织重要岗位领导干部赴温州参观全国检察机关惩治和预防渎职侵权犯罪展览、拍摄和播放警示教育片、发送廉政短信等活动,深入开展警示教育,促进警示教育常态化;开展严肃换届纪律“教育宣传月”活动,通过签订承诺书、分发严肃换届纪律提醒卡和严肃换届纪律学习手册,组织学习廉政准则等活动,强化了全县党员干部的换届纪律观念;深入开展廉政文化“六进”活动,县民族小学、县工商局为市级廉政文化“六进”示范点;组织申报云中大漈省级廉政文化教育基地;积极制作并参加全市党风廉政建设电视专题片评比,其中《一个会计的“空壳生财”梦》荣获一等奖。

2012年,通过组织开展县委书记廉政讲课、乡镇纪委书记廉政培训以及案件庭审旁听、开展

“深入学习贯彻中共十八大精神暨反腐倡廉知识竞赛”等活动，增强党员干部廉洁从政和拒腐防变意识。开展反腐倡廉宣传，营造崇廉鄙贪的良好氛围。制作廉政电教专题片6个;组织参加全市廉政主题征文、演讲和廉政故事比赛并荣获“保持党的纯洁性”主题征文比赛一等奖1个和三等奖1个，“我们的价值观”主题演讲比赛二等奖1个和优胜奖1个，廉政故事比赛金奖1个和铜奖1个。

【推进权力制衡工作】 2012年，建立健全例行公开制度、依申请公开制度、监督检查制度、意见收集反馈制度和考核评价制度。全县建立党务公开工作机构93个，制定基层党组织党务公开目录22个，基层党组织实行党务公开376个。深化廉政风险防控机制建设，在实现廉政风险防控“全覆盖”的基础上，确立县发改局、教育局等16家县直单位为重点联系单位，确定英川镇、澄照乡、红星社区为县级联系点。

【农村党风廉政建设】 2011年，开展强农惠农资金使用情况监督检查，对农林水部门2009年、2010年度202个强农惠农资金项目进行监督检查，共查纠违规行为2起，涉及金额16.2万元，确保各项惠农政策落到实处。加强村务监督委员会建设，结合村级组织换届选举，全面完成村监会换届工作，并将权力制衡网络延伸农村，制作村务监督“流程图”，采用“村务监督委员会主任核查、村委主任审批、村支部书记确认”的权力运行模式，强化对农村集体“三资”的监管。推进村级便民服务中心建设，全面完成服务网络“全覆盖”，不断提升村级便民服务中心功能。

2012年，严格按照农村“三资”管理办法，对村集体资金、资产、资源进行全面规范有序的管理，运用现代信息技术，在全县22个乡镇建成“三资”管理电子触摸屏查询系统，方便群众查询“三资”管理的相关信息。组织开展全县乡镇“三资”管理办人员和村会计业务培训，切实提高“三资”管理人员的业务技能及岗位风险和责任意识。出台《景宁县村务监督委员会主任基本报酬和村级便民服务中心补助资金管理办法》和《景宁畲族自治县村务监督委员会主任考核管理办法(试行)》等制度，规范资金使用、拨付和监管。

案件查处和纠风治乱

【案件查处】 2011年，受理信访举报209件(次)，属纪检监察范围的161件(次)，立案查处49件，其中涉及乡科级干部5人，挽回经济损失1265余万元。重点查办了教育局财务人员渎职失职案、县滩坑移民指挥部原复建处处长吴xx受贿案等案件。畅通信访举报渠道，规范实名举报办理，建立信访举报办理台账，落实委局领导信访接待日和疑难信访问题包案制，共受理实名举报31件，领导包案解决信访9件，为15名党员干部澄清了问题。

2012年，受理信访举报106件(次)，办结106件，立案48件，结案48件，涉及乡科级干部7人，移送司法机关9人。开展信访矛盾纠纷排查化解和重复访复查专项治理，领导包案解决信访9件，为9人澄清问题，向有关部门提供廉政情况381人次。着力构建协同办案领导机制、案件初核机制、案件线索共享机制、查办重大复杂案件协调机制、查办案件评估机制等五大连锁机制，切实推动案查工作的标准化、规范化和制度化。

【纠风治乱】 2011年，开展“清费减负”工作，共取消收费项目4项，为企业和群众清费减负金额5万元;会同物价部门共查处各类价格违法案件8件，没收非法所得4.05万元。开展商业贿赂治理，立案查处5起，收缴单位和个人不当所得16.85万元。开展“小金库”专项治理，清理“小金库”2个，涉及资金42.9万元。开展质监、国税、工商等十个部门民主行风评议活动，切实推进了行政执法职能部门行风建设。开展“群众满意基层站所（办事窗口）”活动，创建市级“群众满意基层站所（办事窗口）”2个，县会计核算中心获省级“群众满意基层窗口”称号。

2012年，重点加强教育、银行、医疗、住建等重点领域“阳光工程”活动。开展城镇住房保障建设督查，促使申请、审批、分配等环节“阳光”操作。开展教育收费督查，提出建设性意见6条，督促整改问题3个，涉及金额15.22万元，清退违规收费13.86万元。开展医疗采购督查，全县集中采购药品总降价幅度达10.62%，为全县群众节约医药支出约582万元。开展银行系统民主评议行风活动，认真贯彻落实“七不准、四公开”要求，发放征求意见书367份，征求到建设性意见20条，主动取消收费项目249项让利于民，增设自动存取款机10台，提高全县金融服务水平，优化我县经济发展环境。

（县纪委办公室）

行政监察工作

【开展工程建设领域突出问题专项治理】 2011年，检查工程项目26个、土地及矿产出让项目52个，督促整改问题5个。全面完成工程项目信息公开及诚信体系建设工作，逐步实现工程项目各类信息的全覆盖。共建专栏9个，发布项目信息137条、信用信息120条。成功查处“丽景民族工业园二期工程串标案”，涉嫌串标的4名“黄牛”被移送司法机关，切实整顿了景宁县招投标市场秩序。

【开展公共资源交易市场治理】 2012年，对公开招标工程建设项目推行经评审的最低报价评标办法，促进招投标市场有序竞争；组织协调监管部门，对重大工程项目的招标文件编制进行审核，规范招标文件编制行为，对县农民创业园基础设施工程等重点工程项目招投标进行监督；组织查处“景宁县110区块来料加工工程项目涉嫌串标案”，有效打击招投标围标、串标现象，保障工程建设领域市场秩序健康发展。完成建设工程交易项目142个，预算总价10.72亿元，交易额为9.28亿元，节约资金1.44亿元，浮动率13.43%。

【深化作风建设】 2011年，以“治庸提能力，治懒增效率、治散正风气”为重点，进一步深化作风建设活动。继续推行和深化“设岗定分”绩效考核机制，切实加大干部队伍“治庸治懒”的工作力度，此项工作被列为全省干部考核评价机制典型并推广。加大乡镇换届纪律和作风督查，采用远程视频方式开展乡镇领导干部在岗情况督查，对存在擅自离岗、“走读”、未经请假外出考察等问题的9名领导干部进行了通报批评。开展廉政准则执行情况专项检查，切实解决人民群众反映强烈的领导干部廉洁自律方面的突出问题，加大党员干部酒后驾车的查处力度，5名党员干部受到了查处；联合公安部门开展赌博专项治理活动，6名党员干部受到了查处，狠刹了党员干部赌博之风。全年共受理群众效能投诉159件，效能问责干部27人。

2012年，深入开展以“进村入企、助推发展、强化服务”为主要内容的大走访活动，推动各级干部下基层、访民情、办实事、抓落实。制定出台《景宁畲族自治县党政领导干部作风建设约谈办法（试行）》，明确约谈对象、情形、启动程序和责任追究等内容。开展国庆期间公车使用情况督查，查出违规使用或未定点停放车辆10辆，并对相关单位进行通报。开展会风会纪督查，约谈5人。开展全县“三公经费”使用情况审核和督查，发放厉行节约函告书55份。全年共受理群众效能投诉96件。

【村级便民服务中心规范化建设】 2012年，市委将景宁县梧桐乡列为全市村级便民服务中心规范化建设试点，并于6月15

日召开全市村级便民服务中心规范化建设现场会,7月13日景宁县委召开全县村级便民服务中心规范化建设推进会,全面推广梧桐乡试点工作经验,创建集“管理、服务、发展”三大功能为一体的“村务平台”,着力构建“一个窗口受理,一个网络服务,一个平台管理”的便民服务新体系。是年全县村级便民服务中心共代办各类事务20911件(次),96个项目入选县委组织部的基层党建重点项目库,124个入选县农办村级发展重点项目储备库,378个年度重点村级发展项目实现了建设进度网上实时发布。“村务平台”的成功经验和做法得到省纪委监察厅的肯定,省委常委、纪委书记任泽民先后做出重要批示,被编入全省便民服务中心工作典型材料汇编和作为唯一的县级民生工程入选全省十佳民生工程。

【加强监督检查】 2011年,加强村级组织换届选举工作的督查建立纪委常委分片包干联系制度,成立换届选举工作督查组,定期或不定期开展换届选举工作督查;落实委局领导信访问题包案制,积极参与村级换届选举期间各类信访问题的调查处理和稳定工作,共解决涉及村级换届选举各类问题40起,并严肃查处1起破坏换届选举秩序案件,确保了换届选举工作的顺利开展。

2012年,建立工作效能台账,切实加强全县政策措施、重要工作、重点项目的监督检查和服务协调工作,保证政令畅通。先后通过察看现场、查阅台账资料、召开座谈会等方式,检查交通、水利、建设等领域建设项目25个,重点对项目审批、工程招投标、资金管理使用、业主履行监管职责等环节进行跟踪检查,发放执法监察建议书4份,整改问题7个,督促行业行政主管部门加强业务指导和培训,确保了重点工程项目的有序推进。

(县监察局)

群众团体

景宁畲族自治县总工会

【概况】 2011—2012两年，新增基层工会组织26个，至2012年年底全县共有基层工会组织252个，其中独立基层工会240个、联合基层工会12个；工会会员16868人（其中女会员7327人、农民工会员8918人），涵盖单位599个。

【县工会第六次代表大会】 2012年11月23—24日，景宁畲族自治县工会第六次代表大会在鹤溪街道文化中心召开。参加大会代表145名，其中少数民族代表30名，女代表40名。大会总结过去五年的工作，提出今后的工作任务。选举产生新一届县总工会领导集体。丽水市总工会党组书记张为社和县委书记林康出席会议并讲话。县领导蓝伶丽、蓝良兴、严轶华、程巧琴、陈锡星、陈晓敏、叶利东出席会议。周乃忠受县总工会第五届委员会委托作题为《立足岗位，服务大局，团结动员广大职工为实现“三个走在前列”奋斗目标作出新贡献》的报告。会议选举产生了由19名委员组成的第六届委员会和由3名委员组成的经费审查委员会。选举周乃忠为县总工会主席，陈小荣、马赓明（回族、女）当选为副主席。

【开展劳动竞赛活动】 2011年，以道路交通、消防安全、建设工程、矿山等领域和非公企业为重点，全面推进企业安全科学管理、安全文化建设、职工职业卫生健康培训教育和安全生产“安康杯”竞赛活动。全县98个单位、4500名职工参加了竞赛活动。2012年，基层工会开展“当好主力军，建功十二五”“工人先锋号”挂牌亮岗劳动竞赛活动，参赛职工4027人。2012年，县总工会推荐优秀职工2人参加第四届“金锤奖——丽水市十大杰出职工”评选，县大自然食品有限公司职工汪助根获得“丽水市十大杰出职工”荣誉称号；组织6名职工参加市级职业技能大赛；组建3支职工技术服务队，开展企业技术帮扶活动；组织3家企业6人参加浙江省暨丽水市职工科技周活动；落实职工就业创业基地3个。

【劳动关系和谐企业创建】 2011—2012年，全县开展创建“劳动关系和谐企业”活动的企业358家。浩南精密电子有限公司、强盛钢管有限公司等十家企业被评为“2012年全县第三批和谐企业”。信用联社、大自然食品有限公司、三川水电有限公司三家单位被评为“市级劳动关系和谐企业”，并通过丽水市劳动关系和谐企业考核验收组的考核验收。全县112家企业，签订集体协议劳动合同105份。将女职工“四期保护”纳入劳动合同内容。2012年，县总工会、人劳、司法等部门联合下发《关于组建和完善劳动人事争议调解组织的通知》，建立劳动保护ABC分级分类管理制度和评估体系，每年对101家独立建立工会组织企业的劳动保护工作进行考核评估,公布考评结果。

【维权帮扶工作】 2011—2012年,县总工会开通“12351”职工维权热线电话。受理职工群众来信来访来电咨询23件次,办结率100%。参与劳动争议案件调处9起,工伤事故调查处理3次。2011年,筹集“送温暖”工程资金35.46万元,其中向各单位收取人均10元的送温暖工程团体会费4.5万元;争取到中央财政专项帮扶资金25.66万元;省送温暖帮扶财政专项资金5.3万元。开展“金秋助学”活动,为17名困难职工发放助学金2.1万元;为8名需定期透析治疗的患尿毒症职工发放专项救助金3.1万元;发放临时帮扶资金2.3万元;元旦、春节期间慰问困难职工311人次,发放慰问款20余万元。2012年,元旦、春节期间,慰问困难职工365人次,发放慰问金26万余元。临时帮扶6人次,发放临时帮扶资金8000元。在“双服务”活动中帮助困难职工36人,发放帮扶资金18000元。“金秋助学”活动帮扶困难职工子女91人,发放资金11万元。免费为女职工进行“两癌”筛查,发放50元标准的体检单100份。

【劳模管理与服务工作】 2012年春节期间,县总工会与县委组织召开全国党代表、劳模代表座谈会和劳模迎春团拜会,对38名劳模进行年终慰问,发放慰问金19000元;慰问困难劳模3人次,发放慰问金3000元。“五一”期间,组织全县38名各级劳模先进进行体检;建立了市级及以上劳模后备管理库;成功推荐评选出全国五一劳动奖章获得者一名。在《畲乡报》专版开展全国“五一劳动奖章”获得者雷小英的先进事迹宣传。8月份,开展第三次评选县级劳动模范,选出10名县级劳模,并在第六次工会代表大会上进行表彰。

【职工文体活动】 2011—2012年,创建市级农民工文化家园4家,省级示范职工书屋3家,全国示范职工书屋1家。两年,为基层单位职工送电影40场。组织50多人业余文体队,多次到社区、企业巡回表演。2012年,县电业局工会被评为“浙江省职工文化建设先进单位”。是年,组织参加全市首届职工运动会,景宁县职工代表队取得了“团体第三名”的优异成绩。

【基层工会建设】 2011—2012年全县新建基层工会26个,涵盖企业36家,发展工会会员2536人。开展“工会组织亮牌子,工会主席亮身份”的“双亮”工作。下发《2012年全县厂务公开民主管理工作意见》,转发《浙江省厂务公开阳光工程建设实施意见》。国有企业、事业单位100%建立厂务公开制度,124家非公企业建立厂务公开制度占非公企业总数的86%。

【联系乡镇工作】 2011—2012年,县总工会多次到联系乡(家地)指导换届选举工作;协助完成年度农村危旧房改造工作,解决工作经费2000元。全体干部职工与家地乡苛岱村的低收入农户开展结对帮扶。为联系挂钩村集体解决经费5000元;慰问联系村困难党员和群众12人,发放慰问金4000元。

(县总工会)

共青团景宁畲族自治县委员会

【概况】 截至2012年年底,全县有14~28周岁青年52353名,其中团员青年10600名,基层团委42个,直属团总支1个,基层团支部21个,团员青年比例达20.2%。2011—2012年,被评为省级先进单位5家,省级先进个人10人,丽水市级先进团组织8个,优秀个人46人。2011年—2012年,团县委以科学发展观为指导,坚持以服务青年为己任,以建功育人为主线,切实加强团的自身建设,扎实开展团的各项工作,着力提高共青团对经济社会发展的贡献率。

【青少年思想道德建设】 利用

业余党校、团校、主题活动等方式，开展以增强共青团员意识、社会主义荣辱观为主要目标的思想道德教育。通过保持共产党员先进性教育、增强共青团员意识主题教育活动、“接轨新高速，再创好景宁”解放思想大讨论、作风建设年和中共十八大精神学习等，加强青少年政治理论素养。组织开展青年志愿者送温暖活动、“服务三老献爱心，接受教育长才干”活动、“3·5”学雷锋、“春泥计划”暑期夏令营、红领巾话成长、青春建功“十二五”等系列活动，不断提高青少年道德品质。深入开展“五爱、四有”主题教育活动，通过建立少年警校、科技校、青少年法制教育中心，开展小眼睛看世界、新世纪我能行等活动，不断提高青少年综合素质。同时，开展“六一”游园、暑期公益夏令营、“流动青少年宫”进学校（农村、社区）等公益活动，受益青少年5.5万人。

【民族青少年宫新建项目】 2011年起，开始进行县民族青少年宫复建建设项目位于城南县畲族博物馆西岸，总用地面积16806.73平方米，总建筑面积4716.8平方米，建筑总占地面积3786.6平方米，可容纳1500多名学生同时开展活动。一期工程总投资2699万元，2011年投资56万元，2012年投资655万元，累计投资711万元，项目尚在建设中。

【青年就业创业行动】 2011—2012年，团县委深入实施农村电子商务工作、“村村都有好青年”等发展计划，切实服务青年就业创业。建立青年创业导师团1个，成立景宁智联职业技能培训有限公司等7个培训点，举办青年电子商务实用人才培训班8期，培训农村青年劳动力1450人次，培养各类农村青年致富带头人150余名；在山山商城等地成立青年就业服务中心，建立创业就业见习基地25家；开设青年创业就业小额贷款，落实和推进“农村青年小额信贷帮扶”工程，共帮助全县426位创业青年争取到2200余万元的小额贷款。

【青少年关爱行动】 2011—2012年，团县委积极开展“爱心助成才、共圆大学梦”党团员教育主题活动和贫困生暑期勤工俭学、大学生暑期社会实践、贫困生状况调查等活动，向社会宣传助学工作。建立和完善爱心助学工作联席会议、资金管理办法、贫困生学子库、受助生信息反馈、受助生意识教育等系列制度，规范助学程序，开拓资金渠道，丰富助学形式，提高资助水平，实现爱心助学希望工程工作的社会化推进、项目化运作、制度化操作、品德化运营。两年来，先后从省、市团组织、外地企业、本地企业家和社会爱心人士，筹措爱心助学资金58.8万元，发放58.8万元，资助贫困学生510名。

【青年志愿行动】 团县委先后出台青年志愿者招募制度和注册制度。至2012年年底，累计建立志愿服务中心22个，志愿服务总队9个，志愿服务站6个，在21个乡镇、街道设立了法律志愿援助站，并对2300多名青年志愿者进行培训。结合“3·5”学雷锋活动日、国际志愿者日活动以及畲乡“三月三”等重大节庆活动和应急救灾等重大任务，从环境卫生、植绿护绿、普法宣传、助残帮孤，抢险救灾等入手，组织开展形式多样的志愿服务活动。两年累计开展志愿服务5000余人次。积极争取大学生志愿者服务欠发达地区计划，两年中共有15名大学生志愿者到景宁服务。

【青年文明号创建活动】 开展优质服务，拓展服务领域，提高服务水平，促进在青年文明号创建活动中，团县委积极引导青年立足本职工作，职业道德和职业技能的有机结合。2011—2012年，新建丽水市级青年文明号5家，全县累计创建省级5家，丽水市级28家，并开展“青年文明号牵手贫困学子”活动，结对贫困在校生145人。

【县第九次团代会】 2012年10月18—19日，共青团景宁畲族自治县第九次代表大会召开，正式代表150名，到会代表150名。大会选举产生团县委委员31名，候补委员14名。选举产生常务委员会委员7名，蓝景芬为书记，刘红、叶妮为副书记。

【团组织建设】 加强团建工作调研，落实党建带团建工作机制。先后完成社团建设、团组织建设有效性等专题调研，并形成调研报告。完成21个乡镇团组织换届。2011—2012年，新建非公企业团组织41个，累计创建74个，扩大团组织覆盖率。成立景宁网商协会，提升团组织服务青年创业的能力。开展学习型团组织创建，完善机关工作制度，建立周工作安排、月工作例会等制度。加强团务工作宣传，开通"景宁共青团"网站与腾讯实名认证微博。

（县团委）

县妇女联合会

【概况】 景宁畲族自治县妇女联合会紧紧围绕"生态立县、产业兴县和文化名县"发展战略，坚持"美丽畲乡·巾帼同行"的工作理念，坚定信心引领全县畲汉妇女在推进"五个发展"中贡献智慧和力量，以"创先争优"活动为载体，立足于"服务大局有位，服务妇女有为"目标，在发展妇女创业创新、组织妇女参与社会管理、服务妇女身心健康和维护妇女、儿童合法权益等方面取得一定成效。至2012年年底，全县有乡镇（街道）妇联组织22个，基层妇代会254个。县妇联充分发挥妇联组织优势，统筹规划谋开局，兴办实事力推经济发展；强化载体重创新，依托活动促进文明进步；服务妇儿有作为，法制保障维护妇女权益；创先争优上水平，固本强基夯实妇女工作基础。2011年，县妇联被评为"浙江省三八红旗集体""丽水市妇联宣传信息工作先进集体""丽水市妇女儿童工作先进集体""县直机关优秀党组织""关心下一代工作先进集体"景宁县被评为浙江省妇联基层组织建设先进县。2012年，县妇联获浙江省妇女维权示范岗、丽水市"平安家庭"创建工作先进单位，2011—2012连续两年全县工作目标管理综合考核优胜、县体育工作先进单位等荣誉。

【推进来料加工业发展】 县妇联积极贯彻中共十八大精神和县八届党代会精神，理清思路，统筹规划，内优外拓，打造富有特色来料加工业引领畲乡妇女发展。全县以低收入农户集中村、下山脱贫点和移民安置点等区域为重点，以110区块、东坑、沙湾、金惠小区等来料加工标准产房建设为抓手，以促进妇女创业就业为根本，不断优化服务，开拓创新，使景宁县来料加工业在原有基础上再上一个新台阶。大力发展家庭来料加工业，帮助妇女在家门口实现就业和再就业。2011年，全县共培育发展来料加工经纪人120人，落实来料加工经纪人信贷资金33.23万元，带动了全县11748人从事来料加工，实现加工费收入5168万元，新发展来料加工专业村5个。县妇联协调10名省科技特派员与10名妇女种养大户开展帮扶活动，带动广大妇女科技致富。县妇联积极争取特扶资金3000多万元用于来料加工品牌化标准化厂房建设，逐步实现"一乡（镇）一品"的特色加工基地。2012年，有3名经纪人被评为省级优秀来料加工经纪人，经纪人徐丽媛当选县政协委员。全县累计培育发展来料加工经纪人123人，加工者13623人，发放加工费6432万元，超额完成年度目标任务。

【强化家庭教育促进儿童全面发展】 关注留守贫困儿童成长，县妇联把推进家庭教育和解决贫困儿童生存发展作为主要任务。2011年，全县有留守儿童1689名，建立21个留守儿童之家，实现有学校乡镇及社区全覆盖。

2012年,为进一步促进景宁县未成年人思想道德建设,引导未成年人保持蓬勃朝气昂扬向上的精神状态,县妇联不断创新工作载体,丰富教育形式,推动学校、家庭、社会教育网络。一是开展儿童思想道德教育实践活动。通过多种多样的思想道德教育活动,全县33名"文明之星、孝敬之星和遵纪守法之星"受到表彰。二是开展"亲子沟通 快乐成长"百场家庭教育大讲堂活动,分别在各乡镇、街道和社区开展家庭教育讲座。三是开展家庭教育走进新经济组织、走进新社会组织和驻外妇委会,分别在景宁大自然食品有限公司、蓝天幼儿园和景宁驻云和妇委会开展家庭教育讲座,促进孩子健康成长。四是开展家长学校创建工作。成功创建了景宁中学、县妇幼保健所省级家长学校,同时创建县实验一小、仙童社区市级家长学校。

【维护妇女儿童合法权益】 一是组织实施《景宁县"十二五"妇女发展规划》和《景宁县儿童发展规划》,对事关景宁县妇女儿童事业发展大局的重大问题及时向党委政府建议并向社会各界呼吁,切实维护妇女儿童的合法权益。二是加强维权宣传活动,积极落实预防和制止家庭暴力,关注留守儿童和农村贫困儿童,通过多种渠道帮助妇女、儿童等弱势群体。三是健全信访维权体制维护妇女和儿童的权益。2012年,县妇联整合社会资源,健全妇联信访接待工作制度,完善维权联席会议制度,继续发挥"12338"维权热线、"110家庭暴力救助中心"、法律援助机构、女人民陪审员、"巾帼志愿者"法律援助小分队等妇女维权网络的作用,构建信访接待、法律咨询、诉前调解、诉讼代理和法律援助一条龙的维权体系。两年来,县妇联共接待来信来访32件,办结率达98%以上。

【巾帼文明岗建设】 县妇联组织了一支由妇联干部、巾帼志愿者、巾帼文明岗成员组成的队伍,开展以"进村入企访妇情,服务妇女办实事"为主题的进村入企大走访活动,及时为困难群众排忧解难。2012年,县畲艺坊鞋业有限公司、乐源工艺品有限公司创建了县级巾帼文明岗,县蓝天幼儿园和县畲族博物馆创建了市级巾帼文明岗,县实验幼儿园创建了省级巾帼文明岗。至2012年年底,全县累计创建县级巾帼文明岗10个,市级巾帼文明岗4个,省级巾帼文明岗11个,国家级巾帼文明岗2个。

【妇女参与社会管理】 组织妇女积极参与政治建设、精神文明创建等社会事务,2012年7月4日,由县妇联、畲乡报社举办的景宁县"十大感人女性"评选结果出炉,任婧婧、刘园英、严凤英、李玉珠、张旭英、林红娟、郑欣英、徐玉英、徐兰英、雷聪梅10位女性获此荣誉。通过"我们的价值观——做一个怎么样的畲乡女性"大讨论,树立典型,大力倡导和弘扬自立自强、积极向善、包容大气、文明和谐的价值取向,引导妇女争做"自尊、自信、自立和自强"的新时代女性,促进社会公德、职业道德、家庭美德和个人品德建设,以提升妇女参政意识促进妇女发展。2011年,全县有村支部女性委员103名、女村支部书记10名,女性村委委员261名,女性村委主任10名。

(县妇联)

县工商业联合会

【概况】 2011—2012年,县工商联深入实施"223"工作计划,按照在"五个方面发挥作用"的具体要求,在商会组织建设、参政议政、拓展服务载体、推进"景商回归"工程等方面充分发挥职能作用,为全县非公经济健康发展和非公经济代表人士健康成长,做出了积极的贡献。2012年4月,出台《商会组织建设和管理工作暂行办法》,切实加强县工商联(总商会)直属商会、行业商会和异地商会组织建设与管理工作。同年12月7日,《中共景宁畲族自治县委景宁畲族自治县人民政府关于加强和改进新形势下工商工作的实施意见(草案)》提交县委常委会议审议通过,并以(景委〔2012〕42号)文件,为全县工商联事业健康快速发展提供保障。两年间,新成立异地商会两家,发展新会员321人,充实理事以上班子成员125人,至2012年年底,县工商联(总商会)共有会员1902人,行业商会2家,异地商会8家。动员非公有制企业挖掘整理"推进自主创新"等先进典型事迹3个,发期刊8期宣传全县企业典型事迹、经验做法。2011年7月,组织开展"党徽在民企闪光"主题征文、演讲活动,向市级推荐征文7篇、演讲选手3名,获得征文比赛一等奖1个、演讲比赛三等奖2个。2012年3月,县工商联荣获全市工商联系统"组织建设先进单位";同年12月31日,在全市工商联大会上,县工商联被评为2012年度丽水市工商联系统宣传教育先进单位;同年,被县委、县政府授予全县工作目标综合管理考核创业创新奖。2012年,县工商联在广泛征集部门意见的基础上,成功推荐柳德旭为丽水市第四届优秀中国特色社会主义事业建设者;洁净钢管有限公司总经理项光泽为全省民营企业家科技创新奖;大自然食品有限公司为浙江省中小微企业创新发展先进单位、丽水市"非公企业文化之光"评比一等奖。

【第四次会员代表大会】 2012年12月7日,县工商联(总商会)第四次会员代表大会召开。大会选举产生了县工商联第四届执行委员会委员(以下简称执委)65名,常务委员37名,其中专职主席(会长)1名,常务副主席、副会长1名,副主席、副会长1名,秘书长1名,兼职副主席、副会长16名,(兼职总商会副会长21名)。

【非公有制经济组织党建工作】 配合县委组织部、县经贸局做好非公企业党组织建设工作。2011—2012年,完成对30多家微小企业员工情况调查,对符合条件的10家企业组建了9个党支部,提高了非公有制企业党建工作覆盖面。协助县直机关党工委先后组建了景宁驻宁波、义乌两个创业流动人员党支部,为异地商会更好发挥职能作用提供了坚强的政治保障。加强对非公有制经济党组织"创先争优活动"的指导。2011—2012年向丽水市非公有制经济组织"创先争优活动"指导小组推荐申报非公有制企业先进基层党组织2个、优秀党务工作者2名、优秀党员3名。

【参政议政】 深入调查研究,引导县内外非公有制经济人士为畲乡发展建言献策,有序政治参与。2011年,县工商联《加快发展景宁县域经济的几点建议》被列为县政协七届五次大会重点发言。

2011年和2012年,县"两会"期间,邀请在外创业代表人士和各异地商会会长参加会议,并安排座谈,广泛征求意见和建议,共收集提案议案5条,被采纳3条。

2012年,全县工商联会员中有18名非公有制经济代表人士分别当选为市、县人大代表;24人当选为市、县政协委员;8人担任四届丽水市工商联常、执委。

【商会建设】 2011年11月18日,成功组建杭州景宁商会,县委林康书记亲临成立大会并发表讲话。2012年12月13日,西安景宁商会成立大会召开。在陕西工作的浙江籍有关部门领导、西安市莲湖区统战部副部长、工商联党组书记韩青,景宁县领导蓝小明、潘伟、吴昌亮、雷应江、尤建平,景宁县相关部门负责人、西安景宁两地的金融系统负责人、全国各地景宁商会会长、秘书长和商会会员代表共计260多人参加了成立大会。是年4月28日,兰州市景宁商会换届,县委常委统战部部长亲临指导。是年6月24日,北京景宁商会换届,县委书记林康、县长蓝伶俐亲临大会,并作重要讲话。是年10月28日,温州市景宁商会换届,瓯海区委常委、统战部部长出席并做重要讲话。

【会员活动】 围绕县委提出"做一个怎样的畲乡人"价值观大讨论主题活动,提炼出"负重拼搏、借势提升、守义创利、富民强国"的价值观核心词,引导社会新阶层人士树立"爱国、敬业、诚信、守法、贡献"的社会主义价值观。引导广大会员义利并举,奉献爱心。2011年,申报光彩事业资助项目16个,成功签约9个,筹集扶持资金195万元;同年1月,开展"同心·送温暖"惠民活动,发放慰问资金7.5万元。2012年10月15日,杭州景宁商会首捐38万元给县慈善总会,建立了教育扶贫基金,用于每年资助5名大学生直至其完成学业。两年间各商会、会员企业和会员个人慈善捐助公益资金累计200余万元。认真配合县委统战部做好"2012年海峡两岸各民族欢度中国畲乡三月三活动"中来自台湾、香港、澳门等各界代表130多名嘉宾的接待服务工作。发动义乌景宁商会安排20多位理事会成员,做好110多位港澳台嘉宾在义乌国际商贸城游览考察活动全程引导工作。

【宣教工作】 2012年,通过摄制《大山的呼唤》项目申报纪录片,积极争取省"光彩事业基金"的帮扶。同时开展非公有制经济主题宣传活动。从4月开始,在县委宣传部、县委统战部牵头下,县工商联与县有线电视台联合组成《景商三十年》专题摄制组,围绕县外创业"情牵故土.商行天下"、县内企业"厚积薄发.走在前列"两大主题开展深度采访报道。同时将该活动申报参加全省统战系统宣传活动创意奖的评选。

【非公经济人士培训】 2012年4月,推荐1名兼职副主席和1名商会副会长参加丽水市工商联组织的培训考察活动;同年6月,组织带领3家会员企业的办公室负责人参加丽水市工商联举办的新闻信息工作培训;同年7月,推荐安排4名企业管理接班人员参加市工商联在浙大举办的"创二代"企业管理培训班;同年9月,推荐了北京、天津、杭州、宁波、温州、义乌等异地商会骨干成员和县内主要民营企业负责人共50人参加县人力资源局在清华大学举办的景商创业创新能力培训班。

(县工商联　吴启伟　陈素勤)

人力资源和社会保障

综 述

【概况】 2011—2012年，景宁畲族自治县人力资源和社会保障局坚持以科学发展观为统领，以“服务发展、保障民生”为主线，全面推进人才队伍建设，积极开发企业人才、中高级技能人才、农村实用人才、社会服务人才，大力培养和引进高层次人才和急需紧缺人才，服务经济转型升级。实施更加积极的就业政策和创业带动就业战略，努力改善就业结构，扩大就业规模，提高就业质量，推动城乡劳动者充分就业，实现经济增长与扩大就业的良性互动。按照广覆盖、保基本、多层次、可持续的方针，扩大社会保障覆盖面，完善各项社会保障制度，加强同类政策衔接，协调平衡不同群体和城乡之间待遇差距，合理提高待遇水平，加强资金多渠道筹措机制，加快建立健全覆盖城乡、惠及全民的社会保障体系。深化行政管理体制和人事制度改革，统筹机关企事业单位收入分配政策，健全企业职工工资正常增长和支付保障机制，加快形成合理有序、体现公平正义的工资收入分配格局。完善劳动保障体系建设，积极发展和谐劳动关系。

县机构编制委员会办公室此前与县人力资源和社会保障局合署办公，2012年11月17日，根据《中共丽水市委办公室丽水市人民政府办公室关于印发〈景宁畲族自治县人民政府机构改革方案〉的通知》（丽委办〔2011〕41号）和《关于县（市、区）政府机构改革实施工作的补充通知》（丽委办〔2011〕72号）精神，单设景宁畲族自治县机构编制委员会办公室（景委办〔2012〕66号）。县机构编制委员会办公室是县机构编制委员会的常设办事机构，在县机构编制委员会的领导下负责全县行政管理体制和机构改革以及机构编制的日常管理工作，既是县委的工作机构，又是县政府的工作机构，列县委机构序列。内设3个科室，行政编制10名。

截至2012年12月30日，景宁畲族自治县县级以上机关机构数总计45个，其中党委工作部门7个、部门管理机构2个、其他1个；人大1个；政府组成部门25个、垂直管理机构2个；政协1个；群众团体4个；法院1个；检察院1个。全县各级各系统编制1451名，在职1362人，其中党政群系统编制1001名，在职990人；政法系统编制450名，在职372人。各类事业单位机构287个，编制3982名，实有人数3225人。

机构编制

【政府机构改革】 根据中央和省委、省政府的统一部署，2011年5月印发了《景宁畲族自治县人民政府机构改革方案》，是年7月20日，全县新一轮政府机构改革动员暨三定培训会议召开，传达全省市县政府机构改革工作会议精神，对市县改革工作进行动员部署，并下发《景宁畲族自治县政府机构改革“三定”工作实施意见的通知》。

2011—2012年,共下发政府部门三定方案28个,分离出后勤服务人员编制48名,增加或加强政府职责61项,理顺交叉政府职责13项,减少政府职责35项,并将政府机构改革涉及相关事业机构和人员编制事项及时调整到位。

2011年5月,县人口和计生局与卫生局分开单独设置,县食品药品监管局由条管划回块管。

2012年3月,将县发展和改革局承担的信息产业协调管理职责划入县经济商务局。为理顺工作职责,进一步加强信息产业协调管理工作,将县发展和改革局下属的县信息管理办公室(挂县信息化工作领导小组办公室牌子)成建制划入县经济商务局,县信息管理办公室的2名全额事业编制一并划转。设立了景宁畲族自治县建设全国畲族文化发展基地办公室,为相当于正科级事业单位,挂靠县委宣传部。设立景宁畲族自治县人民政府经济合作交流办公室(挂招商局牌子),为县政府直属正科级公益一类事业单位。设立县人民政府金融办公室,为相当于副科级承担行政职能的事业单位。给丽景民族工业园增挂了安全生产监管处牌子。完成关于设立景宁畲族风情省级旅游度假区管理机构的问题上报市编办审批工作。

【事业单位分类改革】 2011年,根据浙江省编办《关于深化完善事业单位分类工作指导意见》和丽水市事业单位分类改革的部署,对景宁县党政群机关所属事业单位进行了全面的调研,并根据事业单位的职能、举办主体、经费来源及今后发展等综合因素,提出全县事业单位分类方案,提交县编委研究通过。完成了全县280家事业单位分类,明确39家上报省市编委办拟列入承担行政职能的事业单位,明确165家为公益一类,51家为公益二类,5家为生产经营类。暂不列入分类的20家,共计整合事业机构8家,撤销事业单位机构9家。

【编外用工管理改革】 规范全县编外人员管理。从完善管理制度、创新管理模式入手,2011年,下发了3个编外用工管理文件分别是《关于进一步加强机构编制和人事管理工作意见》《关于印发〈景宁县机关事业单位编外用工管理办法〉的通知》《关于加强机关事业单位编外用工管理的补充规定》,对机关事业单位编外用工进行规范管理。对新聘用人员实行“从严控制,规范招人”,对原聘用人员实行“清理规范,量化管理”,取得了良好效果。景宁成为丽水市首个编外用工规范县,该项工作走在全省前列。

2011年年初,开展编外用工大检查活动,对全县机关事业单位编外用工进行清理规范,经检查清理规范,编外用工管理工作取得阶段性成果:全县共清退或解聘编外人员20人,分流12人,顶编12人,公开招聘80人,列入劳务派遣232人,未列入景宁县新世纪人力资源有限公司劳务派遣594人。

人　事

【公务员招考】 2011年,全县各级机关计划考试录用公务员58名,其中:其中少数民族岗位3个,面向选聘到农村和社区工作两年以上的大学生“村干部”岗位7个,面向优秀村干部岗位2个,法官、检察官预备人选岗位4个。共有1864人报考。经过笔试,148人入围面试,67人入围体检,65人入围考察,最终录用57名。

2012年,全县各级机关计划考试录用公务员63名,其中少数民族岗位6个,面向选聘到农村和社区工作两年以上的大学生村干部岗位5个,面向优秀村干部岗位2个,法官、检察官预备人选岗位4个。共有1438人报考,经过笔试,160人入围面试,66人入围体检,66人入围考察,最终录用56人。

【事业单位招考】 2011年全县综合类事业单位面向社会公开招聘工作人员计划安排59个岗位，其中少数民族岗位6个，面向选聘到农村和社区工作两年以上的大学生村干部岗位7个。共有984人报考，经过笔试，177人入围面试，59人入围体检，59人进入考察，最终聘用59人。

2011年，全县计划公开招聘中小学及幼儿园教师50名，其中少数民族岗位5名。共有361人报考，经过笔试，112人入围面试，42人入围体检，42人进入考察，最终聘用42人。

2011年，全县卫生系统事业单位计划公开招聘专业技术人员60名，其中少数民族6名。共有267人报考，经过笔试，109人入围面试，57人入围体检，56人进入考察，最终聘用53人。

2012年，全县事业单位面向社会公开招聘工作人员计划安排61个岗位，其中少数民族岗位7个，面向选聘到农村任职两年以上的大学生村干部岗位9个。共有1218人报考，经过笔试，178人入围面试，62人入围体检，58人进入考察，最终聘用58人。

2012年，全县计划公开招聘中小学及幼儿园教师36名，其中少数民族岗位3名。共有163人报考，经过笔试，72人入围面试，31人入围体检，31人进入考察，最终聘用28人。

2012年，全县卫生事业单位（学校校医）计划公开招聘专业技术人员47名，其中少数民族6名。共计172人报考，经过笔试，88人入围面试，39人入围体检，39人进入考察，最终聘用36人。

【公开选聘大学生村干部】 2011年，全县公开选聘大学生村干部27名。共有73人报考，经过笔试，46人入围面试，19人入围体检，16人进入考察，最终聘用16人。

2012年，全县公开选聘大学生村干部18名。共有119人报考，经过笔试，32人入围面试，20人入围体检，20人进入考察，最终聘用16人。

【事业单位绩效工资】 2011年1月，《景宁畲族自治县公共卫生和基层医疗卫生事业单位绩效工资实施办法》经县政府常务会议和县委常委会审议通过后，上报市人事劳动社会保障局、市财政局、市卫生局批复。于1月14日开始组织实施绩效工资审批、兑现工作，至1月底，全县公共卫生和基层医疗卫生事业单位在职人员的基础性绩效工资和退休人员生活补贴全部审批兑现到位。5月，在清理核查事业单位津贴补贴的基础上，开展其他事业单位退休人员基本情况调查和基本退休费剥离审核等其他事业单位实施绩效工资的前期准备工作。12月，根据市局的统一部署，结合景宁实际，制定出台《景宁畲族自治县其他事业单位绩效工资实施办法》，经县政府常务会议和县委常委会议审议通过后，上报市人力资源和社会保障局、市财政局批复，并组织实施。至2012年1月底，全县其他事业单位在职人员的基础性绩效工资和退休人员生活补贴全部审批兑现到位。2012年12月，根据《关于进一步提升新时期畲乡教育质量的若干意见》，经县政府常务会议审议通过，制定出台义务教育学校绩效工资岗位津贴标准调整方案。按照“总量控制，差异管理”的原则，组织核定事业单位奖励性绩效工资分配方案。

【收入分配制度改革】 2012年3月，根据景宁经济社会发展水平及财力状况，经县委县政府研究决定，从2012年1月1日起调整公务员规范津贴补贴和事业单位绩效工资水平，于5月底审批调整到位。8月，经县政府常务会议和县委常委会审议通过，从2012年7月1日起机关、事业单位退休人员生活补贴比例从65%提高到80%。

【精减退职生活困难补助】 贯彻落实中共浙江省委组织部、省人力资源和社会保障厅、省财政厅和省民政厅《关于进一步解决部分精减退职人员生活困难补助问题的通知》精神，2012年5月30日，审批落实了第一批285位精减退职人员的生活困难补助；是年9月6日，审批落实了第二批52位精减退职人员的生活困难补助。是年12月，经县政府常务会议审议通过，制定出台了《关于进一步落实浙人社发〔2011〕223号文件有关问题的处理意见》，组织实施第三批部分精减退职人员身份认定调查核实工作。

【专业技术人才管理】 坚持以人才能力建设为导向，以提升实用技术水平为核心，积极开展高层次人才选拔培养、职称评审和资格鉴定工作，推进专业技术人才队伍和高技能人才队伍建设，健全完善人才市场功能，发展人才人事公共服务，努力推进和调整人才结构，各类人才总量大幅提高，截至2012年年底，全县入选丽水市“138”人才工程7人，省“151”人才工程第三层次4人，享受政府特殊津贴1人；全县人才总量达到1.17万人（包括高技能人才238人、农村实用人才4594人），每万人口拥有人才693人。

2011年，全县先后共组织21家企、事业用人单位前往武汉、成都参加人才招聘会（其中武汉15家，成都6家），共提供招聘岗位195个，应聘人数达499人。同时，还相继组团参加“宁波科技周”“浙江省高校毕业生就业招聘会”“丽水市人才交流会”等各类人才招聘会。全年共引进硕士研究生2人，本科以上专业人才16人。

2012年共组团或自行外出引进人才达7次，共引进师范类、临床医学类、生物技术、水利工程等各类专业技术人才39人，其中硕士研究生4人。

【职称评审】 2011—2012年，全县有非公企业人员117人获得相应的专业技术职务任职资格，其中初级职称60人，中级职称57人；国有企、事业单位评审通过或首次确认取得专业技术任职资格768人，其中高级71人，中级278人，初级419人。组织参加全国经济、会计、统计、卫生等系列专业技术资格统一考试并获取各类技术任职资格62人，其中中级45人，初级17人；组织各相应专业技术人员参加全国注册税务师、造价工程师、资产评估师、执业药师、一级和二级建造师等执业资格考试，有68人获取了相应的执业资格证书。

【教育培训】 充分利用省人力社保厅对景宁县的扶持政策，结合景宁县原有培训项目，进一步加强各类人才培训，人员素质得到全面提升。两年共组织两期公务员初任培训班，121人参训，参训率达100%；组织两期省人力社保厅免费为景宁县举办的欠发达地区领导干部培训班，共有100名乡镇及部门副科级以上领导干部参加培训；组织企事业单位、非公有制企业单位专业技术人员662人参加继续教育，其中初级288人，中级374人；组织两期省人力社保厅免费为景宁县举办的欠发达地区农村实用人才培训班（分别为畜禽生态养殖、农产品质量安全培训班），共有280余名农村实用人才参加了培训。

【毕业生档案】 2011年，全年累计接收应届高校毕业生档案324卷，历届高校毕业生档案119卷，共计443卷，办理档案转移手续115人次。

2012年，全年累计接收应届高校毕业生档案384卷，累计存档3867卷，办理档案转移手续144人次。

【编外招考】 2011年，为25家机关事业单位组织编外用工招考5场，报名人数达325人，录用61人。

2012年，为县教育局、公安局、林业局等20多家机关事业单位组织开展了3场编外用工招聘活动，报名人数达427人。共招聘录用编外工作人员56名。

劳动与就业

【就业政策】 2011年，为了进一步减轻福利企业负担，鼓励福利企业吸纳更多的残疾人就业，出台了《关于进一步支持福利企业发展促进残疾人就业的实施意见》景政办发〔2011〕7号文件，社会福利企业为在本企业就业的景宁户籍残疾人缴纳的各项社会保险费用，由县财政部门在下一年度按照企业实际缴纳额的50%给予补贴，补贴期限最长不超过3年，所需资金从同级失业保险基金促进再就业资金中支付。全年为县内10家福利企业给予社会保险补助33.44万元。

2012年，出台了《关于进一步做好普通高校毕业生就业工作的实施意见》（景政办发〔2012〕8号）文件，积极引导和鼓励高校毕业生到村（社区）、非公有制企业就业，为大学生提供就业补助，对吸纳高校毕业生的非公有制企业给予提供社保补助优惠政策。对符合条件的高校毕业生在景宁就业且无住房的，提供每年3000元的房租补贴，补贴期限最长不超过三年。全年共受理符合条件的高校毕业生享受租房补贴申请148人、支出补助资金44.3万元。

【就业服务】 一是2011年与移动公司联合开通了“务工易”手机免费就业短信服务平台，及时免费把用工单位招聘的管理岗位和专业技术岗位通过移动短消息平台发送到每个大学生的手机，为用工单位与劳动者提供宽广的就业信息服务，有效地解决了一批高校毕业生就业，从而缓解了景宁县高校毕业生的就业压力。二是开展“春风送岗位”活动。2011—2012年，通过举办春季人力资源招聘会、大学生就业招聘会和企业专场招聘会等构建求职平台，使高校毕业生、下岗失业人员、农民工重新就业、转移就业、就近就业，共组织了140多家县内外用人单位参加了招聘会，提供就业岗位5000多个，有近万人次进场咨询，1600多人达成就业意向。三是根据地理位置、人口密集度在全县254个行政村整合建立了123个村级劳动保障平台站点，实现了乡镇、社区、行政村工作基层劳动保障平台全覆盖。

【就业与失业】 2011—2012年，新增城镇就业岗位2131个；下岗失业人员实现再就业955人，其中就业困难人员实现再就业320人；农民转移就业3473人；新增失业保险参保人数1540人；城镇登记失业率控制在4.0%以内。两年新增县广播电视台、实验一小、景宁瓯江胶囊有限公司等四家大学生见习基地家，共提供见习岗位46个。2011年，启用了全省统一的《就业公共服务信息系统》，实现省、市、县数据信息共享，对初次就业、失业登记的劳动者使用全省统一的就业和失业登记证。选定县内60家大中小微企业开展失业动态和用工动态监测，并实行网上直报，及时掌握经济波动期内企业生产经营状况、用工需求变化和经济形势对就业、失业的影响。为简化办事流程，方便用人单位办理参保登记手续，从2012年11月起失业保险参保登记工作转入社保中心大厅进行办理，实现五费统一参保登记。

技术职称考核与劳动技能培训

【职业技能鉴定】 2011年，共组织了28期技能鉴定考评，对1890人进行职业技能鉴定，1720人获得了国家职业资格等级证书，其中初级技能1367人、中级技能353人，此外，参加全国、全省统一鉴定人数为81人。组织5家县内企业，分别代表了民族文化、传统技艺、科研先锋、创新工艺等最具景宁特色的技能，申报省厅组织的“浙江省技能大师工作室”，其中龙凤民族服饰有限公司申报的“雷献英畲族服饰技能大师工作室”被市局推荐到省厅进行评比。组织参加2011年“丽水市美容美发技能大赛”，景宁一名美发师荣获了两项一等奖，和一项“技术能手荣誉称号”。

2012年，总计对2234人进行职业技能鉴定，2083人获得了国家职业资格等级证书，其中初级技能1589人、中级技能494人，鉴定人数和取证人数分别比2011年提高了18%和21%。为落实学业证书、职业资格证书“双证制度”，促进职业教育与劳动就业的结合，在县职业高级中学开展了职业技能统一鉴定、统一测试的“两统一”工作，对高二段298名学生进行了中级工的鉴定，获得了市局督查组的肯定。为更好地推动企业高技能人才队伍建设，不断增强企业的核心竞争力，经企业申报、县人力资源和社会保障局推荐，省人力社保厅审核，景宁龙凤民族服饰有限公司被确认为浙江省企业技能人才评价标准化体系建设基地。

【就业培训】 根据以创业带动就业，以培训促进就业的工作新要求，把创业培训作为持续扩大就业的重要手段，实现以培训助创业、以创业促就业。一是围绕县域经济发展，开展了来料加工业、种植业、旅游服务业等职业技能培训，2011—2012年完成农村劳动力转移就业技能培训5281人。二是积极落实景商服务计划。2011年10月13日，举办了一期“开拓创新乘势突破”为主题的“景商创新创业能力提升论坛”，共有200位中小企业经理、高校毕业生和网店经营人员参加。2012年10月17日，以提升千名老板，带动万人就业为目标，在清华大学举办了一期“景商创新创业能力提升班”，组织了县内外景宁籍的50位企业家参加了培训。

社会保障

【社会保险扩面】 全力抓好社会保险扩面工作。2011年年末，全县职工养老、医疗、工伤和生育保险净增参保人数分别为3708人、2195人、984人、2127人，累计参保总人数分别达到16616人、16080人、10807人、10320。2012年年末，全县职工养老、医疗、工伤和生育保险净增参保人数分别为1855人、990人、2842人、1496人，累计参保总人数分别达到18471人、17070人、13649人、11816人。

【养老保险】 全面实施三个养老保障政策。2011年7月，根据浙江省人力资源社会保障厅、财政厅联合下发的《关于解决未参保集体企业退休人员及其他相关人员基本养老保障等遗留问题的实施意见》（浙人社发〔2011〕221号）、《关于调整城乡居民社会养老保险部分参保人员待遇政策的通知》（浙人社发〔2011〕222号）和《关于进一步解决部分精简退职人员生活困难补助问题的通知》（浙人社发〔2011〕223号）文件精神，县人力社保部门投入大量人力物力，全力推进三个政策的贯彻实施工作。成立了专门的政策咨询小组，组织人员深入到乡镇及卫生局、教育局等部门开展政策与业务指导培训，确保政策宣传适时、适度。在社保服务大厅单独设立受理服务窗口，全年办理符合221号政策条件的人员1266人，征缴养老保险费3000余万元；受理申报符合222号政策条件的人员1539人；受理符合223号政策条件人员的申报材料540余份。

2011年年末，全县企业参保单位579个，参保人数16616人，其中在职14816人，离退休1800人，净增3708人，机关事业单位共参保人员4823人，其中在职3464人，离退休1359人，新增135人；全县城乡居民社会养老保险新参保10496人，总参保人数60630人，综合参保率达到90%以上，按月领取养老金待遇20863人。

从2012年1月起，我县城乡居民社会养老保险增设每年缴费1000元、1700元两个档次，对个人选择1000元、1700元档次缴费的，政府分别给予每年45元、

100元的缴费补贴，激励和引导参保人员多缴多得；从2012年6月起，基础养老金提高到每人每月80元，逐步提高城乡居民养老保险参保人员的养老金待遇，进一步增强政策的优越性，提高群众的参保意识。

2012年年末，全县企业参保人数18471人，其中在职15649人，离退休2822人，净增1855人，机关事业单位共参保人员4860人，其中在职3444人，离退休1416人，新增57人；城乡居民社会养老保险新参保2505人，总参保人数62532人，综合参保率达到95%以上，其中按月领取养老金待遇20520人。

【医疗保险】 进一步深化基本医疗保险制度改革。一是稳妥推进职工医疗保险市级统筹。从2011年月1月起，职工医疗保险实施市级统筹，统一主要政策，企业实行单基数缴费，退休人员缴费年限满25年，退休后不需再缴费，不足25年的可一次性补足；提高医保待遇水平，建立门诊统筹，扩大特殊病种享受范围；建立市级风险调剂金，增强基金保障能力。二是在全市先行实施城乡居民统一医疗保险制度。城乡居民实行统一的城乡居民医疗保险制度，取消了城乡户籍差异，有效避免老百姓重复参保问题，使全县城乡居民享受同等政策，增强了基本医疗保险公平性，实现了城乡居民医疗保险一体化；11月又出台了《关于进一步完善城乡居民医疗保险制度的通知》（景政办发〔2011〕110号）文件，从扩大参保及缴费优惠对象、提高报销比例、调整住院起付标准、加强异地就医规定、提高儿童两病和居民重大疾病医疗保险待遇等方面进一步完善了城乡居民医疗保险制度，切实提高城乡居民的医疗保障水平。三是先行探索与商业保险合作，将13341位在校生（在园生）集体向财产保险和人寿保险两家商业保险公司投保，在待遇审核支付、基金监管等方面相互借鉴、相互监督。城乡居民意外伤害保险，通过购买服务的方式，向商业保险公司集体投保，参保城乡居民意外死亡或伤害时，可获相应补偿，提高保障水平。

2012年，全面实施提高重大疾病医疗保障水平，重大疾病医疗保障范围扩大到儿童白血病、儿童先天性心脏病、终末期肾病、乳腺癌、宫颈癌、重症精神病、耐多药肺结核、艾滋病机会性感染、肺癌、食道癌、胃癌、结肠癌、直肠癌、慢性粒细胞白血病、急性心肌梗塞、脑梗死、血友病、I型糖尿病、甲亢、唇腭裂等20种重大疾病，在现行城乡居民医疗保险报销比例基础上提高10%。2012年年末，全县城乡居民医疗保险参保人数达138357人，参保率达到95%。

【工伤和生育保险】 2011年，根据《工伤保险条例》扩大了工伤认定范围、及时调整待遇标准，并增加了工伤保险基金支付项目，更好地保护广大职工合法权益，减轻用人单位风险。从2011年1月开始，将全县公务员纳入生育保险范围，解决了长期以来公务员生育待遇得不到享受的遗留问题。2011年年末，全县工伤保险参保人数10807人，生育保险参保人数10320人。

2012年，进一步完善工伤保险市级统筹。5月底前，将全县行政机关及其公务员、参照《公务员法》管理的事业单位及其工作人员，按照要求全部纳入工伤保险范畴。其工伤范围、工伤认定、劳动能力鉴定及待遇标准按《工伤保险条例》及相关配套政策执行，切实保障了公务员工伤待遇。2012年年末，共收取工伤保险费266万元，支出基金143万元，当年结余123万元，累计结余855万元；收取生育保险费228万元，支出基金150万元，当年结余78万元，累计结余441万元。

【社会保障卡】 2012年，为加快推进我县社会保障卡建设，确保社会保障卡的顺利发放，我县人力社保部门加强与各金融机构合作,全面开展社会保障卡的发放工作。社会保障卡发放需要采集指纹信息,发卡采用了上门服务与定点领取相结合的方式,县城范围内的机关企事业单位与城郊的乡镇由社保经办人员和银行的工作人员进行上门发卡服务,偏远乡镇由参保人员可到当地的社保站(所)领取。2012年年末,共完成3.5万张的年度发行目标任务,社会保障卡持卡总人数已达3.7万人。

【社会保障信息建设】 2011年,按照金保工程建设要求及省厅标准完成社会保障网络建设,实现与市级网络互联,为信息交换、共享和业务协同等提供支持。8月,建设完成全市统一的医保联网结算平台,实现了城镇职工全市医保一卡通,省内异地就医一卡通。9月,成立社会保障卡管理服务中心,开发完成社会保障卡管理系统、数据采集系统并投入运行,采集城镇职工社保卡数据1.2万人。对城乡居民养老保险现行缴费模式进行了改革,全面推行保险费银行代扣代缴,方便参保人员缴费,减轻各乡镇的工作量,确保基金的安全。

2012年,全市统一的社会保障综合系统上线,将原来各险种分散的系统做统一,数据融和并入全市大集中,统一了缴费基数、统一经办流程。"12333"咨询服务系统按标准全市统一建设完成,1月正式投入使用。12月,社会保障卡中心大厅建设完成正式开始对外服务,六大银行入驻,为参保人员提供社会保障卡的申领、制卡、发卡、挂失、补换卡等服务。

劳动仲裁

【概况】 2011年,县人事劳动仲裁院积极探索改革办案机制,变三方协商为多方协调,就涉及劳动关系方面的重大政策、重大问题进行经常性的沟通和协商。全年共处理劳动争议案件16起,其中工伤赔偿案件8起,经济补偿争议案件2起,其他劳动争议纠纷案件6起。调解结,14起,调解率达93.75%,裁决结案1起,撤诉1起,结案率达100%,为劳动者挽回经济损失25.3万元。

2012年,完成人事、劳动争议仲裁委机构撤并;成立了县法律援助中心县劳动争议仲裁院工作站;实现规模以上企业劳动争议调解组织建设全覆盖,进一步推进劳动人事争议仲裁机构实体化建设。初步建立了乡镇、社区的网格化调解平台,逐步实现有牌子、有场所、有人员、有台账的"四有"目标。全年共处理劳动争议案件53起,其中工伤赔偿案件30起,社会保险争议案件9起,解除劳动关系争议案件3起,劳动报酬争议案件1起。不予受理1起,调解结案52起,为52名劳动者挽回经济损失240.07万元,调解结案率达100%。

【劳动用工管理服务】 2011年,严抓用人单位管理,通过材料发放、热线咨询、网络引导、专题培训、现场答疑、专案指导等形式扎实开展宣传与释义工作,营造用人单位依法管理、劳动者知权维权的良好社会氛围。其间,发放材料5000余份,现场答疑100余次,专案指导3次。结合用人单位的实际管理行为,组织监察员进行学习交流和个案研讨,为劳资双方分析探讨对策,寻求最佳解决方案。在五个企业密集乡镇实施劳动监察网格化管理,充分利用各乡镇、部门调解组织开展工作,一旦出现劳资纠纷苗头,采取受理、调查、处理"一站式"服务,力争把矛盾纠纷解决在萌芽状态。

2012年,深入开展"和谐民生行"劳动保障政策法规宣传活动。通过电视、报纸等媒体播报以及印发提示单、网络引导等各种手段对劳动保障政策法规进行广泛宣传,走访企业签订责任状、组织企业劳资干部培训、实施企业联络员制度等主动服务办法,前移工作职能,有效增强用人单位的知法意识和守法自觉性，切实规范用人单位的用工行为。

【劳动保障监察】 2011年，开展劳动力市场秩序整顿的一系列专项行动，主动监察及书面审查用人单位304户，向100余家用人单位发放劳动保障监察建议书，提出了500余项建议。全县企业劳动合同签订人数达6556人，同比往年增长10.52%。全年劳动监察机构受理投诉举报案件52件，立案49件，结案49件，结案率100%，为112人追发工资130.9万元。对一家企业拒不执行限期改正指令书行为实施行政处罚，处罚金额0.3万元。

2012年，加快多层次监管执法处理体系建设，推进劳动监察网格化管理工作，变被动监察为主动监察、有限监察为全面监察、静态监察为动态监察。开展清理拖欠农民工工资、人力资源市场秩序整顿、农民工劳动合同签订等专项行动，加强劳动关系协调力度，努力构建和谐劳动关系。主动监察用人单位193家，书面审查用人单位602家，接待投诉举报案件75起，即时调处32起，立案35起，在办理期限内结案率100%，为220名劳动者追发工资201.01万元。对一家企业拒不执行限期改正指令书行为实施行政处罚，处罚金额0.2万元。建立健全“两金一卡”制度，截至12月底，欠薪应急周转金200万元入专用账户，全县建筑领域缴存农民工工资保证金438万元，交通工程领域缴存工资保证金600万元。在建筑、交通等领域实施记工考勤卡制度，此举深得民工信赖。

（县人力社保局）

安全生产

【概况】 2011—2012年，县安监局坚持“安全第一、预防为主、综合治理”的方针。以“安全生产年”活动为工作主线，强化日常安全监管，严格安全督查执法。深入重要行业、重点企业、重点场所开展隐患整治和安全生产督查。加强安全生产综合目标管理，建立“行行有人抓、层层有人管”的安全生产责任体系。坚持监察季度例会制度，定期通报形势，部署安全生产阶段性工作，督促各乡镇（街道）、各部门切实履行监管职责，确保安全形势稳定，杜绝较大及以上生产安全事故发生。2011年，全县累计发生各类事故19起，死亡10人，受伤13人，直接经济损失52.17万元。在各类事故中：道路交通事故13起，死亡7人，直接经济损失11000元；火灾事故3起，直接经济损失15.5万元；工矿商贸事故3起，死亡3人，直接经济损失35万元；水上交通未发生事故。2012年，全县累计发生各类事故11起，死亡7人，受伤9人，直接经济损失22.7万元。与上年同期相比，事故减少8起，死亡人数减少3人，受伤人数减少4人，直接经济损失减少29.5万元，下降56.6%。在各类事故中：道路交通事故8起，死亡6人，直接经济损失5.3万元；火灾事故2起，直接经济损失7.4万元；工矿商贸事故1起，死亡1人，直接经济损失10万元；水上交通未发生事故。

【安全生产责任制】 县委、县政府高度重视安全生产工作，主要领导亲自抓负总责，分管领导具体抓，其他领导认真履行“一岗双责”，安全生产目标管理责任制得到有效落实。修订和完善了安全生产目标管理责任制。进一步量化安全生产责任目标，将市下达给县的安全生产控制指标进行分解，落实到各乡（镇）和行业部门。县政府与21个乡（镇、街道）和29个部门负有安全生产监督管理职责的部门签订安全生产责任书，同时要求各乡镇（街道）、各部门结合实际，将责任目标进行层层分解、层层落实，一级抓一级，一级对一级负责。进一步完善安全生产目标考评机制，将安全生产纳入县委、县政府年度工作目标管理，实行一票否决。对安全生产工作成绩突出的单位进行表彰。

【事故隐患排查治理】 2011—2012年，县安监局开展了道路交通、矿山、危险化学品、铝镁粉尘、有限空间、建设施工、消防、机械制造、冶金建材、特种设备等重点领域的专项整治。全县共排查隐患单位1098家(次)，排查一般隐患1056项，整改1056项，整改率100%。2家市级挂牌督办重大安全隐患单位，按时完成整改。

【深入开展联合执法行动】 2011—2012年，全县建立和完善了安全生产联合执法工作机制，组织安监、公安、国土、建设、交通、质监、工商等部门开展联合执法行动。在危险化学品领域，取缔了一个非法储存销售甲醇的窝点，查获用于制作醇基燃油甲醇600公斤；在烟花爆竹领域，共查处非法、违法销售烟花爆竹行为9起，没收非法产品30余箱。

【安全生产宣传培训】 2011—2012年，分别组织开展了第十、十一个安全生产月活动，全县共展出130多块各类安全知识宣传展板，散发各种宣传资料5000余份，现场接受咨询600余人次，张贴标语、悬挂条幅1200多条(幅)。在全县254个行政村都建起了安全生产宣传栏，宣传栏内容为安全生产法律法规、安全小常识、事故案例、村民出行应注意的事项等，通过上安全知识课、摆放展板、组织观看安全宣传光盘等方式，对广大村民进行宣传教育，提高全民安全意识。对生产经营单位主要负责人、安全管理员、特种作业人员等从业人员进行岗位安全技能教育培训。

【事故应急救援】 2011—2012年，全面开展应急预案的编制、培训、演练等工作。加强应急救援专业队伍建设，组建了危险化学品安全事故应急救援队伍、烟花爆竹应急救援队伍，切实做到常抓不懈、常备无患。同时，在化工、水上交通和人员密集场所等重点领域，结合应急预案演练周活动，先后组织开展了10余次实战演练，进一步检验了应急救援和安全保障能力。切实加强元旦春节、清明端午、国庆中秋等节假日安全生产应急值守工作，严格执行领导带班在岗24小时值班制度和安全生产工作信息专报制度，加强工作调度，牢牢把握安全生产动态。

(县安监局)

法治　武装

县委政法委工作

【概况】 2011—2012年，县委政法委紧紧围绕县委“三县并举”发展战略和“三个走在前列”的目标要求，按照建设“平安景宁”“法治畲乡”的总体部署，深入推进社会矛盾化解、社会管理创新、公正廉洁执法三项重点工作，认真开展“社会管理创新落实年”活动，推进社会管理创新13项重点项目建设，认真落实维稳责任，坚持定期分析维稳形势制度，组织开展“两排查一促进”专项活动，做好不稳定因素的排查化解和稳控工作，维护了全县社会和谐稳定，为全县经济社会平稳发展提供强有力的政法保障。景宁畲族自治县于2011年被省委省政府授予为2005—2010年连续六年平安县；被市委、市政府命名为“2010年度社会治安综合治理先进县；县政法委被市政法委评为2010年度全市政法系统信息宣传和调研工作先进单位。2012年景宁畲族自治县被省委省政府命名为2011年度平安县；被市委、市政府命名为2011年度社会治安综合治理优秀县委；县政法委被市委政法委评为2011年度全市政法系统信息宣传和调研工作先进单位。

【“平安景宁”建设】 建立县、乡（镇）、村主要领导为平安综治工作第一责任人、分管领导为直接责任人的责任体系。制订落实省平安考核评审条件的工作意见，将任务分解落实到各乡镇和成员单位。县平安办公室及时掌握全县平安创建形势，对全年各阶段的平安综治重点工作作出部署，有计划地开展平安综治工作督查，对检查中发现的问题，有针对性地整改落实。在深入开展“平安乡镇”“平安社区”“平安村”创建活动的基础上，扎实开展系统平安创建活动，不断扩大平安建设覆盖面。通过“平安综治双月宣传”、发放宣传资料、滚播电视公益广告、组织宣传车下乡等活动，大力宣传平安建设的做法和成效，进一步提高人民群众创建“平安景宁”工作的重要性认识。2012年3月11—12日，顺利通过省平安综治考核组的考核验收。

【应急处置机制建设】 2011年，县委维护稳定工作领导小组出台了《关于建立景宁畲族自治县处置突发维稳事件应急指挥机制的通知》《关于对煽动非法聚集活动实行分级戒备机制的意见》。县委维稳办与县公安局、县应急办等部门共同修订完善了《景宁畲族自治县群体性事件应急处置预案》，由县政府办公室发文实施。县委维稳办牵头组织开展群体性事件应急处置点检验活动，有效检验了群体性事件应急处置预案的科学性和可操作性，切实提高了各部门联合处置突发公共事件的能力。

【社会稳定风险评估】 2011年，县委政法委下发《关于进一步明确我县2011年社会稳定风险评估工作有关事项的通知》，明确评估项目、内容、程序和要求。是年6月30日，召开全县重大事项社会稳定风险评估工作会议，对社会稳定风险评估工作进行全面部署和培训。全年开展重大决策事项社会稳定风险评估项目11个。2012年，县委办、县府办出台了《关于进一步推进景宁畲族自治县重大事项社会稳定风险评估工作的通知》和《景宁畲族自治县重大决策社会稳定风险评估实施办法(试行)》，全年开展重大决策事项社会稳定风险评估项目13个。

【构建“大调解”体系】 2011年，县委、县政府出台《关于构建“大调解”体系推进矛盾纠纷排查调处工作的意见》，成立县社会矛盾纠纷“大调解”工作领导小组及办公室，建立县社会矛盾纠纷“大调解”协调中心、县人民调解中心、县行政调解指导中心、县司法调解中心等“四中心”；坚持矛盾纠纷“一月一排查、一月一分析”“层级化解、逐级移送”等制度，全年共排查调处矛盾纠纷2629件，调处成功2559件。2012年，在各乡镇(街道)建立“大调解”平台，健全矛盾纠纷排查化解机制，县人民调解中心成立驻法院调解室，建立完善医患纠纷、道路交通事故纠纷、民间纠纷等专业性调解委员会。健全“警调、检调、诉调”衔接机制。全年共排查调处各类矛盾纠纷2998件，调处成功2955件。

【“网格化管理组团式服务”】 2012年，县综治委出台《关于推进“网格化管理、组团式服务”的实施方案》(景综委〔2012〕6号)。指导基层在原有基础上对网格重新进行了划分，并统一组建服务团队。全县共划分网格359个，组建各类服务团队1939个；在村(社区)、网格层面组建了纠纷调处、困难帮扶等5个服务团队；在乡镇(街道)层面组建了党团先锋、经济发展等6个服务团队；在县级层面组建了法律服务等12个服务团队。一年来，各服务团队开展服务活动4933次，提供帮扶资金241余万元，帮助群众解决问题3352个。

【基层基础建设】 2011年，把平安综治工作纳入县里的年度综合考核，并以县委办、县府办文件下发平安乡镇创建工作(综治)考核细则、社会治安综合治理工作考核“一票否决”实施办法，县委、县政府与22个乡镇(管理区)签订《社会治安综合治理目标管理责任书》。建立和落实综治委全体会议、综治委成员单位联系点、成员单位述职报告和实绩档案等制度。在各乡镇(管理区)全面推行综治工作中心“8+X”功能模式，进行集中办公和一站式服务，落实“五联五统一”机制。实施“12345”示范工程，全县创建了1个省级、2个市级“示范综治工作中心”和5个村(社区)、2个企业市级“示范综治工作站(室)”。

2012年，根据县委办、县府办《关于县社会治安综合治理委员会更名为县社会管理综合治理委员会的通知》，县社会治安综合治理委员会更名为县社会管理综合治理委员会，下设办公室，并设立实有人口、特殊人群、社会治安等10个专项组；各乡镇(管理区)社会治安综合治理委员会、乡镇(管理区)综治工作中心、村(社区、企业)综治工作站由各乡镇(管理区)发文作相应更名。通过组织外出考察、抓试点示范，召开现场会、培训会等形式开展乡镇(街道)社会服务管理中心规范化建设。整合力量，设立服务大厅，在两个街道和四个镇设置司法综治等16个服务窗口，在各乡设置劳动监察等8个服务窗口，规范了乡镇(街道)社会服务管理中心的机构设置、人员配备、办理流程、办事项目和服务台帐，制作了服务指南、办事须知和便民服务卡等，优化提升服务。推进“村务平台”建设，将村级社会服务管理站纳入“村务平台”建设。推进基层社会管理综合信息系统建设，在全县22个乡镇(街道)、234

个村开通了基层社会管理综合信息系统。

【执法监督】 2011—2012年，认真开展涉法涉诉信访积案化解，办理上级交办的涉法涉诉信访案件3件；全县政法系统采取交叉评查和自我评查相结合的方式开展案件评查，两年开展案件评查68件；积极开展司法救助，共办理司法救助案件8件，提供司法救助资金11.2万元，其中市级配套6万元。

【政法队伍建设】 2011年，组织开展政法系统“发扬传统、坚定信念、执法为民”主题教育实践活动，与组织部等部门联合举办庆祝建党90周年红歌传唱；举办“双百”法治宣讲活动；组织政法系统篮球队参加全县第四届领导干部篮球赛并获得第二名；选送舞蹈节目《浴火凤凰》参加全市政法系统主题晚会；组织开展“百名政法干警进百村”活动。2012年，组织政法系统开展“忠诚、为民、公正、廉洁”政法干警核心价值观教育实践活动，通过开展专题学习、集中讨论、警示教育等活动，增强政法干警立党为公、执法为民、廉洁自律的自觉性。抓好政法队伍教育培训，2011年，举办全县基层综治干部培训班、基层社会管理综合信息系统管理员培训班各一期；2012年，举办全县基层综治干部培训班、平安建设培训班、企业平安综治干部培训班各一期。认真履行干部协管职能，做好政法部门中层干部职务任免的审核。

【政法委机关自身建设】 坚持每月定期学习制度。认真抓好党风廉政建设，开展廉政风险排查与防控。加强信息宣传和调研，2011年出台《中共景宁畲族自治县委政法委员会信息宣传和调研工作奖励制度》，2012年出台《关于进一步加强县委政法委信息宣传工作的意见》和《关于进一步加强政法系统信息宣传工作的意见》，建立委机关信息宣传审核、奖励等机制和政法系统信息宣传工作定期交流、考核评比等制度，设立常设办事机构县委维稳办，县综治办、与县委政法委合署办公；县委政法委内增设综治协调指导室、维稳科；下设景宁畲族自治县社会矛盾纠纷“大调解”协调中心；增加人员编制5名，其中行政编制3名，事业编制2名；增加正科级领导职数1名，副科级领导职数2名，增加股级领导职数2名。增配3名政法委机关班子成员，公开招聘和选调2名干部。将县委政法委财务从公安分离单独立户。同年6月，县委政法委办公场所从县法院搬入县行政中心3号楼。

（县政法委）

公安工作

【概况】 2011—2012年，县公安局牢固树立“力求做强做大，务求做精做实”的理念，坚持“保稳定、促发展、创和谐”的总要求，紧扣十八大安保这条主线，紧紧围绕“六个中心”，严厉打击各类违法犯罪，全面提升队伍素质和工作质效，不断提升人民群众的安全感和满意度，为实施“三县并举”战略，大力推进“五个发展”，努力实现“三个走在前列”打造和谐稳定的社会治安环境。到2012年年底，县公安局共有编制256名，实有民警职工213名，协(辅)警74名。内设指挥中心(办公室)、政治处、纪检监察室、法制室、警务保障室、国保大队、治安管理大队、刑事侦查大队、巡特警大队、交警大队、网警大队、禁毒大队、经侦大队等13个部门和鹤溪、沙湾、东坑、渤海、英川、城郊等6个派出所及看守所共20个所队室。有局党委班子成员11名，实职和高配副科以上县管领导干部19人，5个农村基层派出所所长全部进所在乡镇党委班子。

截至2012年年底，景宁县常住人口共有57134户173057人（包括未落常住户口人员2344人），其中非农业人口30964人，男性91339人，女性81718人；共有少数民族人口6907户19145

人,其中非农业人口1891人,男性9604人,女性9541人。

2011—2012年,来县公安局共立刑事案件1088起,破刑事案件637起,破案率58.5%;共查处治安案件1511起,查处违法人员405人,治安处罚380人,其中治安拘留195人,罚款185人。

【成功侦破“1·25”故意伤害致人死亡案】 2012年1月25日20时24分,县公安局指挥中心接到群众报警:鸬鹚乡鸬鹚村老车站有人打架,后伤者潘某某在送往景宁医院的途中死亡(潘某某,男,汉族,1969年7月14日出生,景宁畲族自治县鸬鹚乡黄桑南村黄山12号)。因为发案正值农历龙年春节期间,一时间社会反响强烈。接警后景宁县委常委、公安局长叶利东迅速做出部署,局值班领导、分管领导迅速带当日局机关值班民警、刑侦大队、英川派出所民警前往现场,进行案件侦查。指挥中心及时向市局及县两委汇报,龙泉市公安局、云和县公安局、景宁县鹤溪镇派出所开展了设卡工作。经查实:2012年1月24日晚,死者潘某某与同村的刘某某等人在鸬鹚村内因琐事发生争吵,刘某某被潘某某打伤,1月25日傍晚,刘某某伙同其兄弟刘某某等人到潘某某家讨说法,引起双方打架,造成潘某某死亡。在走投无路之下,1月26日,犯罪嫌疑人某某、刘某某到县公安局投案,同日被依法刑事拘留。该案成功告破。

【成功侦破省厅督办的串通投标案】 2012年8月14日,县公安局成功侦破了省厅督办的梅某某、何某某、吴某等人串通投标案,这是县公安局在严厉打击经济犯罪“破案会战”期间,侦办的一起重大经济犯罪案件,也是景宁县对建筑工程领域招投标问题专项治理的又一重大成果。案件发生在2012年5月底,在景宁县110地块来料加工厂房工程投标中,梅某某、何某某、吴某等人为了中标,许诺给予费用补贴,经集中商议、电话串通、单独面谈等形式,与参加该工程投标的23位投标人,达成串标协议。通过串通,梅某某、何某某、吴某三人顺利取得预中标资格。

为侦办此案,县公安局抽调了精干力量,强化了办案效率,调查工作进展顺利,成功取得充分证据,查清全部案情,最终,梅某某、何某某、吴某等20个主要犯罪嫌疑人,均被采取强制措施。该案的成功侦破,净化了景宁县招投标环境。

【破获省厅督办的特大制贩枪支案】 2012年4月,县公安局接群众举报:有人自2011年以来在景宁县境内非法制造、买卖、储存枪支数十支。接报后,景宁县公安局立即安排刑侦大队对该线索进行核查,初步查明犯罪嫌疑人王某某有涉嫌非法制造、买卖枪支的犯罪行为,并于2012年4月25日决定对该案立案侦查。经过为期四个多月的缜密侦查,在基本掌握犯罪嫌疑人王某某等人非法制造、买卖、私藏枪支的犯罪事实后,县公安局于2012年8月29日晚统一开展集中收网行动,一举抓获王某某、项某某、沈某某、雷某某等四名犯罪嫌疑人,案件成功侦破。经过努力,先后共抓获涉枪犯罪嫌疑人22人,其中刑事拘留6人次,提请批准逮捕1人次,取保候审20人次,共收缴各类枪支28支,其中仿制猎枪21支,制式猎枪2支,土铳3支,铅弹气枪1支,高压汽枪1支,枪管3支,军用子弹10发,猎枪弹69发,气枪铅弹478发。

【经济犯罪“破案大会战”】 2012年,公安部组织开展了经济犯罪“破案会战”专项行动。行动开始后,县公安局根据上级公安机关的统一部署,迅速成立了破案会战领导小组,制订会战实施方案,并明确各警种、各派出所相关责任和任务,形成全警参战、人人有责、保障有力的局势,及时召开工作动员、布置、推进、督导等会议,确保会战阶段性任务的完成。及时与工商、药监、国税、地税、商业银行等部门沟通联系，通过走访、召开联席会议等形式，主动获取各类有价值线索。结合景宁县经济犯罪态势的实际，深入排摸、认真研究、精心选择、专案经营。确定了工程领域招投标问题、性保健品、银行卡及POS机套现等为打击重点。成功破获了公安部、省厅列为督办的梅某某等人串通投标案件，移送犯罪嫌疑人35人。在打击传销犯罪领域，移诉何某某等人“万家购物”、毛某某“精彩生活”等涉嫌组织领导传销活动案件。会战期间，共立案48起，破案33起，破案率68.75%，移送起诉68人，分别完成指标的219%、100%、378%。

【网上追逃“清网行动”】 2011年，公安部组织开展了网上“清网行动”。行动开始后，县公安局党委把清网追逃工作摆在公安工作的突出位置，局长靠前指挥，主抓全局“清网行动”，亲自督促落实，班子成员分工负责，深入基层一线组织开展追逃。对在库的所有逃犯逐一进行认真梳理，按照“谁立案、谁上网、谁负责”的追逃原则，将所有的网上逃犯逐一进行追逃责任分解，具体落实到局领导、科所队领导和民警。对历年在库的重点逃犯的缉捕实行局领导包案负责制，每个案件明确一位局领导班子成员为缉捕责任领导，采取“一人一策一套班子”的方式，对各类逃犯重新进行梳理、分析。积极向县财政争取资金，专门建立追逃专项经费，用于办案追逃和相关奖励，对工作进展快，成绩明显、表现突出的单位予以表彰奖励，并及时兑现奖励。充分利用景宁电视台、《畲乡报》、宣传栏等多种形式开展大声势宣传。采取电视台播放、报纸刊登、入村张贴公检法司联合发布《关于敦促各类犯罪在逃人员限期投案自首的通告》等方式，广泛宣传投案自首、立功等有关法律政策和规定，规劝在逃人员投案自首，争取从轻处理。对设县以来首起公安部督办的“6·24”特大手机短信诈骗案和省公安厅督办“4·10”网络赌博案等案件开展专案缉捕，专门抽调精干警力组建了2个缉捕小组，赴湖南、福建、四川等地开展追逃工作，成功地将两个案件的三名逃犯缉捕归案。共抓获清网行动前的上网逃犯24名，追逃率达75%，先后7人次受到丽水市公安局的通报表扬和嘉奖。

【公安业务用房建设】 景宁县公安业务用房项目位于城北区块新华路与新规划路交叉口东南角，总用地面积6082平方米，建筑占地面积1560.39平方米，总建筑面积16055.72平方米，其中地上15层，建筑面积为12240.79平方米，地下1层，建筑面积为3814.93平方米（其中人防面积1137.76平方米），停车位106个（其中地上37个，地下69个），投资概算6895万元。于2011年8月4日举行开工奠基仪式，是年11月18日正式动工兴建。到2012年年底，共完成投资2550万元，为投资预算的37%，完成了桩基础施工，底地下室土方开挖，凿桩头、做桩帽桩基础检测、防水施工，地下室底板钢筋绑扎施工等工程，工程进展总体顺利。

【监所管理】 县公安局看守所（拘留所）以“四防一体化”建设以及监管和队伍“双安全”单位创建为抓手，把改造人放在第一位，积极推进教育转化工作，从工作制度、运行机制、教育手段入手，最大限度地转化被监管人员敌视和对抗社会心理，增强教育转化效果，改造被监管人员的思想，定期不定期开展看守所（拘留所）安全检查，确保看守所（拘留所）整体的安全和稳定。两年来，县看守所共收押人员299人，其中刑事拘留208人，直接逮捕48人，本省转入16人，异地羁押3人、临时寄押5人，其他4人；共出所276人，其中投送监狱73人，投送少年管教所1人，刑满释放75人，取保候审86人，撤案释放4人,缓刑释放2人,假释1人,监视居住1人,临时寄押带走6人,暂予监外执行1人,执行死刑1人,转本省(区、市)其他所14人,转外省(区、市)其他所3人,其他8人。县拘留所共收押人员360人,其中:行政拘留346人,司法拘留9人,临时寄拘1人,本省转入4人。

【道路交通管理】 两年来,县公安局交警大队进一步深化"三查一疲劳"整治,加大路面巡查、监控和打击、处罚力度,重点加强超速超载、无牌无证和酒后驾车、不按规定装载、会车、货车、拖拉机违法载客等严重交通违法行为的治理,并投入200多万元,在寨山桥西侧路口、原自来水厂路口、民中路口、团结门路口等建造了红绿灯和电子警察系统,有效规范城区交通管理秩序。共查处各种交通违法行为34424起,超速交通违法17820起,超载29起,客车超员22起,无证驾驶389起,酒后驾驶交通违法691人,其中醉酒驾驶88人,保障了道路交通安全、畅通、有序,交通形势整体有序、平稳。共发交通事故22起,死亡14人,连续六年未发生一次死亡3人以上的重大交通事故,全县道路交通秩序整体良好。

【户政管理】 县公安局行政审批科严格按照"抓规范、促管理、亮窗口、树形象"的工作要求,以"争创先优"活动为载体,在巩固完善"4321"为民服务工程的基础上,还推出了"居民身份证"特快专递服务,进一步理顺机制,规范管理,夯实基础,提高为民服务的能力和水平。两年来,县公安局户籍管理部门共受理户籍业务69660件,其中即办件62622件,承诺件7038件。受理第二代居民身份证换证6891张,发放6883张,办理临时居民身份证3782张;办理户口准迁证、迁入、迁出、出生、死亡登记共12298件,办理变更更正登记业务1552件,异地采集等其他业务38254件。

【治安管理】 2011年—2012年来,县公安局通过严厉打击涉枪涉爆等严重暴力犯罪,严厉打击"两抢一盗"等多发性侵财犯罪,严密社会面的防范控制,严密重点要害部位的防范控制,严密个人极端暴力犯罪的防范控制,深入开展社会治安整治工作。共受理治安案件1511起,查处1511起,查处率100%,共查处违法人员405人,治安处罚380人,其中罚款285人,治安拘留295人。

【110接处警服务】 两年来,共接到群众各类报警求助44107起,其中有效报警9873起。有效报警中刑事案件1001起,治安行政案(事)件2979起,交通事故类2533起,火灾事故192起,提供线索及举报投诉228起,求助、咨询及其他警情3120起。

【禁毒工作】 2011年—2012年来,县公安局禁毒大队强化禁毒工作措施和责任,严厉打击各类毒品违法犯罪活动,不断规范禁毒执法,积极服务于"平安景宁"和构建和谐社会的大局。共对县城的旅馆、KTV等场开展突击检查40余次,检查出租房400余户,检查易制毒化学品企业10家,并坚持以"打团伙、摧网络、断通道"为重点,强化涉毒情报搜集和研判能力,加大对宾馆、娱乐场所、偏远山区等重点部位的监管力度,共摧毁贩毒团伙1起3人,破获涉毒刑事案件6起,抓获犯罪嫌疑人9人,移送审查起诉9人;查处涉毒治安案件36起,抓获吸毒人员55人,其中查获"毒驾"一起1人,破获非法种植毒品原植物案件10起,铲除罂粟6000余株,缴获毒品冰毒10克,管制刀具6把,查获硫酸960公斤。

(县公安局)

消防管理工作

【概况】 2011—2012年,县公安局消防大队切实加强消防队伍建设,不断完善消防基础设施建设,在东坑、英川新建了专职消防队。通过出租房消防安全整治，“三合一”场所隐患排查、重大火灾隐患单位督办整改等途径，积极构建社会“防火墙”工程。全面加强消防四个能力建设，切实加强公众聚集场所消防安全监管，努力减少火灾事故发生，开展检查2104次，检查单位6709家，发现隐患并提出整改6341处。2011年—2012年全县发生火灾7起，无人员伤亡，直接财产损失26.7万元，无特大恶性火灾事故。

（县消防大队）

检察工作

【概况】 2011年—2012年，景宁县人民检察院(以下简称县检察院)深入贯彻落实科学发展观，紧紧围绕“强化法律监督，维护公平正义”的检察工作主题和经济社会发展大局，忠实履行宪法和法律赋予的职责，认真开展各项检察工作，全面推进检察工作新发展，为实现景宁经济社会的发展和构建“平安景宁”“法治畲乡”做出了新的贡献。

【依法打击刑事犯罪】 严把案件事实关、证据关、程序关和法律适用关，充分运用检察职能维护社会治安秩序。2011年—2012年来共批准逮捕各类犯罪嫌疑人139人，提起公诉310人，其中2012年批捕故意伤害致死、聚众斗殴等暴力犯罪嫌疑人14人，提起公诉7人，移送上级检察院提起公诉的重特大案件1件12人。对结伙作案、有震动的恶性案件，适时提前介入，努力疏导当事人情绪，顺利实现诉讼对接。对重大敏感、社会关注和涉众型犯罪案件，着眼大局，依法稳妥处理。

【化解社会矛盾纠纷】 充分发挥执法办案对化解社会矛盾纠纷的作用，慎重办理涉众型经济犯罪案件，在追究犯罪分子刑事责任的同时，最大限度地保护人民群众的根本利益，做到案结事了，有效地维护社会和谐稳定。稳妥把握宽严相济的刑事政策，2011年、2012年共对18人依法不予批准逮捕，18人予以不起诉处理。针对青少年犯罪案件，继续贯彻“教育、感化、挽救”的方针，采取适合青少年身心特点的办案方式，维护其合法权益。进一步完善信访工作机制，加强群众信访工作，积极参与完善构建社会矛盾纠纷调解对接机制，全面推行执法办案风险评估预警，促进执法办案向化解矛盾延伸，开展集中处理涉检信访专项活动，完善检察长接待日制度，全面落实控告申诉首办责任制，妥善处理各类信访案件，共接待和处理群众控告、举报和申诉案件318件。加大对刑事案件被害人的司法救助工作，共救助9人，发放救助资金3万余元。在办案中注重职能延伸，想方设法化解因土地征用、基础设施建设和选举等引发的矛盾纠纷，改善了涉案乡镇基层组织的干群关系。

【查办和预防职务犯罪】 加强对举报线索的分析和反腐败形势的研判，畅通控告举报渠道，完善案件线索管理和侦查协作机制，加强与执法执纪部门的配合，提高发现犯罪和侦破案件的能力。2011年—2012年，共初查各类职务犯罪案件56件，立案查处15件18人，其中贪污贿赂犯罪10件13人，渎职侵权犯罪5件5人，为国家和集体挽回经济损失136余万元。

落实省检察院关于加强“三个千亿”政府主导性工程的专项预防，联合有关部门成立重点工程预防工作小组，指导督促工程建设领域的廉政建设。深入开展预防职务犯罪宣讲活动，组建宣讲团进机关、进企业、进乡镇以及通过党校讲坛开展职务犯罪警示教育活动19次，共计500余人接受了教育。认真研究职务犯罪发生的深层次原因，开展职务犯罪专项调研工作，形成的调研报告被省检察院录用转发。实现行贿犯罪档案查询系统全国联网，受理档案查询428人次。

【诉讼监督】 以纠错防漏为重

点，认真开展刑事诉讼监督。2011年—2012年，共经审查因不构成犯罪不予批准逮捕6人，追捕漏犯8人，监督撤销案件5件5人，退回补充侦查8件21人，发出纠正违法通知书16份，共开展刑罚执行和监管活动监督，发出纠正违法通知书4份，检察建议14份。2011年—2012年，共及时受理和审查不服人民法院生效判决、裁定的申诉案件11件，提出抗诉3件。完成行政执法监督案件15件，对人民法院执行监督案件10件。对裁判正确的6件申诉案件，注重做好申诉人的服判息诉工作，形成抗诉、息诉并举的工作格局，维护法律的公正性和权威性。紧紧围绕刑罚执行和监管活动监督的基本定位，严格按照“四个办法”的规定开展监所检察工作。2011年—2012年，共对公安机关看守所、人民法院、司法行政机关提出检察建议50次，监督纠正监外执行罪犯脱管、漏管19人，监管单位均有反馈材料并予以纠正、答复。在监管方面，强化监所检察职能，深入基层，强化罪犯监外执行专项检察，对安全防范检察工作常抓不懈，一方面积极做好安全防范检察工作，按照要求，把日巡查，周巡查，月巡查，节假日安全检查落到实处，2011年—2012年，共联合看守所进行安全防范大检查100余次，及时消除安全隐患30余次，另一方面，扎实做好与在押人员谈话，个别谈话教育达100余次，积极配合看守所做好管理工作，切实维护景宁县看守所监管秩序的稳定。

【转变执法方式】 充分考虑维稳需要和群众需求，准确把握执法尺度，确保办案效果。建立和推行以物证、书证和勘验检查笔录等客观性证据为核心的公诉案件审查模式，促进执法方式转变。探索建立非法证据排除机制，对非法方式取得的证据依法予以排除，保护当事人的合法权益。落实保障律师合法执业权利的相关措施，更好地听取律师等诉讼代理人的意见。认真落实人民监督员制度，2012年交由人民监督员监督评议的职务犯罪案件2起。

【检察队伍素质建设】 加强思想作风建设。深入开展社会主义法治理念和核心价值观教育，通过查摆和整改，切实转变干警的执法思想和工作作风。落实党风廉政责任制，对检察人员严格管理、严格监督和严格教育，定期组织学习各类公职人员的反面典型案例，警钟长鸣，提高干警自身的拒腐防变能力。加强队伍组织建设。选拔了一批德才兼备、年富力强的优秀中青年干部充实到领导岗位，干部队伍的年龄结构、文化程度和业务水平得到了较大的改善和提高。选派年轻干部到上级检察院挂职锻炼，到联系乡镇担任农村指导员，提高年轻干部处理复杂案件和做群众工作的能力，为检察事业的持续发展奠定了良好的基础。加强检察文化建设。通过“丽检讲坛”“读书会”等载体，听取知名专家学者讲授政治哲学、法律实务、文化艺术和休闲养生等方面的知识，拓宽干警的视野，提高干警的人文素养，引导干警养成良好的生活习惯，逐渐形成了“理性、平和、文明”的检察职业性格。

（县检察院）

法院工作

【概况】 2011年，景宁畲族自治县人民法院（简称县法院）内设办公室，政治处，纪检监察室，立案庭，刑庭，民一庭，民二庭，行政庭，审监庭，执行局（下设执行一庭、执行二庭），司法法警大队，司法行政科，法医门诊室；下属事业单位有审判保障服务中心。2011年11月，撤销党总支建立机关党委。2012年5月，经县编委批复，增设司法调解中心、执行监督庭、审判管理办公室。2011年年底实有在职在编干警71人，2012年年底实有在职在编干警70人。

2011年，法院收受各类案件1529件（含旧存，下同），同比下降4.26%；办结1474件，结案率96.40%，同比上升1.85个百分点。在浙江法院审判执行分析系统所列的44项绩效评估数据指标中，列全省基层法院第一的有11项。有9个集体和27人次干警受到县、市、省、国家级表彰。其中，在县委年度考核中获"创业创新奖"；被市委市政府评为市级文明单位；法院集体及1个内设部门、6名干警被市中院授予三等功；院立案接待大厅被省高院评为文明窗口，立案庭被省高院荣记集体二等功，司法警察大队被省高院评为优秀司法警察大队；1名干警分别被评为浙江省政法系统和全国法院系统优秀党务工作者，2名干警被评为省级先进个人。

2012年，法院收受各类案件1635件，办结1607件，结案率为98.29%；未结案件28件，同比下降49.09%。在浙江法院审判执行分析系统所列的44项绩效评估数据指标中，列全省基层法院第一的有8项，全市第一的有12项；在市中院年终考核19项指标中进入前三的有13项，审判工作综合绩效量化数据排名全市第一。被省委省政府授予浙江省文明单位称号，被省高院评为全省优秀法院；获市政法综治维稳和平建设工作创新奖二等奖，被市中院评为诉调衔接工作先进集体。6名干警获省级以上表彰或记功，1个内设部门、4名干警被市中院授予三等功。1篇法学论文获全国法院第二十四届学术讨论会论文评比二等奖。

【刑事审判】 严格贯彻宽严相济刑事政策。2011年，收受刑事案件83件，同比下降11.70%；审结一审刑事案件80件，结案率96.39%。判处罪犯134人。其中，审结危害国家安全、扰乱社会治安、侵犯人身财产等刑事犯罪案件45件，判处罪犯89人；审结贪污、受贿、玩忽职守等案件6件7人；审结诈骗、盗(滥)伐林木罪、失火、非法获取及控制计算机信息等案件16件，判处罪犯23人。2011年5月1日"醉驾入刑"后，以危险驾驶罪判处被告人12人，其中判处实刑8人，占66.67%；无判处免予刑事处罚和无罪判决案件。开展量刑规范化改革，落实同罪同罚，刑事案件上诉率下降57.14%。

2012年，收受并审结一审刑事案件145件，结案率100%；判处罪犯191人。其中，审结国家公职人员贪污、受贿、挪用公款等犯罪案件案件4件，判处罪犯10人，涉及科级干部3人；审结危险驾驶类案件60件，判处拘役29人，拘役缓刑31人；审结未成年人案件7件7人，判处有期徒刑2人，拘役缓刑3人，免予刑事处罚2人。加强刑事司法领域的人权保障，为19名符合法律援助条件的被告人指定辩护人。

【民商事审判】 2011年，受理一审民商事案件883件，同比下降7.61%；审结861件，审结率为97.51%；未结案22件，同比下降51.11%。认真贯彻"调解优先，调判结合"原则，一审民商事案件调解撤诉率49.25%。与司法局联合下发《关于深化完善诉调对接机制的指导意见》，完善诉讼调解与人民调解衔接工作机制，5月份起在法院设立人民调解室，分流调解民商事案件10件，其中调解成功7件，引调确认3件。

2012年，受理一审民商事案件977件，同比上升10.64%；审结966件，审结率为98.87%；未结案11件，同比下降50%。民商事案件调解撤诉率63.14%，同比上升近13.89个百分点。司法调解中心调解案件215件。向人民调解室及行政调解组织引调案件262件，委托调解各类案件231件，调解成功231件案件，司法确认231件，引调成功率45.64%，居全省第一。

【行政审判】 坚持促进依法行政和维护行政相对人合法权益并重的原则，积极探索化解行政争议新机制，加大协调和解力度，及时化解矛盾，减少社会不稳定因素。坚持书面审查、实际调查与听证制度相结合，依法审查工商处罚、拆迁裁决、环境处罚等行政非诉执行案件。加强与行政机关的沟通、联系，积极落实行政首长出庭应诉制度，行政首长应当出庭应诉率达100%。积极向有关行政机关发出司法建议，其中《关于加强山林权属行政处理工作的司法建议》被省高院评为2011年度全省法院优秀司法建议。2011年，受理行政案件10件，移送中院指定管辖3件；本院审结7件，其中3件经法院协调后和解或撤诉。2012年，审结一审行政案件4件，其中经协调后和解撤诉的2件。

【执行工作】 2011年，执行收案538件，执结508件；执结率94.42%，同比上升2.62个百分点。完善村两委成员、人大代表、政协委员协助执行工作机制，加强征信系统建设。在《畲乡报》等媒体或网站建立"老赖"曝光台，刊登法院敦促执行公告4期；对2名被执行人在《丽水日报》刊登限制高消费令。在县政府网上设立"法院案件信息"专栏，公布相应执行案件情况。举办反规避执行专项活动新闻发布会1次。对拒不执行法院生效判决、裁定的被执行人依法采取司法拘留措施12人，其中涉嫌拒执罪移送公安立案侦查1人。

2012年，执行收案494件，执结478件；执结率96.76%。贯彻执行省人大常委会《加强全省法院民事执行工作的决定》，创新协同机制，整合社会资源，健全"执行征信、执行查控、执行惩戒、执行监督和执行保障"五个系统，推动社会诚信体系建设。在各类媒体上曝光被执行人226人次，依法对被执行人拘留7人次；通过"中国畲乡·景宁"政府门户网设立的"老赖曝光台"，对39名被执行人予以曝光。通过与银行的"点对点"查询系统，查询被执行人596人次和存款326万，执结案件76件，提高了执行工作效率。与公安部门建立协助查控机制，通过公安协助拘传被执行人5人，结案5件。民商事案件实际履行率为94.85%。

【阳光司法】 推进立案公开、审判公开、执行公开、听证公开、文书公开、审务公开，初步建立起开放、透明、便民、高效的阳光司法新机制。健全案件责任追究机制和举报投诉机制，建立特约监督员制度，通过媒体、网站对外公开投诉电话、举报投诉信箱。审判(执行)绩效每月定期分析评估，建立法官办案绩效档案并每月进行排名。在各审判庭设置人大代表、政协委员旁听席，媒体席，特邀监督员旁听席。2011年，完善立案信访窗口标准化、规范化建设，立案接待大厅被省高院命名为"全省法院立案接待大厅文明窗口"。2011年、2012年，分别开展巡回审判办结案件57件和78件，其中调解、撤诉分别为39件、53件；一审普通程序陪审率分别为88.19%和92.92%，均位于全省法院前列；共开展"公众开放日活动"21次，召开新闻发布会3次。2012年，建成"一标六简"7个数字法庭，所有案件庭审均做到全程同步录音录像；向县人大常委会专题报告贯彻落实省人大常委会《关于加强检察机关法律监督工作的决定》的情况；聘请19名党代表、人大代表、政协委员担任特邀司法监督员；生效裁判文书上网公布率60%。

【管理创新】 2011年，积极推行管理创新。一是推行《案件分析年报制度》。根据不同乡镇和管理区矛盾纠纷的类型和特点，分送五类纠纷案件的司法分析年报，公开典型案件综合分析以及法院对类似案件的指引性裁判，向乡镇党委政府提出相关处置建议。该做法被《丽水日报》头版头条刊出，并得到时任省院院长齐奇批示"值得全省基层法院借鉴、推广"。二是共建"另案处理"工作机制。为防止"另案处理"案件变成不处理案件，确保不枉不纵打击犯罪，法院牵头县检察院、县公安局召开联席会议，共建刑事案件犯罪嫌疑人另案处理工作机制。此举得到时任省高院院长齐奇批示肯定。三是落实《法官忌语五十条》制度。规定全院干警在接访、审判、执行过程中，不得有粗鲁性、哄骗性、讨好性、威胁性等七类50条不当用语，从而引导法官用文明言行赢得公信，改进司法作风。

【能动司法】 2012年，出台《关于为我县全面实施“三县并举”战略提供司法保障的实施意见》，在澄照农民创业园增设巡回审判点，得到时任县委书记林康批示肯定。妥善处理涉重点工程案件7件，排查涉重点工程矛盾纠纷31件，提出司法建议和意见7条。8月份，开展“中小微企业法律服务月”专项活动，组织干警走访小微企业31家，举办法律专题讲座11场次，巡回审理案件19件，发放风险提示书25份。编发《关于农村婚姻家庭纠纷的司法分析年报》《关于民间借贷纠纷的司法分析年报》《关于醉酒驾驶刑事案件司法分析年报》等司法年报，为乡镇管理区和机关单位开展社会稳定风险评估和社会治安综合治理提供参考依据。

（县法院）

司法行政工作

【概况】 景宁畲族自治县司法局（以下简称县司法局），设办公室（政治处）、社区矫正归正人员管理科、法制宣传科、基层工作科、公证管理科（公证处）、法律援助中心、行政法制科（律师管理科）等7个内设机构。根据（景司〔2011〕8号）文件，2011年3月，成立县司法行政法律服务中心。根据（景司〔2011〕16号）文件，2011年5月成立县道路交通事故纠纷人民调解委员会。根据（景调〔2011〕1号）文件，2011年9月成立景宁畲族自治县民间纠纷调解委员会。全局核定编制43人。其中，局长1名，副局长2名，纪检组长1名，股级职数13名。

2011—2012年，县司法局围绕县委、县政府工作中心，深入推进“社会矛盾化解、社会管理创新、公正廉洁执法”三项重点工作，为实现“三县并举”发展战略和“三个走在前列”的奋斗目标，发挥了法律保障、法律服务和法律宣传职能作用。切实抓好中共十八大文献、十二届全国人大文件的学习，加强司法行政队伍建设，提高司法干警政治水平，整合司法行政职能资源，提供优质高效的法律服务和法律保障。深入贯彻中组部、中宣部、司法部和全国普法办《关于进一步加强领导干部学法用法工作的意见》，通过系统地学习法律知识，牢固树立社会主义法治理念，提升依法执政、依法行政、依法决策、依法管理水平。开展“民主法治示范村”创建和“法律进社区”活动，全县民主法制村（社区）创建率100%，8个行政村荣获省、市民主法制村（社区）称号。完善人民调解与行政调解、司法调解衔接机制，促进“大调解”格局的形成。创新社区矫正和刑释解教人员安置帮教社会管理，强化对社区服刑人员和帮教安置人员中重点人员的监控。积极推进司法行政法律服务中心规范化管理，切实抓好“法律体验活动”，在公证、法律服务、法律援助诸方面有新的突破。大力推进基层司法所建设，努力在提高社会公信力上取得新成效。两年来，有11人次获省市级嘉奖，4次获省市级集体荣誉奖。

2011年5月，浙江万申佳律师事务所景宁分所，更名为浙江万申（景宁）律师事务所。

（县司法局）

人民武装

【概况】 2011—2012年，景宁县人武部在上级军事机关和县委、县政府的正确领导下，坚持以科学发展观为指导，按照“长远发展、创新发展、勤俭发展、安全发展”思路，深入贯彻省军区、军分区党委扩大会议精神，以提高“双应”能力为根本着力点，凝心聚力干事业，埋头苦干谋发展，保持了人武部全面建设良好的发展势头。

·军事工作·

【战备建设】 根据战备工作“六个机制”和省军区战备整顿工作规定，结合“战备教育整顿月”活动，修订完善了各类方案预案，购置了通用专用装备器材、景宁县地形沙盘等。

【首长机关训练】 重点抓好基础训练，通过落实“日做一题、周标一图、月习一文”的规定，努力提高机关干部“六会六能”基本技能。2011年9月5日，由县人武部组织的“森林灭火工具操作使用”示范教学课目代表军分区参加了省军区“纪念郭兴福教学法创立五十周年”汇报演示，受到了上级首长机关的充分肯定。2012年11月，现役干部参加军分区组织的军事理论、识图用图、战术标图、案例分析和体能等课目考核，县人武部参考6名干部，取得了两个第一、四个第三，总评第一的好成绩。

【民兵队伍建设】 按照“压缩规模、优化结构、提高质量”要求，结合可能担负的任务，合理编配任务，突出重点民兵应急连建设。2011年5月，丽水市在景宁县召开了“丽水市民兵应急队伍建设现场观摩会”，军分区司令员王干银、政委李生荣、参谋长秦景号、县委书记武昌、县长钟昌明等领导出席，各县(市、区)人武部部长、副部长参加了会议。人武部汇报了民兵应急队伍试点建设经验和做法，县民兵应急连在县体育场汇报表演了建设成果。

【基层武装规范化建设】 本着“规范、统一、实效”的原则，坚持从辖区实际出发，坚持“每年重点抓一批”。突出抓好基层武装部“阵地建设、队伍建设、制度建设、规范化建设”四个重点，2011年6月，县人武部统一购置了装备器材，定做了“两室一库”墙上挂图，配发了日常装备器材。

【“国动”演习】 2011年8月，在军分区统一部署下，开展了“大规模作战条件下国防动员行动战术作业”，按照国防动员战时体制编制组建指挥机构，突出实战化背景，紧密结合景宁县实际，有效检验了各类指挥人员战时国防动员行动的组织指挥能力。

【年度征兵任务完成】 坚持以兵役法规为依据，以兵员质量为核心，以廉洁征兵为重点，紧紧围绕“无退兵、无换兵、无事故、无违纪”的责任目标。加强组织领导，规范操作程序，接受社会监督。做到征兵工作公平、公正、公开。2011年、2012新兵未发现有任何违法违纪问题。

【“军事志”出版】 根据省军区、军分区统一部署，从2001年9月成立县人武部编纂军事志领导小组和办公室，历时10年，通过多任领导和编纂人员的共同努力，于2011年8月正式出版《景宁畲族自治县军事志》，全书共40万余字，第一次印刷500册。

【安全隐患排查整治活动】 2012年，围绕省军区提出的9个方面62个问题，结合人武部实际，逐项逐条进行对照检查，梳理出在安全发展理念、落实规章制度、车辆管理、保密办公、装备仓库管理、营区管理和应对自然灾害防抗等方面共排查出22个隐患。针对问题隐患，认真制定整改方案，明确措施办法、责任人和完成时限，通过分析一个问题，堵塞一个漏洞，消除一类隐患。

·政治工作·

【思想政治建设】 2011年，深入开展学习总书记胡锦涛在中国共产党建党九十周年上的讲话，通过开展讲话原文集中通篇学、重要观点精读深研学、疑难问题辅导解读学、模糊认识讨论交流学“四学”活动，深化对胡锦涛“七一”讲话重要精神理解。开展“思昔话今谈发展、忆苦思甜谢党恩”大讨论，坚定大家对坚持中国共产党领导的信念。

【主题教育活动】 先后开展了“坚定政治信念、忠实履行使命”“讲政治、顾大局、守纪律”“赞颂科学发展成就，忠实履行历史使命”“深入持久培育当代革命军人核心价值观”“正确对待苦乐、正确对待升迁、正确对待走留”等专题教育，采取参观见学、体会交流、出宣传图板等形式，灵活教育手段，浓厚学习氛围，提高学习效果。开展“始终不忘战斗队、立足岗位有作为”大讨论活动和“爱军营、爱驻地、爱岗位”教育，进一步激发干部职工安心本职、爱军精武精神。

【国防教育活动】 充分利用驻地红色资源，挖掘红色文化，在各种媒体，先后重点宣扬了畲族“医药婆”勇救红军英雄事迹、秋炉乡半山村六十年不间断拥军情感人故事、退伍军人徐东飞退伍不退志带头致富等典型事例。2012年4月，丽水市在东坑镇举行了“走访边际百村、追寻红色足迹、增强国防观念”首发仪式，军分区司令员王干银、政委李生荣、政治主任何军毅、县委书记林康等领导出席，各县（市、区）国教办主任、副主任等领导参加了活动。

【落实党管武装】 2011年7月29日，县委、县政府专门召集县人武部、武警中队、消防大队等驻景部队领导和相关部门负责人，召开了军地协调会，研究解决驻景部队随军家属安置、大项活动经费保障、靶场建设等困难问题。

【组织“四项清理整治”】 2012年，根据上级部署要求，结合人武部实际，组织了“四反”保密、节假日领导干部用车、党委管财理财和房地产租赁等方面的专项清理整治活动，通过整治，进一步强化了党风廉政建设。

【新闻报道工作】 2011年、2012年，人武部组织干部职工开展新闻报道工作，在《解放军报》《中国国防报》《国防教育》《人民前线》《东海民兵》《浙江国防》等省级以上刊物上发表报道共50余篇。

·后勤工作·

【坚持党委理财】 严格落实财经制度，完善财务管理制度、接待工作规定、差旅费管理规定、电话费管理规定、现金管理规定等八项制度。按照部财区管的要求，严格落实结算与报销分审。账目坚持日清月结制度，确保资金安全运作。发扬艰苦奋斗勤俭创业作风，精打细算，科学理财，做到有钱办大事，没钱办小事，每年办几件事，努力把不花钱、少花钱的事办好。根据市场价格调整了空余房租金，增加了预算外收入。

【开展专项整治活动】 先后开展了资产管理清查、账户资金管理自查、军服管理整治、出租房屋整治等专项整顿活动，通过整顿，进一步规范了资产管理。

（县人武部）

人民防空工作

【概况】 景宁畲族自治县人民防空办公室根据《浙江省人民政府关于浦江等10个县开展人民防空工作的批复》（浙政发函〔2005〕15号）、《景宁畲族自治县人民政府关于加强人民防空工作的通知》（景政发〔2007〕17号）文件成立，于2007年5月14日正式开展工作。县人民防空办公室与县人民政府办公室合署办公，根据景宁畲族自治县机构编制委员会《关于同意设立人防工程管理所的批复》（景编〔2008〕38号）文件，景宁畲族自治县人民防空办公室，2011—2012年，景宁县人防办立足实际，统筹推进了人防工程、组织指挥、人防宣传建设，使景宁人防事业又上了一个新台阶。

【人防指挥通信】 景宁县人防指挥自动化系统于2011年2月28日通过验收，正式投入使用。是年5月12日下午，成功组织了警报试鸣工作，全县5台警报器完好率100%，鸣响率100%。是年5月10日，景宁县人防办在城南社区组织社区干部、志愿者100多人开展应急疏散演练，县应急办主任、县民政局副局长应邀参加观摩。2012年5月9日上午，在仙童社区开展社区防灾减灾应急疏散演练。

2011年5月31日，县人防办委托县人武部在县民兵训练基地对电力线路抢修分队和变电设施抢修分队进行了为期2天的公共科目集中训练，内容包括专业队训练动员会、队列训练、人防知识教育、实弹射击。2012年8月7日，委托景宁武警中队进行了人防专业队军事共同科目训练，训练内容包括队列训练和实弹射击，参加训练的专业分队有自来水燃气抢修专业队、建筑抢修专业队、防化保障专业队及人防办机关工作人员二十余人。

2011年，为完善景宁县人防法制建设，规范景宁县人民防空建设，制订了《“十二五”景宁县人民防空规划》，并于是年12月6日由县发改局发文实施。《景宁畲族自治县人民防空预案》（修订版）于2011年11月18日通过县人民政府批复后进行打印装订。

【人防工程建设】 2011年，《景宁畲自治县城北外舍区块、城南片区人防控制性详细规划（2011—2020）》经县人民政府批复实施。

【人防宣传】 2011年5月12日上午，在人民中路组织“防空防灾”知识有关图版展出并向过往行人发放宣传资料1000份。是年9月，向全县五个初级中学（景宁一中、民族中学、城北中学、沙湾中学、东坑中学）1360位学生发放人防教材，初级中学人防教育普及率达到了100%。2012年5月11日，景宁县人防办在人民广场开展“5·12”防灾减灾知识宣传。是年11月20日，景宁县人防办邀请浙江省民防协会赵德兴副会长在景宁县委党校开展人防（民防）知识讲座，全县刚参加工作的公务员、事业干部、村干部，社区干部、学校老师、人防办机关人员得到了培训和教育。

（县防空办）

武装警察

【概况】 2011—2012年，武警景宁中队（以下简称县中队）以《纲要》和条例为抓手加强官兵能力建设，牢牢把住“全面建、整体上”的建队思路，有序开展“四个基本、四项秩序”建设活动，各项工作成绩显著，两年全面完成岗楼封闭式建设等营房改建，部队硬件设施明显改善。思想政治建设全面加强，军事训练得到重大突破，大项活动取得明显成效，实战能力明显提高。1人获县政法系统先进个人，1人获政工四会培训考核三等奖，1人获丽水市拥政爱民先进个人。2011年，中队“丽水市拥政爱民先进单位”和获“2010年度支队宣传报道三等奖”。2012年，中队被总队评为“按纲建设先进单位”，1名士官参加总队军事比武荣立二等功，两人荣立三等功。

·军事工作·

【安全保卫】 县中队把执勤工作放到“主业”地位。把确保目标安全作为工作底线。以“小哨位大使命”活动为重点抓好执勤八项制度落实，干部每天查勤不少于四次，每周一次上岗楼执勤。中队坚持每月一次执勤方案演练，每季度一次联合方案演练，结合“三个一遍”不定时开展联合安全大检查，通过检查发现6个安全隐患，对监狱墙上照明设施等5个方面的隐患及时进行整改，纠治各类执勤隐患，运用网络查勤和哨兵灯光互控等方法,促使哨兵提高警觉意识,结合勤务值班“四全”要求,加强对“两个12小时”后查勤的密度,提高目标安全系数。全面做好防汛抗台各项准备工作,实现“两个确保”。2011—2012年,共出动兵力345人次完成押解犯人11次27名,参加畲乡“三月三”、县“两会”、法院庭审、公判、中高考、公务员考试等大型活动安全保卫22次。

【军事训练】 2011—2012年,大力培养配强中队骨干力量,运用竞争上岗机制和考核培训机制,组织军训示范教学,创新训练方法,设立训练奖励基金,开展每月一次小竞赛,每季一次小比武活动。对获前三名的战士给予精神和物质奖励。武警委员会发扬军事民主,发挥官兵智慧,强化攀登绳索练臂力,仰卧起坐等军事科目技能体能训练,提升小组应急快速反应能力。两年,县中队输送5批20人次参加支队反恐集训或尖子培训,在历次比武竞赛中表现突出。同时通过树立典型和末位淘汰方式,表彰先进,鞭策后进,提升军训水平,提高中队整体军事素质。

【从严治警】 2011—2012年,县中队认真贯彻“辽宁会议、高岭集训”精神,提高部队正规化建设,确保部队安全稳定。借正规化建设东风,规范管理制度建设,强化哨兵举手投足、集合站队招式训练管理,解决作风不严谨、物品放置不定位等问题。查找发现11个安全隐患,9个及时整改解决,2个分步到位。坚持“五同六到位”,武器库管理双人双锁,严格“五同”和动态管理,绝对禁止干部私自驾车和战士私自开电动车等现象,确保部队安全稳定。

·政治工作·

【思想组织建设】 2011—2012年,县中队始终围绕党支部自身建设,强化支部成员带头学习理论和业务知识,要求每个成员做到“精通本职、熟悉共同、了解相关”,与官兵形成“团结共事、争创佳绩”。严格组织生活,坚持党日活动,开展党课教育,抓好在外党员思想汇报,坚持每月党员民主测评,使党员骨干平时看得出,关键时刻用得上,同时强化党带团模范作用,每年开展群团组织培训活动4次,引导团支部通过工作、训练间隙做小游戏,讲小笑话,逢年过节开小晚会和文体表演寓教于乐,活跃团组织生活。武警委员会每月开展收集民主意见活动,收到意见建议38条,采纳合理化建议26条,中队党支部通过民主推荐,吸收新党员2名,同时推荐5人分别参加炊事员培训和预提指挥士官集训,4人分别参加武警部队招生考试和保送入学考试。两年,县中队党支部以“创先争优”活动为抓手,落实“五个好”和“五个带头”总要求,开展“一诺三评”工作。通过公示党员承诺书,设立党员示范哨,实行党员哨位挂钩责任制(三个党员挂钩一个哨位),建立党员帮厨制度(全体党员每周帮一次厨),划分党员卫生责任区和党员菜地等载体,形成书记带支委、支委带党员、党员带群众的群创群优良好氛围,融合了党群、干群关系,促进中队各项工作开展。

【主题教育活动】 2011—2012年,县中队围绕胡锦涛主席2012“7·23”讲话精神,先后组织参观景宁县博物馆,与仙童社区联合举办联欢晚会,组织“关爱农民工子女”军营体验日,说说家乡变化,浅谈驻地发展,结合2011年日本大地震福岛核电站泄漏事件,组织专题形势任务教育等活动5次,邀请艺术团指导文艺活动4次,举办宣传栏形势教育16期。2012年,结合总队潘信琦副主任蹲点景宁期间赠送中队的300余册书籍时机,开展“读看唱”(读红色书籍、看红色电影、唱红色歌曲)、“看变化赞成就颂党恩强责任”演讲赛,坚定官兵“听党话跟党走”的信念,提高官兵思想境界，增强奉献意识。是年，组织官兵开展无偿献血、植树造林、慰问火灾受灾村民各2次，祭扫烈士陵园4次，学雷锋做好事6次，慰问孤寡老人12次，增强官兵荣誉感，使命感。

【"三互"活动】 运用三项活动营造和谐氛围。做到"三互"(互学、互教、互帮)与"爱兵"相促进。根据每位同志的性格、地域、文化程度、爱好、兵龄等科学编配"三互"小组，聘请实验小学音乐老师为教歌员，从中队中选出两名懂简谱的战士轮流教歌，以"三互"活动为载体，开展"六小五不"活动，用"三个半小时"关注政治形势，搞好新闻小体会、小点评、小讨论，进一步密切内部关系。通过"唱歌"与"读书"活动，了解歌声背后的故事，升华读书效果，深化思想教育，使官兵保持昂扬的精神状态。

·后勤工作·

【概况】 2011—2012年，县中队投入资金20余万元，完成饭堂、厕所、浴室、训练棚、储藏室、图书阅览室、接待室等设施场所修缮，建立健全后勤管理制度，食堂餐饮制作由3名等级厨师，每周制订兵营食谱，食料采购统一通过配送公司配送，指定自卫哨哨兵或帮厨人员和炊事员四人一起过称验收签字，司务长经常跟踪市场走访，及时了解掌握物价，按时公布伙食账目，严防伙食费流失，管好用好物资器材。对公用物资、个人使用物品进行登记造册，统一编号，做到"三定一明确"(定人员，定责任，定位置，明确奖惩)，提高物资的使用效能，发挥小能人的作用，对破旧营房营具、物资器材进行维护修补，提高使用效益。

(县武警中队)

农村　农业　气象

新农村建设

【概况】 2011—2012年，全县新农村建设围绕“村镇建设、农村改革、产业提升、经济转型、民生改善”五个主题，扎实推进群众致富奔小康、美丽乡村·魅力畲寨建设、十村示范百村整治、农民异地转移和农村危旧房改造等惠农工程建设，建成美丽乡村·魅力畲寨22个，实施整治村121个，完成农民异地搬迁694户2254人。建成县城农民公寓房368套，安置进城农户334户1079人。全县10923户30735人的低收入农户，年收入超过2500元和4000元。

【美丽乡村·魅力畲寨建设】 2011年1月17日，县政府出台了《关于深入推进重点村整治扎实开展美丽乡村·魅力畲寨建设的实施意见》，县财政投入专项资金1500万元，创建省、市级中心村建设23个(其中省级4个)，美丽乡村·魅力畲寨22个。完成乡村民房立面改造8.5万平方米，

大均乡伏叶村新貌

浇灌中心村水泥路121千米，新装路灯748盏，安装标准自来水用户2850户，受益人口9951人。配套公共厕所23座，农户卫生改厕2369间，拆除乱搭乱建1438处，整治清理水沟20千米、池塘7.5万立方米，建污水处理池1.55万立方米。同时，开展“洁净村庄、卫生家庭”创建活动，美化庭院1098户。建成大均乡的“李宝神秘畲寨”、鹤溪街道的周湖“畲家院”、东坑镇的“根底岘世外桃源”、红星街道的岗石“泥巴屋”、郑坑乡的吴布“田原屋”等一批省、市级森林景观、田园风光、山水美景和乡村文化浓厚的特色村庄。2011年11月1日，景宁选送鹤溪街道包凤农村新貌的摄影作品《天伦之乐》获得“丽水市美丽乡村建设”摄影比赛三等奖。

【村庄整治】 2011年，全县投入各类资金3226.2万元(县财政900万元、部门1323.2万元、农户1003万元)，实施整治村55个、整乡整镇整治4个乡镇(鹤溪街道、澄照乡、沙湾镇、鸬鹚乡)66个

村。完成村内道路硬化87.9公里，安装路灯260盏，农户卫生改厕6617间，配套公共厕所59座，建造生活污水处理池25733立方米，排水沟长6857米。配置垃圾箱630个，新建垃圾中转站6个，垃圾收集站7个。启动东坑、沙湾、鸬鹚、渤海4个垃圾填埋场的工程，开展生活垃圾收集处理243个村，基本实现“户集、村收、乡运、县填埋”运行模式。同时，开展村景绿化等活动，种植绿化苗木9100株，农村生活环境明显改善。2011年1月19日，浙江电视台新闻播报了鹤溪镇周湖畲族村整治经验。

2012年，投入资金1559万元（其中县财政659万元、特扶资金900万元），继续推进55个村和4个整乡整镇乡镇整治工作。完成道路硬化118.6公里，新增路灯620盏，植树绿化1.66万株，整治村的农户卫生改厕率达到80.3%，生活污水治理率达到50.4%。

【历史文化古村落保护与利用】 2012年，全面开展历史文化古村落保护与利用普查。全县登记古建筑村落69个，自然生态村落20个，民俗风情村落11个，文物763处，古建筑、近代重要史迹及代表性建筑680处、宗教类建筑233处。是年，出台了《景宁畲族自治县民族民间文化保护条例》，编制《畲族文化发展基地建设规划纲要》，完成52个历史文化古村落的《美丽乡村·风情畲寨村庄建设规划》和100个古村落的保护和利用规划。同时对敕木山畲村古民居、鹤溪街道潘家大院、孔庙等古建筑，采取开发、挖掘、非遗申报等措施加以保护。

【万名农民异地转移工程】 2011年，全年完成农民异地搬迁694户2254人，整村搬迁50个自然村，其中高山远山搬迁440户1433人，地质灾害避险搬迁254户821人。2012年，共计完成农民异地搬迁576户1926人，整村搬迁20个村，其中高山远山搬迁528户1724人，地质灾害搬迁48户202人。2011年1月20日，浙江电视台综合频道报道了沙湾中心镇建设农民公寓安置下山移民模式。8月4日，中央电视台综合频道《新闻联播》播报景宁农民异地转移经验。

【农民公寓——双后降沐鹤小区】 2011—2012年，投资9500万元，完成双后降沐鹤小区农民公寓工程建设。该项目是景宁畲族自治县第一轮万名农民异地转移的县城安置小区。项目实行商品房开发模式运作，政府通过土地出让方式选择房地产开发企业，农户以政府采购价取得房产。沐鹤小区共占地24365平方米，建筑面积45053.8平方米，建房17幢368套，楼层为6+1层，户型分大、中、小以及单人公寓四种户型。2010年11月开工，2012年年末竣工验收，交付使用，安置转移进城农户涉及全县17个乡镇（街道）28个村334户1079人。

【农村危旧房改造工程】 2011年，全县新启动8个村，续建24个村。累计完成农村危旧房改造2785户，其中拆旧建新1129户，低保标准150%以下的困难改造户570户。拆除危旧房建筑面积70677.41平方米，新建房屋建筑占地面积62095平方米，完成投资1.89亿元。2012年，共投入各类改造资金7650万元，完成旧村改造村32个，实施农村危旧房改造1446户，其中拆建473户，低保标准150%以下的困难户危旧房改造510户。拆除危旧房建筑面积40985平方米，新建房屋建筑面积40205平方米。

【农家乐休闲旅游】 2011年，全县发展农家乐休闲旅游村7个，农家乐休闲旅游点18个，完成农家乐经营户星级评定104户，接待游客41.4万人次，直接营业收入1656万元。2012年，发展农家乐特色村10个，特色点15个，农家乐经营户148户，全年接待游客54.5万人次，营业收入2335万元。全县累计建成市、县级农家乐特色乡镇各1个，省、市、县级农家乐特色村6个，获得省级农家乐特色点1个、市级2个，评出县级农家乐星级经营户69户，新增餐位数552个，床位210张。2012年11月12日，举办“全县第三届农家乐特色菜点大赛”。评选出特色菜金牌5个，银牌5个，铜牌5个；点心金奖1个，银奖1个，铜奖1个；优秀组织奖5个。12月28日，组织5名农家乐厨师参加“秋梅食品杯”浙江省第四届农家乐特色菜大奖赛，景宁代表队获金奖特色菜1个、银奖4个、铜奖1个。

【群众增收致富奔小康工程】2011年，省委、省政府决定实施重点欠发达县特别扶持(以下简称特扶)政策，5月6日全省特扶项目现场推进会在景宁召开。省政府与新确定的包括景宁在内的6个重点欠发达县签订(2011—2013年)责任书，省财政每县每年安排特别扶持资金2亿元，支持群众增收致富奔小康工程实施。两年，景宁县以扶贫开发、产业发展、公共服务三大类内容，对项目进行规划设计，2011年实施特扶项目46个，子项目222个，完成投资5.76亿元，其中：完成开发类项目1个，产业发展类5个，公共服务类项目2个，在建项目38个。2012年实施特扶项目41个，其中扶贫开发类7个、产业发展类15个、公共服务类19个，总投资8.41亿元。

【低收入农户奔小康工程】2011—2012年，通过低收入农户增收、结对帮扶、农民培训、产业发展、来料加工、金融扶贫等措施，推进低收入农户奔小康工程。投入低收入农户产业发展项目资金4047万元。修建基地机耕路21千米，发展种植业面积75652亩，水产养殖面积8479亩，畜类饲养8250头(其中种畜饲养900头)，禽类饲养271200万只，发展食用菌种植4113万袋，支持低收入农户发展经济，取得明显效果。2012年年末，全县254个行政村10923户30735人的低收入农户，除4599户7616人(占25.07%)，享受低收入口保障政策外。其余6324户23119人，年收入超过2500元和4000元，占农户74.93%；

2011年5月27日，县扶贫办、县财政局联合出台《低收入农户扶贫贴息贷款项目管理办法》，每年安排特扶资金300万元贴息资金，引导银行向1483农户发放贴息贷款3652.5万元。扶持低收入农户发展种养业、农产品加工和营销等方面短平快的项目。

2011年5月27日，县扶贫办、县财政局联合出台《低收入农户集中村帮扶项目管理办法》，落实“省、市、县”三级结对帮扶低收入农户集中村的帮扶机制。2011—2012年，省发改委、省财政厅等12个省级单位结对帮扶景宁县61个低收入农户集中村，累计帮扶资金2471.66万元，实施帮扶项目263个；市农办、市水利局等13家单位5名市领导，结对帮扶30个低收入农户集中村，实施项目101个，累计扶持资金690.95万元；全县副县以上领导31人、90个单位，结对135个低收入农户集中村，实施帮扶项目385个，扶持资金1208.41万元；同时，安排每年补助特扶资金150万元，对未列入省、市级单位结对村60个低收入农户集中村，发展特色产业和基础设施建设。

2011年，开展村级资金互助组织建设，发展大漈乡茶林村、葛山乡葛山村、鹤溪镇赤木山村、渤海镇安亭村、英川镇王宅村、大均乡李宝村、澄照乡金丘村、鸬鹚乡山下村、梧桐乡金兰村、标溪乡东车村、景南乡上标垟村、外舍管理区包山村、家地乡石碧村等互助组织13个。2012年，发展鹤溪镇惠明寺、大均乡伏叶村、鹤溪街道双后降村、红星街道岭北村、澄照乡东畔村、东坑镇汤北村、沙湾镇道化村、渤海镇后砻村、九龙乡王湾村、鸬鹚乡夏山头村、大地乡大地村、梅歧乡梅歧村、大漈乡潘宅村、标溪乡叶谢村、雁溪乡柘湾村、梧桐乡角耳湾村等互助组织16个，累计村级资金互助组织达34个，开展帮扶1229户，融资560万元。同时，组织登记注册、运行管理、统计监测、年度年检。

2011—2012年，开展多渠道、多层次、多形式的农村实用人才、就业技能等五大类劳动力素质培训15273人次，培育来料加工经纪人120人，组织招录省扶贫经费全额资助生贫困生45名，参加浙江林学院专科班学习。2012年，由县农办(扶贫办)负责筹建了县、乡(镇)村(500人以上行政村)劳动力资源开发服务中心。为农村劳动力素质提升工作提供系统的组织保障。9月25日，“景宁畲族自治县农民学校”成立。

(柳卫香 兰曙虹)

农 业

·综 述·

【概况】 2011—2012年，全县农业工作以农业增效、农民增收为目标，以建设现代农业为抓手，稳步推进农村改革，着力增加农民收入，促进农村民生改善。两年农业总产值分别达到8.12亿元和9亿元，比2010年分别增长17.5%和30.2%；全县农民人均年纯收入分别达到7412元和8384元，比2010年分别增长19.5%和35.2%。

两年，各级财政支农专项资金6181.64万元，其中粮食直补994.58万元、农业产业发展3070.78万元、农技推广750.14万元、农机补贴319.43万元及其他项目1046.71万元。鹤澄省级现代农业综合区、畲乡中药材、山地蔬菜、生态畜牧业四个项目被列入省重点欠发达县特别扶持范围，两年计划投入7518万元，实际完成特扶项目建设投入资金5747万元，完成计划投资76.4%。

“浙江绿谷景宁二江源开心农场”2011年11月正式开园迎宾；天堂湖白玉仙开心茶园项目建设通过论证。

(黄小波)

·粮食作物·

【概况】 2011—2012年，全县粮食播种面积分别0.8万公顷和0.81万公顷，总产量达到4.23万吨和4.24万吨，超额完成省政府下达的指标任务；粮食平均亩产349千克，比2010年增长28千克，其中0.85万公顷，单季稻亩产486千克。发放稻麦种植大户直接补贴资金53.4万元。2011年，景宁县畲山情农业发展有限公司生产的“野力牌”高山红米在第十届中国优质稻米博览交易会、第三届中国(衢州)农博会粮交会上荣获金奖。两年，全县完成沙湾旺水、梧桐山前、大地郑公洋、家地芎岱等11个粮食生产功能区建设，面积543.3公顷。累计完成投资987万元，11个粮食生产功能区通过县级考核认定。全面完成景宁畲族自治县2010—2018年粮食生产功能区建设规划编制工作。2011年—2012年，全县创建水稻高产示范方(点)12个，面积303公顷。2012年，东坑、沙湾、英川等列入省级千亩示范片，其中东坑徐砻、沙湾季庄2块亩产超过700千克；郑坑吴布、澄照金丘等10个(百亩以上)示范方平均亩产超过650千克。

(吴向东)

·经济作物·

【蔬菜生产】 2011—2012年，全县蔬菜播种面积分别4633.3公顷和4870公顷，总产量分别为10.99万吨和11.79万吨，总产值分别1.85亿元和2.18亿元，其中高山优质商品蔬菜种植面积两年合计4600公顷，产量13.87万吨，产值3.26亿元；平均播种面积2300公顷，产量6.935万吨，产值1.63亿元。受政策扶持、效益拉动影响，全县山地蔬菜继续保持快速增长势头，规模化种植，分类蔬菜品种布局趋向合理，销售价格增加。全县山地蔬菜生产基础设施条件有一定程度改善，蔬菜产量增长，产品质量安全水平、品牌效应等提升较快，价格相对稳定，效益较好，菜农收入增加。两年，举办两期景宁大漈茭白节活动，对外宣传大漈茭白，推动全县茭白产业发展，连续两年获丽水市‘茭白节’茭白金奖。

（陈孟华）

【茶叶生产】 2011—2012年，两年分别完成茶叶产量1859.8吨和1448.8吨，产值16850万元和19377万元。新开茶叶基地270公顷，全县累计茶园总面积达到3588公顷。全县在沈阳、天津、南京等城市开设茶叶经营部19家，累计31家。其间，县农业局组织茶叶企业参加了由中国国际茶文化研究会、中国茶叶学会和浙江省茶文化研究会在杭州联合举办的“2011年迎春茶话会”和济南“丽水香茶推介会”“浙江绿茶博览会”等宣传活动。景宁奇尔茶业公司奇尔牌、畲山贡公司的惠明寺牌、香香茶叶合作社的岚香牌和香雨有机茶有限公司、畲农茶叶专业合作社、六江源茶叶有限公司、敕木蓝氏茶叶专业合作社等七个企业选送的金奖惠明茶，先后在推介会上获金奖。2012年，县政府与浙江大学签约“关于合作提升惠明茶产业”项目，合作开发惠明茶生产加工新产品、新技术。其间，县财政每年安排500万元财政专项资金，扶持茶叶产业基地建设、良种繁育、加工厂建设改造、购机补贴、夏秋茶开发、品牌宣传、市场开拓等。2011年，实际使用扶持资金473万元；2012年，在用好县扶资金500万元基础上，安排省政府“景宁县群众增收致富奔小康特扶项目”资金600万元（实际完成总投资645万元），用于“鹤澄省级现代农业综合区”的惠明茶主导产业示范区的人行道、水池、加工机械、操作道、机耕路、简易桥及惠明茶发源地保护区等建设。引进先进的设施技术和生产设备，改善茶园生产条件，提高生产效率，增加茶叶产量、提升茶叶品质。

（朱文佩）

【水果生产】 2011—2012年，全县水果面积分别达到1246公顷和1318公顷，产量分别5572.4吨和5691吨，比2010年分别增长0.2%和2.3%；完成产值2083万元和2365.3万元，比2010年分别增长16.5%和32.3%。两年改造低产果园272公顷，新建果园75公顷，主要品种为高糖强矮柿子、蜜柚、杨梅。两年完成省级特扶项目——鹤澄现代农业园区子项目，建设面积100公顷，项目资金366万元，其中省财政特扶资金300万元。“东坑镇桃源村葡萄精品园项目”建设通过立项下达实施计划书。2011年，举办景宁首届杨梅品尝推介会，由县农业局、澄照乡政府主办，亿龙杨梅合作社承办。2011年，景宁县城北山后柑橘基地生产的无籽椪柑参加丽水市农业局与市水果产业协会联合举办的优质柑橘评比，荣获“椪柑组一等奖”。2012年，浙江省精品梨评比活动，新星雪梨专业合作社选送的澄照牌青魁早熟梨获得优质奖。

（朱文佩）

【食用菌生产】 2011—2012年，全县分别完成食用菌6047.49万袋和6129万袋（其中香菇分别4450.2万袋和4450万袋、黑木耳1250.29万袋和1359万袋）。栽培品种有大球盖菇、灵芝、北虫草（蛹虫草）等。食用菌鲜品年平均总量5.03万吨。两年县财政扶持食用菌产业资金547.35万元。引进食用菌新品种4个、新技术1项；扶持发展食用菌菌棒集中生产厂7家、香菇标准化示范基地22公顷，黑木耳、珍稀菌等示范基地87.13公顷，食用菌产品保鲜冷库3350立方米；破壁灵芝孢子粉生产线1条，《珍稀食（药）用菌引进与推广》《香菇秋栽新品种引进和标准化生产技术示范推广》项目，分别获“2011年度浙江省农业丰收三等奖”和丽水市“2012年度农业丰收二等奖”。2011年12月，中国食用菌协会授予景宁“全国食用菌产业化发展示范县”称号。

（夏建平）

【草本药材】 2011—2012年，投入财政资金300万元，建立金银花、百合等草本药材集中连片13公顷以上基地13个，其中金银花基地9个、白术1个、食药两用百合基地3个。全县种植草本药材面积966.67公顷和1075.3公顷，完成产量0.296万吨和0.314万吨，实现产值0.53亿元和0.653亿元，种植品种有吊瓜、白术、金银花、食药两用百合、浙贝、元胡、菌药(灵芝)等。

（陈孟华）

·畜牧业·

【概况】 2011—2012年紧紧抓住省厅“畜牧进山、养殖上山”发展战略契机，大力发展生态循环畜牧业，全面落实动物防疫和畜产品质量安全工作措施，重点抓好猪瘟、猪牛羊口蹄疫、猪高致病性蓝耳病、高致病性禽流感防控工作，对畜禽防疫开展春季免疫和夏秋补免，培训和引导规模专业养殖户自行免疫，严控重大疫病发生。全面实施病死畜禽无害化处理，对31家规模养殖场实行备案制度，备案率达100%。2012年年末全县拥有万羽禽场9个、千头养猪场22个、百头养羊场20个，五十头以上养羊户121户。两年分别完成畜牧业收入15050万元和17733万元。畜牧业生产从饲养量和牧业收入平稳上升。

2011—2012年全县畜牧业生产情况

表2

年份	生猪年底存栏头数		年内肥猪出栏头数	生猪全年饲养头数	牛(头)	山羊(只)		家兔(只)		家禽(只)	
	合计	能繁母猪			年底存栏数	年底存栏数	年内出栏数	年底存栏数	年内出栏数	年底存栏数	年内出栏数
2011	33473	2312	41619	75092	5402	13270	13233	57015	72960	288755	450769
2012	37250	2237	42750	80000	5212	15054	14158	54727	75438	283619	453173

2011—2012年畜产品及牧业收入情况

表3

年份	猪牛羊兔禽肉产量		牧业收入(万元)
	合计(吨)	其中:猪肉(吨)	
2011	5420.2	3954.9	15050
2012	5633	4005	17733

2011年—2012年，全县争取省级以上扶持项目4个，争取扶持资金180万元。其中，景宁张山、宝山、庆湖、生猪标准化生猪养殖项目4个，资金160万元，林氏生猪规模养殖项目1个，资金20万元。标雁、东梅山羊养殖示范基地项目2个，资金40万元。两年投入浙江省特别扶持资金项目1104.1万元，发展中小生态畜牧业养殖204户，畜禽粪便集中处理加工企业1家。完成栏舍建设3.3万平方米。其中，养牛68户，建栏舍8450平方米，补助资金264万元；养羊83户，建栏舍1.1万平方米，补助资金324.3万元；养鸡42户，建栏舍1.03万平方米，补助资金161.6万元；养鸭项目5户，建栏舍1300平方米，补助资金18.5万元；养鹅项目4户，建栏舍830平方米，补助资金14.4万元；养兔2户，建栏舍350平方米，补助资金8万元；养鹌鹑1户，建栏舍200平方米，补助资金4万元；养梅花鹿1户，建栏舍300平方米，补助资金4万元；养猪1户，存栏达105头，建栏舍210平方米，补助资金5.3万元：扶持畜禽粪便集中处理中心建设项目300万元，建筑面积2370平方米（其中：预处理车间400平方米、发酵车间1280平方米、仓库490平方米、管理房200平方米），购置粪便收集车、运输车各一辆、小型铲车一台、有机肥加工成套设备一套及配套设施。畜禽粪便集中处理中心，日处理养殖固体排泄物50吨、废菌棒10吨，项目于2011年开工建设，2012年12月底建成通过验收。

（林玉梅）

·农业机械管理·

【概况】 2011—2012年，全县累计拥有各类农机34198台总动力92472千瓦，其中耕作机械551台，种植机械1台，排灌机械1784台，植保机械765台，茶叶机械1549，收获机械（机动打稻机）2022台农产品加工机械8422台，食用菌机械17308台，运输型拖拉机281辆，挖掘机55台，其他农机1460台。农机作业面积2366.67公顷。农机专业合作社3家。农机维修网点8家。

2011年—2012年，完成农机购机补贴中央资金185万，全县新购置农业机械共计1626台，受益267户农民。其中，茶叶加工等机械298台，耕作机械175台，养殖机械785只，推广使用茭白茎叶割灌机20台和切碎机2台，粮食烘干机械1台，蔬菜钢架大棚建设面积14万平方米。

2011年—2012年，在农机信箱中建立农机信息平台1个，建立农机信息用户312户（其中专业合作社4户），发送信息60多条。

2011年—2012年，重点做好农机安全管理工作，建立健全农机安全生产责任制度，成立安全领导小组，排除各类安全隐患50多起，检查农业机械945台次，未发生农机重大伤亡事故。2012年，县农机管理站被省农业厅农机管理局评为“为民服务、创优争先”窗口单位。

·绿色农业·

【概况】 2011—2012年，无公害食品、绿色食品、有机食品认证工作有序推进，2012年新增无公害产品认证8个、绿色食品认证2家企业5个产品、有机食品认证3个。全县农业累计获得有机、绿色和无公害产品种植面积3307.46公顷，比重达43%（其中：无公害农产品认证17个，面积2854.93公顷；绿色食品认证10个，面积407.2公顷；有机食品认证4个，面积45.33公顷）。创建澄照省级生态循环农业示范区1个，实施生态农业示范项目4个。推广测土配方施肥技术面积20380公顷，节本增收3400万元；组织实施农作物重大病虫专业化统防统治面积3836公顷。

（丁四芳　潘昌平　梁碧元）

·农业信息化建设·

【概况】 2011—2012年，景宁农

业信息网站主要由政务公开、农业动态、通知公告、农业技术、政策法规、农业专题、农村教育、农业企业、名优特产、供求信息等栏目组成。两年累计发布农业信息3902条，其中农情动态类2985条、专题专栏124条、通知公告58条、政策法规类19条、农业技术类465条、其他251条。

2011—2012年，全县新增农民信箱用户1348户，累计注册用户6842人，建立农、林、水等涉农部门联络室6个，乡镇联络站22个，行政村农民信箱联络点254个，两年发布公共信息385条、买卖信息1316条，"每日一助"308条，免费发送个人信件305396封、短信295712条，网上常年设立摊位数保持207个、展示展销产品数常年保持413个。红星街道岗石村连续两年获"万村联网省级新农村示范网站"称号。景宁德凯农业开发有限公司和鹤溪街道周湖村被评为"丽水市2011年度农民信箱村级优秀网站"。

（严晓芸）

·农村能源建设·

【概况】 2011—2012年，扎实推进以户用沼气为重点的"一池三改"建设。强化项目管理和技术指导，确保建设质量和效益。两年全县新增沼气用户587户，累计沼气用户3058户，年产沼气122.3万立方米。其中：新增畜禽养殖场沼气工程6处，建池容积550立方米，累计13处，总容积1150立方米，年产沼气8.1万立方米；新增等生活污水净化沼气池5处（东坑镇深洋村、大漈乡小佐村、沙湾镇赤岩村、小地村、大均乡梅山村）、累计12处，总容积1500立方米，年处理农村生活污水13.5万吨。同时开展"三沼"综合利用，推广"猪—沼—作物"生态农业模式，促进种养业的有机结合，实现经济发展与环境保护"双赢"。两年，全县新增乡村沼气服务网点2个，累计建成乡村沼气服务网点26个，配备了沼气检测、维修、出料等设备。开展沼气技术培训780人次，其中沼气物管员职业技能鉴定26人，全县持有沼气生产工职业资格证书的63人。两年，全县推广太阳能路灯3盏、太阳能杀虫灯5盏、太阳能热水器3000平方米，累计推广太阳能路灯8盏、太阳能杀虫灯15盏、太阳能热水器2.65万平方米，年可节约标准煤0.32万吨，农村清洁能源利用率达50.1%。

（李振平）

·农业产业化建设·

【概况】 2011—2012年，继续实施扶持惠明茶、食用菌、高山茭白、中药材等产业发展政策，突出抓好主体培育、品牌创建等工作，组织全县农业企业参加丽水、衢州两地举办的全省农业龙头企业与山区农产品基地对接会，推荐农业项目53个；景宁落地项目5个，到位资金2000万元，完成景宁千峡湖石塘峡现代农业园项目、景宁东坑杨梅基地项目、景宁县宝山生猪标准化规模养殖场项目、东升蔬菜大棚项目投资开发。

2011年8月，北京秀水大厦四楼的"浙江名品中心——中国畲乡·畲族馆"开馆。景宁金奖惠明茶、香菇、黑木耳、竹笋等土特产入驻展馆；2012年9月17—18日，县农业局、大漈乡政府组织举办了"第三届大漈茭白节"，茭白节组织的趣味农活竞赛、吃茭白比赛、茭白厨艺展示、大漈茭白长龙宴、浙江省高山冷水茭白产业发展高峰论坛等多项活动。

2011—2012年，新增市级重点农业龙头企业3家，县级农业龙头企业9家。累计全县农业龙头企业达到50家，分别为省级骨干农业龙头企业4家、市级重点农业龙头企业17家、县级重点农业龙头企业29家。

（章道周　李永青）

·科技服务·

【概况】 2011—2012年，全县22个基层农业公共服务中心基础设施项目建设。通过修缮等方式,设立专门的服务大厅、培训教室、对外办事服务接待窗口。并配套专用试验检测室,开展农技推广试验、动植物疫病防控、农产品质量安全监管等试验检测工作。澄照等6个乡镇被列为第一批浙江省基层农业公共服务中心创建,其中:澄照乡为示范性农业公共服务中心,景南、大漈、郑坑、渤海、红星等乡镇(街道)为非示范性农业公共服务中心。

县农业局开展了农技专家联系服务农业"两区"建设活动,发挥专业技术人才作用,建立联村、联基地制度。通过结对重点示范户,制定《首席专家考核制度》《农技指导员考核制度》,组织111名农技人员开展科技入户工作,建立科技示范场12个,科技示范村121个,联系科技示范企业20个,科技示范户1000户,联系科技示范基地23个,落实技术推广任务,开展一对一的服务。聘请浙江大学、省农科院等专家,实施重点产业茶叶、茭白的品质、高产高效种植研究。同时,完成景宁白茶成分检测。撰写《高山茭白栽培技术》册子,印发给基层农技干部和农民群众。两年,获市级农业丰收计划奖5项。组织实施省级农技推广体系建设示范项目5个、乡镇农技推广项目15个,实施农业标准化示范项目省级3个、市级3个。完成浙江农业广播电视学校函授中专学历班招生50名,组织农业技术职业技能鉴定47名。组织新型农民科技培训、实用技术培训1.2万人。

(丁四芳)

·农业执法与安全监管·

【概况】 2011—2012年,出动600多执法人次,重点对农资市场及种养殖基地进行检查监督,查处销售假冒伪劣种子、农药、肥料、兽药、饲料和饲料添加剂、瘦肉精、毒鼠强等违规违法行为50起,立案21起,处罚没收金额17500元,开展农业生产事故调解8次。2011年,争取35万元补偿经费,保障农民合法权益。

2011年—2012年,发现鹤溪(扫口村白马寮桥头)、红星、大均等6个乡镇(街道)的14个村有20.5亩呈零星发生加拿大一枝黄花;开展春、秋两季人工拔除工作,有效遏制加拿大一枝黄花蔓延和危害。同时,根据植物生长和农事节令及时开展种子(菌种)、苗木、花卉、大宗外调农产品的产地检疫和调运检疫工作。

(张志荣 刘丽华)

·农村经营管理·

【概况】 切实加强管理,稳定农村家庭承包合同制。2011—2012年,全县签订农民家庭承包合同37324份、颁发土地承包经营权证37324份,分别占家庭承包经营农户94.3%。全县建立21个乡镇土地流转服务中心,健全农村土地承包经营纠纷仲裁体系,建立土地承包纠纷仲裁委员会。两年,全县新增土地流转面积314公顷,累计流转面积1820.8公顷,土地流转率达28.97%。

2011—2002年,开展财务清理、审计85个村和90个村。县、乡两级农村集体"三资"网络监督管理系统建立,同时,组织经济薄弱村的项目申报,两年争取项目资金480万元。

2012年,县农业局开展涉农收费专项清理整顿、以公开监管制度、公开涉农收费、公开惠农政策、公开投诉渠道为内容的"公示制"和"限额制"制度建设,规范各种收费项目,两年未发现乱收费和搭车收费现象。

2011年,建立农村"一事一议"项目库127个,2012年实施48个,争取"一事一议"省级财政扶持资金1060万元。

(叶昌松)

气 象

【概况】 县气象局内设办公室、业务股(气象台),下属设"县防雷中心"。在职人员14人。根据

《关于苍南县等4县气象局管理体制调整的通知》(浙政办函〔2012〕64号)要求。2012年12月1日,丽水市气象局与景宁畲族自治县人民政府签署《景宁畲族县气象局管理体制调整协议》,县气象局由地方管理调整为省、市气象部门与景宁县政府共同管理,以气象部门为主的管理体制。机构规格不变(机构性质、人员编制、财政保障)。成立景宁畲族自治县气象服务中心,为县气象局下属公益一类事业单位;县防雷设施检测所更名为县防雷中心,性质由自收自支调整为地方公益二类差额拨款事业单位。

2011—2012年,县气象局紧紧围绕县委县政府"三县并举"战略,坚持"公共气象、安全气象、资源气象"理念。齐心协力,工作成效显著。重要温度预报准确率、一般性降水预报准确率均达到或超过市局考核要求。2012年测报准确率为99.9%,0~12小时天气预报准确率达到85%,12~24小时达到80%;地面气象观测错情率在1.5‰以下;气象资料接收、传输及时率95%以上。是年完成景宁畲族自治县气象灾害监测预警中心迁建工程完成土地征用审批、设计等前期基础工作。2012年11月18日,举行开工仪式。

【气候】 2011年平均温度17.8℃,年极端最高温度39.2℃,出现在7月8日。年极端最低温度-4.9℃,出现在1月17日。年降水量1115.6毫米,年日最大降水量75.3毫米,出现在4月16日。年日照时数为1450.4小时。是年气象主要变化:平均气温偏高,年降水量比历年平均值减少486.0毫米,即减少30%。年内夏季气温偏低,冬季气温略偏高。年中3—6月,为县域降水集中期、主汛期和梅雨期,但是年降水不明显。7月,境内有多次出现局部地区的强降水和强雷电危情。8月28—31日,受11号台风"南玛都"外围影响,县域东南部出现大到暴雨和暴雨天气,给部分地区造成一定的气象灾害;是年天气起伏变化大,出现异常天气的月份较多,但灾害性天气较少。没有较大或重大气象灾情发生.年度气候总体是风调雨顺。

2012年,平均温度17.6℃,年极端最高温度39.5℃,出现在7月4日。年极端最低温度-3.7℃,出现在12月31日。年降水量2051.5毫米,年日照时数为1351.3小时,平均气温与常年持平。是年气象主要变化:降水量比历年平均值多449.9毫米,偏多28%,全年出现暴雨6天,日最大降水量103.3毫米。年内气温偏低月份多于常年,降水量偏多月份明显。1月,低温阴雨(雪)天气多,3次积雪天气,造成23~25日道路结冰,使春运受影响。2—3月低温阴雨天气多,导致春茶开采推迟和交易量下降。4月上旬,因天气晴好,风大湿度小,清明节期间,火险等级高。5—6月,县域降水集中期和梅雨期较明显,县域多次出现强对流和暴雨天气,造成局地性流域洪涝灾害。7月,降水量明显偏少,出现持续晴热高温天气,其中有8天在38℃以上,18—20日出现局地小冰雹强对流天气。8月,受"苏拉""天秤""布拉万"台风倒槽环流影响,虽然降水较多,但强度不大、灾情不明显;9月4日,受强对流天气影响,全县出现大范围短时暴雨天气,县城降水103.3毫米的大暴雨,造成城区内涝。9月14—19日,出现比常年偏早的秋季低温,10月以晴好天气为主,利于收晒,11月、12月冷空气活动频繁,降水和阴冷天气较常年偏多。全年天气起伏变化较大,异常天气比常年略偏少。春季和冬季出现雨水偏多,阴冷天气持续较长。夏季晴热天气时间比常年偏短,全年没有较大和重大气象灾情发生。

【强降水】 2011年梅汛期,6月3—21日进入梅汛降水集中期,受高空小槽和地面低压倒槽的共同影响,景宁县域出现四次强降水天气。6月2日20时—21日20时景宁大漈、标溪、沙湾、葛山过程雨量超过200毫米，沙湾站雨量达228.9毫米，本站雨量150.5毫米。2011年8月28日08时—31日14时，受台风“南玛都”外围云系影响，景宁县域出现大到暴雨，东部、北部地区出现暴雨，其中大漈站雨量实况达到174.7毫米。8月30日—9月1日出现大雨到暴雨，过程雨量：80～100毫米，局部150毫米。8月30—31日阴有大到暴雨，局部暴雨。过程雨量：50～80毫米，局部100毫米。

2012年9月4日受强对流天气影响，全县出现大范围短时暴雨天气，县城降水103.3毫米(17—18时1小时内雨量达60.7毫米)的大暴雨，造成城区内涝。

【防雷监管与服务】 2011—2012年，防雷工作呈现业务化运行，防雷工作有序的发展，加大监管力度，县气象局对全县的所有新建项目实行审、监、验监管和服务，对加油站、煤气站、炸药库等易燃易爆场所及防雷重点单位，居民区的移动基站、电站等实行年检工作。全年开展四次防雷安全大检查，共排查建筑物400余栋，出具检测报告100余份、审核书70余份；跟踪检测230余栋建筑物。

【服务平台建设】 2011—2012年，县气象局坚持长、中、短期、短时预报服务相结合，预报服务与实况服务结合。在电视、“96121”、政府网站等渠道发布预警信息的基础上，增加气象电子显示屏、手机预警短信等服务项目。

【基础设施建设】 2011—2012年完成市—县高清会商系统建设，新增气象自动站4个，累计达到28个。全县22个乡镇气象灾害监测网全覆盖。2012年完成11个山洪防御工程自动站建设方案编制工作。

（叶有库）

林　　业

综　述

【概况】 景宁地处浙南山区，是浙江省9个重点林区县之一，也是全国重要集体林区。林地面积161598.67公顷，竹林面积16210.87公顷，森林覆盖率77.9%，活立木蓄积量761.46万立方米。

县林业局内设办公室、法制科、绿化造林科、资源林政科、计划财务科等5个职能科室。下设森林分局、林权管理中心、林业技术推广中心、林业产业发展中心、营林公司、林业种苗管理站、林业生态工程服务中心、县森林消防指挥部办公室、县处理山林纠纷办公室、森林植物检疫站、木材检查总站等行政、事业单位，在职行政事业编制136人，企业编制2人，劳动派遣19人，其中高级工程师5人，工程师19人。

2011—2012年，景宁林业围绕“谋划建设新山区、完善新机制”的工作主线，全力推进“森林景宁”建设，林业各项工作取得明显成效。两年征收森林植被恢复费357.28万元，完成绿化造林1654.8公顷，新增林业企业35家，分别实现林业产值18.76亿元和20.15亿元。两年立案查处各类案件385起（其中刑事案件42起），实施行政处罚案件186起，没收非法所得18.38万元，罚款20.71万元。移送县人民检察院起诉15人，逮捕3人。

2012年，县林业局荣获全县部门单位年度工作目标管理考核一等奖，2012年8月，局长朱小平荣获国家林业局“全国生态建设突出贡献奖”先进个人。

【中央财政森林抚育补贴项目】 2011—2012年，按照突出重点、相对集中连片的原则，选择林分密度大、结构不合理、卫生条件差的中幼龄林作为中央财政补贴森林抚育对象，投入中央财政补贴森林抚育资金750万元，完成林抚育4000公顷，其中：割灌除草2419.9公顷，抚育间伐1199.3公顷，阔叶化及景观改造380.8公顷。

【群众增收致富奔小康项目】 2011年5月10日，景宁县林业局出台《群众增收致富奔小康——林区道路、毛竹产业提升、木本中药材（厚朴）产业提升建设项目通知》。是年完成新开竹林道300千米，高效笋竹两用林2000公顷，低产林改造2.2万公顷，改造厚朴基地2000公顷。项目总投资5550万元，其中：特扶资金1500万元，省原渠道补助资金600万元，县配套资金620万元，单位自筹资金2830万元。项目通过省专家组验收。

【林业科技培训进村入户】 2011—2012年，县林业局以“群众致富增收奔小康—毛竹产业提升项目”为契机，在东坑、沙湾、九龙等毛竹重点乡镇开展科技培训20余次，面对面传授毛竹覆盖技术、笋竹两用林建设、低产竹林改造、毛竹林丰产栽培技术，培训人数达1200余人次。

【林产品参展第三届中国国际林业产业博览会】 2012年11月1

日，第三届中国国际林业产业博览会暨第五届中国义乌国际森林产品博览会在义乌国际博览中心举行。景宁组织8家林业企业参展，分管林业副县长现场指导。展销林产品涉及竹木日用品、竹木玩具、竹木工艺品、山茶油、香菇木耳等多个系列，协议订单1000多万元。畲之坊压榨山茶油、棕得棕榈鞋荣获“第三届中国国际林业产业博览会暨第五届中国义乌国际森林产品博览会金奖产品奖”，畲艺坊纯手工保健布鞋、金信干制香菇、硕园虫草荣获“第三届中国国际林业产业博览会暨第五届中国义乌国际森林产品博览会优质产品奖”。

【佃坪村单株油茶果重载入浙江农业吉尼斯纪录】 2012年4月9日，浙江省农业厅办公室《关于公布2011年度浙江农业吉尼斯纪录的通知》(浙农吉〔2012〕1号)公布，沙湾镇张庄村佃坪自然村柳育黄户单株油茶果重205.5千克，创“浙江农业吉尼斯纪录”。

【集体林权制度改革】 2011年1月27日，县政府出台《景宁畲族自治县加快集体林地流转促进林业规模经营实施意见》(景政办发〔2011〕8号)文件，对符合规定流转的林地每亩100元进行奖励(流出方40元，转入方60元)。农村信用联社、邮政储蓄银行、农业发展银行、农业银行等4家银行开展林权抵押贷款业务，累计林权抵押贷款 2172户，余额21727万元；2012年林权抵押贷款3114户，贷款余额是28543万元。其中：小额循环贷款23127万元。2012年7月24—25日，县集体林权制度主体改革工作通过市集体林权制度改革领导小组验收。

(陈　英)

绿化造林

【概况】 2011—2012年，全县完成绿化造林1654.8公顷，其中人工造林766.5公顷、迹地更新888.3公顷。按林种分：用材林507.2公顷(其中珍贵树种114.7公顷、沙川用材林266.3公顷)，经济林550.5公顷(其中油茶429.5公顷、香榧示范点建设6.7公顷)，竹林73.2公顷，防护林523.9公顷。完成森林抚育13533.4公顷，其中木本中药材厚朴抚育改造1426.8公顷。《景宁畲族自治县平原绿化总体规划》于2011年6月通过省级评审。“十二五”时期县城平原绿化计划86.7公顷。两年完成平原绿化39.7公顷，完成45.8%。

【生态公益林建设】 2012年年末，全县累计建成生态公益林86135.2公顷，其中优质林60000公顷。涵盖2个国有林场，22个乡镇(管理区)，231个行政村和26个林区，发放重点生态公益林损失性补偿资金3876万元，惠及23959农户。2012年12月末，全县成立(公益林面积5万亩以上)乡镇公益林管护站24个，占37.5%。重点公益林区配备护林员876人，发放管护费70万元。

【森林城市(乡镇、村庄)建设】 2011—2012年，整合资金2.2亿元，开展生态旅游、美丽乡村、城市绿化、城市基础设施建设，完成畲族文化中心公园、鹤溪河森林生态廊道、城市道路绿化、绿色学校(小区)园林等省级森林城市创建工作。2011年，省特扶资金1200万元，直接用于省级森林城市创建，其中：910万元用于城市森林公园—城北入城景观公园，90万元用于大均、东坑、沙湾3个省级森林城镇创建，100万元用于50个市级绿化示范村建设，100万元用于景观林改造)。是年，大均乡被省关注森林组织委员会命名为“浙江省森林城镇”，大漈乡西一村、大均乡伏叶村被评为“省级森林村庄”；鹤溪街道三枝树村等15个村被评为“市级绿化示范村”。2012年，东坑镇被命名为“浙江省森林城镇”，东坑镇根底岘村、沙湾镇七里村被评为“省级森林村庄”；红星街道包山村等36个村被评为“市级绿化示范村”。是年底，城市建成区林木覆盖率达30.2%，单位、居住区绿地率达

28.5%，人均公园绿地面积13.65平方米，城区生态和人居环境显著改善，景宁县被省关注森林组织委员会命名为“浙江省森林城市”。

【海峡两岸民族团结林、同心树植树活动】 2012年“中国畲乡三月三”活动期间，在外舍新区主办海峡两岸“民族团结林·两岸同心树”植树专题活动和关注森林—创建“省级森林城市”签名仪式。国家民委监督检查司司长杨正根、港澳台办主任倖兰，台湾少数民族代表团团长华加志、顾问廖国栋，河北省海外联谊会理事温荣辉，中华民族团结促进会教育委员会主席、广西壮族自治区政协委员冼志扬、中共景宁县委书记林康、县人大常委会主任蓝良兴等领导、嘉宾和市民500多人参加义务植树签名活动。建立海峡民族园林1850平方米，植树56株。活动仪式由县人大常委会主任蓝良兴主持，县委书记林康致辞。省内外30余家新闻媒体参与采访报道。

（刘卫荣）

林业产业

【概况】 2011—2012年，新办林业企业35家，全县林业加工企业达到135家。获得省级龙头企业3家、市级2家、县级6家。2011年，加工木材58441立方米，第二产业产值56853万元；2012年，加工木材56610立方米，第二产业产值60073万元。

【竹产业建设】 2011—2012年，以项目为载体，大力推广笋竹两用林技术、《无公害竹笋》等先进技术和生产标准。建设竹林道430.9千米。完成毛竹低产低效林改造0.6万公顷，建立笋竹两用林基地0.4万公顷。至2012年年末全县有竹制品企业17家，生产竹地板、竹筷、竹粒及工艺品等10余种产品，总产值2.2亿元，其中第一产1亿元，第二产1.2亿元。

【油茶产业提升项目】 2011—2012年，组织实施了木本油料产业提升项目。完成良种推广基地603.93公顷，技术推广基地186.6公顷，培训农户910人次，科技示范户140户。项目总投资1758.1万元，其中：省级以上资金1150万元，县配套资金115.7万元，单位自筹资金692.4万元。项目通过省专家组验收合格。

【林业园区建设】 2011—2012年，投资600.6万元，完成景东毛竹产业示范区—东坑镇、景南乡竹林改造431公顷、竹林主道26.4千米、作业道12.9千米、蓄水池6个等设施建设；投资122.12万元，完成景宁县木本中药材厚朴示范区—大漈乡、梧桐乡、澄照乡厚朴低改提升472公顷，主干道4.9千米，作业道6千米，蓄水池6个；投资102.3万元，建成杉木用材林主导产业示范区—白坑林场杉木抚育改造面积206公顷，林区主干道6.1千米。2012年9月10日，通过省林业厅验收。

【香榧科技示范基地建设】 2011—2012年，县林业局建立金丘香榧示范点22.9公顷，作为科技示范基地。带动全县开发香榧基地133.3公顷。2012年2月17日，县委、县府、县人大、县政协班子主要领导林康、蓝伶俐、蓝良兴、严铁华等领导亲临澄照乡金丘村香榧基地参加种植活动。景宁以生态建设为战略，发展“立体式”香榧产业模式，得到了省委书记夏宝龙、省长李强的充分肯定。

【科技兴林奖】 2011年，县林业局完成“景宁县古树名木资源调查及保护复壮技术研究”和“方竹丰产栽培及示范推广”两个项目，分别荣获“浙江省第十一届林业科技兴林三等奖”。2012年，《惠明白茶系列品种选育与产业化关键技术研究》项目荣获浙江省“第十二届林业科技兴林二等奖”。《华丝竹生态生物学特性研究》《厚朴种子园营建技术研究》《景宁野生灵芝驯化及开发利用》项目荣获“浙江省第十二届林业科技兴林三等奖”。

（严邦祥）

【野生动物保护利用】 2011—2012年，开展以“弘扬生态文化，共享自然之美”为主题的野生动植物保护宣传月暨“爱鸟周”宣传活动。提高全民动物资源保护意识，促进野生动物驯养繁殖产业发展。2012年年末，全县驯养繁殖野生动物企业和个体6家，经营利用19家，年产值300多万元。2011年，位于鹤溪镇三枝树村的景宁云山涧石蛙养殖专业合作社经过多年摸索低海拔养殖石蛙成功。投入资金100万元，已建各种类型大小蛙池70个，面积1000平方米。2011年产值达120万元，利润达35万元，2012年申报入选“浙江省野生动物驯养繁殖示范基地”项目。

【公司更名】 2012年8月，根据《关于同意“景宁绿业森林资源收储有限公司”变更名称、经营范围等内容的批复》(景国资委〔2012〕13号)文件，“景宁绿业森林资源担保有限公司”更名为“景宁绿业非融资性担保有限公司”；2012年10月，根据《关于同意“景宁绿业森林资源担保有限公司”变更名称的批复》(景国资委〔2012〕19号)文件，“景宁绿业森林资源收储有限公司”更名为“景宁永强林业勘察设计有限公司”，注册资本增加到350万元，经营范围增加森林资源调查、林业规划、林业作业设计调查、森林资源监测、专业调查、林业区划规划、编制森林经营方案、使用林地及林业项目可行性研究报告和项目建议书、营林造林规划设计、森林资源资产评估、司法机关委托的涉林案件的司法鉴定等职能。是年，公司获丙级资质。

（吴耀根）

资源保护

【林木采伐限额】 2011—2012年，坚持凭证采伐、实行限额管理要求，将采伐严格控制在省政府批准的“十二五”期间年森林采伐限额19.18万立方米以内。采伐证发放程序实行由林农向村委会提出申请，村委安排采伐限额计划，乡(镇)林业工作站作采伐作业设计，商品林林木采伐由乡(镇)政府审批，生态公益林、天然阔叶林的林木采伐由县林业主管部门审批。网上办理林木采伐许可证和木材运输证，实行林木采伐前公示制度，公示由村委会负责实行。据统计：2011年1—12月发放林木、毛竹采伐许可证1919份，其中：商品材1876份，发证蓄积97402立方米；非商品材34份，发证蓄积216立方米；毛竹79份，发证98万株；2012年1—12月，发放林木、毛竹采伐许可证1693份，其中：商品材1652份，发证蓄积94693立方米；非商品材35份，发证蓄积575立方米；毛竹89份，发证77.053万株。

【木材运输管理】 2011—2012年，规范木材的运输管理，全县依法设置木材检查站5个，两年检查车辆8103次，检查木材9.5万立方米，毛竹74万支，查处违法运输722次，木材1702立方米。

【林地管理】 2011—2012年，完成《景宁畲族自治县林地保护利用规划》修编(讨论稿)。办理征占用林地4起，面积38.2337公顷。征收森林植被恢复费357.28万元。积极推进林业产业结构，县政府出台《景宁县林业产业结构调整的实施意见》及其实施办法，根据意见和办法，两年勘察规划23个项目，规划实施面积351公顷。

（赵沛忠）

【野生植物资源调查】 2012年4 8月，开展全县人工培育的野生保护植物普查，将基础资料录入计算机系统，建立档案，规范野生植物采集、培育、加工利用和贸易行为的管理。根据调查结果：共有苗木基地128个，种植面积15156.27公顷，活立木4761448株，销售利用产值105.8万元。其中红豆杉基地22个，共155123株，面积30.47公顷，销售利用产值85.9万元。

【名木古树保护补充调查】 2012年7—9月，县林业局抽调林业技术人64人，组成25个调查组。开展全县古树名木补充调查工作，对2002年调查资料数据库进行更新。经调查，全县共有古树名木8305株，其中：一级保护260株、二级保护1034株、三级保护7010株，名木1株。与2002年的基础数据相比，新增485株，减少127株，增加主要原因是前期漏查和年龄递增，减少主要原因是工程建设、自然灾害、火灾等。调查数据通过全面汇总，建立古树名木电子档案。

【森林植物检疫】 2011—2012年，广泛开展植物检疫宣传活动，通过省、市专业网站专题宣传信息47篇，在城区主要街道悬挂宣传横幅30幅，宣传卡850余份。组织开展“绿盾护林”联合执法检疫活动，联合执法检查19次，出动执法人员69人次，检查涉木企业114家，查处违规调运电缆盘10只，签发限期整改通知书3份。2011年，疫情监测5.07万公顷，发现枯死松木1186株，镜检样本128只，发现拟松材线虫9只，监测覆盖率100%。全年清理枯死松木1300余株，综合防治松褐天牛1706.7公顷。2012年，清理枯死松木950株，5月27首次采用飞机防治松褐天牛作业面积达667公顷，全年综合防治面积3000公顷，疫点疫情得到有效控制，古树名木得到保护。2011—2012年，调查县域古树名木主要林业有害生物种类86种，研究“枫香毒蛾”等主要害虫的生活规律，采取林木病虫害综合防治措施。2011年，在鹤溪、大均、家地采用注杆和烟熏等技术，防治林业有害生物103公顷、古树9株，危害得到控制。完成了大漈的“柳杉王”和全国最大“古刺柏”、大均的“唐樟”、鹤溪镇“大树脑”枫杨、标溪何庄南方红豆杉等五大古树名木保护复壮工程，防治古树名木2004株。配套制定《景宁畲族自治县林木有害生物监测管理办法》，建立县、乡、村三级测报网络体系，落实古树名木有害生物害监测防治责任。2012年，首次采用聚氨酯发泡填补树洞技术，对外舍新区一株古樟树的洞窟填充保护。这一技术优点是：聚氨酯很轻，在树洞内充分发泡膨胀，与树洞结合为一个整体，树洞不再受雨水侵蚀等。2011—2012年，县林业局森林植物检疫站连续两年荣获“丽水市林业有害生物防治检疫工作先进集体”。

（袁　媛）

【森林消防】 2011—2012年，全县投入资金249万元，完成森林灾害远程视频监控系统建设项目。在望东洋自然保护区山岘尖、草鱼塘森林公园敕木山建立两个视频前端监控点，森林消防指挥中心大楼设立视频指挥监控中心。对视频前端监控点周边直径10千米范围内（包括县城）的森林灾害（火灾、病虫害）进行实时监控。同时，建立县、乡（镇）国有林场森林防火（消防）物资储备库，购置森林消防指挥车、运兵车2辆、风力灭火机60台、组合消防泵3组等消防物资和扑救工具，安装森林防火宣传牌35块。在自然保护区和重点林区增设防火检查站4个、防火道62千米、消防蓄水池2个20立方米。2011年3月，省森林消防指挥部赠送大均AAAA级景区总价值10万元的森林消防物资和扑救工具。2011年，发生森林火灾16起、森林火警9起，受害森林面积约为91.3公顷，林木损失2929立方米，幼树8.75万株。2012年，发生森林火灾11起，过火面积132.64公顷，受害森林59.46公顷，林木损失1882立方米，幼树15.8万株，森林火灾查处率100%。2011年，表彰了鹤溪镇等13个森林消防先进单位，发放奖励资金26万元；2012年，表彰了红星街道等18个先进单位，发放奖励资金36万元。

（潘肖儒）

【森林火灾保险】 根据《关于我省政策性火灾保险列入国家试点品种后有关政策调整的通知》（浙农险办〔2010〕16号），2011年全县投保林木面积16.15万公顷，投入保险费142.96万元。2012年提高林木火灾保险标准，以生态公益林300元/亩，用材林800元/亩的标准，投入保险费193.86万元，为全县16.1533万公顷林木进行火灾保险。

（吴耀根）

【山林纠纷调处】 2011—2012年，根据《关于处理山林纠纷实行集体讨论制度的通知》（景政办发〔2011〕38号）。建立集体议案和重点案件邀请专家参与办案新机制，成立农村土地（林地）承包经营纠纷仲裁组织。两年全县发生山林纠纷346起，其中：省际2起、市际1起、县际343起，争议面积3029.13公顷。两年共调处山林纠纷案件235起，仲裁林地承包经营纠纷2起，面积1521.87公顷。其中，2012年成功调处了大地乡水溪村与家地乡平坑村三十年的山林纠纷积案。2011年，县处理山林纠纷办公室被省人民政府处理山林纠纷领导小组和林业厅评为先进集体、叶庆荣记三等功。

（叶庆荣）

【森林公安工作】 2011—2012年，围绕“平安林区”工作中心，出动警力800余人次，立案查处120起，追究刑事责任50人，治安处罚81人，批评教育120余人，收缴罚没款40万元。在致力开展专项打击行动的同时，积极开展了森林公安“三访三评”“大走访”等爱民实践活动，深入基层听民声、访民意、察民情、排民忧、解民难。走访重点涉林企业3家，困难林农11户，排查涉林矛盾纠纷3起，征询县人大代表、政协委员意见建议5条，化解群众矛盾11起。2011年，开展“禁种铲毒”和“利剑1号”的林区禁种铲毒行动，严厉打击毒品原植物种植行为。共出动人员107人次，发放、张贴各种宣传资料200余份，查处毒品原植物种植点21处，铲除罂粟3000余株，刑事处罚1人，治安处罚4人，批评教育11人。2012年2月25日，景宁县鹤溪镇滩岭村一株野生南方红豆杉被盗伐。仅在48小时内侦破盗伐红豆杉案件，追回被盗木材。并以该案为突破口，顺藤摸瓜，连续破获了渤海镇梅坑村、郑坑乡吴布村等9起非法采伐野生红豆杉案件，成功打掉一批长期从事偷盗红豆杉的犯罪团伙，依法追究刑事责任14人。是年9月10日—12月10日，县公安局森林分局在全县范围内组织开展“铁拳三号”专项行动，严厉打击破坏“三沿”（沿城、沿路、沿河）、重点风景区和滩坑库区森林资源和捕杀野生动物违法犯罪行为。共出动人员86人次，车辆17台次，破获刑事案件8起（重大案件3起），抓获犯罪嫌疑人8人，化解涉林矛盾纠纷2起，清查农贸市场2个，野生动物驯养繁殖、经营利用户12家。收缴野生动物9只，电猫、铁夹15只。

（黄　洋）

望东垟高山湿地自然保护区

【概况】 浙江景宁畲族自治县望东垟高山湿地省级自然保护区位县城南部，东与泰顺乌岩岭国家级自然保护区毗连，南与福建省寿宁县李家洋接壤，西与景南乡渔际村相邻，北与景南乡东塘村交界，距县城55千米。总面积1194.8公顷，（其中核心区面积636.5公顷缓冲区290.2公顷，实验区面积268.1公顷），海拔1300米，是华东地区最大的一块高山沼泽溪源湿地，由较典型的望东垟、见头垟、茭白塘、双桥圩、白云坪、畚斗团等6处组成。保护区内有飞云江水系的源头（谋人坑）和瓯江水系源头（渔际坑）两处；有内维管野生植物1472种，其中国家一级2种，二级7种，三级四十余种；有脊椎动物资源272种，其中国家一级5种，国家二级39种，白眶翁莺（新记录）等省重点保护动物有46种。2007年，经省政府批准设立望东垟高山湿地省级自然保护区。2009年4月17日，根据《丽水市机构编制委员会关于同意设立景宁畲族自治县望东垟高山湿地自然保护区管理局的批复》（丽编委〔2009〕29号）文件批复成立景宁畲族自治县望东垟高山湿地自然保护区管理局（以下简称保护区）。主要承担管理省级自然保护区1194.8公顷森林资源和下属单位上标林场1008.47公顷森林范围内的资产管理。内设综合科、科研宣教科、经营开发科、资源管理科、枫水垟保护站、白云保护站、渔际坑保护站七个管理科室。2012年年末,在职职工29人,其中全额事业在职职工28人、编外1人,退休职工1人。有中级职称2人,初级职称6人;下属单位上标林场(县内国有企业管理)现有停薪留职人员9人,离退休人员15人,遗属25人,精减下放人员42人。

【基础设施建设】 2011—2012年,坚持以资源保护为中心,以巡护、监测为基础,全力做好森林防火工作,以项目建设为动力,加速保护区的基础设施建设,完善基础条件,建立管理体系,提高管护能力,做好保护区提升国家级保护区的基础工作。两年投入各类资金643万元,完成风水垟至望东垟高山湿地的道路硬化3.2千米,修建护林步道1.8千米;完成上标林场2012年度危旧房改造工程570平方米,建筑面积1259平方米的白云(科研、宣教)中心主体工程完工;建筑面1715平方米的望东垟接待中心、三处保护站管理房和两处保护区哨卡房、保护区动植物标本室投入使用。两年完成湿地恢复缺口回堵工程3000立方米、堵沟排石工程6000立方米,封山育林300公顷,人工辅助自然恢复60公顷。建立各类监测点4个,永久性样地10个。2012年年底,县发改局《关于景宁县望东垟高山湿地保护建设工程(二期)项目初步设计的批复》(发改投资〔2012〕49号)批准实施。

【科普宣传教育】 2011年,开展高山湿地自然保护区"生态文明"教育系列活动,组织编写《保护溪源湿地,建设生态文明》湿地知识读本,省林业楼国华厅长为读本题字,印刷10000多册,发至党政机关和学校乡村,通过广播电视、标语等形式,广泛开展宣传湿地自然生态系统保护活动,做到家喻户晓,人人皆知,效果显著。2011年6月28日"浙江生态日",省委书记赵洪祝等省领导在桐庐县首个"浙江生态日"现场会,为景宁望东垟高山湿地自然保护区等首批"浙江省生态文明教育基地"单位授牌。望东垟保护区获"2011年省级自然保护区规范化建设考核优秀单位"。

2011年12月22日,世界《湿地公约》成立40周年,"中国湿地保护行动计划"颁布实施10周年。人民日报社《中国经济周刊》联合湿地国际{—中国办事处共同主办"寻找中国最美湿地"评选活动,景宁畲族自治县人民政府获得"保护湿地政府贡献奖"。

2012年8月,委托杭州师范大学(生命与环境科学学院)开展的望东垟高山湿地自然保护区动态研究课题,完成生态环境十年遥感调查工作,保护生态效益优良。

2012年10月,望东垟高山湿地自然保护区获"浙江省科普教育基地"称号。

(梅中海)

林业总场工作

【概况】 林业总场,其前身是1956年5月浙江省委农村工作部2388号文件批准的景宁县林场和1958年7月中共浙江省委整风整编办公室浙编558号文件批准建立的景宁东坑、金钟、北溪林场。1962年,云和与景宁合并为云和县,根据省编委1964年6月3日《关于调整部分单位定编定员的通知》,1965年12月云和县人民委员会林字第310号《关于公布"景宁林业总场"的通知》,同意景宁林场和东坑林场合并,成立云和县景宁林业总场。1984年6月30日,经国务院批准设立景宁畲族自治县,原云和县景宁林业总场改称景宁畲族自治县林业总场。

林场近90%的林地海拔在1000米以上,且大部分在山的顶部,处于瓯江支流(小溪)和飞云江源头,属典型的"帽子型"林场,是景宁县生态建设的重点区位和重要组成部分。2001年,设立大仰湖等溪源湿地和次生阔叶林7个自然保护小区，2003年起陆续界定了包括溪源湿地和次生阔叶林7个自然保护小区在内的4869.67公顷的国家级和省级重点生态公益林。

根据《中共中央国务院关于加快林业发展的决定》、浙江省《关于深化事业单位改革的意见》等文件精神和县委、县政府的要求，结合林业总场经营管理和发展的需要，2006年，林业总场进行了全面的改革。改革后的景宁畲族自治县林业总场为公益类差额拨款事业单位，内设(办公室、生产经营技术科、林政资源管理科、财务科)4个职能科室，下设(大仰、大漈、草鱼塘、荒田湖、鹤溪)5个分场28个林区。定编82人，其中事业编制79人，编外用工3人。2012年年底，经营山林面积5904.8公顷，其中生态公益林4869.67公顷。

【国家森林抚育经营试点工作】 继续实施国家森林抚育经营试点项目。2011年，试点项目资金228.39万元，实施面积692.93公顷。2012年，试点项目资金221万元，实施面积668.6公顷，其中基地造林11.67公顷(珍贵树种6公顷，公益林2.67公顷，用材林3公顷)；幼苗补植51.67公顷(公益林35公顷，珍贵树种16.67公顷)；幼林抚育577.33公顷(生态公益林549.6公顷，珍贵树种27.73公顷)。

【基础设施建设】 2011年，完成一期新建和改造林区危旧房2998.40平方米，其中新建善辽、夕阳坑等12个林区护林用房1127.40平方米，新建草鱼塘分场场部宿舍695平方米，改造大漈分场场部宿舍432平方米，修建荒田湖分场场部宿舍744平方米，并通过省财政厅和省林业厅的验收。是年，二期林区危旧房改造(维修)27户1359平方米，12月通过竣工验收和审计。2012年，完成三期林区危旧房改造项目。新建和改造维修19户1083平方米。

2011年，完成19个林区120千米的国有林区道路建设规划。2012年，完成大仰分场(大仰村至岳祟)林区公路的招投标工作。新建林区公路6.2千米已通。

2011年，草鱼塘国家森林公园列入景宁县环敕木山畲族风情省级旅游度假区景区建设景点，落实资金4455万元。其中：向省林业厅争取投资500万元，县政府年安排3955万元，同时，经县政府批准设立环敕木山投资有限公司，注册资金500万元。

【创建省级自然保护区】 2011年11月8日，《景宁大仰湖溪源湿地群省级自然保护区总体规划》通过县级审查。2012年6月1—5日，浙江省自然保护区与生态功能保护区评审委员副主任委员诸葛阳教授、浙江省自然博物馆副馆长陈水华研究员及范忠勇、陈苍松、陆祎玮等考察大仰湖湿地群。2012年10月20日，省林业厅在杭州组织召开《景宁大仰湖溪源湿地群自然保护区科学考察报告》和《景宁大仰湖溪源湿地群省级自然保护区总体规划》专家论证会。

(季必浩)

水利　电力

综　述

【概况】 2012年,县水利局经县机构编制委员会同意批准设立东坑、鹤溪、英川、沙湾、渤海等5个基层水利管理站。2011—2012年,全县水利工作围绕县委"生态立县、产业富县、文化名县"三县并举战略。坚持以人为本、人水和谐的治水理念,积极争取上级水利部门支持,加大治水力度,惠及全县人民,2012年成功申报第四批全国小型农田水利建设重点县项目。争取中央、省两级财政水利扶持资金6900余万元。完成各类水利建设项目22个,投资金额3.12亿元。

2012年11月22日,国家资产管理委员会批复:县电力公司(电力工业局)选入浙江省地方供电企业61家企业体制改革名单,无偿划给省电力公司。成为省电力公司直管的县级供电企业。2012年年末,公司有在册职工518人,六个职能部门,三个业务机构,下属6个供配电营业所和5个集体企业。全年完成社会用电量1.53亿千瓦时,售电量4.01亿千瓦时,全年最高用电负荷2.86万千瓦。

水　利

·重点工程·

【山塘整治】 2011—2012年,完成沙湾镇上处垟村湖平头山塘、何处村粗草湾山塘、东堡村五虎团垟下库山塘、标溪乡何庄村苏岙山塘、梧桐乡白砂降村陈念山塘、鸬鹚乡夏山头村风箱袋山塘、九龙乡后坪村堂弯底山塘、渤海镇门潭村西山上山塘、秋炉乡新塘垟村吊砚山塘等9座山塘综合整治任务,总库容17.9万立方米。总投资392.16万元。

【小流域堤防加固工程】 2011年,小流域堤防加固工程投入资金4900余万元,完成堤防建设4.114千米,包括渤海林圩堤防工程、梧桐坑堤防工程、大均水碓洋移民小区河道整治工程、鸬鹚对村堤防工程。2012年继续推进堤防和河道整治建设。投资1400万元,完成沙湾、梧桐、小流域堤防加固工程。其中沙湾段0.432千米、洪畈村堤防0.564千米、金兰村和梧桐村段1.5千米。以及9个村的农村河道综合治理和沙湾七里改河工程、塔堪堤防工程(青少年宫段)、鹤溪河生态河道建设工程(永安桥至廊桥)。2012年,全县新建防洪堤2公里,河道整治18公里。启动三插溪东坑景南段治理工程前期,该工程涉及综合治理长度4.759千米,新建、加固堤防护岸5.476千米。

【万里清水河道建设工程】 景宁万里清水河道建设工程,根据省"千村整治,百村示范"和市"五整治一提高"的要求,结合"美丽乡村·魅力畲乡"主题,重点抓好整治村、示范村的河道疏浚、池塘整治工作。2011年,完成河道整治主要包括澄照乡张后山、大均乡泉坑、李宝村、鹤溪镇严坑村等项目，整治20千米，总投资360万元。

【灌区及小型农田水利建设】 2011年，投资608万元，完成澄照乡小型灌区改造工程和东坑镇小型灌区改造工程两个项目，新建渠道35千米，新增旱涝保收面积186.4公顷，扩大灌溉面积330.66公顷。

【中央财政小型农田水利重点县项目建设】 2012年，景宁被列入中央财政第四批小型农田水利重点县。该项目总投资9773万元，分三年实施，覆盖全县22个乡镇、街道24个子项目。12月底，完成项目审批、招投标等前期工作，开工建设。

·防　汛·

【概况】 2011年全县平均面降雨量为1294.36毫米，占多年平均降雨量的80%，比多年平均降雨量少20%。降雨主要集中在4～8月，累计降雨量944毫米，占全年降雨量的73%。全年遭受强降雨累计直接经济损失0.13亿元，主要损失为农业农作物与灌溉渠道等，未发生人员伤亡事故，全年启动Ⅳ级防汛防台应急响应二次，分别是台风"梅花"与"南马都"。2012年，全县平均降雨量为1680毫米，连续遭受了"泰利""卡努""苏拉""海葵"等几次台风强降雨影响，全县直接经济损失5990万元，其中水利损失1390万元，农业损失2200万元，交通道路损失2400万元，未发生人员伤亡事故。

【山洪灾害防治非工程措施建设】 景宁山洪灾害县级非工程措施项目，由水雨情监测系统、监测预警平台系统、山洪预警系统、气象系统、应急指挥会商系统群测群防体系组成。从2011年开始施工，是年4月1日通过市里初步验收。至2012年年底，累计完成投资713.02万元，全县新增30个雨量遥测站点、20个水位遥测站、48个简易水位站、179个简易雨量站。

【防汛宣传与演练】 2011年3月和6月，由县电视台摄制了2期防汛抗洪专题宣传片。"5·12"宣传日发放防汛宣传知识手册350本，印发宣传手册1000份。6月21日，县防指在交叶公路英川隧洞工程施工现场，组织了一次300多人参加的防汛与山洪灾害防治预案演练。2012年，组织开展了沙湾、郑坑、梧桐等乡镇的防汛应急演练工作；在沙湾镇、东坑镇等地举办了五期共计545人次的"山洪灾害监测预警平台系统与防汛基本知识"培训班；通过县电视台组织制作了3期防汛专题节目。同年，落实了35万元的防汛专项资金，委托县供销社采购了一批[①]倒虹吸管、合金网兜等装备发放到各乡镇，县财政争安排了26万元，专门用于村级防汛抗旱巡查、预警员经费。

注：①倒虹吸管是用以输送渠道水流穿过河渠、溪谷、洼地、道路的压力管道。合金网兜可以将形状各异、大小不一的块石装入合金网兜形成一个柔韧的整体。

·水　文·

【概况】 2011—2012年，县水文系统完成9处18个站点的雨量数据汇编工作，与此同时全县8个水资源功能区完成54项水质监测任务，其中县城供水水源地龙潭桥水库全年水质达到Ⅱ类标准，另外，7个水功能区目标水质分别为Ⅰ、Ⅱ、Ⅲ类标准，6处达标，白鹤水库未达到Ⅰ类水标准。2012年，完成3个雨量站点建设。

·农村饮用水·

【概况】 到2012年年底，全县累计完成了32个农村饮水安全工程项目建设，解决了254个行政村14.2万农村人口的饮水安全问题，实现全县行政村饮水安全工程全覆盖。景宁县农村饮用水工程主要采取各乡镇供水站统一管理、村协管员协助管理的二级管理模式，个别条件较好的乡镇所在地和周边村庄采用乡镇供水站直接管理的模式，乡镇农村饮用水供水管理站为乡镇农村饮水安全工程运行管理的责任主体，供水站人员由当地政府实行聘任制，各供水站由2～3人组成，并明确具体的工作责任和工资待遇。由于景宁县地理条件相对较差，各乡镇还在村里聘请1～2名协管员，分区域管辖农村饮用水工程的运行管理工作。县水利局还统一配备了相应的维修工具。各供水站实现了有场地、有人员、有工具、有制度，确保工程建后"小修不出行政村，大修不出供水站"。2011—2012年，完成项目的有渤海镇旦水村等12个村、郑坑乡吴布村等22个村、沙湾镇红畈自然村、七里行政村、鹤溪街道滩岭等8个村饮用水工程，共计总投资1662万元，受益人口25200人。

·水资源管理·

【概况】 景宁县雨量充沛，水资源极其丰富，属瓯江、飞云江两大水系。多年平均降水量34.31亿立方米，多年平均径流量21.72亿立方米，多年平均总水资源量为21.73亿立方米，过境水资源量10.85亿立方米，多年人均拥有水资源量20120.37立方米，属水资源丰富地区，但县域内径流量年际变化大，年内季节分配不均。全县水资源理论蕴藏量66.22万千瓦时(已开发32.4万千瓦)，占浙江省水力资源可开发量的10%。

2011—2012年，分别编制《景宁畲族自治县水资源公报》和《景宁畲族自治县水资源管理年报》，并完成全省水资源综合管理系统景宁县取水户的资料录入工作。全县共有119家取水单位，其中：自来水制水企业1家，水力发电企业118家，省厅发证6家，市局发证39家，县局发证74家。安装实时监控企业1家。2011—2012年共征收水资源费1169.48万元。

【水法宣传】 2011—2012年，县水利局围绕"加强农田水利建设，保障国家粮食安全"宣传主题，开展"世界水日""中国水周"宣传活动。通过"一台戏、三部片、九个点"等宣传内容创新宣传模式，发放水法汇编及各类宣传资料1200份，纪念品550套，悬挂横幅12幅，在千峡湖库区和鹤溪河沿线设置永久宣传牌18幅，省市县新闻媒体发表执法信息11篇，通过县电视台《畲乡新闻》报道渔业执法管理新闻6条。

【水利普查】 2011—2012年，县水利局继续严格按照国普办"一主线、两任务、三阶段、四节点"的总体安排，实事求是，稳步高效地完成普查表数据录入审核、汇总检查、取用水平衡、档案整理与验收等各项工作。至2012年2月底完成标绘对象355个，5月底通过省、市级审核。

·渔业与渔政·

【渔业】 2011年，县水利局和省、市水产技术推广站联合举办了水产技术推广暨稻田养鱼技术培训班，组织专业技术人员开展下乡服务，对养殖户进行实地指导，解答疑难，共同研讨发展策略，交流经验技术，掌握各养殖户养殖动态，组织调运彩鲤鱼苗462.75万尾、草鱼鱼苗119.25万尾，发放到全县各乡、镇1000余渔业养殖户。积极开展省级稻田养殖试点基地建设，取得了亩产稻谷514千克，田鲤鱼102千克，亩产值11728元，亩利润近万元的好成绩，并得到副省长葛慧君的批示："景宁县探索的'千斤粮、百斤鱼、万元钱'的生态种养模式，值得总结推广。"

2012年，投入投资284万元，推广稻田养鱼533公顷，建立稻田养鱼基地两个（面积33公顷）。全县累计渔业养殖面积2845公顷，全年水产品产量1240吨，创产值2305万元。

2011年3月，在千峡湖景宁县境内水域投入(冬片)花、白鲢鱼种140余吨;6月,投入(夏花鱼苗)花、白鲢500万尾、黄尾鲷102万尾,青鱼20万尾、草鱼26万尾、鳊鱼128万尾。2012年,在境内瓯江支流投放彩鲤鱼、鲢鳙鱼、青鱼、鳊鱼等鱼种60多万尾。

【渔政】 2011—2012年,组织水上陆上日常巡查500多人次,查处各类违法案件18起,没收非法渔具700余件,收缴罚款2.78万余元。同时,通过县钓鱼协会聘请28名渔政协管员,加强渔政管理。

·小型水电站·

【概况】 2011—2012年,共新建北溪二级、驼梁溪、引井口、上标六级等水电站4座。增效扩容项目为上标水电站。截至2012年12月,全县已建电站157座,总装机容量为32.4万千瓦。

【上标电站】 上标电站建于1989年1月,原装机容量为2×8000千瓦,增容后为2×9500千瓦。该工程于2011年月开工,2012年12月完成,静态投资1139万元。

【北溪二级电站】 位于景宁县东坑镇白鹤村,集雨面积为39平方公里,装机1×500千瓦,1×320千瓦共两台发电机组。总投资1200万元。2009年11月动工兴建,2011年6月并网发电。

【驮梁溪电站】 位于景宁县梅歧乡境内,坝址以上流域面积6.31平方千米,总集雨面积为6.83平方千米,高山坑引水0.52平方千米,厂址在梅歧村上游处的河道左岸。该水电站装机容量为1260千瓦,电站多年平均发电量为337.3千瓦时。2011年建成并网发电。

【上标六级电站】 堰坝位于上标五级发电厂房下游500米处,厂房位于标溪乡枫林口村下游700米处,坝址以上集雨面积315.5平方千米,电站装机4×800千瓦,多年平均年发电量为912万千瓦时,装机年利用小时数2850小时。2012年年底竣工。

【引井口电站】 位于预章行政村引井口村,主要任务为发电,坝型为混凝土重力坝,该电站装机1260千瓦,两台发电机组,额定水头300米,库容2万立方米,集雨面积6.8平方千米。2011年12月并网发电。

·千峡湖开发与管理·

【概况】 2009年8月15日,景宁畲族自治县编委印发《关于设立景宁畲族自治县北海库区开发管理处的通知》(景编〔2009〕23号),批准设立景宁畲族自治县北海库区开发管理处。定格为科级公益类事业单位,核定编制8人,其中领导职数3名。内设办公室,综合管理科,开发利用科。2010年3月正式挂牌成立。2011年3月8日,根据《丽水市机构编制委员会办公室关于同意北海库区景宁畲族自治县开发管理处更名的批复》(丽编办〔2011〕7号)文件精神,更名为景宁畲族自治县千峡湖开发管理处。是年11月29日,根据《丽水市机构编制委员会关于景宁畲族自治县千峡湖开发管理处机构设置调整的通知》(丽编委〔2011〕100号)文件精神,再次更名为千峡湖景宁畲族自治县开发建设管理处,机构规格调整为副县(处)级,单位类别调整为行政职能的事业单位:(一)编制库区开发总体规划和各项子规划,并组织实施各项规划。(二)对库区经济社会中长期的全局性、综合性、战略性问题进行跟踪和前瞻性研究,提出意见和建议。(三)负责库区旅游产业、渔产业、水资源产业、农林产业的研究、开发利用和管理。(四)协同有关部门对库区林业林政、绿化造林、环境保护工作的研究和管理。(五)协同有关部门对库区交通航运、工程安全、水土保持、矿产资源的监督和管理。(六)监督库区林业资源、矿产资源、土地资源、旅游资源、水资源的保护、开发和利用,协同有关部门依法查处各类违规违法案件。(七)配合处理库区移民遗留问题和政策处理。(八)协调、指导、监督有关部门、库区乡镇(管理区)对库区的工作。(九)完成县委、县政府交办的其他工作。

【渔业增殖放流】 2011年2月24日至3月1日,县财政拨付春季鱼种投放资金179.7万元,共投放鲢鱼47.2吨、鳙鱼94.3吨,总数约200万尾。同年6月下旬,千峡湖开发管理处再次组织投放鲢鳙鱼夏花470万尾。

【环境整治】 2011年8月10日,千峡湖开发管理处再次联合库区乡镇(管理区)、国土、建设、公路、公安、水利、环保、港航、公证、电力、工商、消防等部门依法对千峡湖周边、青景庆公路沿线的非法占地、违法建设等行为进行集中整治。共拆除屋棚18处,非法炼油厂1家,违章养殖场1家,拆除违章面积共计3600余平方米,暂扣船只3艘,销毁竹排4副,没收渔具20余副。

【渔政管理】 2011年,千峡湖开发管理处联合水利渔政、水上派出所、航管、运管、工商等部门开展联合整治非法捕捞行动,全年共销毁捕鱼竹排53副,收缴巨型刺网415副,地笼网52副,海钓鱼竿80余副。共发放宣传资料3000余份,悬挂宣传标语10余副,并在市县电视台曝光查处案件的进程情况。2012年,全年在电视台播放滚动字幕、在库区主要地段设立告示牌等多种形式宣传库区管理规范事项。全年共组织30余次联合执法行动。出动执法车、执法艇215次,执法人员350余人次;收缴电捕工具5套,船外机8台,非法垂钓工具150余支,大小型网具160多件,销毁竹排43副,查扣作案交通工具9辆;教育、劝导游钓人员160余人次;查处渔业违法案件13起(其中电、毒鱼3起、违法捕捞10起),罚款18800元。

【库区资源调查】 2012年5月底,完成千峡湖库区旅游资源调研,并编制《千峡湖库区(景宁段)旅游资源调查报告》,共选定23个旅游单体项目及地块,作为千峡湖旅游开发备选项目和预留用地。

2012年3—5月,千峡湖开发管理处会同库区乡镇和相关部门成立了"景宁千峡湖库区经济社会发展课题调研组",对库区经济和社会发展进行了专题调研,就如何进行库区产业结构调整,实现库区可持续发展,缩小库区和地区间的经济社会差距提出了切实可行的方向性建议,形成《景宁千峡湖库区经济社会发展的现状和对策思考》的调研报告。

【3号区块疏浚权公开竞价出让】 2011年7月21日,千峡湖开发管理处依法对库区位于溪口2号桥至白马寮大桥160米水位线以下的3号区块疏浚权进行公开竞价出让,出让价为121万元。

【千峡湖鲢鳙鱼首次捕捞权拍卖成交】 2012年4月16日,千峡湖鲢鳙鱼首次捕捞权在青田县招标投标交易中心拍卖成交。青田县易天渔业有限公司以每市斤8.8元的价格竞得首次捕捞权。同年5月22日至7月15日,千峡湖景宁段5市斤以上的鲢鳙鱼首次展开捕捞。

【《千峡湖度假区项目框架协议》签订】 2012年7月16日,景宁畲族自治县人民政府与上海华服投资有限公司、鹿鸣谷旅游发展有限公司在上海签署了《丽水千峡湖生态旅游度假区(景宁段)项目框架协议》,计划投资35亿元。

【千峡湖鲢、鳙鱼获国家认证】 2012年11月15日,千峡湖鲢、鳙鱼获得中国国家认证认可监督管理委员会颁发的有机产品证书。

【市政协委员视察千峡湖】 2012年10月19日,市政协副主席吴炳全、沈根花率领农业界、新闻出版界、文化艺术界、体育界近40位市政协委员视察千峡湖开发建设情况。

（景宁千峡湖管理处）

电力供应

【概况】 2011年，全县全社会用电量1.51亿千瓦时，售电量2.89亿千瓦时，全年最高用电负荷3.16万千瓦。完成营业收入19241.89万元，实现利润200.24万元，上缴税收2230.44万元；2012年，全县全社会用电量1.53亿千瓦时，售电量4.01亿千瓦时，全年最高用电负荷2.86万千瓦。完成营业收入26105.73万元，实现利润513.75万元，上缴税收3177.57万元。

【电网建设】 2011—2012年，县电力局加快推进电网建设前期工作，配合市电业局与景宁县委、县政府签署“十二五”时期景宁电网发展的框架协议，为全面实施“十二五”电网发展规划创造了良好条件。2011年，完成宅网投资2706万元。其中，35千伏项目投资398万元。10千伏以下投资2308万元。2012年，完成电网投资4062万元，其中35千伏投资450万元，10千伏以下投资3612万元。协助市电业局完成220千伏鹤溪至松源（庆元）线路工程和220千伏鹤溪变电增容工程的政策处理、综合协调工作，完成线路工程投资4800万元，变电增容工程投资额达1756万元，新增容量18万千伏安。加快推进新农村电气化建设，完成87个电气化村、10个电气化乡镇电网改造。

【电力服务】 2011—2012年，全力保障民生用电和重要电力用户用电，确保了全县电力供应稳定可靠。开展“95598”光明服务，“畲山花”畲语专岗供电服务等活动，进村入企做好农村低压电网维护，保障农村生产生活安全用电，完成低电压综合治理用户1663户。制定出台电力服务县域工业发展十项举措，主动指导企业优化用电。签订《梧桐乡小水电自供区移交协议》，启动梧桐乡小水电自供区接收后的整改工作，安装智能电表27380只、主变终端675台、居民用电信息采集器1920只。组织18支为民服务小分队，为农村留守家庭老人免费安装电表，提供后续服务，为养殖专业合作社等农村重要客户快速装表接电，为联系乡电气化村建设、改造办公设备、场地建设投入500万余元。

【电力监察与行风建设】 2011—2012年，制定下发《景宁县电力工业局2012年效能监察工作指导意见》《廉政风险防控手册及处罚体系大纲》等制度，从源头上加强廉政风险防控。行风建设重点围绕常态化监督机制建设，一是完善优质服务和行风工作例会制度，明确部门、基层站所服务职责要求。两年组织行风巡查12次，走访企业客户7家，发放行风函询表23份，全面落实供电行风建设新“三个十条”规定。二是对外公开承诺事项和举报电话。三是长年聘请21名社会行风监督员，协助行风监督。深入开展“群众满意基层站所”创建活动和全省“第三届电力政风行风建设争优奖”创建活动。2012年，县电力工业局被列为全市“政风、行风争优奖创建先进单位”。

（县电力局）

工业经济

综　　述

【概况】 2011—2012年，景宁工业经济按照“保增长、调结构、促转型”的要求，加快工业平台建设，优化企业服务，助推产业转型，强化节能降耗，保持工业经济持续稳定发展。2011年全县663家企业实现工业总产值28.14亿元，同比增长21.4%。其中：水电行业3.86亿元，食品行业2.76亿元，竹木行业1.23亿元，医药行业0.17亿元，机械行业6.86亿元。规模以上企业26家（年主营业务收入2000万元以上），实现产值10.66亿元。全年实现工业增加值8.22亿元，同比增长17.60%。

2012年全县640家企业实现工业总产值32.3亿元，同比增长14.8%。其中：水电行业3.85亿元，食品行业2.49亿元，竹木行业1.34亿元，机械行业5.41亿元。规模以上企业37家（年主营业务收入2000万元以上），实现总产值15.29亿元。全年实现工业增加值9.02亿元，同比增长9.7%。

【转型升级】 2011—2012年，县政府出台《景宁畲族自治县工业发展“十二五”规划》《景宁畲族自治县人民政府关于促进工业发展方式转变和加快总部经济发展若干意见》等一系列支持和鼓励企业发展的政策措施。争取工业转型升级财政转型项目4个，资金320万元。缓解了资金压力，工业发展取得显著成效。

2011年，全县完成工业总投资2.385亿元，其中工业技改投资完成1.55亿元，用于设备更新0.12亿元。

2012年，全县工业完成业总投资6.79亿元，其中工业技改投资完成1.94亿元；用于设备更新1.81亿元。

县城北110千伏变电所工业区块入住8家企业，有效解决传统竹木加工企业“散、乱、弱”状况，为加快竹木制品行业转型升级提供了良好平台。景宁精工轴承有限公司、景宁大自然食品有限公司、景宁富利达木制品有限公司等企业，加大技术改造和技术创新投入，实现“机器换人”，减少劳动成本，有效提高劳动生产率。景宁洁净钢管有限公司通过实施超长无缝不锈钢盘管生产线提升改造项目，采用不锈钢盘管MES系统软件进行生产管理，产品质量明显提高，生产周期缩短20%，年新增超长无缝不锈钢盘管生产能力500吨，新增销售收入3000万元，大大提升了企业产品竞争力。

（孙发根）

【工业节能】 2011—2012年，全县围绕生态文明建设目标和要求，建立节能降耗目标管理责任体系，落实节能降耗成员单位责任制，强化节能管理，落实节能措施，节能降耗工作成效明显。2011年万元GDP能耗为0.3382吨标煤，2012年万元GDP能耗为0.3128吨标煤，两年分别比上年下降16.9%和8.12%。

（刘旭东）

【服务企业活动】 2011年，全县组织开展“企业服务年”活动，县经济商贸局建立了班子领导和科室联系企业制度，县委、县府确定32名副县以上领导分别联系一家企业。全年走访联系企业107家，帮助企业解决实际问题102个。为不锈钢、阀门等行业33家企业，发放67辆物资运输固定车辆的“绿色通行证”。

2011—2012年，全县组织开展涉企收费项目清理，减轻企业负担。共取消行政事业性、服务性收费项目81个、暂停行政事业性收费项目85个，降低行政事业性、服务性收费标准67个，年减轻企业负担约2000万元，其中行政事业性收费减轻1700万元、服务性收费减轻300万元。

2011—2012年，先后组织企业管理人员参加省市县举办的各类培训班8批440人次。

（蓝汤庆）

【新型墙体材料改革和散装水泥】 2011—2012年，认真贯彻《浙江省发展新型墙体材料条例》《浙江省促进散装水泥发展和应用条例》和上级文件精神，推进新墙材的发展应用和散装水泥的使用。2011—2012年，全县新型墙体材料年产量分别完成0.25亿块标砖和0.26亿块标砖，新型墙体材料使用比例分别为70%和71%。建立村镇民房新墙材试点20户和26户。散装水泥年使用量分别为7.10万吨和8.05万吨，使用率分别达到40.81%和48.04%。预征收新型墙体材料专项基金分别为129.19万元和256.86万元，预征收散装水泥专项资金分别为19.37万元和38.53万元。

（叶岳平）

【信息化】 信息化发展指数由基础设施、产业技术、应用消费、知识支撑、发展效果等5个分类指数构成。2011年，全省信息化发展水平测评，景宁基础设施指数为0.619，产业技术指数为0.870，应用消费指数为0.619，知识支撑指数为0.840，发展效果指数为0.293；总指数为0.642，位列全市第7。2012年，全省信息化发展水平测评，景宁基础设施指数为0.622，产业技术指数为0.952，应用消费指数为0.699，知识支撑指数为0.830，发展效果指数为0.256；总指数为0.680，位列全市第7。

（柳海明）

【对外经济贸易】 2011年，全县有进出口实绩企业12家（其中出口企业9家，进口企业3家），实现外贸进出口总额1655万美元，同比增长28.12%。其中：进口（机械产品）390万美元，同比下降12.29%；出口1265万美元，同比增长49.32%（流通企业出口583万美元，同比增长43.86%；生产企业出口682万美元，同比增长54.34%）。

2011年，全县合同利用外资480万美元，同比增长380%，实际利用外资80万美元，同比增长60%。是年，浙江景宁百菇源食品有限公司在意大利创建营销配送项目（意大利千峡食品贸易公司）投资总额30万美元。

2012年，全县有进出口实绩企业12家（其中出口企业11家，进口企业1家），实现外贸进出口总额2682万美元，同比增长62.05%。其中：进口（机械产品）211万美元，同比下降84.83%；出口2471万美元，同比增长95.34%（流通企业出口988万美元，同比增长69.26%，生产企业出口1483万美元，同比增长117.45%）。是年，全县合同利用外资400万美元，实际利用外资250万美元。

（彭振华）

工业园区

【概况】 浙江景宁经济开发区（成立于1992年2月），1994年8月经浙江省人民政府批准改设为省级经济开发区，首期规划面积1.51平方千米，核准面积为1.01平方千米。2005年12月，国家发改委确认保留，是丽水市范围内三个省级经济开发区之一。2010年7月，浙江省人民政府批准了《浙江景宁经济开发区整合提升工作方案》，通过委托管理、授权开发、异地开发等体制创新，建成“一区一园多块”发展格局，即景宁开发区中心区块、澄照农民创业园区块、王金垟复合产业区块、城北110千伏变电所工业区块、滩坑库区休闲度假区块、梧桐工业区块、东坑工业区块、丽景民族工业园区块等各类园区8个，总面积16.39平方千米，2012年年末，实际开发3.28平方千米。

2011—2012年，以开发建设、产业提升和招商引资工作为重点，用足用活民族自治县的优惠政策，积极探索民族工业、现代服务业、总部经济（商贸流通业）发展的新路子。先后引进浙江娃哈哈食品饮料营销有限公司（全国民营企业500强第一位）、浙江真宗投资有限公司、浙江启力投资有限公司、浙江宏发新能源发展有限公司等企业。2011年全年完成工业总产值4.21亿元，实现工业和总部经济销售收入102.97亿元（其中：总部经济101.64亿元、工业企业1.33亿元），缴纳税费5.0156亿元（其中：总部经济4.9622亿元、工业为534万元）。2012年，完成工业总产值6.64亿元，实现工业和商贸企业销售收入104.97亿元，缴纳税费5.64亿元，（其中：总部经济商贸税收收入5.27亿元；工业税收为0.37亿元）。开发区依托总部经济园、绿色食品加工园、竹木制品加工园、农民创业园等专业经济园，大力发展商贸流通、加工制造、配套服务业。初步形成以加工制造为基础、以总部经济为支撑、以服务为配套的产业格局。

2011—2012年，积极组织参加浙江省投资贸易洽谈会和全省消费品博览会，加大景宁畲乡的政策优势、环境优势及服务优势的宣传力度，研究浙商回归引资策略，组团赴杭州、嘉兴、宁波等地引进了丽水通辉物资贸易有公司、浙江融商贸易有限公司、浙江海纳实业有限公司、浙江金典电气有限公司、景宁东安贸易有限公司、浙江洪钰泰贸易有限公司、景宁华雁贸易有限公司、浙江景林贸易有限公司、浙江旭铭信息技术有限公司等9家企业，新增注册资金8218万元，实到资金6518万元，到2012年年底，浙江景宁经济开发区有工业企业28家，总部经济（商贸流通企业）48家。

（张世纯　张　倍）

浙江省景宁经济开发区整合提升区块图

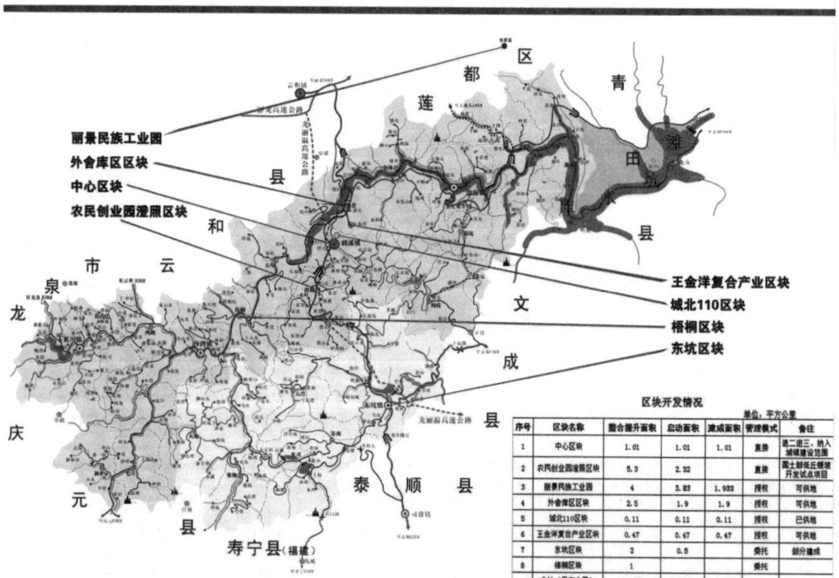

区块开发情况

单位：平方公里

序号	区块名称	整合提升面积	启动面积	建成面积	管理模式	备注
1	中心区块	1.01	1.01	1.01	直接	退二进三、纳入城镇建设范围
2	农民创业园澄照区块	5.3	2.32		直接	国土部低丘缓坡开发试点项目
3	丽景民族工业园	4	3.83	1.933	授权	可供地
4	外舍库区区块	2.5	1.9	1.9	授权	可供地
5	城北110区块	0.11	0.11	0.11	授权	已供地
6	王金洋复合产业区块	0.47	0.47	0.47	授权	可供地
7	东坑区块	2	0.5		委托	部分建成
8	梧桐区块	1			委托	
	合计（平方公里）	16.39	10.14	5.423		

【丽水景宁民族工业园】　2009年7月，丽水市委、市政府根据省委、省政府〔2008〕53号《关于扶持景宁畲族自治县加快发展的若干意见》和2009年时任国家副主席习近平“要求景宁努力走在全国民族自治县前列”指示精神，结合景宁工业基础薄弱、土地资源紧张和自然生态需要保护的县情实际，丽水市人民政府决定在丽水经济开发区规划范围内划出4平方千米土地，作为“飞地”扶持景宁加快工业经济发展的市级重点项目。丽水市机构编制委员会〔2008〕108号批准同意设立丽水经济开发区景

宁民族工业园管理委员会，为景宁县委、县府的派出机构，相当于副县级监管类事业单位，内设管委会办公室、经济发展处、计划财务处、土地管理处、建设规划处、社会发展处。2012年，市国土资源局根据丽水市人民政府意见，将丽水景宁民族工业园（以下简称丽景园）3平方千米（符合土地开发区块）纳入国土部低丘缓坡综合开发试点项目。

丽景园工业园区，位于丽水市经济开发区规划范围——南城南端的七百秧区块，四至范围为：东至东十一路，南至南环路，西至西山畈，北至南六路。总用地面积4.1平方千米，分二期完成，一期80公顷，二期323.4公顷。其中工业用地285.7公顷，占总用地面积的70%。概算投资30亿元。

2011—2012年，围绕“强能提质、稳步推进、强化服务”的工作思路和“高起点、高效益、高水平”的工作目标，稳步推进各项工作。《丽景民族工业园控制性详细规划》已委托浙江省城乡规划设计研究院修编，《丽景民族工业园景观规划设计》文本编制初步完成。2012年年末，完成土地测量381.1公顷，地面附着物清点370.27公顷。签订房屋拆迁协定371户，人口893人，面积7万平方米。林地报批275.93公顷，建设用地报批10个批次281.78公顷，园区累计投资5.56亿元。一期工程80公顷，投资2.5亿元（其中工程建设费用7561.15万元），完成“三通一平”工程通过竣工验收，挂牌出让国有建设用地使用权5宗，面积33.92公顷，总出让金7543万元；二期工程113.3公顷场地平整和2.6千米的道路（路基）工程通过竣工验收，累计完成工程投资1.9亿。其中二期预算投资7850万元（其中水阁至腊口一级公路工程总投资2200万元），2012年11月20日完成招投标，进入施工阶段。

2011—2012年，加大招商引资力度，县政府出台《景宁畲族自治县人民政府关于加快丽水经济开发区景宁民族工业园经济发展的若干意见》文件，入园新办工业企业五年内，按企业实际缴纳增值税安排企业发展资金。土地供应实行差别地价政策，对于大型投资企业实行“一企一策”。园区产业和招商定位是：以交通运输设备制造业，通用和专用设备制造业，电气机械及器材制造业，新材料新能源产业，低压电器、皮革下游产品深（精）加工业、生物医药制造业和食品加工为主导产业；招商定位在中央企业、五百强企业、高新技术企业和新兴产业企业，单体投资原则上不低于5亿元。两年，园区引进杭州娃哈哈饮料生产项目、丽水丽景伊利酸奶仓储中转枢纽中心项目、天造环保科技有限公司石头纸建设项目、浙江富莱仕冷暖科技有限公司、浙江丰源能源科技（集团）有限公司纯电动汽车项目和浪莎控股集团有限公司中、高频声表面波器件项目等6家企业投资入园，协议总投资37亿元。其中：娃哈哈饮料有限公司、浙江丽水丽景伊利酸奶物流有限公司、浙江天造环保科技有限公司分别于2012年4月和10月动工建设；浙江富莱仕冷暖科技有限公司、浙江丰源能源科技公司、浙江丰源能源科技公司等三家企业完成企业注册工作。

（王　华）

【农民创业园】 2012年6月，浙江省国土资源厅批准的《丽水市低丘缓坡综合开发利用试点实施方案》、景宁组团（农民创业园）成为丽水产业集聚区生态产业低丘缓坡综合开发利用试点子项目。一期工程试点面积94公顷，规划区位于景宁县城西南侧（澄照乡）。农民创业园规划总面积347公顷，计划分三期开发。一期工程预计总投资7.1亿元，规划占地109.58公顷（其中规划居住用地28.6公顷、工业用地59.12公顷、道路及防护等用地11.88公顷、保留用地9.98公顷）。项目主要涉及东畔、东升、四格、三石等4个行政村，需要搬迁约500余人、规模企业3家。一期挖方量1009.57万立方、填方量约965.47万立方米，基本达到土石方平衡，工期为2012年11月—2014年12月。功能定位“万人下山转移安置小区”和产业集聚园区，产业定位绿色农产品加工、民族特色医药、竹木加工业。2012年6月19日，举行开工典礼，2012年底，完成场地平整20公顷，累计投资9100万元。各类基础设施规划建设同步进行。

【外舍王金洋复合产业区】 外舍王金洋复合产业区到2012年年底，规划开发的23.45公顷工业用地，累计完成政府性投资3160万元。浙江海阳光伏有限公司、浙江山正畲药药业有限公司、浙江金鸣实业有限公司等三家企业取得挂牌出让工业用地11.07公顷，完成投资6500万元。

【城北110千伏变电所工业区】 110千伏变电所工业区块到2012年年底，规划开发的11.067公顷工业用地，累计完成政府性投资3960万元。富利达木制工艺品有限公司、金林竹木工艺厂、宏强竹制品有限公司、鹤林兴达木柄厂、东辉竹木制品厂、美杰竹木制品厂、景宁畲族自治县乐源工艺品有限公司、景宁畲族自治县通用机械厂等8家企业取得挂牌出让工业用地3.53公顷，完成投资8500万元。

（韦俊俊）

外舍防护工程建设

【概况】 外舍防护工程是滩坑水电站建设派生出来的一项水利防护和土地保护工程。由浙江省发改委批准立项，属省重点工程，概算总投资约8亿元。分两期实施。一期工程主要建设内容：一是开挖一条河床长1500米，底宽172米，上口宽250米的新河道；二是建设一条长2198米、平均高29米的防护堤；三是将王金溪沟往右岸山坡挖渠改道处理，建设一条长2187米，渠底宽6～7米，设计边坡1:2的排洪渠。工程概算4亿元。二期工程主要内容有：一是新老城区连接通天门段的土石方开挖；二是王金洋工业园区的土石方开挖及平整；三是防护堤内侧低洼地回填及管网、道路等基础设施建设，工程概算约4亿元。整体工程完成后，使防护堤内形成一片约3平方公里的可开发建设用地，相当再造一个县城。工程设计等级三级，防护堤防护洪能力达到50年一遇。

景宁县委、县政府于2002年9月27日成立外舍围滩工程筹建办公室，开始着手项目前期工作。2004年9月，成立外舍防护工程投资有限公司；2006年2月，成立工程建设指挥部并完成前期审批和招投标工作。一期（一标段）防护堤建设和新河道开挖工程于2006年2月22日开工建设，2007年10月完成新河道通水验收；2008年12月，防护堤“龙口”段成功合拢；一期（二标段）王金洋排洪渠项目于年2006年7月31日开工建设，2008年12月完成合同工程；2009年12月30日通过一期合同工程完工验收。二期工程王金洋工业区块建设于2008年1月28开工，2009年1月27日全面完成其合同工程，2010年10月完成竣工验收。新区道路网一期土石方开挖于2009年12月开工，2011年12月完成合同工程。人民北路延伸低丘缓坡土石方开挖2012年任务180余万立方米，实际开挖110万立方米。2011年完成投资7000万元，2012年完成投资3900万元。截至2012年12月底，工程累计完成土石方开挖1400多万立方米，累计完成投资60703万元。

该工程政策处理面积达3平方公里，涉及6个行政村的699户1737人。需补征土地1200多亩，拆迁房屋5万多平方米，迁移8家单位的杆线，地埋光缆5公里，移动、联通铁塔2座，电力、通讯杆近200多根，拆移坟墓864座。

（孙发昌）

国内贸易

综　述

【概况】 随着市场经济的进一步发展，国内贸易呈多元化格局，形成以实体店、网上购物、物流配送为主要形式。2011—2012年，第三产业注册企业492家，其中以交易香菇、黑木耳为主的农副产品市场两个，菜市场两个，服装市场一个。烟酒副食品零售以“千镇万村连锁超市”工程为载体，改善消费环境，保障居民食品消费安全，积极开拓市场，促进城乡居民消费增长。两年全县新建村级消费品连锁店80家，累计创建245家，覆盖面达96.5%（新增连锁店由景宁万家商贸有限公司和景宁东川商贸有限公司两企业负责承办）。两年实现社会消费品零售总额31.9亿元。县城生猪定点屠宰生猪48747头，无害化处理生猪112头。

【家电下乡和以旧换新】 2011—2012年，全县共计备案家电下乡销售网点18家，累计销售新家电28899台，实现销售金额25703万元，消费者直接享受财政补贴资金1568万元。2012年5月家电以旧换新财政补贴资金清算工作全面完成。

【电子商务】 2011～2012年，电子商务发展较快，截至2012年年底，电子企业（网店）累计达到151家，从业人员418人，年销售额4818万元。电子商务工作得到县委、县府的高度重视，印发《关于进一步加强景宁畲族自治县农村电子商务建设的实施意见》，扶持和推进电子商务发展。两年全县举办4期电商培训班，参加培训225人次，其中157人成功开设网店。建立景宁电商创业服务中心以及财源科技、星天地、畲乡在线网络工作室等3家景宁电商创业见习基地，帮助40人成功上岗见习。

【成品油贸易】 2011—2012年，全县9家成品油零售企业，其中中石化企业4家，其他国有企业1家，民营企业4家。县经济商贸局围绕“服务、审查、监管”三方面对其管理。指导加油站健全规章制度，配套消防设备，完善应急预案；组织巡查加油站的经营、安全防范和年检、换证工作，（消防由消防部门主管，质量归质检部门主管）。2011年，全县销售汽油6292吨，柴油8935吨。2012年，全县销售汽油6787吨，柴油7889吨。两年没有发生安全事故。

（潘明春）

供销合作

【概况】 县供销合作社联合社（简称县供销联社）系县政府直属参照公务员法管理的事业单位，内设：办公室、财务科（社有资产管理科）、业务科（合作经济指导科）三个职能科室，事业编制12人。社属企业4家，基层供销社经营实体5个。全系统在职在岗人员35人，离退休人员210人，企业改制前遗属30人。2012年年末，直属集体企业县供销合作社总资产1025万元，其中：流动资产511万元，长期股权投资380万元，固定资产（原值）176万元，（房屋建筑面积1966平方米，土地面积460平方米）；全系统社有总资产2380万元，其中：固定资产540万元，（房屋建筑面积5147平方米，土地面积6735平方米）。

2011—2012年，县供销社围绕新农村建设主题，加大开放办社力度，为农业生产、农村经济和农民生活提供社会化服务。发展农村现代化流通网络，发展农村合作经济组织，促进城乡商品流通，保障市场供应。参与农业产业化经营，为农民提供产前、产中、产后服务。两年全系统实现经营收入57337万元（其中专业合作社销售19172万元），实现利润146万元，实现社会贡献总额2052万元（其中：上缴税费453万元）。

【农资连锁经营网点建设】 2011—2012年，全县供销系统发挥农资供应主渠道和技术、网络、服务、人才的优势，加快建立以集中采购、统一配送为核心的农资连锁经营网络体系。全县累计拥有农资连锁经营直营店、加盟店35家。化肥销售量11812吨，销售额1752.4万元。农药销售量314.7吨，销售额571.1万元。年均淡季化肥储备任务1000吨，保障市场供应，稳定市场价格，维护农民利益。

【农村日用消费品经营网络建设】 2011—2012年，发挥景宁供销超市龙头带动作用，两年新增景宁供销超市加盟点15个，累计供销商业网点25家，覆盖全县22个乡镇的中心村，保障农村市场商品供应，方便农民生产生活需要。

【农民专业合作社规范化建设】 2011—2012年，全系统新创办农民专业合作社7家，累计创办、领办各类农民专业合作社29家，新增入社社员634人，累计达2553人，联系带动农户11684户，实现销售收入19172万元。

【创办村级综合服务社】 供销社系统依托在乡、村的网点，积极创办农村综合服务社，为农民、农村提供综合性、多功能服务。2011—2012年，全县创办村级综合服务社11家，扩大农村社区化服务。

【大山农产品展销中心】 2011—2012年，景宁大山食品有限公司创办农产品展示展销中心，为农民专业合作社展销农产品提供窗口，引导农产品走向大市场。两年来推销农产品2798.5万元。

【畲乡农产品网】 由县供销社维护，为用户发布政策、价格、供求、技术信息等搭建高速、快捷的网上平台。两年来吸收30家农民专业合作社，2家所属连锁企业以及下属兴业烟花爆竹专营有限公司加盟。两年发布商品信息500余条。

【指导企业扶持项目申报】 县供销社积极组织企业申报财政扶持项目，两年指导农民专业合作社和综合服务社申报市、县级补助项目22个，争取市、县财政扶持资金51.5万元。同时，做好项目实施情况的跟踪服务和监管工作。

（县供销社）

粮食购销

【概况】 2011年，全县粮食总供给量为5.25万吨，其中本年度生产4.44万吨。全县粮食总消费4.56万吨，其中口粮消费2.18万吨，饲料用粮1.37万吨。年末社会粮食库存2.93万吨。

2012年，全县粮食总供给量为5.12万吨，其中本年度生产4.31万吨。全县粮食总消费4.32万吨，其中口粮消费3.14万吨，饲料用粮0.25万吨。年末社会粮食库存3.02万吨。

【粮食安全应急体系】 2011—2012年，根据县政府与市政府签订年度的《粮食安全责任书》，落实到县直属相关部门。全县建立4个粮食价格监测点，21个粮食应急供应点，3家应急粮食加工企业。落实应急储备成品粮80吨,分别与县城环城粮油经营店等5家私营企业签订代储协议,每季定期进行库存总量检查,确保应急成品粮库存总量不低于80吨。

【粮食储备管理】 县级粮食储备稻谷4500吨,地方最低周转粮2000吨(视同储备粮管理),储备食用油15吨,储备粮油由县粮食收储有限公司负责管理。2011年,轮换粮食2500吨,其中早籼谷2000吨,晚籼谷500吨。2012年,轮换早籼谷2000吨。轮出粮食经中国粮食网上公开竞价拍卖,轮入粮食从江西省产粮地采购调入。为确保库存的粮油安全,县粮食收储公司做到每月自查、县发改局每季综合检查和省粮食局每年进行抽查,做到账账相符、账实相符,储备粮油达到国家规定的质量标准。粮食仓储工作"一符四无"合格率达到95%以上。

【中心粮库建设】 全县地方储备粮集中在城区储藏。粮食收储公司中心粮库占地面积9100平方米,总储备仓容6000吨。2011—2012年,县粮食收储公司中心粮库先后安装或改造了地槽通风系统、电子台账和仓温监测省内联网系统、投药环流熏蒸系统。库内建成500平方米的收购雨棚和全方位安全电子监控报警系统。2012年8月,购买了空气呼吸机,空气高压充气泵整套防毒专用工具,供保粮职工进仓熏蒸杀虫使用,淘汰沿用五十多年的过滤式防毒面具。是年,中心粮库被市发改委授予"丽水市粮油仓储规范化管理优秀企业"的称号。

(陈卫华)

烟草专卖

【概况】 县烟草专卖局(分公司)位于县城人民中路2号。国家授权行使烟草专卖管理职责,组织烟草生产、经营活动,指导烟草行业质量管理。是一个由行业主管部门和当地政府双重领导的中央企业。内设办公室、财务科、业务科、专卖监督管理科4个职能科室,其中:业务科下设市场部、送货部;专卖监督管理科下设中心管理所、稽查大队。2012年年末,在职员工65人,其中大专学历以上23人。景宁烟草根据《中华人民共和国烟草专卖法》行使国家专卖管理权力,担负卷烟专营职责,是一个由行业主管部门和当地政府双重领导的中央企业。

2011—2012年,县烟草专卖局(分公司)紧紧围绕"烟草专卖行为规范、市场监管有序、经济运行平稳、行业内部和谐"的工作目标。积极开拓业务、努力提高效益,取得较好的成绩。2011年,景宁地产烤烟叶订单种植15.67公顷,收购烟叶36543千克,收购金额63.34万元;订单种植香料烟叶16.67公顷,收购25214千克,收购金额为77.42万元。是年销售卷烟6209.94箱,实现销售收入16313.11万元,实现税利3160万元,其中利润2375万元;2012年,景宁地产烟叶订单种植退出公司计划组织运作模式,购销工作圆满收官。是年,销售卷烟5782箱,实现销售收入16850万元,完成税利总额3241万元,其中利润2426万元。

【市场营销】 2011—2012年,景宁烟草全面拓展以七匹狼品牌为代表的"532""461"知名品牌培育和双低品牌的消费渠道,开设喜庆用烟专柜,助推品牌培育工作。2011年,建成功能终端店34家,销售卷烟6209.94箱。电子商务率占76.86%,其中网上订货率51.96%;电子结算率和电子结算额分别为99.07%和97.13%;2012年,以"聚焦高端、拓展低焦、发展知名"为培育主线,突破高端品牌销售瓶颈,实现销量5872.16箱;是年,低焦卷烟迅猛发展。双低品牌实现销量高于全市平均水平。

【专卖管理】 2011—2012年,景宁烟草坚持"内管外打,守土有责"的工作方针,不断完善内管机制,提升监管水平,专卖执法更加有力，努力实现专卖管理有新突破，市场监管有新成效。2011年共查处违法案件19起，查获各类违法卷烟661.5条，总案值137780元(其中移送工商案件1起，移送公安追刑案件1起，取保候审2人)。市场净化率达到99.72%。是年，执法案卷评查位居全市第三名，获得县"优秀办案单位""行政执法优秀办案人员""优秀案卷"等多项荣誉；2012年出动市检163次，出动检查人员1640人次，共查处违法案件8起，查获各类违法卷烟74.8条，总案值15806.3元。全年新办理许可证92本，变更20户，歇业许可证63户，许可证数量与上年度基本持平。2011年卷烟市场净化率考核为100%。顺利通过省局优秀专卖管理所的考核，并荣获省局"卷烟打假先进集体"称号。

(蓝海娟)

石　油

【概况】 中国石油化工股份有限公司浙江丽水景宁石油支公司(以下简称支公司)前身为景宁县石油公司，(1998年8月，与省内各级石油公司一同上划中国石油化工集团公司。2000年4月，由中国石化集团的统一部署实施重组，主营业务、资产、人员等划归中国石油化工股份有限公司，更名为现名)。2012年年底，公司有加油站5座，IC卡营业厅1个，配送库1个；人员规模从25人增加到43人。2011—2012年，景宁支公司积极应对市场变化，认真履行成品油市场保障责任，千方百计组织货源，确保云景高速公路等重点工程建设和工农业生产、生活用油，不断满足市场需求，积极拓展非油业务销售，服务地方经济，取得较好业绩。2011年，支公司实现成品油销量17288吨，其中柴油10837吨(批发2927吨)，汽油6451吨(批发581吨)，完成销售额1.28亿元。2012年，支公司实现成品油销量15149吨，其中柴油8656吨(批发1776吨)，汽油6493吨，完成销售额1.38亿元。

【体制机制改革】 2011—2012年，支公司根据浙江石油关于经营管理体制专业化改革的要求。体制由"省公司、丽水市分公司、县级支公司"三级管理，转变为业务经营专业化、日常管理属地化、条块结合的省、地两级管理体制。根据集约化经营和专业化管理的要求，物流实行专业化一级管理；会计核算实行全省系统统一核算、统一纳税、财务集中管理；加油站管理、轻油直分销、润滑油经营实行专业化两级管理；日常业务经营等管理隶属分公司专业线管理。支公司经理，主要职责是协调好与当地政府及各专业线关系和发展网点。在用人机制上，加油站长实行竞聘上岗，员工进行双向选择，实行优化组合。中层干部进行述职评议，优胜劣汰。在分配制度上，实行吨油工资和加油站安全、规范化服务、服务质量、内控管理相结合的绩效考核办法进行薪酬兑现。充分发挥全体员工的潜能，单站销量逐年提高。

【供应网点建设】 2011年，支公司针对景宁加油站加油超负荷现状，积极发展终端销售网点。

在省公司、市分公司和地方政府的大力支持下，启动“景宁畲乡加油站”项目建设。该站位于云景高速入口东侧，占地面积4625平方米，共有8台双枪式加油机，为二级站，总投资950万元。于2012年12月底完工，设计年销售量6000吨。该站的建成将大大缓解景宁县城加油拥挤、排队等现象，保障区域用油便利。至2012年年底，公司已拥有景宁、东坑、标溪等加油站点5座。公司一手抓油品货源组织，全力保障市场供应，一手抓市场开拓，不断寻找新的效益渠道，扩销增量，使非油品销量突飞猛进，2012年非油品销量达到148万元，较2010年增长了44.5%，成为企业效益的新亮点。

【内控管理机制】 支公司明确规定站长是各站数质量管理的第一责任人，必须亲自做好每一车油的验收、接卸工作，把好入库关，确保油品100%合格。公司每月定期对各加油机出油量进行校验，计量检测部门每季度定期对各站各油机进行检测合格后铅封。公司每月底对各站进行盘点，及时核销油品溢耗，执行一月一核销的管理制度。

安全管理方面，支公司坚持“安全第一、预防为主、全员动手、综合治理”的方针，狠抓安全生产责任制的落实，根据“谁主管、谁负责”的原则、层层签订安全生产责任书，使安全生产责任到人，目标明确。支公司把主要精力放在加油站管理上，督促各油站、网点认真贯彻执行上级公司制定的规章制度。通过不间断的督查整改，各网点在服务规范、资金安全、票证管理、台账管理等方面都有了显著提高，各站点规范化服务和管理水平都有较大飞跃。

石油公司加油员为小记者现场演示安全加油步骤

财务管理方面，支公司建立了费用目标考核责任制，实施“收支两条线”管理，内部管理精细化，在股份公司内控制度的指引下，建立了费用部门预算、全员参与的管理模式。

（吴　迅）

盐务管理

【概况】 浙江省盐业集团景宁畲族自治县盐业有限公司（浙江省景宁畲族自治县盐务管理局）（以下简称盐务管理局），办公地址设在环城西路108号，现有职员10人。公司实行一套班子、两块牌子，履行专营管理与食盐批发经营的双重职能，是景宁县域唯一法定食盐专营单位，担负着全县食用盐加碘和供应任务。

【生产经营】 2011—2012年，圆满完成省公司下达的年度经营指标。为了保障食盐的充足供应，公司仓库月平均保持在100吨存量。2011年，实现销售食盐803吨，销售收入155万元，完成利税11万元。2012年，销售食盐780吨，销售收入165万元，完成利税11.7万元。

【市场供应】 县盐务管理局认真履行食盐专营管理责任，严格执行调运计划和食盐价格政策，切实做好合理储备和碘盐普及供应工作。全县城区有105个销售网点,小包装碘盐直配直送零售店的比例达到100%,乡镇村由乡下4个转批点进行配送,保障全县食盐供应。

【食用碘盐宣传】 每年"5·15"碘缺乏病宣传日,积极开展城区、农村的"安全食用碘盐"宣传活动,发放资料800余份。利用电视、报纸等新闻媒体宣传食用碘盐相关知识。通过广泛的宣传活动,增强消费者食用合格碘盐的自觉性。

【盐政管理】 2011~2012年,县盐务管理局针对盐业市场出现的各种新情况。联合公安、工商等部门,开展定期不定期的盐业市场专项检查,打击非法贩卖私盐活动,整顿和规范盐业市场。组织盐政执法人员,对城区、乡、村庄、超市、学校和工厂的食堂、快餐店、酒店进行普遍巡查和突击检查,查处违法案件2起,没收私盐4900公斤。

【扩展非盐经营】 2011—2012年,坚持做好食盐销售主业,积极扩展非盐经营取得新突破,"新郎酒"系列产品、澳滋莱德葡萄酒和盐化产品销售逐步打开市场。2011年、2012年分别实现非盐销售16.22万元和19.17万元。克服了单一盐产品经营模式,为企业发展开拓了新的空间。

【食盐抢购风波】 2011年3月16日,受日本福岛核泄漏事故和全国食盐抢购风影响,以及"海水被放射性污染无可吃食盐、吃碘盐可以防辐射"传闻误导,部分市民开始超量购买食盐,鹤溪、红星街道各大超市、商场等零售店食盐配送点库存碘盐告急。哄抬食盐价苗头出现。县政府立即启动应急机制,由发改局组织工商、物价、公安部门执法人员,分4个小组深入乡镇和市区各大超市、市场进行价格巡查、宣传,做好群众的解释和引导工作,向各大商家发放《食盐市场价格监管提醒告诫函》200份,告诫经营者不得借机哄抬盐价、串通涨价、不明码标价、价格欺诈、囤积居奇等价格违法行为。每天24小时开通"12358"价格举报电话,及时制止不良谣言散布和抢购行为,县盐业公司及时充实库存,零售商店超市采取限量供应,广播电视舆论媒体正面宣传引导等措施予以应对。从3月16日晚至3月19日,县盐业公司在原有两个月储备供应量的基础上,紧急组织货源85吨,配送供应点小包碘盐215吨,保障了市场供应。3月18日下午,市民基本消除恐慌心理,理性对待抢购风波,食盐抢购和哄抬盐价事件基本得到平息。

(刘火翠)

交　通

综　述

【概况】 县交通局，根据2011年8月26日，《景宁畲族自治县政府机关机构改革方案》（景委发〔2011〕1号）批复通知，更名为景宁畲族自治县交通运输局。城市客运管理职责，整合划入县交通运输管理局。县交通运输局设立交通战备办公室，全额事业编制7名。在编在岗干部5人，3人为中级职称。2012年，主要开展对辖区内国防交通网路布局和有关交通工程设施的勘察、设计鉴（审）定和竣工验收。做好辖区境内的军事行动和其他紧急任务交通保障工作，完成国家、军区和省、市、县国防动员委员会下达的潜力调查任务。收集、总结各种运力、潜力资料，建立和完善运力动员潜力数据库；对辖区内的公路、桥梁、隧道重点目标的状况进行经常性地实地勘察。监督辖区内国防交通和协调处理有关问题。

2011—2012年，全县交通基础设施建设投入7.55185亿元，其中：在建工程23项，建成四级公路10.68千米；全县累计总通车公路里程为1808.14千米，其中省道2条72.21千米；县道13条310.13千米（其中三级公路3.51千米，四级公路306.62千米；高级路面151.29千米、次高级路面158.84千米）；乡道14条154.77千米（其中三级公路4.92千米，四级公路149.85千米；高级、次高级路面154.77千米）；村道公路220条1271.04千米（其中四级公路14.5千米，准四级公路1242.5千米；高级、次高级路面1062.87千米）。等级公路通达249个行政村。占全县总行政村的98%。

2011—2012年，建成水运码头30处（其中100吨级客货码头8座，50吨级客运码头22处）；购置标准化运输船舶15艘（其中二车渡客滚船6艘、30客位客渡船9艘），年渡运能力达到100万人次和50万车次；新建跨溪桥梁6座，撤销渡口6个。

公路建设

【云景高速公路工程】 龙丽温（泰）高速公路工程是《浙江省公路水运交通建设规划》（2003—2010）“两纵两横十八连三绕三通道”公路主骨架中十八连中的一连，云和至景宁段高速公路是该路的组成部分，与已建成的龙丽高速相接。云景高速起于丽龙高速云景枢纽，起点桩号YK0635.471，经云和安溪、泗洲岭、溪口，终点景宁县鹤溪镇鸭卵坑桩号为YK12+158.635，双向四车道，路基宽度24.5米，设计汽车荷载公路—1级，行车速度为80千米/小时。主线全长11.696千米，临时连接线0.933千米，工程总投资14.128亿元；其中景宁段（右线）6.158千米，工程概算7.99亿元。是浙江省高速公路工程中线路最短，施工难度最大，单位（每千米）造价最高的一个工程。全线有桥梁左幅4座（长2.821千米），右幅6座（长2.468千米）；隧道2座，其中溪口隧道长1.280千米，泗洲岭隧道长6.750千米，路基工程1.075千米，整个工程结构物长度比例达92.1%。云景高速景宁段于2008年11月18日开工，工期为48个月，2012年4月24日，全线暨泗州岭隧道贯通。通车后，云和至景宁缩短公路里程17.47千米。云景高速景宁段设收费大棚一处，收费站管理房综合楼一处，隧道机电管理房二处，设高位防火水池及防火设施。云景高速公路建设期间，省委书记赵洪祝、副省长王建满等省、市、县党政领导及交通等部门领导多次莅临现场视察调研、检查指导。

【青景庆公路复建工程交工验收】 2011年5月19日，青景庆公路复建工程交工验收。青景庆公路始于青田县的湖边，经景宁九龙、渤海、鹤溪、大均、沙湾、毛垟，终点庆元县杉树湾，线路全长226千米，其中景宁县境内70.26千米（含九龙乡支线3.9千米），有高畔垟、温州寮等9座大桥、3座中桥和2座隧道。该工程经省发改委、交通厅批准，于2005年11月22日开始复建，2008年年底主体工程完工，2009年12月28日交工检测，工程投资42299万元。

【岚头岭至汇田大桥段改建工程开工】 2011年3月25日，S228云寿线（原称52省道）岚头岭至汇田大桥段改建工程开工。该工程起点位于S228云寿线与沈北线交叉口南侧，起点桩号K10+999.391，路线由北向南。起点段利用原S228云寿线，经云和县沈庄村后，新线向西偏离老路，经新建岚头岭隧道至景宁县白岸村，终点位于景宁县汇田大桥北侧桥头，终点桩号K17+704.264，全长6.705千米。工程按二级公路标准建设，设计速度60千米/小时，路基宽10米，行车道宽7米，沥青砼路面。项目建设单位为景宁县S228云寿线岚头岭至汇田大桥段改建工程指挥部，设计单位为浙江省交通规划设计研究院，监理单位为浙江通衢交通建设监理咨询有限公司，施工单位为中铁十局集团第二工程有限公司。机电工程施工单位为浙江省机电设计研究院有限公司。工程总投资2.52亿元。

【汇田大桥至溪口段公路改建工程开工】 景宁县汇田大桥至溪口公路改建工程，于2012年12月10日举行开工典礼。该工程起点为S228云寿线汇田大桥西侧（桩号K18+870），路线自汇田大桥桥头起沿溪布线，经双坑口、周垮，并在K4+982与溪口大桥连接线相交，终点位于溪口2号桥西侧桥头，与青景庆公路相接，路线全长约5.629千米，按二级公路标准设计。其中，路基宽度10米，局部地形条件特别困难的老路改建路段路基宽度采用8.5米，路面宽度7米，大桥2座423.6米，中桥1座66.6米，涵洞7道，计长274.24米，以及其他构造物等。工程总投资9262.7万元，建设单位：景宁县汇田大桥至溪口段公路改建工程指挥部；设计单位：中国公路工程咨询集团有限公司监理单位：浙江通达工程监理咨询有限公司；施工单位：浙江交建路桥工程有限公司；项目总工期24个月。

【交见圩至叶村公路改建工程】 交见圩至叶村公路改建工程起点位于景宁交见圩，起点桩号K0+000，路线经鸬鹚、茶亭、黄垟口、底垟、新村、英川、叶坪头、黄谢圩，终点位于龙泉市叶村，全长29.886千米，实施里程25.591千米。按《公路工程技术标准》(JTGB01—2003)的二级公路技术标准建设，起点至鸬鹚段设计速度采用60公里/小时，路基宽10米，行车道宽7米，桥梁宽9.5米。项目批复概算43798.3万元，工程于2010年12月开工，投标工期为36个月。2011—2012年完成投资1.52亿元。

【县交通客运中心工程开工】 县交通客运中心即景宁交通综合大楼，于2011年12月16日举行开工典礼，正式动工建设，工程总占地面积38407平方米、建筑面积30016.4平方米（其中地下建筑面积6986.2平方米），建筑占地面积5440.5平方米。交通客运中心工程由汽车客运站房大楼和管理修理用房、交通办公楼3个建筑单体组成。其中站房为3层(地下1层)框架结构，建筑面积8949.7平方米，地面停车位223个，地下车位133个；办公楼为14层(其中地下1层)二类高层框架结构，建筑面积18556.4平方米、高度49.35米，规划为县交通局(公路局、运输管理局、便民办事窗口)办公用房。2012年，完成投资852万元，完成站房大楼基础底板浇筑混凝土，基础梁、底板钢筋绑扎；车站区块办公楼全部桩基工程；管理修理用房平面位置及建设规模的变更送建设局规划部门报批调整。

【公路绿化】 2011年，县公路局投入126万元在S228云寿线K39至K53段补植木荷等行道树3360株，在县道白大线K0至K22+381路段种植女贞、桂花、紫薇等行道木树89043株，建造景观点3515平方米。设置景观点，将县道白大线创建成集自然景观和人文景观为一体，凸显生态特色、文化特色、民族特色的旅游风景线。也是景宁农村公路中首条省级文明公路。2012年，县公路局投入105万元在县道青景庆线K95至K105段种植夹竹桃4800株；在县道溪杉线K11+600至K31+900路段种植女贞、桂花、络石等行道木树48078株，马尼拉草4850平方；在S228云寿线补植红叶楠球400株。

【路面整修工程】 S228云寿线应急养护工程。S228云寿线K13+392—K43+900段(岚头岭至张山岙路段路况较差部分)沥青路面中修6.257千米，水泥破碎板修复7755平方米，工程总投资754万元，2011年12月10日完工。乡村公路路面大(中)修工程：县道溪—杉线K11+400～K32+800(大均至沙湾段)，长21.4千米，工程预算投资1389.2万元。乡道董川线K0+000～K5+450，长5.45千米，主要工程为水泥混凝土路面破板修复、砼路肩、边沟，工程投资48.51万元。

水域港航管理

【概况】 县港航管理所，隶属景宁县交通运输局下属股级行政事业单位，内设港政科、航政科、运政科、海事科，在职干部职工9人。2011年，被评为省交通安全隐患排查治理先进单位，港航管理系统行风建设先进单位；2012年，连续第5年被评为“丽水市港航管理工作先进单位”。2012年，被评为“全省港航管理系统服务窗口创先争优先进单位”。2012年年末，全县有水域面积70.93平方千米，码头30处，通航航道113千米，滩坑电站景宁库区有5个乡镇、71个行政村、416个自然村，4.2万人口涉水出行，水上交通安全任务艰巨。县港航管理所多措并举落实主体责任，全县共签订县、乡、村安全生产责任书75份，签订率达100%。两年开展船员安全法规、航行规则、业务技能、操作规程、应急自救等知识培训1032人次，组织联合执法255人次，取缔非法船只(排筏)46艘，保障通航安全。

公路养护管理

【概况】 景宁畲族自治县公路管理局(副科)，隶属县交通运输局。在职干部职工37人，内设等6个职能部门和鹤溪路政中队、东坑路政中队等2个派出机构，1个直属公路养护工程有限公司。主要担负境内2条省道、13条县道、14条乡道的公路养护管理、路政管理、公路工程建设、应急抢险等工作。2011—2012年，以提高公路养护质量为重点，对较差路段实施大中修，对公路边沟、涵洞以及挡墙实施维修加固，路肩硬化，非公路标牌清理，里程桩、护栏、标志牌刷新更换。同时，引进智能化隧道照明节能控制系统，将4个隧道中老化线材和照明设施更新为优质节能器材，保障公路路容路貌良好，路面平整，路基坚实，路肩边缘整齐，边坡稳定，排水通畅，隧道明亮、四线分明，安保工程和附属设施齐全规范，绿化美观协调。

2011年，以“货币补助”方式解决了公路局（原县乡公路管理所）80位养护农工遗留问题。按实际工龄给予每人每年900元的一次性补助。对个人交到原县乡所的养老保险费，按实际交纳年际金额每年每人增加100元标准返还当事人。平均每人发放一次性安置费4000元（工龄5年以下2000元，6年至19年4000元，20年以上6000元）。共计支付安置费、补助143.6万元。

【应急抢险】 2011—2012年，2条省道、13条县道和14条乡道公路共发生水毁塌方161处2.24多万立方米，造成公路交通中断、车辆受阻的有78处，为保障公路畅通公路部门共出动应急抢险人员730余人、抢险机械115台次，其中有10多次均在夜间进行抢通。

【路政管理】 两年，路政管理人员依法上路巡查7067人次，查处违章案件607起，拆除违章建筑1391平方米，清理堆积物45435立方米，拆除非公路标牌91块，行政处理案件148起，其中行政处罚案件21起，收取罚款22750元；赔偿116起，收缴赔偿款154489元，案件查处率、结案率100%，未发生行政复议案件。

【治超工作】 2011—2012年，重点对55吨以上的超限车辆，车辆不规范装载，遗撒滴漏等违法行为查处，同时加强对沿线企业的走访、宣传，在源头上制止超限运输车辆上路行驶。2012年，在全省的统一领导下，与交警、运管等单位联合开展了“华东片区六省一市超限车辆集中整治活动”和“严打超限超载一号行动”。期间，共检测运输车辆370余辆，查处超限车辆20辆，卸载297.25吨，超限超载率控制在4%以下。

【安保工程】 2011—2012年，投资1286.17万元。设置县乡公路钢质护栏34.104千米，钢筋砼连续护栏3.021千米，边坡处治面积5311平方米。2012年，总投资200万元，更换、新增乡道14条、村道10条、里程366.4千米的标志和指路标志1017套。投资149.25万元，更新省道公路标志176块，更新漆划标线24974.6平方米。

2011年，完成县道丁大线、余山线波形梁钢护栏17992米，钢筋砼连续护栏4284米，工程投资581万元；投资56.9万元，对危险桥梁（马岭头桥）进行加固改造。

2012年，投资194.4万元对县道童石线东洋2号桥和投资14.4万元对溪杉线金兰桥进行加固改造。

【节能工程】 2011年，完成228省道云寿线马岭头隧道照明节能改造工程，总投资56.05万元。其中，马岭头隧道17.5万元，张山岙隧道20.6万元，龙井隧道17.95万元。

【站房建设】 2011年，投入资金179.95万元，完成朝局、西坑、吴山头、桃树、雁溪、景宁6个公路站房维护维修工程。2012年，投入公路站房建设资金1000万元，征地8000平方米（其中渤海站5400平方米鸬鹚站1600平方米），完成渤海、鸬鹚站房建设工程，总建筑面积3724.68平方米（其中渤海站2032.83平方米、鸬鹚站2600平方米）。

运政管理

【概况】 2012年3月28日，撤销“县公路稽征所、县公路运输管理所”，增加“城市客运管理职能”。更名为“景宁畲族自治县道路运输管理局”，隶属交通运输局副科级事业单位。在职干部职工13人，负责全县道路旅客运输经营、道路货物运输经营、站（场）经营、机动车维修经营、汽车租赁、城市公交、机动车驾驶员培训等行业管理职能。

2012年年末，全县拥有营运客车135辆2449座位，营运载货汽车507辆2708吨位。全年客运量达183万人次，旅客周转量达8325万人公里；道路货运量达

108万吨，货物周转量达11569万吨千米。全县有49条客运线路，其中省际客运班线1条2辆车、市际班线7条8辆车、县际班线8条17辆车、县内农村班线21条52辆车；全县有出租车34辆；有各类经营运输业户58户，其中客运经营户3户、货运经营业户5户；有机动车维修户50户(其中一类维修企业1家、二类维修企业9家、三类维修经营户18户、摩托车维修户22户、运输服务企业3家)。从业人员197人，其中汽车维修技师13人、高级工17人、中级工24人。全县有机动车驾驶员培训机构1家，有教练员36人、教练车31辆。是年，培训汽车驾驶员1203人次。

2012年，新建14个农村客货运一体站、70个港湾式停靠站、60个农村货运网络配送站，实现“路、站、运”一体化发展。全县254个行政村中已有192个行政村开通客运班车，行政村班车通达率达到75.59%。

【客运管理】 在全县形成以客运班车为主，旅游、包车、出租客运为辅的多层次道路旅客运输网络。农村运输条件大幅改善，服务“三农”能力增强；农村客运网络化建设稳步推进，形成了城乡公交相互衔接、方便快捷、统一有序的城乡公共交通体系。全县22个乡镇(街道办事处)所在地均已经通班车，乡镇(街道)所在地班车覆盖率达100%。

【汽车驾驶员培训管理】 2011—2012年，完成汽车驾驶员培训教学管理系统IC卡升级。实现培训模式多样化，促进培训、考试的有效衔接。驾培监管体系进一步健全，驾培企业实行规模经营，强化教员资格管理，完善教学条件，改革培训方式，创新培训手段，培训质量明显提高，驾驶员的安全意识和驾驶技能得到有效加强。

【客货站场建设】 2011年，投资总金额457万元，在22个乡镇(街道)，建设60个农村物流配送站点，营业面积达5225平方米，建立农村客货营运网络，提高农民出行质量、加速货物流通。至2012年年底，全县共建成14个农村客货运一体站、70个港湾式停靠站、60个农村货运网络配送站、占地面积32115.55平方米，建筑面积10897.82平方米，有停车场12966平方米。实现“路、站、运”一体化发展，农村客运站的站容、站貌明显改观。

运输服务企业

【客运企业】 2012年年末，县汽车长途运输公司。占地面积11067.43平方米，建筑面积3189.98平方米。现有职工112人，其中专业技术人员20人。经营客运班线26条，营运客车63辆，其中高级客车22辆。2011—2012年客运发车4.51万班次，运送旅客80.01万人次，集道路旅客运输、城市(城乡)公交、旅游包车、汽车维修、汽车加油、汽车驾培、客运快件和旅游服务综合性国有三级客运企业。

县汇丰汽车有限公司。现有职工91人，拥有客运车辆49辆665座，客运班车42辆631座，客运班线18条，日发车98班次，客运量130万人次。

县联运出租车公司。有42辆出租车中，有桑塔纳轿车21辆、捷达牌轿车5辆、起亚远舰轿车3辆，排量1.9L以下的小车11辆。出租车主要对景宁城乡经营和对城市公交运力不足的补充。

【城市公交】 县公交有限公司，于2012年2月8日注册成立，12月25日，在人民广场举行县城东环线、西环线的城市公交线路开通仪式。15辆公交车投入营运，开通公交线路5条，根据城市发展状况，整合资源，优化调整公交线路，加大部分线路车辆发车密度，缩短行车间隔。加快公交站场建设、公交车辆更新、公交站亭改造，服务城乡百姓。

【货运物流企业】 全县有货运物流企业4家、危货企业1家，共有营运货车507辆，2272个吨位；年货运量达108万吨，货物周转量达1.16万吨/千米。

(张云波　潘　洁)

邮政　通信

邮　　政

【概况】 2012年年末，景宁邮政从业人员92人，(其中合同用工39人，派遣制员工53人)，退休、退养职工35人。内设综合办公室及市场运营部两个管理部门，下设5个班组、3个县城代办网点和3个农村支局。全县邮路总数25条，无自办汽车邮路，委办汽车邮路10条，里程1420千米；其他邮路99条，邮路里程1650千米；农村投递段长度(单程)33千米，城市投递长度(单程)28千米，摩托车邮路13条。邮政业务主要包括函件、包裹、报刊、集邮、代理和信息业务等。

2011—2012年，县邮政局坚持以“服务地方经济，奉献社会公众”为宗旨，认真贯彻落实省邮政公司党组提出的“一引三转”总体工作思路，打好“五张牌”，积极培育“以信为本，韧者常青”企业文化，加快邮政普遍服务项目建设，加大邮政服务三农力度，推进景宁邮政转型发展和各项业务健康发展。2011年，累计完成业务收入921.25万元，上缴税收15.95万元。完成年计划收入的105.05%，同比增长15.94%；全面完成收支差额计划。2012年，实现邮政业务总收入1031.78万元，完成计划的101.45%，同比增长12%；上缴税收22.19万元。职工收益显著提高。2011年，景宁县邮政局林柳娟被评为县级“优秀共青团员”，梅益民被团县委授予“志愿之星”，投递员雷振祯被评为丽水市十佳“闪光言行之星”。2008——2012年连续四年被评为“景宁畲族自治县优秀共产党员”；2012年，县邮政局连续第七年被评为丽水市级“创安”先进单位，省级“治安安全示范单位”荣誉称号。

【普遍服务项目建设】 2011—2012年，全力推进全县邮政普遍公共服务体系建设。2012年年末，全县补建空白乡镇邮政局所17家，村邮站254个(后调整为99个)，更新改造住宅区信报箱12066个。基本形成覆盖城乡、

2012年10月9日梧桐乡邮政局建成运行

惠及全民、水平适度、可持续发展的邮政普遍公共服务体系。2012年10月9日，全县村邮站及空白乡镇局所建成并投入运营启动仪式在梧桐乡隆重举行，提前2个月完成全县99个村邮站项目建设目标，其中信息化村邮站44个，服务范围覆盖全县254个行政村。2012年10—12月，举办了八期村邮员培训班，全县村邮员全部完成了上岗培训课程。

【金融服务农村工作】 2012年，抽调金融业务和网点工作人员开展“走村入户”涉农存折发放及邮政业务宣传活动。并在13个乡镇街道悬挂横幅80余条、发放宣传资料2万余份、举办金融理财知识宣讲会近百场，广泛开展国债知识、理财观念、假币辨识、防电话诈骗等金融知识宣传活动。与县邮储银行合力做好“银行卡助农取款服务”项目工作，为13个乡镇发放助农邮政储蓄绿卡14163张，累计代发各类政府助农直补资金8207.1万元，解决了乡村居民小额提现难的问题。

【新型便民邮政报刊亭建设】 2011—2012年，县邮政局为加快报刊亭信息化建设，丰富报刊品种，规范报刊亭经营，搭建便民信息平台。2012年，开始对全县3个报刊亭进行升级改造，配备电脑、LED显示屏等新型信息化邮政报刊亭设施。这些新型信息化邮政报刊亭兼具“信息亭、书报亭”两合一功能。每天24小时通过亭楣LED显示屏实时播放与老百姓密切相关的社会、文化、生活信息。实时销售数十种书报、话费充值，代缴电费，代售长途汽车票等，成为服务百姓的综合性平台。

【机制创新】 2011—2012年，先后制定出台《景宁县邮政局企业内控制定改革方案》，积极推进基层单位损益核算系统深化应用，完善邮政车辆安全运行与燃油消耗管理等基层单位成本管控制度，全面推行合同管理网上审批、工时管理系统。确保系统数据准确性和完整性。是年，完成人民路支行、城中所、英川支局的基础设施升级改造工作，开设多个人工服务窗口，开设个人现金业务区、客户服务区（个人理财区）、24小时自助银行服务区的全功能营业网点，安装CRS存取款一体机、密码防窥器等先进电子设备，大大提升了网点综合服务能力。

【全面代售长途汽车票】 2011年12月15日，景宁县邮政局全省汽车票联网销售系统正式上线，全面实现全省汽车票联网销售。这是景宁邮政借助信息化手段便民服务理念有效实践，为老百姓提供现代服务的新举措，为出行的百姓，特别是偏远山区的群众，提供了一个就地购买长途汽车客票的平台。

【活动及关怀】 2012年6月1日，“小包裹大爱心”半月选读杂志社爱心包裹捐赠仪式在县民族小学隆重举行，爱心捐赠12万元，惠泽景宁县民族小学的1200名小学生。中国邮政集团公司张荣林副总经理、国家新闻出版总署半月选读杂志社监思思社长、浙江省邮政公司鞠勇总经理、省新闻出版局、市邮政局及景宁县领导共同出席了捐赠仪式。

（王　婷）

电　信

【概况】 中国电信股份有限公司景宁分公司（以下简称景宁分公司），2012年年末拥有员工101人，经营网点5个，固定电话（小灵通）、移动电话及宽带用户32736万户。2011—2012年，景宁分公司全体员工精诚团结，以抓移动突破、宽带跨越、存量保有，用户维系为经营主线，较好地完成了省、市公司下达的各项任务。2011年，完成经营业务收入2015万元（其中固网业务收入1550万元、C网业务收入431万元），上缴税收62万元。新增C网用户6672户，净增2955户。新增宽带用户2052户，净增522户。3G基站信号覆盖50.79%。

2012年,完成经营业务收入2109万元(其中固网业务收入1540万元、C网业务收入533万元),上缴税收61万元。新增C网用户6120户,净增526户,累计用户14269户。新增宽带用户2212户,净增939户,累计用户8705户。3G基站信号覆盖率59.45%。

【ICT项目建设】 2011年上半年,完成了社会治安动态视频监控系统二期工程建设和终验;同年10月2日,前后端联动,将政务机房设备搬迁到电信机房,确保了政务网络畅通。2012年完成县政府新大楼应急视频会议系统和县教育系统41个点的视频监控项目及农民创业园等7个单位的74个监控点建设,新增县文化新闻出版局、澄照农民创业园、三川水电站等8家单位的网络卫士安装。外勤助手在县公安局进行试用。

【华为RSA远端模块分组交换设备退网】 2012年12月30日,随着县城英川移民小区机房最后一批用户的通信割接和机房的下电关闭,建于2001年的华为RSA远端模块,容量为768线的分组交换设备退网,FTTH(光纤)进户。

【社会渠道销售网点建设】 2012年,为拓展业务渠道,扩大社会销售网络,根据上级公司强渠建设要求,结合景宁实际,发展销售网点,年末公司中心营业厅的卖场化完成改造。营业厅中心厅代理商核心门店、汉荣、数码科技、中域电讯、大树脑手机大卖场及11家电脑店门店、3家主要家电城门店的代销业务签约,开展代理业务。

(叶一清)

移　动

【概况】 中国移动通信集团浙江有限公司景宁分公司(以下简称景宁移动分公司)有营业网点4个,社会渠道合作网点21家,员工85人,平均年龄29岁,大专以上文化程度占85%,设市场部、综合部、网络部、政企部。公司秉承“正德厚生,臻于至善”的核心价值观,致力业务发展,开拓市场。截至2011年年底,景宁移动分公司累计通话用户9.48万户,日均通话占比90.15%,全年实现运营收入4759.91万元,上缴营业税132.92万元。2012年年末,累计通话用户9.54万户,日均通话占比90.2%。全年实现运营收入4906.73万元上缴营业税161.66万元。两年,景宁移动分公司获“市级终端销售管理劳动竞赛”第一名、“市级终端销售管理组织奖”“市级终端销售管理劳动竞赛最佳创意奖”“中国移动浙江公司创先争优服务标兵”“中国移动省级为民服务先进窗口单位”等荣誉。

【基站建设】 2011—2012年,全县新增基站58座,累计GSM基站207个,TD基站70个,其中与GSM共站址的基站65个。GSM载频数量达到868个,其中,GSM1800载频数量62个,WLANAP数59个。TD—LTE试验网基站28个,TD—LTE实验网载频数72个,实现了网络无缝隙覆盖。

【窗口服务】 2011—2012年,景宁移动分公司坚持以“便捷服务、满意100”为宗旨,为社会提供综合、便利、有特色的通信服务。大力推行服务监督,强化窗口服务形象,加强督促、检查。落实投诉服务工作,明确工职责、优化业务流程,解决投诉难点问题,提升服务水平。做好客户服务对接工作,对用户进行细分,实行一对一服务,建立24小时不间断服务绿色通道,推行人性化、真情化服务内容,加强客户咨询及投诉处理,投诉回复率和处理及时率达到100%,服务质量得到显著提高。

【企业管理】 2011—2012年,景宁移动分公司按照省公司提出的“执行年”工作要求,完善“两个目录”和标准化建设工作,加强以责任体系为核心的“五大体系”建设,理顺工作关系,夯实工作基础。加大检查、考核、奖罚力度，加强财务预算管理，完善激励、考核制度。2012年，以创新管理作为提高企业经营效益的重要保障，并按照现代企业管理要求，实行民主管理，突出抓好“两会一研”（经理办公会，经营活动分析会，定期深入营业一线和客户群中调查研究）。加大员工轮岗力度，激活员工工作动力。强化项目标管理，提高企业管理水平，推进企业健康发展。

【队伍建设】 景宁移动分公司针对自有营业渠道建设突出知识化、专业化、能打硬仗的特点，通过对员工队伍的爱国守法，明礼诚信，团结友善，勤俭自强，敬业奉献的公民道德教育和企业文化教育以及“做信息社会栋梁、创无限通信世界”的目标教育，进一步完善经营联产，实现奖勤罚懒和末位淘汰制，稳定和优化员工队伍。同时，对社会营销渠道营销网点、乡镇代理以及村级信息服务站人员进行职业道德教育，调动销售的积极性，规范营销行为，提高服务水平，职工素质明显提高。

【“中国畲乡三月三”通信服务】 2011—2012年，在“中国畲乡三月三”期间，为确保活动期间会场移动用户通信顺畅，景宁移动分公司网络维护人员提前完成10多个小区的扩容工作，增加了60个载频，并调配了2辆应急车在活动现场做好准备，为“中央电视台‘激情广场’走进景宁大型歌舞演出”“千人押加大赛”等活动做好移动通信服务工作。

（刘园园）

联 通

【概况】 中国联合网络通信有限景宁县分公司（以下简称景宁县分公司）是丽水市分公司在景宁的分支机构，2012年年底有员工29人，分公司内设综合部，集团客户部，营销部等5个部门，1个中心，2家营业厅和63家社会代理门店。主要负责联通公司在景宁县2G、3G、固网等业务经营，承担网络建设和支撑、渠道建设和服务、用户拓展和维系等工作。全体员工以“践行使命、创优服务、致力和谐”的理念，为用户提供最优质的服务，2012年2月获得“市级文明单位”。

2011—2012年景宁县分公司共投资近千万元用于基站建设和小区宽带固话接入工程，新建基站16个，2012年年末达到98个，通信管道10千米，联通信号覆盖了每个乡镇，3G信号覆盖了公路沿线和主要风景区，宽带覆盖了主城区及周边主要村庄，联通用户数2万余。2011年，营业收入559万元，上缴税收16万元；2012年，营业收606万元，上缴税收17万元。

2011—2012年，景宁县分公司将职业道德作为绩效考核、奖惩的重要内容。相继出台《景宁县联通公司职业道德守则》《首问责任制》《晨会制度》《销售服务经理考核制度》《营业员考核制度》《客户经理考核制度》。增强职工服务意识，规范员工行为。同时，开展“服务社会、服务用户、服务基层”等系列活动。加强企业内部管理，提高服务水平。

2011—2012年，景宁县分公司组织职工捐款2万元。2011年，兄弟分公司一名员工身患白血病，难以承受高昂的治疗费，公司为职工慷慨解难一次捐款0.8万元。

住建　环保

住　建

·城乡规划·

【概况】 2011—2012年，完成县域总体规划中期评估、大城区规划等县域规划编制。编制完善了中心城区城南区块、城西区块、城东区块、澄照农民创业园、外舍区块控制性详细规划。完成外舍新区文化策划和城市设计、外舍对面山体概念设计、双坑口方案设计及城区燃气专项规划，实现了鹤溪老城、外舍新城、澄照副城规划全覆盖。完成沙湾镇和东坑镇控制性详细规划，大漈乡、大均乡总体规划，完成26个“美丽乡村·魅力畲寨”、32个中心村、9个规划保留村规划，完成172个村的村庄规划县审工作。

严格执行中华人民共和国城乡规划法，规范规划审批程序，推行阳光规划运行机制，个人建房实行批前公示，政府投资项目实行批后现场公示。全县两年办理建设项目选址意见书76份，涉及建设用地面积327.8公顷；核发建设工程用地规划许可证470本，批准建设用地面积273.8公顷；核发建设工程规划许可证91本，批准建筑面积64.3万平方米；建设工程竣工规划核实项目83个，建筑面积19.3万平方米；核发乡村规划许可证61本，批准建筑面积1.8万平方米。建设项目“一书两证”（建设项目选址意见书、建设项目用地规划许可证、建设工程规划许可证）办理率100%。

·城乡建设·

【概况】 2011—2012年，完成城市基础设施建设项目投资3.29亿元（其中2011年1.7亿元，2012年1.59亿元）。2011年，实施鹤溪南路延伸、环城东路北段延伸等续建项目8个，开工建设凤凰大道（规划名）、入城景观公园、茶山公园、规划展览馆等项目20个（其中，粮食仓库停车场、老年活动场所等临时交办项目10个）；2012年，新开工项目9个，开展污水处理厂二期、垃圾填埋场二期等重大项目前期工作8个。两年新增桥梁2座，道路1440米、面积3.3万平方米、园林绿地1.06公顷。至2012年年底，县城有桥梁8座，道路总长度44.9千米，面积63.4万平方米，人均道路面积11.74平方米。道路照明灯3650盏，安装路灯的道路长42千米。绿化覆盖面积97公顷，园林绿地面积88公顷，公园面积60公顷。建成区绿化覆盖率26.52%，绿地率24.03%，人均公园绿地面积11.11平方米。县城建成区面积扩展到3.62平方千米。

全县实施新田、东畔等9个旧村改造；三石、忠溪等11个中心村建设；周湖、李宝等11个美丽乡村·魅力畲寨建设，其中东坑镇马坑村被浙江省美丽宜居村建设领导小组办公室确定为“2012年度农房改造建设示范村”。两年全县乡、镇、村新建房屋建筑面积23.5万平方米。

【规划展览馆】 2011年7月，动工兴建景宁畲族自治县规划展览馆，工程占地5789平方米，建筑面积4953平方米，概算总投资2455万元，至2012年年底完成投资2000万元，占总投资的81.5%。

【永定桥】 连接环城南路和浮垃路，T型铃板桥，长80米，宽20米，概算总投资1600万元，2011年，2月动工，至年底完成投资1070万元，占总投资的66.8%。主体工程完工通车，桥廊等景观小品在设计中。

【凤凰桥】 连接凤凰大道和环城西路，T型铃板桥，长95米，宽32米。2011年3月动工，2012年年底主体工程建成通车，总投资890万元。桥廊等景观小品在设计中。

【森林城市公园创建工程】 包含入城景观公园和位于城南区块的茶山公园。其中，入城景观公园32公顷，茶山公园7.25公顷，园中建设景观塔、游步道、亮化、小品等设施。项目计划总投资5600万元，2011年动工，至2012年年底累计完成投资2175万元，占总投资的38.8%。

【鹤溪中路立面改造工程】 鹤溪中路府前路至复兴路500米路段路面改造、人行道铺装、绿化、电缆及管线改造整治，沿街10幢建筑立面改造装修，其中广播电视大楼正立面装饰花岗岩浮雕40平方米。由浙江大业建设有限公司承建，金华永安建设监理公司监理。2011年7月动工，2012年12月完工，中标价980万元，决算价在审计中。

【房屋征迁和安置房建设】 2011年3月，县城环城东路、人民北路道路拓宽工程拆迁项目全面完成。拆迁范围东至后山脚、南至环城东路北段路边、西至原外舍老公路外侧、北至鸭卵坑。动迁187户，征迁建筑面积2.23万平方米，总投资4800万元。实行异地安置110户，建筑面积5.13万平方米，货币安置1户，产权置换76户，建筑面积0.84万平方米。2011年在城南区块建成产权置换安置房1.14万平方米；2012年，在城北区块建成产权置换安置房0.82万平方米。农民异地安置自建房在建设中。

【地下空间开发利用】 2011年起，住房和城乡建设局坚持地下规划与地上规划相结合、适度超前与量力而行相统一，通过编制地下空间开发利用规划，把好规划图审关等措施，鼓励、引导城区新建项目有序开发利用地下空间，由点及面推动城市地下空间有序开发。至2012年年底，城区已完工和在建项目的地下空间开发利用面积已达10.8万平方米。

·公用事业·

【城市供水】 县城供水管网改造工程，2011年年底全部完成，至2012年年底县供排水公司供水能力2万吨/日；县城供水管道长75.37千米；建成区供水管道密度20.82千米/平方千米；用水户数9680户，用水普及率100%，全年供水333万吨。

【城市排水及污水处理】 2012年年末，县城排水管道长度52.5千米，其中污水管道25.5千米，雨水管道24千米，雨污合流管道3千米，建成区排水管道密度14.5千米/平方千米。年污水排放量249.75万吨，有日处理0.5万吨污水处理厂1座，年处理污水182万吨，处置干污泥198吨，削减COD300吨。

【环境卫生】 2011—2012年，县城实现城市卫生管理精细化、标准化、规范化。主要街道、重点地段增加作业频次和清扫保洁密度，主要路段采用夜间冲刷、机械清扫、白天喷雾降尘的作业模式。接入(公安)86路视频资源，设立环卫网络视频监控平台，提高环境卫生监控效率。两年清运垃圾5.93万吨，处理粪便0.26万吨，清扫保洁道路面积

2011年75万平方米;2012年77万平方米。至2012年年底,县城建成日处理垃圾100吨填埋场1座,垃圾转运站8座,公厕20座(三类以上4座),配备市容环卫专用车辆33辆。2011年,县环卫所被评为"浙江省城市市容环境卫生工作先进集体",环卫所职工余赞洪获得全国总工会"五一劳动奖章"。

·城市管理·

【概况】 县城建监察大队加强市容市貌监管,严厉查处违法违章建筑。2011年—2012年查处违章建筑415宗,其中有效制止261宗,责令整改54宗;当场拆除新违章建筑73宗,面积2931平方米;拆除历史遗留违章建筑54宗,面积5755.65平方米。配合国土及相关部门拆违29次。两年,共纠正、查处市容违章行为10994起,有效疏导流动摊点23148起,发放市容环境整治通知书2500份,处理数字城管派单7568次。

通过调查研究和考察,拟订《景宁畲族自治县城区停车秩序整治建议方案》和《景宁畲族自治县主要街道咪表停车收费方案》,2012年11月经县人民政府办公室批准实施。2012年,在府前东路南原粮食仓库建设停车场,增加停车位48个,建成公共停车场2个,停车位809个,街道交通秩序明显改善。

城镇公园绿地、树木花卉的养护管理推行市场化运作方式,城区主要节点两年摆放花卉12万余盆,种植苗木2100余株。征收绿化补偿费18万元,查处破坏绿化事件7起,收取赔偿金6.5万元。

·建筑业·

【概况】 2012年年底,全县有10家建筑施工企业,其中浙江景昌建设有限公司属水利水电工程施工总承包二级企业,其余企业均为三级资质。两年房屋建筑施工面积96.06万平方米,其中2011年28.6万平方米,2012年67.4万平方米,比上年增长135%。房屋竣工面积29.2万平方米,其中2011年12.2万平方米、2012年17万平方米,比上年增长39%。实现建筑业产值8.02亿元,其中2011年4.001亿元、2012年4.0194亿元,分别比上年增长26.1%和0.4%。

2011—2012,全县范围在建工程95个,其中新开工(办理施工许可证)项目79个,办理施工、监理、设计合同备案84份。完成建造师注册23人,培训考核、申报建筑企业负责人、项目经理、安全员三类人员124人次,培训建筑企业职工410人次。

通过安全生产例会、安全检查、安全宣传教育,对违规行为责令整改和计分处罚等手段,加强施工安全生产监督管理。两年开展安全检查8次,发出整改通知单283份、停工整改通知单8份,给违规企业及个人计分137次、不良行为记录9人次。在建项目123个,创市"九龙杯"建筑安全文明施工标准化工地1个,县级安全文明标准化工地1个,平安工地66个,考核范围内未发生重大事故。

建筑市场健康有序,凡符合要求的项目一律实行公开招标确定施工(设计、监理)单位。两年招标监督项目170个,其中施工项目招标140个,监理项目招标22个,设计项目招标8个,施工招标率100%。

两年,新登记受监工程项目73个,工程总造价9.7亿元,其中房屋建筑工程项目50个,建筑面积46.6万平方米,工程造价8.8亿元;市政公用工程项目23个,工程造价0.91亿元。出具工程竣工验收质量监督报告项目34个,其中房屋建筑工程16个,建筑面积15.7万平方米,造价1.55亿元;市政公用工程项目18个,造价1.07亿元。组织工程质量检查2次,发现存在项目管理人员不到位,现场管理混乱,建筑工程材料未按规范要求进行进场复试等情况。对工程使用材料进行抽检，对施工、监理单位人员不到位及违反工程建设强制性标准的个人及企业，按《丽水市建筑业类企业及从业人员违规记分管理办法》进行记分处理，上报违规记分单位人员29人次。签发工程质量整改通知书256份，局部停工通知书1份。考核范围内无三级及以上工程质量事故发生。

·房地产业·

【概况】 2011—2012年，景宁县内登记在册的房地产开发企业只有金园丽景房地产开发有限公司一家（暂定开发资质企业）。县外在景投资开发企业2家，在建商品房楼盘4个，两年，完成房地产开发投资5.3亿元。其中2011年3.08亿元，比上年增长210%，2012年2.22亿元，比上年下降27.9%。商品房预售合同备案登记741件，面积8.7万平方米，实际销售面积58232平方米，其中2012年8010平方米，比上年下降526%。销售额36200万元，实现产值22395万元。其中2011年10951万元，2012年11444万元，分别比上年增长20%和4.5%。

全县办理二手房交易930宗，面积12.52万平方米，交易额4.66亿元，二手住房年平均交易价2011年3470元/平方米，2012年3928元/平方米。

2011年，完成白蚁防治面积10.05万平方米，防治率97%。2012年，完成白蚁防治面积49.45万平方米，防治率98%。

2012年年末，登记在册的物业管理企业有景宁富安物业管理有限公司、景宁群力电力物业管理有限公司两家三级资质企业。都未对外开展业务经营活动。县城已建成的居住小区仅有正达阳光城小区采取全封闭物业管理，管理该小区物业的是丽水市正达物业管理有限公司，收费标准为多层每平方米0.58元/月，高层0.8元/月，商铺0.8元/月，车库10元/个/月。

【金园丽景小区】 位于人民南路西侧，东至人民南路、南至民族路、西至鹤溪南路、北至宝石路。2010年，由景宁金园房地产有限公司开发建设。占地7.42公顷，开发商住楼41幢，商品房872套。建筑面积11.87万平方米。2012年年底尚在续建中。

【鑫景商城小区】 位于人民南路西侧，东至人民南路、南至县小、西至鹤溪路、北至市场路，2010年，由福建省鑫城房地产有限公司开发建设。占地3.08公顷，开发商品房112套，商铺322间，建筑面积3.98万平方米。2012年年底尚在续建中。

【景融时代广场】 位于环城北路以北地块，项目占地2.36公顷，建筑面积4.5万平方米，概算总投资4.6亿元，由北京诚融通置业有限公司景宁分公司开发建设，2012年10动工。

·住房保障·

【概况】 2011年，投资950万元建成廉租住房120套，面积0.6万平方米。投资3940万元建成一期公共租赁房160套，面积0.95万平方米。2012年，开工建设二期公共租赁房192套，面积1.17万平方米，概算总投资4000万元，至年底完成投资720万元。占总投资的18%。2012年，安排120户城镇住房困难家庭入住廉租房，给21户城镇住房困难家庭发放住房租赁补贴42480元。

【住房分配货币化政策出台】 2012年12月，县人民政府下发《景宁畲族自治县行政事业单位干部职工住房分配货币化实施办法》（景政发〔2012〕43号）文件，县住房和城乡建设局下发《景宁畲族自治县2012年关于发放行政事业单位退休人员住房补贴的通知》（景建〔2012〕107号）文件。根据以上文件规定，全县核定首批符合发放住房补贴条件对象312户，应发放住房补贴资金800万元。自此，景宁畲族自治县干部职工住房分配货币化开始启动实施。

·测绘和地理信息工作·

【概况】 2011—2012年，全县基础测绘总投入600万元，完成县城、大漈、大均乡李宝村、澄照乡张山后村、鹤溪镇老余山村、外舍新区、梧桐乡等村镇1:500数字地形图测绘与更新18平方千米，完成21个乡镇所在地及旧城拆迁安置小区、澄照、渤海、九龙移民安置点的地籍测量任务，测绘面积25.7平方千米；完成小溪流域河道划界（景宁段）等水利工程测量任务。2011年12月，完成《景宁畲族自治县“十二五”基础测绘发展规划》制订工作。

2012年，完成大地基准网建设项目，总投资60.44万元，其中省测绘与地理信息局支持40.44万元，建成GPS平面控制网D级点35个、E级点97个，建立坐标系转换关系21套、1:500地形图54和80坐标系转换为2000坐标系60平方千米。

景宁境内有永久性测量标志41个点，就近聘请测量标志管理员，按年发给管理津贴，承担管理任务，接受主管部门指导，各点保护完好。

【景宁畲族自治县测绘与地理信息局挂牌】 2012年1月，县人民政府办公室（景政办发〔2012〕4号）文批准县住房和城乡建设局挂景宁畲族自治县测绘与地理信息局牌子。

【新农村地理信息服务项目获奖】 2008年7月开始，2010年8月通过验收的景宁畲族自治县新农村建设测绘保障服务示范项目，获中国测绘学会2011年度优秀测绘工程金奖。

（李光华）

环境保护

【概况】 县环保局紧紧围绕生态县创建主线，以污染减排、污染整治、环境执法、环境监测、项目管理等工作为重点，全县环保工作取得明显成效。两年立案查处企业19家，罚没款明察暗访2011年23万元、明察暗访2012年31.89万元；征收排污费明察暗访2011年53.03万元、明察暗访2012年51.8万元；争取省级环保专项资金补助明察暗访2011年716.87万元、明察暗访2012年378.04万元。生态环境状况指数明察暗访2011年位居全省第3位、明察暗访2012年第7位。2012年7月，县城饮用水源水质自动监测站投入运行，交接断面水质经省监测站评定，考核结果为优。生态文明评价指标体系公众满意度2011位居全省第6位、2012年第3位。

【环境质量】 2011年，空气质量达到一级和二级的天数分别为89天和265天，空气质量良好率为96.98%。地表水环境质量常规监测断面7个，其中鹤溪镇下游、外舍断面为Ⅲ类功能区，其余5个断面为Ⅱ类功能区，全年监测6期，结果均满足功能区要求。县城区域噪声平均为52.09分贝。监测降水106次，检出酸雨样品2个，占总量的1.9%。通过省环境监测站的飞行考核和省技术监督局开展的总磷和六价铬项目能力验证。

2012年，空气质量达到一级和二级的天数分别为160天和201天，空气质量良好率为98.63%。7个监测断面地表水环境质量常规监测12期，结果均满足功能区要求。监测降水145次，检出酸雨样品3个，占总量的2.10%。县城区域噪声平均为52.09分贝。

【主要污染物减排和控制】 2011—2012年，根据国家“十二五”规划纲要，景宁畲族自治县人民政府印发了《景宁县“十二五”主要污染物总量控制规划》及各年度总量减排计划，减排约束性指标在“十一五”时期化学需氧量（COD）、二氧化硫（SO_2）的基础上增加两项，即氨氮（NH_3—N）、氮氧化物（NO_X）；减排领域在工业、生活的基础上拓展至农业、交通（机动车氮氧化物）。两年经国家、省总量减排核查组核查认可21个减排项目，总计认可减排量：化学需氧量减排193.49吨、氨氮24.49吨、二氧化硫56.6吨、氮氧化物7.56吨。其主要减排措施：一是完成东坑镇、沙湾镇等农村生活污水处理及污水收集管网配套设施工程建设，减少化学需氧量减排74.89吨、氨氮减排13.98吨；二是淘汰关停景宁诚大包装材料厂、景宁兴海铸造有限公司等落后产能污染企业，调整造纸、金属冶炼、阀门铸造等产业结构，减少化学需氧量减排90.27吨、氨氮减排1.04吨、二氧化硫减排56.6吨、氮氧化物减排7.56吨；三是完成景宁生源良种养殖场、畲乡养殖场、旺山生态养殖场、东畔养猪专业合作社等四家畜禽养殖污染治理，减少化学需氧量减排28.33吨、氨氮减排9.47吨。2011—2012年景宁县化学需氧量(COD)累计净削减60.75吨，累计净削减率3.18%；氨氮(NH_3—N)累计净削减8.69吨，累计净削减率4.01%；二氧化硫(SO_2)累计净削减22.21吨，累计净削减率5.11%；氮氧化物(NO_X)累计净削减3.86吨，累计净削减率0.96%。经市减排办核查，两年均达到年度减排目标要求。

景宁畲族自治县“十二五”期间主要污染物排放量削减情况表

表4　　单位：吨

名称	2010年	2011年				2012年			
	排放量	排放量	净削减量	累计净削减率	减排项目	排放量	净削减量	累计净削减率	减排项目
化学需氧量	1912.677	1874.43	38.25	2.00%	造纸业和畜禽养殖业	1851.93	22.5	3.18%	造纸业、阀门制造业、乡镇污水处理工程、畜禽养殖业
氨氮	216.821	212.92	3.9	1.80%	造纸业和畜禽养殖业	208.13	4.79	4.01%	造纸业、乡镇污水处理工程、畜禽养殖业
二氧化硫	434.84	416.79	18.05	4.15%	造纸业和铸造业	412.63	4.16	5.11%	—
氮氧化物	400	396.93	3.07	0.77%	造纸业和铸造业	396.14	0.79	0.96%	—

【饮用水源保护】 2012年，县环保局制定了《集中式饮用水源地污染综合整治工作方案》和《清洁水源行动方案》并组织实施。是年7月，县城饮用水源水质自动监测站投入运行，运行后全天候自动监测水质，可随时查询水源地水质状况，实现预警信息直接发送，为及时发现和处理饮用水源突发污染事故，确保饮用水安全提供技术信息支撑。

2012年7月县城饮用水源水质自动检测站投入运行

【环境执法】 2011年，重点开展重金属排放企业、危险废物重点企业、电器大卖场的CFC—11专项检查。全年共出动环境监察人员420次，现场检查企业家数120家，立案查处企业10家，取缔关停企业2家。共受理各类信访与举报、投诉案件62件，其中市转及县长信箱13件，接待群众来访80人次，办结率达100%。2012年出动环境监察人员419人次，现场检查企业171家，立案查处企业7家，其中限期整改1家。受理各类信访与举报、投诉案件61件，其中省转、市转各1件，县长信箱13件，接待群众来访90人次，办结率达100%。

【成功处置盐酸泄漏污染事故】 2011年7月13日，在228省道云寿线52公里150米处，一辆载有约20吨盐酸，浓度在20～30度间的槽罐车与小车相撞，导致侧翻，有少量盐酸因槽罐车罐体阀门松动而泄漏，小车上有2人轻微受伤。事故地点附近无村庄，距往寿宁方向最近的白鹤村尚有6公里左右，距往云和方向最近的北溪村有约4.5公里，事故地点周边水体无饮用水源。环境监察人员及时调配石灰、片碱等应急物资对泄漏的盐酸进行中和处理，并对事故地点路基下方的河流进行合理布点实时监测水质变化情况。此次盐酸泄漏未对当地环境造成影响。

【项目审批】 2011—2012年，严格执行专家评价和公众评价（公众调查）相结合的项目环保评价机制。2011年，审批项目37个，其中报告书项目1个，报告表项目22个，登记表项目14个。全年建成项目14个，验收项目15个（往年1个），当年项目验收率100%。全年6个初审项目和2个审批项目实行专家评价，2个审批项目实行了公众评价，组织了外舍王金洋工业园区规划环境评估。2012年，共审批项目56个，完成建设项目“三同时”验收3家，没有出现越权审批等审批失误现象。

【垃圾集中收集处理】 为巩固省级生态县建设成果，2011年6月1日全面启动全县农村垃圾收集清运工作。实行农村生活垃圾收集清运月考核制度，考核结果按均值纳入乡镇年度综合考核中。农村垃圾收集清运工作，采用公司化运作方式，按照县、乡镇、村、农户四级联动，逐步形成“户集、村收、乡运、县处理”的农村垃圾集中处理长效运作机制，实现城乡垃圾处理一体化。

全县21个乡镇管理区(梅岐乡另行处置),分为6个垃圾收集片区,由6家保洁公司承包。实行垃圾收集清运的行政村2011年有231个,2012年有238个。分别占全县行政村数的91%和95%。

2011年7月28日全县垃圾一体化工作现场会召开

【省级生态县创建】 2011年,积极开展省级生态县创建工作。是年6月29日,景宁畲族自治县《生态县建设规划(修编)》发布实施。县委县政府制定出台了《景宁县"811"生态文明建设推进行动方案》(景委办〔2011〕0053号),将工作任务以目标责任书的形式落实到各单位。在全县开展"清洁空气、清洁水源、清洁土壤"三个专项行动。将生态县创建工作列入部门、乡镇目标管理综合考核内容,并实行"一票否决"。大力开展生态文明宣传。2011年,将6月定为"环保宣传月",先后举办"6·5"世界环境日·专题文艺演出、浙江省首个"东坑镇第三届'环保杯'生态土鸡、鸡王、鸡后评选大赛""第二届大漈高山冷水茭白节""景宁中小学生环保征文大赛"等活动,发放新编印的《环保小知识宣传手册》5000册、绿色环保袋2000只,在城区主要街道悬挂环保宣传标语20条,制作宣传板块6块。是年,投入260余万元,扶持雁溪村、梧桐村、七里村等14个重点村生态文明建设;安排省特扶专项资金900万元,在澄照乡三石村建设首个年处理2万吨的畜禽粪便有机肥加工中心、扶持220个生态养殖专业户(场)排污设施建设。景宁洁净钢管有限公司能源综合利用改造项目被列入浙江省2011年发展循环经济"991行动计划"重点扶持项目,总投资800多万元的。同年,景宁望东垟高山湿地自然保护区被浙江生态省建设工作领导小组办公室和浙江省环境保护厅列入第一批浙江省生态文明教育基地名单;东坑镇、东坑镇深垟村分别申报国家级生态镇、生态村。全县累计建成市级生态村108个、县级生态村88个。2011年10月,景宁畲族自治县被浙江省人民政府命名为第四批"省级生态县"(浙政发〔2011〕78号)。

2012年,继续开展生态文明建设,巩固省级生态县创建成果。集中开展了"低碳生活,绿色出行""学生绘环保"绘画大赛、公益广告宣传等系列宣传活动。是年,景宁中学被浙江生态省建设工作领导小组办公室和浙江省环境保护厅列入第二批浙江省生态文明教育基地名单。同年9月19日,景宁畲族自治县长途汽车运输有限公司加油站油气回收治理项目通过验收。自2012年起,以不锈钢管行业为主的工业危险废物、污泥,全部依法转移温州中金岭南环保有限公司处置。

(杨金娟)

国土资源

综　述

【概　况】 县国土资源局的前身是县土地管理局，成立于1988年2月，内设一室四股，即办公室（财务秘书股）、建设用地管理股、地籍管理股、地政管理股、资源开发股，核定编制20人。2001年，根据机构改革精神，撤销县土地管理局和县地质矿产办公室，组建县国土资源局。2004年，按照中央的要求，省以下国土资源主管部门实行垂直管理，县国土资源局由原来的县政府组成部门改为县政府的工作部门，人员编制及财政仍属地方政府管理。

局党组改建局党委，局纪检组改建局纪委。2009年基层国土所由自收自支事业单位改为参照公务员管理。2012年，局属事业单位监察大队和土地储备中心确定为高配副科级单位。至2012年年底，内设6个行政科室、7个直属事业单位和5个基层国土所，核定编制68人。

土地管理

【土地资源】 全县土地总面积193883.69公顷。其中，耕地面积17669.77公顷，占全县总面积的9.11%；园地面积2590.13公顷，占全县总面积的1.34%；林地面积158723.37公顷，占全县总面积81.87%；草地面积1823.51公顷，占全县总面积的0.94%；城镇村及工矿用地1875.17公顷，占全县总面积的0.97%；交通运输用地1174.98公顷，占全县总面积的0.61%；水域及水利设施用地5432.35公顷，占全县总面积2.8%。

【土地利用规划】《景宁畲族自治县土地利用总体规划（2006—2020年）》于2010年获得省人民政府批准，2011年完成了《中心城区土地利用总体规划（2006—2020年）》及乡镇土地利用总体规划修编，规划基期数据为2005年土地现状数据。规划期内各项控制指标为：基本农田保护面积12373.3公顷以上，标准农田面积2393.3公顷以上，耕地保有量13113.3公顷以上。2012年，澄照农民创业园被列为低丘缓坡综合开发利用试点组团项目，新增建设占用土地指标46公顷，2012年7月启动编制了《景宁畲族自治县中心城区土地利用总体规划（2011—2020年）》，中心城区规划范围涉及鹤溪街道、红星街道、澄照乡。规划期内各项控制指标为：基本农田保护面积11753.3公顷以上，标准农田面积2393.3公顷以上，耕地保有量13113.3公顷以上。根据年度新增建设用地审批需要，2012年完成沙湾镇、东坑镇、渤海镇、大均乡、梧桐乡、毛垟乡、九龙乡等7个乡镇土地利用总体规划及局部调整方案的编制，落实、调整土地总面积36.6651公顷，并获得市政府批准。

【项目用地报批】 2011—2012年，取消了折抵指标，省厅下达的年度计划指标紧缺。景宁县依托省厅的特殊关爱，积极盘活用地指标，优先保障重点项目，全县报批建设用地12批次建设项目，面积232.55公顷，其中新增建设用地214.12公顷。

【土地征收】 推进征地制度改革，严格执行征地批文、征收程序、执行补偿标准、过程监管、宣传解释“五到位”制度，实现程序、主体、补偿标准“三合法”。落实被征地农民社会保障制度，有效缓解征地矛盾。2011—2012年，全县完成土地征收243.07公顷，落实社保人数1093人。

【土地储备】 2011年，收储存量土地7宗，回收土地面积1.92公顷，支付土地回收补偿费计86.6981万元。土地出库5宗，出库面积0.93公顷。2012年，收储存量土地2宗，回收土地面积0.4039公顷。土地出库2宗，出库面积0.4039平方米。

【建设用地管理】 2011—2012年，县国土资源局实施“365”节约集约用地行动计划，促进节约集约用地；加强土地市场调控，严格执行用地计划，确保重点建设项目用地需求。两年间，全县消化转而未供土地122.12公顷，盘活存量土地18.07公顷。招拍挂出让国有土地25宗，出让面积21.113公顷，出让合同价款31283.8万元，其中经营性用地8宗，出让面积7.147公顷，出让合同价款29585.1万元；工业用地17宗，出让面积13.96公顷，出让合同价款1698.7万元。

【土地整治与开发】 2011—2012年，县国土资源局继续实施“百万”造地保障工程。两年间，全县实施土地开发项目61个，新增耕地521.93公顷，建设用地复垦项目16个，新增耕地29.9公顷，实现连续18年耕地占补平衡。

【执法监察】 落实土地动态巡查“五到位”制度，做到早发现、早报告、早制止、早处理。2011年，共开展动态巡查1338人次，立案查处土地违法案件9件，涉及土地总面积3.776公顷，拆除违法建筑物面积约5000平方米，没收地上建筑物10584.55平方米，罚没款61.9990万元。2012年，共开展动态巡查3679人次，立案查处土地违法案件5件，涉及土地总面积1.186公顷，拆除违法建筑面积96平方米，没收地上建筑物2753平方米，罚没款6.552万元。2011年度，土地矿产“卫片”执法检查景宁县违法占用耕地面积占新增建设用地面积比例为1.5%，2012年度占比0.91%。

【地籍管理】 2011年，全县共办理确权登记发证1307宗，其中国有土地1224宗，集体81宗，土地抵押登记57宗。2012年，办理确权登记发证1519宗，其中国有土地1290宗，集体139宗，土地抵押登记90宗。全面开展农村集体土地所有权登记发证工作，截至2012年年底，完成调查应登记宗地2285宗，已登记宗地2078宗，争议宗地63宗，发证率达93.51%。应发证面积179518.54公顷（行政区域面积193883.69公顷），已登记发证面积175861.63公顷，争议宗地面积946.66顷，应发证面积比例达98.48%。

矿产资源管理

【概况】 景宁畲族自治县境内矿产资源较为丰富，现已探明的矿产有铁、钼、铅锌、铜、金、银、叶蜡石、萤石、高岭土、大理石等20多种，矿产地近百处，以矿种多但矿产规模小为特点，主要矿产为铁、钼、铅锌、叶蜡石、花岗岩等。至2012年年底，全县有持证矿山8家，其中钼矿2家，铁矿2家，叶蜡石矿1家，萤石矿1家，建筑石料2家，矿山规模均为小型，全县矿业从业人员约500人，年矿石开采总量20.75万吨，矿业产值约7000万元，实现年利税约1000万元。

【矿业权监管】 按要求开展年度采矿权和探矿权年检工作，年检率达100%；开展储量动态监测和开采利用方案实施情况检查工作，未发生越界开采等违法现象；执行矿山资源补偿费征收制度，2011年收取矿山资源补偿费165.5万元，2012年收取112.96万元；开展矿山生态环境保护与治理，严格执行自然生态环境治理备用金收取和使用制度，至2012年年底累计收取生态治理备用金353.0974万元。开展绿色矿山创建工作，2012年安泰矿业有限公司包山铁矿和敕木山铁矿有限公司敕木山铁矿经省专家组验收，被命名为省级“绿色矿山”。

地质灾害防治和遗迹保护

【概况】 景宁县地质灾害隐患点多面广，类型以滑坡为主，泥石流、崩塌次之。截至2012年年底发现需防治的地质灾害隐患点179个，其中需要重点监测的“A”类点2个，需要日常性监测的“B”类点14个，需要一般性监测的“C”类点57个，“D”类隐患点106个。涉及全县21个乡镇(街道)，威胁7173人的生命财产安全。2011—2012年全县实施地质灾害避让搬迁123户470人。2011年，经国土资源部审定，景宁县被评为全国第二批地质灾害群测群防“十有县”之一。

【浙江景宁九龙省级地质公园通过验收】 2011年7月25日，浙江景宁九龙省级地质公园通过省国土资源厅的验收。该公园于2009年7月经省国土资源厅批准建设，总面积98.88平方千米，由九龙湾—炉西峡园区、大漈园区、望东垟—上标园区以及环敕木山地质遗迹带组成。共有各类地质遗迹和地质景观68处，地质遗迹类型以地质地貌景观、水体景观为主，兼有地质构造类遗迹、地质灾害遗迹和人类地质遗迹等遗迹类型。

(县国土局)

旅　　游

综　述

【概况】 景宁畲族自治县依托民族特色和生态资源优势，按照“神奇畲乡、幸福之旅”的城市定位，抢抓机遇，着力做好民族风情文化和山水生态两篇文章，旅游业呈现出加快发展的良好势头，老百姓生活明显改善，人居环境、城乡面貌发生显著变化。

【旅游接待和收入】 2011年，共接待国内外游客240.02万人次，同比增长36.77%，实现旅游总收入10.094亿元，首次突破10亿元大关，同比增长37.33%。县旅游局被评为“全省旅游工作先进集体”，景宁获得“中华最佳文化生态旅游胜地”荣誉称号，成功创建省级生态县、省级森林城市。

2012年，全县旅游接待达到315.05万人次，旅游总收入达到13.06亿元，同比增长分别为31.26%和29.4%。

【政策扶持】 2011年，为了加快景宁旅游发展，做大、做强旅游经济，出台《关于加快旅游产业发展的若干意见》（景委〔2011〕17号）文件，根据文件精神，2012年共兑现旅游奖励资金130多万元，其中旅行社地接奖励14万元，从业人员奖励3.3万元，岗位培训6万元，旅游特色村20万元，旅游餐馆50万元，旅游购物15万元，特色旅游商品3.6万元，文艺演出产品20万元。2012年，浙江省委、省政府再次专门为扶持景宁畲族自治县发展出台《关于加大力度继续支持景宁畲族自治县加快发展的若干意见》（浙委〔2012〕115号）文件，明确提出了要帮助景宁“到2017年综合实力在全国120个民族自治县继续向前移位，率先实现全面小康社会”的目标。

旅游规划与开发

【专项规划编制】 2012年，先后邀请省旅游科学研究院、杭州点金旅游规划设计研究院知名专家高起点、高标准编制了《景宁畲族风情省级旅游度假区总体规划》《畲风水驿汽车交友营地规划暨景观初步设计》《景宁县桃源云寨汽车休闲营地规划暨景观初步设计》《千峡湖花果山畲乡养生度假区规划》《景宁畲族风情旅游度假区包凤旅游度假村规划设计》等一批重点旅游规划，配合涉旅部门、乡镇围绕旅游产业编制“美丽乡村、魅力畲寨”系列规划，进一步完善旅游发展整体规划体系。

【旅游项目建设】 2011年，全县旅游项目总投资达2.18亿元。全县首家引资旅游项目—西汇民族风情度假村项目一期总统套房和职工宿舍楼土建工程5月破土动工。九龙地质公园一期工程完成大漈陈列馆、园区主碑、遗迹保护、标识标牌等建设内容，并通过省级验收。畲乡大酒店创四星工作完成投资1970万元。炉西峡景区林圩段防洪堤建设并通过验收。

2012年，旅游项目总投资达1.8亿元。西汇民族风情度假村项目年度投入3500万元，完成一期总统府邸楼和一号公寓楼及度假区五星级酒店接待中心土建工程。畲乡大酒店创建四星级投入2850万元，完成土建加固、外立面改造、设备设施安装、室内装修等创四星扩建改造工程。鹤溪大酒店四星级酒店建设工程，完成酒店配套B2地块征地工作，开展酒店装修初步设计、楼层装修。畲族风情旅游度假区项目前期工作，度假区度假中心设计方案和游步道设计方案通过省政府组织的部门联席审查，完成了项目选址、土地预安排，完成了蒲洋湖度假中心建设用地的招拍挂、游步道项目招标等工作。炉西峡景区配套基础设施建设项目投入1000万元，开展了景区外围交通石柱潭至林圩段路面硬化、边坡防护、安全设施等建设；大漈景区配套基础设施建设项目投入800万元，开展进士府、陶艺茶艺馆项目和景区立面改造工程；大均畲族风情文化提升项目投入500万元，开展畲族陈列馆展件收集布展和畲族文化提升项目。

【景区建设】 景区环境整改提升。根据《关于全市国家AAAA级旅游景区明察暗访情况的通报》（丽旅质评〔2012〕1号）和市旅游区（点）质量等级评定委员会下发的中国畲乡之窗和云中大漈景区整改提升要求，对照问题认真自检自查，扎实推进整改，景区软、硬件水平得到较大提高。其中，中国畲乡之窗景区基本完成旅游交通与游览管理、环境卫生管理、安全管理和综合管理等四个方面27项整改提升要求，中国畲乡之窗AAAA级旅游景区复核工作顺利通过省旅游景区质量等级复核组检查。云中大漈景区按照整改要求完成11项整改内容。

景区文化内涵挖掘提升。中国畲乡之窗景区策划推出洗井泼水节、对歌节、火神节等畲族传统文化节目，对婚嫁表演体验性节目进行重新包装，丰富畲族文化内涵，并启动中国畲乡之窗景区度假山庄项目前期工作；云中大漈景区对景区内民居立面进行改造，开展文化挖掘、保护、恢复等工作，初步完成科举文化、孝道文化展示项目和中状元互动表演项目策划方案。

【招商引资】 2012年，建立全县旅游项目管理库及全县旅游项目招商信息库，做好项目的跟踪服务工作。包装推出千峡湖生态度假区、山哈寨、鹤溪大酒店、包凤度假村等旅游招商项目。成功与上海华服投资有限公司、鹿鸣谷旅游发展有限公司签署了总投资约35亿元的《丽水千峡湖生态旅游度假区（景宁段）项目框架协议》。

【乡村品牌建设】 以“美丽乡村·魅力畲寨”建设为大平台，着力挖掘村落特色文化，实施“一村一品”，大力发展乡村旅游，构建富有畲乡特色的“乡村游”。一是推进省旅游“百千万”富民工程。创建大漈乡西一村为省特色旅游村，创建古传山庄、农苑山庄、乌铁岩山庄等5家为旅游特色经营户。二是创建省非物质文化遗产旅游景区。申报东弄民族村为省非物质文化遗产旅游景区，并成功通过省文化厅、省旅游局评审。三是推进农家乐综合体建设。2012年，全县新增星级农家乐53家，累计星级农家乐165家。命名一、二星级农家乐50家、三星级18家、四星级2家；市级农家乐特色村3个、县级3个；市级农家乐特色点2个、市级农家乐特色乡镇1个；申报省级农家乐特色村1个、省级农家乐特色点1个、四星级农家乐1家。

浙江景宁畲族风情旅游度假区

【概况】 浙江景宁畲族风情旅游度假区（以下简称度假区）于2011年9月经浙江省人民政府批准设立。2012年5月，中共景宁畲族自治县委、县人民政府设立度假区管委会，为县政府直属事业单位，全面负责度假区开发建设管理工作。同时，县政府还及时充实调整了环敕木山建设投资有限公司，进一步理顺了度假区建设开发体制与机制。度假区规划面积43.77平方千米，核心区面积20平方千米，涉2个街道、2个乡镇、11个行政村，畲族人口约3800人。一年多来，度假区管委会紧紧围绕“建设畲乡风情旅游度假区、打造魅力畲乡旅游目的地”总体目标，立足“民族、生态”优势，以规划编制、项目建设、招商引资、宣传促销为重点，开拓创新、求真务实，各项工作全面展开、成效明显。环敕木山部分畲寨民居外立面改造、门楼、停车场、上山游步道、道路硬化等一批环境整治项目开工建设，畲寨环境面貌不断提升，旅游基础设施逐步完善。

【目标定位】 发展成为以畲族文化回归、传承与演绎为主题，保护畲族人生产生活方式和生存环境，保持畲族文化与自然山水浑然一体性和可持续发展性，以畲族古村落与自然山水文化渗透为主要内容的畲族风情旅游度假区。使其成为在21世纪旅游经济大背景下的自然景观独特、服务设施先进、基础设施良好、环境优美，畲族文化浓郁鲜活的旅游综合体，全国唯一的畲族文化基地。

【功能布局】 依据度假区内的旅游资源分布和人文与生态景观资源的审美性，结合度假区内道路交通结构体系，将度假区功能结构定为“一心一轴三区十寨”。项目总投资预计40.4亿元，规划建设时限为15年，即2011—2025年。“一心”：集中式畲文化体验中心。建设集旅客接待中心与休闲娱乐、特色购物、餐饮住宿、风情居住、自驾车营地为一体的风情小镇。“一轴”：畲文化发展轴，以度假区内游步道和主干道为中心，打造贯穿度假区畲族人文山水景观轴。“三区”：畲族山水人居区——景宁城区副中心。开辟县城东北部千峡湖上游沿岸作为畲族山水人居景观区，建设具有畲族建筑和畲族生活风情的人居建筑群，满足第二居所市场和城市副中心的功能需求。环敕木山“魅力畲寨”体验区——山哈客堂。点轴式开发模式，含七个重点畲族村寨，七个村寨的交通连线为轴线。七个重点村寨依据特有的资源形成各自不同的特征和主题，以畲族风情、田园、森林大地艺术景观为主要手段，形成“一品一村”格局。草鱼塘森林生态体验区——山哈花园。建设基础设施和旅游接待设施，丰富登山健身、科普考察、休闲娱乐等设施，创建国家级森林公园。建设游步道和盘山公路，连接敕木山，建设珍稀植物科普基地，最终将草鱼塘国家森林公园打造成长三角地区著名的集休闲、避暑、商务、科普、康体于一体的休闲旅游森林公园。“十寨”：环敕木山十个畲族村寨，如同环绕于敕木山的十个明珠，珠珠相连，主题各不相同，让人体会丰富多彩、形式别样的畲族风情和田园生活。发展成为以畲家生活体验为主题国家AAAAA级旅游景区——畲族村寨共同体。

【资源优势】 度假区位于景宁县城城郊，处于长三角经济圈的辐射地带。随着云景高速的开通，度假区被纳入分别以上海、杭州、温州为中心的四、三、二小时交通圈，区位优势明显。

度假区共有旅游资源8个主类、20个亚类、34个基本类型，65个旅游资源单体。其中，人文景观类、人文活动类、民间演艺类最为丰富，是度假区的核心资源。区内原生态自然景观丰富，覆盖内容广，既有波澜壮阔的敕木山云海，也有风景旖旎的人工梯田和世外桃源般的草鱼塘森林公园，以及千年古刹惠明寺、奇石、山泉、瀑布等。度假区物产丰富，有1915年在万国博览会上与天津泥人张、贵州茅台酒同时获得金奖的惠明茶；有香菇、黑木耳、水干果等名扬海内外的特产。度假区畲族文化积淀深厚，民族风情十分浓郁、独树一帜，包括山歌、舞蹈、建筑、服饰、彩带等。畲族村寨至今保持畲族民居的显著特色和建设风格。畲寨独具优美动人的神话传说、民间故事，长期迁徙、崇尚自然的宗教信仰，源于生活的体育运动和手工艺，传承保留的原始生产生活方式，粗犷朴实的畲族舞蹈，丰富多彩的民俗节庆活动都成为游客向往探秘之地。

【项目规划】 围绕将度假区建设成为景宁的“特色旅游功能区、城市建设新地标、魅力畲乡金名片”的目标，强化规划的龙头作用，先后编制完成度假区总体规划、环敕木山畲族村寨概念性规划、集中式畲文化体验中心控制性详规等，为度假区开发建设挥就了一幅美好的蓝图。

行业管理

【概况】 2012年，会同县质监局制定31个特色游系列标准，根据畲乡特色游标准细则，选择优质的旅行社、酒店、农家乐等21家涉旅企业作为特色游示范点培育。畲乡特色旅游服务标准化试点项目于同年4月24日通过省专家组考核验收。开展畲族特色旅游服务标准化试点县创建工作，经省质监局、省旅游局评定成为“2012年首批省级旅游标准化试点县”。

【酒店管理】 畲乡鸿宾大酒店于2012年12月通过省旅游局四星级初评检查工作。新金鹤大酒店被评为三星级旅游饭店，成为景宁首家三星级旅游饭店。

【旅行社品质评定】 2012年，对照品质评定标准，从全县7家旅行社中选择畲乡旅行社和诗画畲山旅行社参加星级旅行社品质评定。

【人才培养】 2012年，按照“助力畲乡·人才工作室”建设的总体要求，组建旅游人才工作室，洽谈引进县外省内旅游知名专家3人。以省旅游局专门扶持景宁旅游发展政策为契机，加强旅游管理人员和服务人员的培训和进修，同年9月，组织50余名县级领导干部参加省旅游局在省旅游职业学院为景宁免费举办的生态休闲旅游高层管理人员研讨班。按照市旅游局提出的“万人培训计划”要求，认真组织好农家乐经营专题培训、景区导游培训、旅游执法培训、微博培训、安全培训等各类旅游培训活动，累计培训人数达3000余人次。此外，还通过以赛促训的方式，举办了第三届农家乐特色菜点大赛、从业人员专项技能比武等活动。

【旅游安全】 2012年，按照“安全、秩序、质量、效益”四统一的要求，加强领导，落实责任目标，分别与12家旅游企业签订《旅游行业安全生产责任状》；联合安监、公安、工商、卫生、消防等部门，加强对春节、“三月三”“五一”“十一”等各大节日期间的旅游市场的整治和动态巡查力度，全年开展安全大检查10次；以“安全生产月”“打非治违、排除火患”等活动为契机，开展安全生产宣传教育培训。

【旅游服务质量监督】 加强旅游质量监督及投诉处理，两年来通过协调解决游客投诉4起，投诉解决率、游客满意度均为100%。

（县旅游局）

税务　财政

国家税务

【概况】 1994年10月1日，设立景宁畲族自治县国家税务局，与县财政局、地税局合署办公，为一套班子、三块牌子的机构设置模式。1997年9月单独分设并行使职能，隶属上级国税部门垂直管理的领导体制。定编81名，其中局机关30名、直属机构51名。负责和主管辖区内中央税、中央与地方共享税及国家制定税种的征收管理工作，承担着全县增值税、消费税等主体税种和中央企业所得税、外商投资企业所得税、金融企业所得税、2002年后新办企业所得税、储蓄存款利息个人所得税、车辆购置税的征收任务以及出口退税的管理任务。

2011—2012年，县国税局坚持“为国聚财、为民收税”的神圣使命，围绕“服务科学发展、共建和谐税收”的工作主题，以“强化税收征管、优化纳税服务”为主线，紧紧围绕服务地方经济、大力组织收入、推进依法行政、创新税收征管、优化纳税服务、涵养税源，优化投资环境促进招商引资，落实税收优惠政策支持畲乡经济发展，国税税收收入实现了新飞跃，成功创建国家级“巾帼文明岗”，推进精神文明建设，树立畲乡国税新形象。

【国税收入】 2011年，县国税局共组织税收收入40395万元，同比增收26060万元，增长了181.79%，完成年度计划的257.34%。国税收入首次突破4亿元大关，收入总量、增量、增幅均创历史最高水平，并在丽水县市中排名第三。2012年，县国税局共组织各项税收收入52125万元，突破5亿元大关，完成年度计划的117.31%，同比增长29.04%，增收11730万元。具体分税种计划执行情况见下表：

2010—2012年各税种税收收入情况表

表5　　　　单位:万元

分税种	2012年入库	2011年入库	2010年入库	2012年比上年同期增减%	2011年比上年同期增减%
税收合计	52125	40395	14335	29.04	181.79
增值税	35388	29699	12283	19.16	141.79
消费税	7	7	6	0	16.67
企业所得税	15679	9867	1313	58.90	651.49
个人所得税	1	3	7	−66.67	−57.14
车辆购置税	1050	819	726	28.21	12.81
附列： 1.免抵调库	0	40	34	−100	17.65
2.出口退税	850	800	592	6.25	35.14

2011年，县国税局共组织县级收入7903万元，占全县地方财政收入的21.55%，较上年同期提高了7.86个百分点；同比增长157.51%，高于全县地方财政收入增幅93.86个百分点；同比增收4834万元，拉动全县地方财政收入增长21.57个百分点。2012年，县国税局共组织县级收入9646万元，同比增长22.05%，高于全县同期地方财政收入增幅79.68个百分点，占全县地方财政收入（40850万元）的23.61%，比上年同期提高2.06个百分点，拉动全县地方财政收入增长11.38个百分点。其中，国内增值税县级收入8332万元，同比增长18.35%，增收1292万元；企业所得税县级收入863万元，同比增长52.26%，增收451万元。

【重点税源】 县国税局加强重点税源管理，对县域内纳税10万元以上的90家企业开展重点调研，充分掌握企业的生产经营和税源变动情况，先后组织召开不锈钢拉管行业、商贸行业等行业例会。密切配合民族开发区严把入园关，5家经济实力较强的商贸企业相继落户丽景工业园，为后续税收增长打下基础。景宁重点监控企业税收情况如下表：

景宁畲族自治县重点监控企业税收分析表

表6

单位：万元

项　目	户数	2012年入库数	2011年入库数	增收额	增长(%)	占税收收入比重(%)		
						2012年	2011年	增减百分点
合　计	129	49011	38338	10673	27.84	94.03	94.91	-0.88
1000万元以上	2	37568	26646	10922	40.99	72.07	65.96	6.11
500万-1000万元	6	3654	4485	-831	-18.53	7.01	11.10	-4.09
100万-500万元	23	3670	4002	-332	-8.30	7.04	9.91	-2.87
50万-100万元	19	1405	1355	50	3.69	2.70	3.35	-0.65
10万-50万元	79	2714	1850	864	46.70	5.21	4.58	0.63

2011年，纳税500万元以上的8户企业实现入库税收31131万元，占国税总收入的77.07%。其中，浙江娃哈哈食品饮料营销有限公司为增收主力，该企业入库税收25106万元(净增)。2012年，纳税500万以上的8户企业实现入库税收41222万元，占国税总收入的79.08%。其中，浙江娃哈哈食品饮料营销有限公司入库税收35478万元，同比增长41.31%，增收10372万元。

【民族经济开发区税收】 2011年，共入库增值税19725万元，同比增收17777万元，增长912.58%。2012年，共入库税收37910万元，同比增长38.85%，增收10607万元，占国税总收入的72.62%，比上年同期提高0.6个百分点。

【税收优惠政策】 景宁畲族自治县享受少数民族地区税收优惠政策。2008年9月2日，经浙江省人民政府批准，省财政厅、省国税局、省地税局联合下发了《关于对景宁畲族自治县的企业实行企业所得税优惠政策的通知》优惠政策。县国税局在贯彻组织收入原则的前提下，用好用足少数民族自治县税收优惠政策。2011年，共落实各项税收优惠6592万元，其中，支持转型升级118万元、支持中小企业534万元、累计退税800万元、减免企业所得税5140万元。2012年，共办理退税1655万元，同比增加192万元。其中:出口退税850万元，福利企业先征后退749万元，同比增加130万元，汇算结算清缴退税44万元;全年共办理审批各类减免税优惠纳税人(含个体)共3383户次，减免税额9157万元，其中征前减免8627万元、退库减免890万元。

【营改增试点】 实施“营改增”试点是党中央、国务院就财税体制改革的重大决策。2012年，县国税局结合景宁实际，严格围绕丽水市局实施方案确定的指导思想、工作目标、工作要求，加强组织领导，明确责任，细化工作内容，扎实有序地推进“营改增”试点工作。一是夯实征管基础，做好“营改增”国地税乡镇代码配对以及纳税人信息交接、上传、核实工作，最终确认“营改增”纳税人342户。二是落实系列工作，做好业务初始化、国地税沟通衔接、个体定额核定、纳税人发票票种核定与发票发售等工作，强化硬件支撑、软件升级和网络保障。三是开展内外业务培训，围绕政策规定、操作程序等内容，切实做好税务干部及纳税人业务培训工作。四是加强舆论宣传引导，及时进行舆情监控，营造了有利于“营改增”试点顺利推进的良好氛围。五是建立应急预案机制，密切关注试点行业的税负变化和影响，多渠道收集汇总试点过程中遇到的新情况、新问题，积极分析原因，做到快速反应，切实采取应对措施。

【荣获税收管理创新集体嘉奖】 县国税局荣获省国税局2011年税收管理创新集体嘉奖。“庄式学习法”，于2011年入选省国税局项目库，并被评为优秀项目;开发应用了“代征税款服务平台”。通过代征税款流程的电子化，提高工作效率;修订了《关于进一步完善税源专业化管理的实施方案》，调整税源管理职责分工，突出重点税源、行业税源管理，体现一体化、科学化、精细化的税收征管模式。

【优化纳税服务】 2011—2012年，县国税局始终牢固树立税收经济观，以促进经济健康发展为己任，以服务纳税人为中心，坚持不懈优化纳税服务。一是进一步优化窗口服务。继续深化“授权提效”服务，扩大“免填单”服务范围，实行“一窗式”服务，设立导税台，打造国税特色服务品牌。优化自助服务区的设备配置，提高纳税人自主办税能力。简化A级信用纳税人验旧网络发票手续。大力推广网上开具缴款凭证。二是大力提升专业化服务水平。建立《领导干部联系企业制度》，对重点税源企业开展逐户上门服务，倾听和采集企业需求，提供政策咨询和辅导。坚持定期召开行业例会，做好“请进来”服务，先后召开铸造阀门、不锈钢拉管、木制品加工、开发区商贸企业等行业工作例会，逐条落实与行业相关的政策。建立税企QQ群和官方微博，通过QQ在线访谈、微博等方式及时宣传税收政策。加强纳税信用体系建设，组织开展纳税信用等级评定工作，评定AAA级纳税户8户，AA级纳税户6户，A级纳税户12户。三是重点做好丽景园开发区税收服务。定期走访企业，加强税收政策宣传和纳税辅导。全力做好入园企业的涉税服务工作。扩展全程服务项目涉税事项，所有涉税事项均按照“统一受理、内部流转、限时办结”的原则给予办理，形成园区企业的税前、税中、税后的全方位涉税服务。

【加强依法治税】 县国税局牢固树立税收法治观念，对内强化责任落实，规范执法行为，对规范性文件和县级行政许可、非行政许可审批项目进行清理优化，保证执法依据的严谨有效。加强执法管理信息系统运行监控，完善执法过错申辩调整制度，对申辩调整情况进行实地检查。2011年，县国税局共发生13924次税收执法信息，执法准确率100%；2012年，共发生9782次税收执法信息，执法准确率100%。对外开展纳税评估和稽查，2011年对阀门与有色金属矿的17户企业开展纳税评估，共补缴税款45万元。2012年，对小水电以及家电零售行业的13户企业开展纳税评估，共补缴税款26万元，调增应纳税所得额35万元。加大税务稽查力度，2011年共查补入库总额361万元，2012年查补入库157万元。

【创建国家级“巾帼文明岗”】 县国税局办税服务厅从素质形象、窗口设置、配套设施三方面入手，推出以“税美畲乡·四季如歌”为主题的服务品牌，开辟了自助服务区和等候休息区，给纳税人提供耐心细致、人性化的服务环境。本着“以专业化团队引领税收事业发展”的理念，围绕中心工作，努力构建优秀税收文化。坚持仪容仪表规范、服务质量规范、岗位纪律规范、文明用语规范、环境卫生规范。推行“服务承诺制”“首问责任制”等一系列服务制度，呈现出“简取号，细引导，高效率，优评价”的局面。2011年荣获国家级“巾帼文明岗”称号。

（县国税局）

地方税务

【概况】 2011年，县地方税务部门组织各项收入5.64亿元，比2010年增长55.2%。其中，税收收入3.55亿元，比2010年增长44.9%；社会保险费收入1.75亿元，比2010年增长71.1%。2012年，县地税部门共组织各项收入6.09亿元，比2011年增长7.9%。其中，税收收入3.81亿元，比2011年增长7.3%；社会保险费收入1.88亿万元，比2011年增长7.2%。

2011—2012年地税收入情况表

表7　　　　单位:万元　比例:%

项目	2012		2011	
	收入	比上年±	收入	比上年±
税收部门组织总收入	60884	56434	4639	55.20
一、地方税收收入合计	38114	35535	1959	44.85
中央收入	14627	13911	658	76.85
省级收入	0	0	0	0
县级收入	23487	21624	1301	29.75
1.营业税	7577	6833	522	3.97
2.企业所得税	2103	6138	50	207.82
3.个人所得税	22276	17047	1093	53.37
4.资源税	118	200	18	66.67
5.城建税	2090	1691	157	131.64
6.房产和城市房产税	539	506	22	−8.00
7.印花税	365	299	26	35.29
8.城镇土地使用税	229	152	0	−13.64
9.土地增值税	561	656	5	40.77
10.车船使用税	187	152	14	13.43
11.烟叶税	0	14	0	−41.67

项目	2012		2011	
	收入	比上年±	收入	比上年±
12.契税收入	1788	35.76	1317	−36.13
13.耕地占用税收入	281	46.98	530	44.02
二、其他收入	22770	8.95	20899	76.68
1.教育费附加	1345	18.40	1136	92.87
2.水利建设专项资金	1448	13.57	1275	200.00
3.文化事业建设费	26	30.00	20	25.00
4.税务其他罚没收入	3	0.00	3	50.00
5.残疾人就业保障金	248	45.88	170	14.09
6.地方教育费附加收入	896	18.21	758	89.50
7.社会保险基金收入	18804	7.22	17537	71.11
a.养老保险基金	12752	5.34	12106	106.69
b.失业保险基金	771	30.90	589	51.03
c.医疗保险基金	4718	7.52	4388	18.66
d.工伤保险基金	313	37.28	228	24.59
e.生育保险基金	250	10.62	226	86.78
—	—	—	—	—

【税收特点】 2011年，加大小税种清收征收力度，小税种税收比上年增长51.6%，全年税收收入大幅增长，其中，个人所得税全年入库1.70亿元，比2010年增收53.4%，占当年税收收入的48.0%，连续第六年成为第一大税种。2012年，新引进的浙江启力投资有限公司和浙江真宗投资有限公司两家企业，全年税收收入平稳增长。营业税收入7577万元，比2011年增长10.9%；企业所得税入库2103万元，比2011年下降65.7%；个人所得税收入2.23亿元，比2011年增长30.7%；“契耕两税”收入2069万元，比2011年增长12%；其他小税种合计入库4089万元，比2011年增长11.4%。

【扶持企业转型升级】 县地税局落实各项税收优惠政策，2011年为企业减征社保费78万元，受惠中小企业达294家，减免水利建设资金52万元，涉及42家企业。2012年，共为26家企业减免税费1090万元，其中减免企业所得税1022万元，房产税52万元，耕地占用税13万元；同时，还为企业减征社会保险费60万元、减免水利建设基金94万元。

【税源管理】 深化细化税源预测，按时进行月度、年度税收收入预测分析。2011—2012年，1—10月旬测综合误差率控制在3%以内；11月、12月5日报预测综合误差率控制在0.2%以内。加强重点税源监控管理，对70多家重点税源企业实施重点监测，进一步扩大了重点税源的监控面。健全重点税源监控机制，确保从点上掌握影响收入的微观因素，从面上反映整体收入情况和走势，从分析比对中发现税源异常情况。通过实时跟进、及时预警、提早介入，确保税款及时足额入库。2011年，71户重点税源企业共入库税款2.49亿元，占全部税收收入的67.3%；2012年，76户重点税源企业共入库税款3.6亿元，占全部税收收入的94.7%。

【信息管税】 2011年，县地税局成立了大集中工程领导小组，开展数据清理与迁移前期准备工作，共清理数据4715户、9031笔，清理率98.1%。做好《税友2006》的应用维护工作，开展信息安全专项检查，完善安全防护措施，提升信息安全防范能力。经过模拟测试、数据迁移、操作练习、应急演练等前期准备工作，《税友龙版》于2012年7月23日正式上线运行。《税友龙版》的上线运行，进一步规范了税收业务流程、提高了工作效率。

【规费征收】 2011年，开征“高额补充医疗保险”，延期征缴水利建设基金，开展未参保集体企业退休人员及其他相关人员基本养老保险补缴工作，共组织各项规费收入2.09亿元，比2010年增长76.7%，其中，社会保险费入库1.75亿元，比2010年增长71.1%。2012年，进一步推进社会保险费“五费合征”征缴改革，共组织规费收入2.28亿元，比2011年增长9.0%，其中社会保险费收入1.88亿元，剔除一次性入库不可比因素，比2011年实际增长23.2%。社会保险费入连续保持20%以上的年均增长幅度，到2012年年底，企业养老支付能力已达到42个月。

【税务稽查】 2011年，县税务稽查局组织开展建筑安装业、营利性医疗机构、交通运输业、小水电行业及高收入行业个人所得税等行业专项检查，全县查补入库税费148万元。开展打击发票违法犯罪专项行动，对全县范围内的发票使用情况进行检查，查获为他人非法购买代开涉嫌虚假建筑统一发票20份，涉及六家外来建筑公司发票金额近400万元，涉税金额23万元，为景宁县有史以来发生的一起最大虚假发票案件。2012年，组织开展了金融业、资本交易项目、多年未查的工业企业和商贸企业及高收入行业个人所得税等专项检查，全年共检查企业27户（其中自查8户），查补各项税费142万元。

【纳税服务】　2011年，县地税部门结合税收政策辅导日等“四个日”活动，印发《纳税指南》《地方税收优惠政策》和《营业税暂行条例》及其实施细则等小册子，上门开展面对面的纳税辅导。积极构建和谐征纳关系，投入30万元对办税服务厅实行了地税标识规范化改造，组织工作人员参加纳税服务礼仪培训。在巩固2011年纳税服务成效的基础上，2012年进一步落实联络员与企业负责人或财务人员建立“一对一”联系点制度，组织干部通过上街巡讲、上门辅导和电话答询等形式，为纳税人提供政策咨询和辅导。

【税收宣传】　2011年，组织开展第20个全国税收宣传月活动，在县实验二小举办“感恩与社会主题教育——景宁县小学生税收带来家乡美2+1”演讲比赛；在景宁中学举办了景宁县“地税杯——我把红歌献给党”歌咏比赛；在《畲乡报》不定期开设“以税说事（法）”专栏；编印赠送税收宣传小册子5000册；2012年，继续加大税收优惠政策宣传力度，结合新办企业办税辅导日、值班分局长接待日、重点税源企业座谈会日和最新税收优惠政策宣讲日等四个日活动，印发《纳税指南》《地方税收优惠政策》和《营业税暂行条例》及其实施细则等资料8000册，为纳税人提供面对面的纳税辅导。

（吴向东）

财　政

【概况】　2011—2012年，面对严峻复杂的宏观经济形式，全县财政工作一方面围绕“招大商、引大资”做大总部经济；另一方面落实积极的财政政策“调结构、保增长、促民生”，发展壮大财税经济，促进全县经济社会平稳较快发展。2011年，全县实现财政总收入8.05亿元，比2010年增长111.6%；实现地方财政收入3.67亿元，比2010年增长63.6%；地方财政收入占财政总收入的比重为45.6%，比2010年下降了13个百分点。全年一般预算支出16.91亿元，比2010年增支35.3%，当年收支平衡。2012年，全县实现财政总收入9.5亿元，比2011年增长18.1%；实现地方财政收入4.09亿元，比2011年增长11.4%；地方财政收入占财政总收入的比重为43.0%，比2011年下降2.57个百分点。全年一般预算支出17.4亿元，比2011年增支3.1%，当年收支平衡。

2011—2012年财政收入执行表

单位:万元　比例:%

表8

收入项目	2011年		2012年		收入项目	2011		2012年	
	执行数	比上年增长	执行数	比上年增长		执行数	比上年增长	执行数	比上年增长
一、一般预算收入	36677	63.6	40850	11.4	(四)罚没收入	1195	34.1	692	−42.1
(一)税收收入	29541	50.9	33534	13.5	(五)国有资源有偿使用收入	443	150.3	419	−5.4
国内增值税	6873	204.0	8332	21.2	其中:国库存款利息	190	7.3	144	−24.2
营业税	6833	4.0	7823	14.5	(六)其他收入	134	—	541	303.7
城市维护建设税	1692	131.8	2090	23.5	二、上划中央“四税”收入	43809	180.3	54177	23.7
企业所得税	3497	141.8	2310	−33.9	国内消费税	6	—	7	16.7
个人所得税	6819	53.4	8911	30.7	国内增值税	20619	204.0	24966	21.1
耕地占用税	530	44.0	281	−47.0	企业所得税	12955	497.3	15837	22.2
契税	1317	−36.1	1788	35.8	个人所得税	10229	53.4	13367	30.7
其他税收	1980	17.2	1999	1.0	三、一般预算总收入	80486	111.6	95027	18.1
(二)专项收入	2214	228.0	1605	−27.5	四、基金收入合计	40357	15.6	37097	−8.1
教育费附加	1022	92.8	1210	18.4	政府性基金收入	22966	−7.1	18457	−19.6
排污费	72	188.0	32	−55.6	社会保险基金收入	17391	70.7	18640	7.2
水资源费	1078	798.3	363	−66.3	—	—	—	—	—
(三)行政性收费收入	3150	187.9	4059	28.9	—	—	—	—	—

2011—2012年财政支出执行表

单位:万元　比例:%

表9

支出项目	2011年		2012年		支出项目	2011		2012年	
	执行数	比上年增长	执行数	比上年增长		执行数	比上年增长	执行数	比上年增长
一、一般预算支出合计	169055	35.3	174292	3.1	(十)城乡社区事务	5823	339.8	3093	−46.9
(一)一般公共服务	21995	25.0	23694	7.7	(十一)农林水事务	27571	69.9	27305	−1.0
其中:人口与计划生育事务	1608	18.0	2141	33.1	其中:农业	7311	26.5	6668	−8.8
(二)国防	413	2.7	477	15.5	林业	6214	9.9	8425	35.6
(三)公共安全	9045	30.2	9852	8.9	水利	3830	54.6	5302	38.4
其中:公安	5898	41.9	6254	6.0	扶贫	7573	8222.0	3849	−49.2
检察	673	−18.4	890	32.2	(十二)交通运输	7243	−68.6	7535	4.0
法院	1314	5.7	1577	20.0	(十三)资源勘探电力信息等事务	19818	246.5	18173	−8.3
(四)教育	22100	47.0	32297	46.1	其中:支持中小企业发展和管理	19362	255.2	17330	−10.5
其中:教师进修及干部继续教育	167	−4.6	264	58.1	(十四)商业服务业等事务	6498	436.6	7343	13.0
(五)科学技术	1326	11.6	1673	26.2	(十五)国土资源气象等事务	1295	121.4	1032	−20.3
(六)文化体育与传媒	4913	57.1	5183	5.5	(十六)保障性住房支出	3881	39.2	5586	43.9
(七)社会保障和就业	7297	35.3	8344	14.3	(十七)粮食安全物资储备事务	193	23.7	209	8.3
其中:城市最低生活保障	250	101.6	1630	552.0	其中:粮油事务	193	23.7	108	−44.0
自然灾害生活救助	90	−77.8	190	111.1	(十八)金融监管等事务支出	—	—	11	—
(八)医疗卫生	11857	101.4	10753	−9.3	(十九)其他支出	13668	−16.9	9842	−28.0
其中:医疗保障	3817	31.1	4642	21.6	二、基金支出合计	31629	−15.2	51090	61.5
(九)节能环保	4119	117.9	1890	−54.1	社会保险基金支出	17391	70.7	18640	7.2

【优化财政收支结构】 加大招商引资力度，成功引进娃哈哈营销、浙江启力、浙江真宗等总部企业，主动应对金融危机和经济下滑给财政收入带来的负面的影响。2011年，实现地方财政税收收入2.95亿元，比2010年同期增长50.9%，税收收入占地方财政收入比重80.5%，比2010年下降6.8个百分点，剔除专项收入增长228%、行政性收费增长187.9%等一次性因素，同步提升10个百分点；2012年，实现地方财政税收收入3.35亿元，比2011年同期增长13.5%，税收收入占地方财政收入比重82%，比上年同期提升1.5个百分点，收入结构得到优化。在优化财政收入结构的同时，强化非税收入征管。2011年实现教育附加费、水资源费、排污费等专项收入2214万元，比2010年同期增长228.0%；实现行政性收费收入3150万元，比2010年同期增长187.9%；实现政府性基金收入2.30亿元，比2010年下降7.1%；实现社保基金收入1.74亿元，比2010年增长70.7%。2012年，实现教育附加费、水资源费、排污费等专项收入1605万元，比2011年同期下降27.5%；实现行政性收费收入4059万元，比2011年同期增长28.9%；实现政府性基金收入1.85亿元，比2011年下降19.6%；实现社保基金收入1.86亿元，比2011年增长7.2%。调整优化财政支出结构，2011—2012年，公共财政预算支出增幅虽然较低，但民生支出得到有力保障，2011年用于公共安全、教育、科学技术、文化体育与传媒、社会保障与就业、保障性住房、医疗卫生等民生类支出9.8亿元，比2010年增长63.9%；2012年，涉及民生的财政支出实际支出突破10亿元大关，达到10.6亿元，比2011年增长8.2%。

【落实财税优惠政策】 落实省财政厅《关于扶持景宁畲族自治县加快发展的意见》（浙财预字〔2013〕19号）给予景宁的特殊扶持政策，2011—2012年，科学安排每年5000万元的专项扶持资金用于双后岗农民公寓、农业产业化、城乡幼儿园等项目建设。落实家电下乡及汽车、摩托车下乡政策，简化农民领取补贴的程序，将“乡级审核、县级兑付”的模式简化为“县级审核，集中兑付”的模式，2011年审核农民家电下乡补贴7135台，申请摩托车汽车下乡补贴245辆，拨付资金341.22万元；2012年，审核农民家电下乡补贴23945台，申请摩托车汽车下乡补贴7081辆，拨付资金1424.14万元，兑付率100%。

【支持重点项目建设】 2011年，县财政安排基本建设资金3.12亿元，支持丽景工业园、外舍防护工程、大漈景区等重点工程建设，并投入国债专项及中央预算内补助资金7462万元，支持城乡基础设施建设，共涉及污水管网改造、新农村公路等102个项目总投资3.66亿元。2012年，进一步加大公共财政投入力度，推进重点工程建设，全年安排基本建设资金4.55亿元，支持“四个新区”等重点项目建设，推动县域经济发展。

【加大“三农”投入力度】 2011年，县财政安排农林水事务支出2.76亿元，比2010年增长69.9%，扶持茶、竹、菌、菜、药、花、油茶等七大特色产业发展。2012年，全县财政共投入各项支农资金2.73亿元，“美丽乡村”建成10个、续建10个；“中心村”建成10个、续建10个；“十村示范百村整治”工程已完成55个行政村，同时，继续扶持七大农业地方特色产业发展。

【规范财政监管】 健全绩效管理体系，围绕民生支出重点，以提高财政资金使用效益为目标，科学规范实施项目绩效管理，积极探索单位整体支出绩效评价，重视绩效考评成果的应用，强化单位支出绩效主体责任，通过开展财政绩效考评、会计信息质量检查、会计集中核算等监管，将理财重点由资金分配转移到跟踪问效上来。完善政府采购监管机制，贯彻政府采购法，加强监管力度，规范政府采购行为，2011年共完成政府采购436个项目（次），采购资金6271.49万元，节约资金958.43万元，节约率13.3%。2012年，共完成政府采购302个项目（次），财政采购预算为4369万元，实际支付采购金额3651万元，节约资金718万元，节约率达16.4%。

【深化财政改革】 实行预算、执行和监督职能分离，深化“三位一体”财政机构改革和部门预算管理改革，开展国库集中支付改革试点，至2012年年底，全县148家（含下属二级单位83家）预算单位全部实行国库集中支付改革。

【加强国有资产管理】 深化行政事业单位国有资产管理，规范行政事业单位资产监管，推进资产性资源配置市场化，进一步盘活、调剂国有资产，确保国有资产保值增值。全县国有资产由2007年的8.66亿元增长到2012年的35.1亿元。充分发挥国有资产经营公司的政府投融资职能，增强政府资本运营手段，至2012年年底以国有资产抵押贷款、信用担保等方式累计为政府融资15.6亿元。

（吴向东）

金融 保险 住房公积金

中国人民银行景宁支行

【2011年工作及成效】 2011年，景宁县支行认真贯彻执行稳健的货币政策，紧紧围绕“提升软实力，构建和谐基层央行”工作总目标，以开展“创争创建年”主题活动为载体，以推进重点工作为抓手，积极有效地开展各项工作。一是推进金融支农三项重点工作。年末，全县各金融机构累计发放林权抵押贷款2320笔，余额2.17亿元，超额完成市政府下达的2.07亿元目标任务；引导涉农金融机构利用农村信用体系建设平台增加对信用农户的授信，各承办银行年末共计对信用农户授信16640户，授信总额7.49亿元，发放7714户，金额7.37亿元；深化银行卡助农取款服务工作，实行对承办银行机构和商户的双重考核，年末，各承办银行完成布点186个，农户取款20829笔，金额556.20万元。发放银行卡81951张，全面完成丽水市中心支行下达的目标任务。二是深化低收入农户发展扶贫贷款工程。人行景宁县支行作为牵头部门，负责政策制定、业务指导和整体工作的组织、协调和监督。截止至2011年年底，指导涉农金融机构发放低收入农户发展扶贫贷款2760万元，受益农户1054户。三是优化基础工作，提升服务水平。扎实做好人民币银行结算账户、贷款卡的年审检查工作，积极开展反洗钱、反假币和银行卡知识宣传指导。四是强化内部管理。切实抓好党风廉政建设和干部职工队伍建设，深入推进“文明单位”创建和“创先争优”活动。2011年，全县金融机构各项存款余额47.29亿元，比年初增加4.65亿元，增长10.91%；各项贷款余额29亿元，比年初增加3.13亿元，增长12.11%，余额存贷比为61.32%，新增额存贷比为67.43%。

【2012年工作及成效】 2012年，景宁县支行紧紧围绕推进农村金融改革试点和提升内部素质“两条主线”，以开展“推进提升年”主题活动为载体，按照全面落实“三项推进”，提高“四项水平”，坚持“四个着力”的工作要求，继续贯彻执行稳健的货币政策，努力抓好各项工作。一是继续深化农村金融改革试点工作。推动县政府出台林权抵押贷款工作激励考核办法，激发承办行工作积极性，促进林权抵押贷款工作的持续健康发展。年末，全县共发放林权抵押贷款2.85亿元，完成全年任务数的142.72%；积极拓展银行卡助农取款服务点功能，将其与村邮站、便民服务中心建设等工作有机结合起来，节省成本投入，实现可持续发展；加快农户信用信息的更新维护，继续推进信用社区建设，积极构建城乡一体化的信用信息服务平台。二是强化要素保障，支持实体经济发展。在全县金融系统组织开展“百名银行干部进村入企”大走访活动，组织各金融机构主动上门了

解企业、农户和工商户金融服务需求，选派业务骨干结对帮扶重点小微企业，着力解决企业合理资金需求。截至年末，全县金融机构共走访行政村254个，服务小微企业72家，落实资金5.49亿元。三是强化金融管理与服务。重点做好对新设立金融机构的开业管理，加强新设立金融机构开业前的现场综合评价和业务培训指导，从严把握其申请加入人民银行金融与管理服务体系相关上报资料的审核把关。2012年，全县人民币各项存款余额53.98亿元，比年初新增6.69亿元，余额同比增长14.15%，高于全市平均水平0.1个百分点，存款增幅位列全市第3位；各项贷款余额36.81亿元，比年初新增7.81亿元，余额同比增长26.94%，高于全市平均水平10.37个百分点，贷款增幅位列全市第1位，余额存贷比68.19%。

（毛鸣翔）

中国农业银行景宁县支行

【概况】 中国农业银行股份有限公司景宁畲族自治县支行成立于1984年10月，2009年改制为股份有限公司，致力于建设面向三农、服务城乡、回报股东、成就员工的一流现代商业银行，向最广大客户提供各种公司银行、零售银行产品和综合性金融服务。下设三个职能部门，分别为综合管理部、客户部和营业中心，在职员工41人。该行紧紧围绕上级行的有关要求，坚持"以人为本"的经营理念，团结和依靠广大员工，以科学发展观为指导，强化综合营销，深化精细管理，强化风险防控，全力推进各项业务稳健发展，圆满完成了各项经营目标，创造了连续22年安全经营无案件、无事故的佳绩，实现了继续保持内控评价一类行的目标，2011年被授予"浙江省文明单位"称号。

【各项存款稳步增长】 2011年，农行景宁支行努力实施强基扩面工程，积极拓展负债业务市场，主动捕捉和分析市场信息，密切关注重点客户的资金动向，加强个人业务市场的拓展，创新重点对外出创业人员展开营销的理念，在政府部门的支持下，通过主动加强与各种商会的合作，逐步搭建起与外出创业商人的良好沟通平台，开创了个人业务发展的新市场。2011年年底，各项存款达到129497万元，新增12026万元，四行占比43.8%，新增存款四行占比达到了42.65%，继续保持总量和增量的市场占比第一。

2012年，随着国库集中支付改革、各商业银行相继成立，农行景宁支行负债业务遇到了前所未有的困难和压力。该行组成以行长为首席客户经理的营销团队，及时上线国库集中支付系统和非税收入系统，积极争取到一定的市场份额。同时，通过与各种商会的合作，完成了七个地区商会，共计400多个客户的开卡工作，特别是营销的白金贷记卡，发挥了良好的社会效益和经济效益。年末，各项存款回升到123107万元，比年初下降6390万元，超额完成了上级行锁定目标，四行占比40.76%，总量占比四行第一。

【优化信贷结构】 2011年宏观政策调整，信贷增量计划减少，及时做好存量信贷结构调整和发展表外信贷业务，保持了资产业务稳定发展。年末，各项贷款余额为77639万元，比年初增加1150万元，贷款余额市场占比47.26%。同时，签发了银行承兑汇票、国内外信用证、保函等共计人民币22670万元。

2012年，根据宏观政策的调控方向，及时调整信贷工作方向和措施，重点抓好个贷业务的发展，各项贷款余额为86264万元，比年初增加8625万元，贷款余额市场占比43.48%。同时，表外业务也得到了快速发展，全年签发承兑汇票、信用证等共计人民币26893万元。不良资产余额降到51万元，不良贷款率0.05%。

【中间业务稳步发展】 积极拓

展理财业务、贵金属业务、信用卡业务和商户收单业务，开展国际结算业务和个人理财顾问，新设团结路自助银行，不断改善用卡环境，促进中间业务稳步增长。2011年，实现中间业务收入936万元，同比增加262万元。2012年，实现中间业务收入866万元，位居四行第一。

【风险防控】 利用部门和岗位职能的调整，明确每个岗位的职责，完善约束和监督机制，强化各业务条线、各岗位的连带和领导责任人的风险责任意识，提高员工的执行力，提升信用风险防控能力。高度重视员工行为分析排查工作，加强外部走访，及时了解和掌握员工思想动态和行为表现，并落实帮教、谈话、家访、诫勉谈话或调离岗位等措施，切实防范员工道德风险。

【服务标准化】 2011年，深入开展"从我做起，服务兴行"活动，通过全面实施文明标准化服务和营销技能导入工作，对现有的岗位和人员进行重组，进一步改造和优化业务流程，提高部门之间、前后台之间的协调配合协同作战能力，深入研究分析差异化服务，加强客户分类管理，同时加强监督检查和服务情景演练，营造良好的服务文化氛围，修正员工不良习惯，提升服务竞争力，提高客户满意度。

2012年，深入开展民主评议行风活动，全面实施文明标准化服务的固化工作，将服务质量与员工的星级管理、等级管理结合起来，严格考核管理，强化员工服务意识。通过进一步改造和优化业务流程，服务水平和服务技能进一步提高，提升客户的满意度。

（吴耀火）

中国银行景宁支行

【概况】 中国银行景宁县支行于2012年2月15日成立，内设营业部和业务发展部两个部门，共有员工16人；本着"服务畲乡，情系大众"的经营理念，紧密结合县委、县政府"三县并举"发展战略，努力支持畲乡景宁实体经济发展，大力增加信贷投放总量，积极提升对重点建设项目、战略性新兴产业、现代服务业、中小企业、"三农"和民生工程的金融服务，随着自身综合实力的不断增强，各项业务得到持续健康稳定发展，在景宁当地树立了良好的口碑，为在当地的可持续发展打下了坚实的基础。2012年，获景宁畲族自治县工业经济贡献三等奖。

【存款业务】 2012年，中国银行景宁县支行以市场新增占比第一为使命，全力做大核心存款，把存款作为全年工作的头等大事，调动一切资源和力量，牢固树立全行员工矢志不渝抓存款的意识，大力拓展成本低、稳定好的客户存款，改变以"时点规模"为核心的传统存款业务拓展方式，强化日均和时点并重的绩效导向和要求，千方百计促进存款快速、稳定增长。2012年年末，实现各项人民币存款余额11782万元，各项外币存款余额92万美元。

【资产业务】 2012年，结合景宁当地金融市场，把营销目标定位在产品有市场、发展有潜力、经营效益好、社会信誉好的中小企业，把做好中小企业的金融市场作为一项可持续发展战略来抓。同时积极创新产品，服务当地实体经济，做有中行特色的"小水电通"，盘活水电股东的资产；在积极拓展各项业务的同时，支行以资产质量零不良为目标，认真筛选授信准入客户，严格实行"四个必须"和加强贷后管理，全年将风险防范作为各项工作的重中之重，2012年支行资产业务零不良，发放各项贷款21213万元。

【中间业务】 坚持中间业务强行，依托传统业务，积极实施新产品带动、服务带动，加快创新应用，利用外汇产品优势，在当地首家开办了结售汇业务，带动了外汇市场的快速发展。积极宣传、推广电子银行的各项应用，提高企业、个人网上银行、手机银行的动户率、交易额，提升银企合作深度；重点发展卡分期业务，将贵金属、基金、保险销售纳入持续常态化销售管理，实现了中间业务的快速发展。2012年，实现中间业务收入80万元。

【外汇结算业务】　2012年9月，经丽水外管局批准同意中国银行景宁县支行对居民提供外汇金融服务，可以为居民办理个人外汇结售汇、国际汇款及国际信用卡等业务。年末，个人外汇结算业务占到全县外汇结算总额的96%以上。

【风险防控】　坚持"内控惟要"，努力提高内控管理水平。一是强化内控意识，坚持每季度开展一次内控防案分析会，每季度组织一次安全保卫预案演练以及开展一系列的警示教育、职业道德教育等活动，增强全行员工的风险意识、制度意识和自我保护意识，逐步提高全行的管理水平和防风险、防案件的能力。二是健全和完善内控机制，狠抓各项制度落实、实行动态管理，使管理工作更加科学化、规范化、系统化，达到日常警示、长效管理的目的。三是加强对"七不准""四公开"等制度执行情况的自查，重点落实内控管理内源性机制建设，解决业务发展和内控防案流程清晰化问题，将防案关口前移，促进各项制度落实。四是加强党风廉政建设，深化廉政教育，大力弘扬新风正气，形成良好的内控氛围。五是认真落实"三防一保"各项工作，完善安防体系，落实安全责任，加强员工教育，提高队伍素质，加强安全防范设施标准化建设，提升防范能力，确保安全稳健经营。

【企业文化建设】　强化文优服务深层化，将文优服务转化为全行员工内在的自觉行动，全面践行"服务为善"，落实总行《全球金融服务标准》，从服务理念、知识技能、执行过程三个层面构筑"知行合一"的文优服务体系。

【队伍建设】　坚持以人为本的经营理念，始终把"发展业务才是硬道理"作为抓党建工作的核心，以"人"为结合点、以业务发展为切入点，坚持党建工作与业务发展相结合，着力提高队伍素质。加强员工技能练兵和技术测评，制定切实可行的训练计划和考核机制，通过任职资格培训、考试等手段，强化公司客户经理、个人客户经理、理财经理等专业岗位任职资格准入管理。

（林俊杭）

中国工商银行股份有限公司景宁支行

【概况】　2011—2012年，中国工商银行股份有限公司景宁支行内设机构有办公室、市场业务部、个人金融业务部、营业部，在职员工28人。2011年年末，人民币各项存款余额83198万元，其中：对公存款余额57500万元，比年初增加6563万元；储蓄存款余额25698万元，比年初增3011万元。贷款余额38843万元，比年初增加2858万元，不良贷款余额10万元，不良率为万分之2.57。实现中间业务收入205万元。

2012年年末，人民币各项存款余额89092万元，比年初增加5893万元，其中：对公存款余额61277万元，比年初增加3776万元；储蓄存款余额27815万元，比年初增加2117万元。贷款余额39665万元，比年初增加822万元。不良贷款余额10万元，不良率万分之2.52。实现中间业务收入170万元。

【存款工作】　对公存款。一是改进营销方式，加强公私联动，推动个人业务和对公业务的共同发展。二是实施对公存款"一把手"工程，加强对公存款工作的组织领导，对100万元以上的客户，由"一把手"亲自负责走访和营销。三是紧密关注和跟踪"十二五"规划的重点项目、重点投资和引资计划，早谋划、早动手，带动存款业务的健康发展。四是积极与工商部门加强联系，从源头上抓住客户资源,努力扩大开户率和市场占有率。储蓄存款。一是确定活动目标,形成人人有任务、人人有压力、人人有动力的竞争格局。发动全行员工的力量和智慧,集中精力抓好存款和产品营销工作。二是针对在景宁工行代发工资的单位,落实专人负责,做好跟踪和维护,确保单位的年终工资、奖金、分红在该行代发。三是做好移民户补偿款的揽储工作。在掌握了客户信息的基础上,利用短信、电话、发动全行员工利用班后时间走访等方式,利用理财产品、富农卡、商友卡等优势产品吸引客户储存。

【贷款工作】 树立“资产兴行”的经营理念,积极拓展贷款市场。积极贯彻落实景宁县委县政府关于提升产业层次、扩大投资规模的政策,了解有关项目的资金需求。主动与企业沟通,优先支持电力、医药、不锈钢等产业的龙头企业发展需求,积极为中小企业融资。为进一步扩大市场份额,景宁工行积极发展个人金融业务,一是加大市场营销力度,积极推进个人经营贷款的增长,提高个人经营贷款中个人优质客户占比。二是充分利用景宁工行现有的个人二手房贷款、积数贷款、消费贷款等,加快个人贷款业务的发展。

【硬件投入】 按照现代经营管理要求,把网点从传统的操作服务型向营销经营型转变。柜面服务设立了现金区、非现金区和贵宾区。2012年,在人民中路1号增设了自助服务网点,配备了4台ATM机,1台自助终端机。年末共有自动取款机及自助服务设备16台(套),大大方便了城乡居民的存、取款,使客户小额存取款业务分流取得了重大的突破,分流业务工作明显,特别是春节等重大节日大大减轻了柜面压力。全部业务和自助银行实现了全程自动监控,为广大客户提供保驾护航和安全保障。

【服务管理】 以“服务品牌形象最好、客户满意度最高”为服务工作目标,从理念、渠道、管理、功能、能力和效率上优化服务流程。加强业务分流,实行弹性排班制、弹性窗口,实施柜面限时服务,提高柜员服务技能,加强高低柜联动,增加大堂引导员,贯彻落实《大堂服务流程》,有效缓解柜面业务压力。开展“客户在我心中”服务大讨论活动,深入学习研讨,分析现实案例,提升服务技巧。改革业务集中处理体制,授权业务转向后台,营业经理转为现场经理,实时督导员工现场服务。改善服务管理、完善服务设施、优化服务环境,全面提升网点服务水平。严格执行经总行制定,报发改委和银监会批准的全国统一收费项目和收费标准,清理和精简收费项目,在利率定价上,主动让利于企业,按风险定价原则,合理确定利率水平,减轻企业负担。

【防案内控工作】 以开展“最安全银行”为契机,认真落实“内控十个平台”建设,按照“一岗两职”要求,落实中层干部内控防案履职职责,要求全体员工为落实内控作出承诺,充分利用晨会、周会、月会学习内控规章制度,以丽水市工行“内控管理考核办法”为指导,抓好内控工作。建立、健全各项管理制度,进一步明确支行行长和部门负责人为防案工作第一责任人,及时召开防案分析会、内控例会、定期进行员工行为动态分析,全面加强各类风险管控。根据丽水市工行保卫工作要求,进行多次防暴、防火演练。利用消防安全月活动,开展消防安全检查清除隐患,提高消防安全意识。2011—2012年,景宁工行连续两年获省级“治安安全”先进单位和市级“文明单位”。

（舒丽华）

中国建设银行股份有限公司景宁支行

【概况】 中国建设银行股份有限公司景宁支行(以下简称建行

景宁支行)设立于1984年9月，时名中国人民建设银行办事处，是在景宁县财政局基本建设管理股的基础上组建而成。1985年，升格更名为中国人民建设银行景宁支行，负责统一管理全县基本建设的资金、金融业务，当时有干部、职工12人。1987年9月，开始设立沙湾分理处、鹤溪储蓄所，开办储蓄业务。1988年8月，经县政府批准设立房地产信贷部，承办房改金融业务。1990年7月设立浙江省信托投资公司景宁证券代理处。1993年6月设立景宁县建设房地产开发有限公司。1994年4月，设立丽水地区信托投资公司景宁办事处。1996年3月，根据总行统一规定更名为中国建设银行景宁县支行。2004年9月，因建设银行实施CIS战略，更名为中国建设银行股份有限公司景宁支行。2012年年底，有员工39人，内设办公室、公司客户部、营业部、业务管理部、理财中心，个贷中心、贵宾理财室。2011年，全行全口径存款86208万元，各项贷款余额为47793万元；中间业务收入490万元，实现拨备前利润1752万元。2012年，一般性存款为89801万元，各项贷款余额为51276万元，中间业务收入424万元，实现税前利润1867万元。2011年，荣获省分行具有“中间业务竞争力”奖和县政府全县工作综合考核积极贡献奖。

【服务渠道建设】 2011年，建行景宁支行对营业网点进行扩建装修和办公大楼外墙立面改造，并增加了五台ATM存取款一体机，改善营业场所硬件设施，既推动渠道建设，又方便广大客户。

【举办“建行杯”楹联创作大赛等系列活动】 2011年9月，县委宣传部、县文联、建行景宁支行联合举办“建行杯·和谐景宁”楹联创作和书法大赛。活动历时3个多月，得到广大市民的积极响应和参与，共收到楹联作品228副，书法作品54件。主办单位组织县内外专家评审团对所有参赛作品进行认真初评和复评，分别评出楹联创作大赛和楹联书法大赛一、二、三等奖以及优秀奖若干名。是年“七一”建党90周年之际，建行景宁支行党支部全体党员到大漈乡开展以“唱红歌、看红片、重走红军路”为主题的红色活动，加强革命传统教育，增强爱国情怀，弘扬民族精神。2012年1月16日，建行景宁支行与县委宣传部、县文联在建行办公楼门口联合举办“建行杯·和谐景宁”楹联创作书法大赛颁奖仪式暨书法展、送春联活动。

【建行爱心捐助款落户东坑镇小】 2011年6月29日，建行景宁支行行长柯建俊等领导将50万元建行客户爱心捐助款捐献给东坑镇中心小学，用于该校塑胶跑道建设。建成后该校成为景宁县首个拥有塑胶跑道的乡镇学校。

【贯彻落实全年工作会议精神】 2012年2月27日，建行景宁支行柯建俊行长主持召开员工大会，传达2012年全市分行建设银行工作会议精神。提出全面贯彻落实党的方针政策和省分行、市分行工作会议精神，坚持以科学发展为主题，以转变发展方式为主线，以创先争优为载体，以效益为中心，以存款为基础，以质量为重点，以安全为保障，牢牢把握稳中求进、科学发展的工作总思路，围绕“确保同业市场份额，系统内贡献度‘两个’不下降”的工作目标和“小而精、弱而强”的经营思路。

【下乡上门送服务】 2012年3月15日，建行景宁支行组织业务骨干分别到县电力局、沙湾镇、东坑镇宣传金融产品知识，了解客户需求，并利用移动终端现场为客户办理信用卡、个人网银、手机银行等产品服务。

【召开行风评议动员大会】 2012年6月3日晚，景宁支行召开员工大会，传达贯彻省分行春季工作座谈会议精神，动员部署民主行风评议活动和省分行风险排查工作。

【行风监督员座谈会】 6月20日下午，在景宁畲乡大酒店召开县委常委、副县长叶金堂，县人大副主任陈林生，县政协副主席沈秀慧，县纠风办主任朱建兵，县人民银行行长吴振勇及受聘的9名行风监督员出席会议。会上建行景宁支行向浙江景宁大自然食品有限公司总经理杨荣良等9位行风监督员颁发了聘任证书。

【"感恩有你"2012年中秋高端客户答谢会】 2012年9月21日下午，建行景宁支行举办"金秋硕果，感恩有你"2012年中秋高端客户答谢会，邀请建行丽水市分行周纪芳为高端客户作理财讲座，建行丽水市分行长助理王旭东行出席答谢会。

【举办消防安全知识讲座】 2012年11月13日晚，建行景宁支行举办消防安全知识讲座，邀请浙江六进消防安全教育中心王天俊教官为支行全体员工上了一堂生动的消防安全知识课。

（吴光明）

中国农业发展银行景宁畲族自治县信贷组

【概况】 中国农业发展银行景宁畲族自治县信贷组（以下简称景宁农发行）设立于1997年1月，为国有政策性银行，原名为中国农业发展银行丽水地区分行派驻景宁县办事组，2001年2月更名为中国农业发展银行景宁畲族自治县信贷组，主要职责是承担国家规定的农业政策性金融业务，代理财政支农资金的拨付，为农业和农村经济发展服务。

2011年年末，景宁农发行各项贷款余额15637万元。2011年发放县级储备粮贷款240万元，地方调控粮食调销贷款160万元，支持企业调入粮食250万公斤，保证了景宁县粮食供足价稳；投放中长期贷款3000万元，支持县公路改建工程；投放商业性贷款1000万元，支持具有景宁特色的农业小企业的发展，充分发挥政策性银行的作用。

2012年年末，景宁农发行各项贷款余额15616万元。2012年发放县级储备粮贷款147万元，地方调控粮食调销贷款160万元，支持企业调入粮食192万公斤；投放中长期贷款2500万元，支持企业白茶加工新建项目和县公路改建工程；投放商业性贷款970万元，全力支持农业小企业健康平稳发展。

【业务创新】 为更好的服务和支持中小企业的发展，景宁农发行积极拓展业务范围，创新金融方式，开展了林权抵押贷款业务。2011年，景宁农发行以丽水作为农村金融体制改革试点为契机，向企业发放了500万元林权抵押贷款，抵押物价值主要是以茶树等林木资产未来产出收益来估算，解决小企业客户难以提供有效担保的问题。

（陈　杰）

县农信联社

【机构概况】 景宁畲族自治县农村信用合作联社前身为中国农业银行景宁县支行信用合作股，1987年9月经农业银行丽水地区中心支行批准，从该行合作股析离成立景宁畲族自治县农村信用合作社联合社（简称景宁县农信联社），1996年8月与农行正式脱离行政隶属关系，归属丽水地区农村金融体制改革领导小组管理。2000年7月1日，根据原丽水地区人民银行《关于同意景宁通达城市信用社归口管理的批复》（丽银复〔2000〕16号）和《关于城市信用社归口农村信用社县联社管理有关问题的通知》（丽银发〔2000〕35号）文件精神，将始立于1993年9月的原景宁县通达城市信用社接收归并为下属机构。2005年，根据《深化农村信用社改革试点方案》（国发〔2003〕15号）、《中国银行业监督管理委员会关于印发〈农村商业银行管理暂行规定〉和〈农村合作银行管理暂行规定〉的通知》(银监发〔2003〕10号)文件精神,经过清产核资与增资扩股,完成了27021户864万元的老股金的清理工作,共向13849户自然人或法人募集新股金1033.88万元,其中:法人股301万元;员工自然人股248万元;非员工自然人股484.88万元。2005年6月23日,景宁县农信联社第一届社员代表大会召开,选举产生理监、事会,决议通过在合并全县各乡镇农村信用社和县联合社的基础上,正式改制成立"景宁畲族自治县农村信用合作联社",并改原两级法人治理为一级法人治理。2005年8月12日,经中国银行业监督管理委员会浙江监管局批复同意,正式注册登记、挂牌营业,注册资本为908万元。

截至2012年年底,景宁县农信联社下辖1个营业部、3个信用社、11个分社和1个非全日制服务网点,共有在岗职工156人。

【存贷规模增加】 2012年12月底,景宁县农信联社存贷款规模总量已达24.8亿元,比2011年的20.82亿元增加了3.98亿元,其中:各项存款余额14亿元;各项贷款余额10.8亿元,同比分别增加1.95亿元和2.03亿元;在全县8家金融机构中,人民币存贷款市场占有率分别为26.95和32.48%,居于首位。

【资产质量看好】 景宁县农信联社坚持小额、分散、流动原则,强化授权、授信管理和责任追究制度,并以堵口清淤、行政"曝光"、依法清收、违规积分管理等多种途径或手段,提高资产质量。2011—2012年,共收回不良贷款469.41万元,依法诉讼借款合同案件48起,有288人次被积分警示,有21位贷款责任人被处以经济处罚。至2012年年底,五级不良贷款在存量和占比都达到了"双降"目标:一是五级不良贷款余额两年下降了335.2万元;二是五级不良贷款占比两年下降了0.78个百分点,至2012年年底,五级不良贷款占比仅为0.69%,低于全省农信系统平均数的1.07个百分点,为全丽水市农信系统最低水平。

【经营效益提高】 按照市场原则,景宁县农信联社以"安全、效益"为基点,结合贷款投向、贷款方式、期限、信用等级、客户忠诚度和贡献度等诸多因素,同步实施"差别利率和浮动利率",大力发展中间业务,积极寻求、探索资产多元化和利润增长点,财务收入和经济效益实现同步增长。其中,2011年各项财务收入达到7571万元,同比增加1585万元,增幅26.48%,实现账面利润2925万元,同比增盈1200万元。2012年,各项财务收入首次突破亿元大关,达到10122万元,同比增加2551万元,增长33.7%,实现账面利润3219万元,同比增加294万元。

【支农支小凸显】 2011—2012年,景宁县农信联社小微企业和涉农贷款在增量和增幅上实现同步增长。2011年、2012年,涉农贷款年终余额分别为7.71亿元和9.81亿元,同比分别增加1.16亿元和2.11亿元;涉农贷款占比分别为87.9%和90.8%。2011—2012年,共增加农户贷款支持户数773户,林权抵押、青年(妇女)创业、低收入农户、危旧房改造等特色贷款发放量为3414笔、共计28762.3万元,特色贷款余额至2012年年底已达2.7亿元,占全部贷款总额的25%。丰收小额贷款卡使用覆盖率连续两年高于全省农信系统平均水平,2012年该项贷款单项余额已达21293.34万元。小微企业贷款的投放量也随之加大,2012年,景宁县农信联社共发放小微企业贷款17987万元,年终余额达到15017万元,比年初增加5299万元,增长54.53%。

【支农品牌确立】 2011—2012年,经过不断的完善和打造,景宁县农信联社以"五大美好"系列和"丰收小额贷款卡"为最具特色的支农贷款品牌已基本确立。其中，“五大美好”贷款产品共设20个服务子项目，包括“美好未来、美好生态、美好家园、美好伙伴”五大系列；服务内容涉及农户的生产、经营、流通、消费等各个领域；服务对象涵盖农、工、商、青年（妇女）创业者等多层次的客户群体。而丰收小额贷款卡则以信用卡为载体，实行“一次授信、循环使用、利率优惠”的快捷方式发放，深受民众欢迎。

【企业文化丰富】 制定出台《景宁县农村信用合作联社文化建设2012—2014年行动计划》及其实施细则，并以党庆90周年和信用社成立六十周年庆典活动为契机，运用“庄式学习法”，开展“读红书、唱红歌、走红路”系列活动，同时，还结合党史教育、文体活动、行风评议、标杆网点建设、敬老反哺等具体活动，推进企业文化建设。2011—2012年年，共举办职工趣味运动会两场、组织工会活动20场次，组织清明节祭奠烈士和“七一”寻访红色足迹活动各两场。2012年，与《畲乡报》社合作，推出了“信用杯”党史知识竞赛活动。2011—2012年，共编发由《景宁农村信用合作》内刊改版而成的《景宁农信报》24期，总发行量4200份。此外，景宁县农信联社还积极参加社会公益活动，两年来，分别以“慈善一日捐”、尊师重教，敬老帮困、社会赞助各种方式，向社会捐资赠物19.5万元。

【服务产品叠出】 2011—2012年，景宁县农信联社先后推出了丰收贷记卡、社保卡和“丰收·信福”理财产品等综合业务，其中，丰收贷记卡和社保卡发行量为1632张；“丰收·信福”理财产品销售额1100万元。有会计远程授权、电子档案、集中对账、会计检查、计算机辅助审计、贷款集中授信审查、非税收入七大业务系统顺利上线运行，电子网络业务、跨行服务模式也相继推出，服务产品不断优化丰富。

【授信方式创新】 在强化“银村合作、银企联谊、信用体系建设”的基础上，2012年，景宁县农信联社首次推出并实施逐笔授信和批量授信相结合的方法简化贷款授信流程，拓宽授信业务申请渠道。全年召开现场签约授信专题会两次，共为8家小微企业和5个首批银村合作村公开批量授信2.97亿元。

【大楼搬迁完成】 2012年9月19日，经人民银行、银监会批准，景宁县农信联社将联社总部由景宁畲族自治县红星街道（原为鹤溪镇）人民中路288号搬迁至人民中路201号新大楼，该大楼占地面积1563.75平方米，建筑面积6487.84平方米，由中国美术学院风景设计研究院勘察设计，建设投资2900多万元，是景宁县城主要的地标性建筑之一。

【服务渠道拓宽】 两年间共增加ATM机12台、POS机87台，设立助农服务取款点和支农专柜87个；并以特约商户、选聘乡村支农联络员与信用社派驻兼职金融指导员相结合方式，把便民金融服务工作进驻到全县各个行政村的便民服务中心之中，进驻率达到100%。同时，还通过“一卡通”服务方式为全县农户的4万多个账户办理了公益林、粮食直补、库区移民补助等涉农补贴资金代发业务，2012年累计代发金额1288.97万元，既降低农户的金融业务成本和风险，又实现自助服务、基础服务、代理服务三大渠道同步拓宽。

【制度建设深化】 两年来，景宁县农信联社共召开理、监事会各六次，审议通过了《景宁县农村信用合作联社三年发展规划》等内容包括信贷、风险、安全、押运、档案、银行卡等方面的议案29个。各类规章制度总量由2011年的173个增至2012年的225个，并经重新梳理、修订于2012年年底以每套4册的容量装订成册，共计200套，基本实现制度对业务流程及其规范化操作的全覆盖。

【信用体系建设】 2011年，景宁县农信联社在全市农信系统率先推出了“银村合作”模式，年初即与鹤溪街道城北村签订银村合作协议，使之成为全县首个银村合作村。同时，景宁县农信联社还以“农户信用等级评定、建立经济档案、优化信用环境”为核心目标，继续深化农村信用体系建设。2011年，全联社共创建金融信用村80个，创建率占全县行政村总数的31.7%，农户信用等级评定面达到47.55%，农户经济档案建档数达到辖内农户数的94.23%，大漈乡彭村村还被评为浙江省第一批“农村金融省级信用村”。

2012年，景宁农信联社又以动态管理模式，为辖内农户建立经济档案28835份，缔结“银村合作”协约村167个，农村信用环境进一步得到优化。

【用工管理优化】 2012年，景宁县农信联社相继出台了“中层干部转岗、员工离岗休养”等一系列用工管理制度，并以“双向选择、竞争上岗”为核心内容，首创“考、评、聘”三位一体员工进城管理办法。全面完成“中层干部竞岗、员工双聘、员工进城考核”三项人事改革工作，用工制度、劳动组合全面优化。

【业绩领导肯定】 两年来，景宁县农信联社业务发展势头良好，县委、县政府也给予了肯定与赞赏。2012年5月22日，县长蓝伶俐曾作出了“景宁农信联社‘几个第一’的业绩非常突出，增速明显，为全县金融服务地方经济发展带了个很好的头，做出了积极的贡献，希望再接再厉，向好银行看齐，为早日组建农商行打下坚实基础”的批示。7月13日，县委书记林康又亲笔批示道：近年来，县信用联社积极开展各项业务，在助推县域经济发展，强化基层服务等方面取得了突出成绩，应予充分肯定。同时，希望各金融单位以此为榜样，在景宁县的经济社会发展上积极有为，再立新功。

【服务形象提升】 2011年，景宁县农信联社推出以“内强素质，外树形象”为目标的优质文明服务和标杆网点创建活动，10月还特邀温州市金诺企业管理顾问有限公司精英团队进行了为期5天5夜的“临柜五步法”规范化服务专项培训，并由此建立内训师和定期晨会制度，提升服务水准。同时，还以“万名农信干部下基层”“走千家、访万户”“银企联谊”“银村合作”等为推手，强化服务，社会美誉度不断提高，各种荣誉接踵而至：2011年，获得全县“党旗飘飘”歌咏比赛银奖和丽水市农信系统庆祝建党90周年文艺会演二等奖。2012年，被评为丽水市“创先争优先”进基层党组织、“劳动关系和谐企业”和“三大工程”建设宣传先进单位；联社工会也被评为浙江省“模范职工之家”；并且还获得“2012年度景宁县工作目标管理综合考核积极贡献奖”；同时，城北分社还被授予“丽水市青年文明号”荣誉称号《景宁县农村信用社合作联社重要空白凭证专项审计》又被评为全市优秀内审项目。联社各网点的会计基础工作都已全部达标，其中，鹤溪信用社、联社营业部还被评定为“会计基础二级单位”；东坑信用社、沙湾信用社被评定为“会计规范化单位”。

【三大工程实施】 2012年，景宁县农信联社按照银监会的要求，以服务“三农”为立足点，采取选点培育、以点带面、按部就班的工作方法，全面推进“金融服务进村入社区”“阳光信贷”“富民惠农金融创新”三大工程建设。并借助村级便民中心服务平台，以“银村合作”模式为抓手，通过农户资质评审、信息公示、授信签约等工作流程，推行一揽子阳光操作。全年共召开农户座谈会123次，发放各种宣传资料15000多份，征集意见或建议101条，在全县各行政村便民服务中心制作并悬挂服务公约、流程提示等各种匾牌420幅。同时，还在各中心村设立金融服务咨询台，对信贷服务流程、产品内容、承诺事项等进行宣传介绍，着力打造“便捷、务实、高效、规范”的服务品牌。此外，景宁县农信联社还从社会各界选聘14位“阳光信贷”监督员，监督信贷人员严守“七不准”规定，廉洁放贷，杜绝违规操作和不作为现象发生，信贷工作透明度不断提高。

【安保系数提高】 安保投入加大，并在县城各网点推出大堂保安制度的基础上，以二级风险防护标准对全县所有营业网点的安保设施进行了全方位改造；以一级风险防护标准建造联社中心库，成立联社监控中心，并在新大楼安装了“视频安防监控、入侵防盗报警、一卡通(门禁)”三大系统，使安防视频触角覆盖全县城乡网点，安保设施科技含金量和风险防控预警能力得到有效提高。

（叶兴炎）

中国邮政储蓄银行景宁畲族自治县支行

【概况】 中国邮政储蓄银行股份有限公司景宁畲族自治县支行(以下简称邮储银行景宁县支行)拥有覆盖全县的19个网点，共有员工50人。2012年6月26日，成立中国邮政储蓄银行工会丽水市分行委员会景宁县支行分会。2011—2012年，紧紧围绕“以科学发展观为引领，推进向现代商业银行转型”战略目标，牢牢把握服务地方经济、服务中小企业和“三农”两条主线，坚持“零售银行”“社区银行”的市场定位，积极拓展市场领域，完善运行管理，强化风险管控，取得了业务快速发展、效益大幅增长、能力持续提高、管理同步增强、形象不断提升的良好局面，在向现代商业银行转型发展的道路上迈出新步伐。2011年年末，辖区内各项存款余额为5.34亿元，其中个人储蓄存款余额4.08亿元；公司存款1.26亿元。辖区内各类贷款余额2.19亿元，其中小企业贷款余额为500万元；涉农贷款4310万元；年末不良贷款率为“零”。荣获景宁畲族自治县“2011年度全县工作目标管理综合考核积极贡献奖”。

2012年年末，辖区内各项存款余额为6.5亿元，其中个人储蓄存款余额4.86亿元；公司存款1.64亿元。辖区内各类贷款余额2.68亿元，其中小企业贷款余额为800万元；涉农贷款6500万元。在资产业务快速发展的同时，邮储银行景宁县支行高度重视风险管控，资产质量保持良好。年末不良贷款率为0.01%，低于总行不良贷款率3%标准。是年，荣获景宁畲族自治县部门工作目标管理综合考核创业创新奖，被中国银监会浙江监管局评为“浙江省银行业金融支农深化年活动先进单位”；邮储银行景宁县支行行长纪华被浙江省人民政府评为2012年度浙江省城乡居民社会养老保险工作先进个人。

【金融服务“三农”】 2011年持续开展“银行卡助农取款服务”打通政府发放惠农补贴的“最后一公里”。将支付结算服务延伸到广大农村地区，农村居民足不出村就能支取基础养老金和各种涉农补贴等小额资金，有效节省往返乡镇或县城银行网点取钱的时间和交通费用。全年为全县农村居民办理19085笔，496万元取款服务。借此平台为更多涉农资金的发放提供保障(民政资金、民生资金、“新农保”资金等)，全年累计发生各项涉农资金5800多万元，发放累计笔数达30多万笔。

为实现全县乡镇基础金融服务全覆盖，邮储银行景宁县支行组成4人以上的专业标杆服务团队全年风雨无阻流动服务十个空白乡镇，至2012年11月底共发生存款交易2948笔、金额561.56万元，取款交易4435笔，金额623.34万元，总存款余额27.91万元，金融“赶集”效应成效显著。

开展“送贷到农家”金融支农服务活动。对有需求的乡镇组织信贷人员集中上门送贷，对符合贷款条件的农户进行集中发放。通过开展上门服务到农家，提高放款速度，降低调查成本，减轻农民负担，缓解农民贷款难问题，2012年发放支农贷款4500万元。

积极开展低收入农户发展扶贫贷款工作。2012年，发放低收入农户扶贫贷款1507万元，539户。

为全面实现小额取现不出村、零收费，各种涉农补贴发放“一卡通”的工作目标，邮储银行景宁县支行从2012年9月开始开展“一卡通”工作，对所属分片包干13个乡镇的相关信息资料进行收集核对，是年11月完成了5万多户“一卡通”存折发放工作。

【风险防控】 2011—2012年，进一步推进风险防控建设，一是强化风险管控能力，按业务检查频次对网点及各项业务进行日常检查，并对检查发生的问题提出整改要求，有效防范操作风险。二是根据《中国邮政储蓄银行浙江省分行案防“五个一”教育活动方案》的要求，按照案防教育活动日程安排表开展案防教育活动。通过签订关键重要岗位人员案防承诺书、观看案防案例教育警示片等方式，使行内从业人员进一步提高风险防控意识，强化合规操作的概念，明晰各岗位职责，增强责任意识。三是授权管理平台体系运行正常化。按照授权业务流程，顺利完成了基本授权工作。四是有效落实资产保全工作，贷款不良率0.01%。

为有效解决有章不循、违章操作和屡查屡犯问题，2012年认真贯彻落实《中国邮政储蓄银行浙江省分行员工违规行为处理办法》和《中国邮政储蓄银行浙江省分行员工轻微违规行为积分管理办法》，开展各项业务专项检查（反洗钱、金库、信贷及柜面等），针对频发的操作性问题进行专项整治，减少了屡查屡犯现象发生，有效提升内控管理水平和案件防控能力，做到了案件零发生。

【农村信用体系建设】 2012年，在人民银行景宁县支行的统一部署和指导下，邮储银行景宁县支行将信用环境建设作为优化投资环境、提升素质、提高科学发展水平的基础性、战略性工程来抓，按照“政府支持、人行主导、多方参与、共同受益”的模式，扎实开展农村信用体系建设，优化农村金融生态环境，并充分利用丽水市农户信用信息系统，大力拓展支农贷款业务，取得了良好成效。截至4月底，共完成8500户农户信息采集和更新工作。同时，根据农户信用系统的农户信用等级评价结果进行授信管理。对AAA级农户给予信用贷款授信额度10万元；对AA级农户给予信用贷款授信额度5万元；对A级农户给予信用贷款授信额度3万元。

【经营环境和服务理念】 2011年，邮储银行景宁支行在新迁入办公营业大楼（鹤溪北路151号）的基础上增设了排队叫号机和客户等候区，VIP服务区，自助服务区、便民服务箱等设施方便用户。在理念上，进一步树立符合现代商业银行发展规律的经营管理理念。把可持续的价值增长作为发展的根本目的；把转变增长方式作为发展的主要途径；把改善服务作为发展的主要举措；把队伍素质的提高作为发展的重要保证。同时，积极促进经营战略转型，大力发展中间业务，提高非利差收入的占比。通过发展中间业务，寻找邮政储蓄新的利润增长点，减少对利差收入的过度依赖，增加邮政储蓄盈利的稳定性，加速改善收入结构。

【营造和谐企业氛围】 邮储银行景宁县支行把“以人为本”作为各项工作的出发点和归宿，在追求企业做大、做强的同时，更注重企业员工的协调发展、共同成长，更注重营造内外部和谐融洽的工作氛围。两年来，以改革创新精神全面加强党的思想建设、组织建设、作风建设、制度建设，为改革发展提供了组织保证和精神动力。认真落实党风廉政建设责任制，积极开展反腐倡廉宣传教育，有效发挥纪检监察在银行内控管理和案件防控中的积极作用。以深入开展"创先争优"活动为契机，以庆祝建党90周年系列活动为抓手，以精神文明创建和企业文化建设为动力，大力加强思想政治工作，全面营造和谐企业氛围。

2012年，以"全员培训年"活动为抓手，大力度、高密度、高强度、成体系地开展教育培训，不断加快队伍的培养。全年员工参加省市分行举办集中培训26期，66人次；行内培训16期，410人次，平均每人全年有9次培训机会。与此同时，积极开展大学生及村干部招聘工作，引进专业人才，2011年共招录村干部1名，大学生6名。2012年共招录大学生5名。

（吴伟俊）

景宁银座村镇银行股份有限公司

【概况】 景宁银座村镇银行股份有限公司（以下简称景宁银座）于2012年2月10日正式对外营业，由台州银行主发起设立。一年来，始终延续了主发起行优秀的企业文化和经营模式，始终以"支农支小、服务三农"为经营宗旨，紧紧围绕景宁经济特色，扩大信贷投放力度，增强"支农支小"的金融服务能力，为中小微企业、个体工商户和"三农"等群体提供"简单、方便、快捷"的优质金融服务。2012年，存款日均为11255万元，完成年度目标的94%，其中定期存款为2611万元，完成年度目标的73%，活期存款8644万元，完成年度目标103%；年末存款余额20244万元；贷款日均为11268万元，完成年度目标的61%，其中小本贷款为1628万元，完成年度目标的109%；普通贷款9640万元，完成年度目标的57%，年末贷款余额19999.05万元。风险处于可控程度，不良贷款率为零。

【企业文化】 景宁银座认真传承发起行良好的企业文化。自成立以来，一是着力营造"廉洁、诚实、高效"的信贷文化。通过对每一位新员工进行"信贷资产质量是第一生命线"的风险理念教育，将信贷风险防范意识深深浸润到每位员工的骨子里；建立信贷人员行为规范、管理规范，将信贷人员的爱好、社会交往、家庭情况、性格特征等都纳入员工行为动态管理的范围；有错必罚，对涉及信贷业务办理不规范等点滴违规行为，均按相关处罚制度给予处罚，对其他员工产生强烈的警示作用，使每一位员工在心灵深处建立起强烈的风险意识，并最终转化为防范风险的自觉行动和工作习惯。二是，逐步建立起严密的管理制度体系，实行分级、分层管理，界定各条线、各管理层级的权力、职责边界，明确全行干部员工必须遵守的行为规范和标准，通过制度的导向作用、规制作用、问责作用，贯彻"我们需要的是工作结果，而不是听滔滔不绝地解释没有完工的理由"的工作信条，促使每一位员工时刻关注工作的最终目标，努力把职责工作发挥到极限。

【营销体系】 景宁银座以客户的需求作为创新的基础和目标，为客户量身定做金融产品，提供"简单、方便、快捷、有系统"的产品和服务。建立了一支占全行员工60%的营销人员队伍，以"人海战术"适应小企业"短、小、频、急"的贷款需求。

【制度建设】 建立了完善的股东大会、董事会、监事会及各项业务制度，全年累计下发制度360个，对信贷业务、前台业务、人事制度、内部控制和财务管理方面进行了规范和控制，使得各项业务开展做到“有章可循、有章必循、有令必行、有禁必止、有错必纠”。

【人力资源工作】 2012年，制订人力资源规划，下发《浙江景宁银座村镇银行人力资源管理制度》，引导员工建立职业生涯规划。在人员招聘方面，本着“精选人员”的原则开展工作，年末，全行共计在编39人，其中柜员10人，管理部门10人，营销部门19人，基本搭建起适应村镇银行业务发展的组织架构。建立理论与实践相结合的培训体系，并依托主发起行优势对干部员工进行培训。规定新员工招聘后先到台州银行集中培训三个月，前台、信贷、管理人员集中到样板支行进行标准化的实践培训，克隆服务标准，保证各营业机构的服务质量同一。坚持以“公平、公正、透明”的价值理念，奉行“决避近亲，机会平等”“让合适的人做正确的事”的用人原则，坚持效率优先，兼顾公平的分配机制，形成了以公开、平等、竞争、择优为导向的用人机制，以胜任能力为导向的人才评价机制。

【三大工程实施】 2012年，景宁银座按照银监会的要求，以服务“三农”为立足点，结合当地民情，不断创新思维，践行服务承诺，全面推进“送金融服务进村居”“全面推广阳光信贷”“富民惠农金融创新”三大工程建设，并形成长效机制。

【系列活动】 2012年3月15日组织员工到县老年活动广场摆摊设点开展“3·15”征信、打击非法集资等金融知识宣传活动，活动现场共接受咨询100多人次，发放宣传资料500多份。3月27日早上，在县人民广场开展送“金融知识进万家”宣传活动，宣传“免费银行”“金添储蓄”系列产品。9月8在重阳节来临之际，在县老年大学举办别开生面的“庆重阳，浓浓敬老情”活动，全行员工陪伴县诗词协会的60多位离、退休老人共同度过了一个温馨、快乐的重阳节。9月29日，在景宁银座行门口举办“金秋，银座关爱老年人中秋月饼大派送”活动。

（徐梅芳）

2011年—2012年度人保财险景宁支公司政保合作保险情况统计表

表10

单位：万元

涉农险种	年度	保费收入	赔付成本	赔付率%
政策性农房保险	2011	52.03	127.38	244.82
	2012	52.80	88.30	167.22
林木火灾保险	2011	120.72	64.47	53.40
	2012	1810.00	70	38.67
种植业保险	2011	8.63	0.27	3.13
	2012	186.37	22	11.8
养殖业保险	2011	3.45	9.6	278.26
	2012	7.46	5.8	77.75
城乡居民合作医疗意外伤害保险	2011	500.00	35	70.00
	2012	500.00	36	72.00
城镇居民(在校生)医疗保险	2011	980.00	76.70	78.30
	2012	110.00	9185	83.50

中国人民财产保险股份有限公司景宁支公司

【概况】 中国人民财产保险股份有限公司景宁支公司(以下简称人保财险景宁支公司)成立于1987年1月,截至2012年年底,有正式员工28人。公司下设办公室、理赔分部和业务部三个部门,在全县各乡镇建立保险服务站22个。2011—2012年,人保财险景宁支公司继续加强政保合作,围绕保险服务民生示范区"三农""民安""民富""民生"保险和保险生态环境优化这五项发展计划,积极研发适合景宁经济和畲乡百姓需要的保险产品,探索建立具有景宁特色的保险产品服务体系,先后推出机动车辆险、财产险、船舶货运险、责任信用险、意外健康险、涉农保险、自然灾害公众责任险、火灾公众责任险、校园方责任险、社保补充医疗保险、城市建设设施公众责任保险、体育设施公众责任保险、畲乡"三月三"公众责任保险、旅行社责任险等100多个险别,涵盖非寿险各个业务领域。2011年,承担风险保障金额达253.45亿元,实现保费收入2349.17万元,赔付1279.98万元,实现承保利润267.14万元;2012年,承担风险保障金额达282.25亿元,实现保费收入2890.52万元,增幅达21.75%,县域市场份额占83.77%,高于全省系统22.82个百分点,赔付1314.87万元,实现承保利润442万元。荣获2011年县委、县政府颁发的"积极贡献奖"和中国人民财产保险浙江省分公司"2012年县区支公司经营业绩30强"称号。

【小额贷款项目保证保险】 2011年7月,人保财险景宁支公司与县人民政府、县信用联社、邮政银行、农业银行签订了《景宁畲族自治县低收入农户致富奔小康小额贷款项目保证保险合作协议》。保险对象为年满十八周岁不大于六十周岁,信誉良好、无不良记录,2010年度家庭年人均纯收入在4000元以下,具备发展种养业、农产品加工和营销等方面短平快的条件,并有发展意愿的低收入农户。赔偿限额根据实际贷款金额确定(单笔贷款金额最高不超过5万元,贷款金额不含利息、罚息)。赔偿比例在总体风险控制额度内发生保险事故时,保险公司承担贷款损失金额的70%,金融机构承担贷款损失金额的30%。总体风险控制额度在协议合作期限内,人保财险景宁支公司支付的赔款总额一旦达到实收保费的1.5倍时,超过部分由县财政资金兜底。保险费率为贷款金额的2%,保险费由县财政全额补贴。是年三行发放贷款1078户,人保财险景宁支公司支保费收入55.456万元,2012年三行发放贷款2773万元,保费收入55.45万元,支付赔款1.4万元。

(彭　程)

中国人寿保险股份有限公司景宁支公司

【概况】 中国人寿保险股份有限公司景宁县支公司(以下简称公司)是一家县支保险公司,直属于中国人寿丽水分公司,拥有独立的法人,至2012年年底有正式员工11人,营销员96人,公司由三大业务部门(个人业务部、团体业务部、银行保险部)和一个客户服务中心组成。

2011年,公司实现新单总保费1270万元,其中总期交保费316.2万元,意外险保费282.9万元,达成率位列全市第一。全年累计理赔金额达225.49万元,赔付率30%。

2012年度,公司完成总保费2615万元,市场份额占比达80%。其中,新单保费1032.59万元,期交类保险410万元,意外险类保费315万元。全年赔付204.89万元,赔付率25%。公司综合经营水平排名全市第二。2012年与上年比,公司期交类保费正增长29.7%,意外险保费同比增长11.7%。

【个险业务】 2011年,个险渠道

总期交保费233.43万元，其中10年期136万元，短险保费155.42万元，完成率115%，位列全市第一名。2012年，个险总期交完成327.3万元，其中标保完成160万元，达成年度预算的102%；规模期交112万元，达成年度目标的70.28%，十年期交210万元，达成年度目标的104%，短险110万元，达成年度目标的780%。个险渠道全年新增人力44人，达成上级下达的队伍发展指标。

【团险业务】 团险渠道短险163万元，完成率位列全市第四。政保项目保费达100万元，在原有的政保合作基础上，2012年新发展了《计划生育家庭意外伤害保险》，共收取保费21万元。成为景宁县保险示范县建设的一个亮点之一。公司积极发展银行代理小额意外险业务，积极拓展政保合作项目。建立起涵盖保险服务"三农"、服务"民生"、服务"民安"为一体的社会保险，提高市场影响力。

【银保业务】 银保部门积极进行重点渠道拓展，与中国邮政储蓄银行景宁县支行开展合作。抓住春节等营销黄金时段，开展了网沙、柜面拓展等业务活动，在业务引导上以期交为主。截止至2012年12月31日，续收率达99%，客户零投诉。

【业务管理与客户服务】 客服中心工作主要围绕内部风险管控、加强柜面管理、提升业务服务效率与服务水平展开。一是加强与业务部门的事前、事后沟通，积极主动为业务员提供专业支持。二是加强业务受理质量及客户服务管理，提高客户满意度，建立一支业务技能、服务意识、水平过硬的团结、和谐、有战斗力队伍。三是加强"二线会办"管理，提高投诉处理的准确性和时效性，两年无客户投诉，并按省、市公司"关于95519二线会办工作"的相关考核要求，规范流转处理各类会办单，及时准确解决客户的各类投诉、咨询。

【文化和品牌建设】 公司在文化建设和公司品牌建设方面，一如既往地组织内外勤员工参与县里组织的活动。2011—2012年，共组织各类宣传活动达30场次，参与人数达1500人。同时，公司开展保险赔款送上门等服务。

【客服中心改革】 客服中心以"服务公司发展战略"为核心，稳步推进业务管理"集中优化"，持续提升"业务管控、保单基础服务、销售服务支持"三种能力，加强基础管理，强化制度落实，提升服务竞争力。2011年，全面完成业务管理省级集中，真正实现掌管分离，由5人削减到3人，从直接的行政管理转变为专业化经营，同时加强了理赔时效管理和承保出单时效管理。提高客服中心的工作效率，降低客服中心的投入成本。客服中心继续保持零投诉。

（谢　芬）

中国太平洋财产保险股份有限公司景宁支公司

【概况】 中国太平洋财产保险股份有限公司景宁支公司（以下简称太保产险景宁支公司）成立于2009年2月。截至2012年年底，有员工13人。公司下设总经理室、综合管理科、理赔部和业务部。太保景宁支公司始终坚持"以客户需求为导向"的经营理念，全面贯彻"稳增长、转方式、防风险、强队伍、促和谐"工作方针。坚定信心，迎难而上，持续推进转型优化，加快转变发展方式，各项工作取得显著成绩。为推动景宁经济发展和保障人民财产安全发挥积极作用。

2011年，实现保费收入758.16万元。其中车险保费收入478.01万元，非车险保费收入280.15万元。受理赔款案件1036件，实现赔款支出238.82万元，当年结案率93.36%，简单赔付率28.94%，综合成本率61.79%，实现利润收入289.69万元。

2012年，继续快速发展，保费规模再创新高，共实现保费收入1000.49万元。其中，车险保费收入723.32万元，非车险保费收入277.17万元，受理赔款案件1570件，赔款支出473.13万元，当年结案率94.89%，简单赔率33.85%，综合成本率77.39%，实现利润收入222.8万元。

【保险种类】 太保产险景宁支公司主要经营：企业财产保险、家庭财产保险、工程保险、责任保险、意外健康保险、政策性企业保险、机动车保险、船舶险、货运险等多个险种。

【保险承保】 太保产险景宁支公司主要承保方式有：柜面承保、上门承保、电话承保、网络承保。特别是"电销三进入"与"四轮驱动"的工作举措为公司发展做出重大贡献。同时，电网销发展开创保险行业的新局面，大大方便了客户投保便利性与可选择性，从而大大提高太保产险景宁支公司的承保效率。2012年，主要承保的险种有：企业财产保险41户，家庭财产保险144户，工程保险8户，责任保险127户，政策性企业保险540户，船舶险14户。

【保险理赔】 公司高度重视理赔服务环节的建设工作，确立以"五心服务金字塔工程"为工作理念，开创理赔3G定损服务，大大缩短理赔时间和理赔环节。理赔服务考核遥遥领先同行业水准，结案率考核连续四年全市排名第一。

【服务管理】 太保产险景宁支公司成立以来始终秉承"诚信天下、稳健一生、追求卓越"的服务宗旨，尊重和善待客户，维护客户的权利，承担相应的义务，努力为客户提供尽善尽美的超值服务。2011年，公司通过制定《景宁支公司周工作计划表》《景宁支公司会议管理考核办法》《景宁支公司客户管理办法》等制度，进行宣导、学习与培训，提高员工执行制度的能力和自觉性。公司采用月度考核和年度综合考核等措施，强化过程管控和环节的管理。

（卢飞见）

住房公积金管理

【概况】 丽水市住房公积金管理中心景宁分中心(以下简称景宁分中心)坚持以资金安全为前提，以提高效益为中心，以促进发展为目的，以便民利民为重点，不断强化制度宣传力度，完善健全内控制度，努力提高住房公积金覆盖面，有效防范贷款风险，加强管理监督，确保资金安全，充分发挥了住房公积金制度的住房保障作用。

2011年年底，景宁分中心住房公积金实缴7500人，净增429人，超额完成公积金缴存净增人数的既定目标。归集住房公积金10396.08万元，归集余额29455.30万元。全年全县提取住房公积金6029.26万元，发放住房公积金贷款金额5920万元，贷款余额为15899.33万元，逾期率为0。

2012年，实缴人数达7864人，净增364人，超额完成了公积金扩面工作任务。归集住房公积金12580.69万元，归集余额36180.31万元。全年全县提取住房公积金5855.67万元，发放住房公积金贷款金额2949万元，贷款余额16473.19万元，逾期率为0。

【拓宽归集渠道提高公积金覆盖面】 一是抓宣传。加大住房公积金制度的宣传力度，使广大职工充分认识缴存住房公积金的必要性。2011年5月，开展"住房公积金宣传月"活动，通过电视宣传、街道横幅、定点设摊、发放手册等方式，向社会广泛宣传住房公积金政策。二是抓归集。在认真分析2010年度归集情况，总结经验的基础上，针对存在的问题制定了相应的工作措施，对归集量大的单位做到建卡到户、责任到人、跟踪指导、加强服务；对归集不理想的单位，通过加强宣传、依法促缴等手段，加大归集力度，保证了住房公积金归集量的稳步增长。

【加强风险防范】 2011—2102年，景宁分中心坚持“操作规范、安全有效”的原则，加强公积金贷款工作。及时做好贷款投放结构调整，提高贷款投放的质量；强化“贷前调查、贷中审查、贷后核查、逾期即催”的动态风险管理机制；进一步完善对受托银行按时回收贷款本息的目标责任制考核；通过电话催收、信件催收、登门催收以及依法催收等多种手段，确保公积金贷款催收到位。公积金贷款实现“零逾期”和“零坏账”。

【档案管理】 从2012年4月开始全力以赴，投入大量人力、物力和财力，扎实开展“档案目标管理省二级达标”工作。是年11月，经“省认定专家组”认定，景宁分中心档案室为省二级综合档案室。

经济管理

体制改革

【行政体制机制改革】 政府机构:2011年7月《景宁畲族自治县政府机构改革方案》出台,县本级设置工作部门24个,比原来增加2个(2005年22个)。2012年2月,县政府颁发《关于建立红星街道办事处、鹤溪街道办事处和撤销鹤溪镇人民政府的通知》,5月25日两个街道办事处正式对外办公;2012年11月22日,国务院国有资产监督管理委员会正式批复,同意2012年1月1日起将景宁畲族自治县电力工业局等61家浙江省地方供电企业全部国有产权无偿划转给浙江省电力公司;2012年12月,县气象局调整为由省级部门管理。完成全县280家事业单位分类。明确行政类39家、公益一类165家、公益二类51家、生产经营类5家、暂不列入分类的20家、整合事业机构8家,撤销事业单位机构9家。事业单位全面推行绩效工资制度,机关事业单位编外用工全面建立聘用、管理、考核等制度,把“国有营运单位”编外用工首次列入管理范畴,编外用工管理工作逐步走向规范化。政府决策:2012年7月,县委、县政府出台《重大决策社会稳定风险评估实施办法(试行)》,建立决策风险评估机制,加快推进政府决策科学化。审批制度:继续推进网上审批和电子监察系统建设。2012年8月,县政府出台《关于行政审批提速增效的实施意见》。进一步优化公共资源市场化配置,两年完成进场交易项目1117个,交易额20.1088亿元。村务服务平台:2012年5月,县委、县政府出台《关于推进村级便民服务中心规范化建设的实施意见》,村级便民服务中心规范化建设工作全面推开,年末全县建成示范型村级便民服务中心27个,标准型村级便民服务中心155个,简易型村级便民服务中心78个,景宁村务平台建设项目入选“全省十佳民生工程”名单。

【经济体制机制改革】 工业经济:2011年5月,县政府出台《关于促进工业发展方式转变和加快总部经济发展的若干意见》《关于加快丽水经济开发区景宁民族工业园企业发展的若干意见》,建立健全低丘缓坡开发、招商引资、企业服务机制,研究制定公开透明的市场准入标准和支持政策。2012年3月,编制完成《丽水市产业集聚区生态产业低丘缓坡开发项目景宁组团(农民创业园)开发建设实施方案》,6月30日获得省国土资源厅批准。财政管理:2012年4月,县政府出台《规划经费管理暂行办法》,城乡规划经费纳入规范化管理。5月,县政府印发《群众增收致富奔小康特别扶持专项资金管理办法的通知》,6—7月县财政局出台《加快推进国库集中支付及公务卡改革实施方案》《预算单位公务卡管理办法》,年底全县所有县级预算单位全部纳入国库集中支付,“收入一个笼子、预算一个盘子、支出一个口子”的财政运行机制建立。是年稳步推进营改增(营业税改增值税)试点工作,健全了县级财政的预算、执行、监督“三位一体”制衡机制。金融体制:充分利用中央放宽农村地区银行业金融机构准入政策机遇,鼓励各类资本进入农村金融机构。探索发展适合农村特点的新型金融组织,解决农村贷款难问题。2011年4月,成立银座村镇银行筹建工作领导小组,5月县政府出台《村级资金互助组织示范点建设指导意见的通知》,10月,县政府成立上市企业工作领导小组,出台《金融部门支持地方经济发展考核奖励办法》《银行卡助农取款服务工作考核暂行办法》。2012年11月,成立景宁畲族自治县农村金融改革试点工作领导小组,全面推进景宁县金融改革创新步伐。旅游服务业:积极推进“神奇畲乡、养生福地”建设。2011年4月,县委、县政府出台《加快发展旅游产业的若干意见》,确定每年县财政安排2000万元“旅游发展专项资金”,支持发展景宁旅游产业。8月,《景宁县生态养生(养老)经济发展规划》开始实施。9月,景宁畲族特色旅游服务标准化工作试点,经省质监局、省旅游局批准立项,被列入全省首批省级旅游标准化试点县。9月,“浙江景宁畲族风情旅游度假区”经省政府批复设立。2012年4月,县政府发布《关于进一步加快发展服务业的实施意见》,每年安排200万元设立“服务业发展引导专项资金”,落实景宁旅游服务业的市场准入、用地保障、融资渠道、水电价格、税费减免等扶持政策。

【农村体制机制改革】 林业:2011年1月,县政府发布《关于加快集体林地流转促进林业规模经营实施意见》,对林地流转进行规范,并落实扶持政策;5月,出台《关于加快林业改革发展全面推进“森林景宁”建设的意见》,8月,出台《森林城市建设总体规划》,全面推进景宁县森林城市创建工作。2012年,出台《关于加快林业产业结构调整的实施意见》,7月林权主体改革通过市级验收,12月,省级森林城市创建通过省森组委预验收。2011年4月,县委出台《关于加快水利改革发展的实施意见》,县财政每年安排不少于2000万元水利建设项目配套资金,完善水利建设资金投入结构。同时,成立景宁畲族自治县水利发展有限公司,建立公司制投资管理机制,提高资金使用效果。2012年10月,首次取得第四批中央财政小型农田水利建设重点县扶持项目,景宁水利首次享受中央财政重点扶持政策。农业:2011年8月,县政府出台《关于深化三位一体基层农业公共服务体系建设的实施意见》。重点建设梧桐角耳湾、山前、沙湾旺水和本岱3个千亩粮食生产功能区农田基础设施。稳步推进“鹤澄”“大东景”两个省级现代农业综合区建设。2012年3月,县政府出台《农村集体土地所有权确权登记发证工作实施方案的通知》,4月县政府出台《关于加快发展生态循环农业的实施意见》,10月出台《关于实施农村发展六大行动计划加快推进农村改革创新的若干意见》,11月出台《关于加快农村电子商务发展的实施意见(试行)》,支持农业产业发展。山区科学发展综合改革:10月启动山区经济发展规划编制工作。山区科学发展综合改试验区工作全面开展。中心镇(村)建设:2011年县府制定《关于深入推进重点村整治扎实开展“美丽乡村、魅力畲寨”建设的实施意见》:进一步完善中心镇扶持机制,积极探索中心镇强镇扩权改革。农村住房保险和农业保险:2011—2012年,全县少数民族农户个人免交投保费,政策性油菜、水稻农业保险全覆盖。两年全县政策性农村住房保险参保户数保费收入104.84万元,赔款金额192.86万元;全县政策性农业保险参保保费收入456.99万元;赔款金额69.73万元。

【社会公共事业体制机制改革】 医药卫生体制:2011年1月,县政府出台《公共卫生与基层医疗事业单位绩效工资实施办法》;全面推进社区卫生服务中心、村卫生室在补偿机制、绩效分配机制、人事管理制度等改革。5月,调整部分村卫生室建设计划,新建42个村卫生室,2011年12月26日起景宁县乡(社区)卫生服务中心、村级卫生室全面实施国家基本药物制度。2012年12月,县政府出台《关于印发景宁畲族自治县公立医院综合改革实施方案的通知》,稳步推进公立医院管理体制和运行机制改革,12月15日起,县人民医院开始实施基本药物制度。2011年和2012年,县政府先后出台《景宁畲族自治县城乡居民医疗保险试行办法》《景宁畲族自治县关于进一步完善城乡居民医疗保险制度的通知》《关于转发〈丽水市工伤保险市级统筹实施意见〉的通知》,加快推进基本医疗保障制度建设。从2011年起的新征地项目实行"先保后征",进一步完善被征地农民基本生活保障制度。全县城乡居民"国家基本药物制度和基本医疗保障制度"全覆盖。住房制度:2011年1月,县政府印发《城市低收入家庭廉租住房保障实物配租实施细则》,2012年12月,县政府出台《行政事业单位干部职工住房分配货币化实施办法》。教育体制:2011年9月,县政府成立教育体制改革领导小组,10月出台《学前教育三年行动计划(2011—2013年)》。2012年12月,县委、县政府出台《关于进一步提升新时期畲乡教育质量的若干意见》,每年县财政安排2000万元用于提高教师待遇和学校运行水平、教师培训、教学奖励、改善教育装备条件等方面。科技创新服务:深入实施第二轮国家科技部富民强县专项,全面完成"全国科技进步县"创建工作计划。文化体制:2012年3月,县委、县政府出台《关于推进公共文化服务体系建设的实施意见》,文化先进县创建工作有序展开,全县乡镇综合文化站和258个"农家书屋"建设全面完成,县乡公共文化服务体系进一步完善。5月,县政府出台《农村居民有线数字电视视听费减免实施意见的通知》,减轻农民负担,扩大有线电视覆盖面。年末县电影公司改制成立(国资)景宁畲乡影视传媒有限公司,整体完成县电影公司改制。

(吴双跃　汤慧娟)

计划管理

【概况】 2011—2012年,县发改局围绕"生态立县、产业兴县和文化名县"发展战略。以"新园区、新城区、新景区、新山区"建设为载体,着力推进产业培育、民生保障、基础建设,统筹城乡发展,做好计划管理工作,取得较好的工作成绩。

2011年,县发改局根据国家、省、市"十二五"规划要求,组织编制了《景宁畲族自治县第十二个五年国民经济和社会发展规划纲要》,并经县第七届人民代表大会第五次会议通过。同时组织编制部门及乡镇专项规划47项。编制完成《关于景宁畲族自治县2010年国民经济和社会发展计划执行情况及2011年国民经济和社会发展计划草案的报告》,经县第七届人民代表大会第五次会议批准实施,下达年度规划25项,印发《景宁畲族自治县2011年基本建设项目投资计划和重大项目前期工作计划的通知》。全年安排重大建设项目前期工作计划24个(其中市级8个);基本建设项目118个(续建项目41个,新建项目77个)。完成全社会固定资产投资20.01亿元,同比增长19.2%。其中民间投资完成7.97亿元,同比增长46.8%,政府投资12.04亿元,同比增长6%。全县22个重点建设项目完成投资10.8亿元,完成房地产开发投资4.12亿元,同比增长316.3%。

2012年,编制《关于景宁畲族自治县2011年国民经济和社会发展计划执行情况及2012年国民经济和社会发展计划草案的报告》,经县第八届人民代表大会第一次会议批准实施。编制年度规划15项。印发《景宁畲族自治县2012年基本建设项目投资计划和2012年重大项目前期工作计划的通知》,全年安排重大建设项目前期工作计划28个(其中市级10个);基本建设项目107个(续建项目55个,新建项目52个)。完成全社会固定资产投资26.09亿元,同比增长30.4%(其中民间投资11.89亿元,同比增长49.1%,政府投资14.2亿元,增长18 %)。全县26个重点建设项目年度计划投资15.11亿元,实际完成投资18.75亿元,完成年度计划的124.1%;房地产开发投资完成2.22亿元,同比减少27.9%。

(刘奕春　朱亦文)

工商行政管理

【概况】 景宁畲族自治县工商行政管理局(以下简称工商局)在职公务员64人(编制74人)。内设办公室、人事教育股、法规股、企业注册股、个体私营经济监管股(挂企业监管股牌子)、市场规范管理股、食品流通监管股等7个股室;下设注册分局(行政审批股)、消费者权益保护分局("12315"举报申诉指挥中心)、网络经营监督管理办公室(信息化办公室)、经济检查大队(挂经济检查股牌)、鹤溪工商所和城郊工商所等6个直属股级机构;景宁畲族自治县个体劳动者协会、私营(民营)企业协会、消费者权益保护委员会3个社团组织。

2011年,全县共完成各类主体开业登记1592户,其中:个体工商户1304户,注册资本12914万元;企业105户,注册资本4.108亿元;农民专业合作社183户,注册资本10861万元。市场主体变更登记879户、注销788户。

2012年,市场主体开业注册登记1754户,其中:个体工商户1503户,企业84户,农民专业合作社167户。市场主体变更登记987户、注销326户。办理网上登记35户。到2012年年末,全县累计工商登记在册企业942家(其中制造企业129家);农民专业合作社696户;个体工商户6042户。

2011—2012年,建立品牌指导站2个,注册各类商标131只。新增市级著名商标7件,登记在册商标438件,其中:中国驰名商标1件,省级著名商标4件。

2011—2012年,县工商局出台《关于服务景宁生态经济创新发展的实施意见》《景宁畲族自治县工商行政管理局非处罚类行政执法监督办法》《景宁畲族自治县流通环节食品安全非处罚行政执法监管办法》,助推服务地方经济发展。2011年,成立丽景民族工业园工商分局,派驻干部全程服务,办理入园企业10家,到位资金1.8亿元。两年开展法规宣传、巡回检查、联合执法等行动。口头行政指导违章企业纠正207次,书面行政指导68次,查处各类案件309件,移送公安司法机关4件,罚没款78.7万元。2012年,景宁"托管市场"和"网上商城"培育工作获"丽水市工商局集体嘉奖一次"。

景宁著名商标一览表

表11

等级	企业名称	注册商标	认定时间
驰名商标（司法认定）	景宁畲族自治县惠明茶业有限公司	惠 明	2008年
省著名商标	景宁畲族自治县惠明茶业有限公司	惠 明	2003年
	浙江奇尔茶业有限公司	奇 尔	2004年
	景宁畲族自治县中信实业有限公司	金 信	2006年
丽水市著名商标	景宁畲族自治县鹤泉酒厂	山 哈	2005年
	景宁畲族自治县农业开发总公司	玉簪(ZAN TAQJ)	2005年
	浙江景宁洁净钢管有限公司	JIE JING(洁净)	2009年
	景宁畲族自治县洋龙酒业有限公司	畲乡红	2009年
	景宁畲族自治县琦特鸟服饰有限公司	奇特鸟	2011年
	景宁宗祥精品山珍行	宗 祥	2011年
	浙江强盛不锈钢有限公司	景 钢	2012年
	景宁畲族自治县山水鱼专业合作社	高山湖珍	2012年
	景宁畲族自治县龙凤民族服饰有限公司	畲山凤	2012年
	景宁百纳鞋业有限公司	畲 乡	2012年
	景宁畲族自治县宏强竹制品有限公司	畲 竹	2012年

【**广告管理**】 2011年，审批户外广告178条，监测媒体广告123次；2012年，新设立广告经营户6家，累计57家；审批户外广告186条，查处各类违规违法广告80多条（幅），立案处罚12起；完善了数字化媒体广告监测系统，媒体广告统一由省工商局监测。

【**合同监管**】 2011—2012年，全县组织合作社、农民签订农业订单1300份，合同金额3900万元。主动构建农超对接、银企融资平台，召开农超、融资对接洽谈会2期，5家农企成功对接，签订农企、农超对接合同430份，购销品种17个，合同价款2100万元。帮助企业、农民合作社融资额近两千万元；办理合同抵押3起，金额达1100万元；认定评选“守合同重信用”单位15户；共完成格式条款合同备案21份，检查合同条款98份；拍卖备案9起，委托拍卖金额13346万元。

【**市场规范**】 景宁中心菜场建于1998年，占地面积2300平方米，总投资500多万元，内设摊位266个，店面50余个，涉及蔬菜、肉禽、活鱼、粮豆制品、干水海鲜、副食品系列等15个行业，经营户310户，是景宁规模最大、服务群众人数最多的农贸市场。2011年，为加快农贸市场改造，落实150余万元资金对中心菜市场进行了提升改造，市场改造提升工作受到丽水市工商局肯定。

开展“农贸市场大家看暨食品检测开放日”活动，人大代表，政协委员，媒体、群众代表现场参观该县中心菜市场，了解该县农贸市场改造提升工作情况，并现场发放食品安全法律法规等资料160余份，为现场群众当场检测食品10批次，对消费者关心的食品安全热点、疑点问题现场解答。

【**百日执法专项行动**】 2011年，共立案查处各类经济违法违章案件179件，罚没款52.85万元，检查无照经营户271家次，引导办照85户、查处无照经营案件29起，案值18.55万元，罚款3.74万元。取缔无照经营45家、无证无照网吧3家。2012年，建立与纪检、公安、检察等部门协作办案工作机制，强化案件查处。首次适用《浙江省合同行为管理监督规定》，查处2起恶意串通、挂靠他人参与工程投标的违法行。

【**食品流通监管**】 2011—2012年，共核发食品流通许可证845份；创建食品安全示范店125家，覆盖率达到100%。签订食品流通安全承诺书34份。开展行政约谈，实现食品流通企业、个体工商户约谈率、承诺率和培训率三个100%。定量检测72个批次，不合格食品16个批次，不合格率占所有抽检商品22%，案件后续处理完成率100%。定性检测4500批次。检查经营户4600余户次，发放《责令改正通知书》33份，下架过期食品300余千克，取缔食品无证照经营户13户，查处食品案件93起，简易实时处罚案件60起。是年，推进食品安全电子监管，安装食品企业电子监管平台16家，经营户电子监管系统周使用率巩固在100%，平均每台每周上传台账数连续多月居全市第一，上传台账数到126.66

万条。培育新创建食品安全示范店3家，提升星级4家，停业摘牌25家。食品安全专项检查共35次，检查经营户3000家(次)查处食品类违法案件40件。

【企业信用】 2012年，开展小水电产业信用风险评估试点，对170家水电企业的档案进行了检查，共检查出不规范档案28份，对存在隐性风险的30家小水电企业，引导办理股权变更等手续。是年，开展农(畲)家乐行业信用监管，确定评价对象160家，评出信用等级为AAA级的3家，AA级的5家，A级的70家，评价结果由县政府向社会公布。引导景宁“农家乐”(餐饮、休闲服务)行业有序健康发展。是年，开展“诚信企业”“诚信工商户”认定工作，共有11家企业、9户工商户获得市级“诚信民营企业”和“诚信工商户”荣誉称号。

【消费者权益保护】 2011年，共受理举报投诉42起，为消费者挽回经济损失5.02万元；2012年，受理举报申诉30起，为消费者挽回经济损失4.02万元。组建骑车行“3·15”生态消费宣传团，发放宣传画共计600份；建成首批7家“12315”消费维权服务站；开通了“QQ315”微博维权互动平台；开展未成年人消费安全教育系列活动300多人次，征集优秀作文100多篇，获市级奖项15人。

【协会活动】 2011年，新建13个党支部；2012年，成立个体民营企业联合委员会，协调非公企业党建工作，全面实施“四送四赠六个有”工程，新建5个党支部。

【基础设施建设】 2011年7月，12315综合服务中心业务用房项目开工，该项目总用地面积3327平方米，总建筑面积5724.72平方米，总投资概算1493万元。2012年5月14日，“12315”综合服务中心业务用房顺利结顶，2012年12月开始装潢招投标。新大楼建成后将成为集“12315”举报申诉中心、流通领域食品监管中心、消费者权益保护委员会秘书处、广告监测中心、市场主体服务中心、企业(个体工商户)档案管理中心、罚没物资仓储中心等工商业务职能为一体的业务用房。

(陈丽宏)

质量技术监督管理

【概况】 2011—2012年，以安全监管为重点，以提能强检为目标，开展“质量强县”建设，推进全县标准、计量、品牌、质量和合格评定各项工作，履职食品生产环节安全、特种设备安全和产品质量安全监管，圆满完成各项工作任务。荣获丽水市质监局“2011年度先进单位”和“2012年度工作创新奖”。

【质量强县建设】 2011—2012年，根据省、市政府统一部署，县政府成立县长为组长的质量强县工作领导小组，县政府出台《关于推进质量强县建设的若干意见》《质量强县建设行动方案》等文件，将质量强县工作纳入部门、乡镇年度工作综合考核。2011年，开展产品、服务、工程、环境四大领域质量行动，稳步推进质量强县建设各项工作。2012年，开展第一届政府质量奖评选活动，评出首届政府质量奖获奖企业2家，个人2名。

【标准化建设】 2011—2012年，建立完善“国家行业标准、地方特色标准、企业产品标准”的三级质量标准框架。制定31个特色游系列地方标准以及《畲族工作装》《畲族银饰》等6个企业产品标准。“畲乡特色游”旅游标准化试点项目顺利通过省专家组验收。2011年，申报立项省、农业标准化示范项目各3个、市级2个、县级4个；建立产品质量示范培育强乡(镇)1个，强业示范基地培育1个，强企示范培育5家，新培育“丽水市质量强市示范单位”1家，5家企业导入卓越绩效管理模式。“景宁畲族特色旅游”列入全省首批2个省级旅游标准化试点县之一。

两年指导企业成功申报市级名牌产品2个(香香茶叶专业

合作社、自强稻田鲤鱼专业合作社)，奇尔茶业和中信实业2家公司完成浙江名牌产品续展，惠明茶业有限公司完成市级名牌续展。

【产品质量安全监管】 2011—2012年，全力开展打假保农资、食用油专项整治、“清新居室”建材执法，“质检利剑”酒类执法打假，液化石油气掺混二甲醚等专项执法行动。出动执法人员657人次，立案查处违法案件33起，查获涉案货值7.30万元，罚款12.90万元。2011年，检查重点行业4个，检查专业市场2个，检查经营商店47个，检查生产企业163家，查获涉案货值3.6万元，捣毁生产窝点5个，案件移送公安1起。办理各类行政处罚案件18起，其中立案15起，现场处罚3起，结案15起，罚没款6.1万元；2012年，检查各类企业152家次，立案13起，罚没款6.8万元。

两年全县抽查食品26种类243批次，其中省、市定检71批次，县级定检54批次，专项监督抽查118批次，合格227批次，批次合格率为93.4%。

【特种设备安全监管】 2011—2012年，开展“打非治违”及“质量安全风险排查”及“机电和承压检查”等专项行动。组织联合执法66人次，排查、消除隐患153处，落实隐患治理资金13万元。健全乡镇(街道)特种设备安全工作制度，完善安全目标考核体系，落实安全监管责任。2011年，首次把特种设备“四个率”列入县政府部门乡镇的安全目标责任考核，落实监管机构、制度、人员，加强气瓶安全管理。印发《乡镇(街道)特种设备安全监管实用手册》《特种设备使用单位现场安全监督检查通用手册》，对不符合安全技术规范的“螺丝瓶”实行100%报废。

【检测检验机构监管】 2011—2012年，全面开展“规范检测管理，提升检测质量”活动。全县乡镇卫生院医用计量器具，被列入强制检定，检定费用纳入财政预算。两年组织检查检验机构6家，强制性产品生产、销售企业认证48家，自愿性认证生产企业2家。2012年，在医院、眼镜店、集贸市场、加油站等单位企业，开展“诚信计量进万家”活动，推进诚信计量体系建设。与13家单位签订了《诚信计量承诺书》，向社会公开计量诚信承诺。

【食品农产品质量安全检测中心建设】 景宁畲族自治县食品农产品质量安全检测中心大楼2009年10月建成，2010年初次通过省级计量认证。拥有检测及办公用房500平方米，其中P2实验室80平方米，主要仪器设备50台套，仪器设备原值约200万元。2012年，投入6万多元添置电子天平、电子台秤、灌装机标准器、测长仪等设备。扩项社会公用计量标准6项，授权检定项目8项和定量包装商品净含量检验项目3项。11月，通过省级食品检验机构计量认证现场考核，检测能力覆盖156个参数。初具县域主要食品企业和特色农产品的检验需要。

两年完成检测684批次，其中委托检测483批次，委托检测收入10.20万元。被评为2011年度县级“群众满意基层站所(文明窗口)”，2012年开始创建“市级青年文明号”。开展“技术机构连千家企业质量帮扶”活动。全年帮扶企业25家，解决技术难题3个，开展实验室开放活动2次，邀请市民代表20余人次参观实验室及食品农产品检测过程，介绍了县检测中心业务范围、服务宗旨、工作内容。同时，宣讲农产品安全生产意义，解读农产品质量检测知识，增进市民对县农产品质量安全检测机构的了解。

食品药品监督管理

【概况】 县食品药品监督局(县食品安全委员会办公室)，根据(景政办〔2011〕123号)，由丽水市食品药品监督管理局直属机构调整为县政府工作部门，将食品药品安全工作列入政府、部门

(乡镇)年度工作目标考核。主管全县药品、医疗器械、保健食品、化妆品和餐饮服务监督管理,负责药品零售企业、医疗器械经营企业经营资质初审、零售企业GSP认证的实施,承担食品药品安全监管组织协调、综合监督职能,通过召开食品安全例会、协调会方式,加强食品、药品安全管理。内设办公室、药品医疗器械监管科、餐饮服务监管科、保健食品化妆品监管科4个科室。

2011年,组织开展打击食品非法添加和滥用食品添加剂专项行动、"地沟油"和餐厨废弃物专项整治、肉品整治、豆制品整治等多个专项活动,全年出动监管人员3026人次,检查生产经营单位3844户次,查处各类违法行为43起,罚款1.3万元。

2012年,县政府下发《景宁畲族自治县食品安全大整治百日行动方案》(景政办发〔2012〕94号)文件。8月15日,召开会议部署工作,先后出动监管人员1260人次,检查生产经营单位1918户次,查处各类违法行为25起,发出整改意见书222份,完成整改200份,立案21起,向公安移送案件1起,取缔无证无照单位1家,罚没款12.87万元。

两年新创建村级连锁便利店52家,累计217家。保留示范店80家,示范店商品配送率达90%以上。全县17家食品安全示范店被评为四星级3家、三星级3家、二星级3家、一星级8家。

【食品安全示范县创建】 2011年,开展省级食品安全示范县创建工作,县政府下发《景宁畲族自治县省级食品安全示范县创建工作实施方案》,成立示范县创建领导小组。召开全县食品安全工作大会,部署示范县创建工作。县政府投入创建经费22万元,建立食品药品安全检验检测体系、应急体系、信息体系、宣传教育体系。抓好生产、加工、流通、餐饮四环节食品安全。扎实推进"四个专项整治",全面开展机关单位、乡镇政府和敬老院食堂"三类食堂"专项整治,共出动人员120多人次,发出整改意见书80多份,对29家食堂现场指导次数达4次。10月,东坑镇、标溪乡、梧桐乡、渤海镇、九龙乡、郑坑乡6个乡镇通过了市食品安全示范乡镇验收组的验收,11月景宁畲族自治县通过省食品安全示范县考核组验收达标。

【药品监管】 2011年,制定下发《景宁畲族自治县医疗机构医疗器械使用管理规范化试点工作方案》,推广县人民医院和鹤溪社区卫生服务中心医疗器械使用规范化试点工作经验。明确医疗器械规范化管理机构的职责,完善医疗器械管理制度,全县医疗单位达到《浙江省医疗机构药品和医疗器械使用监督管理办法》要求。两年,组织开展打击利用互联网和报刊宣传制售假冒伪劣商品、"专科特效药"、保健食品药品等专项整治活动。共计出动执法人员1780次,检查单位573家次,共办理案件17件,结案16件,取缔无证经营2家,受理举报投诉3件,办结3件,罚没款入库11.89万元,责令整改9件;检查店堂药品、医疗器械、保健食品广告391家次,监测畲乡报、景宁电视台、电台广告364次。与公安部门联合开展专项活动3次,查获双效硬得快、久战金刚等违法假冒性保健产品46批次、由公安部门立案查处涉嫌经营假药案3件。完成药品日常监督抽样306批次,不合格5批。完成药品快速检验230批次,同时,配合丽水市食品药品监督管理局快检车进行药品快检120余批次。收集处理药品不良反应信息报告170例(新的严重的占73例,占42.9%);医疗器械不良事件15例。

【行政审批】 2011—2012年,县食品药品监督局全面落实一次性告知等阳光审批制度。公开行政许可、行政处罚、行政监管等工作流程图,接受公众的监督。两年行政许可医疗器械经营企业3家,注销6家、换证1家、变更1家;药品零售企业换证5家,变更10家;GSP复认证15家,跟踪检查8家,药品批发企业变更1家;执业药师注册8人。

【药品监管信息化建设】 2011年，在宁波市鄞州区食品药品监督管理局的大力支持下，免费为县城24家药品零售企业安装了药械进销存和直通车动态监管系统，景宁率先全市对药品零售企业的药品、医疗器械的购进、销售、库存及药师在岗情况等进行实时、在线和动态监管，并与管理相对人建立双向、实时的互动机制。

【胶囊铬超标事件】 2012年4月15日，中央电视台曝光修正药业等9家企业使用铬超标问题胶囊后。引起省、市食品药品监督管理局和县委县府高度重视，景宁县迅速成立领导小组，启动应急预案，开展核查和处置9家企业的问题胶囊产品流入县内情况和辖区内胶囊生产企业进行检查。全县共下架涉及9个厂家生产的35个品种89个批次的问题胶囊药品，并全部按照规定进行处理。同时，对辖区内的浙江景宁瓯江胶囊有限公司的明胶原料供应渠道、生产工艺、产品检验等全过程进行核查，对7个批次的明胶原料、216个批次的胶囊产品进行抽验，送丽水市药品检验所进行铬成分专项检测，检验结果全部合格。其间，丽水市食品药品监督管理局、安监局先后3次、省局两次(4月23日和5月15日)督查，未发现浙江景宁瓯江胶囊有限公司的胶囊产品有铬超标问题。

（应俊林）

价格管理

【概况】 2011—2012年，景宁畲族自治县物价局以维护市场价格基本稳定为首要任务，加强价格调控，深化价格改革，规范收费行为和市场价格秩序，履行价格监管职能，维护消费者的合法权益，为全县经济社会全面发展发挥积极作用。各项工作取得一定成效，2011年被省物价局评为“收费年审”“价格监督检查”先进集体，2012年被省物价局评为“价格监督检查”先进集体，2011—2012连续2年被市发改委评为“收费年审”和“市场监测”先进集体。

2011—2012年，行政事业性收费实行中央和省两级审批管理。对全县行政事业性执收单位实行收费许可证制度，收费许可证三年换发一次。2011年，年审48个单位，审核收费项目189项，验审行政事业单位收费金额5496.91万元。2012年，年审55个单位，审核收费项目182项，验审行政事业单位收费金额6688.82万元。

两年，完成城市自来水供水、污水处理和高中生均成本定期成本监审；制定和调整县中心幼儿园收费、数字电视收视费、自来水价格和污水处理费、“云中大漈”和“畲乡之窗”景区旅游门票及停车场服务收费、城市道路占道、挖掘收费，按规定进行成本监审，并制作《定期成本监审》案卷。

2012年12月13日，制定《景宁畲族自治县公立医院综合改革实施方案》，方案明确：县人民医院诊查费、治疗费、手术费和护理费执行省定最高指导价，床位费按丽水市发改委批复文件执行，同时药品价格实行零差率销售。该实施方案从2012年12月15日开始执行。

【清费减负】 2011年，认真贯彻落实国家和省出台的各项清费减负政策，涉及收费项目233项（取消81项、暂停85项、降低67项）。其中：行政事业性收费单位17个，涉及的收费项目169项（取消77项、暂停85项、降低7项）；服务性收费单位17个，涉及的收费项目64项（取消4项，降低60项）。减少行政事业性收费1500多万元，服务性收费300多万元。2012年，根据省物价局印发《关于降低雷击风险评估等部分涉企服务收费标准的通知》（浙价服〔2012〕194号），文件规定，雷击风险评估服务收费，招标代理服务费，定点放样服务费，环境咨询服务费，资产评估机构提供涉及企业重组、改制、清算、抵押的评估和房地产交易机构对企业其他房产交易手续费降低30%，对企业重组、改制、清算过程中办理房产交易手续，免收房产交易手续费。

【价格监督检查】 紧紧围绕政府中心工作，加强市场重要商品价格巡查，对社会关注的焦点和群众反映的热点问题开展检查。2011—2012年，共查处各类价格违法案件22件，实施经济制裁金额245.33万元，其中：退还用户212.16万元，没收非法所得30.36万元，罚款2.81万元；价格举报投诉咨询案件18件，办结率100%。

【明码标价制度建设】 2011—2012年明码标价制度建设，坚持全面指导与重点检查相结合，落实以县城各大超市、药品零售店为“明码标价示范店”、以县城复兴西路为“明码标价示范街”以点带面全面推进明码标价工作。2012年4月，景宁在全市范围内率先推行“农贸市场明码标价”工作。加强放开商品价格监管、维护市场价格的稳定成效明显。

【价格监测】 制定市场价格定期监测制度并组织实施，每月5日、15日和25日对成品粮市场价格定时监测，每月25日对粮、油、肉、蛋、禽、蔬菜等73种日常生活必需品和建筑材料及化肥农药等品种价格进行监测上报及分析。从2011年4月起，对牛肉、猪肉、水产类、蔬菜类等14个品种的市场价格菜价与云和、庆元、龙泉三县市的价格进行对比公布。对供销、莲花、万家鸿3家超市37个主要民生商品价格菜价、数据汇总在畲乡报、政府网站上公布。

【价格调控】 2011年3月17日，景宁畲族自治县市区出现食盐抢购风现象。针对突发事件，与发改局紧急行动，组织价格、检查人员分4个小组，深入乡镇和市区各大超市、市场进行价格巡查、宣传，做好对群众的解释和引导工作，向各大商家发放《食盐市场价格监管提醒告诫函》200份，告诫经营者不得借机哄抬盐价、串通涨价、不明码标价、价格欺诈、囤积居奇等价格违法行为。每天24小时开通“12358”价格举报电话。及时有效制止了谣言散布和抢购行为，确保食盐销售市场和社会秩序稳定。

2012年12月11日，县政府建立价格调节基金协调例会制度，设立困难群众基本生活价格补贴、县级粮食安全调控、猪肉储备补贴3项价格调节基金。价格调节基金实行分块管理。基金使用视实际发生情况而定。

【价格监督体系建设】 为充分发挥社会价格监督作用，进一步加强市场价格监管，维护正常的市场价格秩序，保护经营者和消费者合法价格权益，2011年设立了景宁畲族自治县价格监督服务总站和28个价格监督服务站(台)，聘请了50位社会价格监督员，配合价格监督检查分局开展市场检查、法律法规宣传。

【价格认证】 2011—2012年，价格认证中心以涉案物品价格鉴定为工作重点，两年开展刑事案件价格鉴定67件，涉纪价格鉴定1件，为小水电上网提供成本测算3件，总鉴定标的额2660.7万元。

（向　坤）

审计监督

【概况】 2011—2012年，县审计局坚持“依法审计、服务大局、围绕中心、突出重点、求真务实”的审计工作方针，加大了对重点领域、重点资金、重点单位的审计力度。两年完成审计项目59个，查出违规金额3916万元，管理不规范金额34812万元，收缴财政301.7万元；2011年度被评为“浙江省优秀县级审计机关”，获得“全县党风廉政建设工作考核一等奖”“综合考核工作进步奖”。

【财政审计】 2011—2012年，县审计局按照深化转型的要求，对全部政府性资金实行全覆盖审计。审计发现：县财政局上报县人大预算内容不全，预算安排以外拨付资金多，财政账户资金结存多，专项资金滞留量大，政府投融资公司资金闲置多；农业产业项目点多面广资金使用分散，对低收入农户增收带动作用效果不明显，部门专项资金支出、公用经费支出占比大；财政部门对国有公司成本费用支出控制不严，对二、三级单位监管不力；项目安排投资规模过大，县政府配套资金筹集难等问题。审计报告反映的财政资金运行中存在的问题，引起了县人大、县政府的高度重视。

【领导干部经济责任审计】 2011—2012年，完成11个部门单位和10个乡镇的领导干部经济责任审计，查出违规金额33万元、管理不规范金额498万元。协同组织人事、纪检监察完成42个乡镇及部门领导干部的离任交接；指导县农业局对2011年村级换届前两任期间的村级集体经济全面进行审计。

完善县经济责任审计工作联席会议制度，调整了经济责任审计工作联席会议成员，设立景宁县经济责任联席会议办公室。出台《经济责任审计对象分类管理办法》《领导干部经济责任告知办法》《领导干部经济责任年度报告制度》《党政主要领导干部和国有企业领导人员离任经济事项交接制度》。

【政府投资审计】 2011—2012年完成投资审计项目422个，审计金额17.74亿元，核减工程款1.42亿元，上缴财政专户301.7万元。为了切实履行好政府投资项目审计监督职责，规范投资审计工作的管理，2012年出台《景宁县审计局政府投资项目组织审计质量管理考核办法(试行)》。首次对政府投资项目审计的协审单位进行公开招标，确定6家中介机构作为2013—2015年度的协审单位。经景宁畲族自治县机构编制委员会批准，2011年9月景宁畲族自治县基建审计中心更名为景宁畲族自治县审计局直属分局。

【专项审计调查】 2011—2012年县审计局对土地出让金、地方政府负债、工业转型升级专项资金、低收入农户集中搬迁专项资金、建设领域突出问题、国家基本药物制度试点情况、职工基本养老保险基金、教育经费投入等政府关注、群众关心的热点开展了专项审计调查。调查显示农村医疗机构卫生设施配置不足，乡(镇)卫生院医生出诊难，农村空巢留守老人看病难问题突出；社保信息系统反映的部分欠缴信息与实际不符，企业养老保险基金支付能力下降；特别是景宁《教育经费投入专项审计调查报告》反映的教师培训、教学科研等教育软件投入不足，教师收入偏低，教师绩效工资不到位、优秀教师外流多、年轻优秀教师招收难等问题引起县委县府的高度重视，审计报告提出的“提高教师待遇、加大教育投入力度、设立教育教学质量奖……”等五项审计建议，在《景宁畲族自治县关于进一步提升新时期畲乡教育质量的若干意见》体现。

【内部审计】 2011年，全县开展内部审计项目100个，其中县电力公司49个，县教育系统18个，县卫生系统24个，县信用社6个，县文广局1个，县人民医院2个。是年，县经济商务局、县国土资源局成立内审机构，县审计局出台《景宁县审计局指导和监督内部审计业务制度》《景宁县内部审计工作联系制度》，县教育局出台《景宁县教育系统内部审计工作的意见》。

2012年，县政府出台《景宁畲族自治县人民政府关于进一步加强内部审计工作意见》《景宁畲族自治县人民政府办公室关于加强村级集体经济审计工作的意见》。县教育局开展了4所学校校长离任经济责任审计和5所学校的财务收支的内部审计。县民政局、建设局成立内审机构，截至2012年年底，全县已有教育局、电力公司、农村信用合作联社、卫生局、农业局、林业局、供销社、烟草公司、文化广电新闻出版(体育)局、水利局、经济商务局、国土资源局、民政局、建设局等14个单位成立内审机构。县审计局组织部门乡镇69人参加浙江省内部审计协会在丽水举办的内审人员岗位资格证书考试培训、4人参加南京审计学院培训、2人参加西安培训。

(赵慧聪)

统计管理

【概况】 2011—2012年，县统计局围绕统计“四大工程”建设(调查单位名录库、企业一套表制度、数据采集管理软件平台、联网直报系统），与工商、税务、质监等部门衔接，建立GDP核算专业联动和部门协调机制，完成普查单位名录库信息更新，完善统计报表联网直报系统，提升工作效率和数据质量。根据规模以上工业、固定资产投资等专业统计标准和范围新变化的要求，做好过渡衔接。成立“企业一套表”工作领导小组，落实工作任务，做好“四上企业”（规模以上工业企业、资质等级建筑业企业、限额以上批零企业、餐饮服务业企业）的各项基础工作。2012年，开展“走访企业强服务”活动，统计专业人员深入企业，了解情况，解决联网直报等技术操作问题，顺利完成“企业一套表”并轨工作。

【统计业务工作】 县统计局及时完成各专业年报和定期报表任务，规范统计数据发布使用程序，为县委、县府和社会提供统计信息服务。开展《景宁统计》《景宁统计分析》的编发工作。通过《畲乡报》、“中国景宁新闻网”等宣传媒体刊登《辉煌十一五》，用统计数据反映“十一五”成就。在景宁县政府网与景宁统计信息网上为社会公众提供统计信息服务。2011—2012年，撰写各类统计分析文章35篇；发布各类信息259条，其中省局统计信息网采用19条、省普查网采用6条、市局统计信息网采用118条，市普查网采用36条，县政府网采用76条、《畲乡报》采用13条。县统计局组织撰写的《挖潜能出产能续写畲乡水电辉煌篇章》《做好民族地区统计工作的思考》分别获得全市评比二、三等奖。发布《景宁畲族自治县2011年度、2012年度国民经济和社会发展统计公报》。2012年，《景宁统计年鉴（2010—2011年）》编印出版。2011年1月至2012年12月，共查处的统计违法行为案件21起，未发生行政复议和行政诉讼案件。

【第六次人口普查数据处理】 2011—2012年，完成全县第六次人口普查（普查时间2010年11月1日零时）数据录入、汇总上报工作，对反馈的普查数据进行研究，做好数据的分析解读工作。对2000年以来历年常住人口、城市化率数据进行修正。通报第六次人口普查工作情况和普查主要数据的初步汇总数。对普查主要数据进行评估和分析，开展课题研究，完成了2个课题任务。完成人口普查数据简要本的编印发放工作，着手准备普查数据机器汇编本的编辑出版。2012年景宁县人口普查工作获得“市级先进集体”称号。

【基层统计建设】 2011—2012年，县统计局组织统计从业人员资格考试培训70人、统计人员继续教育培训160人。认真贯彻落实统计报表制度，部署统计年报及定期报表工作，召开全县统计年报工作会议，对劳动工资、服务业、工业、固定资产投资、建筑业、批零贸易业、能源等专业人员分别进行相关的业务培训和指导。

（叶继承）

2011年12月19日，全县统计年报工作会议

教　育

综　述

【概况】 2011—2012年，景宁县教育工作按照“改革深化、科学和谐、均衡提升”的任务和要求，贯彻落实《浙江省教育中长期发展纲要(2010—2020)》，遵循“育人为本、质量第一”的工作方针，制定了《五年提质计划》，提出“一二四五”县域教育发展思路，以“办畲乡人民放心的教育”为目标，围绕“优质、公平”两个任务，实施“品行奠基、质量立校、人才强教、品牌强校”四项工程，分为“作风建设年、常规管理年、评价深化年、特色发展年、办学效益年”五个阶段推进。2012年10月，召开全县教育大会，总结景宁教育的发展经验，提出新时期的发展方向和目标。同时，县委、县政府出台《关于进一步提升新时期畲乡教育质量的若干意见》，每年安排2000万元用于全面提升内涵发展水平。

2011年各级各类学校情况

表12

学校类别	学校(所)	班级(个)	毕业生(人)	招生数(人)	在校学生(人)	畲族学生	教职工数(人)	
							合计	专任教师
学前教育	40	176	1710	1197	4589	683	445	239
小学	18	246	1385	1568	8645	1182	844	737
初中	5	81	1314	1203	3733	503	303	255
普通高中	1	35	534	593	1725	237	193	151
职业高中	1	24	175	509	1100	223	87	71
成人高校	1	48	333	330	933	46	12	11

2012年各级各类学校情况

表13

学校类别	学校(所)	班级(个)	毕业生(人)	招生(人)	在校生(人)	畲族学生	教职工数(人)	
							合计	专任教师
学前教育	37	159	1697	1024	4326	659	441	238
小学	18	247	1418	1578	8806	1285	822	665
初中	5	83	1196	1254	3648	525	331	272
普通高中	1	36	589	602	1775	235	184	129
职业高中	1	31	399	498	1322	254	87	73
成人高校	1	46	396	238	795	42	12	11

【集团化办学】 2011—2012年，全县开展集团化办学的制度建设。义务教育学校共分为五大集团，分别为城北中学教育集团、民族中学教育集团、实验一小教育集团、实验二小教育集团、民族小学教育集团。实行“紧密型强校接管式”和“松散型城乡互助共同体式”两种办学模式。其中，实施“紧密型”办学模式的教育集团实行“一个法人、一套班子、两个校区”的管理机制，校区与总校实现管理上的“同待遇”，形成城乡均衡协调发展的教育管理模式。出台相关规定推进“人才流动”工作，采取“走教”和“支教”的形式，使各教育集团流动教师人数都达到了分校区教师数的1/3以上，构建优秀教师“区域所有”乃至“全县所有”的人才使用模式，确保集团化办学工作的进展。

【扶学助困】 2011—2012年，每年安排700多万元资金用于资助贫困学生，改善各类学生的学习、生活条件，保障家庭经济困难学生能够正常就学和平等接受教育。其中，会同团县委、关工委、慈善会等社会力量予以长期结对资助近1000名困难学生，资助资金30余万元；对义务教育阶段经济困难家庭且没有其他固定资助的学生，发放资助资金36万元；发放义务教育少数民族学生生活补助40.5万元；发放普通高中资助资金120余万元，资助面提高到40%；发放职业高中资助资金220万元，资助面达到85%。同时，通过各种渠道筹措资金100多万元资助困难大学生新生。不断完善爱心营养餐的管理制度，有序的开设好爱心营养餐，共投入营养餐资金156万元，农村寄宿学生至少每天能让吃上一顿满意的爱心营养餐。

【德育工作】 2011—2012年，组

织全县中小学生参与各类主题征文比赛、歌咏比赛、书法比赛、演讲比赛系列活动，参与人数达1500余人次。开展庆祝建党90周年主题教育活动，各中小学结合本校实际，通过办讲座、编板报、看影片、唱红歌、重走红军路等方式，开展以“我心向党、快乐成长”为主题的庆祝建党90周年教育活动。教育局被丽水市委宣传部评为庆祝建党90周年主题征文活动“优秀组织奖”。开展以“共享文化资源，共建生态文明，共创绿色未来”为主题的环保教育活动，县教育局联合环保、林业、文体等部门举行“手拉手，与环保同行”活动，共有2000多名学生代表参加书画长卷及签名活动，并组织学生观看环保宣传片。大地乡校、实验幼儿园2所学校成功创建“丽水市绿色学校”。

【体艺活动】　2011—2012年，在全县开展“阳光体育运动”和“体艺2+1”活动，推行综合素质教育评价制度。积极申报省级中小学生课外文体活动工程示范县的创建工作，以中小学生“四节一会两赛”，(体育节、艺术节、科技节、读书节、田径运动会、篮球赛、乒乓球赛)活动为载体，推进中小学艺术教育和体育工作的改革与发展，义务教育学校99.8%以上的学生参加各类文体活动。现有体育特色学校5所，艺术教育特色学校3所。在2011年4月举行的全市中小学田径运动会中，获6枚金牌、3枚银牌、5枚铜牌，比2010年提高了3个名次；2011年9月，参加全国民族体育运动会上的摇锅表演获铜奖。

【校园文化】　2011—2012年，以创建“书香校园”“农村校园文化建设示范校”为载体，通过开展各项校园文化建设工作，提升全县各校的校园文化品位。涌现出具有各校特色的足球学校、乒乓球学校、篮球学校、诗词诵读学校、书法学校等多种多样的校园文化。两年，全县共有10所学校通过农村校园文化建设市级达标(示范)校的评估验收，17所学校通过书香校园达标(示范)校市级评估验收。

【平安校园】　2011—2012年，景宁县校园安全方面重点开展校舍、消防、安保、食品卫生、学生接送车安全等工作，出台《关于落实“一岗双责”完善学校安全工作责任制的意见》，建立健全学校周边环境治理和安全工作网络，推进校园安全的精细化管理，打造“平安校园”。景宁有7个乡镇开通了周末班车，每周接送学生515人。以学期为单位召开学生放心班车联席会议，交警、运管、教育组成的检查组定期不定期上路检查，发现问题立即责令限期整改，确保周末班车事故“零发生”。推进实施标准化学校创建、校舍安全加固改造工程、学校附属幼儿园功能改造等工程，召开D级危房处置专题会议，确保师生生命安全。至2012年年底，全县所有D级危房均已封闭停用(或拆除)，全县教育教学设施达到国家强制性标准，符合安全使用要求，校园校舍无重大安全隐患。通过安全教育周、安全生产月全面加强消防教育，通过讲座、主题班会、学生社团活动、安全班级竞赛等多种形式的活动，开展消防安全教育工作，强化学生的安全意识，提高应急能力，并在全县95%以上学校进行消防演练。投入80余万元在全县各校校门口、学生宿舍、食堂等重点区域安装视频监控探头，监控体系覆盖率达100%。全县中小学、幼儿园的物防、技术覆盖面均达到100%，全县95%的中小学配备“保安兼门卫”，全部配备橡胶警棍、警哨、钢叉等防护器械，同时安装报警器，学校门卫实行“四个一律”的日常安全管理制度，提高校园安全防范能力。加强学生溺水事故防范工作，制作了以沙湾中学为典型的专题宣传片《溺水事件保持7年零纪录》，在丽水电视台和景宁电视台滚动播出。

基础教育

【学前教育】 2011—2012年，编制《学前教育三年行动计划》《学前教育布局规划》和《农村学前教育推进工程建设规划》。经过市、县评审，省等级园数增加5所，全县共有17所（省二级园5所，省三级园12所），全县三级以上等级园覆盖率从2010年度的32.6%提高到2011年度的68.55%。至2012年年底，鸬鹚、毛垟2所幼儿园申报省二级园并通过评估验收工作。开展学前教育示范乡镇评比工作，景宁县有7个乡镇被评为市学前教育示范乡镇。

【义务教育】 2011年，推进义务教育集团化办学工作，重点突出教师配置均衡、教学设备等教育资源，缩小农村学校与县城学校、校际之间的差距。落实国家义务教育阶段免费政策，发放助学资金700余万元，义务教育阶段学生巩固率达100%以上。全县小学监测成绩处于全市前列，初中中考总体成绩稳中有升。2012年，推进义务教育阶段的课堂教学改革，确定小学教学管理"对接课标、两翼教改、能力提质、五上品位"的新三年目标。县城学校关于"本真教学"的课堂建模有了跨越式提升，农村小学在原先多种小班化课堂教学模式基础上，再构建多视角下微班课堂"三味气质、四互教学"的创新型模式，今后三年将进行微班教学"课堂提质、常规提质、评价提质"的研究。初中阶段，明确"先学后教、以学导教"的教学理念，推进"本真自主课堂"和"本真目标课堂"模式构建，将课堂教学流程简化，并通过集团校本教研活动、课堂教学评比等形式推进课堂教学改革工作。

【高中教育】 2011年，全县一本线上线人数13人，文科录取率达95.74%，理科录取率为86.6%，艺术类录取率为82.85%。2012年，全县普通高考报考人数531人（不含单考单招57人），本科上线175人，其中重本13人。文科报考人数141人，上线138人，录取135人，文科录取率达95.7%；理科报考人数291人，上线256人，录取252人，理科录取率为86.6%；少数民族学生报考64人，55人上线，54人录取。普通高校高考上线475人，本科上线率为42.3%，录取率达84.49%。

职业教育

【概况】 2011年，职业高中学校形成与区域产业转型升级相匹配、专业结构合理的中等职业教育专业发展新格局，成立1个"省实验实训示范基地"、2个省级示范专业和2个市级示范专业。拓展合作伙伴，与浙江旅游职业学院、浙江吉利汽车工业学校、浙江吉利汽车技师学院和浙江外国语学院联合办学，开设了"3+2"和"2+2"等模式的直升班，逐步做强校企合作项目，促进办学内涵提升。还成为丽水职业教育集团成员单位、丽水学院首批"中等职业教育与自学考试衔接"试点学校。拓宽就业渠道，提高就业质量，与中国石化集团浙江省石油总公司、宋城集团、湖州长兴大酒店、景宁鸿宾大酒店等10多个企业建立合作伙伴关系，当年毕业生就业率达99.5%，专业对口率达82%，社会培训非在校生1565人次，其中成人双证制教育培训毕业学员195人。2012年，在丽水市职业学校技能竞赛中，职业高中参赛6个项目有4个项目获得名次，并获"团体三等奖"。2012年，高职单考单招报名人数为63人，上线38人，录取37人。

成人教育

【概况】 2011—2012年，实施全省"千万农村劳动力培训工程"和"下岗失业人员再就业工程"，开展社会培训、职业技能培训和就业再培训。两年来，培训社会人员1920人，成人双证制教育培训195人，完成率114.7%。景宁电大开设了专科、本科共计11个专业28个班级，在校生近900人，为更多的学习需求者提供更加优良的教育选择。自学考试报名总人数为137人，全国英语等级考试报名人数7人，计算机等级考试报名人数3人，学前教育资格证书考试报名人数57人。

民办教育

【民办幼儿园】 2011—2012年累计共投入资金210.9万元，奖励民办学前教育，鼓励民办教育发展。对达到省二级以上办园标准的民办幼儿园，委派1名公办编制园长指导管理，并按每2~3个班安排1名在编公办教师或财政定额补助的编外教师。2011年，全县民办幼儿园20所，2012年为19所。其中蓝天幼儿园为省二级幼儿园，摇篮幼儿园、城南幼儿园为省三级幼儿园。

办学条件

【校安工程】 2011年，景宁县共完成“校安工程”加固面积6053平方米，新建面积8850.3平方米，总投资2216万元。“群众增收致富奔小康工程”共4个，分别为景宁中学学生宿舍楼新建工程、九龙乡幼儿园新建工程、张春小学整体迁建工程、张春幼儿园新建工程。景宁中学学生宿舍楼于2011年8月底竣工投入使用，增设600个床位，满足学生宿舍需求。启动城北中学教学楼新建工程、大漈乡幼儿园改建工程、东坑镇中心学校塑胶运动场改建工程，城北中学教学楼和大漈乡幼儿园2011年竣工投入使用。

2012年，累计开工“校安工程”改造项目面积72793平方米，占调整后规划总数的100%；竣工面积72793平方米，占规划总数的100%，总投资7100.2万元，占规划总数的105.9%，全面消除全县学校D级危房。是年，完成县职业高中校园改扩建工程建筑面积13479平方米。鹤溪街道张春小学迁建工程于11月破土动工。两年全县创建省级义务教育标准化学校2所，累计占比达到35%。

教师队伍和教学研究

【教师队伍建设】 2011年，景宁县深化“教学常规阳光工程”，开展“我最满意的一份作业”征文评比、教学常规管理工作论坛评比系列活动。农村学校全面实施《景宁畲族自治县农村小班化教学常规20条》，构建“精选、先做、全批、精析”作业新常规，提高课堂教学效益。开展服务学校教学指导周活动，重点对薄弱学校和学科、教师和集体备课、作业精选、培优工作、本真课堂等进行专题调研和指导。2011年暑期，组织全县各学科教师进行集体大备课活动，1000余名中小学教师参加教师业务考试，促进教师专业知识水平提升。整合教师进修学校、教研室等机构，成立景宁畲族自治县教育研训中心，统筹推进全县教师业务素质提升工作，共完成培训2500人次。同时，对52名后备干部进行业务培训，打造业务精湛的学校管理后备人才。是年，首次评出五个类别的明星教师842名，并与绩效考核相挂钩，调动教师工作的积极性、主动性和创造性。组织评选出省级农村教师突出贡献奖学2人，市级优秀教育工作者2人，优秀教师4人，优秀班主任3人，师德楷模4人。县级先进34人。同年新招聘教师42人。

2012年，制定《景宁畲族自治县中小学教师专业发展培训工作实施方案（试行）》，推进国家、省、市培训计划，组织校长、一线骨干教师、班主任参加培训。开办畲乡教育大讲堂，邀请县内外知名人士讲学，拓宽教师的视野，解放教育思想，促进教师教育理念的提升。推进教育借智发展工作，整合县内外优秀教师资源，推进柔性引进人才工作，组建“特级教师工作室”，以“师徒结对”的形式提升教育教学水平，组建“高考研究小组”，让教师更加准确把握高考改革方向。是年，全县有6人评为市级名师，10人评为市学科带头人，17人评为教坛新秀。同年，新招聘教师42人，实施新招聘教师全部留城挂职锻炼一年，提升新教师业务水平，为培养教学骨干提供平台。

【教学研究】 2011—2012年，推进教学“一体两翼”（县、乡教学质量一体化）管理工作，实行县城和农村“双线并举”的教学方略。县城学校进行“本真”（以人为本、求真务实）教学研究，从学科层面构建“课堂范式”实践，提升教学质量。县城五大集团总校（一小、二小、民小、民中、城北中学），分别开展大班级教学等专题研讨会、课堂教学评比活动，提高总校中小学教学质量，初步形成各校特色课堂教学模式。乡镇学校开展农村“小班化”教学研究，全面实施教学过程常规20条要求，领导带头落实，教师活化操作，作业二度面批，评价充满激励。促进农村学校教学质量提高。2011年5月，教育局举行全县农村小班化教学“校长公开课”活动，农村小班化教学常规20条”执行情况专项调研，规范农村小班教学，推动乡村学校小班化教学研究工作。

（县教育局）

科学技术

科技工作

【概况】 2011—2012年，景宁县共投入科技三项经费1276万元，安排县级科技项目84项，其中工业项目16项、农业项目40项、社会项目28项；共争取省公益技术研究社会发展项目1项、省农转化项目4项、省重大专项1项、省公益类项目2项、省“十县五十万亩”茶产业转型升级工程1项、省团队特派员专项2项、省市科技特派员专项50项，争取上级科技项目经费532.5万元。2012年5月16—23日，全市科普活动周开幕式在景宁石印广场举行，来自丽水市各大专院校及医疗卫生专家、教授70人前来开展科技宣传。

【科技成果】 2011—2012年，累计95个科技项目通过验收，其中国家第二轮国家科技富民强县专项行动项目1项、国家星火项目1项、国家科技人员服务企业行动项目1项、省级科技项目7项、县级科技项目85项。《厚朴母树林与种子园营建技术研究》《万亩山区稻田鲤鱼精养及成体加工技术的优化集成》两个省重大专项申请了科技成果鉴定。2011年，景宁畲族自治县自强稻田鲤鱼发展有限公司认定为浙江省农业科技企业。2012年，百菇源食用菌发展有限公司认定为浙江省农业科技企业。《方竹丰产栽培及示范推广》《厚朴母树林与种子园营建技术研究》两个项目分别获2011年、2012年度浙江省科技兴林三等奖；《华丝竹生态生物学特性研究》获2012年丽水市科技进步二等奖。两年共奖励专利资金（含专利示范企业）34.4万元，奖励科技研发中心4家，总金额8万元，奖励科技贡献奖、进步奖5.9万元。

【工业科技】 2011—2012年，共安排县级工业类科技项目16项，安排财政科技经费64万元，由通用机械有限公司申报的《高效高质全自动攻牙机关键技术研发及产业化》获省重大工业类专项立项，争取到资金40万元，这是设县以来工业类第二个省重大专项。由浙江景宁洁净钢管有限公司承担的省重大工业专项《超长洁净不锈钢管与绿色制造技术的研发》通过省科技厅验收，该企业依托此项目研发所生产的超长洁净不锈钢管来代替现在主打产品太阳能和空气能热水器的中心配件——换热器中的铜管，走在国内领先水平。

【农业科技】 2011——2012年，“景宁周湖村新农村社区建设技术集成与示范”省重大专项通过省厅验收，项目投入经费321.61万元，争取省财政补助资金100万元，项目构建“新农村社区建设”景宁模式。“万亩山区稻田鲤鱼精养及成体加工技术的优化集成”省重大科技重点农业项目，通过省厅验收并申请了成果鉴定，项目以宁波大学为技术合作单位，总投入资金560余万元，争取省财政补助50万元，项目确立了“千斤粮、百公斤鱼、万元钱”的适合山区的生态种养高效模式，此模式还得到省政府葛慧君副省长的重要批示。“第二轮国家科技富民强县专项行动计划——惠明茶产业化开发项目”圆满完成任务，该项目于2010年10月获国家科技部立项，共投入经费1018.75万元，其中国家、省财政各补助155万元、县财政配套155万元、企业和农民自筹553.75万元。“滩坑库区生态农业关键技术集成研究与示范”厅、市会商项目全面实施，该项目由景宁县会同青田县在市科技局牵头组织下，依托厅、市会商工作制度而申报成功的首个项目，项目争取资金150万元。

【防震减灾】 2011—2012年，完成了滩坑库区测震台建设，台站坐落在渤海镇鲍山头村，项目占地120平方米，建筑面积28平方米，总投资25万元。开展了滩坑库区10公里范围内大型水库地震安全调查，对鹤溪、渤海、九龙、外舍管理区四个乡镇的58个行政村（居委）进行调查，收集相关基础数据，建立库区乡镇基本情况数据库，为防震减灾工作提供决策参考。出台《关于将地震安全性评价工作和重大建设工程抗震设防要求管理纳入固定资产投资管理程序的通知》文件。2012年4月12日、5月19日连续在景宁与云和、龙泉三县交界处发生ML1.9级和ML2.5级两次地震。

【科技特派员】 2011—2012年，省、市科技特派员共有50人次在景宁开展科技帮扶“三农”工作，实施科技专项52项，其中团队特派员2项，争取特派员资金275万元，县科技三项经费配套28万元。通过实施科技特派员项目引进新技术22项，推广新品种18个，建立各类科技特派员示范基地50个，建立种植、养殖示范户35户。出台《景宁畲族自治县科技特派员专项资金管理暂行办法》（景科〔2011〕0034号）、《关于省科技特派员与畲乡女种养大户“添翼助飞”帮带活动的实施方案》（景妇〔2011〕18号）。由于成绩突出，两年，被省委、省政府授予“特派员管理先进单位”荣誉称号。

【科技合作与交流】 科技局在开展技术合作、交流的桥梁纽带作用，挖掘省、市科技特派员背后大专院校技术优势。2011—2012年，继续加大与浙江大学、宁波大学、省农科院、中南民族大学、同济大学、省中药植物研究所、浙江师范大学、省茶科院、浙江理工大学、杭州茶叶研究所、华中农业大学等省内外知名高校、科研院所开展科技合作及交流。2011年，举办了全省高山花卉与食用百合产业发展研讨会。2012年，浙江大学、四川大学、南昌航空大学、陕西科技大学、中国兵器科学研究院宁波分院等在内的8所国家大院名校的专家组及浙江理工大学生命科学学院“教授畲乡行”考察团相继到景宁考察，并在洁净钢管清洗剂新产品选用、食品保鲜剂、钢器表面无污除锈、布鞋鞋底防水技术、小叶腊梅“凉茶”保健品深度研发、厚朴连作育苗技术障碍、金银花深度加工和民间实用偏方药理药效及毒性分析与产品深度开发等方面技术难题找到了合作伙伴，并进行初步合作。依托杭州机电学院合作，景宁县通用机械有限公司成功申报省重大工业专项1项。

【专利工作】 2011—2012年，共申请专利203件、专利授权170件，兑现专利奖励资金34.4万元。浙江景宁洁净钢管有限公司通过认定国家级高新技术企业认定，富利达木制工艺品有限公司通过市级高新技术企业认定，市级专利示范企业3家，分别是浙江奇尔茶业有限公司、景宁畲艺坊服饰有限公司、浙江景宁洁净钢管有限公司。县级专利示范企业8家，分别是浙江奇尔茶业有限公司、景宁畲族自治县畲山凤民族工艺品开发有限公司、景宁畲族自治县宏强竹制品有限公司、浙江景宁洁净钢管有限公司、景宁畲族自治县龙凤民族服饰有限公司、景宁畲族自治县自强稻田鲤鱼养殖专业合作社、浙江景宁畲之坊油茶开发有限公司、景宁百纳鞋业有限公司。浙江景宁洁净钢管有限公司、景宁畲族自治县龙凤民族服饰有限公司建立个性化专利数据库。

（县科技局）

科协工作

【概况】 2011年，县科协开展“科普示范单位创建活动和“农村科技示范户”评选工作。邀请中国农科院茶叶研究所有机茶认证中心主任傅尚文，到鹤溪镇周湖村开展“夏秋茶加工和管理技术培训”，创建5个县级科普示范单位，3个市级科普示范单位。景宁利农生态养殖专业合作社养鸽专业户的陈延平、景宁三石养猪专业合作社的毛荣利、景宁大地三和中药材合作社的吴礼林、景宁敏湖渔业养殖专业合作社的严华敏、景宁县梧桐乡梧桐村的任家弟等入选“省级农村科技示范户”5户。入选“市级农村科技示范户”11户，“县级农村科技示范户”20户。

2012年，成功创建沙湾镇和城南社区为第七批浙江省科普示范单位。组织为期一周的全县第二期“两创”实用人才网络营销技能培训班，共有70多人参加培训。两年，开展科技“三下乡”活动，100多名科技人员、科普志愿者参与为民服务，新增200个村级科普宣传栏。举办大中型科普展览10次，接待观众1万余人次；开展“科普大篷车”下乡、进学校、进社区5次，受益人数4.5万人次，提高农民科技水平，推进农业技术进步。积极吸纳科技人员加入科技团体。至2012年年底，有县级学(协)会19个、会员3280人，农技协会2个、会员222人；有省级科普示范村1个、示范乡镇2个、示范社区1个，市级科普示范单位10个；国家级科普教育基地1个、省级科普教育基地1个、市级科普教育基地5个。开展农民技术职称评定(两年一次)工作，评定农民技术员102人，晋升农民助理技师18人，农民技师12人，农民高级技师2人。组织实施“科普惠农兴村计划”项目，大均乡李宝村的雷刘东被评为全国农村科普带头人，县少数民族科普工作队被授予“全省科普惠农先进单位”，澄照乡三石村的毛荣利获省级农村科普带头人。组织开展第十一届丽水市自然科学优秀论文评选活动，共有27篇论文县级获奖，11篇论文市级获奖。县科协干部梅国玉2012年被评为“浙江省农函大先进工作者”“浙江省《全民科学素质行动计划纲要》实施工作先进个人”。

【《全民科学素质行动计划纲要》实施】 2012年，出台《景宁畲族自治县全民科学素质行动计划纲要实施方案(2011—2015年)》(景政办发〔2012〕0047号)。组织县农学会、畜牧兽医学会、特产学会、食用菌学会等学会的技术人员，编写了惠明茶实用生产技术、代料黑木耳栽培技术、高山红尖椒、冷水茭白栽培技术、食用百合栽培技术、番鸭饲养技术等20种农业技术科普丛书，免费发放农民2万册。

【科普活动】 2011年，到景宁中学、民族小学、实验二小开展“防震减灾”进校园活动，向在校学生宣传防震减灾知识，锻炼他们在灾害来临时的自救能力。是年9月16日上午，在沙湾镇广场举行大型科普图片展览、科技知识讲座、科普大篷车进校园展示、科技咨询服务一条街等丰富多彩的活动，来自县农学会的高级农艺师陈孟华给沙湾镇农民讲了《中药材规范化种植技术》，来自县医学会的主任医师梅翠萍讲了《糖尿病的预防与治疗》。

2012年5月16—23日，丽水市、景宁县联合开展科普周活动，组织科技人员深入企业、农村基层服务经济建设。农林技术服务组、科技科普服务组专家在景宁石印山广场铺开科技咨询服务、医疗卫生服务组免费义诊、大篷车进校园宣传、丽水市网络图书馆走进景宁、丽水市网络图书馆使用知识培训、丽水市网络图书馆在景宁畲族自治县大地乡建立服务点,赠送电脑、图书、培训等一系列活动。有70多名专家学者参与,展出了3D科普展板20副,演示科普大篷车车载科普展品25件,现场咨询1000多人次,发放各类宣传资料5200多份,解答各类技术问题近180多个。科普周活动分8大系列20小项,巡展10余次,发放科普资料、科普小册子5000多册、科普书籍1000多本,举办科普培训讲座5场,直接参加活动2万余人。是年9月21日上午,在大漈乡举行大型科普集市活动,县科协组织医学会等15个学(协)会40余名科技人员、志愿者联合开展科普活动。县科协连续两年被省科协通报表彰为"全省科普日活动优秀组织单位"。

【青少年科技竞赛活动】 2011—2012年,县科协组织中小学生参加各类科技竞赛活动。组织参加浙江省第25、26届青少年科技创新大赛,景宁有3件作品在省级获奖,有50件作品在市级获奖,其中一等奖5项,二等奖18项,三等奖27项,张兆良老师获"2007—2012年度浙江省青少年科技教育工作优秀科技辅导员",景宁中学获"丽水市青少年科技创新大赛优秀组织单位"(全市共3个)。组织参加浙江省第二届、第三届中小学生科普征文大赛,共有47名学生在市级获奖,其中一等奖6名、二等奖13名、三等奖28名。组织参加浙江省第三届、第四届中小学生原创信息技术设计大赛,商美芳、严蕊玲等6名同学获中学电脑绘画省级三等奖,吴永华、蓝菁、林红娟获省级优秀指导教师,县民族中学、县实验二小、县民族小学获省级优秀组织单位。

【科普短信平台】 2011年8月,县科协创新科普手段,开通科普短信平台。科普短信面向全县人大代表、政协委员、机关部门、乡镇副科级以上领导干部、县优强企业负责人、全县254个行政村支部书记和村主任、各乡镇科协主席、秘书长和各县级学(协)会理事长(会长)、秘书长、农村科普信息员及种养大户等共8000多人,每星期免费发送1~2条科普短信,以传播科学思想、倡导科学方法、普及科学知识为宗旨,内容涉及国内外科技资讯、科技信息、科技政策、农业实用技术、疾病预防、健康生活、生活窍门等科学知识和科学方法。同时,向社会各界人士征集65字内的优秀科普短信。

(县科协)

文化　体育　新闻

文化事业

·综　述·

【概况】 2011—2012年，景宁畲族自治县文化事业以人民群众精神需求为宗旨，紧紧围绕"文化富民、文化安民、文化扬名"工作思路。深入文化事业建设，注重文化创新，深化文化交流，打造"幸福文化"为核心，大胆改革，努力实践，深化服务，文化各项事业快速发展。

2011年，建成400米田径运动场一个，新建农村图书流通点50个，省级中心镇——沙湾镇图书馆分馆建成开馆，初步实现"县有三馆，乡有一站一广场，村有一室一书屋"的公共文化设施。乡镇文化站覆盖率达95%，村活动室覆盖率达85%，农家书屋覆盖率达(省定标准)102%。文化资源信息共享工程覆盖率达到省定标准。至2012年年底，全县有出售、出租音像制品商店2家，书报刊零售点6家，印刷(打字复印)20家，歌舞团和卡拉OK厅6家，业余剧团12家，演出场所1家，互联网上网服务营业场所12家，电子游戏厅2家。

2012年，县委县政府出台《关于推进公共文化服务体系建设的实施意见》，明确公共文化服务体系构建框架，保障基层群众文化权益，增加文化宣传载体，提高先进文化传播速度。县文化广播新新闻出版局推出每月"文化活动预报"，通过主流媒体、网络、社区公告、乡镇宣传栏等方式，对文化系统、乡镇文化站、业余团体举办的各类文艺展演、体育赛事、电影放映、群众活动、展览展出、特色活动等文体事项及活动举办的时间、地点、惠民举措进行公开预告，让群众知晓文化项目、参与文化活动。

【畲族文化中心竣工】 景宁畲族文化中心(县图书馆、博物馆、文化馆三馆合一)项目，位于县城鹤溪镇鹤溪南路与环城南路交叉路口东侧，2008年6月投入建设，2011年竣工，总投资6886.45万元，建筑面积9004平方米，总占地面积26500平方米。2012年3月25日正式投入使用。其中，文化馆占地5040平方米。设有演艺厅、室外露天舞台、排练厅、音乐室、舞蹈室、摄影室、文学室、美术室、戏剧室、艺档室和财务室等多个活动室；博物馆占地面积3400平方米，建筑面积3554平方米，展厅面积1500余平方米，临时展厅面积600平方米，2010年10月博物馆试开放，2012年3月25日博物馆正式开放；图书馆新馆舍面积为3633平方米，内设有外借室阅览室、电子阅览室、采编室、少儿阅览室、电子阅览室、畲族文献研究室、自习室等，向读者免费开放，馆藏图书10万余册，期刊250余种，报纸60余种，计算机46台(提供读者使用32台)。阅览座位240余个，其中少儿室座席60个。

【文化执法】 2011年，县文化市场执法大队出动514人次，检查文化市场752家次，共立案5件，结案5起，罚没款1.7万元；对出版物检查共出动人员52人次，检查81家次，收缴非法出版物122册，未发现政治性非法出版物和非法印刷不良出版物；网吧市场检查351家次，立案查处网吧违规案件5件，责令改正4件，查处取缔无证游艺场所3家，收缴从事违法经营的游戏机5台；出动人员31人次，检查娱乐场所54家次；对全县各级文保点检查82人次，39家次。

2012年，文化市场执法大队共出动执法人员483人次，检查全县文化经营单位576家，查处违法经营案件27起。其中，立案查处10起，罚款人民币2万余元，收缴非法音像制品452张，非法书报刊284本；对全县37家文物保点检查102人次。

【对外交流】 2012年，景宁畲族自治县组织以畲族特色为产业开发的民族企业参加2012年义乌文博会、丽水武汉文化精品展、丽水上海文化精品展、中国浙江畲族服饰设计大赛等大型会展，畲族彩带、畲族工艺品、畲族鞋业、畲族服饰等特色产业在会展上精彩亮相，备受瞩目，展示畲族文化产业魅力和潜能。

·群众文化·

【概况】 2011—2012年，每年组织文艺下乡近百场，送电影下乡上千场，专题演出达60场，到2012年年底，特色民间剧团和文艺团队375支，团队人数达6672人，广场被市民誉为“没有围墙的剧场”和“永不落幕的舞台”。

2012年，先后深入各乡镇调研，精心组织策划，打造公共文化品牌，指导“景南仁孝文化节”“雁溪谢神节”“汤北汤氏文化节”“章坑尝新节”“流动大舞台走进东坑”“李宝村开寨仪式”等一系列品牌活动，促进乡镇群众文化发展。

【文化活动】 2011年，全县先后组织举办第五届“畲乡之春”春节元宵文化大拜年系列活动、“电力杯”第五届“大地飞歌”农民文化艺术节暨历届“大地飞歌”农民文化艺术节精品节目展演比赛、校园歌手比赛、残疾人才艺大赛、第七届“七彩的夏日”未成年人文化系列活动、消夏纳凉电影节等活动。共组织文艺下乡近百场，广场演出30多场。2012年，在原来“大地飞歌”农民文化艺术节基础上，整合各方资源优势，顺势推出“凤舞畲山大舞台”系列活动，全年成功举办30场。

【业余团队】 2011年年底，全县有大小各类民间文艺业余团队270支，丰富群众业余文化生活。2012年，组建有地方特色的民间剧团和文艺团队375支，团队人数达6672人。群众自发组织演出3000余场次。

【电影放映】 贯彻落实农村电影“2131”工程计划，2011年送电影下乡放映1615场，观众人次达15.01万。2012年，送电影下乡放映1756场，观众人次达15.6万。

【《千年山哈》获表演金奖】 2012年6月，《千年山哈》作为浙江省唯一剧目参加“第四届全国少数民族文艺会演”，获包括表演金奖在内的9个奖项。是年，《千年山哈》获浙江省第十一届精神文明建设“五个一工程”奖，被列入由省委宣传部、省文化厅举办的浙江省喜迎中共十八大召开优秀剧目展演之一亮相杭城。《千年山哈》是在《诗画.畲山》的基础上加工和修改的一部大型畲族风情歌舞。全剧由序、传师、耕山、盘歌、礼嫁、尾声六部分组成。集聚畲族最具影响力和文化内涵的历史传说，宗教文化、耕猎、茶织、歌会、婚恋等主题内容，以音舞诗画手法荟萃畲族山歌舞蹈，工艺建筑，服饰茶艺，体育竞技等文化艺术精华，展示畲族特色风俗和精神内涵。该剧在“第十三届国际摄影艺术展览暨2009年中国·丽水摄影文化节”献演中，受到专家和来宾的高度评价。

【项目申报答辩制】 2012年，县文广新局推出以“公开透明、自主申报”为主要特征的文体项目申报答辩制度，由各乡镇代表、群众团队自主申报“最具特色综合文化站”、乡镇（街道）“特色项目”、业余团队特色项目，并通过省、市、县评审专家现场评审，确定本年度项目的资金补助额度和专业辅导。是年，确定乡镇“最具特色综合文化站”项目7个、乡镇“特色品牌”项目12个、业余团队“特色文体”项目20个。文体项目申报答辩制这一创新模式的推出，改变以往文体项目资金补助吃“大锅饭”的局面，调动人民群众参与文化活动的积极性。

【第三次全国文物普查工作】 景宁县第三次全国文物普查工作，从2008年1月开始，至2011年12月结束，共调查行政村254个，覆盖率达100%，通过普查，重点记录769处文物，并公布了一批文保单位，建立健全业余文保员队伍。

【三座廊桥入选〈中国世界文化遗产预备名单〉】 2012年11月17日，国家文物下发的“关于印发更新《中国世界文化遗产预备名单》的通知”中，畲族自治县的东坑下桥、大赤坑桥和章坑接龙桥捆绑进入闽浙木拱廊桥被正式确定为中国世界物质文化遗产预备名单。

【敕木山村畲族民居（清代）被确定为第六批省级文物保护单位】 2011年1月7日，敕木山村畲族民居（清代）被浙江省人民政府确定为第六批省级文物保护单位。该村4座（清代）畲族民居，捆绑为一处省保单位（分别命名为敕木山畲族民居1号、2号、3号、4号住宅）。

·博物馆事业·

【概况】 县畲族博物馆于2010年10月试开放，2012年3月正式开放。2011—2012年，县畲族博物馆征得各类畲族民俗文物200余件。至此，馆内有畲族民俗文物、生产生活用具、畲族服饰、祭祀用品、书籍等藏品1547件。该馆共分两个展区：第一展区展现畲族民俗文化，展厅分布为序厅、起源与迁徙、环境与聚居、生产与交换、饮食与服饰、风习与信仰、文化与艺术等；第二展区为畲族服饰文化，展厅对畲族服饰文化有着全面而系统的体现。2011年，共计接待观众6万余人次，全程讲解300余场。2012年共接待各类机关团体、企事业单位、军队、学校、社区及各旅游团体265个、观众21万余人次，全程讲解500余场。2011年，景宁畲族博物馆被国家民委授予“全国民族团结进步教育基地”称号，其基本陈列荣获“浙江省陈列展览精品项目”。2012年，获“省级社会科学普及示范基地”“省级爱国主义教育基地”“丽水市首批社会科学普及基地”“县级巾帼文明岗”称号。

【展览活动】 2011年，景宁畲族自治县开展以“寻找历史根脉守望精神家园”为主题的第三次全国文物普查成果图片展；首届中国畲族服饰精品展；“我与海洋生物”巡回展；“移动杯”我们的精神家园2011，中国畲乡非物质文化遗产摄影大赛入选作品展等多个临时展览活动及与省自然博物馆联合举办未成年人生态教育巡回展。2012年，成功举办“中国畲乡·幸福之旅”摄影大赛作品展、与台湾博物馆联合举办鸣虫特展、“岁月留痕”—浙江省民俗风情摄影大展、山哈风韵—浙江畲族文物特展、浙江省鸟类巡展等11个临时展览活动。同时，推出“景宁畲族博物馆小小讲解员培训班”“畲汉手拉手·快乐共成长”农民工子女暑期公益夏令营、畲族博物馆志愿者招募、“5·18”国际博物馆日“暨我为畲族博物馆献一宝”等活动。

·图书事业·

【概况】 2011年,县图书馆购置图书8000册,新书编目上架1.8万册,办理借书证300余本,保持原有书证1500本,流通4.8万人次,书刊外借4.5万册次。2012年购进图书23936册,新书编目上架2.3万册,办理借书证1370余本,保持原有书证1500本,全年流通8.8万人次,书刊外借10.2万册次。2011年,县图书馆获"浙江省文化信息资源共享工程先进集体"称号;"魅力畲乡"全民阅读活动获由省委宣传部、省文明办、省新闻出版局联合开展的浙江省全民阅读活动优秀项目。2012年,由县图书馆承办的第八届未成年人读书节获"浙江省第八届未成年人读书节活动组织奖";图书馆的品牌服务"小小故事林"获"浙江省第八届未成年人读书节活动优秀案例奖"。

【读书活动】 2011年2月3—6日,县图书馆组织开展"和谐之春,智力猜谜"与"和谐新春、快乐阅读"免证阅读活动;是年5月17日—6月15日,开展以"传承国学文化,弘扬社会美德"为主题的第七届未成年人读书节系列活动。2012年1月23日,在人民广场开展"畲族风情"有奖猜谜活动,共有7000余人次参加了活动。2012年3月25日,举办首期"小小故事林"活动,此后,每周六上午开展活动一次,全年参与人数2000余人。10月起,在图书馆网站开设了"小小故事林"专栏。5月15日—6月13日,开展第八届未成年人读书节系列活动。

【"农家书屋"建设】 2011年,新建农家书屋8个,并对全县254个行政村进行人口摸底调查,制定了分三批建设"农家书屋"的方案。到2012年7月,全县累计建成农家书屋258个(含4个片区流动书屋,每个点的图书达到5000册以上),行政村农家书屋覆盖率达到102%,文化共享工程和远教站点覆盖率达90%以上。第一批:71个点每个点有图书1500册,光盘80个,报刊30种;第二批:83个点每个点有图书1000册,光盘40个,报刊30种;第三批:100个点每个点有图书800册,报刊30种。

【送书下乡】 2011年,县图书馆为梧桐、东弄、深垟、丰林口、七里、外舍管理区岗石村等乡镇文化站送去图书9000余册,并建立了景宁县图书馆沙湾镇分馆,送去图书1500册。2012年,除农家书屋送书下乡之外,为看守所、实验幼儿园等馆外流通点送去图书23500册。

【畲族文化资源数据库建设】 县图书馆通过摸底调查、上门征集、有偿购买、复印等各种方式,搜集畲族文献和地方文献书籍。2011年,共搜集畲族书籍和地方文献100余册,畲族文化视频、图片等数据160余条。2012年,搜集年鉴、文史资料、地方志等文献1322种,2062册,搜集乡村文献资料439种;拍摄制作传师学师、乌米饭制作、彩带纺织等畲族特色系列视频(150分钟),征集《千年山哈》《畲族民歌节》等视频(300分钟),建立畲族文化多媒体数据库。

【图书发行】 浙江景宁畲族自治县新华书店有限公司承担全县图书发行。公司现有职工20人,内设经理室,办公室,财务科,业务科,教材科,中心门市部等科室。公司业务主要负责全县的中小学校教材发行,一般图书的批发、零售业务。2011年完成图书销售133.93万册(其中中小学课本104.98万册),码洋1136.37万元,同比增长5.82%,实现净利润18.57万元;2012年,完成图书销售166.20万册(其中中小学课本114.41万册),码洋1728.82万元,同比增加592万元,增长52.14%。实现利润26.59万元。2012年,全县人均购书169.51元。教材教辅学生人均购书462.58元,2011—2012年,县新华书店有限公司连续两年被评为县级文明单位，受到省集团公司的表彰。

（刘常光）

·非物质文化遗产·

【概况】 2012年年底，全县共有被国务院列入非物质文化遗产项目名录2项（《畲族民歌》《畲族三月三》）。被列入浙江省非物质文化遗产项目名录19项；市级非物质文化遗产项目33项，县级非物质文化遗产项目79项。此外，还建立了16个县级非物质文化遗产保护传承基地，8个县级非物质文化遗产教学实践基地，4个县级非物质文化遗产“活态传承”示范村。1人获国家级非物质文化遗产代表性传承人称号；13人获浙江省非物质文化遗产代表性传承人称号；23人获市级非遗传承人称号；31人获县级非遗传承人称号。

【畲族婚俗纪录片拍摄】 2012年10月30日，县非遗中心联合县电视台前往鹤溪街道东弄村拍摄省级非遗项目—畲族婚俗纪录片。该片详细介绍畲族婚俗的分布区域、历史渊源、基本内容和项目传承人，以更为形象、生动的数字化手段展示畲族风情。

【六项非遗省级申报成功】 2012年6月25日，景宁畲族自治县九龙鱼灯、菇民防身术、大漈罐制作技艺、编梁木拱桥营造技艺、香菇砍花法技艺、惠明茶手工制作技艺等6个项目被列为第四批浙江省非物质文化遗产名录。

【二项非遗市级申报成功】 2012年2月15日，景宁畲族自治县马天仙信仰、畲族年俗被列入第五批丽水市非物质文化遗产代表作名录。

【非遗旅游景区】 2012年11月23日，景宁畲族自治县东弄村，被浙江省文化厅、旅游局联合公布为第二批浙江省非物质文化遗产旅游景区（民俗文化旅游村）。

【文化遗产日系列活动】 2011年6月10日，举行景宁县2011“文化遗产日”主题活动启动仪式，随后启动“移动杯”我们的精神家园2011年中国畲乡非物质文化遗产摄影大赛优秀作品展、景宁县“非遗”普查成果宣传展、“精彩畲乡”畲族歌舞进校园展演活动，为全县“非遗”传承人办体检表，并与“非遗”传承人签订工作目标责任书。2012年6月9日，在全国第七个“文化遗产日”期间，开展“非遗摄影大赛”，内容涉及11个大类51项，并将获奖作品进行展览；举办“文化遗产日暨非遗传承进村寨启动仪式”，为省级非物质文化遗产代表性传承人授予奖牌并发放政府补贴；组织非物质文化遗产传承人进校园开展非物质文化遗产传承演示活动。

（王二杰）

文学艺术

【概况】 至2012年年底，景宁畲族自治县文学艺术界联合会（简称文联）属下有电影、音乐、舞蹈、戏剧、作家、摄影、书法、民间文艺、诗词（楹联）等9个协（学）会。每个协（学）会分别有会员数十人不等。景宁文联办有内部文学刊物《畲山风》，至2012年年底共刊出7期。2011—2012年，景宁文联组织和引导各协（学）会紧紧围绕县委、县政府提出的“三县并举”发展战略，发挥各自的优势，开展相关的文学艺术创作和活动，不断丰富和繁荣畲乡文化。两年间，组织各协（学）会下乡创作采风活动100余人次，接待外地艺术家来景宁创作采风交流300余人次；送春联下乡4批次，共送出春联4000余对；举办文学创作、楹联书法、摄影等各类赛事活动8场。组织诗词楹联学会筹备、编辑、出版《景宁古楹联选》《畲乡景宁楹联集》。2011年，在丽水市委宣传部主办的油画、散文“一展一赛”活动中，景宁县有3人获得廉政故事比赛奖项。2012年6月中旬，景宁文联承办全市“表演艺术采风和作品加工会”，全市60余位艺术家参会，会期3天。2012年，开展了艺术家“走进中国畲乡”创作采风、艺术交流活动。江苏句容市摄影家协会、永康中国民俗摄影协会、金华市婺城区摄影家美术家协会、“中国知名作家进丽水(景宁)”等4批100余人相继走进中国畲乡—(景宁)进行采风创作与交流。同年筹措2万元经费与丽水市美术家协会联合举办了为期一个星期的第四届“金丽衢三地油画家采风创作活动”；争取3万元经费创建了二级团体会员“畲族合唱团”。成功举办了2012年“畲歌飞扬·快乐歌唱”刘志教授声乐研讨会；成功承办了2012,“中国畲乡三月三”中央人民广播电台《广播歌选》杂志“畲乡探歌”活动，其间推荐20余位景宁籍作者的散文、音乐作品14篇在《广播歌选》杂志中发表。2012年，积极参与宣传景宁非遗文化，乘金奖作品大型畲族舞蹈诗《千年山哈》赴京、赴杭演出的东风，在其剧院门口大厅布置景宁非遗文化展品展出。

体 育

【概况】 景宁畲族自治县各乡镇建立体育协会、文体中心、老年体协、体育辅导站四个体育组织，至2012年年底全县有各级社

2012年11月22全县第四届运动会开(闭)幕式

会体育指导员452人。2012年启动创建沙湾、九龙、毛垟、大均、郑坑等5个省级体育强乡(镇)，至此全县省级体育强乡(镇)总数达到8个。2011—2012年，组队参加市级以上体育赛事24次，共获得10金11银16铜；承办市级以上体育赛事4次；举办县级体育赛事41次(具体见附表)。操杠、操石磉、摇锅、押加、板鞋竞速、龙接风、赶野猪、踏地等传统民族体育活动项目得到了继承和发展，县体育局选送的《畲族摇锅》节目代表丽水市参加2012年全国休闲体育大会开幕式暨浙江省全民健身月活动启动仪式，荣获了展示活动一等奖。

【县第四届运动会】 景宁县第四届运动会从2012年3月开始至11月结束。先后举办了“县小杯”小学生篮球锦标赛“联通杯”第五届副科以上领导干部篮球赛、“电网杯”男子篮球乙级联赛、“供水杯”男子篮球、“二小杯”小学生篮球锦标赛、县中小学生乒乓球比赛、县体育舞蹈比赛、门球比赛、地掷球比赛、钓鱼比赛等27个大项(大众部、青少部)体育赛事。这是景宁设县以来规模最大，参赛人数最多的一次运动会，运动员近1000人。于2012年11月22日举行开闭幕式，其间举行有近4000人参加的大型团体操表演，其中民族小学的木拍舞1500人、老年健身球300人、城北中学的篮球操1200人、广场舞1000人。

(体育局)

新 闻

·广播电视·

【概况】 2011—2012年，景宁县广播电视台坚持以科学发展观统揽全局，坚持正确的舆论导向，唱响主旋律，打好主动仗。

围绕提升宣传质量立台，加快网络发展强台，创新民族特色亮台，加强队伍建设兴台的总体目标。广播外宣成绩连续三年获得全市第一，电视外宣成绩连续四年获得全市第二，取得了三连冠、四连亚的好成绩。率先在全省实施数字电视惠农工程，完成全县有线电视数字化整体转换。荣获全国广播电视村村通工作先进集体；全省乡镇广播电视建设管理先进台；全省广播影视系统信息工作先进单位和全省先进团委称号。

县广播电视台下设8个职能科室，5个区域广播电视站，台班子6人，台机关股级职数13人，区域站股级职数8人，事业编制100人，2012年年末在职干部职工105人，其中：台机关在职60人，乡镇区域站27人，编外用工18人，退休65人。副高级职称3人，中级42人，初级47人。

【新闻宣传】 2011—2012年，县广播电视台播出广播《景宁新闻》516期3895条，对农节目345期；电视播放《畲乡新闻》484期4066条，《畲语新闻》89期，《畲乡风》108期，《畲乡新农村》108期，《畲乡农民大讲堂》52期，《欢乐畲乡快乐歌》46期，《畲乡党建》10期，《畲乡廉政》9期。同时，注重品牌意识，立足畲乡特色优势，抓重点、呈亮点，对外宣传取得新突破。在中央级媒体播出景宁新闻8条、专题2个，在省级媒体播出46条，在市级媒体播出3725条，扩大了景宁的影响力，展示了景宁畲乡的魅力。广播消息《四小时的生命救援》获浙江省广播电视新闻二等奖；新闻作品《众市民勇救两名落水儿童》获浙江新闻奖；广播作品《景宁县率先在全省实施有线电视惠农工程》获浙江省新闻三等奖；电视作品《千年山哈.山坳里唱出的畲家谣》获浙江省电视连续报道三等奖。金敏荣获2011年度浙江省广播电视新闻奖、电视主持作品三等奖和2012年度浙江省二十二届“牡丹奖”电视节目主持人二等奖。

【节目栏目】 2011—年2012来开设《一三四八惠畲乡》《畲乡三月三》《庆祝建党90周年》《我们的价值观——做一个怎样的畲乡人》《进村入企助推发展强化服务》《畲乡农民大讲堂》《欢乐畲乡快乐歌》《人力资源信息》《记者走基层》等二十个栏目。其中《一三四八惠畲乡》栏目播出各类稿件230条，从不同侧面、多角度展示景宁“十一五”时期以来各项事业所取得的巨大成就。对农栏目《畲乡农民大讲堂》立足农民增收计划，农村劳动力资源开发，农民素质提升工程等方面，为全县农民朋友提供种养殖业科技知识，为专业户提供辅导讲座平台。少儿栏目《欢乐畲乡快乐歌》面向少年儿童，是一档集知识、信息、趣味、益智、互动为一体的电视少儿综合节目。《人力资源信息》免费为广大群众提供就业招工需求信息。《记者走基层》围绕全省新闻战线“走基层、转作风、改文风”活动，记者深入基层，聚焦基层发展，反映群众心声。

【专题栏目】 2012年，与县委宣传部、统战部、工商联联合摄制四十五集系列经济发展纪录片《景商三十年》，年内完成了北京、天津、西安、兰州、青岛、杭州等县外片的拍摄制作任务，县内片完成80%，每周一期在《畲乡风》栏目中共播出26集。真实记录和表达了景宁人创业创新故事和敢想敢拼精神，突显景宁设县三十年来工业和商业领域蓬勃发展所取得的辉煌成就。

是年，《畲乡风·美在畲乡》获首届全国市县形象电视宣传片“好作品”奖；《幸福吉祥》获省“牡丹奖”形象片二等奖；《畲乡新农村·喝酒的鸡》入选浙江省广电对农通用节目；《一个会计的“空壳生财”梦》获丽水市党风廉政建设电视专题片比赛一等奖。

【网络建设】 2011—2012年，实施数字电视整转和双向网络改造工程，开通861个光工作站，完成32000户的数字电视整转和27200户的数字双向网改造任务，顺利实现平稳停模（模拟电视）、数字电视整转率100%，双向网改造85%。全县（除雁溪乡）实现数字传输和数字播出双向互动，变看电视为用电视。同期按照EPON技术改造广电HFC双向网，实现乡镇所在地互动点播，形成县、乡、村三级统一贯通、互联互通的传播格局。

加强有线电视网络巡查维护力度，完善突发情况应急机制，落实维修班长制度，服务到位。两年，共计接听故障报修电话18000次，处理各类干线和用户故障9000次，确保广播电视节目信号畅通。

2012年，投入310万元，对机房实施从模拟到数字化改造工程，将原先的模拟标清硬盘播出系统更换为数字标清播出系统；非编系统从原先的单机版升级为非编网；模拟信号监测系统更新为数字多画面监测报警系统，提高了节目播出质量和数字电视信号的监测能力，进一步夯实了安全播出工作的硬件基础。

【惠农工程】 2011—2012年，继续实施推进广播电视数字低保工程，完成了1142户低保用户的数字电视整转任务，并对全县4458户低保用户进行汇总归档，共计安装了4393户，完成率97%，确保全县低收入群众看上了清晰的数字电视节目。

2012年，根据（景政办发〔2012〕46号）文件精神，为全县13000户农村居民减免本年度视听费的50%，享受该政策优惠的农村居民有线电视用户达100%，直接受益人口4万多，减免金额163万元。

【安全播出】 2011—2012年来，县广播电视台认真做好敕木山无线发射台和县台机房的维护检修，切实履行一日一巡查，一周一小检，一月一大检的维护制度，力争把各类设备隐患因素消除在萌芽之中。在全国两会、国庆等重要时期，实行每天零报告制度，组织电视防插播和机房应急处置演练，实现两年度广播电视安全播出零事故。

（叶兴兄）

·畲乡报社·

【概况】 2011—2012年，畲乡报社以《畲乡报》和中国景宁新闻网为载体，做好舆论宣传工作，营造良好的舆论氛围，成为景宁重要的对外对内宣传的重要窗口和阵地。《畲乡报》于1995年2月创刊，为中共景宁畲族自治县委机关报，在全国县级党报整顿中，《畲乡报》作为全国唯一畲族自治县得以保留。两年《畲乡报》共出报301期，刊出新闻报道文章图片1万余篇（幅），600多万字，发行135万份。本报记者采写的一些新闻和图片报道多次被中央、省、市级等数十家新闻媒体刊出，在浙报集团用稿100多篇，《丽水日报》用稿200余篇。2011年，获市级好新闻一等奖1篇、二等奖3篇、三等奖2篇，好图片1篇，好版面1篇；2012年，获丽水市新闻奖一等奖8篇、二等奖4篇、三等奖2篇。景宁新闻网是浙江在线新闻网站直属支站，由县委宣传部主管，畲乡报社主办，2010年6月1日开通运行，设有一级栏目23个，二级栏目65个。两年来，先后推出了“纪念建党九十周年”“三月三”节庆专题”“辉煌十一五”等专题41个，以及“进村入企”“村务平台”等一批特色专栏。获丽水市新闻奖一等奖1篇、二等奖2篇、三等奖2篇。截至2012年12月底，网站点击量已突破33400万次，日最高点击量达88722次，日平均点击量3.5万余次，注册网民达44683人，网站受众已经覆盖我国31个省、自治区、直辖市，港澳台地区以及全球100余个国家和地区。为全县22个乡镇（管理区）分别建立了子页面，并与各乡镇合作建立了一支信息员、网评员队伍，内容涵盖全县经济、社会、文化等各个方面。2011年、2012年景宁新闻网均被评为全省十佳支站。

【引进采编系统】 2011年，畲乡报社投资10万元，从北大方正电子公司引进新的采编系统——方正飞腾4.1网络版。该采编系统构成报社采、编、签、排、发一体化的报纸生产管理流程。该系统除排版功能外，还可以把排版人员也纳入到新闻采编系统管理模块中进行管理。由编辑部签发的稿件和图片等相关信息，直接从数据库中读取，提高了系统的安全性，系统之间的紧密集成保证了组版过程中稿件修改痕迹的跟踪以及把组版过程中的剩稿回退到采编系统中。畲乡报社成为继丽水日报社、青田桥报社之后全市第三个使用全新采编系统的报社，进一步规范了报社采编管理，提高了工作效率。

【报纸改版】 2012年，畲乡报社着重实施《畲乡报》改版工作。《畲乡报》在原有报纸版面容量的基础上改为国际标准加长的4开4版，解决原先报纸4版广告信息集中的弊端，使报纸新闻受众版与报纸效益版更加合理的结合。改版后，第一版为要闻版和导读版面，统领和明确当期报纸的报道思想和报道重点；第二版为乡镇部门动态或综合新闻、经济周刊，反映各乡镇、部门的动态消息，并围绕年度工作重点开设相关栏目；第三版为副刊、专题、特别报道、生活健康、理论与实践、畲乡文化版；第四版为社会综合或专题、广告，重点刊发近期的社会新闻、民生常识和广告。

【民生专题栏目】 2011—2012年，畲乡报社在报纸和网站推出《畲乡纪实》栏目，该栏目以"平民视角、民生内容、民本取向"为基本定位，以关注百姓生存状态。《畲乡纪实》共推出40期，报道对象涉及环卫工人、医院护士、普通教师、残疾人、社区干部、乡村妇女等，得到读者的高度肯定，被网友誉为是景宁网络版的"东方时空"。丽水市委宣传部曾特意刊发专稿给予了肯定，前受到了莅临畲乡报社指导工作的浙江在线领导江坪、项宁一的好评，该栏目还获得2011年全省好新闻奖一等奖，2011年丽水网络新闻奖一等奖。

【人文畲乡宣传】 2011年，中国景宁新闻网开设人文畲乡、畲乡旅游、走进畲乡等频道栏目，大力弘扬畲乡景宁的人文乡风民俗，并推出《畲语课堂》栏目助推畲族语言简本学习，《畲乡古迹追踪》栏目查寻探访人迹罕至的人文古迹，《畲乡印象》栏目以纪实图片反映畲乡山水民情。2012年，先后精心制作《大型畲族风情舞蹈诗千年山哈》《海峡两岸各民族欢度三月三节庆活动》《文化先进县创建》《景秀人宁宜居畲乡》等专题专栏，展示畲族风俗风貌，弘扬畲族传统文化，推动畲族优秀传统文化传承与发展，同时整合《畲语新闻》《畲乡风》《魅力畲乡》《畲乡新农村》等栏目视频资源，以文化丰富畲乡人的精神生活，以文化促进发展，以文化凝聚人心，推动民族文化事业大发展。

（叶魏芬　吴伟东）

医疗卫生

综　述

【概况】 2011—2012年，全县卫生工作以“构建民本卫生，打造健康畲乡”为目标，以医药卫生体制改革为主线。加快推进公立医院改革，破除“以药养医”机制，改善就医环境。完善新型农村合作医疗制度，加强乡村卫生服务一体化管理建设。全面开展“医院质量管理年”活动。让群众有地方看病，看得起病。加大卫生投入，加快人才引进，加强卫生队伍建设，让卫生事业走上良性发展轨道。

2011年7月，县卫生局与计划生育局分设，设置景宁畲族自治县卫生局（中医药管理局）。2012年10月，局办公室从振兴路6号迁入环城南路13号（县卫生监督综合业务新大楼）办公。2012年年末，全县拥有各类医疗卫生机构107个，其中：公立医疗卫生机构28家，包括县人民医院、疾病预防控制中心、妇幼保健所、卫生监督所、医疗卫生服务中心、爱国卫生运动委员会办公室6个县直属医疗卫生单位，以及下属22个社区卫生服务中心（含所辖11个社区卫生服务站）；6个单位办医疗机构；20个社会办医机构；53个村卫生室。146个村巡回诊疗点。全县共有医疗卫生人员676人，（其中：执业医师、执业助理医师共446人，注册护士220人）；正高级职称1人，副高级25人，中级职称132人，初级职称256人；注册乡村医师53人。全县每千人拥有医生3.9人；共有医疗床位432张，每千人拥有医疗床位2.49张。2011年，全县年门诊治疗病人429757人次，住院病人9135人次，出院病人9134人次，死亡率0.33%，医疗责任事故4起，比2010年增加2起。2012年，治疗病人45984人次，住院病人11536人次，出院病人11462人次，死亡率0.35%，发生医疗责任事故4起。

2011—2021年，全县卫生系统新增固定资产3823万元，期末，累计总资产13887万元（净值9300万元）。其中：专用设备6533万元，房屋面积54842平方米（医疗用房48762平方米）。2011年，卫生系统医疗机构总收入1.39亿元，总支出1.35亿元；2012年，卫生系统医疗机构总收入1.68亿元，总支出1.36亿元。两年，全县卫生系统荣获市级以上荣誉单位17个，个人24人次。

【卫生队伍建设】 2011—2012年，重点开展高级人才引进、大学生定向委培、股级中层干部任用选拔等工作。2011年，县卫生局15个岗位实行系统竞争上岗。充实重要岗位业务力量。2012年，县卫生局分别赴武汉、重庆两大城市成功引进高层次专业人才9名，吸引景宁人才回流3人，公开招录大学生定向委培生12名（其中本科层次2人，专科层次10人）。同时，开展县医院牵手社区行动，县医院派有经验医生定期指导社区医疗业务，缓解乡村（社区）医护力量薄弱现状。

2012年，县卫生局被列为省政府特扶“助力畲乡·人才工作室”十个建设试点单位之一。省卫生厅出台《关于加大力度支持景宁畲族自治县卫生事业发展的意见》，景宁县与浙医一院建立医疗合作关系。县人民医院正式挂牌成立“浙江大学医学院附属第一医院景宁民族分院”。此后五年，浙医一院将通过派驻行政管理和技术专家团队到景宁县人民医院工作，实现医疗资源共享。是年7月1日，第一批专家团队共11名专家正式进驻县人民医院。10月，县卫生局与上海市高血压研究所举行“助力畲乡·人才工作室”签约仪式，签订助力畲乡人才工作合作协议书，景宁医院高级人才缺乏、技术落后等初步得到解决。

【卫生基础设施建设】 2011—2012年，县卫生局建设项目6个，总投资2714.6万元。其中：城乡社区卫生服务机构信息化工程：总投资356万元，设备完成安装调试，2012年年底全面投入运行。建设行政村卫生室73个，总投资526万元。鹤溪镇（双后岗、三枝树、城西、周湖、王木坑），沙湾镇（道化、张庄、旺水、林斜、上处垟、何处、坑头、小地），英川镇（梨树突、坑垟、梅崇、王宅、黄谢圩、茶园、黄垟口、湖后、外处坳、温堆），东坑镇（何村、章坑、徐砻、茗源、深垟、桃源、吴山头、罗山、杨斜），渤海镇（石塘山、后垄；九龙乡岭里、徐垟），外舍管理区（包山村、岗石、大吴山、岚头），澄照乡（东升），景南乡（东塘、渔际，雁溪乡大垭田、梅坞），大漈乡（茶林），家地乡（莒岱、谢坑、坪坑），标溪乡（枫林口、东车、预章），梧桐乡（梧桐坑、金兰、高演、角耳湾），大地乡（张坑村、净水、叶坑下、桃洋），毛垟乡（库头、炉西）；葛山乡（岭头），鸬鹚乡（茶亭、南坑下、山下、夏山头），秋炉乡（下玗、伏岩、新塘垟、半山），郑坑乡（柳山、吴布），大均乡（梅坑）。投资87.6万元，建成定期巡回诊疗点146个。社区卫生医疗设备配置投资252万元。为毛垟、九龙等7个社区卫生服务机构配备彩超、血球计数仪、尿液分析仪、半自动生化仪、X光机、心电图机等设备，全部投入使用；社区卫生服务机构标准化建设项目15个：投资总额1000万元。2011—2012年期间完工并投入使用10个，前期准备项目5个。公共卫生综合业务用房建设项目：总投资820万元，实际完成投资493万元，已进入主体工程建设阶段。

2011年12月16日澄照乡慈善心医院竣工验收投入运行

【公共卫生】 2012年，在新医改的背景下，进一步规范基本公共卫生管理，成立卫生局公共卫生科。完善农村卫生服务体系：到2012年12月已建成73个卫生室、144个巡回诊疗点，实现卫生服务全覆盖。2012年，鹤溪、东坑、英川、九龙4家卫生院通过省级规范化卫生院评审。开展以保证农村居民享有基本卫生服务、农村重点人群享有重点服务、农村居民享有基本的卫生安全保障三大类和健康教育、健康管理、基本医疗惠民服务、合作医疗、儿童保健、妇女保健、老人和困难群体保健、重点疾病社区管理、公共卫生信息收集与报告、环境卫生协管、卫生监督协查、协助落实疾病防控措施十二小项基本公共卫生服务。强化慢性病管理,完善居民健康档案,提高城乡居民健康水平。健康档案管理规范有序:2011年,已累计建立居民健康档案8.93万份,建档率达83%,慢性病和60岁以上老人建档管理,管理率达85%以上;规范管理高血压患者5979人、糖尿病病人461人。

2012年,累计建立居民健康档案9.03万份,建档率达84.31%,慢性病和60岁以上老人建档管理完成85%以上;规范管理高血压患者7415人,糖尿病病人2754人。健康教育普遍开展:2011年,乡镇健康教育合格化单位建设被列入年度综合目标考核。东坑、英川、沙湾、大均、澄照等乡镇通过合格化单位验收后,2012年鹤溪、外舍、郑坑、鸬鹚、标溪等乡镇通过合格化单位验收。免疫规范化门诊创建工作全面达标:2011年,按浙江省免疫规范化门诊创建评审标准,完成对鹤溪镇、英川镇、东坑镇、沙湾镇、九龙乡、鸬鹚乡、大均乡、澄照乡等8家预防接种规范化门诊创建自评工作,2012年完成全县预防接种规范化门诊创建。农民健康体检工作全面推进:景宁县第三轮(2010—2011)年参合农民免费体检累计达86011人(其中成人40550人、儿童17753人、在校中小学生27708人),查出病人11298人次〔其中高血压4976人、糖尿病654人、胆囊炎(胆石症)1448人〕;第四轮2012年参合农民免费体检45290人(其中成人12120人、儿童8537人、在校中小学生11578人、60岁以上老年人13055人),查出病人11760人次〔其中高血压3399人、糖尿病871人、胆囊炎(胆石症)913人〕。

【医药卫生服务体制改革】 2011—2012年,景宁是浙江省农村医疗卫生服务体制机制改革和基本药物制度实施试点县。两年,全县基层医疗卫生服务体系建设、国家基本药物制度实施、基层医疗机构的绩效考核体系建设任务全面完成。基层医疗机构门急诊人次年均上升30.5%,村卫生室紧密型管理率100%,城乡社区卫生服务质量明显提升,群众满意度进一步提高。

【实施国家基本药物制度】 景宁为浙江省实施国家基本药物制度第一批30个试点县之一,从2010年2月起该项工作有序推进,群众药品费用大幅下降,药品质量得到保证,群众真正得到实惠。2011年,基本药物制度实施单位有21个社区卫生服务中心,11个社区卫生服务站,基层医疗机构年采购药品收入300.30万元,门急诊人次63496次,门诊人均次费用64.2元,其中药品均次费用47.3元,较实施国家基本药物制度前门诊人均次费降幅13%;8月,县卫生局印发《2011年景宁县城乡社区卫生服务机构综合工作目标考核办法》《景宁县公共卫生与基层医疗卫生事业单位绩效考核指导意见(试行)》等系列配套文件,进一步保障国家基本药物制度的顺利实施;9月,开始实行通过省药品采购平台统一网上集中采购,各中心(站)配备专人对辖区卫生室药品统一采购,统一配送、统一价格,统一结算等管理;9月16日,县政府印发《景宁畲族自治县村卫生室基本药物制度实施方案(试行)》,26日,所有在册的53家村卫生室实施国家基本药物制度。2012年,实施基本药物制度基层医疗单位有21个社区卫生服务中心,11个社区卫生服务站,58个村卫生室,基层医疗机构年医疗总收入820.32万元,其中药品收入597.35万元,门急诊人次139569次,门诊人均次费用58.8元,其中药品均次费用42.8元,较实施国家基本药物制度前门诊人均次费降幅20%。全县卫生系统实施医疗服务阳光用药工程;药品零差率使用、药品采购流程、药品价格全面实行公示制度。2012年12月15日起,县医院实行所有药品(中药饮片除外)零差价销售,制定的《景宁县人民医院总控药品目录》,药品种类有971种,其中,国家基本药品207种,占药品总数的21.32%,非医保目录药品78种,占药品总数8.03%,抗菌药物35种。

【乡村卫生一体化管理】 2011年3月,县医疗卫生服务中心登记注册,5月,乡村卫生一体化建设工作被列入县政府十件实事之一,42家村卫生室修建调整为新建项目;6月,全县基层医疗机构医疗废物实行集中处置;7月,印发《景宁县社区卫生服务机构综合工作目标考核方案》;9月,鹤溪等5个社区卫生服务中心添置的多普勒彩色超声波诊断仪、全自动生化仪等220多万元的医疗设备安装到位,全县基层医疗机构医疗责任保险工作完成;12月,规划的73个行政村卫生室(其中,修建28个,新建45个)和146个行政村定期巡诊点全部建成。53家村卫生室人员已开展业务工作,对全县630位原乡村医生落实了社会养老统筹工作。2012年1月,村巡回诊疗点工作开始实施;4月,开展了全县乡村医生集中培训,印发《景宁县2012年一体化管理村卫生室综合工作考核细则》;6月,澄照等7家医疗机构添置的医疗设备安装到位,共投入60多万元;7月,投入10万元为村卫生室更新了诊疗设备;11月,为村卫生室从业的乡村医生购买了医疗责任保险,并投入30万元为村卫生室添置更新了办公设施,改善其办公条件。

【医政管理】 2011—2012年,以突出基层医改、公立医院改革重点。加强医政管理,提高医疗服务质量。全县各级各类医疗机构98家,医疗机构市场准入合格率100%;2011年,依法办理执业医师(助理执业医师)注册申请30人,护士注册25人、变更注册33名,通过卫生技术高级技术职称评审12人;组织参加医师资格实践技能考试110名、医师资格笔试考试55名、卫生技术人员的初(中)级职称考试65名。加强医疗机构麻醉药品与一类精神药品使用的监管。通过浙江省医院特殊药品网络管理系统,对具有麻醉药品配备与使用的9家医疗机构,实行实时网络监控,强化月报表制度,保障特殊药品使用安全;开展医疗机构的分级量化管理42家、规范级25家;完成"十二五"时期城乡社区卫生服务体系发展规划编制。通过病医双方协商解决医疗投诉6起,医疗纠纷调解委员会组织纠纷调解1起,医疗事故技术鉴定1起。2012年,完成县医院"二级甲等综合性医院"创建,通过112人的医师资格、62人的护士资格考试、82人(高级18人)的职称考试。处理医疗举报投诉案件6起,组织医疗事故技术鉴定2起,全年未发生等级医疗事故。

2011—2012年,县医院建立预约诊疗制度,开展预约诊疗服务。同时,内科一病区等6个临床路径和4个单病种开展优质服务质量管理。2012年12月15日,县医院与县人民政府签订医改责任书,公立医院改革启动;鹤溪、沙湾等5家开展创建医疗质量安全示范乡镇卫生院工作。医疗机构医疗废弃物统一由丽水民康医疗废物处理有限公司收集处理。

2011年,无偿献血量占临床用血量的140.1%,县级医院成分输血率100%,县医院开展自体输血项目,年度临床用血量增长率为—20.1%,是年,为保障温州动车组事故临床用血需求,县卫生局开展无偿献血专题活动,采集无偿献血135人次。2012年,无偿献血使用占临床用血的100%,县级医院成分输血率100%,自体输血13例17850毫升血液,占总用血量的6.8%。

2011—2012年,进一步开展

中医药知识进社区、进农村、进家庭活动。举办推广中医药培训班一期，参加培训人员21人。鹤溪、沙湾社区卫生服务中心列为中医药社区卫生服务示范点，全县开展中医药服务的社区卫生服务中心14家，占总数的66%，并将社区卫生服务中心中医药服务项目列入社区卫生服务年度综合考核内容。

卫生监督

【概况】 景宁畲族自治县卫生监督所核定编制15人，2012年年底，有干部职工9人，其中，参照公务员管理8人（含副主任科员1人），事业在编1人。设综合管理科、巡回监督一科、二科和三科，对所辖区域实行分所划片负责，推行“主办监督员制度”，全面启用“浙江省卫生监督信息系统”，制发《县卫生行政许可图片指引》，下放乡镇行政许可初审权，实行行政许可、处罚和日常监督信息记录一站式服务。两年办理卫生许可998件，县卫生监督部门出动执法检查2620人次，检查生产、经营单位4718人次，查处违法案件25起，罚款38100万元。

【食品卫生】 2011年发放卫生许可证475本，发放健康证3059本。2012年，发放卫生许可证418本，医疗机构许可44本（其中，注册23本，变更13本，校验8本），母婴保健技术考核合格证书39本，医师注册53本，办理从业人员健康证2566本。2011—2012年，组织执法检查各类食品、餐饮单位281户次，抽检餐饮具、食品1071份。

【生活饮用水卫生】 2011年抽检县自来水厂的水源水、管网末梢水、出厂水等水样142份，合格率100%。2012年，抽检87份，合格率100%，是年，开展农村饮用水卫生监督试点工作，对县自来水厂开展A级复评，规范制水消毒标准管理，确保供水卫生安全。

【公共场所卫生】 2011—2012年，全面推行公共场所量化分级管理工作，出动人员360人次，检查公共场所600户次，大肠菌群、细菌总数监测。合格率66.67%；现场检测宾馆空气质量10个点，合格率100%。

【医疗市场】 2011—2012年，出动执法人员115人次，查获2起非法行医行为，取缔2个无证行医窝点，暂扣了10件药品、医疗器械。查办农村“接生婆”12人，罚没款共计人民币20200元。

疾病预防控制

【概况】 疾控中心核定编制18人，2012年年底，有干部职工23人，其中在编职工18人；卫技人员18人，其中，包括副主任医师1名，主管医（技）师8名，医（技）师5名。设综合办公室、疾病预防与控制科、健康教育与健康促进科、重病科、检验科和卫生监测科。2011年，合计收入269.68万元，其中，县财政预算收入181万元。2012年，合计收入427万元，其中，县财政预算收入324万元。2011—2012年，工作重点是对麻疹、手足口病、艾滋病、结核病、狂犬病等传染病进行防控和检测。

【疫情管理】 2011年，无甲类传染病发生；报告乙类传染发病523例，总发病率为302/10万；报告乙、丙类传染病17种，报告发病1202例。2012年，无甲类传染病发生；报告乙类传染发病384例。报告乙、丙类传染病15种，报告发病1076例，2011—2012年，24个网络信息直报率均为100%，无突发公共卫生事件发生。

【艾滋病防治】 2011—2012年，重点对公共娱乐场所从业人员和外来婚嫁对象、外出务工返乡人员的HIV/AIDS病（HIV指艾滋病病毒携带者；AIDS指艾滋病病人）抗体检测管理。开展艾滋病知识宣传，发放宣传资料1200份，发放安全套4292只，采取高危人群干预措施1067人次，最大限度减少艾滋病发生。2011年，累计报告HIV/AIDS病30例（其中新发现HIV感染者2例，告知率100%），死亡2例，转出7例，随访管理23例，随访率100%；2012年，累计报告HIV/AIDS病30例，未发现新病例，无新死亡病例，随访管理19例。

【结核病防治】 2011—2012年，继续由县疾控中心负责管理、县人民医院定点诊治、乡镇卫生院负责督导随访的管理模式。2011年，报告活动性肺结核病人91例（其中，涂阳27例，涂阴56例），治愈新发病涂阳肺结核25例，治愈率为92.59%；2012年，报告活动性肺结核病人88例（其中，涂阳25例，涂阴44例），治愈新发病涂阳肺结核26例，治愈率为96.29%。

【手足口病防控】 2011年，报告手足口病261例，手足口病例实验室监测60份，Ev71病毒15份，Cox16病毒17份，阴性28份；2012年，报告手足口病187例，手足口病例实验室监测60份，Ev71病毒10份，Cox16病毒19份，阴性31份。

【地方病、慢性病防治】 2011—2012年，实行疟疾“三热”病人月报制度，县疾控中心血检400人，市检布鲁氏病血清30份，均为阴性。碘盐抽样检测288份，合格率为95.49%。设立澄照、大均乡为高血压3级管理综合防治试点乡镇，鸬鹚、英川镇为2级管理，其他乡镇继续实行1级管理。全县开展35岁及以上测血压首诊57565人次，报告高血压患者7699人（2011年5979人），规范管理率67.77%。糖尿病患者数为908人（2011年461人），规范管理率为58.41%，恶性肿瘤病人132人，规范管理率79.24%。重症精神病病人108人，规范管理率69.07%。

【霍乱防控】 2011年，全县肠道门诊初诊人数137人，采样130人，采样率95%，霍乱0人；伤寒、副伤寒监测112份，结果均为阴性。2012年，全县肠道门诊初诊病人数202人，采样197人，采样率97.5%，霍乱0人；伤寒、副伤寒监测100份，结果均为阴性。

【免疫管理】 2011年，普及儿童、预防接种实行全程管理。全县建卡1317人。卡介苗接种1316人，乙肝疫苗接种3757人次，脊灰疫苗接种4759人次，百白破疫苗接种5115人次，麻疹疫苗接种2777人次。2012年，全县建卡1334人。卡介苗接种1334人，乙肝疫苗接种3910人次，脊灰疫苗接种4428人次，百白破疫苗接种4807人次，白破疫苗接种1374人次，麻疹疫苗合格接种1284人次，麻腮风疫苗接种1335人次，乙脑疫苗接种2504人次，流脑疫苗接种2330人次，流脑A+C疫苗接种2468人次，甲肝疫苗接种1354人次。

2012年，全县7家社区卫生服务中心规范化预防接种门诊通过市疾控中心初审，等待省级复评审。

【死因原因和慢性病监测】 2011年，报告死亡个案1048例，监测人群总死亡率为6.07‰，其中男性死亡率为7.47‰，女性死亡率4.51‰，婴儿死亡率3.90‰，5岁以下儿童死亡例7.30‰；报告慢性病新发病710例，其中：糖尿病新发病406例，恶性肿瘤新发病185例，心脑血管病新发病119例。2012年，报告死亡个案1064例，监测人群总死亡率6.14‰，其中，男性死亡率7.43‰，女性死亡率4.70‰，婴儿死亡率3.59‰，5岁以下儿童死亡率4.49‰；报告慢性病新发病741例，其中：糖尿病新发病461例，恶性肿瘤新发病183例，心脑血管病新发病97例。

【狂犬病监测】 2011年，报告狂犬病暴露人群661人（暴露于狗583人），伤口处理、狂犬疫苗接种率100%。2012年，上报狂犬病暴露人群724人（暴露于狗657人，占总人数的90.75%），伤口处理、狂犬疫苗接种率100%。

【卫生检验】 2011年，参加13次实验室间比对和能力验证活动，其中，省级单位8次，市疾控4次，兄弟单位1次，结果均为满意。购买荧光定量PCR仪、臭氧测定仪等仪器，对照《省、地、县级疾病预防控制机构实验室主要仪器装备标准》，中心检验设备种类达标率为90.1%，仪器总台数合格率93.4%。2012年，参加11次实验室间比对和能力验证活动，其中，上级单位组织10次，兄弟单位1次，结果优秀5项，其他均为满意。购买离子色谱仪、原子荧光分光光度计等仪器，中心检验设备种类达标率为91.0%，仪器总台数合格率94.0%；通过省质量技术监督局实验室计量认证复评审及食品检验机构资质首次认定。

【健康教育】 2011年，开展2次132人次参加的健教人员培训；基层健康教育工作指导覆盖率达100%；利用“3·24”世界防治结核病日等开展15次人群健康促进宣传活动；鹤溪镇社区卫生服务中心开展“健康促进医院”创建活动；开展流动人口等6类人群360人卫生防病知识知晓率调查，结果显示：知晓率均在78%以上，行为形成率为75.30%。2012年，为127人次健教人员开展培训；利用“4·25”全国儿童预防接种宣传日开展11次人群健康促进宣传活动；7月8日，在石印山广场举行全县应用铁强化酱油控制铁缺乏和缺铁性贫血项目启动仪式。

妇幼保健

【概况】 县妇幼保健所核定编制21人，有工作人员23人(卫技人员19人)，其中，副高职称3人，中级职称9人，内设办公室、妇女保健科、儿童保健科、婚前保健科、特检科、综合科。2011—2012年，全县深入实施母婴健康工程、妇女健康促进工程、重大公共卫生等项目工作，全面开展妇女儿童常见病防治、孕产期保健、0～6岁儿童保健、婚前保健、幼托机构卫生保健管理、健康教育、基层妇幼业务指导培训等业务。开展妇女、儿童保健和免费婚前医学检查等服务，投入妇幼卫生资金932.65万元，实施孕产妇系统管理2752人，儿童系统管理9537人，妇女病普查7275人次，查出各类疾病2671人次。

【妇女健康管理】 2011—2012年，全县孕产妇死亡率为零。2011年，全县产妇数1465人，活产数1472人(其中住院分娩1469人)。孕产妇系统管理1348人，系管率91.58%，住院分娩率99.80%；孕28周县级高危筛查1407人，筛查率96.04%，筛出高危孕产妇745例，高危住院分娩率100%，妇女病普查2325人，查出疾病850人(其中：宫颈炎581人、阴道炎318人)，患病率36.56%，查出重大疾病64人(其中：宫颈上皮内瘤变49人，大型子宫肌瘤7人，卵巢肿瘤6人，宫颈癌2人)。2012年，全县产妇数1490人，活产数1497人，孕产妇系统管理1404人，系统管理率93.78%，住院分娩1495人，住院分娩率99.87%；孕28周县级高危筛查1466人，筛出高危675人，其中，重度高危93人，危重孕产妇成功抢救2例；妇女病普查4950人，查出疾病1821人(排在前两位的宫颈炎1203人、阴道炎597人)，患病率36.78%，宫颈上皮内瘤变43例，大型子宫肌瘤11例，卵巢肿瘤3例，宫颈癌1例。

【儿童健康管理】 2011—2012年，儿童保健继续实行0～2岁、3～6岁分段健康系统管理和幼托机构卫生保健分级量化管理。两年儿保门诊就诊36046人次；“六一”期间儿童健康体检9479人，体检率99.0%，主要缺点是龋齿、视力异常、轻度贫血；筛选出体弱儿71例，进行专案管理，转归58例，转归率81.69%；幼托机构卫生保健管理：县城21所幼托机构中经考核合格18所，合格率85.71%，在园教职工体检688人，检出传染病1人。开展儿童肥胖流行病学调查(县级科研项目),对37例肥胖儿童进行调查及全面体检;实施《丽水市流动儿童保健管理办法》,县外流动儿童建卡41人。2011年,7岁以下儿童数9535人,保健管理8793人。0—2岁儿童4765人,系统管理4425人。5岁以下儿童死亡11人,死亡率7.47‰,婴儿死亡8人,死亡率5.43‰;5岁以下儿童死因前五位:意外死亡、先天性心脏病、出生窒息、其他先天异常、化脓性脑膜炎;2012年,7岁以下儿童数10315人,保健管理9784人,保健管理率94.85%,5岁以下儿童死亡10人,死亡率6.68‰,婴儿死亡9人,死亡率6.01‰;5岁以下儿童死因前五位:先天性心脏病、重症肺炎、意外死亡、出生窒息、21—三体综合征。

【婚前医学检查】 2011—2012年,婚前医学检查率100%。2011年,新婚保健及孕前保健指导、检查2414人,检出疾病159人,疾病检出率6.69%,对影响婚育对象医学指导72人,其中,不宜生育1人,暂缓结婚8人;2012年,婚前医学检查2366人,检出影响婚育疾病242人(男67人,女175人),总患病率10.23%,女性患病率(14.79%)高于男性患病率(5.66%),其中建议暂缓结婚21人,异常情况追踪随访42人。

【新生儿疾病筛查】 2011年,新生儿甲状腺功能低下和苯丙酮尿症两个疾病筛查1481例,筛查率100.61%;新生儿听力筛查1368例,筛查率92.93%;5岁以下儿童检测血红蛋白4025人,检出中、重度贫血7人。2012年,新生儿甲状腺功能低下和苯丙酮尿症两个疾病筛查1497人;5岁以下儿童检测血红蛋白4908人,检出中、重度贫血10人。

【规范化门诊创建】 2011年,鹤溪社区卫生服务中心创建市级妇幼保健规范化门诊通过市卫生局评审。2012年,雁溪、大地、大漈乡卫生院创建市级妇幼保健规范化门诊通过市卫生局评审。

【重大公共卫生服务】 2011年,检测HIV3556人,阳性病例1人;扩大叶酸发放中心(站)点25个,免费增补叶酸1218人;发放农村孕妇住院分娩补助1102人,补助金额55.1万元。2012年,检测HIV2285人,无阳性病例;增补叶酸1177人,住院分娩补助1086人,补助费用54.3万元。

爱国卫生

【概况】 县爱卫办设主任室、书记室、财务室、综合科、农村改水改厕科、病媒生物科6个科室,编制5人,在职7人,其中,中级职称2人,初级职称2人。2011—2012年,县爱卫办通过报纸、广播、电视、世界无烟日活动、专题讲座、宣传展板、办黑板报等形式,广泛开展爱国卫生运动宣传活动。开设专题讲座26场,电视、报刊、宣传栏板30期,印发读本(资料)40000份。2011年,全县1418个村庄建(修)起自来水池,装上自来水,受益率有81.3%;2012年,全面开展饮用水卫生整治,年末,全县拥有自来水厂(站)368个,改水受益人口14.08万(其中自来水受益13.62人),受益率95.5%;其他形式供水26004人,每年在城区开展春秋两季大规模灭鼠、灭蚊、灭蝇、灭蟑螂除"四害"活动,清除生产生活垃圾,搞好环境卫生,保障人民健康。截至2012年年底,全县获得省级卫生单位18个,卫生村7个;市级卫生单位23个,卫生乡镇7个,卫生村15个;县级卫生单位38个,卫生乡、镇15个,卫生村71个。

红十字会

【概况】 景宁畲族自治县红十字会(2008年9月19日起由原县卫生局管理改为政府领导联系,列入群团机关管理)是中国红十字会从事地方人道主义工作的社会救助的团体组织,核定事业编制4名。内设办公室、赈灾救济科。县红十字会会长由分管副县长兼任,设常务副会长1名(高调配为正科级),副会长1名(副科级),股级领导职数2名。

2011—2012年,积极开展防灾减灾、艾滋病防治、无偿献血、造血干细胞捐献以及人体器官捐献等工作的宣传。向上级红十字会、企业和个人争取药品、食品、鞋子、生活用品和学习用品等物资价值160万元,省建设银行捐助东坑镇中心小学塑胶操场建设项目50万元。

【博爱送万家活动】 2011年1月5日,省红十字会党组书记、常务副会长王冬梅带队到景宁参加博爱送万家物资发放仪式,为鹤溪镇、东坑镇、大漈乡的110户贫困户送上价值11万元的慰问品(每户现金500元,物资价值500元),深入东坑镇上门慰问部分“三老”贫困党员,为他们送去价值1000元的慰问金和物资。同时,为大漈乡老年活动中心捐助老年活动设施购置经费8万元,为红十字救护培训基地捐助2万元的教学设备。

【博爱周活动】 2011年5月6—13日,组织以“弘扬人道、情暖畲乡——红十字志愿服务惠民生”为主题的活动。活动内容有:1.灾害救援、救护培训、社区关怀、健康服务、造血干细胞捐献、人体器官捐献以及婚前、孕产期、儿童的保健以及妇女常见病防治等公益宣传活动,发放各种宣传资料1000份。2.惠民生义诊活动,省红十字会专家医疗队进社区义诊,5月10—11日省人民医院副院长、全国呼吸道专家许武林带领的包括内科(心脑血管、消化、呼吸)、外科、眼科、骨科、中医和妇科的七位专家到鹤溪镇社区卫生服务中心义诊两天,为300名患者义诊;3.“红十字会老区行”老党员慰问,5月11日省红十字会、县委组织部、县红十字会到东坑镇革命老区慰问老党员,送去慰问金和物资。

【现场救护培训工作】 2011年1月5日,景宁红十字救护培训基地在县职业高中成立。省红十字会党组书记、常务副会长为景宁红十字救护培训基地授牌。

2012年3月13—16日,县红十字会联合会、县防汛指挥部为渤海、东坑、沙湾、英川等四大区域中心镇的防汛演练的应急小分队及相关工作人员进行初级现场救护知识培训,受训人数达400余人。是年11月1日,为在景宁举办全市检察系统法警培训班的40多名法警进行现场救护培训,包括止血、包扎、固定、搬运四项技能和心肺复苏技能知识及常见疾病的紧急救治方法。两年,景宁县红十字会对初学驾驶者、机关干部、武警指战员、高危行业干部职工、学校师生、社区居民和农村农民5000余人进行心肺复苏、创伤救护等四项技能、意外伤害和突发事件处理等急救知识培训。

【人道救助工作】 2011年12月8日,县红十字会与县人民医院联合在县人民医院举办“康恩贝健康之旅——心脑血管疾病防治博爱行动”活动,通过活动争取省红十字会、浙江康恩贝集团有限公司康恩贝药品50万元,给全县500名城乡贫困户心脑血管疾病患者,每人免费发放价值1000元的药品。

县人民医院

【概况】 2012年年末,县人民医院占地面积14800平方米,业务用房面积21780平方米,总资产1.25亿,在职职工361人,主任医师3人,副主任医师24人,中级职称94人,初级技术人员200余人。设心脑血管科、内分泌肾病科、呼吸肿瘤科、外科、妇产科、儿科、骨科7个病区,核定床位280张,开放床位345张。2011年,业务总收入9168万元(药品占收入比为49%),比上年增长11.3%;门诊治疗病人29.44万人次,比上年增长13%,门诊人均费用119.88元;是年,入院病人9135人次(其中手术2183人次),

出院病人9132人次。出院病人治愈率34.63%,好转率58.15%,死亡率0.35%。住院时间人均次9.05天,住院人均费用6167.89元,均为全市县级医院最低。社会群众满意度为96%。是年,成功创建“二级甲等综合医院”。2012年,业务总收入1.32亿元;门诊31.98万人次,比上年增长8.6%;入院11536人次,比上年增长38%;出院病人11462人次,完成手术2246例。出院病人治愈率22.89%,好转率70.89%,死亡率0.04%。住院均次费用7007.18元,门诊人均费用132.64元。是年12月25日,成功启动公立医院改革,实行药品零差价销售,按政策调整相关医疗收费标准。

【“德恩楼”扩建改造工程完工】 2011年5月,县人民医院住院部“德恩楼”扩建改造工程完工,正式投入使用。该楼总建筑面积8600平方米(其中,新建3700平方米,改造4900平方米)。建成百级(手术区≤5cfu/m3,周边区≤10cfu/m3)手术室一间;万级(手术区≤52cfu/m3,周边区≤104cfu/m3)二间。换风采用净化空调,配备了隔离变器、保温柜、器械柜等,墙体均采用签解钢板制作,该工程累计投资1400万元(其中,国债640万元、地方财政660万元、医院自筹100万元)。

【“思恩桥”】 2011年8月,县人民医院门诊部至住院部楼间通道“思恩桥”建成。该桥长48米,宽3米,木质结构(杉木和进口山樟),三层叠式,小青瓦屋面,总投资60万元。

【医疗医技】 2011—2012年,在浙医一院的帮扶下,县人民医院医疗重点技术明显改善。骨科:成功开展颈椎骨折脱位伴颈髓损伤、一期前后联合入路行减压、植骨融合内固定治疗颈椎损伤、脊髓型颈椎病椎管成型术、TilicC型骨盆骨折、防旋股骨髓内钉微创治疗老年股骨粗隆骨折、高龄疏松性脊髓骨折经皮微创等手术、人工髋关节置换等手术20例。

外科:独立开展椎管内肿瘤切除术、多发肋骨骨折切复内固定术,胃癌、肝癌、乳房癌、甲状腺癌、肾癌等根治术,脑部行脑立体定向颅内血肿抽吸术、脑肿瘤切除术,泌尿系能开展经尿道前列腺电切术、输尿管切开取石术,腹腔镜下结直肠肿瘤切除手术等新业务。

眼科:新开展600例眼底经OCT检查,32例白内障微创手术。

耳鼻咽喉科:能开展多导睡眠监测及HUPPP手术治疗鼾症,规范治疗突发性耳聋患者28例,同时添置了视频耳、鼻硬内镜医疗器械。

口腔科:新开展人工种植牙齿20例。

内分泌肾病科:增添3台血液透析机,累计有13台;增加血透室床位20张。

消化内科:新开展电子肠镜检查和治疗,完成内镜下止血、息肉摘除术57例,消化内镜检查+病理检查符合率为80%。

重症监护病房(ICU):成功抢救危重病人300人;开展CRRT(床边持续超滤技术)50人次;支气管纤维镜技术30人次;成功救治肺、肾、脑多器官脂肪栓塞病1人和心包大出血2人。

消毒供应中心:投入300万元建成480平方米,于2011年10月24日正式投入使用。保证医疗护理质量的作用。

【人才队伍建设】 2011—2012年,县人民医院2012派送20名医务人员到浙江大学附属第一医院进修,组织医务骨干参加省市级各类学术交流150人次;陈学智、李强考上丽水市人民医院第五批全国老中医药专家叶一萍主任中医师学术经验继承人;举办省、市级继续教育项目《糖尿病诊治新进展》和《急症疾病的辨别与诊治》培训班;陈学智《畲药小香勾对脾虚湿阻型痛风相关差异蛋白的作用研究》获得省级课题;7人晋升为高级职称。

2011年浙一医院选派专家

分别于1月、3月、8月、9月、11月，分5批30多人次，对县医院呼吸科、泌尿外科、眼科、五官科、肾内科、泌尿外科、肛肠科、感染科、开展新技术、新手术、疑难病例手术示范、医学论文写作指导和义诊活动。2012年2月，开展胃肠外科、骨科、心内科、妇科、五官科等专科诊治；3—5月，骨科杜峻华副主任医师（为期3个月）开展手术30台，接待门诊病人300例，被本院尊称为“浙一精神的缩影”；8月，消化内科陈毅鹏博士医师采用“基地部尼龙绳勒扎息肉粗蒂的根部+圈套器高频电凝切摘除术”成功摘除距肛门约15、20、30厘米结肠见三处3厘米×3厘米的带蒂息肉，为全市首例“巨大结肠息肉”，同期，心内科聂文成医师开展以内科病症诊治；11月，骨科楼险峰医师（为期6个月）开展骨科创伤和退行性脊柱疾病的诊治及四肢创伤关节内骨折、脊柱创伤骨折、腰椎退行性疾病如腰突症、腰椎管狭窄症、腰椎滑脱症等手术治疗。

畲医畲药

【概况】 传授医药知识主要是口传身授，行医主要以家医和草药店的形式为他人服务，医治有无偿和有偿之分，无偿医治主要为乡村的亲朋好友、邻居、贫困畲民等。行医从业人员有三种类型：一是凭借祖上遗传的单秘验方或某些特殊疗法施治，亦农亦医，以农为主，草药多亲自采摘后捣烂或从家中备用捣碎的干品，不给原生药，防止技艺外泄。二是以治病售药为主业，专心行医售药，在家中备（借）床供求医者住宿，成为专业畲医；三是中草药结合，采用草药与中医诊疗相结合的方法，在畲村悬壶售药，渐成为中草药结合的新型的畲医药者。畲医特色：有内服、外敷、针灸体疗，内服外敷配合，或几种兼用；也有用针灸、拔火罐疗法、接骨用手法复位，草药外敷，小夹板固定；刀伤小出血，在山上可刮油茶树皮粉敷，伤绳刺叶口嚼糊后外敷；中暑、感冒（暑热型）及周身不适等“痧症”，采取抓、刮、挑等方法。2008年，畲族医药被列为第二批国家级非物质文化遗产名录。2009年，畲医畲药获首届“中国（浙江）非物质文化遗产博览会铜奖”，雷建光被评为“省、市非物质文化遗产（传统医学）项目代表性传承人”。2010年，畲医畲药获“浙江西湖博览会优秀奖”。2012年，畲医药骨伤科专业医疗机构1家；县城有青草药店20余家，从事青草药治疗20余人，均宜农宜医。

（张成伟　梅振青）

社会生活

民政工作

【概况】 县民政工作坚持“以民为本、为民解困、为民服务”的宗旨，遵照县委、县政府和上级民政部的部署，正确处理改革、发展、稳定三者关系，以改革总揽全局，以改革推进发展，充分发挥民政部门社会稳定的职能作用。依法维护和保障人民群众的基本生活权益，在救灾救济、最低生活保障、优抚安置等方面都取得明显成效。缓解社会矛盾，维护社会稳定，改善民生，促进和谐，为全县经济发展和社会进步做出贡献。

【基层换届】 2011年4月底，完成254个行政村(第九届)村民委员会换届选举工作，选举产生主任254名，其中女主任10名；村委会副主任及委员共1225名，其中妇女委员251名，村干部44名。2012年12月底，建成21个乡镇社区服务中心和105个农村社区服务中心。村级社区服务中心建设内容包括便民服务大厅，村民(老年)活动室、图书阅览室、民事调解室和多功能教育室，室外体育活动场所等。2012年，开展第四届社区居民委员会换届选举工作，产生新一届居民委员会成员22名，主任4名，其中女主任2名；居民代表147名。

【地名普查】 2011年3月，成立县地名普查领导小组(景政办〔2011〕30号)，下设办公室。普查共采集11大类56个子类地名信息2365条，其中行政区域名称22条，非行政区域名称22条，群众自治组织264条，居民点名称1115条，交通运输类名称115条，水利、电力、通信类106条，纪念地、旅游景点类名称39条，建筑物名称6条，单位名称177条，地名标志名称46条，具有地名意义的单位名称179条，历史地名105条，陆地水系名称14条，陆地地形名称155条。标绘1:1万纸质地形图99幅，测量地名经纬度2365条，地名标准化处理9个，制作地名标志登记表2365份，采集地名多媒体信息2365条，新增国家地名数据库地名信息98条，修改整饰了国家地名数据库矢量地图，生成地名成果图表99份(幅)。

【区划地名事务】 2012年，与寿宁、庆元、龙泉勘界办制定行政区域界线、三交点、界桩联合检查实施方案，完成联合检查任务。命名小区3个、街道1条，设置幢牌231块、门楼牌279块、制作门牌证5000本；发放门牌证1450本，提供地名咨询服务3200人次。2011年11月—2013年5月，编纂《中华人民共和国政区大典》(浙江卷·景宁篇)。已完成4个镇16个乡2个街道和30多个县直单位部门的词条收集和编纂，通过省、市有关专家学者及相关部门审核，这是一部系统反映县、乡(镇)自然环境、经济文化建设和社会发展的综合性工具书。

【拥军优抚】 2011年8月，对农村籍退役士兵满60周岁起的老年人，每当一年兵每月补助10

元，全县补助对象263人。2012年12月，全县补助对象317人。

2011年发放73名优抚对象抚恤金67.5万元，定补金477人245.25万元。发放120名老游击队员、老交通员生活补助金32.16万元，发放义务兵家庭150名优待金103.9万元，发放380名优抚对象临时生活补助金32.5万元，组织27名优抚对象到省荣军医院（嘉兴市）短期疗养，给予全面体检，建立健康档案，走访东坑镇慰问优抚对象11人，发放慰问金8800元。

2012年，发放881名优抚对象抚恤金363万元，发放107名老游击队员、老交通员生活补助33.8万元发放149名义务兵家庭优待金118万元，发放370名优抚对象临时生活补助30.15万元，发放36名重点优抚对象补助医疗9.3万元，春节、建军节期间对县武装部、消防大队、武警中队、县公安局等单位进行慰问，送慰问金、慰问品共计3.3万元。

【退役安置】 2012年12月，县政府《景宁畲族自治县退役士兵安置（暂行）办法》（景政办〔2012〕151号）文件，明确退役军人安置四个条件：士官现役满12年的；服现役期间平时荣获二等功以上奖励或者战时荣获三等功以上奖励的；因战致残被评定为5级至8级残疾等级的；烈士子女。2011年，接收冬季退役士兵70人，其中农村安置手续59人；城镇货币安置8人；工作岗位安置3人。2012年，接收冬季退役士兵66人，其中农村安置手续48人；城镇货币安置9人；工作岗位安置9人。

【最低生活保障】 2011年，城镇居民低保标准从280元/月提高到320元/月，农村低保标准192元/月提高到210元/月。至2011年12月，全县在册城乡低保对象及困难重度残疾人5794户9088人，全年累计发放最低生活保障资金1624.37万元。其中，困难重度残疾人补助对象1270人，累计发放资金321.63万元；城镇居民311户503人，发放资金112.21万元；农村低保4213户7315人，发放资金1190.53万元，低保对象人均享受财政月补贴（城镇）187.05元，（农村）136.55元，分别比2010年提高58.45%和65.02%；是年退出城乡低保204人，新审批城乡低保323人。

2012年，城镇低保标准分别从320元/月提高到380元/月，农村低保标准从210元/月增加到245元/月，分别提高为18.75%和16.67%，年末，全县在册最低生活保障救助对象6279户9534人，其中困难重度残疾人补助对象1326人，城镇居民354户592人，农村低保4599户7616人。全年共发放保障资金1828.37万元，其中发放困难重度残疾人补助金370.79万元，城镇低保金146.63万元，农村低保金1310.95万元，全县城镇、农村低保人口人均月补贴分别为211.13元和144.2元。是年，全县退出低保2897人，新审批城乡低保3343人。实现应保尽保的动态管理，确保特困群体的基本生活。

【医疗救助】 2011年县财政按全县总人口人均9元的标准安排城乡困难群众医疗救助资金262.2万元。按照“扶贫帮困，分类施救”原则，将城乡低保户、五保户对象作为救助的重点，提高救助力度，并积极做好低保、五保、“三无”对象的即时结报工作。全年医疗救助917人，支付救助资金262万元，比上年增加救助对象122人，增加救助资金122万元。2012年，县财政下拨救助资金270万（其中重症精神病人救助资金100万元）。救助1302人次，安排医疗救助资金238.85万元。

【孤寡老人】 2011年，提高五保对象供养标准，其中农村五保对象分散供养标准从每年每人2040元提高到2520元；集中供养从每年每人3360元提高到4200元。至12月，全县在册农村五保和城镇“三无”供养对象433人，其中农村五保人员428人，城镇“三无”人员5人，五个乡镇中心敬老院集中供养对象390人，集中供养率为90%。2012年，全县五保对象集中供养标准提高到4680元，分散供养标准提高到2736元。年末，全县有农村五保和城镇“三无”供养对象430人，其中入院集中供养对象393人，集中供养率为91%，分散供养37人。

【社会救助】 2011年，全年共救助流浪乞讨对象396名，发放救助资金4.4万元。同时，对本县贫困家庭的重症精神病人进行了送治，共送治65人，支付医疗费108.73万元。2012年12月，发放孤儿基本生活费和困境儿童生活补助费共21.5万元。

【慈善救助】 2011年，开展“慈善一日捐”等活动，95个单位3850个人参与捐赠，募集善款218万元。其中，慈善一日捐36万元；专项捐赠82万元。100多名城镇低保户、优抚对象、下岗职工和光荣院老人与县主要领导共进“慈善”年夜饭。推动“重大疾病救助工程”“助学工程”“助困工程”等多种方式慈善项目，全年共发放各类救助资金148万元，救助3208人。实施省爱心事业基金会“彩虹计划”，浙江万向集团开展“四个一万工程”“胜华慈善基金”活动，与贫困学子结对，以及实施“王老吉·学子情”百名贫困大学生慈善助学等项目，资助困难学生和重病患者355人，发放救助资金40万元。

2012年，在“第五个全民慈善捐赠月”活动，共接收单位和个人各项捐赠615万元，其中，全民慈善捐赠月50万元，财政留本捐息100万元，定向捐赠450万元。共发放各类救助资金275万元，共救助1530人。同时，着力抓好“造血型”救助项目，共扶持养猪专业户53户、红薯种植100户、来料加工100户、毛竹基地培育500亩，扶持资金30万元。

【福利企业】 2011年，全县福利企业在册11家，从业人员607人，其中残疾职工220人，占全部从业人员36.24%，从业人员劳动报酬1330万元，人均年收入21911元，其中，残疾职工劳动报酬454万元，人均年收入20636元，残疾职工参保额112.16万元，人均5098元。11家企业共完成工业总产值1.68亿元，实现销售收入1.55亿元，应缴增值税580万元，退增值税580万元，利税1550万元。

2012年，福利企业全部从业人员615人，其中残疾职工243人，占全部从业人员39.51%，残疾职工劳动报酬500万元，人均年收入20576元。1—11月，完成工业总产值1.57亿元，实现销售收入1.38亿元，应缴增值税718万元，退减免增值税676万元，利润总额786万元。

【殡葬改革】 2011年，全县共火化遗体787具，火化区内火化率继续保持100%。2012年，全年共火化遗体888具，其中低保户、五保对象和优抚对象遗体229具，减免殡葬服务收费9.85万元。火化区内火化率继续保持100%。是年，开展乡村级生态墓地建设。完成大漈乡、红星街道杨绿湖村、大地乡大地村生态墓地建设，规划面积1053公顷，建成生态墓510穴，并通过验收；完成沙湾镇、澄照乡两处生态墓地规划选址、征地工作。全县生态葬法行政村覆盖率达到93.5%。

【婚姻登记】 2011年，共办理结婚登记2015对，离婚登记237对，补领结婚登记334对，出具无婚姻登记记录证明，1617份；办理收养登记20例。2012年，共办理结婚登记1592对，离婚登记275对，补发结婚登记317人，出具无婚姻登记记录证明2267份。

2011年，批准涉外婚姻登记共45对，比上年增长800%，其中，华侨8人，外国人37人。2012年，批准涉外婚姻登记共137对，比上年增长204%，其中：华侨2人，外国人135人。外国人中，主要为越南、柬埔寨两国人。

【社会组织】 2011—2012年，开展社会团体和民办非企业单位年度检查工作。重点对各社会组织的业务开展情况、财务制度执行情况、规章制度建立和执行情况进行检查，57家社会团体和27家民办非企业单位通过年检。印发《景宁畲族自治县民政局关于开展全县社会组织评估工作的通知》（景民发〔2012〕11号）文件，开展社会组织评估工作；印发《景宁畲族自治县社会组织重大活动报告制度》（景民发〔2012〕13号）文件，建立社会组织重大活动报告制度。

老龄工作

【关爱老人】 2011年5月，开展"送光明、献爱心"活动。经县人民医院初检和复查，省人民医院专家对符合手术条件的77名白内障患者免费施行了手术，手术成功率达100%。做好90周岁以上老人建档和健康长寿保健慰问金发放工作，发放369名90周岁以上老人健康长寿保健慰问金11.07万元。开展"农村老年星光计划"活动，创建星光老年之家32家，老年活动中心4家，老年电大教学点4家。开展"助老济困送温暖"活动。走访慰问高龄特困老人120多户，发放慰问金6万多元。2012年12月，90岁及以上老人464人，其中100岁老人10人。走访特困老人等110人，发放慰问金6万元。

【居家养老】 2012年，县城四个社区建立居家养老服务中心，东坑、沙湾等5个乡镇建立了居家养老服务站，为县城四个社区的60名重点养老服务对象发放"一键通"老人手机，开展康复护理、精神慰藉、文化娱乐、体育健身、司法维权等项目服务。

【高龄补贴】 2012年7月，丽水老龄委颁发《丽水市高龄老人补贴发放管理办法》（丽老办〔2012〕14号）文件，高龄老人补贴标准为：年满80周岁到89周岁老年人每人每月补贴30元不变，年满90周岁至99周岁每人每月补贴100元，100周岁及以上老年人每人每月补贴500元。一次性奖励标准：90岁至99岁老年人每人一次性奖励1000元，100岁及以上老年人每人一次性奖励5000元。2012年，全县90岁及以上老人464人，其中100岁老人10人，按要求给90岁老人和100岁老人发放一次性奖励金。

【社会养老】 2012年11月，根据《关于成立景宁畲族自治县社会养老服务体系建设领导小组的通知》（景政办发〔2012〕133号），成立县社会养老服务体系建设领导小组，建立社会养老服务指导中心。2012年12月，全县养老床位600张，每百位老人床位数为2.28张，其中城市国办养老机构1家，床位数50张；乡镇敬老院5家，床位数400张；民办养老机构2家，床位数150张；社区居家养老服务照料中心12个，城市社区居家养老服务站4个，农村社区"星光老年之家"137个。

【老年电视大学】 2012年，全县老人电大秋季报名入学人数2452人，占老人总数的10%以上，累计入学2.1万多人次，教学点从原来的3个发展到56个。

（柳良望）

移民工作

【概况】 2012年年底，全县共有移民7699户23265人（滩坑电站景宁库区移民7128户20994人、上标电站185户816人、白鹤电站50户221人、英川电站254户874人、新安江电站82户360人）。其中滩坑电站景宁库区县外安置4658户15972人（丽水市莲都区1133户3717人、龙泉市547户2020人、遂昌县574户1954人、松阳县554户1932人、缙云县314户962人、义乌市170户606人、东阳市165户606人、永康市160户606人、浦江县51户195人、绍兴县313户1132人、诸暨市348户1147人、鄞州区178户593人、奉化县151户502人）；县内安置2470户5022人，分别安置于金惠、鹤溪小区、朝阳、绿草、梅坑、九龙、王金垟、双坑口、鲍山头、畲斗湾等10个安置点。

【移民后期扶持工作】 2011—2012年，县移民办紧紧围绕"移民增收、库区稳定、创新发展"目标。先后编制了《大中型水库移民后期扶持规划》《大中型水库库区和移民安置区基础设施建设及经济发展规划》《小型水库移民解困规划》。按照“一人一折(存折)直补到人”的原则,全县投入移民扶持专项资金1994.77万元。核定2011年直补人口6503人,发放直补资金409.74万元;核定2012年直补人口6369人,发放直补资金400.17万元。两年举办笋竹、茶叶、毛豆、养殖、农家乐、来料加工等培训班14期1100人次;安排景南乡上标垟新村、西垟村、澄照、英川、东坑等移民村、点后期扶持项目285个,落实资金1455万元。2012年,为移民构筑融资平台,与县信用联社联合实施“移民创业贷款工程”,并建立了“定期考察,即时放贷”的长效机制。全县共有106位移民获得移民创业贷款1761.42万元。

【移民信访维稳工作】 按照县委县政府建设“平安景宁”的统一部署,高度重视稳定工作,县移民办成立信访(维稳)与重信重访问题专项治理工作领导小组,明确分管领导,配备信访专职干部,并建立完善信访维稳应急预案。全部信访及时登记、及时分析,电脑录入。疑难问题及时与市移办、县信访局和各有关部门沟通协调,重大群体信访事件及时向市县有关部门汇报,按规定时限办理相关信访事项,并形成书面反馈,实现了库区移民工作全年无因信访处理不当造成事故和重大恶性信访事件,持续保持了库区安定稳定的良好局面。

【移民综合服务中心成立】 为进一步加强移民工作,有效维护库区、移民安置区的社会稳定和有序发展,2012年3月,经县机构编制委员会批准,县移民办公室增设“景宁畲族自治县移民综合服务中心”。核定全额拨款事业编制4名,股级领导职数1名。主要职责是移民动迁安置,遗留问题处理,后期扶持,库区发展工作等。

(县移民办)

人口和计划生育

【概况】 2011年7月,根据丽委办〔2011〕41号、景委发〔2011〕1号机构改革方案通知。县卫生局与计划生育局分设,成立景宁畲族自治县人口和计划生育局。内设办公室、政策法规与发展规划科、宣传技术科3个职能科室,下属县计划生育宣传技术指导站和县流动人口计划生育服务管理办公室等2个一类事业单位。全县22个乡镇共有计划生育专职干部56名,264个行政村(居委)配备村级计划生育服务员294名。按照暂住人口与暂住人口协管员500:1的要求配备40名协管员,行使全县人口和计划生育管理职责。

2011—2012年,全县人口和计划生育工作紧紧围绕稳定低生育水平、提高出生人口素质的目标。抓重点、攻难点、强基础,圆满完成丽水市政府下达的人口和计划生育目标管理各项指标任务。2011年,全县出生2134人,人口出生率12.37‰,死亡率5.31‰,人口自然增长率7.06‰,计划生育率89.83%,出生人口男女比106.88:100。2012年,全县出生2228人,人口出生率12.87‰,死亡率5.51‰,人口自然增长率7.36‰,计划生育率89.9%,出生人口男女比例106.52:100。

2011年,东坑镇桃源村被国家人口和计划生育委员会、国家民政厅、国家计划生育协会授予“全国人口和计划生育基层群众自治示范村”称号。

【目标管理】 2011—2012年,分别召开全县人口和计划生育工作会议,县政府与22个乡镇(管理区、街道)、25个部门签订人口和计划生育工作目标考核责任书。各乡镇(管理区、街道)分别与本辖区内各行政村签订责任书。保证全员人口信息管理、违法生育对象社会抚养费征收、避孕节育措施落实、流动人口管理等工作开展,实现计划生育工作责任的层层落实。年终通过考核,分别对年度先进单位进行奖励。

2012年，县委县政府出台景委〔2012〕22号《关于进一步加强人口和计划生育工作若干意见》，明确计划生育责任体系、服务体系、奖惩体系建设等规定。强调党政一把手亲自抓、负总责，严肃政策、严实基础、严建机制、严查问题、严管队伍、严格考核、严厉整治等“七严”措施。景宁人口和计划生育工作连续两年获“丽水市人民政府年度目标管理考核优胜奖”。

【宣传教育】 2011—2012年，利用“5·29”计划生育协会会员活动日、“7·11”世界人口日、“10·25”男性健康日、“12·1”艾滋病宣传日，在县电视台开展专题宣传，以及进村入户、讲座、收看专题片、发放资料等多种形式开展宣传活动。发放宣传品10万余份，展出宣传板挂图200多块（次），悬挂宣传标语500多条（幅），下乡宣传咨询活动107场次，投入30多万元订阅各类计划生育报纸杂志和宣传品制作，计划生育宣传品进村入户率达98%。举办村党支部书记（主任）培训6期、乡镇分管领导（计划生育协会专职副会长）和专职干部培训17期，开展小学、初中、高中学生4~6课时的青春健康教育。2012年，景宁“畲歌快板”《说唱计划生育》文艺节目，荣获“全省人口和计划生育系统文艺会演优胜奖”。

计划生育宣传

【信息网络建设】 2011—2012年，开展全员人口信息数据库建设，公安、卫生、人口和计划生育部门信息共享，全县已累计录入信息183762人，全员人口信息管理率96.78%。建立人口出生、预防接种实名档案，两年录入出生人口信息无误、计划属性和出生性别无差错。

2012年11月13日，全市人口和计划生育系统便民服务中心建设现场会在景宁召开，梧桐乡、鹤溪街道、鹤溪街道三支树村的计划生育便民服务工作做法和经验在全市推广。以村规民约的修订推进人口和计划生育基层群众自治工作，全县264个村（居委）有241个村修订了《村规民约》，制定率91.29%。

【依法管理】 2011—2012年，全县受理再生育申请1470件，其中符合二孩再生育条件审批1429件，特批41件。实行“一票否决”制，审核各类先进集体255个，否决20个，审核先进个人813个，否决5个；在村“两委”换届中，审查2553名村委和1640名支部候选人名单，查出24名不符合计划生育规定，被取消候选人资格；两年受理计划生育信访249件，结案率100%，两年未发生因计划生育越级上访、集体上访事件和计划生育行政侵权恶性案件。

【计划生育奖励政策实施】 2011—2012年，全县奖励独生子女家庭、扶助困难家庭、高考优秀生1825名、实施农村计划生育对象参加农村合作医疗保险12000户，特别扶助对象78名。支付奖扶、特扶资金共169.668万元，发放计划生育公益金230.72万元。

2012年，全县开展独生子女家庭意外伤害保险及国寿附加绿洲住院定额给付团体医疗保险，全年投保独生子女医疗保险

县计划生育宣传指导站

7746户(23238人),年支付保险费23.24万元。是年意外死亡4人、意外伤害15人,保险理赔20多万元。同时,各乡(镇、街道)结合实际制定补充规定:一是实施已婚育龄妇女“四项手术”优惠补助制度。对自觉落实绝育和长效节育措施、按时参加“三查”、意外怀孕自觉实施引流产手术、主动参加或接受计划生育宣传教育的已婚育龄妇女,给予一定的经济补助。二是独生子女家庭建房审批面积按双份计算。三是独生子女享受教育奖励制度,在高考中成绩名列全县文理科前列并被普通高校录取的,各乡(镇、街道)、村(居)均制定了奖励制度。

【计划生育服务】 2011—2012年,开展计划生育指导站标准化建设,全面落实计划生育对象县、乡(镇、街道)、村(居)三级随访制度,年随访率保持95%以上,生育全程跟踪服务率100%。抓好一年两次的“三查”(查环、查孕、查病)工作,每年接受服务人数达15000人次以上。

2011年,为2376名新婚对象和1727名待孕对象实行免费婚前检查和免费孕前优生检测,婚检率和孕检率分别为98.42%和90.5%。

2012年,为2366名新婚对象和1644名待孕对象实行免费婚前检查和免费孕前优生检测,婚检率和孕检率分别为100%和87.17%,新婚和待孕夫妇优生咨询指导率达100%,病残儿父母再生育二孩优生指导和服务率达100%。全县40961名已婚育龄妇女落实长效节育措施33490人,长效节育率81.76%。计划生育手术并发症对象免费治疗33名。农村计划生育对象及时按规定得到免费的技术服务。

【流动人口管理】 2011—2012年,实行户籍地和现居住地双向管理,把流动人员纳入当地户籍人口同宣传、同管理、同服务、同考核,强化以外管外(外出人口异地管理)、行业协管、部门联管、邻县齐管,公安、卫生、计划生育部门开展出生人口性别比综合治理,建设、交通、工商、民政等部门把流动人口计划生育管理纳入日常工作,各乡镇(街道)也进一步加强重点对象的监管,从源头减少了计划外出生,流入已婚育龄妇女管理率和外出育龄妇女联系准确率均达85%以上。

(蓝普蔚)

残疾人事业

【概况】 2012年年末,全县持证残疾人5625人,分别为视力残疾888人、肢体残疾2854人、智力残疾322人、听力残疾769人、言语残疾52人,其中80%分布在农村。

2011—2012年,县残疾人联合会,围绕奔小康建设为目标,以解决残疾人生产、生活中的困难为重点,维护残疾人的合法权益,推动残疾人事业发展,取得较好的成绩。2011年,完成《景宁畲族自治县残疾人事业“十二五”规划》编制,启动(鹤溪镇三枝树村)残疾人托养中心工程项目。两年征收残疾人就业保障金428万元,争取福利彩票公益金7.1万元。发放残疾人助困、助学、助医、劳动就业、危房改造、春节慰问、康复等各类补助资金418万元。安置66名残疾人就业，开展残疾人工疗辅助性就业21名，实施白内障复明手术105例，组织0～6周岁残疾儿童进行抢救性康复训练20名。培训盲人意向行走22人，免费发放助听器92只、助视器10台、假肢8条、辅助器具81件、轮椅180辆、拐杖59付。2012年，被列入“第五批全国残疾人无障碍县”。

2012年11月22日，举行景宁畲族自治县残疾人联合会第六次代表大会。大会选举产生新一届理事会，完成领导班子换届选举工作。

【残疾人社会保障】 2011年，根据《关于加快推进残疾人社会保障体系建设的通知》(景政〔2011〕60号)文件精神，全面落实政策性补贴。两年为3189名残疾人(其中低保486人、享受资金补助2703人)提供生活保障；为4913名残疾人提供医疗保险费补助24.49万元；为1261名重度残疾人支付社会养老缴费12.61万元，为个体经营残疾老人社会养老缴费47户，47000元。重度残疾人托、安、养工程安置390人(集中托养45人，居家安养345人)，支出补助资金241.69万元。支持种养业贷款贴息76人，扶持23.63万元。支持一次性就业创业补助138人，支持资金39万元。实施城镇残疾人危房改造59户，农村残疾人132户。

【残疾人事业宣传和教育】 两年利用“特奥日”“爱耳日”等活动，通过电视、电台、网络、报纸共报道69篇，编发《畲乡残联》信息28期，展示宣传板块15块。宣传残疾人夏利美、叶海燕、张金平等自强自立，乐观生活，艰苦创业的事迹。以《残疾男儿照样走出精彩人生》为题，宣传丽水市“十大杰出职工”“十大劳模”莲都区景宁籍残疾人梅良青事迹；《你是我的眼——盲人潘明道和妻子相扶相持的真情人生》等残疾人的先进事迹，组织残疾人观看《隐形的翅膀》电影。两年筹措资金24.45万元，结对助学残疾学生和残疾人贫困家庭子女154名。通过创办培智教学点(鹤溪街道、民族小学)、特教班、随班就读等形式，完成残疾儿童义务教育。

【残疾人维权】 2011—2012年，县残疾人联合会接待来访600余人，处理来访来信142人次，提供法律服务21次，办理残疾人法律援助4件，上门法律维权30人次。

(县残联)

民族与宗教

【概况】 至2012年年底，景宁畲族自治县有汉族、畲族、苗族、水族、侗族、布依族、拉祜族、佤族、土家族、彝族、壮族、哈尼族、蒙古族、傣族、满族、仫佬族、瑶族、白族、回族、黎族、藏族、纳西族、维吾尔族、朝鲜族、傈僳族、羌族、布朗、京族、高山族等29个民族，人口173057人(其中畲族18314人，占全县人口的11％；其他少数民族1831人，占全县人口的1.06％)。全县有鹤溪、红星街道、东坑镇和澄照乡、大均乡、梧桐乡、郑坑乡等七个民族工作重点乡镇(街道)，44个民族村，163个民族聚居自然村。少数民族干部409人，占全县机关事业单位干部总数的8.3%(公务员占9.80%，事业干部占7.70%)，实职副科以上领导干部54人(正科20人)，占全县科局级干部的10%。

全县经登记的宗教活动场所25处(其中基督教堂24处，佛教1处)；信徒4000余人(其中基督教3700余人，佛教300余人)；经市级以上宗教部门备案的教职人员2人，义务传道员82人。

2011—2012年，景宁畲族自治县民族宗教事务局坚持以科学发展观为统领，认真贯彻落实党的民族政策和全省民族宗教工作会议精神，牢牢把握“共同团结奋斗、共同繁荣发展”这一主题，紧紧围绕县委“全国十强、基本小康、文化基地”三大目标，着力提升少数民族生产生活条件，着力推动少数民族群众增收致富，着力维护宗教领域和谐稳定，潜心弘扬传承民族文化，共谋畲乡发展，努力营造畲汉各民族一家亲的良好局面。两年来落实少数民族发展资金2001万元，其中：县级少数民族发展资金1071万元，省少数民族发展资金600万元，省重点项目资金230万元，省民族文化专项资金100万元。建设民族特色村寨20个（东弄、安亭、大张坑、敕木山、包凤、黄山头、金丘、岗石、吴村、双后岗、李宝、伏叶、泉坑、吴山头、马坑、桃源、惠明寺、四格、周湖、柳山），畲族文化传承基地5个（县民族中学、城北中学、职业高中，郑坑乡校、渤海镇安亭村）。

2011年，金丘、李宝、敕木山、包凤、东弄等5个村被评为浙江省民族团结进步小康村。民族特色村寨建设经验在全省作典型推广，创建经验在国家民委网站，中国民族报等媒体刊出。县委书记武昌在2011年6月15日至16日，在河北大厂回族自治县召开的全国民族自治县（旗）科学发展经验交流会上作经验交流发言。

2012年12月25日，浙江省民族团结进步创建活动表彰大会召开，景宁畲族自治县人民政府被评为全省民族团结进步创建示范单位，在大会上受到表彰，县长蓝伶俐参会并作经验交流发言。

【少数民族大学生奖励制度】 2011年，对少数民族大学新生奖励金进行了调整。重点大学补助由原来1000元提高到5000元、本科补助由原来800元提高到2000元，专科补助由原来500元提高到1000元。2011年，新录取重点大学1人，普通本科16人，专科34人，共发放奖励资金7.1万元；2012年，新录取重点大学9人，普通本科15人，专科33人，共发放奖励资金10.8万元。

【民族教育券制度】 从2011年开始，对在本县就读的少数民族在校学生实行民族教育券制度。按照每学年小学200元、初中300元、职高2000元、普高1800元的标准进行补助。2011年，落实资金134.34万元，受益学生2265人；2012年，落实资金139.5万元，受益学生2299人。

【少数民族民生保障】 景宁畲族自治县实行少数民族医疗、保险及特困补助政策。对享受低保待遇的少数民族群众参加城乡医疗保险，其个人缴费部分给予100%补助，其他少数民族群众给予50%的补助；对参加城乡医疗保险的少数民族农村困难群众，给予住院经费5%的医疗补助。

【《景宁畲族自治县民族体育学校本课程》出版】 该书于2011年9月正式出版。全书详细介绍了摇锅、稳凳、打尺寸、操石磉、赶野猪、武术等十项畲族传统体育项目的起源和竞技规则。

【《景宁畲族村寨景观集》出版】 《景宁畲族村寨景观集》，于2011年12月正式出版。全集拍摄了景宁畲族自治县44个民族行政村，96个民族自然村的景观，客观记录了民族村落的发展轨迹，留下了宝贵的影像资料。

【录制《中国畲乡畲族原生态民歌集锦》光碟】 2012年，为了营造浓郁的畲族特色氛围，宣传和传承畲族传统文化，县民族宗教事务局邀请雷献英、蓝仙兰等8名畲族民歌手，演唱20多首畲族传统民歌，配入音画视频，制成《中国畲乡畲族原生态民歌集锦》光碟，该套光碟由畲族“喜歌”“经歌”“哀歌”“现代喜歌”四张光碟组成。

【《传师学师》光碟制作】 “传师学师”是畲族特有具有道教性质的传统宗教信仰，也叫“奏名学法”。全国唯有景宁畲族自治县安亭、郑坑、东弄等少数民族村有传承，处于濒临失传的危险。

为使这一民族文化瑰宝得以传承，1998年在渤海镇安亭上寮畲族聚居村举行了三天三夜的“传师学师”活动，县民族宗教事务管理局委托丽水市莲都区畲族研究会红彩带影视工作室进行全程录像。2012年，县民族宗教事务管理局组织人员对收集原始录像、文字资料，进行剪辑，制作影像光碟，并配有文字解说，该光碟将作为古籍材料予以保存。

【拍摄畲乡民族经济社会发展专题纪录片】 2012年，县民族宗教事务管理局与县电视台联合拍摄了《畲汉一心三县并举团结昂扬再谱新篇》专题纪录片，并通过“三月三”等全县重大活动的展播，向人们展示畲乡各民族团结进步的和谐氛围和各项建设所取得的辉煌成就。

【开展民族工作调研】 2012年9月，县人大民侨委、县民族宗教事务管理局和有关乡镇组成民族工作调研组，先后到11个乡镇（街道）、25个民族村以及县直机关有关部门，通过听取汇报、实地考察、座谈走访等形式，深入开展调研督查工作。调研组在综合有关情况和意见后形成了调研报告，为县委、县政府在民族团结进步事业发展方面提供决策参考。

【民族乡村结对帮扶】 2012年，全县有30个民族村与省委统战部、省财政厅等省级单位结对，30位县领导结对29个民族村，19个县属单位结对19个民族村。结对单位提供帮扶资金400余万元，实施项目50多个。

【宗教教职人员认定备案专项工作】 2012年市级以上宗教教职人员备案2人，跨区域主持宗教活动备案6人次。

【和谐寺观教堂创建】 2011年，大漈基督教堂、外山基督教堂、新庄基督教堂、标溪基督教堂、上山岭基督教堂被评为浙江省创建和谐寺观教堂达标场所，其中标溪基督教堂被授予“浙江省第二批和谐寺观教堂先进场所”称号；2012年，沙湾基督教堂、东坑基督教堂、徐垟基督教堂、大地基督教堂、九龙基督教堂被评为浙江省创建和谐寺观教堂达标场所，惠明寺被授予“浙江省第三批和谐寺观教堂先进场所”称号。

【加强宗教执法工作】 严格把好宗教非通常活动的审批关和宗教教职人员跨区域主持宗教活动的备案工作，2011年共办理行政许可8件，教职人员跨区域主持宗教活动的备案10人次；2012年，共办理行政许可7件，教职人员跨区域主持宗教活动备案6人次。

【小顺基督教堂交付使用】 小顺基督教堂迁建工作几经波折，于2009年2月26日签订迁建协议，工程用地面积621.21平方米，建筑面积297.9平方米（其中78.54平方米属教会自建），总投资59.7万元，2010年3月26日正式启动建设，是年12月22日通过预验收，2011年6月2日，交付使用，至此滩坑电站库区教堂复建工作全面结束。

【上山岭基督教堂改建】 上山岭基督教堂完成改建，于2012年11月21日投入使用，消除了安全隐患，解决了上山岭周围信教群众宗教生活需求。

（雷金兰）

关心下一代工作

【概况】 2012年年末，全县有乡镇关工委24个，村、社区关协组织243个（包括“景宁驻云和关心下一代工作协会”）。

2011—2012年，县关工委组织五老（老干部、老战士、老专家、老教师、老模范）调研50多人次，选写调研报告2篇。进学校、社区、企业、农村开展党的惠民政策、青少年法制意识、农业科技知识宣传教育，广泛开展基层关心下一代工作。2011年，被评为丽水市关心下一代工作先进集体,2012年被评为全省关心下一代工作先进集体。

【宣传教育】 2011—2012年,县关工委组织爱国主义宣讲团成员,在两年清明节、“五四”青年节,“六一”儿童节、“十一”国庆节等重大节日,利用县革命烈士陵园及爱国主义教育基地,对全县中小学生和广大青少年开展以“学英雄、颂党恩、跟党走”“感恩党、感恩社会主义”等为主题的爱国主义、集体主义、社会主义和革命传统教育,在各学校开展禁毒、安全知识、文明礼貌等遵纪守法和文明礼仪知识教育。每年受教育人数近1万人次。

【扶贫助学】 县关工委通过向市关工委、慈善总会推荐贫困生,组织扶贫助学筹资组成员到宁波、余姚、杭州、温州、乐清、上海等城市寻找爱心企业、爱心人士等方式寻求助学资金。2011—2012年,筹集助学资金共200余万元,资助贫困大学生共222人,中小学生280人。

【科技咨询活动】 2011—2012年,县关工委充分发挥老专家的特长优势,对全县农村青年创业者、农村种养业合作社、专业户、专业村开展科技咨询与辅导。两年,组织农业科技资深专家为雪梨种套养基地、水产养殖企业、大棚蔬菜种植基地开展科技培训与指导50余人次、培训白茶嫁接技术员100多人次,帮助他们出金点子解决实际困难,攻克技术难题。

(李丽俊)

乡镇(街道)

鹤溪镇

【概况】 鹤溪镇是景宁畲族自治县政府驻地,东邻梅歧乡,南倚澄照乡,西连大均乡,北靠外舍管理区。下辖4个社区和17个行政村。2012年1月18日,县人民政府根据(浙政函〔2011〕349号)和(丽政函〔2011〕176号)精神,决定成立景宁畲族自治县红星街道办事处;景宁畲族自治县鹤溪街道办事处;撤销景宁畲族自治县鹤溪镇人民政府(县人民政府《关于建立红星街道办事处、鹤溪街道办事处和撤销鹤溪镇人民政府的通知》)。

2011年,全镇农作物播种面积869.8公顷,其中:粮食种植面积417.4公顷,比上年增加89公顷;蔬菜种植面积400.1公顷(新建无公害蔬菜基地10公顷);食用菌生产1390万袋,比上年增加100万袋;猪、羊、鹅、鸡等特色养殖业有突破性发展,全镇饲养量达到56750头(羽),养殖场发展到34个,其中,新建蛋禽1000羽以上、养鸽5000羽以上的规模养殖户各1户、存栏200头以上养猪户1户。新开发茶叶基地70公顷,总面积达666.7公顷;改造优质竹笋两用林基地113.3公顷,总面积达400余公顷;春季绿化造林面积4.8公顷,林木抚育97.8公顷。全年实现农业总产值6400万元,同比增长13%,农村总收入19503元,同比增长15.5%,农民人均收入6255元,同比增长14.8%。

2011年,全镇工业企业369家,比上年增36家,其中:规模以上企业38家,比上年增8家;规模以下企业有49家、比上年增8家;个体企业280家,比上年增53家。1—11月,累计完成工业总产值10.97亿元,同比增22%;产品销售收入10.44亿元,同比增23.11%,产销率为95%;其中规模以上企业完成产值8.73亿元,同比增27%,占全部工业产值的79%,实现销售收入8.22亿元,同比增28%,产销率达到94%。全年实现工业产值11.73亿元,同比增21%。

2011年,全镇来料加工点发展到99个,经纪人和从事加工人员8520人。1—11月,加工费收入4636万元,全镇二、三产业劳动力就业比例已达到64%。

2011年,新型农村合作医疗保险参保人数达12698人,参保率达95.8%。城镇居民养老保险参保人员达到1495人,参保指标完成率115%。年满60周岁以上老年人的待遇享受金全部发放到位。被征地农民失地养老保险77人。

2011年1—11月,全镇共出生297人,计划生育率95.96%;新婚174对,落实晚婚147人;落实四项节育措施249例;采取长效节育措施已婚育龄妇女6213人,长效节育率82.29%;当年应落实长效节育措施201人,落实率89.73%;违法生育对象12人,除2人因病没有落实绝育措施(有证明),全部都已落实长效措施,征收社会抚养费392486元,兑现率82.56%;开展已婚育龄妇女“三查"2次,普查对象2145人次,流动人口532人次,创历史新高;落实计划生育家庭奖励扶助对象57人,其中特别扶助对象3人;全面完成全员人口基础信息工作,对全镇17个行政村和4个社区共18334户44317人的基础信息进行入户核查并全部输入微机管理。2011年,最低生活保障达到应保尽保,全镇有低保对象536户902人,其中:农村323户518人,城镇213户384人,发放救助金155万元;列入五保户10户,发放救助金4万元;救助重度残疾人97人,发放资金29.8万元,同时,对重度残疾人人均收入在低保标准100%~150%范围的全部列入低保对象补助。低收入残疾人就业创业和重度残疾人居家安养工作进一步落实,全镇18人扶助资金达到6.36万元。

【"美丽乡村魅力畲寨"建设】 2011年,落实以包凤、东弄、周湖、惠明寺、敕木山等村为重点的"美丽乡村、魅力畲寨"建设规划。敕木山村新建特色石门楼一座,硬化道路200米,新铺设截污管网5000米,拆除改造简易厕所82座,增添垃圾箱20只,新招聘农村卫生保洁员1名,该村被国家民委确定为全国少数民族特色村寨建设试点村。东弄村硬化道路300多米,新装路灯15盏,新铺设截污管网4000米,拆除改造简易厕所51座,增添垃圾箱20只,新招聘农村卫生保洁员1名,并成功举办"首届畲族文化艺术展示会"。包凤村建成了"畲族雷氏特色村",环境得到明显改善,该村在原有的整治成效村基础上,新建特色石门楼一座,新铺鹅卵石观光道4000多平方米,鹅卵石挡墙400多米,水泥硬化道路4500多平方米,畲族特色外墙粉刷5000多平方米,屋顶装饰38幢,新增绿化面积1500平方米,新装路灯15盏,增添垃圾箱20只,垃圾中转池1个,新招聘农村卫生保洁员2名。惠民寺村已硬化村内主干道200米,新铺设截污管网3000米,拆除改造简易厕所67座,增添垃圾箱20只,新招聘农村卫生保洁员2名。周湖村在全面完成基础设施建设的基础上,完成了民房外墙彩带和龙凤吉祥图标的绘制,部分村民修起了庭院式畲族房屋和开办起农家乐。

【村庄整治】 2011年,城北、旱塔、惠明寺和东弄4个村实施村庄整治工程,涉及216户,受益人口827人。总投资150万元,完成改栏改厕216座,拆除厕所畜栏152处,建好公厕2座,设置垃圾箱27只,新建污水处理管道6100米、标准液氧池3处,规划村庄绿化树木5000株、草坪350平方米。

【农村危旧房改造】 2011年,实施危旧房改造391户1310人,其中批建新房253户(住房困难户建房125户384人),修缮加固138户,涉及鹤溪、城北、双后岗、旱塔、东弄、惠明寺等6个村。旧村改造一个(城北新田村),批建新房21户,修缮加固184户724人,拆除危旧房户数101户建筑占地面积22089平方米。

【重点项目建设政策处理】 2011年,鹤溪镇重点项目建设及政策有序推进。溪口土地整理项目新增耕地1.26公顷;城南道路拆迁519户6.4万平方米,有192户异地重建新房;城北工业小区征用土地面积10.692公顷;迁移坟墓27处、香菇棚、猪栏等95处;城北区块征地40公顷,为改进公路、公安办公大楼("110"指挥中心)、客运中心大楼、交通大楼、城北综合大酒店等全县重点项目建设奠定了基础;云景高速公路用地征用了8公顷;双后降移民小区征用土地13.47公顷,顺利启动下山移民建房。

【旅游业】 2011年,完成鹤溪大酒店扫尾工程;加大对环敕木山七个畲寨的整治提升和辖区内的农家乐规范提升;成功举办东弄村首届畲族文化展示活动,新增星级农家乐6家。组织各村主要负责人和农家乐业主食品安全培训和外出考察4期300多人次。新办棕鞋、布鞋等特色旅游产品为主的来料加工企业6家。

（叶青海）

鹤溪街道

【概况】 鹤溪街道办事处成立于2012年1月18日(县人民政府《关于建立红星街道办事处、鹤溪街道办事处和撤销鹤溪镇人民政府的通知》),是年5月24日举行揭牌、授印仪式。鹤溪街道(原属鹤溪镇),东至梅岐乡、南至东坑镇、西至澄照乡、北至红星街道,面积98.05平方千米,下辖2个社区和16个行政村,58个自然村,76个村民小组,常住人口2.09万人,户籍人口14905人,其中畲族人口3666人。山林面积5989.3公顷,耕地总面积758.49公顷,其中:水田564.11公顷,旱地194.38公顷。

2012年,全街道完成农作物种植面积936.33公顷,其中粮食播种面积399.33公顷,产量2157.4吨(水稻种植面积138.4公顷,产量1085吨)。食用菌生产香菇1375万袋,黑木耳144.9万袋;开发茶叶基地40公顷、高效竹笋两用林复垦46.67公顷、新开发三枝树、金三垟食用菌无公害基地10公顷、建设竹林道7千米、毛竹劈山抚育20公顷、抚育林木21.47公顷。全年实现农业总产值6500万元。其中:茶叶收入2139.7万元,占农业收入37%;食用菌收入2399.7万元,占农业收入41.5%。农民人均收入7199元,同比增长15.1%。

2012年,全街道有企业200家,其中规模以上企业4家,规模以下57家,个体企业139家。1—11月,累计完成工业总产值8.13亿元;产品销售产值8.04亿元,产销率为98%;全年实现工业总产值9.5亿元,其中规模以上企业完成产值1.43亿元。

2012年1—11月,来料加工费达到2594万元,培育经纪人51人,加工人数达5690人;农家乐发展到30家,其中新增农家乐6家,10家申报提星。同时,东弄村的“县级农家乐特色村”、旱塔村的“阳光水上乐园市级农家乐特色点”均成功通过验收。

2012年,新型农村合作医疗保险应参保13400人,实际参保11124人,参保率达83%;城乡居民养老保险应参保200人,其中普通人员194人、退伍军人1人、重度残疾2人、低保对象3人,参保率100%;年满60周岁以上老年人的待遇享受金全部发放到位;被征地农民失地保险共参保30人,其中鹤溪村27人、张村村1人,包凤村2人。

2012年,全街道有低保对象共431户701人,其中:农村294户466人,城镇137户235人,发放救助金745590元;五保户10户,发放救助金45696元;救助重度残疾人76人,发放资金303468元;同时,将重度残疾人人均收入在低保标准100%~150%范围的全部列入低保对象补助。低收入残疾人就业创业和重度残疾人居家安养工作进一步落实。与此同时,1~3季度,城乡困难群众医疗救助惠及27人,发放救助金28400元;困难群众临时救助惠及77人,发放救助金59700元;为39位90岁以上老年人发放了奖励金;调查登记残疾人546人,申报重度残疾人居家安养10人,安排残疾人参加惠明茶栽培技术培训3人。

【村庄整治】 2012年,东弄村投入470余万元,完成改厕51户,拆除废旧栏厕30处、附属建筑20座;完成新村民居外墙立面改造,屋顶装修63幢,居民楼面装修35栋,绿化带1500米;加固硬化东弄古村道路1.6千米;修建东弄古村原生态水碓1座;建成村健身广场,安装和完善了各类体育设施;配置垃圾转运车1辆,推车2辆,专职保洁员2名,新建垃圾池12个,河床清淤800米;架设路灯50盏;成功创建“县级农家乐特色村”;积极开展非物质文化遗产的传承和开发工作,完成蓝氏宗祠、家庙等古建筑群保护和修缮,建成乡村文化演艺大舞台、非遗馆,完成手工编织彩带、公德舞、原生态山歌等非遗项目的保护和传承。新开发白玉仙茶6.67公顷。惠明寺村新修机耕路2.8千米,硬化水泥路315米,人行道3条300米,石板游步道800米;修建农田水沟700米;枫树隆茶园步道硬化200米、安装绿色防控杀虫灯31盏,新建蓄水池20个;修缮加固具有畲族特色的房屋40多幢,新建入村大门一座,安装路灯70盏,改栏改厕67户,改造率达85.9%;新建垃圾中转池1座,配备垃圾箱6只;完成便民服务中心、村阅览室、健身广场、停车场等基础设施建设。周湖村筹集30万元进行民族特色村提升,规划新建或改建农家门楼42个,完工15个,新建民族特色旗杆8杆,民族标语一条;重新改造了16户卫生间;投入2万元对休闲公园和景观林进行补植和施肥抚育管理;利用土地流转引进浙江景宁大新食品有限公司、景宁畲森宝农业发展有限公司生产黑木耳20多万段,香菇、灰树花10多万袋。双后岗村解决了59户181人,人均15平方米以下住房困难户的建房问题,并投入80余万元为他们新建房屋的外墙进行立面改造9315平方米;投入28万元加固拓宽进村道路挡土墙520立方米;新建村民文化广场1300平方米,公厕1座,垃圾中转站1个。浮丘村投入90余万元,新增排污管道1000米、三面光排水沟900米、硬化道路800平方米,清运遗留垃圾30立方米,改栏改厕65个。

【农村危旧房改造】 2012年,完成王木坑闩圩村、包凤老村、城北村、扫口村101户255人的危旧房拆旧建新工作,共拆除危旧房4390平方米,完成危旧房修缮加固85户307人,其中王木坑闩圩村在双后岗移民安置小区启动建房,已有部分农户已入住。

【旅游业】 2012年,结合民族特色村建设,加大对畲族服饰、山歌、舞蹈和民俗等畲族文化进行抢救保护和传承发展。成立畲歌队伍5支150人,畲族文化表演队1支31人,建成了敕木山和东弄村畲族文化陈列馆、蓝延兰彩带工作室等,把无形的畲族文化有形化,有效保护和传承了原生态畲族文化。投入2500余万元用于基础设施建设,完成了鹤溪大酒店消防设施、外墙立面装修。

(叶青海)

外舍管理区

【概况】 外舍管理区成立于2007年9月17日,属县政府派出机构,管理原金钟、外舍两乡域。2012年1月18日,红星街道办事处成立,外舍管理区域划入红星街道。2011年,外舍管理区地区生产总值22198万元,工业总产值17910万元,同比增幅26.66%,其中规模以上企业实现总产值12532万元,同比增幅12.26%,农业总产值4288万元,比上年增长10%,农民人均纯收入7218元,比上年增长13.4%。2011年,全管理区种植粮食529.33公顷,年总产量达2430.3吨;改造杨梅基地13.3公顷,开发油茶基地20公顷,签订合作开发油茶基地33.33公顷,低改毛竹林286.67公顷;培育三星级农家乐2家,新增来料加工点3个。开展荒山土地流转工作,拓宽集体经济增收渠道。在已有19家企业的基础之上,新办规模以上企业2家,引进、落户企业4家。

2011年,全管理区农村低保287户551人,城镇低保35户44人,发放资金89.1万元。补助重残对象57人,发放补助金14.4万元,医疗救助42户,发放救助金5.61万元,对32户困难群众开展救助,发放救助款金额2.1万元。参加城乡居民医疗保险4808人,医药费报销273人,金额113.41万元。参加城乡居民社会养老保险2547人,对4名残疾人员进行了就业培训,对7名生活不能自理的残疾人进行居家安养,发放资金3.36万元。

【重点工程项目政策处理】 2011年,召开外舍防护工程相关政策处理协调会20余次,全面解决了外舍防护工程政策处理遗留问题,6幢房屋、1幢厂房和5处附属建筑物拆迁完毕。云景高速公路、52省道、县垃圾填埋场、西汇民族风情度假村、水上客运码头工程顺利施工。

【文化事业建设】 2011年,全管理区建立文化活动室11个,培育各类农村特色文艺队伍12支,在各村建立图书室、体育健身设施。

(杜灵洁)

红星街道

【概况】 红星街道办事处成立于2012年1月18日(县人民政府《关于建立红星街道办事处、鹤溪街道办事处和撤销鹤溪镇人民政府的通知》),是年5月24日举行揭牌、授印仪式。位于景宁县城,辖区为钟楼路(寨山桥)北区域和原外舍、金钟片,东至渤海镇、南至鹤溪街道、西至大均乡、北至云和县元和街道。街道办事处驻地为胜利路70~72号。下辖4个社区、12个行政村、115个自然村,辖区总面积185.35平方公里,其中耕地面积1126.17公顷,林地面积987.49公顷,辖区内总人口28772人。2012年,全街道地区生产总值11.10亿元,工业总产值10.62亿元,其中规模以上企业实现总产值5.23亿元,农业总产值4811万元,农民人均纯收入8800元、比上年增长15.8%。

2012年,全街道粮食种植面积473.27公顷,年总产量2397吨,低改水干果、茶叶基地33.33公顷,开发油茶基地26.67公顷,发展岭北香榧套种基地6.67公顷,发展岭根源红心蜜柚基地16.67公顷,杨绿湖食用百合基地3.33公顷,平整岗石蔬菜基地2公顷。2012年,全街道参加城乡居民社会养老保险人数2922人,参加城乡居民医疗保险7580人,发放补偿298人,补偿金额161.5958万元。

城北村村委综合楼开工建设,至是年12月底基础打桩384根,完成投资2000万元。

【岗石畲族村】 岗石畲族村位于外舍新区边,距县城约2千米,由原岗石、汇田、大常、金村四个村合并而成。辖15个自然村、25个村民小组、342户1038人,其中畲族人口占总人口的40%,为少数民族集聚村。全村有耕地91.73公顷,山林2018.27公顷。实施了千万农民饮用水工程项目,实现户户通自来水;有线电视和广播村村通。有6个自然村整村下山脱贫,两个自然村进行了村庄整治。全村有农家乐3家,年接待游客2万人次,年营业额达到60万元。2011年11月24日,岗石村代表景宁县通过省文化创建考核验收。是年,岗石村被评为"浙江省省级旅游村""浙江省农村基层党风廉政建设示范村""浙江'万村联网'工程新农村示范网站"。2012年2月6日,省委书记赵洪祝再次到岗石五谷畲家乐与畲民共度元宵。是年,岗石村被评为"丽水市奉献美丽青春,贡献美丽乡村青年示范村",该村村级便民服务中心被评为"浙江省示范村级便民服务中心"。

【王金垟移民安置点】 该点占

红星街道岗石村泥木房一角

地面积19.5公顷。2011年,安置5户8人。累计分配地基89幢898直,安置707户1718人,其中滩坑电站景宁库区移民安置551户1179人;拆迁对象安置35户,下山脱贫安置对象122户,391人。2012年,启动安置滩坑电站景宁库区移民6户,建房9直;启动建设下山脱贫农民公寓房12幢,安置119户394人。

【双坑口移民安置点】 该点占地面积13公顷。2011—2012年,下山脱贫117户,351人,安排地基146直,累计分配地基81幢560.5直,安置434户1293人。其中,滩坑电站景宁库区移民安置82户209人,拆迁对象安置98户297人,下山脱贫对象254户787人。

【文化事业建设】 2012年,红星街道建立14个"农家书屋",确定图书管理员。岗石村"尚文书屋"藏书2400多册,管理员蓝景芬被评为"省优秀农家书屋管理员",并代表浙江省参加在天津召开的"全国农家书屋建设工程总结大会"。外舍"农民工书屋"藏书量达5000多册,被评为全县五个"市级优秀农家书屋点"之一。

(杜灵洁)

东坑镇

【概况】 东坑镇位于景宁县东南部,东临文成县交界,东南与泰顺县接壤,西邻澄照乡和大漈乡,西南与景南乡相连,北倚梅岐乡,距县城30千米。镇域面积173.2平方千米,辖18个行政村、64个自然村,总人口8838人。18个行政村中有7个畲族村,3个畲族重点集聚村,是景宁县的重点民族乡镇。2011年,全镇农业产值6477万元,工业总产值3.48亿元,农民人均纯收入7654元。2012年,农业产值7325万元、同比增长13.1%,工业总产值3.93亿元、同比增长14.9%,农民人均纯收入8795元、同比增长12.9%。

东坑镇农业以毛竹、白茶种植等现代农业为主导。2011—2012年间,建成竹林道80千米、高效竹园600余公顷,低改竹园130多公顷,新增竹园333.33公顷,成立合作社15个。开发白玉仙茶基地66.67公顷。全镇有浙南钼业有限公司、浙江正一钢业有限公司等有色金属生产、加工企业14家;水力发电厂11座,总装机容量达4万千瓦时。

2011年,全镇参加社会养老保险3988人,参保率达60%。参加医疗保险7655人,新增养老保险1080人,合作医疗住院报销197人次、78万余元。列入五保21人,低保314人,全年发放低保金42万多元;重残75人,全年共发放救助款18.9万元。2012年,农村合作医疗报销758人次,报销金额65.1万元;新增社会养老保险107人,全镇累计参保3070人,其中领取基本养老金1346人。全镇共有低保户177户349人,享受医疗救助28人,发放救助款2.8万元。

2011年,计划生育率93.41%,长效节育率88.70%,三查率89.22%,外出育龄妇女重点对象联系率100%。违反计划生育立案率100%,社会抚养费兑现率70.49%。2012年,计划生育率94.74%,长效节育率88.70%,三查率95.73%。依法行政立案率100%,社会抚养费兑现率82.86%。

2011年,初步完成农村卫生体制改革,建成9个村级卫生室和7个巡回诊疗点。投资230万元的综合文化中心主体工程完工;完成"美丽乡村、魅力畲寨"建设工程投资900万元;完成2个村的村庄整治提升工程,投资500万元。2012年,松树下旧城改造工程拆除旧房31直,4380平方米,完成征地7925平方米,山体开挖和场地平整工程已经完成。洋桥头小区一期建房11幢64直;二期工程,土地平整结束并新建房至二层以上,总投资850万元。马坑新区建房180直,400多人乔迁新居。

【基础设施建设】 2011年,洋桥头小区基础设施配套工程、河西路、集仕港路、文化路和旧城改造工程等五大中心镇基础设施建设全面启动，工程概算总投资5000万元，是年年底完成投资1000万元。东坑污水处理厂一期工程完工并正式投入使用，总投资1059万元。35千伏高压输电线路建成并正式投入使用，总投资1000万元。2012年，完成马坑新区主干道的道路硬化、排水排污、主干道两侧的绿化、亮化以及小区内的污水管网建设，共投入资金1000多万元。

【现代高效生态农业】 2011年，东坑镇根据“大东景”省级现代农业(林业)综合区建设要求，发展“短中长”产业相结合的现代生态农业。短期产业为白茶，规划建成333.33公顷“白玉仙茶核心示范区”，是年实际开发53.33公顷；2012年，开发19.58公顷(其中白茶15.86公顷)。中期产业为毛竹，2012年毛竹园垦复86.67公顷、竹林抚育90公顷，新建林区道路40千米。长期产业为香榧，采取“工商资本+村集体”模式开发，白鹤村集体与诸暨一家香榧企业初步达成合作意向，计划开发香榧基地40公顷，其中包括村集体和村民计划开发20多公顷。与此同时，大力发展生态养殖业。至2012年年底，全镇成立生态土鸡、生态山羊和生态土猪养殖等合作社20家；纯种生态土鸡15000余只，山羊养殖近2000头，生态土猪存栏1500头。

【东坑廊桥】 东坑镇有廊桥12座，其中具有代表性的、保存较好的有峡上桥(观音阁楼桥)、峡下桥(双溪桥)和接龙桥。2011年1月，峡上桥(观音阁楼桥)和峡下桥(双溪桥)被列入“浙江省文物保护单位”。峡上桥(观音阁楼桥)和峡下桥(双溪桥)坐落在东坑镇东坑村，横跨东坑溪，两桥均为木质结构。峡下桥始建清康熙廿七年，长27米，宽5.5米，高9.5米，单孔跨径22米；峡上桥始建于清同治十年，长17米，宽5.5米，高6米，单孔。接龙桥位于章坑村，建于1917年，为木拱廊桥，上有廊屋17间，建筑占地面积约为171平方米，桥长38米，宽4.5米，净高19.6米，净跨19.6米。2012年11月，东坑峡下桥和章坑接龙桥正式被国家文物局列入“世界文化遗产预备名单”。

【“章坑尝新节”】 2011年10月15日，东坑镇章坑村举办首届“章坑尝新节”，从此恢复中断了50多年的“章坑尝新节”。“章坑尝新节”自古以来是章坑人崇拜谷神，崇拜土地，祭奠先祖，继而形成的一套独具特色的稻谷文化，迄今已有300多年的历史。整个“章坑尝新节”活动以共庆丰收为主题，由谷神祭祀仪式、开镰仪式、谢祖大典、尝新百家宴等特色传统仪典组成。在首届“章坑尝新节”活动期间，畲乡文化工作者专题为“章坑尝新节”谱写创作了《尝新歌》《太傅礼训》。2012年，“章坑村尝新节”被列入“丽水市非物质文化遗产名录”。

【“汤氏文化节”】 2012年12月5日，首届景宁“汤氏文化节”在东坑镇汤北村举行。汤北村汤氏一族历史悠久，人文荟萃，古有敕封为灵应神女“惠泽夫人”的汤夫人和两度为相的南宋宰相汤思退；近有汤君盛等革命烈士。汤氏先人为后代留下了丰富宝贵的文化遗产和精神财富。“汤氏文化节”以“千仞敕峰，万载汤氏”为主题，举行了“汤夫人诞辰”910周年纪念仪式、“汤氏文化”研讨会、汤夫人故居图文展等活动，全面展示了汤北村的独特魅力，挖掘弘扬了“汤氏”文化，吸引了毗邻市、县多家新闻媒体和畲山风论坛的摄影爱好者前往报道和采风创作。

【“鸡王、鸡后”比选大赛】 2012年10月9日，东坑镇举行第四届生态土鸡“鸡王、鸡后”比选大赛。各行政村参赛家庭选送的“生态土鸡”均经过严格审核、登记，评委团通过对参选生态鸡的羽毛鲜艳度、个头大小度、精神饱满度等方面进行评比，通过多轮角逐,分别评出“鸡王”“鸡后”。举办生态土鸡“鸡王”“鸡后”比选大赛,有效提升了东坑镇生态禽畜产品的知名度,加快发展生态土鸡产业,2012年,全镇生态土鸡产业销售额达30万元。

(张星星)

渤海镇

【概况】 渤海镇位于景宁县东北,东与青田、文成两县交界,南邻郑坑乡,西与红星街道相接,北与九龙乡相临,镇政府驻地位于鲍山头村,距县城33千米。镇域面积108平方千米,其中耕地面积354.47公顷,林地面积8466.67公顷,森林覆盖率达90%。下辖8个行政村、78个自然村,1个居委会,共1723户、6643人,其中畲族人口900人。2011年,全镇实现生产总值3126.24万元,其中农业总产值944.97万元,同比增长6.8%,工业产业产值2181.27万元,同比增长1.1%,农民人均纯收5208元,同比增长14.8%。2012年,全镇实现生产总值达到3755.44万元,其中,农业总产值达到1069.87万元,同比增长13.2%,工业产业产值2685.57万元,同比增长23.1%,农民人均纯收入达到6312元,同比增长21.2%。

2011年,农业经济平稳增长,粮食生产保持稳定,竹笋两用林、油茶等优势产业的发展水平得到提升。新增农民专业合作社3家;东湖、安亭、大都等村共成功培育彩色马铃薯和紫色番薯28公顷;完成竹林道建设15.5千米,毛竹园提升33.33公顷;开发油茶基地30公顷。黄牛、山羊、土鸡等生态养殖规模有所扩大,初具规模生态养殖户28户。

2012年,土地流转33.33公顷;新建鲍山头标准化香榧育苗基地1个,启动大都村6.67公顷标准化香榧种植基地建设;毛竹低产林改造93.33公顷,复垦竹园20公顷,竹林道建设10千米;结合农业产业结构调整,通过“农户+村集体+企业”的发展模式,开发(石塘山)标准化茶叶基地20公顷。设计规划农业休闲观光园——大都湾水果基地40公顷,完成种植杨梅、石榴等水果20公顷。全镇有家鸡养殖3000羽以上示范户3户,山羊存栏60头以上示范户13户,商品牛存栏20头以上示范户3户。2011—2012年,渤海镇农家乐、来料加工、小型超市等农村经济新型产业初步呈现,重点培育电子配件、饰品等来料加工点,组合现有经纪人经营模式,实行联手经营,使经纪人从二级向一级转化。2011年,加工业产值100万元,同比增长5%。2012年,加工业产值778万元。

渤海镇农村居民养老保险、新型农村合作医疗保险,农村住房保险实现全覆盖,农村居民最低生活保障实现应保尽保,全镇60周岁以上符合条件的城乡居民均已享受基础养老金待遇。2011年,新型农村合作医疗参合率达94%以上,45岁至59岁农民参加农村养老保险率达95%。全镇291户低收入农户,邮政银行贴息贷款58户,其中贷款额度5万元的1户,3万元的3户,2万元的54户。2012年,参加农村合作医疗4085人,参保率94%,报销医疗金额54.5万元。农村政策性住房保险1430户,参保率达91%。农村居民养老保险331人,参保率达95%。

2011年,完成渤海镇村级组织换届选举工作;完成梅坑、安亭等7个村的农家书屋建设,共配置书架、桌椅等设施及图书11000多册,配备农家书屋专门管理人员,并完善相关制度;组织人员参加三月三畲乡风情节、县凤舞畲山农民艺术节、县第四届运动会田径比赛等活动比赛。2012年,成功完成创“市级食品示范镇”“市级药品示范镇”“市级十小示范镇”“市级质量强镇”的“四创”目标任务。中央电视台《远方的家》北纬30°栏目组前往渤海镇安亭畲族村寨拍摄原生态的畲族风情,节目播出时间10多分钟,展现了安亭原生态的畲族传统文化。开展养殖业、竹笋两用林管理、农家乐经营等农民技术培训达10余次，实现农村劳动力培训590余人。实现农民转移就业350人。

2012年，完成提升市级农家乐示范点1家，2星级农家乐1家；完成危旧房改造114户；旦水村完成申报并被命名为生态村；安亭村、后砻村完成市级生态村申报工作；后砻村完成村庄整治工作；全镇新建垃圾池12个、增加流动垃圾筒28个。

【基础设施建设】 2011年，完成炉西峡景区外围石柱潭至炉西坑段全长4.8千米的路基和路面建设工程，景区接待中心新建防洪堤638.04米；加固整修大都村、鲍山头村3个山塘水库，投入资金78万元；修复梅坑、旦水两村渠道近2000米，投入资金5万元；修复码头5处，投入资金18万元。

【梅坑村】 该村属新建村，从2008年起作为中心村培育和建设。平整土地10.67公顷，至2012年年底有8个自然村151户486人下山移居梅坑。2011—2012年，实施第三期土地平整2.47公顷，启动坟前、柴岙、上西山等三个自然村289人的建房工作。投资200多万元进行水、电、路等配套基础设施建设，加宽、硬化小区道路2千米，安装电力型路灯30盏；开发"四旁四地"，种植桂花、天竺桂等珍贵树木200株，内设健身器材1套，配置推车2部，专职保洁人员2人，新建垃圾池1个，河床清淤2千米。村委办公楼、老年活动中心、客货运一体站建成并投入使用，总投资130多万元。投入资金200万元启动梅坑卫生服务中心工程建设。

【香榧基地建设】 2012年，渤海镇结合自身自然条件优势，成立"景宁小海专业合作社"，共吸引社员40余户，投资40万元搭建香榧苗木种植示范棚，购买2000千克香榧苗，建成年产苗12万株的香榧苗圃基地。并加强宣传发动和政策引导，形成基地示范、大户带头的良好氛围，带动辐射农户300余户，种植香榧20公顷，年助农增收100万元。

【传师学师文化保护与传承】 "传师学师"又叫(奏名学法)是畲族文化中最具特色的原始宗教活动。产生于元代初期，原名俗称"做阳"。是由学过"法"的师公带领要学"法"的新罡弟子，以祭祀、舞蹈形式演绎上间山"学法""传法"的宗教活动。每年7月，渤海镇安亭村都会举行"奏名学法"仪式，吸引大批游客前来体验民俗。为了保护和传承该项非遗文化，更好发展独具浓郁畲族风情的旅游业，2011年，渤海镇投入资金140万元实施安亭民族特色村寨保护工程，对安亭等畲族传统村落、山地田园风光等特色资源进行保护性开发。建设魅力畲寨，建成畲族文化陈列馆，加快传师学师堂建设，挖掘和弘扬"安亭传师学师"等传统文化。2012年，实施安亭村"美丽乡村.魅力畲寨"建设。在保留原有民居特色的基础上，结合旅游开发需要和生产生活实际，提升民族特色村寨建设，村内配套绿化亮化工程基本完工，"传师学师堂"建成并交付使用。

【村务平台】 2012年，渤海镇按照"一个场所、一块牌子、一套制度、一本台账、一部电话、一台电脑、一个公示栏、一名以上代办员、一套办事须知、一张便民服务卡"的"十个一"标准，因地制宜开展村务平台分类建设。梅坑村建成示范型村务平台；鲍山头、后砻、安亭等7个村建成标准型村务平台。投资4万元购置村务平台所需的设备、制度牌、宣传资料等；开通电信网络，建设1个镇级和8个村级村务平台网络页面，完善更新基本村情、动态信息、农业信息、政策讯息、三务公开、办事程序等相关内容。并建立由村两委干部、大学生村干部、村会计等人员组成的便民服务队伍，为村民办事提供便捷服务。

【刘基母富氏墓迁建落成仪式】 2011年7月11日,刘基母富氏墓迁建工程落成暨纪念刘基诞辰700周年祭拜仪式在渤海镇原门潭村举行。

刘基母富氏墓,位于渤海镇门潭村后的山坡上,始建于元至正二十二年(1362年),墓地坐西朝东,分布面积约130平方米。墓碑系民国11年(1922),由刘基族人重立,碑文"明封永嘉郡公夫人诚意伯刘文成公之母富氏大夫人之墓"。长期以来,刘氏后人墓祭不绝。因其大部分墓地在滩坑水库最高水位线以下,水库蓄水后该墓大部分将被淹没。景宁县委县政府决定对该墓进行保护性迁移,2011年4月,景宁县文物部门根据县委县政府的决定对该墓按文物保护原则和要求进行整体上移50米。

(渤海镇政府)

沙湾镇

【概况】 沙湾镇位于景宁县西南部,东邻标溪乡、梧桐乡,南接大地乡、毛垟乡,西与鸬鹚乡毗邻,北连英川镇和云和县林丰乡,镇政府驻地沙湾村,距离县城38千米。镇域面积122.7平方千米,其中耕地面积610.6公顷,山林面积8918.5公顷。下辖1个居委会、26个行政村,108个自然村,总人口16600人。2012年,沙湾镇被浙江省体育局授予"浙江省体育强镇"称号;在浙江省全民健身浙南片区"种文化"畲乡风情运动会上,沙湾镇代表团分别荣获团体三等奖、踏地项目第二名和摇锅项目第八名。是年,沙湾镇分别与余姚市黄家埠镇、平湖市钟埭街道结为友好乡镇。

全镇有嘉宁泵阀制造有限公司、正兴阀门制造有限公司等两家阀门制造业;有小水电4座,年发电量为1813万千瓦时,规模以上水电企业发电量为757万千瓦时。2011年,全镇地区生产总值14381万元,同比增长6.42%,工业总产值2269万元,农业产值6941万元,同比增长17.5%,农民人均纯收入达6026元,同比增长14.50%。2012年,全镇地区生产总值16538万元,同比增长15%,工业总产值2605万元,同比增长14.8%,农业产值7705万元,同比增长11%,农民人均纯收入达8571元,同比增长15.6%。

沙湾镇属于典型的农业乡镇,已形成油茶、毛竹、高山蔬菜、烟叶、水干果、中药材、吊瓜、食用菌等八大优势农业产业主。2011年,全镇粮食播种面积843.67公顷,总产量4481.1吨;油茶基地400公顷(新发展56.933公顷);笋竹两用林333.33公顷,水干果基地66.67公顷;种植高山蔬菜66.67公顷,烟叶26.67公顷,草本药材33.33公顷,吊瓜53.33公顷,食用菌300万袋。2012年,全镇粮食播种面积842公顷,总产量4483吨;新培育茶叶基地6.67公顷,新培育高效竹林基地20公顷,新培育珍贵树种14.67公顷,新造油茶基地24.67公顷,改造油茶基地13.33公顷。

2011年,全镇养老保险续保3494人,新参保1256人,参保率达96.62%;全年农村低保对象309户693人,发放低保补助款93.96万元。是年,全镇有农民异地搬迁2个自然村,57户、234人。同年,在东堡等4个村启动农村公共卫生、计生联动服务机制;完成15个村级卫生诊疗点建设,为7000多群众提供了便利的卫生服务。

2012年,全镇参加养老保险3849人,其中新参保355人,完成指标任务的101.4%。是年,实施农村危旧房改造项目,批建新房70户,改造修缮70户,实现农民异地转移71人。同年,完成本岱、旺水两村水利灌溉工程,启动实施五座病险山塘水库整治,全年水利工程投资1457万元。

【水利普查】 2011年,沙湾镇落实水利普查指导员4名,水利普查员26名,清查各类水利工程49处、第三产业2处、工业企业1处、灌区专项3处、水利行业能力建设情况7个、入河湖排污口25

个、河湖取水口36个。

【土地流转】 2011年，沙湾镇耕地流转35.87公顷，林地流转143.07公顷，培育发展高山蔬菜、油茶和草本药材三大主导产业。2012年，通过农村土地承包经营权流转和村级组织有偿服务，全镇形成了土地大流转、资本大引入、产业大落实的氛围，流转耕地166.67公顷、林地333.33公顷，其中村级经济合作社流转耕地100公顷、林地133.33公顷。通过土地有偿流转，使3个村集体经济年均增加3万元以上。是年，全县土地流转现场会暨沙湾镇农林产业项目推荐会在沙湾镇召开，会上7个农产品项目达成协议，引进民间资本3700万元。

【镇域规划】 2011年，完成沙湾总体规划、经济社会发展规划及土地利用规划，明确"生态立镇，农林兴镇，集聚强镇，人文名镇"的发展思路，形成了"以中心镇建设为核心，以中心村发展为支撑，以特色村发展为补充"的集镇发展布局。2012年，完成沙湾集镇建设用地控制性规划和七里、沙湾垟尾、洪畈等安置新区规划，形成了以总规为基础，以农、林产业规划为核心，以重点区块规划为支撑的沙湾镇域发展规划体系。

【中心镇建设】 2011年，沙湾镇被列入第二批省级中心镇名单。是年，完成了沙湾集镇防洪堤工程政策处理及招投标；沙湾集镇一、二期防洪堤道路网工程的场地平整和管道铺设完毕，自来水管网改造和污水处理工程完成。七里村下山移民安置小区建设项目开始进场施工。2012年，全面启动7个集镇致富奔小康项目，沙湾自来水管网改造、污水处理、沙湾集镇一期和二期防洪堤道路网、七里改河工程顺利竣工验收。通过防洪堤建设和回填工程，新增集镇建设用地13.33公顷。是年，完成沙湾村农贸市场迁建和来料加工标准厂房主体建设；基本完成七里下山移民安置小区建设项目。

【新农村建设】 2011年，全镇开展15个村庄整治、1个"美丽乡村"和1个中心村建设，并通过省级和县级验收。共拆除栏厕、灰斗等乱搭乱建13415平方米；新建公厕16个、排厕4个、户厕1077个，新建沼气池90口，改栏4990平方米；改造村内主干道和连户小道32160平方米，新建主干道两侧绿化带1315平方米，公共绿化面积达5895平方米；新建健身运动场地5处850平方米；建成排污水沟3500米、垃圾中转站1个，购置各种规格垃圾桶567只，在主干道及公共场所配置大型垃圾桶，每1～3户配置1个小型垃圾桶。2012年，完成七里"美丽乡村"建设，新启动季庄、张庄两村"魅力畲寨"建设，推进叶桥中心村培育建设，深化"十村示范百村整治"工程和"四边三化"建设。继续沙湾村村庄整治工作，完成8个生态文明村建设，河道整治2千米。

（沙湾镇政府）

英川镇

【概况】 英川镇位于景宁县西南，东接沙湾镇、鸬鹚乡，北倚葛山乡，南与庆元县毗邻，西和北与龙泉市交界，镇政府驻英川村，距县城65千米。镇域面积121平千米，耕地面积573.33公顷，林地面积8466.67公顷，其中生态公益林面积3600公顷。下辖25个行政村、74个自然村，总人口15326人，其中畲族435人。2011年，农业总产值6472万元，工业总产值8400万元，农民人均纯收入7446元。2012年，农业总产值7425万元，工业总产值9400万元，农民人均收入8282.25元。

2011年，粮食播种面积661.33公顷，其他作物种植面积563.07公顷，总产量8007.72吨，其中粮食3460.2吨，其他4547.52吨。2012年，粮食播种面积661.33公顷，其他作物种植面积653公顷，总产量9572.2吨，其中粮食3460吨,其他6112.2吨。实施"兴林富民"工程,建成板栗基地130余公顷、油茶基地66.67公顷、用材林基地100公顷、种植黑木耳335余万袋。

2011—2012年,全镇各行政村建立起农家书屋;实现了有线电视村村通和广播村村响;建成英川镇文化中心,面积1007平方米,投资135万元;建成村级卫生室8个,诊疗点15个;开展千万农民饮用水工程建设,完成17个村的自来水工程;24个行政村开展村庄整治,村内道路硬化35244米,改厕1149户,改栏934户。两年累计排查矛盾纠纷260余起,成功调解257起。2012年11月,英川菇民戏成功申报县文化特色项目。

2011—2012年,城乡居民养老、医疗、住房保险工作有序开展。2011年,城乡居民养老保险新参保人数1288人,续保3854人,2688人发放养老保险金;参加医疗保险12580人,完成指标任务的104.82%;参加住房保险3886户,其中低保户289户,少数民族户76户。2012年,城乡居民养老保险新参保人数347人,续保4201人,2688人发放养老保险金;医疗保险总参保人数12487,参保率91.25%;住房保险参保人数4168户,其中低保户351户,少数民族户74户。

【食用百合种植基地】 英川镇食用百合于2007年引种成功。2009年,成立"英川镇董峰合作社"和"景宁和顺百合专业合作社"。2011年,黄谢圩、董川、梅漈、黄洋口等村标准化种植食用百合66.67公顷。是年,景宁县英川食用百合精品园被列入"浙江省首批省级现代农业主导产业示范区"。2012年,英川叶坪头、温堆等村相继开始种植食用百合,全镇种植面积133.33公顷,辐射其他乡镇333.33公顷,吸引了50多名外出务工人员回乡创业。是年8月,英川食用百合精品园通过"省级特色农业精品园"验收,成为景宁县首个省级特色农业精品园。同年,英川牌食用百合获"丽水市首次茭白节菜肴比赛一等奖"和"省农博会新产品金奖"。

【"美丽乡村·魅力畲寨"建设】 2011年,启动黄谢圩村"美丽乡村、魅力畲寨"建设,至2012年年底,完成改栏36户、改厕40余户;防洪堤原有通往溪流的阶梯步道已经全部完成改建,填补了整条街的道路缺口,美化了沿溪两岸环境。2012年,启动王宅村"美丽乡村"建设。

【农民异地搬迁】 2011—2012年,英川镇以"内聚外迁"工程为抓手,推进农民下山脱贫致富,引导农民向适宜居住和发展的地方转移。两年来,王宅岙邱、金林西坑、黄洋口道堂基、茶园扒穴、寨后里坑等自然村农民异地搬迁72户280人,其中分散安置32户128人,集中安置杭钢移民小区16户69人,安置鹤溪镇双后降农民公寓24户83人。

(毛海芬)

大均乡

【概况】 大均乡位于县城西南,乡域面积86平方千米,乡政府驻大均村,距县城13千米。2012年年底,全乡辖9个行政村,60个自然村,总人口4479人,其中畲族人口占总人口的35.4%。建成生态公益林3940公顷,占林地面积的52.6%,有森林公园14.67公顷,4个行政村建成市级以上绿化示范村,省级森林城镇创建工作通过预审。

2011年,工业总产值2605万元,农业总产值2541万元,农民人均纯收入7282元。2012年,工业总产值达3020万元、同比增长7%,农业总产值2541万元、同比增长16%,农民人均纯收入8616元、同比增长16.3%。

2011年,全乡中药材种植面积193.33公顷,其中:厚朴133.33公顷,浙贝、元胡等草本药材20公顷,金银花40公顷。发展高效笋竹两用林基地300公顷、茶叶15.33公顷、吊瓜15公顷、高山西瓜8公顷、稻田养鱼20公顷。种植食用菌50万袋。2012年，全乡中药材种植面积296.67公顷，其中厚朴233.33公顷、草本中药材63.33公顷。笋竹两用林改造76.67公顷，其中垦复抚育43.33公顷、低改33.33公顷。建成标准化蔬菜基地6.67公顷，种植西瓜13.33公顷、茭白13.33公顷。同年畲寨金银花专业合作社生产加工的金银花通过“QS生产许可认证”。

大均乡借助县城“后花园”的区位优势和旅游资源，发挥“中国畲乡之窗”景区的辐射作用，大力发展乡村休闲旅游和农家乐。2011年，全乡有农家乐25家，其中2星级14家、3星级8家，从业人员100多人。是年，大均、伏叶两村被评为“浙江省农家乐特色村”。2012年，全乡有农家乐36家，其中二星农家乐15家、三星农家乐16家、四星2家，餐位达到2500个，营业收入突破500万元。

开展低收入农户增收帮扶工作。2011年，大均乡有年收入2500~4000元的低收入农户111户309人，2500元以下的低收入农户386户，1163人。乡党委、政府采取“以产业扶持为主、资金补助为辅”的措施，帮助他们增收。全乡帮扶养鸡26户、造林4户、药材种植1户、养猪10户、发展笋竹林56户、蔬菜种植1户、发展茶叶4户、水果种植1户。年底，在原来年收入2500~4000元的低收入人群中有225人人均收入超过4000元，达到72.8%。原来2500元以下的低收入人群（除低保、五保外），全部达到2500元以上，其中人均收入超4000元的有795人。2012年，组织农民专业技能培训55人次，帮助农民转移就业50人，解决就业岗位10个，完成异地转移农民6人。落实帮扶贷款16户40万元。

继续推进新农村建设。2011年，三格村45.93千米康庄公路路面硬化工程全面完工，至此全乡实现村村通公路。是年，投资176万元建成集绿化景观带、休闲游步道于一体的大均垟外防洪堤，总长300米；泉坑廊桥，伏叶村游步道、水碓、廊桥等基础设施相继建成；水碓垟生态移民小区建设继续推进。启动李宝、梅山两村“美丽乡村·魅力畲寨”建设。2012年，有9个100人以下自然村完成千万农民饮用水工程并交付使用。完成农村危旧房改造81户，其中危房修缮66户，批建15户。完成新庄村、大赤坑村、三格村的“村庄整治”项目。启动水碓洋生态移民小区二期工程建设，继续推进李宝、梅山两村“美丽乡村·魅力畲寨”建设。

继续开展社会保障工作。2011年，全乡参加新型农村合作医疗保险3829人、参保率95.8%；参加城乡居民养老保险112人。2012年，全乡参加新型农村合作医疗保险3831人、参保率95.68%；参加城乡居民养老保险116人。是年年底，全乡有农村低保对象112户253人，城镇低保1户1人；有残疾人139人，其中重残人员26人；有五保户12人，其中集中供养9人、分散供养3人；救助困难群众50户，医疗救助32人。

开展矛盾纠纷排查和帮教工作。2012年，全乡入户排查矛盾纠纷210多人次，调处各类矛盾纠纷68件；全乡累计接受矫正人员15人，社区矫正对象登记在册2人，帮教率100%。

【李宝“神秘畲寨”开寨】 2012年10月28日，大均乡李宝“神秘畲寨”举行开寨仪式。丽水市委秘书长朱继坤，景宁县委书记林康、县长蓝伶俐、县人大主席蓝良兴、政协主席严铁华等领导和嘉宾200余人参加。朱继坤、林康、蓝伶俐作重要讲话。

李宝村距大均乡政府6公里，海拔550米。全村辖9个自然村，8个村民小组，132户，503人，畲族人口比例占98%。全村拥有山林561.13公顷（毛竹林56.67公顷），耕地28.67公顷。

2011年，李宝村被列入县“美丽乡村·魅力畲寨”建设规划。是年投资250多万元开工建设畲寨山门、完成村口停车场土地平整、村内道路改造、石拱桥、公共厕所修缮、降背金银花基地路面硬化等工程;村委办公楼立面改造及扩建工程(新建100平方米)完成90%,两幢畲族特色民居样板房完成80%。

2012年,投资550万元,完成畲寨山门、"功德舞"场所、停车场、民房立面改造(35幢)、砖混结构房改造(6幢)、农宿样板房(2幢)、村委农家乐、休闲平台(3户)、村活动场地(2处)、排污管网埋设等项目建设。办公楼立面改造、游步道、雷氏祠堂、新建下山移民点、路灯(65盏)、村道护栏等项目基本完成,畲寨面貌焕然一新,"神秘畲寨"普受赞誉。

【梅山村建设】 2011年,梅山村被列入县"美丽乡村·魅力畲寨"建设规划。是年投资100多万元建设村文化活动中心和农房修缮,牛栏迁建等。年底,完成村文化活动中心主体工程,民房修缮157直。2012年,投资50万元,完成村文化活动中心扫尾工程;民房立面改造35幢145直;拆除栏厕、灰斗等构筑物50多处,建成游步道500米;新建栏舍300平方米。

【水碓垟生态移民小区建设】 该小区于2008年立项,规划用地2.83公顷,安置150户670人。分二期实施。一期工程占地1.77公顷(其中预留旅游用地0.53公顷),规划设计73户,安置280人,于2009年启动实施。农民房屋概算投资1607.88万元,公共建筑概算投资623.14万元,总投资2231.02万元。是年,有46户185人完成建房,其中垟坑村的垟岂、野猪湖11户57人整村搬迁,白银岗、田寮、张荒岱、伏叶村香菇厂,坑头等自然村实行部分搬迁安置,共18户,77人,泉坑村旧村改造拆旧建新17户51人。2010年,有27户77人完成建房,其中垟坑村的黄寮、中甫16户54人整村搬迁,零星下山移民2户4人。其他安置9户19人。

2011年,开展小区供电、供排水、污水处理工程、道路硬化等基础设施建设。实现小区绿化2000平方米,房屋立面改造1.7万平方米。政府投资306.76万元,建成长439.94米、高4.2米的水碓洋移民小区河道防护堤,新增土地1.4万平方米。2012年,投资150万元,继续开展排水排污、道路硬化、供水、二期绿化等工程建设,其中粉刷和改造房屋外立面1.76万平方米,改造雨棚95处、马头墙37处。二期工程全面启动,宅基地分配、报批等工作全面完成,有12户37人启动建房(中央岗9户27人,泉岱地质灾害避险3户10人),年底建房建到第二层;小区便民服务综合用房进入招投标阶段;投资103万元启动建设廉租房18套,占地252平方米,建筑面积1007平方米;追增三期项目并批准立项,土地农转用、地质灾害评估等前期工作有序推进。

【创建"浙江省乡镇综合文化站试点乡"】 2011年,大均乡成功创建"浙江省乡镇综合文化站试点乡"。建立了伏叶、新庄2个畲乡书屋和村级文化信息资源共享服务点,发挥农村文体工作者、爱好者在农村"种文化"活动中的主力军作用,成立业余文体团队21支,开展农民艺术节、乡老年人运动会、腰鼓培训、健身操培训、组织参加县级文艺会演等各种文化活动丰富群众的文化生活。

(大均乡政府)

澄照乡

【概况】 澄照乡位于景宁县西南,东邻东坑镇,南倚大漈乡,西连梧桐乡、大均乡,北接鹤溪镇,乡政府驻三石村,距县城6千米。下辖村15个行政村、69个自然村,总人口7028人,其中畲族2116人。乡域面积84.8平方千米,其中耕地面积2278.4公顷,山林面积5991.27公顷,森林覆盖率66.7%。全乡有毛竹林310.13公顷(其中笋竹两用林33.33公顷),红山栀基地66.67公顷,厚朴基地91.27公顷,板栗基地62.27公顷,油茶基地15.47公顷,红豆杉基地2.67公顷,蔬菜基地53.33公顷,优质稻种植养鱼基地13.33公顷,金银花基地16.67公顷,油菜种植面积7.33公顷。有大型养殖场3家,存栏3400头,年出栏9500头。全乡已开发小水电站10座,总装机容量3850千瓦时。炉西村有一钼矿开采区,蕴藏量为3952.6吨。有企业29家,农民专业合作社39家。有星级农家乐5家,年接待游客1.44万人次,直接营业收入51.17万元。有三石村、金丘村两个来料加工点,年加工产值55.5万元。2011年,实现工农业总产值2.38亿元,同比增长34.46%,其中:工业产值1.74亿元,农业产值6375万元。人均纯收入5127元,同比增长14.8%。2012年,实现工农业总产值2.64亿元,同比增长10.92%,其中工业总产值1.89亿元,农业总产值7500万元。农民年人均纯收入6910元,同比增长34.8%。

澄照乡以农业为主,属中部低山粮、茶、果、畜、药综合农业区。2011年,粮食种植面积650.93公顷,总产量3344.7吨;茶叶种植面积723.33公顷、年产茶叶104.3吨;果园面积112.33公顷,水果总产量958.6吨。是年新开发旱地14公顷。2012年,粮食种植面积613.47公顷,总产量3218吨;茶叶种植面积734.8公顷,年产茶叶105吨;果园面积107.07公顷,水果总产量2164.5吨。

2011年,参加城乡居民医疗保险6361人,城乡居民养老保险全面开始,参保2900人。2012年,城乡居民医疗保险5952人,城乡居民养老保险新增211人(累计3111人)。

2012年,共排查矛盾纠纷235件,化解225件,化解率96%;处理信访案件4起,结案率100%。是年,农民创业园启动前期工作,澄照乡配合开展土地征收、政策处理等各项工作,完成土地丈量90余公顷,在创业园土地丈量、核对公示等实际工作中,处理大小纠纷160余起。是年,四格村被列入县民族特色村建设项目。同年,澄照乡获"丽水市学前教育示范乡镇"称号。

【基础设施建设】 2011年,完成三石至金丘村道改造;建成梅坑至白沙岱康庄公路9千米,漈头至东岱康庄公路10千米。全乡新建公厕12所,道路硬化21940平方米,建污水池150立方米,修建排污水沟6474米,四旁植树2300株,安装路灯278盏,拆除栏厕922间,受益人口达2895人。建成全长800余米的金丘防洪堤,修建粮食生产功能区水渠2000余米,田间耕作道320米。2012年,全面完成金丘"美丽乡村"建设项目,拆除露天粪坑95处,新建公厕2座,农房立面改造7800平方米、顶瓦翻修130幢,村内路面硬化拓宽1390米,新建廊桥1座,建河道堰坝490米,四旁绿化900米。际头村启动"美丽乡村"建设,拆除露天粪坑81处,新增卫生厕所5户,新建公厕1座,路边挡墙建设150米。完成了炉西村饮用水工程,至此全乡15个行政村全部通上干净卫生的饮用水。实施小型灌溉改造工程,完成灌溉渠道改造2.3万米。是年,设立邮政储蓄银行代办点1处。

【中心村建设】 2011—2012年,三石村开展中心村建设。项目涉及13个自然村,新配备垃圾箱56只,垃圾清运车1辆,建造垃圾房1座,受益农户523户;新建集中式污水池5个,总容积280立方米,受益农户243户;新建分散式污水池360个,容积700立方米,受益农户360户;新建公厕21座,改厕365户,消除露天粪坑乱搭建219处;新增主干道13.3千米,受益农户584户;新增绿化苗木1500株;村内河沟整治21600平方米,安装路灯163盏。

【地质灾害险情村搬迁】 澄照

乡属地质灾害易发区,有各类地质灾害险情点16处,地质灾害险情村10个。2011年,有3个地质灾害险情村实行异地转移整村搬迁。际头行政村上泥山自然村13户37人搬至鹤溪镇双后降村;东升行政村山后自然村7户23人搬至东升村双港自然村;东岱行政村际根自然村15户35人搬至三石村龙湾小区。

【村务平台】 2012年,澄照乡村务平台建设,遵循"便民、服务、发展"原则,根据各村实际条件,分类确定了2个示范型、6个标准型、7个简易型村务平台,并分别落实了办公场所、值班人员,相关制度全部上墙,完成平台基础数据的录入,全面构筑乡村两级便民服务网络体系,形成了便民服务的"绿色通道"。全年共受理代办事项442件均已办结,办结率100%。

【茶叶产业】 茶叶是澄照乡传统优势产业,是惠明茶的主产基地,也是当地农民主要收入来源之一。2012年,澄照乡茶叶种植面积734.8公顷,年产茶叶104.3吨,产值1062万元。全乡有茶叶加工企业7家,家庭机械茶叶加工户50多户,茶叶专业合作社12家。是年,投入资金88万元,扩建茶青市场,建设茶青交易标准用房1887平方米,该项目已完成立项审批和招投标工作。

【东升蔬菜基地】 2011年,东升村蔬菜基地开工建设。是年完成土地平整23.13公顷,其中东升村19.8公顷,双港村3.33公顷;铺筑机耕路1015.5米、耕作道207.68米,新修水渠2355米,蔬菜种苗钢管大棚搭建完毕并投入使用。

(澄照乡政府)

梅岐乡

【概况】 梅岐乡地处景宁县东南,东与文成县西坑镇相毗邻,南靠东坑镇,西接鹤溪街道,北邻渤海镇、郑坑乡、红星街道,乡政府驻地梅岐村,距离县城37千米。乡域面积86.7平方千米,耕地面积570.87公顷,山林面积6034.4公顷,森林覆盖率91%。下辖9个行政村,40个自然村,人口4195人,其中畲族人口6人。2011年,全乡实现地区生产总值4804万元,增长率为13%,其中工业总产值1186万元,农业总产值3618万元,农民人均纯收入达7185元,比上年增加1067元。2012年,全乡实现地区生产总值5466万元,比上年增长13.8%,其中农业产值3318万元,比上年增长13.7%,工业产值1516万元,比上年增长13.7%,农民人均年纯收入达到7920元,比上年增长14%。

2011—2012年,全乡发展高效笋竹两用林基地23.33公顷,其中高闩村10公顷、岗楼村6.67公顷、栋头村3.33公顷、留钱村3.33公顷;低改笋竹两用林基地33.33公顷,其中高闩村6.67公顷、栋头村6.67公顷、岳崇村13.33公顷、潘坪村6.67公顷。建设林区道路5千米(高闩村)。劈山抚育木本中药材基地16.67公顷。发展食用百合示范基地1.33公顷,其中留钱村2户补助资金1万元。发展生态畜牧业,建成标准化栏舍的规模化养殖场9家,其中生态养殖山羊4家,存栏达248头,生态养殖黄牛4家,存栏达96头,生态养殖鸡鸭1家,平均年出售3000羽。2012年,完成4个土地开发项目,新增耕地26.67公顷。

2011年,全乡参加城乡居民医疗保险958户,3785人,参保率90%;完成8个行政村(除梅岐村外)巡回诊疗点筹建工作。城乡居民社会养老保险任务指标200人,实际参保217人,完成任务数的108.5%,全乡共有691人按规定领到每人每月60元基础养老金。2012年,参加城乡居民医疗保险3647人、养老保险1411人,落实农村低保82户187人,年保障金314880元,五保10户10人,年保障金37920元。

【农民异地转移】 2011年,启动农民异地转移工作。至2012年年底,完成留钱彭头垢自然村和承天坵自然村6户17人，潘坪潘山上湾自然村7户31人，竹山、岗楼2村31户112人全部移至鹤溪镇双后岗村。全乡农民转移就业50人，其中低收入农户30人，帮助解决农民就业10人，其中低收入农户6人。总计培训各种实用人才285人，其中低收入农户72人。完成农村危旧房改造任务，修缮41户，新建审批10户(其中下山移民9户)。

【基础设施建设】 2011年，梅岐至下垟13.387千米准四级公路路面水泥硬化工程通过验收并投入使用；李山头至高山3.16千米准四级公路工程通过验收并投入使用。完成下垟至桂远15.39千米准四级公路的路基工程，水泥路面浇筑2.8千米。成立乡供水站，建立合理的水价制度和水源安全保护机制。完成全乡数字电视整转工作，实现有线电视“村村通”。2012年，投资100万元完成梅岐、高门、栋头、岳崇等4个村路面硬化5500平方米，新建水沟1000米，新建(修理)公厕3个，拆除简易厕所、栏舍223个，公园地面硬化5000平方米，绿化1000平方米。投资70万元进行梅岐中心村建设，新建公厕2个，改厕改栏50个，新建标准化三格式化粪池卫生间25个，排污管道2000米，生态厌氧处理池164立方米，村庄公园式绿化2500平方米。投资20余万元对栋头村进行道路硬化、卫生改厕、垃圾处理、污水治理、村庄绿化等项目建设。投资20万元实施竹山旧村改造基础设施建设；投资75万元建成竹山村“便民服务中心”。

【水源保护】 2011—2012年，梅岐乡级环保所配齐3名专职保洁员，配备垃圾专运车辆，修建了垃圾中转站，新建临时垃圾池。实行定时定点收集垃圾和全天候保洁制度，随脏随扫，日产日清，全部垃圾均实行无害化处理。与县城饮用水源保护相关的5个村配备了村级保洁员，实行“定人清扫、集中拉运、统一处理、确保清洁”。在一级水源保护区范围内全面封山育林，实现“万亩青山”涵养、净化水源。加强河道日常管理，做到“生态治河、生态养河”，确保“一河清水向城流”。

【跨县村级联席会议】 2011年以来，梅岐乡积极探索“和谐相处、共同发展”的新路子，与文成县的下垟乡共同努力，召集两乡相邻的桂远、岳崇、下洋、都铺四个行政村，建立“跨县村级联席会议”制度，建立健全村级重大事项决策机制，密切联系，起到良好效果，成为梅岐乡党建工作的新亮点。至2012年年底，开了4次会议，商讨了山林纠纷调处、森林火灾联防、社会综合管理等工作。

【文化事业】 2011年，组织举办第五届“大地飞歌”农民艺术节。完成全乡9个行政村的数字电视整转工作。投资10余万元，修缮百年廊桥“梅岐母子廊桥”。

(梅岐乡政府)

大漈乡

【概况】 大漈乡位于景宁县中南部，距县城48千米，乡域面积56.9平方千米。下辖8个行政村，总人口966户3269人。全乡耕地面积271.13公顷，山林面积3983.33公顷，建有厚朴基地533.33公顷、毛竹基地466.67公顷，高山蔬菜基地333.33公顷。2011年，全乡完成工农业生产总值5203.8万元，同比增长12%，农民人均收入达到7594元，同比增长11%。2012年，全乡完成工农业生产总值5872万元，同比增长12.8%，农民人均纯收入8493.81元，同比增长11.8%。

2011年农村合作医疗保险参保人数2894人，参保率95%，缴费金额23.20万元，报销人次9715次，补偿金额58.80万元。2012年，参保人数2661人，缴费金额18.40万元，报销人次11104次，补偿金额105.46万元，截至2012年12月全乡共有1014人参加城乡居民养老保险，参保率

表14

村情数据表

行政村	人口	户数	水田面积（公顷）	山林面积（公顷）	毛竹面积（公顷）	人均收入
西一村	640	206	43.67	730.6	71.93	7333
西二村	446	143	27.2	294.33	16.6	7098
潘宅村	621	167	36.4	553.4	45.8	7023
彭村村	308	99	20.53	405.33	29.53	7026
茶林村	525	141	29.87	1017.67	233.87	7026
小佐村	335	90	21	592.67	85.93	6772
琴山村	322	100	23.6	389.33	60.27	6589
垟心村	72	20	5.33	0	0	7083
合计	3269	966	207.6	3983.33	543.93	7028

75%，新增参加城乡居民养老保险217人，已有505人享受到城乡居民养老保险待遇，共发放养老金105.12万元。

2011—2012年，大漈乡有低保对象387人，累计发放最低生活保障金450750元；困难重度残疾人对象31名，累计发放残疾人基本生活保障165672元；五保对象8人，累计发放五保供养资金62820元；临时救助对象85人，累计发放救助金83100元；优抚对象7人，累计发放优抚金共计62050元；落实避灾安置场所19个，建筑面积3500平方米，可容纳2500余人，救灾物资落实发放132人；累计发放慈善救助资金61600元，救助困难家庭251户。

2011—2012年，完成全乡村级组织换届选举工作；开展"进村入企"活动，访民情、察民意、解民忧，共走访500余户1500余人，帮助解决问题110件；建立党员服务志愿队伍10支共计52人，每季度开展一次困难群众帮扶活动；开展"村务平台"建设相关工作，调动各方力量，整合资源，通过创新举措有效加快"村务平台"建设进度；开展低收入农户发展扶贫贷款发放工作，共发放扶贫贷款91户，放贷金额182万元。

【基础设施建设】 2011—2012年，投资近500万元的农综开发项目完工并通过验收；大漈灌区工程完工；茶林卫生室项目完工并投入使用；投资110万元的大漈西一至小佐公路安保工程全面完成；乡公益性生态公墓一期工程全面完成并投入使用；投资100多万元的彭村"美丽乡村"建设基本完成；投资90多万元的各行政村林道路建设工程全面完成并验收合格；琴山村村委办公楼基本建成。全乡农村危旧房改造，新建房屋38户，修缮加固92户，完成指标任务的100%。琴山村实施村庄整治项目，总投资65万元，村内道路硬化1800平方米，公共活动场所修缮、拆除脏乱杂房45座，改栏改厕55个，新建排污净化池2个、安放垃圾箱30个；西一、西二村环境整治项目更换新垃圾桶40余个，新建公厕2座，投资40多万元完成乡卫生院改建工程，改善卫生基础设施条件；投资300多万元的农村饮用水工程完工并投入使用。

【云中大漈景区】 大漈风景名胜区以建设"幸福之旅"精品旅游线路为目标，不断完善区配套基础设施，大力发展民宿农家乐。2011年，景区内农房立面改造一期工程顺利完工。2012年，完成时思寺修缮、景区建设项目用房、进士府、陶艺茶艺馆等项目前期规划设计；全乡新增星级农家乐经营户9户，彭村村成功创建“市级农家乐特色村”，大漈乡被评为“全市首批农家乐特色乡镇”；成功举办“中国景宁畲乡‘三月三’游云中大漈品千古风情”主题活动暨“抢猪节”活动和“金秋畲乡精彩大漈”暨浙江保险走基层摄影活动。2011年，景区共接待游客20万人次，营业收入665万元；2012年，景区共接待游客26万人次，营业收入863.5万元。柳二娟被评为2012年度全省风景名胜区工作先进个人。

【高山冷水茭白】 2011—2012年，大漈乡围绕高山冷水茭白这个主导产业，从品种改良、生产管理、市场监管、宣传营销、拉长产业链五方面着手，做好产业转型升级、服务提升工作。茭白种植面积达334公顷，两年总产值达6250万元。2011年8月、2012年9月，成功举办第二届、第三届“高山冷水茭白节”，借助CCTV七频道《致富经》、浙江卫视《旅游快车》等全面宣传大漈茭白，不断拓展市场，提升大漈茭白的知名度和美誉度。2012年8月，被省农业厅命名为全省首个“高山冷水茭白之乡”，同时获得市政府颁发的“茭白品质金奖”。

【高山花卉基地】 大漈具有独特的高山小气候，为发展高山反季节花卉提供了得天独厚的条件。2012年年底建成大漈梅方坪高山花卉基地2.53公顷，有蟹爪兰、一品红、观音莲、鸟巢、凤梨花卉等50多个品种，年销售产值500多万元。是年，上海等地花卉企业的上百万株花卉“移师”大漈“避暑”培育。

【农民转移就业】 2011—2012年，全乡完成农民转移就业80人，完成指标任务的100%，其中低收入农户转移就业45人、帮助解决农民就业20人。累计举办新型农民培训四期，共培训新型农民410人，其中实用人才培训110人、现代农业专业技能培训270人；累计举办农村转移就业技能培训三期，共培训学员228人。

【乡中心学校新校区投入使用】 2012年9月，大漈乡中心学校新校区投入使用。新校区占地面积8039.13平方米，其中绿化面积2420.8平方米，总投资1000多万元，建有学校办公楼、教学楼、师生宿舍楼、学生餐厅楼，以及篮球场、羽毛球场、操场150米环形塑胶跑道等设施。学校现有6个教学班，在校生103人，在职正式教职工13人，配置电脑45台、多媒体教学设备8套、图书3489余册。 （大漈乡政府）

景南乡

【概况】 景南乡位于景宁县东南部，地处浙闽两省、景泰寿庆四县的交界处，东邻东坑镇并接泰顺县、南接福建省寿宁县、西倚雁溪乡、北连大漈乡，乡政府驻忠溪村，距县城48千米。乡域面积95平方千米，其中耕地面积600公顷，林地面积6510.27公顷、其中毛竹面积1133.33公顷，森林覆盖率92%。下辖8个行政村，人口4551人。2011年，全乡实现地区生产总值10812万元，工业收入1848万元，农业经济总收入6830.48万元，农民人均纯收入达到6830元。2012年，全乡实现地区生产总值10439万元，工业收入2241万元，农业经济总收入8198.7万元，农民人均纯收入8218元。

景南乡主导农业产业有毛竹、食用百合、高山大棚蔬菜、高山冷水茭白、食用菌和特色畜牧业。2011年，粮食播种面积304公顷，年产量1632吨，完成忠溪村、东塘村毛竹标准化改造113.33公顷，高山冷水茭白种植面积166.67公顷，高山大棚蔬菜种植面积13.33公顷，食用百合种植面积266.67公顷，食用菌360万袋。2012年，粮食播种面积270.67公顷，年产量1469吨，高山冷水茭白种植面积166.67公顷，高山大棚蔬菜种植面积23.33公顷，食用百合种植面积64公顷，食用菌370万袋。景南乡工业企业主要有两家毛竹初加工厂、三座水电站。

2011年,城乡新型农村合作医疗保险参保3850人、参保指标完成率103.7%,农村养老保险参保1337人、参保指标完成率100.6%。2012年,城乡新型农村合作医疗保险参保3821人、参保完成率88.75%,农村养老保险参保1401人、参保指标完成率101.7%。2011年,农民转移就业54人、指标完成率108%,新型农民培训240人。2012年,农民转移就业50个、指标完成率166.7%,农民实用性培训307人次、指标完成率558.2%,劳动力培训440人次、指标完成率102.3%。2011年,实施危旧房改造81户,其中批建新房15户,修缮66户。2012年,批建新房29户,修缮46户。

2011年,完成全乡8个村的村民委员会等村级组织的换届选举工作。2012年,景南乡文化综合楼建设项目顺利完工并投入使用。该综合楼总投资420万元,占地面积1327平方米,总建筑面积2600平方米,具备电子阅览室、图书室、文体活动室、会议中心等功能。

【中心村建设】 2011年,忠溪村被列为景宁县2011年度中心村培育建设。是年,共投入70万元,新建王处木头、毛竹堆放场地一处1500平方米,完成民房外墙粉刷3000平方米,拆除棚寮、厕所、牛栏79个,同时还进行道路硬化及其他公共服务设施建设项目。2012年,投入近100万元,拆除一处面积为520平方米的老供销社房屋和露天灰铺、厕所等59处,新建仿古公厕2座、卫生厕所73个,建设防洪堤仿古护栏223米、弄道道路硬化47处700平方米、石阶游步道600平方米、鹅卵石游步道110平方米,新建路边停车场3处200平方米、排水沟2米,民房外墙粉刷2200平方米,新安装路灯40盏,古树保护3处。

【美丽乡村建设】 2012年,围绕新农村建设"20字方针",开展上标行政村东垟、西垟、上标垟行政村"美丽乡村"建设项目。三个村共投入200多万元,完成卫生改栏改厕168处,新建公厕2座,村内道路硬化21640平方米,新增垃圾箱52个,新增改造危旧房面积420平方米,民房立面改造和顶瓦修缮25000平方米。实施村委会议室修缮、道路改造、小公园建设、古树保护和环境绿化等项目。

【村庄整治】 2012年,投入35.9万元,启动程田村庄整治提升村建设项目。对程田、马岭、八漈垟三个自然村进行道路硬化,新建卫生间和化粪池80个,按四格式生态池标准对每户进行补贴,拆除路边厕所和猪圈100间。程田村新建公厕一座,村委办公楼新建室内厕所一间,投入1.2万元对400米的石头路进行浇缝,同时实施路边绿化及其他附属工程。

【忠溪村仁孝文化节】 2012年农历六月初三,忠溪村举办第一届"仁孝文化节"。全体村民前往马天仙殿举行盛大的祭祀仪式,然后在村内主要道路举行祈福活动。同时,举行"好婆婆、好媳妇"评比活动,吸引县内外近万游客前来参与。

【村务平台】 2012年,景南乡按照"一个场所、一块牌子、一套制度、一本台账、一部电话、一台电脑、一个公示栏、一名以上代办员、一套办事须知、一张便民服务卡"的"十个一"标准,因地制宜开展村务平台分类建设,分别建设西垟村示范型村务平台,忠溪村、东塘村、程田村、上标垟村、渔际村、妙坑村、东垟村等7个标准型村务平台。开通电信网络,建设1个乡级和8个村级的村务平台网络页面,完善更新基本村情、动态信息、三务公开、政策讯息、办事程序、农业信息等相关内容。配备由村两委干部、大学生村干部、村会计组成的便民服务队伍,为村民提供村务、党务、财务公开,重大新闻,招工信息等便民信息,2012年,该乡共发布信息446条。

（景南乡政府）

雁溪乡

【概况】 雁溪乡位于景宁县南部，东南临景南乡，西接家地乡，北连大漈乡和标溪乡，乡政府驻地雁溪村，距县城63千米。乡域面积42.8平方千米，其中耕地面积196.9公顷，山林面积3490.2公顷，森林覆盖率达82.3%。下辖8个行政村、24个自然村，总人口3616人，其中畲族人口6人。2011年，全乡地区生产总值11310万元，同比增长9.7%，工业总产值8277万元，同比增长12%，农业产值1509万元，同比增长16%，农民人均纯收入达5318元，同比增长13.1%。2012年，全乡地区生产总值13784万元，同比增长21.9%，工业总产值9270万元，同比增长11.9%，实现农业产值1700万元，同比增长12.6%，全乡农民人均纯收入达6298元，同比增长18.4%。

雁溪乡农业以水稻、食用百合、金银花、油茶为主导产业。2011年，全乡粮食种植面积176.8公顷，金银花7.93公顷，食用百合5.33公顷。2012年，全乡粮食种植面积176.8公顷，金银花7.93公顷，食用百合5.33公顷，油茶种植面积4公顷。雁溪乡工业企业主要有上标水力发电厂、景宁惠宁电力发展有限公司等9座水电站。

2011年，城乡居民养老保险参保1352人，参保率99.6%，全年发放养老金1969866.7元。新型农村合作医疗保险参保3033人，参保率97.78%，受益人数8136人次，补偿金额872894.3元。全乡育龄妇女968人，其中已婚育龄妇女829人，计划生育率89.36%，征收社会抚养费13.9万元，社会抚养费征收兑现率91.8%。2012年，城乡居民养老保险参保1473人，参保率98.74%，全年发放养老金2028515元。新型农村合作医疗保险参保3023人，参保率97.8%，受益人数9175人次，补偿金额1612552.7元。全乡育龄妇女980人，其中已婚育龄妇女836人，计划生育率87.5%，征收社会抚养费13万元，社会抚养费征收兑现率78.77%。

2011年，柘塆、梅坞等村完成建设用地复垦、土地整理项目，新增耕地面积3.33公顷。是年，危旧房改造48户。2012年，石梯村土地开发和梅坞等2个村土地整理项目，新增耕地面积2公顷。是年，黄桐村9户40余人实现整村搬迁，危旧房改造42户。2011年，排查各类矛盾纠纷和社会不稳定因素20件，立案调处12件，结案12件，结案率100%。2012年，排查各类矛盾纠纷和社会不稳定因素23件，立案调处15件，结案15件，结案率100%。是年，成功创建"丽水药品安全示范乡镇"。

【"乡会村开"活动】 2011年，在全县首创"乡会村开"活动形式，将乡务公开会、难题破解会、意见征集会和产业发展会等安排在村里开，在农民家门口汇报乡政府工作、在一线解决农村问题，增加乡镇工作的透明度，增强乡干部解决实际问题能力。2012年，继续推行"乡会村开"加强回访，随时检查和督促会议落实情况，增强会议效果。

【基础设施建设】 2011年，雁溪村投资550多万元，完成三道河道堰坝建设、云龙桥修建、何八公庙门道路修建、上村小坑防洪堤道路修建等工程，中心村基础设施进一步完善。从治理"脏乱差"入手，推进东山村、梅坞村村庄整治工作，建成三格式化粪池厕所231座，拆除简易厕所、临时建筑物以及灰寮210多处，新安装路灯143盏，绿化500株。实行农村生活垃圾集中处理，配备移动垃圾桶33个，垃圾集中和转运由专门垃圾清运公司负责处理，基本实现"路平、灯亮、水清、村美"的目标。2012年，乡文化综合楼和雁溪村图书阅览室建成并投入使用，占地面积421平方米，使用面积1505平方米，藏书总数达到7000余册。"景宁县小型农田水利重点县"建设项目在雁溪乡实施,概算投资300万元,全乡8个行政村26千米农田水利灌溉渠道项目完成招标并开工建设。

【村务平台】 2012年,全面推进村务平台建设,分别建成雁溪村、柘塆村2个示范型村务平台,石梯村、梅坞村、浮亭岗村3个标准型村务平台和东山村、黄桐村、大丘田村3个简易型村务平台;开通电信网络,建设1个乡级和9个村级村务平台网络页面,定期更新基本村情、动态信息、三务公开等内容;举办"用心打造村务平台、以实际行动服务人民群众"演讲比赛。制定《日常办公管理规定》《关于加强村民委员会工作的若干指导意见》《工作首问责任制和督查制》《乡村干部工作考核制度》《年度重点工作责任分解》等制度,实施住夜值班制度、事不过夜制度、党员志愿服务三小时制度、每月夜学制度等举措,增强干部责任心和为民服务能力。

【农民就业创业培训】 雁溪乡利用省科技特派员的资源优势开展实用技术培训,2011年举办毛竹、茶叶、金银花等实用技术培训班3期85人次;2012年,举办食用百合、香榧等实用技术培训班4期110人次。对转移劳动力进行就业培训,2011年实现农民转移就业40人,帮助解决农民就业岗位8个,累计实现农村劳动力素质培训220人次;2012年,实现农民转移就业58人,帮助解决农民就业岗位10个,累计实现农村劳动力素质培训280人次。

【生态产业发展】 2011年,雁溪乡围绕农业增效、农民增收目标,编制《雁溪乡农业产业规划》,成立生态农业发展工作领导小组和土地流转指导服务中心,培育特色产业和效益生态农业。依托农民专业合作社,采取"合作社+农户"的方式发展土猪养殖业,共有签约农户45户、存栏60多头。2012年,围绕"茶叶、香榧"两大农业主导产业,组织种植大户赴家地等地学习参观香榧种植基地,在梅坞村流转香榧种植土地4公顷,发动村级新种茶叶8公顷,并对石梯村老茶叶基地进行增效改造。有序推进林业生产,2011年完成绿化造林6公顷,竹林低产改造8公顷,新种植油茶3.73公顷;2012年,完成绿化造林6.73公顷,竹林低产改造12公顷,新种植油茶5.33公顷。

【雁溪古风·摄影节暨谢神节】 2011—2012年,分别举办第五届、第六届"雁溪古风·摄影节暨谢神节"活动。"雁溪古风·摄影节暨谢神节"是集旅游景点赏析、民俗文化展示、趣味节目游玩、摄影绘画采风等于一体的综合性文化节庆活动,一般于每年深秋季节举行。活动将县级非物质文化遗产、传统的民间迎神节仪式和祭祖仪式引入摄影节,进一步弘扬何八公的忠义精神和人民群众的感恩精神。举办谢神仪式、仙树祈福仪式、开幕盛典、百家宴、传统戏场、摄影采风等活动,吸引各地知名绘画摄影家前来创作采风。首次举办跨年度摄影大赛,在县内首次组织裸体摄影。开设风情百桌长宴,推出大块肉等雁溪特色美食。活动期间还有本土特色马灯、木偶戏等传统民间节目表演。据统计,分别有1500余人和2000余人参与2次活动。

【创建省级生态乡镇】 2012年5月,雁溪乡成功创建省级生态乡镇,全乡生态经济、生态环境、生态人居、生态文化工作得到全面推进。全乡8个村均开通康庄公路,完成雁溪等4个村2300余人口的自来水工程,新安装石梯等3个村的路灯设施150余盏。成立保洁公司,聘请村庄保洁员15名,完成垃圾中转站建设,实现生活生产废弃物统一收集、有序清扫、打包处理。完成基本农田保护标志牌及保护界桩安装以及基本农田划定工作。新建成茶叶基地40公顷,新开发高效笋竹两用林基地6.67公顷。加强水源涵养区植被的保护,认真贯彻“预防为主、积极消灭”的方针，建立完善的林火监管、指挥预警系统。

（雁溪乡政府）

郑坑乡

【概况】 郑坑乡位于景宁县东部，东北、西北靠渤海镇，南临梅歧乡，东南与文成县交界，乡政府驻地郑坑村，距县城22千米。乡域面积33.5平方千米，其中耕地面积179公顷，林地2684公顷。下辖郑坑、吴布、柳山、张坑下、羊角岗5个行政村，42个自然村，总人口3332人，其中畲族1425人，占总人口的43%，是县内畲族人口比例最高的乡镇。2011年，全乡农村经济总收入2622万元，农业生产总值2110万元，农民纯收入4700元、增幅达11%。2012年，全乡农村经济总收入3035万元、同比增长15.7%，农业生产总值2710万元，农民人均纯收入6592元、同比增长18%。

2011年，全乡粮食播种面积200公顷，总产2000吨；油菜种植面积15公顷，总产8吨；高糖强矮柿子20公顷、建茶叶基地15公顷，笋竹两用林基地30公顷，高山蔬菜35公顷，中药材基地56公顷，田鲤鱼基地8公顷，袋料黑木耳45万袋。2012年，全乡粮食播种面积205公顷，总产2600吨；油菜种植面积16公顷，总产9吨；高糖强矮柿子35公顷、建茶叶基地30公顷，笋竹两用林基地60公顷，高山蔬菜67公顷，中药材基地81公顷，田鲤鱼基地10公顷，袋料黑木耳12万袋。

2011年，完成5个行政村村级组织换届选举；完成第九届乡党委换届，选举产生4名党委委员和2名县党代表。2012年，召开郑坑乡第九届人民代表大会，选举产生郑坑乡第九届人民代表大会主席1名，副主席1名，乡人民政府乡长1名，副乡长2名。在乡第39、40选区分别选出出席县第八届人民代表大会代表4名。是年，被丽水市命名为“食品安全示范乡镇”和“药品安全示范乡镇”。

【基础设施建设】 2011—2012年，郑坑乡投入100万元用于危旧房改造工程，改造危旧房12户，改造新建房10户，修缮旧房48户。投入130万元，完成羊角岗至毛科自然村3.2千米机耕路拓宽和道路硬化工程。投入420万元，完成柳山村重点整治工作，道路硬化3500米，石子道路硬化800米，新建三格式卫生厕所125个，拆除栏舍灰舍150个，新建卫生厕所2个，发展沼气25户，安装路灯30盏，绿化面积1000平方米。投入500多万元，完成郑坑、吴布两个中心村村卫生室、邮政站点、饮用水、休闲亭园、健身场地等硬件设施建设，柳山、半岭、山垟排三个民族特色村民族屋改造提升、畲族展示室、村落特色标志等建设。

【村务平台】 2012年9月，郑坑乡按照“一个场所、一块牌子、一套制度、一本台账、一部电话、一台电脑、一个公示栏、一名以上代办员、一套办事须知、一张便民服务卡”的“十个一”标准，因地制宜开展村务平台分类建设，分别建设郑坑村村、柳山村、吴布村等3个标准型村务平台和张坑下村、羊角降村等2个简易型村务平台。投资3万元购置所需的设备、制度牌、宣传资料等；开通电信网络，建设1个乡级和5个村级的村务平台网络页面，完善更新基本村情、动态信息、三务公开、政策讯息、办事程序、农业信息等相关内容。配备由村两委干部、大学生村干部、村会计组成的便民服务队伍，为村民办事提供农技推广、计育办证、林权发证等服务，为民代办业务完结1630件(次)。

（郑坑乡政府）

九龙乡

【概况】 九龙乡位于景宁县东北，东接青田县，南邻文成县，西近渤海镇，北靠莲都区，乡政府驻地王湾村，距县城51千米，距滩坑电站坝址32千米，乡域面积

214平方千米。全乡森林资源丰富,有林业用地1.73万公顷,其中乔木林地1.51万公顷;公益生态林1.25万公顷,竹林地1386.67公顷,灌木林地20.33公顷,森林覆盖率达到78.7%。2011年,全乡地区生产总值6000万元,农业总产值3041万元,工业生产总值1334.9万元,农民人均纯收入5498元。2012年,全乡地区生产总值6500万元,农业总产值3383万元,工业生产总值1750万元,农民人均纯收入6610元。

九龙乡主要农业产业有黄豆、地瓜、笋竹、生姜、油茶及家禽养殖。2011年,全乡共建立吊瓜种植基地40公顷,黄豆种植13.4公顷,地瓜6.67公顷,鸡、鸭等养殖专业户7家,油茶基地两个66.67公顷、生姜13.33公顷,吊瓜40公顷,完成粮食生产465.33公顷,总产量2291吨。在王湾、后坪、田坑村联合举办了地瓜、生姜、吊瓜、黄豆技术培训360人次。2012年,全乡种植黄豆15.4公顷,完成各种基地抚育44.07公顷(其中松木2公顷,杨梅8.53公顷,厚朴10.87公顷,枇杷、葡萄4.67公顷),新造油茶基地18.67公顷,油茶抚育63.53公顷,完成粮食生产440公顷,生产粮食2300多吨。兴办2家来料加工企业,解决就业岗位80多个。举办厨师培训65人,在后坪、徐垟、田坑举办生姜、吊瓜、早黄豆技术培训290人次。

2011年,完成全乡14个行政村和1个居委的党支部换届选举,完成14个行政村的村民委员会换届选举工作(居委未进行选举,通过任命形式)。2011年,全乡参加养老保险539人、参保率达到107%,参加新型农村合作医疗保险5510人,参加农村政策性房屋保险1843户。实施农村危旧房改造目标140户,其中新建65户,修缮户数75户。2012年,全乡参加养老保险403人、参保率达到101%,参加新型农村合作医疗保险5510人,参加农村政策性房屋保险1903户。全乡实施农村危旧房改造目标102户,其中新建60户、修缮户数42户。

【农民异地搬迁】 2011年,畚斗湾下山移民安置点全面完成土地平整,A区12幢100.5直,全面开工建房;二期86户282人(C区14幢113直)完成宅基地分配。西岙下山移民安置点完成调查摸底,上报发改立项。2012年,畚斗湾移民安置点实施王湾村的毛山、西丰坑、高际、黄竹山,岳口的五坑底等自然村下山脱贫,安置138户393人,完成西岙移民安置点土地平整工作。

【基础设施建设】 2011年,投入资金6000多万元,在集镇建设防洪堤500米,路灯50盏、道路6千米、人行道彩砖铺设3.5千米、绿化1200平方米;完成卫生院、九龙乡校、邮政、电信、供电所、车站等部门建设。实施鲍岸村委办公楼、顺利村委办公楼、徐洋村委办公楼和岳口村委办公楼等附属设施建设。2012年,实施鲍岸村、大顺村村内道路硬化;后坪村滩坑水库码头道路建设;顺利村码头道路硬化;徐洋村联村道路;岳口村内道路硬化6个项目。集镇新建涉及近4000人的污水处理工程完工待验收,九龙车站主体工程完成封顶。

【村庄整治】 2011年,对金山、徐垟、高沈、顺利等四个村进行村庄整治,共拆除简易厕所300多个、猪牛栏5000多平方米,浇筑水泥路面11000多平方米,建卫生厕所185个、公厕6个,垃圾池35个,路灯58盏。2012年,对鲍岸、大顺两个村进行村庄整治,共拆除简易厕所190个、猪牛栏3000多平方米,浇筑水泥路面13900多平方米,建卫生厕所103个、公厕5个,垃圾池50多个。

【中心村建设】 2012年,王湾村被确定为中心村,建设完成中心村主体新村“绿化、亮化、净化工程”,完成了村委老办公楼的修缮,道路硬化4500平方米,地下排水排污管道2000米,新建人行道20000平方米,居民健身广场2000平方米,新建沿溪景观带、住宅区园林绿化面积

10000平方米。

【文体设施建设】 2011年,九龙乡综合文化站与王湾村委办公楼合建,该建筑总占地面积512平方米,建筑占地面积281.18平方米,总共4层,总投资121.2万元,并于2012年完成验收投入使用,具备电子阅览室、图书室、文体活动室、会议中心等功能。2012年,在14个行政村建立阅览室,新建健身步道1条,篮球场1个,羽毛球场2个,门球场1个,10个村安装健身设备,乒乓球桌4张,棋牌室14个。2012年,岭里渔灯被列入“浙江省非物质文化遗产”。

【村务平台】 2012年,九龙乡按照“一个场所、一块牌子、一套制度、一本台账、一部电话、一台电脑、一个公示栏、一名以上代办员、一套办公须知、一张便民服务卡”的“十个一”标准,因地制宜开展村务平台建设。分别建设王湾村示范型村务平台,高沈村、半岭村、鲍岸村、库坪村、岭里村、金山村、大顺村、田坑村、徐垟村、顺利、后坪、岳口、居委等14个标准型村务平台。开通电信网络,建设1个乡级和14个村级的村务平台网络页面,完善更新基本村情、动态信息、村务公开、政策讯息、办事程序、农业信息等相关内容,并配备由村两委干部、大学生村干部、村会计组成的便民服务队伍,为村民提供村务、党务、财务公开,重大新闻,招工信息等便民信息,2012年,该乡共发布信息2000多条。

(九龙乡政府)

梧桐乡

【概况】 梧桐乡位于景宁县西南,东临澄照乡、大均乡,南连标溪乡,西靠沙湾镇,西北界云和县境,乡政府驻地梧桐村,距县城26千米。乡域面积74平方千米,其中耕地面积316.33公顷,山林面积5035.47公顷,森林覆盖率72.4%。下辖11个行政村、46个自然村,总人口6190人,其中畲族人口1485人。2011年,全乡地区生产总值11364万元,工业产值7028万元,农业产值4336万元,农民人均纯收入达6058元。2012年,全乡地区生产总值11908万元,工业产值8050万元,农业产值4466万元,农民人均纯收入达7442元。

梧桐乡农业以水稻、油茶、食用菌种植等传统农业为主,有专业合作社52家。2011年,全乡粮食种植面积341公顷,油茶种植面积20公顷,食用菌241万袋,实现农业经济总收入8916万元,同比增长14.3%。2012年,全乡粮食种植面积338公顷,油茶种植面积23.33公顷,食用菌248万袋,实现农业经济总收入9048万元,同比增长14.6%。梧桐乡工业企业主要有金坑水电站等6家小水电站,共17台机组,装机13000千瓦时;有竹木加工、玻璃钢厂等乡镇企业33家,其中景宁远东特钢有限公司,年产值达3000万元。

2011年,城乡居民养老保险参保2129人,新参保311人,全年发放养老金719964.5元,领取养老金人数755人。新型农村合作医疗保险参保5085人,受益人数9670人次,补偿金额1153082.9元。全年出生91人,计划生育率92.31%,发放生育关怀基金1万元。2012年,城乡居民养老保险参保5011人,新参保150人,全年发放养老金890290.9元,领取养老金人数820人。新型农村合作医疗保险受益人数人13902次,补偿金额2862534.71元。全年出生87人,计划生育率97%,发放生育关怀基金1万元。

2011年,共排查矛盾纠纷80件,化解80件,化解率100%,处理信访案件6起,结案率100%。2012年,共排查矛盾纠纷92件,化解90件,化解率97%,处理信访案件5起,结案率100%。

【基础设施建设】 2012年3月,投资148.8万元建成梧桐乡社区服务中心,占地278.27平方米,建筑面积874.82平方米。社区服务中心设有展厅、多功能厅、图书室、培训室、共享室、文娱活动室和办公用房等,配备书架、桌椅、乒乓球桌等文化设施,并向当地群众免费开放。

【便民服务中心】 2012年7月,梧桐乡成立便民服务中心,总面积为100平方米。便民大厅共设置了劳动监察、文印综合、计生服务、综治信访、社会保障、农业综合、国土建设、民政救助8个服务窗口,有8名业务熟练、高素质的工作人员,在窗口为群众办理各类事项。该服务中心以"有人办事、有钱办事、有地方办事、能办成事"为目标,分为直接办理、中心代办和中心陪办三种方式,共有五大类业务51个服务小项目为群众服务。便民服务中心自成立以来,一共为群众办理了1500余件事情。此外,服务中心实现了县、乡、村三级电子政务网络互联互通,基于网格化管理,组团式服务工作开发的一个平台,建立网上民情档案,实行网络化管理,为广大群众提供便捷的公共服务平台。

【村务平台】 2012年1月,全市便民服务中心规范化建设试点工作在梧桐乡开展,按照"一个场所、一块牌子、一套制度、一本台账、一部电话、一台电脑、一个公示栏、一名以上代办员、一套办事须知、一张便民服务卡"的"十个一"标准,因地制宜开展村务平台分类建设,分别建设高演村、王山头、金兰村等3个示范型村务平台,梧桐村、秋兰村、梧桐坑村、角耳湾村、东源村等5个标准型村务平台,李庄村、林进村、山前村等3个简易型村务平台。投资80万元购置所需的设备、制度牌、宣传资料等设施,开通电信网络,建设1个乡级和11个村级的村务平台网络页面,完善更新基本村情、动态信息、三务公开、政策讯息、办事程序、农业信息等相关内容。配备由村两委干部、大学生村干部、村会计组成的便民服务队伍,为村民办事提供便捷服务。自村务平台运行以来,共为村民办理各种事件达2000余次。

(吴　菁)

标溪乡

【概况】 标溪乡位于县城西南,东靠大漈乡,南接雁溪乡,西连沙湾镇、大地乡,东北毗梧桐乡,乡政府驻地标溪村,距县城19.5千米。乡域面积49.75平方千米,耕地面积192公顷,山林面积4327公顷,森林覆盖率78.1%。下辖9个行政村、37个自然村、48个村民小组,人口4654人,其中畲族102人。2011年,全乡地区生产总值4882万元,同比增长9.3%,农业产值3414万元,同比增长10%;工业总产值1468万元,同比增长8%,农民人均纯收入5094元,同比增长6%。2012年,全乡地区生产总值5361万元,同比增长9.8%,农业产值3790万元,同比增长11%,工业总产值1571万元,同比增长7%,农民人均纯收入5349元,同比增长5%。

标溪乡农业以水稻、药材种植及禽畜养殖等传统农业为主。2011年,全乡粮食种植面积329.2公顷、产量1690.9吨,药材种植面积37.33公顷,金银花苗铺基地3.33公顷,畜禽养殖9万余只。2012年,全乡粮食种植面积325.67、产量1388吨,药材种植面积38.67公顷,畜禽养殖9.5万只。标溪水利资源丰富,2011年10月28日,投资1260万元,有2台机组1260千瓦时的远景口电站建成发电。全乡已有12座电站,30台机组,总装机容量15360千瓦时,解决80余人的就业。

2011年,城乡居民养老保险参保1011人,待遇享受人员509人,合计1520人,全年发放养老金528895.36元。新型农村合作医疗保险参保3603人,参保率95%,乡窗口报销受益人数118人次,报销金额405000.75元。2012年,城乡居民养老保险参保1162人,待遇享受人员561人,合计1723人,全年发放养老金688489.97元。新型农村合作医疗保险参保3603人,参保率

94.8%，乡窗口报销受益人数125人次，报销金额552006.90元。

2011年，全乡共有80户低收入农户，在邮政储蓄银行办理低收入农户农业发展扶持贷款，贷款总额241万元，预章天堂坪、处基五格二个村11户50人实现整村搬迁。预章村危旧房改造30户。2012年，处基村白露岗自然村9户23人实现整体搬迁，处基、何庄二村危旧房改造60户。低保123户213人，发放低保金332760元，享受重残补助45人，补助金113400元，享受60岁以上计划生育家庭奖励扶助29人，补助金额31930元，计划生育率达90.57%。

2011年，标溪乡完成村级组织换届选举工作。标溪乡学校被评为“丽水市第二批体育特色学校”。开设了预章、枫林口、东车等3个村的卫生室，并实行药品零差价销售。2012年，完成标溪等7个村的“农家书屋”建设，共配置书架、桌椅等设施及13000多册图书，总价值15万元，实现了全乡“农家书屋”全覆盖，丰富了群众的日常文化生活。标溪、枫林口、岱头、东车等4个村邮站正式开始营业。投资224万元建成标溪乡文化活动中心，占地395平方米，建筑面积1989平方米，文化中心设展厅、多功能厅、图书室、培训室、健身室、共享室、文化娱乐室和办公用房等“两厅五室一用房”，配备了书架桌椅、乒乓球桌等文化设施。

东车村党支部书记徐东兴同志被评为2011年度浙江省创先争优优秀共产党员。

【基础设施建设】 2011年，标溪、预章、东车、叶谢、枫林口、何庄、岱头等7个村先后进行村庄整治，完成改栏、改厕，排污管网、液养池、路灯配置等建设。全乡通数字电视和网络宽带。乡卫生院配备了价值8万元的全自动血球仪、尿液分析仪、半自动生化仪、心电图等先进的医疗设备。2012年，处基村进行村庄整治，马山、枫林口、何庄3个村进行提升村项目建设。开展清理垃圾、清理违章、治理污水、治理坟墓、改善村貌的设施配套建设，完成户厕改造262户，新建公厕4个，鹅卵石路面2100米，堆砌石墙550米，新建护栏800米，拆除露天粪坑、栏寮等486处共计4000余平方米。启动东车、叶谢2个村的“美丽乡村”建设，完成岱头、预章两个下山移民点的基础设施建设，投入58万元完成何庄、岱头若要两村农民饮用水工程建设。全乡9个村都用上了放心洁净水。投资450万元，全长10.6千米的处基村准四级公路竣工通车，至此全乡行政村都通了公路，建设准四级公路37.05千米。投资180.7万元的枫林口桥竣工验收投入使用，桥长76.5米，宽6米。

【中心村建设】 2011年，标溪村被确定为县级中心村。先后投资200多万元用于公共服务设施建设，安装排污管网1100多米，20吨液养池一个、5吨液养池2个，农户改栏改厕109户，建造石板路1000余平方米，鹅卵石挡墙300平方米，道路硬化1500平方米，修造路边水沟200米，街道护栏220米。添置30只垃圾筒，配备保洁员，建立农村垃圾“户集、村收、乡运”的运行机制。维修改造村办公楼、安装路灯31盏、新建公厕5座。

【村务平台】 2012年7月，标溪乡按照“一个场所、一块牌子、一套制度、一本台账、一部电话、一台电脑、一个公示栏、一名以上代办员、一套办公须知、一张便民服务卡”的“十个一”标准，因地制宜开展村务平台建设。分别建设标溪村、预章村2个示范型村务平台，枫林口、东车、叶谢、岱头、处基、马山、何庄等7个标准型村务平台。投资4万元购置所需的设备、制度牌、宣传资料等；开通电信网络，建设1个乡级和9村级的村务平台网络页面。完善更新基本村情、动态信息、村务公开、政策信息、办公程序、农业信息等相关内容，并配备由村两委干部、大学生村干部、村会计、计育联系员等组成的便民服务队伍,为村民办事提供便捷的服务。提供计划生育、林业、低保等方面的服务,年均为民办实事800多件。

(叶发庆)

家地乡

【概况】 家地乡位于景宁县南部,东邻雁溪乡,东南界福建省寿宁县,西南与庆元县官塘乡接壤,是两省三县的交界之乡,乡政府驻家地村,距县城58千米。乡域面积49.6平方千米,耕地面积111.33公顷,林地面积4659.8公顷。辖6个行政村、15个自然村,共638户、2285人。2011年,全乡工农业总产值3651万元,其中工业产值1680万元,农业产值1789万元,农民人均纯收入7457元。2012年,全乡工农业总产值4236万元、同比增长18%,其中工业产值2160万元、同比增长20%,农业产值2076万元、同比增长16%,农民人均纯收入8576元、同比增长15%。

2011年,粮食播种面积179.33公顷、产量948.8吨,完成毛竹产业扩产提质工作,新种毛竹6.67公顷,高效笋竹两用林40公顷,低改46.67公顷;种植香菇、黑木耳等105万袋;完成造林13.33公顷,营林93.33公顷。2012年,粮食播种面积174.67公顷、产量933吨,完成毛竹低产林改造66.67公顷,抚育金银花基地13.33公顷、银杏基地21.33公顷。

2011年,城乡居民养老保险参保928人,全年发放养老金350516元。新型农村合作医疗保险参保2001人,受益人数4341人次,补偿金额626087.5元。2012年,城乡居民养老保险参保998人,全年发放养老金419195.5元。新型农村合作医疗保险参保2011人,受益人数5313人次,补偿金额1063004.72元。

2011年,转移农民就业54人,其中低收入31人,解决就业岗位10个,从事非农产业劳动力达1470人,占全乡劳动力的77%。多种方式培训农民302人,新型农民培训210人,发证92人。2012年,全年新增农村劳动力转移就业32人,帮助解决农民就业岗位11人,其中异地转移7人;组织培训农村实用人才40人,新型农民培训90人。

2011年,家地乡完成6个村的村级组织换届选举工作。完成谢坑村古廊桥的修复工作。在石碧村成立全乡首个村级资金互助组织。2012年,完成6个村的“农家书屋”建设,实现全乡“农家书屋”全覆盖,丰富群众的日常文化生活。成功举办家地乡第一届“老年人体育运动会”、第六届“大地飞歌”农民文化艺术节暨“凤舞畲山大舞台”文艺晚会。成功创建“浙江省小康型老年体育乡镇”。

【新农村建设】 2011年,投资40余万元,完善家地村(省级中心村)水、电、路、排污等设施建设;2012年,投资49万元完成苎岱村粮食功能区建设;投资120万元,完成家地际下寮至温头口电站大坝连接路的路面硬化工程和道路安全防护工程;投资100余万元,启动谢坑村和石碧村的“一事一议”项目,硬化道路6千米;投资40余万元,完成危旧房改造40户,其中困难家庭20户;投资170万元,完成家地村和苎岱村建设规划,完成家地村道路护栏改建和路灯安装,启动污水处理工程、村庄绿化和客货运站建设;按照“六化”要求,投入资金近60万元,完成了坪坑村和梅山头村村庄整治项目建设,先后拆除灰寮、栏厕175个,改厕147个,道路硬化1500米,公厕1个。

【乡文化活动中心】 2011年,投资67万元建成家地乡文化活动中心,占地面积250.76平方米,建筑面积876.61平方米,设图书室、培训室、健身室、文娱活动室等,并配备书架、桌椅、乒乓球桌等设施,向当地群众免费开放。

【粮食功能区建设】 家地乡苎岱村粮食功能区,面积50公顷。2012年,投资49万元新建排水渠

159.8米;机耕路2000米(其中宽2.5米的540米、3米的1560米)。有效改善了粮食生产功能区的基础设施。

【香榧产业发展】 2012年,家地乡制定出台《关于进一步加快香榧产业发展的若干意见》和《家地乡香榧产业发展三年规划》,启动粗榧古树群保护工作,对香榧苗木培育和香榧种植进行政策扶持。2012年,全乡建成香榧苗圃6.67公顷,种植香榧13.33公顷,其中基地连片种植3.33公顷,零星种植10公顷,主要集中在家地、石碧两个行政村,种植农户达到85户。

【景宁富来草牧业合作社】 景宁富来草牧业合作社于2008年成立,并开始养殖波尔山羊。截至2012年,合作社与全乡6个行政村的农户进行横向联合,并辐射到周边乡镇,合作社成员达到100余人,养殖波尔山羊1500余头。2011年11月,景宁富来草牧业专业合作社生产的"富来草山羊"在丽水市首届"绿谷十佳畜产品"评选活动中荣获"绿谷十佳畜产品"称号。2012年8月,富来草牧业专业合作社选送的"富贵养生丸"在绿谷十佳畜产品展示暨十佳畜产品名菜评选活动中获得金奖。

【便民服务中心】 2012年7月,家地乡按照"一个场所、一块牌子、一套制度、一本台账、一部电话、一台电脑、一个公示栏、一名以上代办员、一套办事须知、一张便民服务卡"的标准开展村务平台分类建设,分别建设家地村示范型村务平台,谢坑、苎岱、石碧等3个标准型村务平台和梅山头村、坪坑村等2个简易型村务平台。建设1个乡级和6个村级的村务平台网络页面,完善更新基本村情、动态信息、三务公开、政策讯息、办事程序、农业信息等相关内容。并配备由村两委干部、大学生村干部、村会计组成的便民服务队伍,为村民办事提供便捷服务。2012年累计办结事项592件,其中代办类346件,咨询类160件,其他86件。

(陈玉晶)

大地乡

【概况】 大地乡位于景宁县西南部,东邻家地乡、雁溪乡,南连庆元县官塘乡,西连毛垟乡,北接沙湾镇和标溪乡,乡政府驻地大地村,距县城67千米。乡域面积105平方千米,耕地面积30.67公顷,林地面积8209.8公顷,竹林面积645.6公顷,森林覆盖率82.9%,林木绿化率85.5%。下辖13个行政村、38个自然村,1896户、7536人。2011年,全乡实现工农业总产值3313.3万元、年均增长8%,工业产值725万元,农业产值2588.3万元,全乡农民人均纯收入7486元。2012年,全乡实现工农业总产值3570.6万元,工业产值816万元,农业产值2754.6万元,同比增长8%,全乡农民人均纯收入为8282元,同比增长10.64%。

大地乡在传统粮食生产、林业产业发展基础上,培育发展特色产业经济。2011年,创建林氏高山生态养殖肉猪基地,种植高山茭白13.33公顷,试种杏鲍菇3万余袋,种植紫色番薯26.67公顷。2012年,粮食作物播种面积381.67公顷、粮食总产量1981吨,种植高山红米33.33公顷、高山蔬菜33.33公顷、香料烟10公顷,培育笋竹两用林66.67公顷。

2011年,全乡参加城乡居民养老保险2063人(新参保559人);有五保户28户,农村低保户196户274人,重度残疾85人;低保户和困难群众大病医疗救助28人,救助资金3万余元;完成16户农村低保标准120%以下困难家庭危旧房改造,拆除旧房42户,新建27户。共受理接待上访22批次34人次,矛盾排查38件,来信4件,调解率98%。2012年,全乡参加城乡居民养老保险2174人(新参保111人),领取养老金的居民924人,社会化发放率100%。新型农村合作医疗保险参保5815人,参保率92.8%。农村低保对象183户371人,年发低保金63.66万元;享受重度残疾人补助金82人，年发放补助金22.43万元；25户25人列入五保，年补助金9.66万元；9名困难儿童得到救助，每人每年补助金额4560元，共获得4.1万元的救助。受理信访案件19起，排查矛盾纠纷15件。

2011年，完成大地乡村级组织换届选举工作。丽水市科技局、丽水职业技术学院、丽水市网络图书馆为“丽水市网络图书馆——大地乡服务点”授牌开通，并向大地乡捐赠5000余册图书和1台网络图书馆阅览电脑。共举办5期技术培训，累计400人次。2012年，举办农业技术培训10期362人次，其中农村实用人才培训53人。完成农民异地转移就业33人，其中低收入农户12人。实施危旧房改造73户，其中新建3户，低保标准150%以下20户。全乡13个村均建有“农家书屋”。

【基础设施建设】 2012年，完成董岭、驮垟和粗垟三条康庄公路建设并通过验收，总投资额1200多万元。全乡13个行政村实现康庄公路“村村通”，康庄公路通车里程达到81.2千米。桃垟、净水、叶坑下、张坑、董岭、驮垟、粗垟7个村先后进行了村庄整治，完成改栏、改厕、路灯配置等建设，其中桃垟村改栏改厕40户，净水28户，叶坑下40户，张坑61户，董岭88户，驮垟122户，粗垟52户，共改栏改厕431户，村容村貌得到很大改善。

【郑公垟生态立体养殖基地】 该基地位于大地乡郑公垟村，创建于2008年，当时投资20多万元。2012年年底，基地占地面积20公顷，鱼塘水面6.67公顷，年产鱼0.75万公斤，鸡7000余只、鸭5000余只、羊100多头，年产值40多万元。形成水中养鱼、岸边养鸡、山坡养羊的立体种养模式。

【桃垟林氏养猪专业合作社】 创建于2011年，占地面积2600平方米，总建筑面积2000平方米。项目总投资80万元，其中环保投资21万元。在年产400头肉猪基础上，2012年继续扩大生产，是年底完成栏舍扩建，可满足生猪存栏1000头的要求。

【乡文化活动中心(客货运中心)建设】 该中心坐落于大地乡陈坑村，占地面积500平方米，共三层(第一层为客货运中心，二、三层为乡文化活动中心)，建筑面积1300平方米，总投资近300万元。于2008年启动建设，2012年，项目主体工程完成并通过验收。

【村务平台】 2012年7月，大地乡按照“一个场所、一块牌子、一套制度、一本台账、一部电话、一台电脑、一个公示栏、一名以上代办员、一套办事须知、一张便民服务卡”的“十个一”标准，因地制宜开展村务平台分类建设。分别在大地、张坑、水溪、桃垟、叶坑下、董岭、郑公垟、净水、驮垟等9个村建设标准型村务平台，在蔡放、柳山头、粗垟、余公岱等4个村建设简易型村务平台。开通电信网络，建设1个乡级和13个村级的村务平台网络页面，完善更新基本村情、动态信息、三务公开、政策讯息、办事程序、农业信息等相关内容。并配备由村两委干部、大学生村干部、村会计组成的便民服务队伍，为村民办事提供便捷服务，努力做到一般事项“村民不出村，便能办成事”。2012年，全乡13行政村累计共受理各类事项438件，累计办结438件，其中：代办类312件，咨询类117件，其他9件。

(吴明美)

毛垟乡

【概况】 毛垟乡位于县城西南，东连大地乡，南和庆元县左溪镇交界，西和秋炉乡接壤，北和沙湾镇毗邻，乡域面积57.3平方千米，乡政府驻地毛垟村，距县城37.5千米。下辖7个村民委员会、21个自然村，1371户、4675人。2011年，全乡完成工农业总产值2983.7万元，同比增长

12.3%，其中工业产值107.3万元，农业产值2876.4万元，农民人均收入6295元，同比增长14.5%。2012年，全乡完成工农业总产值3367.6万元，同比增长12.9%，其中工业产值162.5万元，农业产值3205.1万元，农民人均收入7157元，同比增长14.7%。

毛垟乡属县西南部低中林、粮、食用菌、畜、药综合农业区。2011年，全乡粮食播种面积257.67公顷，吊瓜种植面积83.33公顷，种植黑木耳83万袋，茶叶基地6.27公顷，高效竹林基地16.6公顷。有小水电站6座，库容总量360万立方米，总装机容量24290千瓦时。2012年，全乡粮食播种面积264.67公顷，吊瓜种植面积100公顷，种植黑木耳97万袋，茶叶基地8公顷。完成培育高效竹林基地20公顷，新培育"大径材"基地20公顷，新造油茶基地9.07公顷，新增造林基地59.73公顷。有小水电站6座，库容总量360万立方米，总装机容量24290千瓦时。

2011年，全乡有低保人口105户197人，全年发放救助24人次、发放救助金1.98万元，发放医疗救助10人次、发放救助金2.01万元。2012年，全乡有低保人口129户211人，全年发放救助29人次、发放救助金2.12万元，发放医疗救助11人次、发放救助金2.05万元。

2012年，7个行政村分别建立文化活动室、农家书屋，共有各类图书3万余册、书架25个、文体器材146多套(件)。乡综合文化站投入使用，建筑面积600平方米，投资100多万元，被评为全县唯一的"最具特色综合文化站"。文化站内图书室、阅览室、多媒体活动室、乐器展览室、排练室、综合活动室、篮球场、羽毛球场等配套设施建设基本完成。开展松源——鹤溪220千伏线路毛垟段政策处理工作，全乡19座塔位线路建设顺利推进。全乡危旧房改造新建24户、修缮44户，并完善相关基础设施建设。

【基础设施建设】 2011—2012年，毛垟至上坑头、燕安两条康庄公路先后完成全线的路面硬化，并通过竣工验收，全乡实现公路"村村通"目标。乡级卫生服务中心新建工程完成，于2011年10月投入使用。开工建设谷坞、黄泥寮、牛岱和上塘堀4个自然村的下山移民点饮用水工程，解决1000多人个人的安全饮水问题。完成7个行政村16个自然村的农民饮用水改造工程。投资38万元，完成毛垟村农民休闲健身公园建设，并对村民开放使用。投资135万元，建成容纳6个年级段，拥有百余名学生的乡中心小学教学楼。客货运中心主体工程顺利结顶，投资82万元。

【中心村建设】 2012年，毛垟乡投入380万元进行毛垟村中心村建设。新配置垃圾箱64只，新建生态厌氧池2个、总容积210立方米，新建分散式污水池82个、容积256立方米，改厕57户，改建公厕1座，新建公厕1座。新建主干道1.5千米，四旁植树绿化3万株，亮化路灯84盏，中心村面貌焕然一新。完成毛垟下山移民小区及危旧房改造小区的道路硬化、自来水、生活用电、外墙粉刷、绿化等基础设施建设。是年，投资70余万元开工建设毛垟村委办公楼，主体工程结顶。是年，有6户22人下山移居毛垟村，全乡累计消除高山远山自然村10个，有112户、499人，向毛垟、沙垟、底垟三垟为一体的中心村集聚。是年，沙垟村下山移民小区建设项目开工实施。

【上坑头村庄整治】 2012年，按照"道路硬化、村庄绿化、卫生洁化、村内亮化、环境美化"的基本标准，结合上坑头村实际情况，开展村庄保洁、河道保洁、道路保洁、垃圾收集五项工作，实施村庄环境全面整治。至2012年年底，完成道路硬化3200平方米，安装路灯38盏，改厕35座，房屋修缮15户，总投资共计52万元。完成预定整治目标，上坑头村容村貌得到改善。

【农民就业转移】 2011年，全年培训农民246人次，培训实用人才35人,新型农民47人,厨师56人,其他实用技能培训108人,其中低收入农民68人。引导农民向非农产业就业转移26人,帮助解决就业岗位8个,异地转移农民5人。2012年,全年培训农民356人次,培训实用人才52人,新型农民66人,厨师94人,其他实用技能培训144人,其中低收入农民70人。引导农民向非农产业就业转移32人,帮助解决就业岗位10个,异地转移农民6人。

(陈景美　柳　飞)

秋炉乡

【概况】 秋炉乡东临毛垟乡、西南接庆元县张村乡、左溪镇北靠英川镇和沙湾镇,乡政府驻地秋炉村,距县城70千米。乡域面积54.2平方千米,其中耕地面积180公顷,山林面积3698.1公顷,生态公益林面积2086.33公顷,森林覆盖率达70%。下辖9个行政村、31个自然村,人口5105人。2011年,农业经济总收入2982万元,农民人均收入5708元。2012年,全年工农业总产值为4420万元,工业总产值770万元,同比增长11.27%,农业经济总收入3645万元,同比增长约,22%,农民人均收入6506元,同比增长约14%。

秋炉乡的主导产业由林业、粮食、黑木耳组成,其中黑木耳为支柱产业。2011年,粮食播种面积325公顷,产量1692.5吨,种植吊瓜53.33公顷,食用菌150多万袋。2012年,全乡粮食播种面积4515亩,产量1606.5吨,种植香菇100多万袋,高山茭白7公顷,四季豆6.67公顷,吊瓜66.67公顷。在坑边村建立8000多平方米的黑木耳标准化生产基地,种植黑木耳120多万袋。秋炉乡工业主要有景宁县秋炉坑流域水电开发有限公司、庆阳水电开发有限公司、朝局沙场。

2011年,新参加城乡居民养老保险302人,其中低保18人,重度残疾11人,复退军人1人,农户个人筹资共计28100元,参保指标完成率为107%,发放存折302本,涉及全乡9个村252人次,全年发放养老金612387元;参加新型农村合作医疗1261户,4380人,参保率达91%,筹集资金324200元,其中低保200人,五保11人,重点优抚对象11人,参保率100%。2012年,城乡居民养老保险参保1875人,全年发放养老金791911.61元。新型农村合作医疗保险参保3769人,筹集资金291900元。全乡有重度残疾40人,低保户232人,五保户9人。

开展生态公益林扩面工作,全乡公益林面积增至2086.33公顷,后坑村、新塘垟村新造林34.13公顷,新塘垟村笋竹基地抚育10.13公顷,中幼林抚育面积188公顷,完成秋炉、坑边、伏岩三个村绿化示范村创建工作。2012年全乡共义务植树8千株。

2011年,完成田寮、大奔、交湾寮等三村185人整村搬迁任务;完成全乡9个行政村的千万农民饮用水新建和改建工作,总投资300余万元,其中政府投资160余万元;完成全乡有线电视村村通工程,并和县城进行联网。2012年,完成农村危旧房改造50户,其中新建10户;旧村改造村1个,旧村改造中低于标准150%以下困难户危旧房改造16户;投资30多万用于建设半山、下圩村村道和坑边村庄绿化,受益农户449户。

【村庄整治】 2012年,完成新塘垟、下圩、后坑村庄整治工作,共投入资金80余万元。新塘垟村拆除露天茅厕、猪栏杂房等15处,改厕30处,村道拓宽硬化2500米,安装路灯37盏;下圩村拆除露天茅厕3处、猪栏杂房等8处,改厕43处,村道拓宽硬化400米,村道绿化,新建公共厕所1座;后坑村拆除露天茅厕2处、猪栏杂房8处,改厕67处,村道拓宽硬化1200米,安装路灯50盏,新建村口行人桥1座。

【中心村建设】 秋炉村于2010年被列为中心村。2011年,秋炉乡开展秋炉中心村建设工作,修缮了村里的社区服务中心,抓好农村生活污水治理工程。2012年,投入资金150余万元,在村口建成健身休闲公园1座;完成村口到村停车场及其他主要道路两旁绿化;完成村老人活动中心、文化活动中心建设;新建成污水处理池1座,铺设主管道1500米;完成新建公共厕所1座;完成老桥修复1座;在建中心桥1座。

【村务平台】 2012年,完成全乡9个行政村的"村务平台"建设。在村务平台建设工作中,注重把"村务平台"工作与目标考核、便民惠民服务站、干部作风整顿、基层组织建设年活动、党风廉政建设等工作相结合。推动便民服务工作的开展,提高便民服务质量和工作水平,取得明显实效。乡党委政府还开展"夜间加班一小时"活动,为农忙时节群众办事提供方便,提高办事效率,推进服务型党组织建设。

【文化设施建设】 2012年,完成乡综合文化站项目建设,该项目投资175万元,占地面积1900平方米,建筑占地面积270平方米,总建筑面积1057平方米,进入功能性建设阶段。完成全乡9个村的文化书屋建设,有藏书13500册,每日8时向村民开放,丰富业余生活。

(雷丽丽)

鸬鹚乡

【概况】 鸬鹚乡,东靠沙湾镇,东北界云和县境,南接沙湾镇,西南连英川镇,西北界龙泉市境,乡政府驻地鸬鹚村,距县城50千米。乡域面积47.9平方千米,其中耕地面积261.1公顷,山林面积3389.9公顷,森林覆盖率达77.9%。下辖9个行政村、48个自然村,总人口6153人,其中畲族人口506人。2011年,全乡地区生产总值2100万元,同比增长12%,工业总产值1940万元,同比增长8%,农业产值248万元,同比增长4.5%,农民人均纯收入达7205元,同比增长14%。2012年,全乡地区生产总值2360元,同比增长12.4%,工业总产值2100万元,同比增长8.2%,农业产值260万元,同比增长4.8%,农民人均纯收入达8215元,同比增长14.2%。

鸬鹚乡农业以水稻、油茶、食用菌种植等传统农业为主。2011年,全乡粮食种植面积285.6公顷,油茶种植面积233.33公顷,食用菌109万袋。2012年,全乡粮食种植面积325.1公顷,油茶种植面积233.33公顷,食用菌102万袋。鸬鹚乡工业企业主要有南坑源水电开发有限公司、英川三级电站等8家小水电站。

2011年,鸬鹚乡完成9个村的村级组织换届选举工作。是年,建于清乾隆四十九年(1784年)的鸬鹚下村吴氏民居、清嘉庆8年(1803年)的上村吴氏民居和清代上村刘氏民居三座古民居列入"景宁畲族自治县第三次全国文物普查不可移动文物保护名录"。2012年,城乡居民养老保险参保1825人,参保指标完成率108%,全年发放养老金56.88元。新型农村合作医疗保险参保5165人,参保率93.9%,受益人数198人次,补偿金额81.60万元。成功创建"市级卫生乡镇"。

2011年,黄弄等村完成建设用地复垦,新增耕地面积6.67公顷。是年,共有80户低收入农户办理低收入农户发展扶贫贷款,贷款总额217万元。2012年,山下村、双坑村土地开发和鸬鹚等4个村土地整理项目,新增耕地面积66.67公顷。茶亭牛仔库村、夏山头桃园基村、驮戥大路后村三个村15户60人实现整村搬迁,危旧房改造35户。完成茶亭等8个村的"农家书屋"建设,共配置书架、桌椅等设施及图书11000多册,总价值15万元,实现了全乡"农家书屋"全覆盖,丰富群众的日常文化生活。

【基础设施建设】 2011年,投资1000万元建成仁字坑等6个行政村28.8千米的康庄公路,全乡行政村都通了公路。鸬鹚、南坑下、茶亭、山下、徐崇、夏山头、驮戥等7个村先后进行了村庄整治,完成改栏、改厕、路灯配置等建设,村容村貌得到很大改善。鸬鹚村建成2000米的防洪堤路面景观带,种植绿化苗木5000株。2012年9月,投资162万元建成鸬鹚乡文化活动中心,占地209平方米,建筑面积802.7平方米。文化活动中心设有展厅、多功能厅、图书室、培训室、健身室、共享室、文娱活动室和办公用房等"两厅五室一用房",配备了书架、桌椅、乒乓球桌等文化设施,并向当地群众免费开放。

【中心村建设】 鸬鹚村在2010年被确定为"省级中心村"。2011年,投资300多万元用于公共服务设施建设,在村内安装了60盏路灯,改进村务活动室,改善幼儿园教学设备,新农村的电气化改造,清理河沟池塘,提升饮用水安全。2012年,投资120多万元,新建公厕2座、改建2座;投入70万元建设移民小区二期道路、供水、排污系统;投资50万元建成鸬鹚村垃圾中转站,购置40只垃圾筒、新建30个垃圾池,组建保洁公司配备保洁员,建立农村垃圾"户集、村收、乡运"的运行机制。至2012年年底,鸬鹚村累计建设直房16幢137直,套房4幢56套,安置下山移民96户350人,中心村人口达1500多人。

【稻田鲤鱼养殖】 2012年,全乡建设稻田鲤鱼养殖基地80公顷,集中流转农田26.67公顷。在省科技特派员邵力和自强稻田鲤鱼养殖专业合作社的指导下,推广"一亩田、百斤鱼、千斤粮、万元钱"省级科技示范项目,地种红米、水养鲤鱼,助农户实现增收30多万元。2011年12月,"三哈"牌稻田鲤鱼干产品荣获"浙江省农博会金奖农产品"荣誉称号。2012年12月,"三哈"牌稻田鲤鱼干产品荣获"中国农产品品牌博览会优质农产品金奖"。

【低收入农户增收致富创业园区】 2011年3月,以"政府扶持、企业主导、低收入农户参与"的模式,创立低收入农户增收致富创业园区。完成土地流转34.5公顷,引入景宁和顺农业开发公司,发展香料烟叶、食用百合等农业产业。给予农户土地使用有偿补贴,与景宁县烟草公司达成协议,为创业农户提供种植、收购、销售一条龙服务。共有62户低收入农户通过自主创业、投工投劳或土地流转等方式参与创业园区,人均年收入增加1万余元。

【马天仙忠孝文化保护与传承】 每年农历七月初一至初七,在鸬鹚一直有民间祭祀的风俗(时间可追溯到明万历年间)。期间,乡民们会聚集在鸬鹚祖殿,自发组织形式多样的民间民俗活动,如祭祀、庙会、文艺演出等,据统计每年前来祈福的有上万人次。2012年,鸬鹚乡提出"马仙故里"建设目标,投入专项资金60余万元,用于"马仙文化"研究、保护与发展。是年3月,以弘扬"马仙文化"精神为主题,评选出鸬鹚乡"好婆婆""孝媳妇"各11人,推动新农村社会核心价值观的构建。

【村务平台】 2012年7月,鸬鹚乡按照"一个场所、一块牌子、一套制度、一本台账、一部电话、一台电脑、一个公示栏、一名以上代办员、一套办事须知、一张便民服务卡"的"十个一"标准,因地制宜开展村务平台分类建设,分别建设茶亭村示范型村务平台,鸬鹚村、黄桑南村、驮戥村、南坑下村、仁字坑村等5个标准型村务平台和夏山头村、山下村、徐崇村等3个简易型村务平台。投资4万元购置所需的设备、制度牌、宣传资料等;开通电信网络,建设1个乡级和9个村级的村务平台网络页面,完善更新基本村情、动态信息、三务公开、政策讯息、办事程序、农业信息等相关内容。并配备由村两委干部、大学生村干部、村会计组成的便民服务队伍,为村民办事提供便捷服务。

（潘蔚畅）

葛山乡

【概况】 葛山乡，东与鸬鹚乡相连，西南与英川镇相邻，北与龙泉县龙南镇接壤，乡政府驻葛山村，距县城70千米。乡域面积25.5平方千米，山林面积2041.8公顷，耕地面积220.57公顷，其中水田面积191.27公顷。下辖9个行政村，23个自然村，总人口5074人。2011年，全乡经济总收入5453.2万元，工业总产值400万元，农业生产总值1405万元，人均纯收入6703元。2012年，全乡经济总收入6615.67万元，工业总产值615万元，农业生产总值1566万元，人均纯收入8131.89元。

葛山乡农业以水稻、油茶等传统农业为主。2011—2012年，种植毛竹林33.33公顷，厚朴基地13.33公顷，板栗基地22公顷，油茶基地6.67公顷。葛山乡工业企业主要是三个电站，分别是粗砻村一级水电站、二级水电站和岭头电站。

【基础设施建设】 2011—2012年，投入200多万元完成岗头村8.08千米的康庄公路路面硬化工程，投入80万元完成印章村半岭自然村2.2千米的通村路建造，投入30万元打通西山至林湖的连接路，投入50万元完成葛山村1.2千米村内道路建设；投入80多万元用于葛山中心村路灯等各项基础设施建设；投入90多万元完成西山村、林湖村、岗头村等3个村的村庄整治工程；投入50多万元用于印章村饮用水管网改造工程；投入100多万元建设乡文化中心和客运中心一体工程。

【土地流转】 2012年，葛山乡共流转土地200公顷，其中：葛山村经济合作社流转土地40公顷，每公顷1500元作为集体经济收入；岗头村40公顷集体山地出租40年，租金11万元一次性付清，用于岗头村公益事业建设；金榜村跃场自然村近66.67公顷统一出租，租金头三年每年3万元，以后每年3.5万元，租期30年，所得租金用于村集体公益事业；印章村村经济合作社流转23.33公顷，用于种植油茶，发展集体经济。用于发展其他种植业流转土地30公顷。

【农民异地搬迁工作】 2011年，葛山乡做好劳动力转移工作，引导符合条件的农民下山就业，完成金岱村和粗砻村的13户54人搬迁任务，其中粗砻村的已建好新房。2012年，葛山乡做好地质灾害点农民的思想工作，帮助他们从地质灾害点搬迁，减少安全隐患，共转移2个地质灾害点共27户139人，分别是金榜自然村地质灾害点12户52人、坳根村地质灾害点15户87人。以上农民搬迁主要是采取政府补助、农民自主分散安置的方式。

（黄　琳）

附　　录

县、乡镇(街道)组织机构负责人名录

【中国共产党景宁畲自治县委员会】

书　记:武　昌(续—2011.11)
　　　林　康(2011.11—)
副书记:钟昌明(畲,续2011.11)
　　　蓝伶俐(女,畲,2011.11—)
　　　严铁华(续—2011.11)
　　　程巧琴(女,2011.11—)
常务委员:武　昌(续—2011.11)
　　　林　康(2011.11—)
　　　钟昌明(畲,续—2011.11)
　　　蓝伶俐(女,畲,2011.11—)
　　　严铁华(续—2011.11)
　　　程巧琴(女,2011.11—)
　　　金晓伟(续—2011.4)
　　　胡启强(续—2011.5)
　　　周光洪(续—2011.11)
　　　郭海光(续—2011.11)
　　　王　军(续—2011.11)
　　　张雄文(2011.10—2012.6)
　　　叶金堂(续—)
　　　潘晓泉(2011.11—)
　　　蓝小明(畲,续—)
　　　陈锡星(续—)
　　　李广运(2011.5—)
　　　潘　伟(2011.6—)
　　　陈晓敏(2011.11—)
　　　叶利东(2011.11—)

【景宁畲族自治县人民代表大会常务委员会】

主　任:蓝良兴(畲,续—)
副主任:陈林生(续—)
　　　罗德伟(续—)
　　　吴道法(续—)
　　　夏培玲(女,续—)
　　　吴昌亮(续—)
　　　杨唐珠(女,续—)
委　员:卞春华(续—2012.6)
　　　叶　瑛(续—2012.2)
　　　叶其财(续—)
　　　刘建雄(续—2012.2)
　　　刘德旺(续—2012.2)
　　　杜春红(女,续—)
　　　李芳平(续—)
　　　林松华(续—)
　　　柳慧英(女,续—2012.2)
　　　雷可灵(畲,续—)
　　　雷剑锋(畲,续—2012.6)
　　　刘少荣(2012.3—)
　　　刘世宝(2012.3—2012.6)
　　　林守华(2012.3—2012.6)
　　　柳敏敏(女,2012.3—)
　　　高天河(2012.3—)
　　　雷真荣(畲,2012.3—)
　　　潘文彪(2012.3—)

县人大常委会办公室

主　任:卞春华(续—2012.4)
　　　雷真荣(畲,2012.4—)
副主任:刘世宝(续—2012.6)
　　　陈海琳(女,续—2012.8)
　　　毛慧芬(女,2012.8—)
　　　叶　伟(2012.8—)

法制工作委员会

主　任:雷可灵(畲,续—)

代表工作委员会

主　任:林松华(续—)

农业资源环境工作委员会

主　任:李芳平(续—2012.12.)

农业与农村工作委员会

主　任:李芳平(2012.12.—)

财政经济工作委员会

主　任:雷真荣(畲,续—2012.4)
　　　潘润洲(2012.4—)
副主任:毛慧芬(女,续—2012.8)
　　　朱蔚竑(2012.8—)

教科文卫工作委员会

主　任:叶其财(续—)

民族华侨工作委员会

主　任:柳慧英(女,续—2012.12)
　　　雷利德(畲,2012.12—)

城乡建设环境资源工作委员会

主　任:潘正平(2012.12—)

立法研究室

主　任:刘世宝(续—2012.6)
副主任:叶旭平(2012.8—)

【景宁畲族自治县人民政府】

县　长:钟昌明(畲,续—2011.12)
　　　蓝伶俐(女,畲,代理县长2011.11—2012.3,县长2012.3—)
副县长:郭海光(续—2011.12)
　　　叶金堂(续—)
　　　江少伟(续—2011.12)
　　　胡晓红(女,续—2012.11)
　　　潘晓泉(续—2011.12)
　　　翁伟荣(续—2011.12)
　　　张雄文(续—2012.8)
　　　郑建强(2011.12—)
　　　季建标(2011.12—)
　　　雷应江(畲,2011.12—)
　　　王　益(2011.12—)
　　　卢健国(2012.8—)
　　　潘娅红(女,2012.11—)
县长助理:黄　波(2012.9—)
党组书记:钟昌明(畲,续—2011.11)
　　　　蓝伶俐(女,畲,2011.11—)
副 书 记:郭海光(续—2011.12)
　　　　叶金堂(2011.12—)
成　员:雷应江(畲,续—)
　　　郭海光(续—2011.12)
　　　叶金堂(续—2011.12)
　　　江少伟(续—2011.12)
　　　潘晓泉(续—2011.12)
　　　翁伟荣(续—2011.12)
　　　张雄文(续—2012.8)
　　　郑建强(2011.12—)
　　　季建标(2011.12—)
　　　王　益(2011.12—)
　　　卢健国(2012.7—)
　　　潘娅红(女,2012.9—)
　　　黄　波(2012.9—)
　　　雷李木(畲,2012.3—)
　　　沈才忠(2012.4—)

【中国人民政治协商会议景宁畲自治县委员会】

主　席:彭岳舜(续—2012.2)
　　　严轶华(2012.2—)
副主席:雷香兰(女,畲,续—)
　　　吴德政(续—2012.1)
　　　尤建平(续—)
　　　尚建基(续—)
　　　沈秀慧(女,续—)
书　记:彭岳舜(续—2011.11)
　　　严轶华(2011.11—)
副 书 记:雷香兰(女,畲,续—)
秘 书 长:吴建强(续—)
副秘书长:张思富(续—)
办公室主任:张玲英(女,续—)

提案委员会

主　任:张玲英(女,续—2012.2)
　　　邱松青(2012.4—)
副主任:梅利民(续—2012.2)
　　　王良言(2012.4—)
　　　马赓明(女,回,2012.4—)

经济委员会

主　任:张绍东(续—2012.2)
　　　梅进前(2012.4—)
副主任:梅进前(续—2012.2)
　　　朱　斌(续—2012.2)
　　　吴　霞(女,续—2012.2)
　　　张绍东(2012.4—)
　　　叶东明(2012.4—)

科教文卫体和文史委员会

主　任:叶再仁(2012.4—)
副主任:沈立荣(2012.4—)
　　　王晓莲(女,2012.4—)

农业农村和人口资源环境委员会

主　任:胡克森(2012.4—)
副主任:胡明成(2012.4—)
　　　毛南俊(2012.4—)

民族宗教台侨和社会法治委员会

主　任:蓝木宗(畲,2012.4—)
副主任:蓝廷洪(畲,2012.4—)
　　　罗德刚(2012.04—)

专门委员会工作办公室

主　任:叶再仁(续—2012.2)

文史资料委员会

主　任:叶再仁(续—2012.2)

科教文卫体育委员会

主　任:沈立荣(续—2012.2)
副主任:李丽俊(续—2012.2)

农业农村委员会

主　任:胡明成(续—2012.2)
副主任:毛南俊(续—2012.2)
　　　叶　莉(女,续—2012.2)

社会法制委员会

主　任:蓝明法(畲,续—2012.2)
副主任:罗德刚(续—2012.2)
　　　张思富(续—2012.2)

人口环境资源委员会

主　任:杨小兵(续—2012.2)
副主任:邱松青(续—2012.2)
　　　季赛娟(女,续—2012.2)

民族宗教台侨委员会

主　任:蓝木宗(畲,续—2012.2)
副主任:蓝廷洪(畲,续—2012.2)
　　　潘丽芳(女,续—2012.2)

【中国共产党景宁畲族自治县纪律检查委员会】

书　记:陈锡星(续—)
副书记:付明明(续—)
　　　朱剑兵(续—)
常务委员:陈锡星(续—)
　　　付明明(续—)
　　　朱剑兵(续—)
　　　吴文伟(续—)
　　　周国胜(续—)
　　　雷云兴(畲,续—2012.4)
办公室主任:周国胜(续—)
执法室主任:金欣泉(续—)
信访室主任:徐文英(女,续—2011.10)
　　　何振章(2011.10—)
效能室主任:石玉菊(女,续—)
审理室主任:高伟芸(女,续—2012.12)
　　　林昌金(2012.12—)
纠风室主任:吴长青(2011.2—)
党风室主任:李　伟(2011.2—)
干部室主任:吴　伟(2011.10—)
宣教室主任:刘小明(2011.10—)
纪检室主任:魏仕明(2012.12—)

县监察局

局　长:付明明(续—)
副局长:胡益选(续—)

【县人民武装部】

第一书记:武　昌(2011.1—2011.11)
　　　林　康(2011.11—)
书　记:李广运(2011.1—)
部　长:高天河(2011.3—)
副部长:朱柏成(2011.3—2012.3)
　　　骆美祥(2012.3—)
政　委:李广运(2011.3—)
政工科长:骆美祥(2011.3—2012.3)
　　　张春荣(2012.3—)
后勤科长:王集军(2011.3—)

【县检察院】

检察长:夏逸敏(续—)
副检察长:陈曙民(续—)
　　　雷献美(畲,续—)
　　　叶森林(2012.8—)
纪检组长:徐建华(续—)
政治处主任:刘国平(续—)
反贪局长:叶森林(续—2012.8)
　　　潘　胜(2012.8—)
反渎局长:王根法(续—)
检委会专职委员:梅梦林(2012.8—)
　　　吴东升(2012.8—)

【县人民法院】

院　长:柳启东(2011.2.—)
纪检组长:潘昌才(续—)
副院长:卢月娥(女,续—2012.4)
　　　周　斐(续—)
　　　雷晓东(畲,续—2012.7)
　　　林长春(2012.6—)
　　　林炜平(2012.8—)
政治处主任:马尚付(续—)
执行局长:林炜平(续—2012.8)
　　　王海龙(2012.8.6—)

【县委工作部门】

县委办公室

主　任:陈晓敏(2011.2—)
副主任:潘文彬(续—2012.4)
　　　何向平(续—2012.5)
　　　徐　雄(2012.4—)
　　　叶秀华(女,2011.2—)
　　　吴伟东(2012.5—)
　　　王伟飞(2012.5—)
　　　金　锋(2012.12—)
　　　毛华庆(兼,2012.5—)

县委督查室

主　任:王伟飞(续—2012.5)

县委政策研究室

主　任:何向平(2011.10—2012.5)
　　　叶秀华(女,2012.5—)

县委党史研究室,地方志办公室

主　任:何向平(续—2011.10)
　　　吴伟东(2012.5—)
副主任:林　平(续—)

县考核督查委员会办公室

主　任:金　锋(2012.12—)
副主任:金　锋(续—2012.12)

县保密局

局　长:叶秀华(女,续—2012.8)

任孟春(2012.8—)

县委机要局、密码管理局

局　长:林景东(续—)

县委台湾工作办公室

副主任:潘丽芳(女,2012.8—)

县委组织部

部　长:金晓伟(续—2011.4)
潘　伟(2011.7—)
副部长:雷剑锋(畲,续—2012.4)
梅慧民(续—2012.12)
季建标(兼,续—2011.11)
胡华君(女,续—2012.4)
陈建灵(兼,2011.2—)
林　敏(2012.4—)
林建锋(2012.4—)
刘德灵(兼,2012.04—)
李光松(兼,2012.11—)
蓝朝星(兼,畲,2012.12—)

县直机关党工委

书　记:梅慧民(续—2012.12)
蓝朝星(畲,2012.12—)
副书记:郑常蔚(女,续—2012.11)
柳彩玉(女,2012.11—)
纪工委书记:王　松(2012.8—)

两新工委

书　记:雷剑锋(兼,畲,2011.9—2012.4)
林建锋(兼,2012.4—)
副书记:梅　敏(女,2011.9—2012.12)
李朱凯(2012.12—)
钟得丰(畲,兼,2012.6—)
梁一春(兼,2012.6—)
毛玉海(兼,2012.6—2012.9)
柳慧敏(女,兼,2012.6—)
委　员:卞春华(兼,2012.6—)
李　丰(兼,2012.6—)
叶巍巍(兼,2012.6—)

县委宣传部

部　长:王　军(2011.1—2011.11)
潘晓泉(2011.11—)
副部长:李晓荣(2011.1—2012.4)
林一兵(2012.5—)
吴海东(续—)
林建锋(2011.1—2012.4)

文明办

副主任:严林平(2011.1—)

基地办

主　任:吴海东(2012.5—)
副主任:占海冰(2011.1—2012.5)
刘建雄(2012.5—)

社科联

副主席:吴如峰(2012.5—)

外宣办

主　任:吴耀旺(2011.2—)

文　联

主　席:李人海(续—)
副主席:蓝良明(畲,续—)

县委政法委

书　记:严轶华(续—2011.12)
程巧琴(女,2011.12—)
副书记:周乃忠(续—2012.4)
陈丽海(2012.4—)
凌　伟(2011.10—)
办公室主任:黄春华(续—)
综治办主任:凌　伟(2012.12—)
综治办专职副主任:
刘显平(2012.8—)
维稳办专职副主任:
叶方明(2012.8—)

县委防范和处理邪教问题办公室

主　任:柳贤列(续—)
副主任:毛华胜(2012.11—)
蔡卫东(续—)

县委统战部

部　长:蓝小明(畲,续—)
副部长:蓝廷洪(畲,续—)
蓝木宗(兼,畲,续—2012.4)
陈晓华(兼,2012.5—)
张绍东(兼,2011.1—)
雷晓东(兼,畲,2012.4—)

县侨台办

主　任:潘丽芳(女,续,—2012.8)

县信访局

局　长:潘文彬(续—2012.4)
徐　雄(2012.4—)
副局长:刘春兰(女,续—)
毛华胜(续—2012.11)
卢建民(2012.11—)

县委老干部局

局　长:陈建灵(续—)
副局长:陈慧媚(女,续—)
沈东庆(2012.8—)

县委党校

校　长:金晓伟(续—2011.7)
潘　伟(2011.7—)
副校长:蔡红央(女,2011.3—)
王晓莲(女,续—)
吴学民(2012.8—)

县档案局

局　长:尤建平(续—2011.2)
沈炎清(2012.4—)
副局长:朱国华(续—)
何雪华(女,续—)
党组书记:沈炎清(续—)

县关工委

主　任:雷木森(畲,续—)

副主任:钟琳花(女,畲,续—)

舒礼熙(续—)

曹赤炎(续—)

朱芝贵(续—)

雷应江(兼,畲,续—)

陈锡星(兼,续—)

潘昌才(兼,续—)

翁建敏(兼,续—)

副主任:毛呈满(2011.4—)

办公室主任:刘小青(续—2012.8)

李丽俊(女,2012.8—)

县农办

主　任:叶　峰(续—2012.4)

毛华庆(2012.4—)

副主任:刘月方(续—)

陈　谢(续—)

陈金荣(2012.5—)

县工商联合会

会　长:张绍东(续—2012.11)

尤建平(兼,2012.11—)

副会长:张绍东(2012.11—)

柳慧敏(女,续—2012.11)

郑常蔚(女,2012.11—)

秘书长:汤旭初(2012.12—)

县总工会

主　席:叶　瑛(续—2012.4)

周乃忠(2012.4—)

书　记:潘文彪(续—2012.12)

副主席:陈小荣(续—)

马赓明(女,回,续—)

共青年团景宁县委

书　记:严家远(续—2011.9)

蓝景芬(女,畲,2011.10—)

副书记:蓝景芬(女,畲,续—2011.9)

刘　红(女,续—)

叶　妮(女,2012.9—)

县妇女联合会

主　席:刘毓梅(女,续—2011.3)

叶妙青(女,2011.4—)

副主席:王淑清(女,续—)

柳彩玉(女,续—2012.10)

柳慧敏(女,2012.11—)

县残疾人联合会

理 事 长:梅利民(续—)

党组书记:徐关水(续—)

副理事长:何爱媚(女,续—)

【县人民政府工作部门】

县政府办公室

主　任:雷应江(畲,续—2012.4)

沈才忠(2012.4—)

副主任:杨仲敏(续—2012.5)

雷剑锋(畲,2012.4—)

王良言(续—)

卢晓安(续—)

林旭虹(续—)

周卫林(续—2012.5)

梅振伟(续—2012.5)

梅伟森(续—)

陈培春(2012.5—)

项大海(2012.5—2012.11)

吴敏彪(2012.5—)

王伟民(2012.11—)

严水英(女,2012.12—)

县行政审批中心

主任(书记):季晓东(续—2012.5)

李晓荣(2012.5—)

副主任:孙成真(2012.5—)

马志贤(续—)

县机关事务局(接待办)

局　长:卢晓安(续—)

副局长:杨林美(女,续—)

柳伟忠(续—)

县人民防空办公室

主　任:王良言(续—)

副主任:董　海(续—)

法制办

专职副主任:吴卫忠(续—)

督查室

主　任:任　荣(续—)

应急办

主　任:林敏峰(续—2012.8)

县科技局

局　长:陈丽海(续—2011.5)

刘毓梅(女,2011.5—)

纪检组长:何慧丰(续—2012.12)

高伟芸(女,2012.12—)

副局长:张志松(续—2011.5)

雷赛高(畲,2011.5—)

陈正武(2012.5—)

县科协

主　席:沈立荣(续—)

副主席:陈正武(续—2012.5)

梅根金(2012.5—)

县教育局

局　长:翁建敏(续—2012.4)

钟利海(畲,2012.4—)

副局长:吴华标(续—2012.8)

吴广伟(续—)

毛慧斌(续—2012.5.)

陈战耕(2012.5.—)
林兴国(2012.8.—)
纪检组长:厉希胜(续—)
政府教育督学:叶旭瑛(2012.12—)

县卫生(计生)局

局　长:雷李会(畲,续—2011.10)
副局长:石盛训(续—2011.10)
邱胜平(续—2011.10)
林兴忠(续—2011.10)
杨小兵(续—2011.7)
纪检组长:李加兴(续—2011.10)
计生协会副会长:
李加兴(续—2011.10)

县卫生(中医药管理)局

局　长:雷李会(畲,2011.11—2012.3)
胡华君(女,2012.4—)
副局长:石盛训(2011.10—)
邱胜平(2011.10—)
林兴忠(2011.10—)

人口和计划生育局

局　长:雷李会(畲,2011.10—2012.3)
杨小兵(2012.4—)
副局长:杨小兵(2011.10—2012.3)
刘远明(2012.12—)
吴月珠(女,2012.12)
纪检组长:李加兴(2011.10—)

县红十字会

常务副会长:张贤忠(续—)
专职副会长:蓝德余(畲,续—)

县文广新局

局　长:严慧荣(续—2011.2)
夏雪松(2011.4—)
副局长:雷赛高(畲,续—2011.4)
吴如峰(续—2011.5)
陈战耕(续—2012.5)
王跃聪(2011.4—)
毛慧斌(2012.6—)
朱益龙(2012.9—)
纪检组长:季彤曦(女,续—2012.6)
林松斌(2012.6—)

县电视台

台　长:周光平(续—)
副台长:江　啸(续—)
王　松(续—2012.8)
赵伟峰(续—2012.12)
董作求(2012.8—)
纪检组长:梅祖凯(续—)
总工程师:柳剑锋(续—2012.12)

畲乡报社

总　编:施顺民(续—)
副总编:朱益龙(续—2012.8)
柳晓林(续—)
叶魏芬(女,2012.9—)

县国土资源局

局　长:陈丽成(续—2012.12)
潘利海(2012.12—)
副局长:黄端璐(续—2012.12)
林　环(续—)
潘焕岳(2012.12—)
叶华青(续—)
周树培(续—)
书　记:陈丽成(续—2012.12)
潘利海(2012.12—)
副书记:黄端璐(续—2012.12)
纪委书记:马尚法(续—)
土地储备中心主任:
刘建海(2012.12-)
土地执法大队长:沈必文(2012.12-)

县编制办公室

主　任:季建标(续—2012.11)
李光松(2012.11—)
副主任:周国海(续—2012.6)
吴华标(2012.8—)

县人力资源和社会保障局

局　长:季建标(续—2012.4)
刘德灵(2012.4—)
副局长:张兆清(续—)
副局长:雷祖进(畲,续—)
张怀海(2012.8—)
陈玉林(续—2011.8)
梅　敏(女,2012.12—)
纪检组长:张怀海(续—2012.12)
李加兴(2012.12—)
社保中心主任:吴春萍(女,2011.3—)
外出创业办主任:陈玉林(续—2011.8)
邱小伟(2012.8—)

县民政局

局　长:李光松(续—2012.11)
陈丽成(2012.11—)
副局长:陈海明(续—)
罗德刚(续—)
梁一春(续—)
何慧丰(2012.11—)
盛晓东(挂职,2012.11—)
纪检组长:严小红(女,续—)
党组成员:雷献敏(畲,续—)

县老龄委

主　任:江少伟(兼,续—2012.7)
郑建强(兼,2012.8—)
副主任:杨仲敏(兼,续—2012.8)
李光松(兼,续—2012.8)
陈锡星(兼,续—2012.8)
张贤忠(兼,续—2012.8)
彭琴英(女,兼,续—2012.8)
办公室主任:李光松(兼,续—2012.8)

县移民办公室

主　任:毛南俊(续—)

书　记:邱松青(续—2012.4)
雷云兴(畲,2012.4—)
纪检组长:郑晓芳(续—)
副主任:彭伟明(续—)
张昌元(续—)

县民宗局

局　长:蓝木宗(畲,续—2012.4)
雷晓东(畲,2012.5—)
副局长:雷利德(畲,续—)
蓝　坚(畲,2012.8—)

县旅游局

局　长:严伟华(续—2012.4)
蓝建忠(畲,2012.4—)
副局长:叶长过(续—2011.4)
叶金海(续—2012.5)
吴美香(女,2011.4—)
徐建林(2012.8—)
党组书记:严伟华(续—2012.4)
纪检组长:徐建林(续—2012.8)
刘小青(2012.8—)

浙江景宁畲族风情旅游度假区管委会(筹)

主要负责人:雷剑锋(畲,2012.4—)
负责人:林敏峰(2012.8—)
简卓华(2012.12—)

千峡湖景宁管理处

处　长:雷李木(畲,续—)
副处长:潘利海(续—2012.5)
陈建民(续—)
周士平(2012.12.—)

外舍防护工程建设指挥部

总指挥:潘晓泉(续—2012.2)
王　益(2012.2—)
副总指挥:蓝朝星(畲,续—2012.12)
叶玉琪(续—2012.2)
梅伟森(续—)

外舍防护工程投资有限公司

总经理:蓝朝星(畲,续—2012.11)
程荣文(2012.12—)

农民创业园建设指挥部

总 指 挥:叶金堂(2012.5—)
副总指挥:吴昌亮(2012.5—)
雷应江(畲,2012.5—)
王　益(2012.5—)
季晓伟(2012.5—)

县农业局

局　长:刘万民(续—2012.4)
叶玉琪(2012.4—)
副局长:林华法(续—)
商晓云(续—)
胡明成(续—2012.8)
吴丽玲(女,2012.8—)
纪检书记:吴丽玲(女,续—2012.8)
刘卫美(女,2012.8—)
总　工:刘卫美(女,续—2012.8)
刘赵康(2012.8—)
畜牧兽医局长:柳贤岳(续—)

县林业局

局　长:林　敏(续—2012.4)
朱小平(2012.4—)
纪检组长:花冬美(女,续—2012.11)
吴渭清(2012.12—)
副局长:梅盛青(续—2012.8)
蔡通爱(续—)
周成璟(续—)
杨仲敏(2012.6—)
胡明成(2012.8—)
总工程师:叶玉珠(女,续—)
森林公安分局局长:
陶幸圣(续—2012.5)
柳贤良(2012.8—)

县望东垟高山湿地自然保护区管理局

局　长:朱小平(续—2012.5)
杨仲敏(2012.5—)
副局长:周　平(续—)
陈晓郴(续—)

县水利局

局　长:沈才忠(续—2012.4)
毛南荣(2012.4—)
纪检组长:潘李清(续—)
副局长:刘远明(续—2012.12)
叶梅娟(女,续—)
林振球(2012.5—)
梅荣柱(续—)
总工程师:柳卫明(续—)
防汛办主任:毛慧琴(女,2012.12—)

县气象局

局　长:刘小荣(续—2012.4)
商晓东(2012.4—)
副局长:周敬荣(续—)
吴丽霞(女,续—2012.12)
纪检组长:张建渔(续—)

县发改局

局　长:余晓军(续—)
副书记:任周良(2012.8.—)
纪检组长:练良东(续—)
副局长:梅进前(续—2012.5)
梅勇和(续—)
王旭东(续—)
叶文平(续—2012.7)
县休闲养生经济办副主任:
杜迎春(女,2012.9—)

县统计局

局　长:梅进前(续—2012.5)
周　枫(2012.5—)
副局长:杨一平(续—)

县经贸局(协作办)

局　长:刘德灵(续—2012.4)
　　　潘昌德(2012.4—)
副局长:林晓洪(续—)
　　　罗耀军(续—)
　　　徐卫斌(续—)
协作办主任:钟得丰(畲,续—)
副 主 任:何盛宝(续—)
纪检组长:钟得丰(畲,续—)

县交通局

局　长:陈海峰(续—2011.4)
　　　陈丽海(2011.4—2012.4)
　　　严伟华(2012.4—)
纪检组长:彭　清(续—2012.12)
副 局 长:潘美林(续—2012.4)
　　　项秀梅(女,续—)
　　　任贵慧(续—)

县住房和城乡建设局(2011年10月前称县建设局)

局　长:吴剑锋(续—2012.2)
　　　翁建敏(2012.4—)
副局长:童小平(续2012.3)
　　　柳晓杰(续—2012.5)
　　　柳新付(续—)
　　　董希明(续—)
　　　陈志文(兼,续—)
　　　陈海洪(2012.5—)
总工程师:张根深(续—)
纪检组长:蓝少琴(畲,女,2012.12—)

县城市建设发展有限公司

总经理:林松琦(2011.1—2012.11)

县环保局

局　长:胡克森(续—2012.4)
　　　童小平(2012.4—)
纪检组长:吴渭清(续—2012.12)
　　　吴丽霞(女,2012.12—)
副局长:钟国瑾(畲,续—)
　　　刘海华(续—)

丽水经济开发区景宁民族工业园管理委员会

党工委书记:郭海光(续—2011.11)
　　　蓝伶俐(女,畲,2012.2—)
党工委副书记:叶常萌(续—)
　　　杨灶松(续—2012.8)
纪工委书记:杨灶松(续—2012.8)
　　　陈海琳(女,2012.8—)
主　任:郭海光(续—2011.11)
　　　叶常萌(2011.12—)
副主任:叶常萌(续—2011.12)
　　　李景武(续—)
　　　严林平(2012.12—)
总工程师:周　枫(续—2012.5)
　　　叶文平(2012.5—)

浙江景宁经济开发区

主　任:毛南荣(续—2011.12.)
　　　季晓伟(2011.12.—)
副主任:孙成真(续—2012.6)
　　　潘利海(2011.5—)
　　　雷　鸣(续—)
　　　厉晓娟(女,续—)
总工程师:刘振军(2012.12.—)

县公安局

局　长:周光洪(续—2011.11)
　　　叶利东(2011.11—)
督察长:叶利东(2011.11—)
政　委:柳浩宇(续—2012.4)
　　　季建伟(2012.4—)
副局长:潘卫雄(续—)
　　　周乃强(续—)
　　　沈招雄(续—)
　　　张昌龄(续—)
　　　林德平(续—)
纪委书记:梅振清(续—)
政治处主任:叶传金(续—)
交警大队长:潘卫雄(续—)
教 导 员:王斌杰(续—)
国保大队大队长:
　　　叶卫民(续—2012.7)
　　　叶宝善(2012.8—)
教 导 员:蔡卫东(续—)
刑事侦查大队长:
　　　陈进平(2012.8—)
教 导 员:杨娟芬(女,续—)
禁毒大队长:刘魏平(续—)
治安大队长:陈　彬(续—)
教 导 员:梅永春(续—)

县消防大队

消防大队长:周丹桂(续—2011.10)
　　　陆中超(2011.10—)
教 导 员:尹建光(续—2011.10)
　　　曹建章(2011.10—)

县司法局

局　长:梅小林(续—2012.4)
　　　柳浩宇(2012.4—2012.11)
　　　潘文彪(2012.12—)
副局长:吴乾熙(续—)
　　　李　丰(续—)
　　　凌　伟(续—2011.10)
　　　潘美林(2012.5—)
纪检组长:李　丰(续—)

县安监局

局　长:潘昌德(续—2012.4)
　　　梅小林(2012.4—)
副局长:刘化茂(续—)
　　　雷茂禾(畲,续—)

县工商局

局　长:王　弘(续—2012.8)
　　蔡伟教(2012.8—)
纪委书记:留碧军(续—2011.2)
副局长:叶东明(续—)
　　毛玉海(续—)
　　张昌勇(续—)

县食品药品监督局

局　长:李建新(续—2012.4)
　　雷利会(畲,2012.4—)
纪检组长:林孟荣(续—2012.12.)
　　彭德伟(2012.12—)
副局长:王育生(续—)
　　陈绍坤(续—)

县质量技术监督局

局　长:陈晓谷(续—2011.5)
　　武　燚(2011.5—)
副局长:丁敏蛟(续—)
纪委书记:丁敏蛟(续—2012.5)
　　邱柏青(2012.5—)

县审计局

局　长:沈秀慧(女,续—2012.4)
　　潘文彬(2012.4—)
书　记:潘润洲(续—2012.4)
副局长:刘春芝(续—)
　　潘蔷薇(女,续—)
　　吴端满(2012.5—)
纪检组长:赵慧聪(续—)

县国税局

局　长:罗国贤(续—)
副局长:蓝建民(畲,续—)
　　刘智敏(续—)
　　潘岳海(续—)
纪检组长:徐先花(女,续—)
稽查局局长:雷永利(畲,续—)

县财政地税局

局　长:季晓伟(续—2012.4)
　　叶　峰(2012.4—)
副局长:蓝朝星(畲,续—)
　　陈华星(续—)
　　刘　力(续—)
纪检组组长:梅巧勤(女,续—2012.4)
　　卞春华(2012.4—)
总会计师:李建伟(2012.12—)
预算局长:吴凌峰(2012.12—)
监督局长:李光华(2012.12—)
执行局局长:陈浙福(2012.12—)
农综办主任:李建伟(续—2012.12)
　　郑文南(2012.12—)

【部分企事业单位】

县供销合作社联合社

主　任:彭　敏(女,2012.4—)
　　彭正琪(续—2012.4)
书　记:潘正平(续—)
副主任:任周良(续—2012.8)
　　钟国斌(畲,续—2012.5)
　　梅松叶(续—)
　　梅盛青(2012.8—)
　　袁奕林(2012.8—)

县新华书店

总经理:李伟明(续—)
副经理:程小萍(续—)

县电力公司(电力工业局)

局　长:林守华(续—2012.5)
　　严伟明(2012.5—)
书　记:严伟明(续—2012.5)
　　李泳泉(2012.5—)
副书记:朱　斌(续—)
副局长:李　凡(续—2011.11)
　　孙岳仁(续—)
　　舒勤伟(2011.11—)
工会主席:李梦德(续—)
总工程师:王明球(2011.11—)

县烟草专卖局

局　长:雷建成(畲,续—2011.12.)
　　王永武(2011.12.—)
副局长:林伟高(续—)
副经理:汤晓蓉(女,续—2011.12.)
　　王建仁(2011.12.—)

县盐务管理局

经　理:简卓华(续—2011.5)
　　王宝裕(2011.6—)
书　记:陈慧美(女,2011.1—)

县石油公司

经　理:彭　荣(续—)

县邮政局

书　记:朱方明(续—2012.5)
局　长:卢东云(2012.5—)
副局长:卢东云(续—2012.4)
　　叶黎华(2011.4—)

中国移动景宁分公司

总经理:陈　华(续　)
副总经理:韦　铭(续—)

中国电信景宁分公司

总经理:张环伟(续—2011.2)
　　刘建春(2011.2—)
副总经理:刘建春(续—2011.2)
　　王嘉宾(2011.3—2012.12)

中国联合网络通信景宁分公司

总经理:叶崇伟(续—2012.10)
　　朱　轶(2012.10—)

中国人民银行景宁支行

行　长:吴振勇(续—2012.10)
副行长:潘华珠(女,续—)
　　吴远南(续—2011.4)

留　清(2012.8—)

中国工商银行股份有限公司景宁支行

行　长:雷亚军(畲,2011.1—2012.3)
叶晓娟(女,2012.4—)
副行长:陈德渊(2012.4—)

中国农业银行景宁支行

行　长:雷励雄(畲,续—)
副行长:黄力雄(续—)

中国银行景宁支行

行　长:徐屈伟(2012.2—)
副行长:陈炜彬(2012.3—)

中国建设银行景宁支行

行　长:柯建俊(续—)
副行长:李三丰(续—)
朱松美(女,续—)

中国农业发展银行景宁信贷组

主　任:吴立新(续—2012.5)
陈　杰(2012.6—)

县农村信用合作社联合社

理事长:郑剑光(2011.1—2012.3)
陈小玲(2012.3—)
主　任:叶金炎(2011.1—2012.3)
毛清芳(女,2012.3—)

中国邮政储蓄景宁支行

副 行 长:纪　华(主持,2011.8—)
行长助理:陈胜民(2011.8—)

景宁银座村镇银行股份有限公司

董事长:王伟文(2012.2—)
行　长:陈　宇(2012.2—)
副行长:陈　斌(2012.2—)
蒋　继(2012.2—)

中国人保财险景宁支公司

经　理:叶少华(续—)
副经理:史玉澄(续—)

中国人寿保险股份有限公司景宁支公司

总经理:蓝李锋(畲,续—)

中国太平洋财产保险股份有限公司景宁支公司

经　理:陈雄亮(续—)

丽水市住房公积金管理中心景宁分中心

主　任:罗培环(续—)

【乡镇(街道)】

鹤溪镇(2012.5撤镇)

党委书记:陈晓敏(续—2011.4)
陈海峰(2011.4—2012.5)
副 书 记:蓝建中(畲,续—2012.5)
纪委书记:刘培法(续—2012.5)
委　员:潘焕岳(续—2012.5)
李祥瑛(女,续—2012.5)
雷献亮(畲,续—2012.5)
汤忠伟(续—2012.5)
人武部长:潘焕岳(续—2012.5)
人大主席:李开忠(续—2012.5)
副 主 席:张木兴(续—2012.5)
金一庚(续—2012.5)
镇　长:蓝建中(畲,续—2012.5)
副镇长:周士平(续—2012.5)
胡卫林(续—2012.5)
梅礼明(续—2012.5)
高伟森(续—2012.5)

鹤溪街道办事处(2012.5成立)

党工委书记:陈海峰(2012.5—)
副书记:柳贤旺(2012.5—)
纪工委书记:胡卫林(2012.5—)
委　员:潘焕岳(2012.5—2012.6)
李祥瑛(女,2012.5—2012.9)
雷献亮(畲,2012.5—)
徐　敏(女,2012.5—)
汤忠伟(2012.5—)
李少吴(2012.8—)
人武部长:潘焕岳(2012.5—2012.6)
雷献亮(畲,2012.6—)
人大工委主任:
李开忠(2012.5—2012.6)
潘焕岳(2012.6—2012.12)
副主任:张木兴(2012.5—)
金一庚(2012.5—)
主　任:柳贤旺(2012.5—)
副主任:周士平(2012.5—)
梅礼明(2012.5—)
高伟森(2012.5—)
徐　敏(女,2012.5—)
梅玉娟(女,2012.8—)
张存有(2012.12—)

外舍管理区(2012.5撤销)

党工委书记:叶玉琪(续—2012.4)
副书记:周　恩(续—2012.5)
纪委书记:雷华锋(畲,续—2012.5)
委　员:柳先敏(续—2012.5)
张多金(续—)
陈孟文(续—)
吴大余(续—)
刘丽卿(女,续—)
刘　炜(续—2012.5)
人大工委主任:叶玉琪(续—2012.4)
副主任:雷　勇(畲,续—)
人武部长:吴大余(续—)
主　任:周　恩(续—2012.5)
副主任:柳先敏(续—2012.4)
吴家伟(续—)
刘慧云(女,续—)
何振华(续—2012.5)
蓝成宝(畲,续—2012.5)

红星街道办事处(2012.5成立)

党工委书记:周　恩(2012.5—)
副书记:柳先敏(2012.5—)
　　陈伟平(挂职,2012.12—)
纪工委书记:陶幸圣(2012.5—)
委　员:张多金(续—)
　　陈孟文(续—)
　　吴大余(续—)
　　刘丽卿(女,续—)
　　刘　炜(续—2012.7)
　　何振华(2012.5—)
　　叶卫民(2012.8—)
人大工委主任:雷华锋(畲,2012.6—)
副主任:雷　勇(畲,2012.6—)
人武部长:吴大余(续—)
主　任:柳先敏(2012.5—)
副主任:何振华(2012.5—)
　　吴家伟(续—)
　　刘慧云(女,续—)
　　柳贤铎(2012.5—)
副局级组织员:徐加昌(2012.10—)

东坑镇

党委书记:毛华庆(续—2012.5)
　　何向平(2012.5—)
副书记:徐隆金(续—2012.5)
纪委书记:梅晓青(续—2011.10)
　　刘　莺(女,2011.10—)
委　员:雷剑锋(畲,续—)
　　刘德水(续—)
　　陈延环(续—)
　　石玉德(2011.10—)
人武部长:雷剑锋(畲,续—)
人大主席:梅晓青(2011.10—)
副主席:徐加昌(续—2012.8)
　　周德伍(2012.8—)
镇　长:徐隆金(续—2012.5)
　　蓝利明(畲,2012.5—)
副镇长:刘德水(续—)
　　吴卫忠(续—2012.8)
　　何盛林(续—)
　　林国斌(续—)
　　严仙田(2012.8—)

渤海镇

党委书记:季建伟(续—2012.4)
　　刘梅玲(女,2012.5—)
副书记:刘梅玲(女,续—2012.5)
　　蔡卫军(2012.5—)
纪委书记:叶旭平(续—2012.8)
　　蓝利忠(畲,2012.8—)
委　员:吴一飞(续—)
　　严伟荣(续—)
　　杨仲炳(2012.5—)
　　叶宝善(续—2012.8)
政法书记:严伟荣(续—)
人武部长:吴一飞(续—2012.7)
　　杨仲炳(2012.8—)
人大主席:项晓青(续—)
副主席:周德伍(续—2012.7)
　　梅显道(2012.8—)
镇　长:刘梅玲(女,续—2012.5)
　　蔡卫军(2012.5—)
副镇长:李兴煌(续—2012.7)
　　蓝光训(畲,续—2012.1)
　　杨仲炳(续—2012.8)
　　雷洁畅(女,畲,续—2012.8)
　　吴一飞(2012.8—)
　　李海峰(2012.8—)
　　陈建平(2012.8—)

沙湾镇

党委书记:沈才忠(续—2011.2)
　　夏胜忠(2011.2—)
副书记:夏胜忠(续—2011.2)
　　王伟民(2011.9—2012.11)
纪委书记:沈东庆(续—2012.8)
　　柳新成(2012.8—)
委　员:李昌锦(续—)
　　陈孟嘉(2012.8—)
　　柳　玉(女,续—)
　　毛颖波(续—)
人武部长:柳　玉(女,续—)
人大主席:毛呈满(续—2011.3)
　　刘土根(2011.3—)
副主席:陈高仁(续—)
镇　长:夏胜忠(续—2011.2)
　　王伟民(2011.9—2012.11)
副镇长:陈孟嘉(续—)
　　蓝振山(畲,续—)
　　毛小英(女,续—2012.8)
　　张必南(2012.8—)
　　蓝丽娜(女,畲,2012.8—)

英川镇

党委书记:商晓东(续—2012.5)
　　季晓东(2012.5—)
副书记:王世忠(续—2012.5)
　　梅振伟(2012.5—)
纪委书记:叶雁飞(续—2012.5)
　　张文涛(2012.5—)
政法书记:林昌健(续—)
人武部长:陈文良(续—)
委　员:张红伟(2012.8—)
人大主席:陈德清(续—)
副主席:张红伟(续—2012.7)
　　柳庭武(2012.8—)
镇　长:王世忠(续—2012.5)
　　梅振伟(2012.5—)
副镇长:张文涛(续—2012.5)
　　张红伟(2012.5—)
　　陈建平(续—2012.8)
　　周晓芳(女,续—)
　　刘传才(2012.5—)
　　毛　勇(2012.9—)

大均乡

党委书记:钟利海(畲,续—2012.5)
周卫林(2012.5—)
副书记:蓝利民(畲,续—2012.5)
雷魏芬(女,畲,2012.5—)
郑连革(挂职,续—2012.7)
纪委书记:陈海忠(续—)
委　员:严家树(续—)
黄正成(续—)
严　华(续—)
人武部部长:严　华(续—)
人大主席:钟利海(畲,续—2012.5)
周卫林(2012.5—)
副主席:蓝庆鑫(畲,续—)
乡　长:蓝利民(畲,续—2012.5)
雷魏芬(女,畲,2012.5—)
乡长助理:徐　灵(挂职,2012.8—)
梁海超(挂职,续—2012.9)

澄照乡

党委书记:陈金荣(续—2012.5)
杨灶松(2012.5—)
副 书 记:梅晓春(续—2012.5)
柳康华(2012.5—)
肖圣章(挂职,2012.8—)
纪委书记:雷振华(畲,续—2012.5)
叶于传(2012.5—)
委　员:林方金(2012.5—)
刘少东(续—)
蓝水坤(畲,续—2011.10)
梅玉娟(女,续—2012.8)
王　兵(2011.9—)
林方金(2012.5—)
吴卫忠(2012.8—)
人武部长:刘少东(续—2011.9)
王　兵(2011.9—)
人大主席:陈金荣(续—2012.5)
杨灶松(2012.5—)
人大副主席:潘竹平(续—2011.12)
雷延贵(畲,2011.12—)
乡　长:梅晓春(续—2012.5)
柳康华(2012.5—)
副乡长:叶于传(续—2012.5)
林方金(2012.5—)
雷延贵(畲,续—2011.12)
柳贤铎(2011.10—2011.12)
雷晓芬(女,畲,续—)
雷余玉(畲,续—)
杨晓丽(女,2012.8—)

梅岐乡

党委书记:陈晓华(续—2012.4)
何伟东(2012.5—)
副 书 记:何伟东(续—2012.4)
梅显平(2012.5—)
纪委书记:刘建华(续—)
委　员:张必南(续—2012.8)
徐阿军(续—2012.8)
人武部部长:徐阿军(续—2012.8)
人大主席:陈晓华(续—2012.4)
何伟东(2012.5—)
副主席:张　豪(续—2011.4)
吴跃林(2011.9—)
乡　长:何伟东(续—2012.4)
梅显平(2012.5—)
副乡长:张必南(续—2012.8)
陈　敏(女,续—2012.4)
叶淑芬(女,2012.8—)

大漈乡

党委书记:王　庆(续—)
副书记:叶长过(2011.3—)
纪委书记:叶海华(续—2012.5)
雷洁畅(女,畲,2012.8—)
人武部长:陈叶敏(续—)
委　员:雷彦文(畲,续—)
陈叶敏(续—)
人大主席:王　庆(续—)
副主席:章卫荣(续—)
乡　长:叶长过(2011.3—)
副乡长:雷彦文(畲,续—)
柳二娟(女,续—)
柳一东(续—)

景南乡

党委书记:徐文权(续—2012.4)
徐隆金(2012.4—)
副书记:梅根金(续—2012.4)
纪委书记:毛黎珍(续—2011.10)
毛锡火(2011.10—2012.4)
沈必贵(2012.5—)
委　员:吴万里(续—2012.8)
程小伟(续—)
吴应平(2012.8—)
人武部长:程小伟(续—2012.8)
吴应平(2012.8—)
人大主席:徐文权(续—2012.4)
徐隆金(2012.4—)
副主席:陈利慧(续—)
乡　长:梅根金(续—2012.4)
毛锡火(2012.4—)
副乡长:吴万里(续—2012.8)
程小伟(2012.8—)
程荣文(续—)
夏建红(女,续—)

雁溪乡

党委书记:吴端满(续—2012.4)
梅晓春(2012.4—)
副书记:彭　敏(女,续—2012.3)
纪委书记:毛锡火(续—2011.9)
毛黎珍(2011.9—2012.4)
占海冰(2012.4—)
委　员:沈必贵(续—2012.4)
钟正言(畲,续—)

人武部长:钟正言(畲,续—)
人大主席:吴端满(续—2012.4)
梅晓春(2012.4—)
副主席:梅明义(续—)
乡 长:彭 敏(女,续—2012.3)
毛黎珍(2012.4—)
副乡长:吴云花(女)(续—)

郑坑乡

党委书记:梅振飞(续—)
副书记:雷魏芳(女,畲,续—2012.5)
雷振华(畲,2012.5—)
纪委书记:朱蔚竑(续—2012.8)
梅华青(2012.8—)
委 员:江灵娟(女,续—)
雷 震(畲,续—2011.9)
何盛洪(2011.9—)
人武部长:雷 震(畲,续—2011.9)
何盛洪(2011.9—)
人大主席:梅振飞(续—)
副主席:周家赞(续—)
乡 长:雷魏芬(女,畲,续—2012.5)
雷振华(畲,2012.5—)
副乡长:江灵娟(女,续—)
何 邦(续—)

九龙乡

党委书记:陈培春(续—2012.5)
徐仕清(2012.5—)
副 书 记:徐仕清(续—2012.5)
刘培法(2012.5—)
纪委书记:蓝利忠(畲,续—2012.8)
李晓锋(2012.8—)
委 员:沈必时(续—)
蓝金标(畲,续—)
人武部长:陈 勇(续—)
人大主席:陈培春(续—2012.5)
徐仕清(2012.5—)
副主席:林作平(续—)
乡 长:徐仕清(续—2012.5)
刘培法(2012.5—)
副乡长:柳康华(续—2012.5)
张伟鸿(续—2011.10)
蓝海宽(畲,续—)
吴丽英(女,续—)
雷林伟(畲,2011.10—)

梧桐乡

党委书记:潘娅红(女,续—2012.12)
副 书 记:柳晓杰(2012.5—)
蔡卫军(续—2012.5)
纪委书记:刘土根(续—2011.2)
吴 飞(续—)
委 员:张存有(续—2012.12)
张 华(续—)
蓝晓娟(女,畲续—)
陈振仁(续—)
人武部长:陈振仁(续—)
人大主席:潘娅红(女,续—2012.12)
副主席:陈轶群(续—2011.2)
雷 震(畲,2011.9—)
乡 长:蔡卫军(续—2012.5)
柳晓杰(2012.5—)
副乡长:石玉德(续—2011.9)
柳贤铎(续—2011.9)
柳忠芳(2011.9—)
副科级组织员:刘世武(2012.8—)

标溪乡

党委书记:林一兵(续—2012.5)
吴建明(2012.5—)
副书记:陈 芳(女,续—)
纪委书记:严松海(续—)
委 员:严一和(续—)
林明可(续—)
人武部长:严一和(续—)
人大主席:林一兵(续—2012.5)
吴建明(2012.5—)
副主席:周祖芳(续—)
乡 长:陈 芳(女,续—)
副乡长:林明可(续—)
柳小萍(女,续—)
夏一海(续—)

家地乡

党委书记:吴建明(续—2012.5)
钟国斌(畲,2012.5—)
副书记:叶金海(2012.5—)
纪委书记:雷进东(畲,续—)
委 员:严爱贵(续—)
刘奕平(续—)
人武部长:刘奕平(续—)
人大主席:吴建明(续—2012.5)
钟国斌(畲,2012.5—)
副主席:张灵燕(女,2011.10—)
乡 长:刘和平(续—2012.5)
叶金海(2012.5—)
副乡长:严爱贵(续—)
袁国良(续—)

大地乡

党委书记:吴伟东(续—2012.5)
王世忠(2012.5—)
副 书 记:梅显平(续—2012.5)
叶海华(2012.5—)
纪委书记:李晓锋(续—2012.5)
吴万里(2012.5—)
委 员:何伟平(续—)
张伟鸿(2011.8—)
人武部长:何伟平(续—)
人大主席:吴伟东(续—2012.5)
王世忠(2012.5—)
副主席:吴德贤(续—2012.8)
齐兴华(2012.8—)
乡 长:梅显平(续—2012.5)
叶海华(2012.5—)

副乡长:刘世武(续—2012.5)
刘小东(续—)
雷　琼(女,畲,续—)
张伟鸿(续—)
刘　平(2012.8—)

毛垟乡

党委书记:林振球(续—2012.5)
刘爱忠(2012.5—)
副 书 记:刘爱忠(续—2012.5)
纪委书记:蓝中一(畲,续—2011.9)
卢建明(2011.10—2012.8)
委　员:李少吴(续—2012.7)
林方金(续—)
高卫和(续—)
人武部长:高卫和(续—2012.8)
人大主席:林振球(续—)
副 主 席:梅显道(续—2012.8)
吴德贤(2012.8—)
乡　长:刘爱忠(续—2012.5)
刘世宝(2012.5—)
副乡长:李少吴(续—2012.8)
陈娟芬(女,续—)
吴丽勇(女,续—)

秋炉乡

党委书记:项大海(续—2012.5)
柳建军(2012.5—)
副书记:柳建军(续—2012.5)
叶雁飞(2012.5—)
纪委书记:朱卫文(续—2012.8)
人武部长:蓝松平(畲,2011.9—)
人大主席:项大海(续—2012.5)
柳建军(2012.5—)
副主席:蓝松平(畲,续—2011.9)
陈德标(2011.9—)
乡　长:柳建军(续—2012.5)
叶雁飞(2012.5—)
副乡长:梁春波(续—)
李海锋(续—2012.8)
赵玉珠(女,2012.8—)
陈德标(续—2011.9)

鸬鹚乡

党委书记:柳贤旺(续—2012.5)
严家远(2012.5—)
副书记:王伟民(续—2011.10)
严松海(续—2011.3)
严家远(2011.10—2012.5)
纪委书记:王　兵(续—2011.10)
陈轶群(2011.10—)
委　员:梅华青(续—2012.5)
柳海河(续—)
张可良(续—)
人武部长:柳海河(续—)
人大主席:柳贤旺(续—2012.5)
严家远(2012.5—)
副主席:张可良(续—2011.10)
周海娟(女,2011.10—)
乡　长:王伟民(续—2011.10)
严家远(2011.10—2012.5)
刘和平(2012.5—)
副乡长:梅华青(续—2012.5)
梅振盈(续—)
吴丽平(续—)

葛山乡

党委书记:吴敏彪(续—2012.5)
吴巧玲(女,2012.5—)
副 书 记:吴巧玲(女,续—2012.5)
纪委书记:徐卫东(续—2012.5)
刘成伟(2012.8—)
委　员:严仙田(续—2012.8)
刘成伟(续—2012.8)
人武部长:刘成伟(续—2012.8)
人大主席:吴敏彪(续—2012.5)
吴巧玲(女,2012.5—)
副主席:李俊杰(续—)
乡　长:吴巧玲(女,续—2012.5)
徐卫东(2012.5—)
副乡长:严仙田(续—2012.8)
蓝丽娜(女,畲,续—2012.8)
王　娟(女,2012.8—)

先进单位和先进个人

表16

2011—2012年全县荣获省、部级先进集体名单

先进单位	荣誉称号	命名单位	命名时间
景宁畲族自治县	国家绿色能源示范县	国家能源部 财政部 农业部	2011年7月
景宁畲族自治县	省级生态县	浙江省人民政府	2011年10月
景宁畲族自治县	文化先进县	浙江省人民政府	2012年2月
景宁畲族自治县	2005年—2010年被评为平安县	中共浙江省委省人民政府	2012年3月
景宁畲族自治县	2011年度平安县	浙江省人民政府	2012年3月
景宁畲族自治县	全国食用菌产业化发展示范县	中国食用菌协会	2011年12月
浙江省(景宁)畲族民间艺术团	《千年山哈》剧目中的《三月歌会》《学师系带》荣获第四届全国少数民族文艺会演节目奖	国家民委、文化部、广电总局、北京市政府	2012年7月
县消防大队	省级文明单位	中共浙江省委	2011年
县人民医院	省级文明单位	中共浙江省委省人民政府	2011年1月
县人武部	全省民兵工作先进单位	中共浙江省委省人民政府省军分区	2011年1月
鹤溪镇三枝树村	省级先进基层党组织	中共浙江省委	2011年6月
鹤溪镇浮丘村	优秀人民调解委员会	中共浙江省委省政府	2012年12月
鹤溪镇人武部	民兵工作先进单位	中共浙江省委省政府省军分区	2011年3月
鹤溪镇浮丘村	优秀人民调解单位	中共浙江省委省人民政府	2012年12月
县民族小学	全国示范家长学校	全国妇联 教育部 中央文明办	2012年8月
东坑镇	2010-2011社会治安综合治理先进集体	中共浙江省委省人民政府	2012年3月
大漈乡	国家级生态乡镇	国家环保部	2012年12月
县广播电视台	“十一五”广播电视村村通先进集体	国家广播电视总局	2012年3月
县国税局	全国巾帼文明岗位	全国妇女“巾帼建功”活动领导小组	2011年2月
县国税局	省级文明单位	中共浙江省委省人民政府	2011年1月
县农业银行	省级文明单位	中共浙江省委省人民政府	2011年1月
县民宗局	法制宣传教育先进集体	国家民族事务委员会	2011年5月

2011—2012年全县荣获丽水市先进集体名单

表17

先进单位	荣誉称号(省、部级)	命名单位	命名时间
县人口和计划生育局	人口和计划生育目标管理考核优胜单位	丽水市人民政府	2011年3月
县人口和计划生育局	人口和计划生育目标管理考核优胜单位	丽水市人民政府	2012年3月
鸬鹚乡	学前教育示范乡镇	丽水市人民政府	2011年9月
县法院	文明单位	中共丽水市委市人民政府	2012年2月
鹤溪派出所	消防工作先进单位	丽水市人民政府	2012年3月
景宁“10.19”接力救人集体	丽水市第三届道德模范先进集体	中共丽水市委市人民政府	2012年9月
县体育局	浙江省首届体育大会丽水市先进集体	中共丽水市委市人民政府	2011年2月
县司法局	2010—2011年社会治安综合治理先进集体	中共丽水市委市人民政府	2012年5月
梧桐乡	2010—2011年社会治安综合治理先进集体	中共丽水市委市人民政府	2012年5月
鹤溪镇政府	抗洪救灾先进集体	中共丽水市委市人民政府	2011 年4月
鹤溪镇政府	征兵工作先进集体	中共丽水市委市人民政府	2011年4月
鹤溪镇政府	消防工作先进集体	丽水市人民政府	2011年3月
鹤溪镇东弄村	生态文明村	中共丽水市委市人民政府	2012年2月
鹤溪镇滩岭村	生态文明村	中共丽水市委市人民政府	2012年2月
鹤溪镇双后岗村	生态文明村	中共丽水市委市人民政府	2012年2月
县农村信用社联合社	2010～2012年争先创优先进基层党组织	中共丽水市委	2012年8月
县农村信用社联合社	丽水市劳动关系“和谐企业”	中共丽水市委市人民政府	2012年3月
英川镇	学前教育示范乡镇	丽水市人民政府	2011年9月
英川镇坑垟村	生态文明村	中共丽水市委市人民政府	2011年2月
英川镇湖后村	生态文明村	中共丽水市委市人民政府	2011年2月
英川镇隆川村	生态文明村	中共丽水市委市人民政府	2012年2月
英川镇王宅村	生态文明村	中共丽水市委市人民政府	2012年2月

2011—2012年全县荣获省、部级先进个人名单

表18

姓名	性别	民族	原所在单位	荣誉称号	命名单位	命名时间
余赞洪	男	汉	县环卫所	全国“五一”劳动奖章、浙江省劳动模范	中华全国总工会、浙江省人民政府	2011年4月
雷小英	女	畲	浙江景昌建设有限公司	全国“五一”劳动奖章、浙江省劳动模范	中华全国总工会、浙江省人民政府	2012年4月
叶　瑛	男	汉	县总工会	全国优秀工会工作者	中华全国总工会	2011年10月
马尚付	男	汉	县法院	全国法院党建工作先进个人	最高人民法院	2011年6月
叶春强	男	汉	县发改局	全国价格监督检查办案能手	国家发改委	2011年5月
朱小平	男	汉	县林业局	全国生态建设突出贡献奖先进个人	国家林业局	2012年8月
周雪梅	女	汉	县发改局	从事财务会工作三十年荣誉获得者	国家财政部	2011年
王振生	男	汉	退休教师	第八届全国五好家庭	全国妇联	2012年
梅盛松	男	汉	县爱卫办	全国爱国卫生先进个人	全国爱国卫生运动委员会	2012年11月
翁伟荣	男	汉	县政府	浙江省农村公路工作先进工作者	浙江省人民政府	2011年11月
潘美林	男	汉	县交通局	浙江省农村公路工作先进个人	浙江省人民政府	2011年11月
刘德灵	男	汉	县经贸局	“十一五”节能降耗工作先进个人	浙江省人民政府	2011年5月
杨一平	男	汉	县统计局	“十一五”污染减排工作先进个人	浙江省人民政府	2011年5月
周利民	男	汉	县残联	残疾人工作先进个人	浙江省人民政府	2011年6月
柳贤列	男	汉	县反邪教办公室	浙江省维护国家安全先进个人	中共浙江省委、省人民政府	2012年3月

续表18

姓名	性别	民族	原所在单位	荣誉称号	命名单位	命名时间
吴　丹	女	汉	县质监局	“十小”行业质量安全整规工作先进个人	浙江省人民政府	2011年10月
陈国伟	男	汉	县工商局	全国消协组织消费维权先进工作者	中国消费者协会	2011年12月
林　敏	男	汉	县林业局	浙江公益林建设先进个人	浙江省人民政府	2011年12月
周林明	男	汉	县林业局	浙江公益林建设先进个人	浙江省人民政府	2011年12月
胡克森	男	汉	县环保局	优秀农村工作指导员	中共浙江省委省人民政府	2011年2月
蓝华亮	男	畲	敕木山村	浙江省优秀共产党员	中共浙江省委	2011年6月
叶卫民	男	汉	城郊派出所	上海世博会“环沪护城河”安保工作先进个人	中共浙江省委省人民政府	2011年
刘传清	男	汉	县公安局	上海世博会安保先进个人	中共浙江省委省人民政府	2011年
吴文伟	男	汉	县长运公司	上海世博会“环沪护城河”安保工作先进个人	中共浙江省委省人民政府	2011年
刘秀丽	女	汉	县统计局	第二次全国R&D资源清查先进个人	第二次全国R&D资源清查领导小组办公室	2011年
潘昌宝	男	汉	县人力社保局	浙江省城乡居民社会养老保险工作先进个人	浙江省人民政府	2012年10月

续表18

姓名	性别	民族	原所在单位	荣誉称号	命名单位	命名时间
纪　华	男	汉	邮政储蓄银行景宁县支行	2012年度浙江省城乡居社会养老保险工作先进个人	浙江省人民政府	2012年10月
吴　伟	男		县纪委	浙江省优秀农村工作指导员	中共浙江省委 省人民政府	2012年5月
蓝江平	男		东坑小学	浙江农村突出贡献奖	浙江省人民政府	2011年
李昌锦	男	汉	沙湾镇	2010-2011年度省级“社会治安综合治理”先进个人	中共浙江省委 省人民政府	2012年3月
刘秀丽	女	汉	县统计局	第二次全国R&D资源清查工作先进个人	第二次全国R&D资源清查领导小组办公室	2011年5月
叶　薇	女	汉	文广出版局	第四届全国少数民族文艺会演演员奖	国家民委、文化部、广电总局、北京市人民政府	2012年7月6日
徐　斌	男	汉	文化局	第四届全国少数民族文艺会演演员奖《千年山哈》	同上	2012年7月6日
程智勇	男	汉	文化局	第四届全国少数民族文艺会演最佳演员奖	同上	2012年7月6日
潘　晴	女	汉	文广出版局	第四届全国少数民族文艺会演最佳新人奖	同上	2012年7月6日
雷　雷	男	畲	文广出版局	第四届全国少数民族文艺会演最佳新人奖	同上	2012年7月6日

2011-2012年全县荣获丽水市先进个人名单

表19

姓名	性别	民族	原所在单位	荣誉称号	命名单位	命名时间
刘　炜	男	汉	县公安局	2010—2011年市级社会治安综合治理先进个人	中共丽水市委市人民政府	2012年5月
雷木森	男	畲	退休干部	关心下一代工作突出贡献奖	中共丽水市委市人民政府	2011年5月
周泽敖	男	汉	退休干部	关心下一代工作突出贡献奖	中共丽水市委市人民政府	2011年5月
刘希平	男	汉	县卫生监督所	市"十小"行业质量安全整规工作先进个人	丽水市人民政府	2011年11月
严慧荣	男	汉	县文广新局	浙江省首届体育大会丽水市先进个人	中共丽水市委市人民政府	2011年2月
吴如峰	男	汉	县文广新局	浙江省首届体育大会丽水市先进个人	中共丽水市委市人民政府	2011年2月
梅丽红	女	汉	县畲族博物馆	浙江省首届体育大会丽水市先进个人	中共丽水市委市人民政府	2011年2月
陈　彬	男	汉	县公安局	浙江省首届体育大会丽水市先进个人	中共丽水市委市人民政府	2011年2月
周晓丽	女	汉	县体育中心	浙江省首届体育大会丽水市先进个人	中共丽水市委市人民政府	2011年2月
林旭虹	男	汉	县委办	浙江省首届体育大会丽水市先进个人	中共丽水市委市人民政府	2011年2月
陈　峰	男	汉	县民族中学	浙江省首届体育大会丽水市先进个人	中共丽水市委市人民政府	2011年2月

续表19

姓名	性别	民族	原所在单位	荣誉称号	命名单位	命名时间
王跃聪	男	汉	县体育中心	浙江省首届体育大会丽水市先进个人	中共丽水市委、市人民政府	2011年2月
梅明金	男	汉	县民族小学	浙江省首届体育大会丽水市先进个人	中共丽水市委、市人民政府	2011年2月
梅荣柱	男	汉	县水利局	丽水市抗洪(台)救灾先进个人	中共丽水市委、市人民政府	2011年4月
周建军	男	汉	县司法局	市法制宣传教育先进工作者	中共丽水市委、市人民政府	2011年7月
梅建军	男	汉	县司法局	市法制宣传教育先进工作者	中共丽水市委、市人民政府	2011年7月
柳贤英	女	汉	县司法局	市法制宣传教育先进工作者	中共丽水市委、市人民政府	2011年7月
邢丽娟	女	汉	县人口计生局	市法制宣传教育先进工作者	中共丽水市委、市人民政府	2011年7月
杨小兵	男	汉	县人口计生局	“十一五”人口和计划生育工作先进个人	中共丽水市委、市人民政府	2011年4月
雷献亮	男	汉	鹤溪镇	优秀人武干部	丽水市人民政府、市军分区	2011 年1月
雷献亮	男	汉	鹤溪镇	拥军优属先进个人	中共丽水市委、市人民政府、市军分区	2011年5月
高伟淼	男	汉	鹤溪镇	消防工作先进个人	丽水市人民政府	2011年5月
高伟淼	男	汉	鹤溪镇	节能工作先进个人	丽水市人民政府	2011年6月
王伟芬	女	汉	卫生计生局	“十一五”人口和计划生育工作先进工作者	丽水市人民政府	2011年5月

2011年度全县工作目标管理综合考核结果

（景委〔2012〕4号）

一、综合考核先进集体

1.乡镇（管理区）：鹤溪镇、东坑镇、大漈乡、外舍管理区、九龙乡、郑坑乡

2.部门：县纪委（监察局）、县农办（扶贫办）、县妇联、县发改局（粮食局、统计局）、县交通运输局、县公安局、县财政局（地税局）、县教育局、县文广出版（体育）局、县电力局

二、积极贡献奖

中国建设银行股份有限公司景宁支行、中国人民财产保险有限公司景宁支公司。

三、工作进步奖

县水利局、县审计局

四、创业创新奖

1.县委组织部、东坑镇、沙湾镇、雁溪乡、大均乡：实施“乡会村开”制度，推进服务型基层党组织建设；

2.县望东垟保护区管理局（林业总场）、县旅游局：创建景宁畲族风情省级旅游度假区；

3.县法院：以创新管理为推手，全面推进阳光司法；

4.县农业局：创建“浙江绿谷二江源开心农场”；

5.县水利局：创建“风采水利”；

6.县卫生局：破解医改难题，实现农村卫生医疗服务全覆盖；

7.县经济开发区：倾力打造民族总部经济、全年贡献税费超五亿元；

8.县人力社保局：人事体制机制创新工程；

9.大漈乡、鸬鹚乡、县人民银行、县信用联社、县邮储银行、县人财保险公司：低收入农户发展扶贫贷款；

10、沙湾镇：有效整合资源，首建村务中心。

五、单项先进（景委〔2012〕5号）

1. 乡镇（管理区）

（1）2011年度基层组织建设工作

一等奖：东坑镇；二等奖：毛垟乡；三等奖：梧桐乡、葛山乡。

（2）2011年度乡镇党风廉政建设工作

一等奖:外舍管理区;二等奖:东坑镇;三等奖:大地乡、雁溪乡。

(3)2011年度平安乡镇创建工作

一等奖:鹤溪镇;二等奖:英川镇;三等奖:鸬鹚乡、秋炉乡。

(4)2011年度乡镇信访工作

一等奖:大漈乡;二等奖:英川镇;三等奖:毛垟乡、秋炉乡。

(5) 2011年度乡镇安全生产工作

一等奖:东坑镇;二等奖:大漈乡;三等奖:鸬鹚乡、郑坑乡。

(6) 2011年度乡镇科技进步工作

一等奖:大漈乡;二等奖:英川镇;三等奖:家地乡、标溪乡。

2. 部门

(1) 2011年度全县机关党建工作

一等奖:县公安局;二等奖:县人力社保局;三等奖:县经济商务局、县教育局。

(2) 2011年度机关党风廉政建设工作

一等奖:县审计局;二等奖:县经济商务局;三等奖:县电力局、县药监局。

(3) 2011年度机关平安单位建设工作

一等奖:县公安局;二等奖:县民政局;三等奖:县发改局、县电视台。

(4) 2011年度机关信访工作

一等奖:县水利局;二等奖:县公安局;三等奖:县教育局、县国土资源局。

六、先进个人

1.乡镇(管理区)

正职:陈海峰、毛华庆、王庆、钟利海、叶玉琪、陈培春、刘爱忠、梅振飞、吴敏彪

副职:胡卫林、何盛林、柳二娟、陈海忠、柳先敏、叶于传、柳康华、高卫和、毛黎珍、周家赞、何伟平

2.部门

正职:雷剑锋、李晓荣、叶妙青、余晓军、陈丽海、柳浩宇、刘万民、夏雪松、翁建敏、陈丽成、李景武

副职:吴文伟、吴海东、蓝景芬、潘美林、杨一平、陈华星、张昌龄、吴如峰、吴广伟、董希明、朱斌、柳小萍、周树培

七、一票否决单位

按照《关于2011年全县工作目标管理综合考核“一票否决”项目的实施办法》(景委办〔2011〕11号)文件规定,对景南乡(党风廉政建设工作)进行一票否决。

2012年度全县工作目标管理综合考核结果

（景委〔2013〕5号）

一、综合考核先进集体

1.乡镇(街道)

鹤溪街道、东坑镇、大漈乡、澄照乡、毛垟乡、家地乡。

2.部门

县委组织部、县农办(扶贫办)、县妇联、县发改局(粮食局、统计局)、县财政局(地税局)、县交通运输局、县建设局、县农业局、县林业局、县卫生局、县电力局。

二、积极贡献奖

县信用联社、县电信公司。

三、工作进步奖

景南乡、县人力社保局、县行政审批中心。

四、创业创新奖

1.县委宣传部、县文广出版(体育)局:大型畲族风情舞蹈诗《千年山哈》;

2.县纪委、县委组织部、县委政法委:“村务平台”规范化建设;

3.县委组织部:探索实施“助力畲乡·人才工作室”建设;

4.县委统战部:充分发挥民族文化和生态环境优势,致力于打造“两岸少数民族文化交流与合作基地”;

5.县法院:能动司法,全面推进社会管理创新;

6.县文广出版(体育)局:“畲乡文化卡”助力精神富有;

7.县工商联:牵头摄制《景商三十年》电视系列片;

8.县水利局:成功申报中央小型农田水利建设重点县;

9.县农业局、沙湾镇、葛山乡、渤海镇、大漈乡:创新土地流转机制,助推农村经济发展;

10.大均乡:突出村庄主题定位,推进乡域一体化发展。

五、单项先进

1. 乡镇(街道)单项先进

(1) 2012年度基层组织建设工作

一等奖:大漈乡;二等奖:东坑镇;三等奖:梅岐乡、鸬鹚乡。

(2) 2012年度乡镇党风廉政建设工作

一等奖:梧桐乡;二等奖:鹤溪街道;三等奖:梅岐乡、景南乡。

(3) 2012年度乡镇平安综治工作

一等奖:鹤溪街道;二等奖:东坑镇;三等奖:家地乡、毛垟乡。

(4) 2012年度乡镇信访工作

一等奖:澄照乡;二等奖:大漈乡;三等奖:景南乡、秋炉乡。

(5) 2012年度乡镇安全生产工作

一等奖:鹤溪街道;二等奖:澄照乡;三等奖:大地乡、雁溪乡。

(6) 2012年度乡镇科技进步工作

一等奖:鸬鹚乡;二等奖:家地乡;三等奖:渤海镇、梧桐乡。

2. 部门单项先进

(1) 2012年度全县机关党建工作

一等奖:县文广出版(体育)局;二等奖:县电力局;三等奖:县妇联、县财政局。

(2) 2012年度机关党风廉政建设工作

一等奖:县农业局;二等奖:县电力局;三等奖:县发改局、县行政审批中心。

(3) 2012年度机关平安综治工作

一等奖:县法院;二等奖:县发改局;三等奖:县人力社保局、县药监局。

(4) 2012年度机关信访工作

一等奖:县公安局;二等奖:县农办(扶贫办);三等奖:县民政局、县国土资源局。

六、先进个人

1.乡镇(街道)

正职:陈海峰、王庆、何向平、杨灶松、周恩、刘爱忠、徐隆金、钟国斌、梅振飞。

副职:徐敏、刘莺、雷洁畅、何振华、叶于传、严家树、高卫和、沈必贵、陈轶群、刘奕平、张伟鸿。

2.部门

正职:林敏、吴海东、叶妙青、余晓军、叶峰、严伟华、蓝建中、朱小平、叶玉琪、刘德灵、严伟明。

副职:陈勇、吴伟、王淑清、蓝朝星、练良东、徐关铭、柳新付、王华、商晓云、叶玉珠、季彤曦、林兴忠、朱斌。

七、一票否决单位

按照《关于2012年全县工作目标管理综合考核“一票否决”项目的实施办法》(景委办〔2012〕35号)文件规定,对县电视台、县司法局、县教育局等三个单位党风廉政建设工作进行一票否决。